Richard Gerster

Ausbeutung Ausbeutung Ausbeutung

Agonie eines wirtschaftswissenschaftlichen Begriffs

Schulthess Polygraphischer Verlag Zürich

(1973)

St. Galler Dissertation

ISBN 3 7255 1447 X

"It is naive to think that if a word exists, there must always then exist some obvious real phenomenon corresponding to it. Thus, if I can say the name of a unicorn, need there be in some jungle somewhere such an animal? Or, if I can think of a perfect God-Being, ergo must He exist? Or, if the dictionary contains the word 'exploitation', must there surely be some simple meaning to the concept that anyone can understand even before he has studied economics? To the scholar who studies economics and does research in this field, a naive approach must be replaced by an attempt to analyze and isolate the meaningful and true concept of the concept of exploitation."

P.A. Samuelson, Economics, 8. überarbeitete Aufl. New York etc. 1970, S. 522 f.

Inhaltsverzeichnis

Vademecum 1

Teil I: Wissenschaftstheoretische Grundlagen

1 Sprachtheoretische Vorbemerkungen 9

2 Erkenntnis – Das Ziel der Wissenschaft 12

3 Methodologie – Der Weg zu Erkenntnis 15
31 Einführung 15
32 Der Begründungszusammenhang von Hypothesen (Forschungslogik) 16
33 Der Entdeckungszusammenhang von Hypothesen (Forschungspsychologie) 18
34 Implikationen metawissenschaftlicher Entscheidungen 19

4 Zum Werturteilsproblem 22
41 Klärung des Problems 22
42 Die Gegenstandsbedingtheit der Werturteile 23
421 Einführung 23
422 Objektivistische Werttheorien 25
423 Subjektivistische Werttheorien 30
43 Die Analysenbedingtheit der Werturteile 33
431 Einführung 33
432 Begriffe und Wertfreiheit 34
433 Aussagen und Wertfreiheit 37
434 Werturteil und Zweck-Mittel-Dichotomie 40
435 Werturteil und statistische Hypothesen 42
44 Die Anwendungsbedingtheit der Werturteile 43
45 Zur Wünschbarkeit normativer Wissenschaft 46
46 Ergebnisse der Werturteilsdiskussion 48

5 Begriffe und Definition 49
51 Allgemeines 49
52 Begriffsdiagnostisches Instrumentarium 53
521 Präzision 53

522 Konsistenz 55
523 Fruchtbarkeit 56
524 Informationspotential 56
525 Operationalität 57
526 Wertgeladenheit 59

6 Wissenschaftssprache und Alltagssprache 62
61 Bedeutungsarten der Sprache 62
62 Funktionen der Sprache 65

Teil II: Ausbeutung und Preistheorie

1 Zum normativ-informativen Dualismus in der klassischen Wertlehre 69
11 Einführung 69
12 Die Wertlehre von Ricardo 72
121 Darstellung 72
122 Kritische Würdigung 77
13 Der gerechte Lohn bei Thünen 81

2 Von der Klassik zur Neoklassik 84

3 Das Pigou-Kriterium der Ausbeutung 91
31 Definitorische Klärung 91
32 Typologie der Ausbeutungskonstellation 93
321 Ausbeutungslosigkeit als Ausgangszustand 93
322 Monopsonistische Ausbeutung 95
323 Monopolistische Ausbeutung 97
324 Monopsonistisch-monopolistische Ausbeutung 100
325 Quasi-Ausbeutung 102
33 Ausbeutung, Beschäftigung und Sozialprodukt 104
34 Möglichkeiten der Beseitigung von Ausbeutung 109
341 Monopolistische Ausbeutung 109
342 Monopsonistische Ausbeutung ohne Diskriminierung 113
343 Monopsonistische Ausbeutung mit Diskriminierung 118
344 Quasi-Ausbeutung 121
35 Kritik des Pigou-Kriteriums 124
351 Immanente Kritik 124
352 Transzendente Kritik 131

4 Das Bloom-Kriterium der Ausbeutung 134
41 Definitorische Klärung 134
42 Absicht als typologisches Kriterium 137
421 Nicht-vorsätzliche Ausbeutung 137
422 Vorsätzliche Ausbeutung 141
43 Ausbeutung der Arbeitgeber 144
44 Kritik des Bloom-Kriteriums 147

5 Das Stackelberg-Kriterium der Ausbeutung 149
51 Definitorische Klärung 149
52 Kritik des Stackelberg-Kriteriums 155

6 Das Arndt-Kriterium der Ausbeutung 157
61 Definitorische Klärung 157
62 Ausbeutung und Abhängigkeit 159
63 Ausbeutung als erzwungener Lernprozess 167
64 Kritik des Arndt-Kriteriums 171

7 Das Maurice-Kriterium der Ausbeutung 174
71 Definitorische Klärung 174
72 Kritik des Maurice-Kriteriums 178

Teil III: Ausbeutung in der marxistischen Ökonomie

1 Utopischer Sozialismus 182

2 Werttheoretische Grundlagen 185
21 Gebrauchswert, Wert und Tauschwert 185
22 Konstantes und variables Kapital 189

3 Ausbeutung als Konsequenz der Anwendung der Werttheorie auf die Arbeitskraft 192
31 Der Warencharakter der Arbeitskraft im Kapitalismus 192
32 Relativer und absoluter Mehrwert 194
33 Ausbeutung durch Aneignung des Mehrwerts 197
34 Der Ausbeutungsgrad 201

4 Wert und Preis 205
41 Das Problem 205
42 Mehrwert, Kostpreis und Profit 206

43 Produktionspreis und Marktpreis 208
44 Produktive und unproduktive Arbeit 213
45 Ausbeutung und der tendenzielle Fall der Profitrate 218

5 Die historischen Formen der Ausbeutung 222
51 Zur historischen Betrachtungsweise 222
52 Die historischen Ausbeutergesellschaften 227
521 Sklavenhaltergesellschaft und Feudalismus 227
522 Der Übergang zum Kapitalismus 228
523 Der Kapitalismus 231

6 Im Brennpunkt der Kritik 235
61 Aufriss 235
62 Immanente Kritik 236
621 Unzutreffende Argumente 236
622 Zutreffende Argumente 240
63 Marxistische Theorie und Spätkapitalismus 244
631 Zur Adäquatheit marxistischer Kategorien im Spätkapitalismus 244
632 Verelendung – Widerlegung durch den Spätkapitalismus? 253
64 Transzendente Kritik 256
641 Unzutreffende Argumente 256
642 Zutreffende Argumente 258

Teil IV: Ausbeutung und Verteilungstheorie

1 Einführung 270

2 Verteilungstheorie der Klassiker 272

3 Klassenmonopoltheorie und Grenzproduktivitätstheorie 276
31 Klassenmonopoltheorien 276
311 Marxistische Verteilungstheorie 276
312 Abzugstheorie des Profits: Produzentenausbeutung 279
313 Aufschlagstheorie des Profits: Konsumentenausbeutung 286
314 Quasimonopolistische Ausbeutung 288
32 Grenzproduktivitätstheorie 294
321 Skizze der Kerngedanken 294

322 Grenzproduktivitätstheorie und Ausbeutung 297
323 Zum Leistungsprinzip 300
33 Skizze einer Synthese 306

4 Zur These der konstanten Lohnquote 308
41 Die empirische Entwicklung der Lohnquote 308
42 Zwei theoretische Erklärungsversuche 310
43 Konstanz der Lohnquote: Neuauflage der Lohnfondstheorie 316

Teil V: Ausbeutung und Aussenwirtschaftstheorie

1 Das Problem 326

2 Zum Verhältnis zwischen Binnen- und Aussenwirtschaftstheorie 329

3 Imperialismus und Ausbeutung 332

4 Handelsverkehr und Ausbeutung in bürgerlicher Perspektive 336
41 Der Aussenhandelsgewinn 336
42 Ausbeutung und das Theorem der komparativen Kosten 343
421 Das Theorem der komparativen Kosten 343
422 Annäherung an die Realität und wohlfahrtstheoretische Implikationen 345
423 Aussenhandelsgewinn und Ausbeutungsthese 356
43 Ausbeutung durch fallende Realaustauschverhältnisse? 359
431 Der Begriff der Realaustauschverhältnisse und der Terms of Trade 359
432 Entwicklungstendenzen der Realaustauschverhältnisse 361
433 Erklärungsversuche fallender Realaustauschverhältnisse 364
434 Zur Verwendung der Realaustauschverhältnisse als Ausbeutungsindikatoren 377

5 Kapitalverkehr und Ausbeutung in bürgerlicher Perspektive 384
51 Einführung 384
52 Formen des Kapitalexports in die Entwicklungsländer 387
53 Effekte des Kapitalexports im importierenden Land 389
531 Zahlungsbilanzeffekte 389
532 Einkommenseffekte 397
533 Kapazitätseffekte 400

54 Effekte des Kapitalexports im exportierenden Land 402
541 Zahlungsbilanzeffekte 402
542 Einkommenseffekte 404
543 Kapazitätseffekte 408
55 Ausbeutung und Effekte des Kapitalexports in die Entwicklungsländer 408

6 Aussenwirtschaft und Ausbeutung in marxistischer Perspektive 413
61 Einführung 413
62 Grundlagen der Imperialismustheorie bei Marx und Engels 415
63 Der Imperialismus als Existenzvoraussetzung des Kapitalismus 418
631 Die Imperialismusthese 418
632 Begriff und Funktion der Ausbeutung 421
64 Der Imperialismus als höchstes Stadium des Kapitalismus 424
641 Die Imperialismusthese 424
642 Begriff und Funktion der Ausbeutung 430
65 Der Imperialismus als Existenzsicherung des Kapitalismus 432
651 Die Imperialismusthese 432
652 Begriff und Funktion der Ausbeutung 437
66 Kritik der Ausbeutungskonzeptionen 444

Teil VI: Ausbeutung als Frage nach der idealen Sozialordnung

1 Ausbeutung und Institutionen 452

2 Ausbeutung und ideale Sozialordnung 457
21 Einführung 457
22 Die ideale Sozialordnung in neoklassischer Perspektive 458
23 Die ideale Sozialordnung in marxistischer Perspektive 464

3 Zur Legitimität von sozialen Utopien 468
31 Die Problematik von sozialen Utopien 468
32 Soziale Konflikte contra Interessenharmonie 472

4 Ausbeutung – Ein unzweckmässiger Begriff der Wirtschaftswissenschaften 475
41 "Ausbeutung" in sprachkritischer Perspektive 475
42 Erkenntnis und Entscheidung 479

Literaturverzeichnis 483

Namenregister 511

Sachregister 520

Vademecum

"Die alles überwölbende Idee der menschlichen Zivilisation heisst Ausbeutung" (1). So äussert sich Mitscherlich in einem neueren Aufsatz und verwendet hier "Ausbeutung" in der Doppelbedeutung sowohl als Nutzung von Ressourcen wie auch als unrechtmässige Aneignung von Einkommen. Diese beiden Grundbedeutungen haben sich bei der Untersuchung der wirtschaftswissenschaftlichen Literatur herausgeschält. Die vorliegende Arbeit befasst sich mit dem Begriff der Ausbeutung ausschliesslich in seiner zweiten Variante.

Der Begriff der Ausbeutung dient seit mehr als einem Jahrhundert als Schlagwort. In der Gegenwart erfreut er sich einer besonderen Beliebtheit im Zusammenhang mit den Entwicklungsländern, die in einem Teil der Literatur die Arbeitsklasse in ihrer Rolle als Proletariat ersetzt haben. "Ausbeutung" ist nicht nur gängige Münze im Alltag, sondern findet sich auch in unterschiedlicher Ausgestaltung in den wirtschaftswissenschaftlichen Fachschriften. Aufgabe dieser Studie ist es, erstens eine Dogmengeschichte der wirtschaftswissenschaftlichen Ausbeutungskonzeptionen zu präsentieren und diese immanent kritisch zu untersuchen, und zweitens, eine die eigenen Voraussetzungen dieser Konzeptionen zuweilen sprengende Beurteilung mit einer wissenschaftstheoretisch geschärften Optik vorzunehmen. Eine dogmengeschichtliche Darstellung fehlte bisher trotz der Aktualität des Begriffs der Ausbeutung, wenn man von einer französischen Untersuchung absieht (2). Der Versuch einer kritischen Beurteilung des Sprachgebrauchs von "Ausbeutung" in der wirtschaftswissenschaftlichen Literatur soll die vorliegende Schrift zugleich zu einem ideologiekritischen Beitrag machen.

1) A. Mitscherlich, Unsere kindische Zuversicht, in: Thesen zur Stadt der Zukunft, Frankfurt am Main 1971, S.139.

2) P. Maurice, Les théories modernes de l'exploitation du travail. Essai d'analyse critique, Paris 1960 (im folgenden zitiert als "Maurice, théories"). Diese Untersuchung berücksichtigt jedoch einige Ausbeutungslehren nicht und unterliegt, so wie Maurice eine eigene Ausbeutungskonzeption entwickelt, ebenfalls unserer Kritik.

Wie der eigenen Erfahrung zu entnehmen ist, greift der Leser häufig zuallererst zu der Zusammenfassung eines Buches. Dieser Praxis entsprechend, soll nun der Gang der Untersuchung in geraffter Form dargestellt werden, um dem eiligen Leser ein gezieltes Einsteigen zu ermöglichen.

Im *Teil I* werden die wissenschaftstheoretischen Grundlagen in der Sicht des Kritischen Rationalismus dargelegt. Ihre in den Wirtschaftswissenschaften eher unübliche explizite Darstellung bezweckt, einen erkenntniskritisch geschärften Zugang zur Verwendung des Begriffs der Ausbeutung zu gewinnen. Wie man nach psychoanalytischen Erkenntnissen gerade dann von der Vergangenheit überwältigt wird, wenn man sie verdrängt hat, so wird man gerade dann von den eigenen Denkschemata beherrscht, wenn man sie nicht kennt und dergestalt auch nicht der Kritik aussetzen kann. Nach der Festsetzung von Erkenntnis als Ziel der Wissenschaft befassen wir uns kurz mit methodologischen Fragen. Der logische Status von Ziel und Methode wird als metawissenschaftliche Entscheidung bestimmt und dadurch relativiert. Die Frage nach werturteilsfreier Wissenschaft ist für unser Thema von zentraler Wichtigkeit. Die ausführliche Diskussion ergibt, dass Werturteilsfreiheit in dem auf die Objektsprache eingeschränkten Sinn, in dem das Postulat seit Weber meistens vertreten wird, möglich ist, und dass seine Übernahme eine weitere metawissenschaftliche Entscheidung involviert. Eine Normativierung der Wissenschaft behindert nur dann den Erkenntnisfortschritt nicht, wenn die Wertprämissen explizit formuliert und von den Adressaten geteilt werden.

Nach der Klärung des Werturteilproblems wenden wir uns dem Verhältnis von Begriff und Definition zu und erarbeiten ein begriffsdiagnostisches Instrumentarium mit den sechs Kriterien der Präzision, Konsistenz, Fruchtbarkeit, des Informationspotentials, der Operationalität und Wertgeladenheit. Damit haben wir die Werkzeuge für eine kritische "Begriffschirurgie" in der Hand. Eine differenzierte Analyse zeigt jedoch, dass es mehrere Bedeutungsarten der Sprache, insbesondere der Begriffe gibt und dass mit Definitionen nur eine Bedeutungsdimension manipuliert werden kann. Die damit verbundene Relativierung des begriffsdiagnostischen Instrumentariums wird fortgeführt durch eine an den Sprachfunktionen orientierte Kontrastierung von Wissenschafts- und Alltagssprache.

Im *Teil II* werden die mit der Preistheorie verbundenen Ausbeutungskonzeptionen erörtert. Ein Rückgriff auf die klassischen Autoren Ricardo und Thünen legt im im normativ-informativen Dualismus ihrer Wertlehre einen bei allen expliziten Ausbeutungskonzeptionen anzutreffenden Tatbestand bloss, der ihre Erwähnung rechtfertigt, obwohl das Wort "Ausbeutung" bei ihnen nicht zur Verwendung kommt. Die Wandlung der Klassik zur Neoklassik brachte eine Revision der klassischen Voraussetzungen mit sich, die die Grundlagen für die einflussreichsten nichtmarxistischen Ausbeutungs-Kriterien bereitete. Die Neoklassik ist am Modell der vollkommenen Konkurrenz orientiert. In seinem Bann stehen in unterschiedlichem Ausmass das Pigou-Kriterium, das Bloom-Kriterium und das Arndt-Kriterium der Ausbeutung. Das Stackelberg-Kriterium ist zwar durch seine an das bilaterale Monopol geknüpfte Definition ebenfalls auf Marktformen bezogen, doch besteht keine Verbindung zum Konkurrenzmodell. Das Pigou-Kriterium eignet sich zur Diagnostizierung von monopolistischer und monopsonistischer Ausbeutung und wird ergänzt durch die Robinson'sche Konzeption der Quasi-Ausbeutung, mit der abnormale Gewinne bei vollkommener Konkurrenz anvisiert werden. Vollkommene Konkurrenz und Normalgewinne sind die Normen, nach denen beim Pigou-Kriterium die Ausbeutung bemessen wird. Mit dem Bloom-Kriterium wird nur ein Teil dessen, was das Pigou-Kriterium unter "Ausbeutung" subsumiert, als "Ausbeutung" bezeichnet: Ausbeutung ist nach Bloom immer monopsonistischer Art. Das Pigou- und das Bloom-Kriterium enthalten beide schwerwiegende immanente Mängel. Arndt versucht sich vom Bezug auf die Marktformen zu emanzipieren und verbindet Ausbeutung mit wirtschaftlicher Abhängigkeit. Die Marktformen vollkommenen Wettbewerbs bilden nur noch eine mögliche Form wirtschaftlicher Abhängigkeit unter anderen Formen. Mit dem Maurice-Kriterium wird eine psycho-soziologische Ausweitung des Begriffs der Ausbeutung angestrebt, indem sinngemäss "Ausbeutung" bei Hinderung der Selbstverwirklichung durch die individuellen und allgemeinen Arbeitsbedingungen vorliegt. In die Ausführungen von Maurice ist zweifellos marxistisches Gedankengut verwoben.

Im *Teil III* steht der Begriff der Ausbeutung in der marxistischen Ökonomie zur Diskussion, dem wir auch in allen folgenden Teilen wieder begegnen werden. Auf der Grundlage der marxistischen Werttheorie und ihrer Anwendung auf die Arbeitskraft ergibt sich "Ausbeutung" als klassenmässige Aneignung des Mehrproduktes, das im Kapitalismus die Form des Mehrwerts annimmt. Die Ausbeutung bleibt nicht auf den Kapitalismus beschränkt, sondern ist in allen Gesellschaften mit klassenmässiger Aneignung des Mehrproduktes feststellbar, so zum Beispiel auch in der Sklavenhaltergesellschaft und im Feudalismus. Die Aneignung erfolgt aufgrund der die Klassen konstituierenden Produktionsverhältnisse, so dass die Ausbeutung nur durch eine Systemtransformation in eine klassenlose Gesellschaft eliminiert werden kann. Die marxistische Ausbeutungskonzeption scheint uns sowohl vom analytischen Standpunkt aus wie auch vom Einfluss auf Wissenschaft und Politik her der wichtigste Versuch einer Ausbeutungstheorie zu sein, selbst wenn man Marx keineswegs als alleinige "Sonne der Sozialwissenschaften" (3) ansieht. Die immanente Kritik führt zur Offenlegung einiger unseres Erachtens entscheidender Schwächen, die in der transzendenten Argumentation noch vertieft erörtert werden. Mangels der Möglichkeit einer Trennung zwischen angeborenen und erworbenen Qualifikationen scheitert das marxistische Unternehmen, qualifizierte auf einfache Arbeit zu reduzieren, bereits auf immanent theoretischer Ebene. Die Folgen zeigen sich nicht nur in einer fehlenden Quantifizierbarkeit der Ausbeutung, sondern auch in der rein qualitativen Analyse, die in Ermangelung eines Massstabs nicht mehr eindeutig Ausbeutung zu diagnostizieren in der Lage ist. Die Konsequenzen des geringen Präzisionsgrades marxistischer Begriffe werden bei der Frage deutlich, ob die Verelendungstheorie durch die spätkapitalistische Realität widerlegt ist.

In *Teil IV* kommen in verteilungstheoretischem Zusammenhang aufgetauchte Ausbeutungstheorien zur Sprache. Da Verteilungstheorie und Preistheorie eng zusammenhängen, handelt es sich dabei nur um komplementäre Konzeptionen, ohne dass wir verteilungstheoretische Konsequenzen der in Teil II erörterten Kriterien wiederholen. Die Klassenmonopoltheorien der Verteilung implizieren je nach ihrer Version Produzentenausbeutung bei Oppenheimer oder Konsumentenausbeutung bei Conrad und Peter. In der quasimonopolistischen Ausbeutungstheorie von Preiser und Zarnowitz werden beide Versionen zusammenge-

3) J.A. Schumpeter, Geschichte der ökonomischen Analyse, Göttingen 1965, S. 481 (im folgenden zitiert als "Schumpeter, Geschichte").

fasst. "Ausbeutung" heisst hier, dass durch unfreie Konkurrenz dem Ausbeuter unverdiente Einkommen zufliessen. Unfreiheit der Konkurrenz entsteht nicht durch entsprechende Marktformen, sondern auch durch eine ungleiche Einkommensverteilung. Die Grenzproduktivitätstheorie der Verteilung, die zeitweise als Widerlegung der marxistischen Ausbeutungstheorie betrachtet wurde, ist in ihrer modernen Version jedoch keine informative Theorie mehr. Zuletzt wird die These der konstanten Lohnquote diskutiert; es ergibt sich der Schluss, dass eine Konstanz der Lohnquote nur bei Vorliegen bestimmter Werte der relevanten Einflussfaktoren angenommen werden kann. Infolgedessen kann bei die Produktivitätsfortschritte überschreitenden Lohnerhöhungen nicht von vornherein eine Ausbeutung der an der Lohnerhöhung nicht partizipierenden Lohnempfänger behauptet werden.

In *Teil V* schalten wir uns mit der Untersuchung der Verwendung des Ausbeutungsbegriffes in der Aussenwirtschaftstheorie in die aktuelle Diskussion um die Ausbeutung der Entwicklungsländer ein. Sowohl zum Teil in bürgerlicher, wie auch in marxistischer Perspektive wird die These einer Ausbeutung der Dritten Welt über den Handelsverkehr und den Kapitalverkehr aufgestellt. Das Theorem der komparativen Kosten erweist sich zur Widerlegung der Ausbeutungsthese als ungeeignet. Ob die Realaustauschverhältnisse zwischen den entwickelten Staaten und den Entwicklungsländern zugunsten der Ersteren tatsächlich eine fallende Tendenz aufweisen, ist umstritten; es lassen sich jedoch einige plausible theoretische Argumente anführen, die für das Fallen der Realaustauschverhältnisse sprechen. Ihre Relevanz als Ausbeutungsindikatoren scheint aber fraglich. Johnsons Transfermodell dient als Ausgangspunkt der Erörterung der Effekte des Kapitalexports im exportierenden und importierenden Land. Weder bei den Zahlungsbilanz-, noch bei Einkommens- oder Kapazitätseffekten kann a priori — ohne Ansehen der historisch gegebenen Faktoren und Koeffizienten — Ausbeutung bestritten oder bejaht werden, was als bedeutungsvoll gegenüber einer harmonistischen Sicht der Kapitalexporteffekte anzusehen ist. Dass die bürgerlichen Ausbeutungsthesen in allen ihren vorgebrachten Formen implizite Wertungen enthalten, wird nicht nur in der binnenwirtschaftlichen Preis- und Verteilungstheorie, sondern auch in der Aussenwirtschaftstheorie deutlich.

Die Ausbeutung der Entwicklungsländer in marxistischer Perspektive wird ebenfalls sowohl durch den Kapitalverkehr wie auch den Warenverkehr bewirkt. Der Ausbeutungsmechanismus der in Lenins Imperialismustheorie zentralen Kapitalexporte lässt sich mit dem bekannten binnenwirtschaftlichen Begriff der Ausbeutung im Sinne der Aneignung des Mehrwerts durch die Kapitalistenklasse beschreiben; die verschie denen Nationalitäten von Ausbeutern und Ausgebeuteten sind sekundär. Die frühere Kritik an der marxistischen Ausbeutungskonzeption ist demnach auch bei der Ausbeutung durch Kapitalexporte angebracht. Ausbeutung durch Handel beruht nach marxistischer Ansicht auf ungleichem Tausch, wodurch ein internationaler Mehrwerttransfer stattfindet. Bereits in immanenter Diskussion zeigen sich entscheidende Schwächen und Einschränkungen dieses Ausbeutungsmechanismus.

In *Teil VI* wird zuerst die Verbindung zwischen Institutionen und den in den bisher referierten Konzeptionen als "Ausbeutung" bezeichneten Sachverhalten aufgewiesen. Der institutionelle Bezug weist darauf hin, dass mit den Ausbeutungskonzeptionen zugleich eine bezüglich Gerechtigkeit ideale Sozialordnung intendiert ist. Diese Interpretation der Ausbeutungskonzeptionen exemplifizieren wir anhand einer neoklassischen und marxistischen Variante der idealen Sozialordnung. Eine Diskussion über die Problematik von sozialen Utopien vermag jedoch ihre Fragwürdigkeit aufzuzeigen, da es infolge sozialer Konflikte eine allgemein gültige ideale Sozialordnung überhaupt nicht geben kann.

Mit dem Nachweis des Zusammenhanges zwischen Ausbeutung und idealer Sozialordnung und der ihr innewohnenden Problematik schliesst sich der Kreis unserer Untersuchung, indem wir wieder auf das Verhältnis von Erkenntnis und Entscheidung verwiesen werden, von dem bereits in Teil I, insbesondere bei der Werturteilsfrage, die Rede gewesen war. Mit der Verwendung des Begriffs der Ausbeutung in den Wirtschaftswissenschaften ist ein präskriptiv-deskriptiver Dualismus verbunden, der die damit gemachten Aussagen implizit normativiert. Infolge der Unmöglichkeit der Lösung normativer Probleme mit wissenschaftlichen Methoden und infolge der impliziten statt expliziten Normativierung erscheint es das beste, den Terminus "Ausbeutung" in wissenschaftlichem Kontext künftig zu meiden. Ob in irgendeinem Zusammenhang Ausbeutung vorliegt, kann nicht wissenschaftlich allgemeingültig beurteilt werden, sondern diese

Entscheidung obliegt letztlich jedem Einzelnen, die er nach seinen individuell und möglicherweise auch historisch und ethnisch kollektiv gültigen Gerechtigkeitsvorstellungen treffen wird. Während der historisch gewachsene Begriff der Ausbeutung den Funktionen der Wissenschaftssprache zuwiderläuft, eignet er sich hervorragend für die Alltagssprache. Da mit dem Begriff der Ausbeutung ein die wissenschaftlichen Möglichkeiten transzendierendes Problem bezeichnet wird, kann der Begriff der Ausbeutung als ein pathologischer, in der Agonie liegender Begriff der Wirtschaftswissenschaften charakterisiert werden.

Teil I

Wissenschaftstheoretische Grundlagen

1 Sprachtheoretische Vorbemerkungen

Die Sprache gestattet, Informationen mitzuteilen und derart der Kritik der Umwelt auszusetzen. Für eine Objektivität anstrebende Erkenntnis ist somit die Sprache unerlässlich. Sie kann jedoch bei Unkenntnis elementarer sprachlicher Zusammenhänge ebenso auf falsche Fährten locken wie in ihr die Wegbereiterin von Erkenntnis angelegt ist. Klarheit über einige fundamentale Prinzipien der Sprache dürfte auch für unsere Aufgabe von Nutzen sein.

Die Sprache lässt sich unter anderem als ein System von Ausdrücken (Zeichen und Zeichenkombinationen) begreifen, denen man drei verschiedene Dimensionen zuschreiben kann (1): Erstens bestehen zwischen den Zeichen untereinander Beziehungen, welche von der Syntax untersucht werden. Zweitens haben die Zeichen einen bestimmten Inhalt und Umfang. Ein bestimmter Umfang (Extension) wird bezeichnet, indem zum Beispiel der Ausdruck "Pferd" die Klasse aller Pferde bezeichnet. Die einem Ausdruck derart zugeordneten Phänomene heissen Designata. Mit den sprachlichen Ausdrücken und den Designata beschäftigt sich die extensionale Semantik. Daneben hat jedes Zeichen einen bestimmten Inhalt (Intension). Der Ausdruck "Pferd" bezeichnet nicht nur die Klasse aller Pferde, sondern bedeutet auch "Pferdheit". Von den sprachlichen Ausdrücken und ihrem Inhalt handelt die intensionale Semantik. Drittens befasst sich die Pragmatik mit den Relationen zwischen den Zeichen un und den Sprachbenützern, werden doch die Zeichen von jemandem verwendet und sind an einen Adressaten gerichtet. Syntaktische, semantische und pragmatische Dimensionen der sprachlichen Ausdrücke werden in der Semiotik als Oberbegriff zusammengefasst. Im Erkenntnisprozess werden immer Aussagen

1) Vgl. dazu I.M. Bochenski, Die zeitgenössischen Denkmethoden, Bern/München 4. Aufl. 1969, S. 39 ff., 58 (im folgenden zitiert als "Bochenski, Denkmethoden"). Ferner H. Seiffert, Einführung in die Wissenschaftstheorie, Band I, München 1969, S. 85 ff. (im folgenden zitiert als "Seiffert, Einführung I"), sowie W. Stegmüller, Wissenschaftliche Erklärung und Begründung, Band I von: Probleme und Resultate der Wissenschaftstheorie und analytischen Philosophie, Berlin/Heidelberg/New York 1969, S. 33 f. (im folgenden zitiert als "Stegmüller, Erklärung"). Grundlegend: C.W. Morris, Foundations of the Theory of Signs, Chicago 1938.

konfrontiert, nie Objekte der Realität direkt mit anderen Objekten verglichen. Aus diesem Grunde gewinnt das Medium der Sprache zentrale methodologische Relevanz.

Schon Bühler hat in seiner Sprachtheorie (2) drei Funktionen der Sprache herausgearbeitet, die sich von der semiotischen Differenzierung unterscheiden. Entweder offenbaren die sprachlichen Ausdrücke einen Zustand oder eine Absicht des Agenten (Ausdrucks- oder Symptomfunktion), oder sie beeinflussen den Rezipienten (Appell- oder Signalfunktion), oder sie dienen zur Darstellung von Sachverhalten und Gegenständen (Darstellungs- oder Symbolfunktion); im allgemeinen treten alle drei Funktionen gemischt auf. Sowohl in der Symptom- wie auch in der Signal- oder Symbolfunktion kommen den sprachlichen Ausdrücken alle drei Dimensionen der Syntax, Semantik und Pragmatik zu. Eine Objektivität anstrebende Erkenntnis wird sich der Darstellungsfunktion der Sprache bedienen; der semantische Aspekt der Symbolfunktion ist das erkenntnismässig zentrale Segment aller sprachlichen Ausdrücke.

Eine Lehre von Belang in der Semantik ist die Theorie der Sprachstufen (3). "Ihr Grundgedanke besteht darin, dass man die Sprache über die Dinge von der Sprache über die Sprache selbst zu unterscheiden hat; letztere heisst mit Bezug auf erstere 'Meta-Sprache'" (4). Die Sprache über die Dinge erhält die Bezeichnung "Objektsprache". Die Metasprache selber kann auch wieder zum Gegenstand einer Untersuchung werden, indem man sie in einer Meta-Metasprache analysiert. Derart lassen sich unendlich viele Stufen denken, die in der Praxis jedoch auf wenige, meist zwei, beschränkt bleiben. Jeder Satz, in dem von ihm selbst die Rede ist, gehört zwei semantischen Stufen an und ist infolge der Missachtung der Sprachstufentheorie als logisch widerspruchsvoll und damit sinnlos zu quali-

2) K. Bühler, Sprachtheorie Jena, 1934.

3) Vgl. Bochenski, Denkmethoden, 59 f.; ferner V. Kraft, Erkenntnislehre, Wien 1960, S. 39 ff. (im folgenden zitiert als "Kraft, Erkenntnislehre").

4) Bochenski, Denkmethoden, 59.

fizieren. Nicht nur ist damit eine Lösung sprachlicher Antinomien (5) möglich, die zum Teil die Philosophie über Jahrtausende beschäftigt hatten, sondern die Scheidung in Objekt- und Metasprache hat auch bereits zahlreiche sozialwissenschaftliche Probleme klären helfen, wie noch ersichtlich sein wird.

5) Vgl. W. Stegmüller, Das Wahrheitsproblem und die Idee der Semantik, Wien 1957, S. 2 f., 23 ff. Das bekannteste Beispiel dürfte das Lügnerparadoxon sein. Vgl. auch zu sozialwissenschaftlichen und philosophischen dem Lügnerparadoxon analogen Formulierungen K.R. Popper, Falsche Propheten. Hegel, Marx und die Folgen, zweiter Band von: Die offene Gesellschaft und ihre Feinde, Bern/München 2. Aufl. 1970, S. 283, 454 ff. (im folgenden zitiert als "Popper, Propheten").

2 Erkenntnis – Das Ziel der Wissenschaft

Die Statuierung eines Ziels der Wissenschaft ist das Resultat einer metawissenschaftlichen Entscheidung. Wenn wir Erkenntnis als Ziel der Wissenschaft postulieren, so folgen wir damit den Entscheidungen eines Grossteils der Wissenschafter. Wir setzen das Erkenntnisziel nicht als Selbstzweck, sondern in praktischer Absicht: Das Aufzeigen von alternativen Handlungsmöglichkeiten ermöglicht, gesetzte Ziele mit alternativen Mitteln zu erreichen. Gerade dadurch, dass Erkenntnis und nicht zum Beispiel "handlungsanweisende Aufklärung" (1) als Ziel der Wissenschaft deklariert wird, werden die potentiellen Folgen der Wissenschaft reflektiert; denn handlungsanleitende "Wissenschaft" ist intolerant gegenüber mit ihren Standpunkten unvereinbaren Wertungen. Das Erkenntnisziel hingegen trägt der Pluralität der Wertungen bewusst Rechnung. Auf die Werturteilsproblematik werden wir in Abschnitt 4 ausführlich eingehen.

Das mit "handlungsanweisender Aufklärung" angetönte emanzipatorische marxistische Wissenschaftsziel ergibt sich zwingend durch die philosophisch untermauerte Beachtung des Prinzips der Parteilichkeit auch im Bereich der Wissenschaftstheorie. Der marxistische Wissenschaftsbegriff ist über den Arbeitsbegriff "mit der Erkenntnis der welthistorischen Mission der Arbeiterklasse untrennbar verbunden" (2). Wenn im folgenden von Erkenntnis gesprochen wird, so meinen wir damit immer Erkenntnis entsprechend unserem Wissenschaftsverständnis. Damit ist auch anerkannt, dass es einerseits mehrere Wissenschaftsbegriffe gibt, und dass es anderseits sinnvoll sein kann, in anderen Zusammenhängen ausser von wissenschaftlicher Erkenntnis von weiteren Erkenntnisarten zu sprechen. Die Existenz von mehr oder weniger anerkannten, einheitlichen wissenschaftstheoschen Kriterien zur Beurteilung des Erkenntnisfortschrittes stellt unseres Erachtens ein weiteres Argument für das Erkenntnisziel der Wissenschaften dar. Das

1) Vgl. unten Abschnitt 45.

2) Autorenkollektiv, Die Wissenschaft von der Wissenschaft. Philosophische Probleme der Wissenschaftstheorie, Berlin 1968, S. 29 ff. (im folgenden zitiert als "Autorenkollektiv, Wissenschaft").

Ziel handlungsanweisender Aufklärung zum Beispiel würde infolge der normativen Komponenten eine Beurteilung von derartiger Einheitlichkeit und Strenge vereiteln.

Was als Erkenntnis gelten soll, kann nicht wieder durch Erkenntnis eingesehen werden; denn so würde ja bereits ein Erkenntnisbegriff vorausgesetzt. Um einen unendlichen Regress zu vermeiden, ist die Vornahme einer Festsetzung nicht zu umgehen. "Die Präzisierung eines Erkenntnisbegriffes setzt eine Auswahl unter dem, was als Erkenntnis vorliegt, voraus und besteht in der Aufstellung einer Definition dessen, was als Erkenntnis gelten soll. Es ist die Festsetzung einer Norm für Erkenntnis." (3) Obwohl wir hier bereits mit der Notwendigkeit einer Entscheidung konfrontiert sind, bedeutet dies keineswegs, dass die Grenzen des Erkenntnisbegriffes völlig willkürlich abgesteckt werden können. Soll der Erkenntnisbegriff eine Handhabe zur Kritik von Aussagen mit Erkenntnisanspruch dienen, so muss er auf diese Sätze anwendbar sein.

Aus der Gesamtheit der sprachlichen Ausdrücke bilden diejenigen Aussagen, denen das Prädikat "Erkenntnis" zuerkannt werden soll, eine Unterklasse. Als entscheidendes Kriterium wird im allgemeinen Wahrheit angesehen, obgleich es auch weitere Vorschläge wie Wahrscheinlichkeit oder Gültigkeit als Merkmale für Erkenntnis gibt (4). Um den Begriff der Erkenntnis zu präzisieren, erscheint demnach eine Explikation dessen, was unter Wahrheit verstanden werden soll, angezeigt.

Mit Kraft (5) übernehmen wir eine kombinierte Korrespondenz- und Kohärenztheorie (6) der Wahrheit: Eine Bezeichnung einer Aussage als "wahr" soll heissen,

3) Kraft, Erkenntnislehre, 34. Die Hervorhebungen des Originals wurden weggelassen.

4) Kraft, Erkenntnislehre, 155, 174.

5) Vgl. für das Folgende Kraft, Erkenntnislehre, 347 ff.

6) Zu den verschiedenen Wahrheitstheorien vgl. auch A. Diemer/I. Frenzel (Hrsg.), Philosophie, Frankfurt am Main, Neubearbeitung 1967, S. 332 ff. (im folgenden zitiert als "Diemer/Frenzel, Philosophie").

dass sie "durch die anderen Aussagen eines Aussagensystems eindeutig bestimmt ist" (7). Für empirisch wahre Aussagen müssen zwei Bedingungen erfüllt sein (8): Erstens müssen die Aussagen durch logische Beziehungen zu einem Aussagensystem verknüpft werden. Dies genügt jedoch erst für ideelle Systeme, deren Aussagen dadurch logisch wahr sind. Wenn es sich um Aussagen über die Realität handelt, so muss als zweite, kumulative Bedingung erfüllt sein, dass zusätzliche Aussagen über gesetzmässige Beziehungen von Wahrnehmungen im Aussagensystem enthalten sind.

In unserer Studie verzichten wir auf die explizite Kennzeichnung als empirisch wahr und bezeichnen derartige realwissenschaftliche Aussagen als wahr oder falsch schlechthin. Wir betonen hingegen, wenn es sich um nur logisch wahre oder falsche Sätze handelt.

7) Kraft, Erkenntnislehre 352. Im Original hervorgehoben. Weil die anderen Aussagen, welche die eine Aussage eindeutig bestimmen, auch wieder bestimmt sein müssen, ergibt sich ein unendlicher Regress, der bisher an einer Stelle angebrochen wurde. Evidente oberste Prinzipien im Rationalismus oder sinnlich Gegebenes im Empirismus bildeten dabei die letzten Instanzen. Doch da beide Richtungen diese Instanzen dogmatisierten, empirische Aussagen sich jedoch nicht a priori festsetzen lassen, sind beide Varianten abzulehnen und durch einen Verzicht auf absolut wahre empirische Aussagen zu ersetzen. "Denn für sich allein wahr sind nur offene Tautologien und Aussagen über subjektive Erlebnisse". Kraft, Erkenntnislehre, 367. Vgl. dazu auch H. Albert, Traktat über kritische Vernunft, Tübingen 2. Aufl. 1969, S. 13 ff., 21 ff. (im folgenden zitiert als "Albert, Traktat"), sowie K.R. Popper, Logik der Forschung, Tübingen 3. vermehrte Auflage 1969, S. 17 f., 60 ff. (im folgenden zitiert als "Popper, Logik").

8) Kraft, Erkenntnislehre, 367 f.

3 Methodologie – Der Weg zu Erkenntnis

31 Einführung

"Damit eine Aussage eine Erkenntnis darstellt, genügt es nicht, dass sie wahr ist, sondern man muss auch wissen, ob sie wahr ist. Darum ist es für die Erkenntnis wesentlich, wie die Wahrheit festzustellen ist" (1). Nachdem nun der von uns zu verwendende Wahrheitsbegriff umschrieben, dadurch unser Verständnis von Erkenntnis bestimmt und somit das Ziel von Wissenschaft festgelegt ist, können wir uns der Methodologie zuwenden, die den Weg zum Ziel ebnen soll. Wir befassen uns ausschliesslich mit der Gewinnung von wahren Aussagen über Tatsachenverhältnisse, die einen ausserlogischen Grund erfordern, damit sie wahr sind.

Wissenschaft als soziale Veranstaltung erfordert die Berücksichtigung pragmatischer Gesichtspunkte in der Methodologie: Rein formallogische Analysen der Forschungsaktivitäten werden deren Kontextabhängigkeit nicht gerecht. Man pflegt deshalb den Forschungsprozess in einen Entdeckungszusammenhang – die Gewinnung von Hypothesen, eigentlich eine Psychologie und Soziologie der Forschung – und in einen Begründungszusammenhang zur Prüfung von Hypothesen zu unterteilen (2). Zuweilen wird auch noch von einem Wirkungszusammenhang (3) gesprochen, der die Folgen der Wissenschaft als sozialer Veranstaltung untersucht. Da wir jedoch vor allem wissenschaftslogische Probleme erörtern, gehen wir nicht in einem speziellen Abschnitt, sondern von Fall zu Fall auf den Wirkungszusammenhang ein.

1) Kraft, Erkenntnislehre, 255.

2) Vgl. dazu Albert, Traktat, 37 ff.

3) Autorenkollektiv, Wissenschaft, 31.

Im folgenden übernehmen wir die von Popper (4) initiierte Deutung des wissenschaftlichen Vorgehens. Danach werden aus einem aus All-Hypothesen (5) und Anwendungsbedingungen bestehenden Explanans Theoreme (Explananda) deduziert, welche man durch Konfrontation mit Beobachtungssätzen (sog. Basissätzen) zu falsifizieren versucht. Bei gelingender Falsifikation des Explanandums ist das Explanans zu reformulieren, worauf dann die deduzierten und nun ebenfalls veränderten Explananda erneut Falsifikationsversuchen auszusetzen sind. In diesem Approximationsprozess der Erkenntnis ist eine Verifikation logisch ausgeschlossen, stellen doch Hypothesen All-Sätze mit unendlich vielen möglichen Anwendungsfällen dar, während sie aber nur endlich vielen Falsifikationstests ausgesetzt werden können. Eine Hypothese kann somit nie im eben definierten Sinne wahr sein, sondern nur bewährt oder, anders ausgedrückt, ein einem erkenntnistheoretischen Sinne wahrscheinlich (6). Wahrheit und Falschheit sind zeitlose Tatbestände, während der Bewährungsgrad im Zeitablauf sich ändern wird. Wenn eine Aussage durch die Aussagen eines Aussagensystems ein-

4) Vgl. Popper, Logik. Ferner die Darstellung von H. Hinz, Blick in die Forschung. Zu Karl Poppers Wissenschaftslehre, in: Vierteljahreshefte zur Wirtschaftsforschung, Berlin 1967, S. 466 ff.; Stegmüller, Erklärung, 78 ff.

5) Im folgenden verwenden wir für "All-Hypothese" nur noch "Hypothese", ohne zu verkennen, dass es neben nomologischen All-Hypothesen noch universelle Existenzhypothesen (vgl. dazu Popper, Logik, 39 ff.; W. Stegmüller, Theorie und Erfahrung, Band II von: Probleme und Resultate der Wissenschaftstheorie und Analytischen Philosophie, Berlin/Heidelberg/New York 1970, S. 194, im folgenden zitiert als "Stegmüller, Theorie") sowie statistische Aussagen (vgl. dazu Popper, Logik, 144 ff.; Stegmüller, Erklärung, 624 ff.) mit eigener Problematik insbesondere in bezug auf die Falsifizierbarkeit gibt. Falsifizierbarkeit möchten wir ohnehin nicht als ein Signifikanzkriterium von empirischen gegenüber metaphysischen Aussagen verstanden wissen, nachdem Stegmüller, Theorie, 181 ff., gezeigt hat, dass alle bisherigen Versuche der Formulierung eines Kriteriums der empirischen Signifikanz von Aussagen gescheitert sind.

6) Der Ausdruck "wahrscheinlich" stiftet hier infolge seiner Doppeldeutigkeit – er wird ja auch in mathematischem Sinne verwendet – nur Verwirrung, so dass wir ihn zugunsten von "bewährt" vermeiden wollen. Vgl. zur Wahrscheinlichkeitsdiskussion Popper, Logik 106 ff., 198 ff., 339 ff.

deutig bestimmt und somit wahr ist, so stimmt sie mit ihrem Kontrollbereich vollständig überein; gerade dies ist jedoch bei All-Sätzen nicht möglich. Je mehr Aussagen die Hypothese bestätigen, desto grösser ist ihre Übereinstimmung mit ihrem Kontrollbereich, desto bewährter ist sie (7). Zu dem objektsprachlich formulierten Explanans kommen die in der Metasprache ausgedrückten Rahmenbedingungen hinzu, wie zum Beispiel die Übereinkunft, sich der deduktiven Logik zu bedienen.

Dieses Schema der deduktiv-nomologischen Erklärung hat idealen Modellcharakter. Gerade in den noch nicht so weit fortgeschrittenen Sozialwissenschaften wimmelt es nur so von mehr oder minder guten Surrogaten, die jedoch – nur weil sie als Surrogate dem Ideal nicht das Wasser reichen – im Einzelfall keineswegs Pseudoerklärungen darstellen müssen, sondern in Gestalt unvollkommener Erklärungen (8) auftreten können. Bei den letzteren lässt sich unterscheiden zwischen erstens ungenauen Erklärungen, die auf der mangelnden Präzision der zur Erklärung verwandten sprachlichen Ausdrücke basieren; zweitens rudimentären Erklärungen, die ein Ereignis nur bruchstückhaft ohne explizite Angabe der als wirksam angenommenen Gesetze erklären; drittens partiellen Erklärungen, mit denen ein Ereignis (Explanandum) nicht in allen beschriebenen Aspekten erklärt werden kann; und viertens Erklärungsskizzen, welche nur Hinweise auf Gesetze und Anwendungsbedingungen liefern.

Die Übergänge zwischen den Arten der unvollkommenen Erklärungen wie auch zur Pseudoerklärung sind fliessend. Das ideale Erklärungsmodell soll uns nicht als Handhabe der Verurteilung bisheriger sozialwissenschaftlicher Bemühungen als inadäquat dienen, sondern vielmehr ein diagnostisches Instrument zum Aufspüren von Fehlern und insbesondere Lücken in Erklärungsversuchen sein.

7) Vgl. Popper, Logik, 219 ff.; Kraft, Erkenntnislehre, 354 ff.

8) Für das Folgende vgl. Stegmüller, Erklärung, 105 ff., 346 ff.

Die Bezeichnung als "Begründungszusammenhang" erscheint hier eigentlich irreführend (9), wird doch der Eindruck erweckt, das Bemühen des Forschers ziele auf eine Bestätigung und dadurch stärkere Begründung von Hypothesen. In Wirklichkeit jedoch besteht wissenschaftliches Vorgehen, entsprechend dem Ersetzen der "Idee der Begründung" durch die "Idee der Kritik" (10), im Bestreben, die Hypothesen durch möglichst harte Prüfungen zu falsifizieren und bei Gelingen durch neue Konzepte zu ersetzen.

Auch der Begründungszusammenhang hat pragmatische Aspekte; denn die Tätigkeit des Problemslösens "pflegt in ihren Denk-, Wahrnehmungs- und äusseren Verhaltensaspekten hochgradig selektiv und von bestimmten Bezugsrahmen abhängig zu sein" (11), so dass die Idee einer "reinen Vernunft" des Einzelnen ad absurdum geführt wird. Die Seinsverbundenheit des Denkens wird jedoch durch den gesellschaftlichen Charakter der Wissenschaft neutralisiert, durch den "Umstand, dass die Wissenschaft und die wissenschaftliche Objektivität nicht dem Streben eines individuellen Wissenschaftlers entspringt, 'objektiv' zu sein (und auch gar nicht entspringen kann), sondern der Zusammenarbeit vieler Wissenschaftler" (12).

33 Der Entdeckungszusammenhang von Hypothesen (Forschungspsychologie)

Im Approximationsprozess der Erkenntnis geht dem Begründungszusammenhang der Entdeckungszusammenhang voraus. Der letztere umfasst alle Aktivitäten zur Gewinnung von Hypothesen, deren Explananda dann Falsifikationsver-

9) Vgl. Albert, Traktat, 38

10) Dazu K.R. Popper, Facts, Standards and Truth. A Further Criticism of Relativism. Addendum zur 4. Aufl. von: The open Society and its Enemies, Band II, London 1962, S. 369 ff.; W.W. Bartley, Flucht ins Engagement. Versuch einer Theorie des offenen Geistes, Müchen 1964, S. 97 ff., 143 ff.; Albert, Traktat, 8 ff.; Kraft, Erkenntnislehre, 347 ff.

11) Albert, Traktat, 92.

12) Popper, Propheten, 267.

suchen ausgesetzt werden. Der Entdeckungszusammenhang ist selber wieder Gegenstand psychologischer und soziologischer Forschungen, wenn die Bedingungen der Entstehung von Hypothesen-Entwürfen untersucht werden. Induktion (13), Intuition, Alltagserfahrung und die sogenannten Geisteswissenschaftlichen Methoden (14) bilden unerschöpfliche Hypothesenreservoirs, die im Erkenntnisprozess absolut unerlässlich sind.

Der Unterschied zwischen Begründungs- und Entdeckungszusammenhang ist auch im Rahmen der Werturteilsdiskussion von Bedeutung. Es wird nämlich oft übersehen, dass die bei der Problemselektion wesentlichen Wertgesichtspunkte im Entdeckungszusammenhang keineswegs zu wertgeladenen Theorien im Rahmen des Begründungszusammenhanges führen. Die Vermengung der Psychologie der Forschung — oder, wie wir weiter unten formulieren werden: Die ungenügende Unterscheidung von Wertbasis und Wertungen als Inhalt wissenschaftlicher Aussagen — haben zur Konfusion in der Werturteilsdebatte beigetragen.

34 Implikationen der metawissenschaftlichen Entscheidungen

Die bisherigen Ausführungen haben schlaglichtartig die Notwendigkeit von metawissenschaftlichen Festsetzungen beleuchtet, die nicht selber wissenschaftlich begründbar sind und deshalb zu den Objekte untersuchenden Wissenschaften im Verhältnis der Metasprache stehen. Infolge ihrer Bedeutung sollen die Entscheidungen lokalisiert und ihre prinzipiellen, weitreichenden Konsequenzen hervorgehoben werden.

13) Zur Problematik der Induktion vgl. Popper, Logik, 3 ff., 256 ff.; Kraft, Erkenntnislehre, 220 ff. Schon Hume hatte die Widersprüchlichkeit des Induktionsprinzips für den Empiristen entdeckt. Vgl. H. Reichenbach, Der Aufstieg der wissenschaftlichen Philosophie, 2. Aufl. Braunschweig 1968, S. 104 ff. (im folgenden zitiert als "Reichenbach, Aufstieg").

14) Insbesondere Phänomenologie, Hermeneutik, Dialektik und deren wissenschaftliche Problematik vgl. H. Seiffert, Einführung in die Wissenschaftstheorie, Band II, München 1970, (im folgenden zitiert als "Seiffert, Einführung II"). Kritisch: Stegmüller, Erklärung 335 ff.

Das Ziel der Wissenschaft besteht nach unserem Verständnis in Gewinnung von Erkenntnis, welche wir als Wahrheit im Sinne der eindeutigen Bestimmtheit einer Aussage durch die anderen Aussagen eines Aussagensystems und bei empirischen Aussagen zusätzlich durch Aufnahme gesetzesmässiger Wahrnehmungsbeziehungen ins Aussagensystem interpretiert haben. In dieser Zielvorstellung sind folgende Implikationen enthalten:

a) Wahrheit und methodologische Objektivität: Im wissenschaftlichen Aussagensystem soll ausschliesslich die Darstellungsfunktion der Sprache zum Tragen kommen. Führt man den Gedanken einer Wahrheit anstrebenden Wissenschaft konsequent durch, so zeigt sich, dass er die Vorläufigkeit aller wissenschaftlichen Ergebnisse zur Folge hat (15), die Wahrheit in sich selber letztlich unerreichbares Ziel ist, der man sich nur zu nähern versuchen, der man jedoch nie gewiss sein kann und darf. Die Objektivität der empirischen wissenschaftlichen Aussagen liegt deshalb nicht in ihrer – prinzipiell unerreichbaren – Wahrheit begründet, sondern in ihrer intersubjektiven Kritisierbarkeit (16).

b) Wahrheit und methodologische Intersubjektivität: Ein Hauptpfeiler der intersubjektiven Kritisierbarkeit ist in der intersubjektiv nachprüfbaren Formulierung wissenschaftlicher Aussagen zu suchen. Die Tatsache, dass Forschung nur sekundär ein psychologischer, primär jedoch ein sozialer Prozess ist, ermöglicht erst den gesicherten wissenschaftlichen Fortschritt, führt gleichzeitig zur Forderung der intersubiktiven Nachprüfbarkeit der wissenschaftlichen Aussagen. Fehlt diese Möglichkeit der Prüfung und damit der Kritik, so bleiben die Aussagen im Subjektiven verhaftet und ein Kriterium zur Beurteilung des Erkenntnisfortschritts fehlt (17). Mit diesem Kriterium beschränkt sich die Wissenschaft be-

15) Bezüglich von All-Sätzen vgl. Abschnitt 32; bezüglich singulärer Sätze vgl. Abschnitt 2, Anm. 7. Die Nicht-Verifizierbarkeit gilt also nicht nur für die Theorie, sondern auch für die die Erfahrung wiedergebenden singulären Basissätze.

16) Vgl. Popper, Logik, 18; ferner K.R. Popper, Das Elend des Historizismus, Tübingen 2. unv. Auflage 1969, S. 119 ff. (im folgenden zitiert als "Popper, Elend").

17) Dies stellt denn auch die Crux der wissenschaftlichen Untersuchung okkulter Phänomene dar: Solange man die Bedingungen der Reproduzierbarkeit der Spontanphänomene nicht kennt, sind sie nur parawissenschaftlich abzuhandeln. Allerdings gibt es auch einen wissenschaftlich-statistischen Ansatz in der Parapsychologie. Vgl. H. Bender (Hrsg.): Parapsychologie. Entwicklung, Ergebnisse, Probleme, Darmstadt 1966.

wusst auf das Erfassen des Universellen, während sich das einzigartige, individuelle Objekt mit wissenschaftlichen Methoden nicht erschöpfend erklären lassen wird (18).

c) Moralische und politische Implikationen: Die Entscheidung zur Idee der Kritik ist eine im höchsten Sinne moralische Entscheidung wider jeglichen Dogmatismus, beschränkt man sie auf die Wissenschaft oder dehnt man sie auf allen Gebiete der menschlichen Existenz aus (19). Auch in politischer Hinsicht ist die "Idee der Kritik" keineswegs neutral, muss sie doch institutionell verankert werden, damit der theoretische Pluralismus sich entfalten kann. Überträgt man die "Idee der Kritik" von der Erkenntnistheorie auf die menschliche Lebensweise allgemein, so wird der Zusammenhang zwischen Wahrheitsstreben und politischer Freiheit noch eklatanter (20).

d) Wertfreiheitsprinzip: Ob das Wertfreiheitsprinzip durch unsere Entscheidungen bereits impliziert wird oder ob es eine weitere metawissenschaftliche Entscheidung voraussetzt, soll im folgenden Abschnitt geklärt werden.

18) Vgl. Popper, Propheten, 302.

19) Wofür Albert, Traktat, 73 ff. plädiert. Vgl. auch Popper, Propheten, 285 ff.

20) Vgl. Albert, Traktat, 173 f.; Popper, Elend, 119 ff.

4 Zum Werturteilsproblem

41 Klärung des Problems

Vorerst seien einige terminologische Vorbemerkungen gestattet. Einen Begriff nennen wir "deskriptiv", wenn er eine darstellende Komponente aufweist und "präskriptiv", wenn er Wertkomponenten aufweist. Ein und derselbe Begriff kann beides zugleich enthalten. Nicht die Begriffe selber, sondern vielmehr die mit den deskriptiven Begriffen gebildeten Aussagen werden bei Aufweisen von Informationsgehalt (1) als "informativ" bzw. die mit präskriptiven Begriffen gebildeten Aussagen bei Aufweisen von Normgehalt als "normativ" bezeichnet. Der Werturteilsstreit dreht sich um die Rolle normativer Ausdrücke in der Wissenschaft (2).

Seit den Abhandlungen Webers (3) ist der Werturteilsstreit in den Sozialwissenschaften nie mehr ganz zur Ruhe gekommen. Neben dem vitalen Interesse aller an der Wissenschaft Beteiligten dürfte auch die Vermischung verschiedener Teilprobleme dafür verantwortlich zu machen sein. Zum Zweck der Analyse spalten wir den gesamten Problemkomplex in vier zu unterscheidende Fragenkreise.

Erstens stellt sich die Frage, inwiefern Werturteile in den Wissenschaften gegenstandsbedingt sind; inwiefern also das Sollen durch wissenschaftliche Methoden feststellbar ist. Damit ist eine Auseinandersetzung mit objektivistischen und sub-

1) Zu diesem von Popper präzisierten Begriff vgl. Popper, Logik, 96, 347 und passim, sowie K.D. Opp, Methodologie der Sozialwissenschaften. Einführung in Probleme ihrer Theorienbildung, Reinbek bei Hamburg 1970, S. 166 ff. (im folgenden zitiert als "Opp, Methodologie"). Der Begriff des Informationsgehaltes einer Hypothese ist zum Begriff des Spielraums einer Hypothese in logischer Hinsicht komplementär.

2) Vgl. die Sammlung von zahlreichen interessanten Aufsätzen: H. Albert/E. Topitsch (Hrsg.) Werturteilsstreit, Darmstadt 1971.

3) M. Weber, Die Objektivität sozialwissenschaftlicher und sozialpolitischer Erkenntnis (1904), und: Der Sinn der "Wertfreiheit" der soziologischen und ökonomischen Wissenschaften (1917) (im folgenden zitiert als "Weber, Sinn"). Beide in: M. Weber, Methodologische Schriften, Frankfurt am Main 1968.

jektivistischen Deutungen der Wertungen im speziellen und ein Blick auf das Verhältnis von Ethik und Wissenschaft im allgemeinen verbunden.

Zweitens haben wir zu untersuchen, inwiefern Werturteile in den Wissenschaften analysenbedingt sind; inwiefern es also möglich ist, Wissenschaft überhaupt "wertfrei" zu betreiben. Von besonderer Bedeutung erscheint hier eine Explikation des Begriffes der "Wertfreiheit".

Drittens taucht das Problem auf, inwiefern Werturteile in den Wissenschaften anwendungsbedingt sind. Erzwingt ein Übergang von der Theorie zur Praxis die Einführung von Werturteilen?

Viertens können wir uns fragen, inwiefern Werturteile in den Wissenschaften allenfalls wünschenswert wären.

42 Die Gegenstandsbedingtheit der Werturteile

421 Einführung

In den philosophischen Systemen des Utilitarismus und der Naturrechtsphilosophie war man geneigt, Werte und Normen aus der Tatsachenbetrachtung abzuleiten (4). Die "unmittelbare Identifikation von Sein und Sollen im Begriff des 'Natürlichen'", sowie die "Annahme, dass 'Glück' oder 'Nutzen' das alleinige Motiv für das menschliche Handeln sowohl ist als auch sein sollte" (5), verhinderte

4) Vgl. G. Myrdal, Das Wertproblem in der Sozialwissenschaft, Hannover 1965, S. 49, 52, 80, 213 (im folgenden zitiert als "Myrdal, Wertproblem"), sowie die Einführung zu diesem Band durch P. Streeten, Programme und Prognosen, S. 27 (im folgenden zitiert als "Streeten, Programme"). Zur Kritik des Utilitarismus und des Naturrechts vgl. G. Myrdal, Das politische Element in der nationalökonomischen Doktrinbildung, Hannover 1963, (im folgenden zitiert als "Myrdal, Element"), sowie A. Ross, Kritik der sogenannten praktischen Erkenntnis, Kopenhagen/Leipzig 1933 (im folgenden zitiert als "Ross, Kritik").

5) Myrdal, Wertproblem, 49. Die Hervorhebungen des Originals wurden weggelassen.

eine Problematisierung des Verhältnisses von Wissenschaft und Politik, indem ja die Werte objektiv aus der Tatsachenforschung erschlossen werden konnten und derart auch die Grundlagen für eine rationale Politik, insbesondere die Sozialpolitik, geliefert wurden. Das durch die Sozialwissenschaften als "natürlich" oder als beitragend zum menschlichen "Glück" – eingeschlossen in der Formel der "allgemeinen Wohlfahrt" – Bezeichnete erklärt und rechtfertigt die so erforschten Gebiete der Wirklichkeit zugleich (6). Sich absetzend von der Naturrechtsphilosophie und vom Utilitarismus, entwickelte sich die Doktrin von der Trennung des Seins vom Sollen.

Es fragt sich nun, ob diese Trennung von Sein und Sollen haltbar ist oder ob vom Sein zum Sollen ein Brückenschlag logisch oder empirisch denkbar ist. Im letztgenannten Fall würden sich Werte der wissenschaftlichen Erkenntnis ebenso erschliessen wie die heute allgemein anerkannten Tatsachenbereiche Inhalt wissenschaftlicher Analysen sind. Eröffnen sich jedoch Sein und Sollen als zu trennende Bereiche, so stellt sich die Frage nach dem Beitrag der Wissenschaft auf dem Gebiet der Wertungen.

Die Auffassungen bezüglich der Wertungen lassen sich grundsätzlich in die Gruppen der Vertreter einer objektivistischen und einer subjektivistischen Lehre scheiden, wobei innerhalb jeder Gruppierung wiederum mehrere Spielarten auftreten. Wir beschränken uns im folgenden auf modernere Richtungen und differenzieren (7) zwischen den Wertdeutungsmodellen des Naturalismus und Intuitionismus als objektivistische Varianten auf der einen und Subjektvismus und der Analytischen Philosophie als subjektivistische Varianten auf der anderen Seite. Utilitarismus und Naturrechtsphilosophie als objektivistische Richtungen werden nicht speziell erörtert, sondern können im Lichte der allgemeinen Kritik des Objektivismus betrachtet werden.

6) Vgl. zum utilitaristischen und naturrechtlichen Erbe in der neoklassischen Ökonomie H. Albert, Marktsoziologie und Entscheidungslogik, Ökonomische Probleme in soziologischer Perspektive, Neuwied am Rhein/Berlin 1967, S. 49 ff. (im folgenden zitiert als "Albert, Marktsoziologie").

7) Vgl. für das folgende V. Kraft, Grundlagen einer wissenschaftlichen Wertlehre, Wien 2. neubearbeitete Auflage 1951, S. 1 ff., 183 ff. (im folgenden zitiert als "Kraft, Grundlagen") und Albert, Marktsoziologie, 98 ff.

Der Naturalismus (8) bestreitet den Dualismus von Tatsachenaussagen und Werturteilen und versteht Werturteile wie im Sprachgebrauch des Alltags als Aussagen über Eigenschaften, die den Gegenständen wie andere reale Beschaffenheiten objektiv und durch die spezifische Situation bestimmt zukommen. Die Ethik erscheint damit als eine empirische Wissenschaft, die dem Wahr-Falsch-Regulativ untersteht und in dieser Hinsicht keinen Sonderstatus im Wissenschaftsspektrum beanspruchen kann.

Die logische Analyse der Wertbegriffe – welche in Gestalt von Substantiven, Adjektiven oder Verben auftreten können – zeigt, dass ihr Bedeutungsgehalt mit Ausnahme der allgemeinsten Wertbegriffe zwei Komponenten vereinigt, nämlich "eine rein sachliche, neutrale Komponente, und die auszeichnende, die den eigentlichen Wertcharakter ausmacht". "Wertbegriffe allgemeinster Art, wie gut, schlecht, ausgezeichnet, wertvoll. . . enthalten nichts anderes als diesen Wertcharakter allein ohne sachlichen Gehalt" (9). Diese Analyse der Wertbegriffe erhellt, dass auch Werturteile neben ihrem normativen Wertcharakter meistens noch einen informativen, sachlichen Gehalt aufweisen. "Die Tatsache, dass es für die Anwendbarkeit von Wertworten vielfach mehr oder weniger allgemein akzeptierte sachliche Kriterien gibt, ist kein zureichender Grund dafür, mit dem ethischen Naturalismus anzunehmen, dass der Sinn eines Werturteils sich in der Feststellung

8) Unter den Begriff des Naturalismus subsumieren wir die Konzeptionen von John Dewey und Felix Kaufmann. Zu John Dewey vgl. Albert, Marktsoziologie, 98 ff.; C.L. Stevenson, Ethics and Language, New Haven 4. Aufl. 1948, S. 253 ff. (im folgenden zitiert als "Stevenson, Ethics"). Zu John Dewey und Felix Kaufmann vgl. A. Brecht, Politische Theorie. Die Grundlagen politischen Denkens im 20. Jahrhundert, Tübingen 1961, S. 320 ff. (im folgenden zitiert als "Brecht, Theorie"). Statt der hier verwendeten Scheidung in objektivistische und subjektivistische Varianten liesse sich auch die von Albert, Marktsoziologie, 143 vorgeschlagene Differenzierung in platonische und reduktionistische Richtungen verwenden, wobei die Phänomenologen, der angelsächsische Intuitionismus sowie der Neukantianismus platonistisch, der Naturalismus und Subjektivismus als reduktionistisch einzustufen wären.

9) Kraft, Grundlagen 17 f.

dieser Merkmale erschöpft. Das naturalistische Deutungsmodell ist unzulänglich, weil es gewisse Bedeutungskomponenten der Werturteile nicht berücksichtigt" (10). Die Werturteile auszeichnende Bedeutungskomponente macht ja erst den eigentlichen Gehalt des Wertcharakters aus und zeigt das Ungenügen der naturalistisch-empiristischen These der Gleichbehandlung von Wert- und Tatsachenaussagen. Die Inanspruchnahme des Wahr-Falsch-Regulativs kann nur für die sachliche Bedeutungskomponente der Werturteile gelten, ist es doch möglich, "dass man sich über die Tatsachen vollkommen einig sein und trotzdem entgegengesetzte Werturteile aussprechen kann, ohne in Widersprüche zu geraten" (11).

Während im Naturalismus die Werte real-objektive Eigenschaften darstellen, erkennt der Intuitionismus (12) in den Werten ideal-objektive Gegebenheiten, denen im Vergleich zu den alltäglichen Phänomenen eine andere, selbständige Wirklichkeit zukommt. Bei Scheler (13) sind die Werte ideelle, apriorische Wesenheiten, welche spezifische Wertqualitäten analog zu Farbqualitäten aufweisen, die durch spezielle Verfahren wie Fühlen, Vorziehen und Nachsetzen erschaut werden können. Dieses Wertfühlen wird als kognitive Funktion beschrieben. Der Wert ist in dieser Konzeption nicht nur, aus seiner Subjekt-Objekt-Beziehung entlassen, zu einer selbständigen Qualität geworden, sondern in seiner "Seinsweise" (14) auch dem empirischen Bereich enthoben und in einem platonischen Reich apriorischer Unangreifbarkeit angesiedelt worden. Dadurch kommt den Werten ein von den empirischen Werterlebnissen unabhängiges Dasein zu; die Beziehung zum wertenden Menschen ist sekundärer Natur.

10) Albert, Marktsoziologie, 101. Vgl. auch die dortigen Literaturhinweise.

11) Albert, Marktsoziologie, 100.

12) Neben Moore ist der Intuitionismus in erster Linie im deutschen Sprachbereich durch Scheler und Hartmann vertreten. Zu Moore vgl. Stevenson, Ethics, 271 ff.

13) Vgl. zum Beispiel M. Scheler, Der Formalismus in der Ethik und die materiale Wertethik. Neuer Versuch der Grundlegung eines ethischen Personalismus, 5. Aufl. Bern 1966.

14) So N. Hartmann, Ethik, 4. Aufl. Berlin 1962, S. 149.

Wie die analytische Philosophie gezeigt hat, ist eine Ursache der Verführung, Wertausdrücke kognitiv zu behandeln, in der Sprachstruktur zu suchen. "Wenn wir uns von der naiven Auffassung freigemacht haben, dass jedes Eigenschaftswort in gleicher Weise eine Eigenschaft bezeichnen müsse, werden wir uns nicht mehr bemühen, hinter jedem Wertprädikat verzweifelt eine entsprechende 'Wertqualität' zu suchen, sondern uns damit zufrieden geben, dass es Ausdrücke gibt, die ihre charakteristische Verwendungsweise nicht ihrer Beziehung auf die Welt der Objekte, auf die sie angewendet werden, sondern auf die praktische Einstellung zu diesen Objekten verdanken" (15).

Ein weiterer Grund für das Bemühen um eine kognitive Ethik und für die Verbreitung des "cognitiv-ethischen Parallelismus" (16) überhaupt ist in der unrichtigen Auffassung des Bestehens eines normativen Teils der Erkenntnis zu suchen. Dieser Irrtum entsprang einer falschen Deutung der Mathematik, welche "von Platos bis zu Kants Zeiten als ein System von Vernunftgesetzen aufgefasst wurde, welches die physikalische Welt beherrscht; und von einem derartigen synthetischen Apriori war es nur ein kleiner Schritt zu der Auffassung, dass die Vernunft uns ethische Richtlinien geben kann, die eine objektive Gültigkeit haben, ebenso wie sie für die Gesetze der Mathematik beansprucht wird" (17). Doch hat sich bekanntlich erwiesen, dass die Sätze der Mathematik rein analytischer Art sind, dass ihre Axiome nicht in der Erfahrung begründet sind, sondern die Begriffe der Axiome erst mit der Aufstellung der Axiome implizit definiert werden und dass somit verschiedene Mathematiken, zum Beispiel auch nicht-euklidische Geometrien, möglich sind (18).

Neben der Missdeutung der Mathematik und den erwähnten sprachlichen Gesichtspunkten dürften auch die Bedürfnisse des Menschen nach einem Halt und Wegweiser für die kognitiv-ethische Verwirrung verantwortlich zeichnen. Der Wunsch als Vater des Gedankens mag der kognitiven Ethik Pate gestanden haben:

15) Albert, Marktsoziologie, 102 f.

16) Vgl. dazu Reichenbach, Aufstieg 63 ff.

17) Reichenbach, Aufstieg, 310 f.

18) Vgl. Diemer/Frenzel, Philosophie, 342 f.

Denn liesse sich das für die Lebenspraxis massgebende Sollen durch Erkenntnis fixieren, so wäre der Mensch aus der Notwendigkeit, im Bewusstsein von im wissenschaftlichen Sinn objektiver Ungewissheit Entscheidungen zu treffen und zu verantworten, entlassen.

Nach diesen genetischen Aspekten gehen wir nun zur direkten Kritik der objektivistischen Wertdeutungsmodelle über. Die überindividuelle, Geltung begründende Instanz für Wertungen kann in einem Apriorismus platonischer Prägung nicht gefunden werden. Wie früher ausgeführt, stellt einer der Hauptpfeiler unserer metawissenschaftlichen Konzeption das Erfordernis der Intersubjektivität der Erkenntnis dar, die als wissenschaftlich gelten soll. Das platonische Reich der Ideen ist der empirischen intersubjektiven Erforschung und damit der Wissenschaft entzogen; die intuitive Methode kann denn auch kein Kriterium liefern, das eine intersubjektiv nachprüfbare Entscheidung zwischen zwei sich widersprechenden Intuitionen erlaubt. Intuition ist eine zentrale Möglichkeit der Hypothesengewinnung, nicht aber der Hypothesenüberprüfung. Könnten Werte intuitiv-evident erschaut werden, so läge der Gedanke nahe, dass sich zwischen den darum Bemühten allmählich eine gewisse Übereinstimmung herausbilden würde. Dies war jedoch nicht einmal bei den sich nahestehenden Phänomenologen der Fall (19). Es sei betont, dass wir nicht meinen, es lasse sich durch Intuition keine Erkenntnis gewinnen; wir meinen nur, dass Intuition kein wissenschaftlichen Anforderungen genügendes Testverfahren zur Gewinnung von Erkenntnis darstellt.

Sowohl dem Naturalismus wie auch dem Intuitionismus liegt die Idee einer praktischen Erkenntnis zugrunde, nämlich der Gedanke, "dass eine unmittelbare Forderung oder Aufforderung an den Willen (ein unmittelbarer Bestimmungsgrund für den Willen) in dieser Erkenntnis liegt, sich in Übereinstimmung mit dem, durch sie angegebenen Ziel oder Bestimmungsprinzip einzustellen" (20). Doch ist der Grundgedanke in sich widerspruchsvoll; "denn jedes Wissen ist Wissen von etwas, was also von dem Wissen selber verschieden ist . . . Soll nun aber

19) Kraft, Wertlehre, 222.

20) Ross, Kritik, 19. Die Hervorhebungen des Originals wurden weggelassen.

das Wissen selber den Zweck setzen (den Grund darstellen), so kann dieser Zweck (Grund) also nicht vor und unabhängig von dem Wissen gegeben sein; und dieses wiederum also nicht Wissen von diesem Zweck (Grund) sein. Und umgekehrt: soll das Wissen, Wissen von dem Zweck sein, so kann es diesen nicht selber setzen" (20). Die objektivistischen Versuche, die Kluft zwischen Sein und Sollen durch Hinübernehmen des Sollens ins Sein zu überbrücken, besser: zu negieren, sind demnach gescheitert.

Der unüberbrückbare Graben zwischen Sein und Sollen zeigt sich somit rein logisch. Ein deduktiver Schluss kann nie mehr beinhalten, als bereits in den Prämissen vorhanden war; deshalb kann niemals vom Sein logisch auf das Sollen geschlossen werden. Vielmehr müssen die Prämissen mindestens ein Werturteil enthalten, damit aus ihnen weitere Werturteile ableitbar sind. Überdies geht daraus hervor, dass eine Erforschung der Wertüberzeugungen von Menschen auch im idealen Fall einer Harmonie der Wertungen keinen wissenschaftlich vertretbaren Schluss auf das Sollen zulässt. Eine "normative Kraft des Faktischen" (21) ist logisch nicht begründbar, so sehr dieser Aphorismus in empirischer Hinsicht auch zutreffen mag.

Tatsächlich intersubjektives Gelten von Werten darf nicht mit dem diskutierten Wertobjektivismus verwechselt werden. Der letztere tritt ja mit dem Anspruch auf, dass sich objektive Werte nachweisen lassen, die unabhängig davon, inwieweit sie tatsächlich akzeptiert werden, gelten sollten. Faktische intersubjektive Geltung von Werten tritt infolge der sozialen Prägung innerhalb einer kulturellen "Einheit" immer in gewissem Masse auf.

20) Ross, Kritik, 19. Die Hervorhebungen des Originals wurden weggelassen.

21) E. Küng, Wirtschaft und Gerechtigkeit, Tübingen 1967, S. 64 (im folgenden zitiert als "Küng, Wirtschaft").

423 Subjektivistische Werttheorien

Der Subjektivismus (22) als weiteres metaethisches Konzept schlug einen radikal anderen Pfad ein, einen Weg, der die Ontologisierung der Werte vermeidet. Er negiert eine besondere Gegenstandsart der Werte, verneint damit auch die Möglichkeit einer kognitiven Ethik, sondern sieht in Werturteilen vielmehr den Ausdruck von "Gefühlen und Willenshaltungen" (23). Die Wertungen sind nun völlig dem einzelnen Subjekt anheim gegeben, sind in ihrer Irrationalität unkritisierbar, da ein entsprechender Massstab fehlt. In seinen extremen Varianten hat der Subjektivismus die gefühlshafte, expressive Komponente der Wertausdrücke zu Lasten der rein sachlichen Komponente überbetont, die Wertbegriffe zuweilen als blosse Interjektionen bezeichnet und ist damit – mit Ausnahme der der allgemeinsten Wertprädikate – ebensosehr in eine Sackgasse geraten wie der Naturalismus, der nur die sachlich-informative Komponente ins Auge fasste. Doch lässt sich bei Wertbegriffen wie bei Werturteilen weder von der deskriptiven und informativen noch von der präskriptiven und normativen Komponente abstrahieren, ohne diese sprachlichen Ausdrücke zu verfälschen. Immerhin ist zu beachten, dass der objektivistische Grundfehler der Reduktion des Sollens auf das Sein vermieden wurde, "dass Wertaussagen, soweit nicht der deskriptive Gehalt der in ihnen enthaltenen Wertbegriffe in Frage kommt, keine Erkenntnisse zum Ausdruck bringen und daher weder wahr noch falsch sein können: sie sind nicht wahrheitfähige Aussagen" (24). Eine Richtung im Subjektivismus, die die Werturteile als Imperative behandelt (25), trifft damit wohl einen richtigen Aspekt; doch erschöpft diese Deutung die logische Grammatik der Werturteile keineswegs, wie wir noch sehen werden.

22) Vertreter sind Reichenbach und Russell.

23) Albert, Marktsoziologie, 99.

24) Albert, Marktsoziologie, 105. Die Hervorhebung des Originals wurde weggelassen. Zum Dualismus zwischen Sein und Sollen, zwischen Tatsachen und Entscheidungen vgl. zum Beispiel K.R. Popper, Der Zauber Platons. Erster Band von: Die offene Gesellschaft und ihre Feinde, Bern/München 2. Aufl. 1970, S. 96 ff. (im folgenden zitiert als "Popper, Zauber").

25) So Reichenbach, Aufstieg, 309 ff.

Während im Subjektivismus die Werte der Irrationalität des Individuums überantwortet sind, baut eine Richtung in der analytischen Philosophie, nämlich der "Kritische Rationalismus" (26), auf dem in der Erkenntnistheorie und Methodologie gewonnenen Fundament auf und erklärt ihr metawissenschaftliches System zum metaethischen Konzept. Diese Ausdehnung ist wiederum eine Sache der Entscheidung, nicht der Erkenntnis, wie das schon bei der Begründung der metawissenschaftlichen Konzeption der Fall war. Indem auch hier die "Idee der Begründung" durch die "Idee der Kritik" ersetzt wird, werden die Werthaltungen der Irrationalität des subjektiven Engagements entrissen und in gewissen Hinsichten kritisierbar. Die Kritisierbarkeit rührt hier analog zu den empirischen Wissenschaften vom Verzicht auf die Suche nach rechtfertigenden, autoritär-dogmatischen Wertquellen her, wie sie zum Beispiel bei Scheler im Wertfühlen oder beim Subjektivismus in den Gefühlen bestanden. Allerdings blieb ein Kernproblem bisher so gut wie ungelöst: Während in den empirischen Wissenschaften der Rücktransfer der Unwahrheit, d.h. die Falsifizierbarkeit der Hypothesen durch die Empirie gesichert ist, besteht im Bereich der Wertungen kein allgemein anerkanntes "nicht autoritäres Kriterium zur Feststellung der Falschheit oder besser Ungültigkeit bestimmter Wertstandards" (27). Erst Ansätze zeigen sich dazu in Alberts "Brücken-Prinzipien" (28), die wir hier jedoch nicht weiter verfolgen können.

Eine Analyse des üblichen Sprachgebrauchs von Wertaussagen führte zu neueren Deutungen (29) von Werturteilen. Es fallen folgende drei charakteristische Punkte auf: "Ein Satz ist eine normative Aussage, wenn er:

1. eine mögliche Sachlage in positiver oder negativer Weise für das Handeln oder die Stellungsnahme auszeichnet;

26) Vgl. die Literatur in Abschnitt 32, Anmerkung 10. Zu Kritizismus und Ethik vgl. insbesondere Albert, Traktat, 55 ff.

27) L. Fügel, Die Bedeutung der philosophischen Anthropologie für die Grundlegung der Sozialwissenschaften, Diss. Köln 1967, S. 231 (im folgenden zitiert als "Fügel, Bedeutung").

28) Albert, Traktat, 76 ff.

29) Die grundlegenden Forschungen wurden von Stevenson, Ethics, sowie M.R. Hare, The Language of Morals, Oxford 1952, vorgenommen.

2. eine Norm (Wert-Standard oder Verhaltensmaxime) als gültig voraussetzt, die ein entsprechendes Verhalten (Handlung oder Stellungnahme) fordert;
3. eine entsprechende präskriptive Erwartung involviert." (30)

Nach dieser Konzeption beruht der Wert "auf einer Gegenstands-Beziehung, auf der Beziehung einer Gegenstandsbeschaffenheit zu einer Subjekts-Reaktion. Ein Werturteil sagt daher eine Gegenstandsbeschaffenheit von stellungnahmebestimmender Art aus. Infolgedessen hängt die Zuschreibung eines Wertes in einem Werturteil nicht nur von der Objektbeschaffenheit, sondern auch vom wertenden Subjekt ab" (31). Die Wertzuschreibung im Werturteil an Wertträger – worunter wir alles verstehen wollen, dem ein Wertprädikat zugesprochen werden kann – geschieht durch Wertbegriffe. Diese haben, wie erwähnt, neben ihrem Wertcharakter auch einen deskriptiven Aspekt. Wenn auch das Werturteil neben der Objektbeschaffenheit vom wertenden Subjekt abhängt, so ist es doch in seinem Anspruch unpersönlich. Dies wird deswegen möglich, weil die Auszeichnung in den Wertbegriffen von der Erfahrung der Individuen losgelöst und zum frei verfügbaren Prädikat wird. Infolge dieser Unpersönlichkeit erhalten die Werturteile ihren objektivistischen Schein analog zu rein informativen Aussagen, was zum Problem der Entscheidbarkeit unter den Wertungen und derart zu den besprochenen Werttheorien führte. Vom Werturteil als unpersönlicher Auszeichnung der Wertträger ist auch die praktische Werthaltung, die rein im Subjektiven verbleibende Stellungnahme zu unterscheiden. Diese umfasst von den für das Werturteil erwähnten charakteristischen drei Punkten nur den ersten und lässt die Bezugnahme auf ein anerkanntes allgemeines Prinzip ebenso wie die Aufforderung an den Adressaten, dieselbe Norm zu übernehmen, vermissen.

Die zentrale Stellung des pragmatischen Sprachaspekts bei Werturteilen wird durch diese Analyse deutlich. Im Gegensatz zu informativen Aussagen, wo die

30) Albert, Marktsoziologie, 148. Eine leicht differierende Formulierung findet sich im selben Band S. 107.

31) Kraft, Grundlagen, 186. Die Hervorhebungen des Originals wurden weggelassen. Die folgenden Ausführungen basieren weitgehend auf der Kraft'schen Analyse der Wertbegriffe, -träger-, -urteile und Werthaltungen.

semantische Dimension dominiert, rückt bei normativen Aussagen infolge der Adressatenorientierheit und der grossen Bedeutung des Senders die Pragmatik in den Vordergrund. Analog zu informativen Aussagen lassen sich die Werturteile in solche singulärer, raum-zeitlich bestimmter Art und in universelle, den nomologischen Hypothesen entsprechende normative Aussagen untergliedern; für uns ist dies jedoch nur von geringer Relevanz.

Zusammenfassend lässt sich sagen, dass sich wohl Wertungen wissenschaftlich untersuchen lassen, ein von den Wertungen der Individuen unabhängiges Reich der Werte sich jedoch wissenschaftlich nicht feststellen lässt. Von den Wertungen der Individuen — dem erforschbaren Sein — führt keine Brücke über die logische Kluft zum Sollen, so dass Werturteile in den Wissenschaften irgendwie gegenstandsbedingt einzuführen wären. Trotzdem kann die Wissenschaft bei der Lösung von Wertproblemen weiterhelfen: Wertforschung — Wertungen als Gegenstand wissenschaftlicher Analysen — ermöglicht die Beleuchtung von Konsequenzen bei Einnehmen gewisser Werthaltungen und Erhellung wechselseitiger Antinomien sowie Aufklärung möglicher Unverträglichkeit (logischer Widersprüche) bestimmter Wertungen. Zudem werden Wertungen durch die erwähnten "Brücken-Prinzipien" partiell kritisierbar.

43 Die Analysenbedingtheit der Werturteile

431 Einführung

Neben dem Missverständnis der Gegenstandsbedingtheit der Werturteile hat ein breites Spektrum von Meinungen verschiedenster Prägung die Unmöglichkeit wertfreier Analyse aus anderen Gründen behauptet. Wir können zwischen vier Hauptgruppen unterscheiden. Eine erste Gruppe meint, schon die wissenschaftlichen Begriffe seien normativ, so dass von wertfreier Wissenschaft ohnehin nicht die Rede sein könne. Eine zweite Meinung lautet dahin, die wissenschaftlichen Aussagen verletzten aus verschiedenen Gründen notwendig ein allfälliges Wertfreiheitsprinzip. Zum dritten besteht die Ansicht, dass jegliche Analyse infolge der Unzulässigkeit der Zweck-Mittel-Dichotomie zwingend von Bewertungen durchsetzt sei. Viertens wurde versucht, die zwangsläufige Einführung von Werturteilen mit den Gegebenheiten bei statistischen Hypothesen nachzuweisen.

432 Begriffe und Wertfreiheit

In zweierlei werden die Begriffe als normativ bezeichnet: Einerseits insofern, als eine Entscheidung darüber erforderlich ist, welche Intension und Extension ein Begriff haben soll (32); anderseits bezüglich ihrer Wertkomponenten, ihrer emotionalen Bedeutung oder Wertgeladenheit (33).

Die Tatsache, dass jeder Begriff gewissermassen ein "Zusammengriff" (34), eine abstrahierende Selektion von Designata aus der Gesamtfülle der Phänomene darstellt, ist evident. Es fragt sich jedoch, ob es zweckmässig ist, aufgrund dieser Notwendigkeit des Denkens allen Begriffen und damit auch allen Aussagen das Prädikat der Normativität zuzusprechen. Dadurch würde die Bedeutung von "normativ" derart erweitert, dass dieser Begriff als Instrument einer differenzierenden Aussagenanalyse der Wissenschafts- oder Alltagssprache nicht mehr in Frage käme. Aus diesem Grunde scheint dieser an und für sich unbestrittene Sachverhalt nicht dazu angetan, als Grundlage der Behauptung einer notwendig normativen Wissenschaft zu dienen.

Es ist unerlässlich, bereits hier auf die später (35) ausführlicher erörterte Unterscheidung innerhalb der Wissenschaftssprache zwischen Beobachtungssprache und theoretischer Sprache hinzuweisen. Bei theoretischen Begriffen tritt nämlich im Gegensatz zu den Begriffen der Beobachtungssprache, welche entweder explizit definiert oder als undefinierte Grundbegriffe mit direkt beobachtbarer Bedeutung eingeführt werden, das Problem der Operationalisierung hinzu, wel-

32) Vgl. Streeten, Programme, 21.

33) Vgl. Myrdal, Wertproblem, 43 f.

34) Seiffert, Einführung I, 15

35) Vgl. unten Abschnitt 525 zur Operationalität.

ches dem von Streeten als Indexproblem (36) bezeichneten Fragenkreis entspricht. Danach jedoch wäre es aus demselben Grunde wie vorhin verfehlt, die partielle Deutung mit einer präskriptiven Deutung zu identifizieren; ist doch die tatsächlich ausgeführte Operationalisierung allen anderen potentiellen partiellen Deutungen eines Begriffes gleichgeordnet. Wiederum würde eine zum Normativitätskriterium gemachte, unumgängliche Selektivität das brennende Problem normativer Wissenschaft einer trivialen Lösung zuführen.

Auch das wissensoziologische Argument muss hier kurz zur Sprache kommen. Danach bestimmt der soziale Standort des Forschers dessen Perspektive und über die Begriffe seine Theorien und vermeintlichen Einsichten. Mit jeder Erkenntnis sind derart auch die in der tradierten Weltperspektive enthaltenen Wertungen untrennbar verwoben. Dieser wissensoziologische Ansatz scheint aus drei Gründen fragwürdig zu sein (37):

a) die Wissensoziologie kann nur durch einen Kunstgriff vor der Selbstzerstörung bewahrt werden: Bei Marx, indem er der proletarischen Klasse aufgrund ihres Auftrags die Möglichkeit objektiver Erkenntnis attestiert; bei Mannheim, indem die Lösung in einer sozial nur lose verankerten Intelligenzschicht mit objektiven Erkenntnismöglichkeiten gesucht wird. Allerdings ergibt sich die Möglichkeit von im marxistischen Sinn objektiver Erkenntnis des Proletariats ganz konsequent aus den Voraussetzungen der marxistischen Philosophie: Da letztlich die Produktionsbedingungen das Bewusstsein bestimmen, das Bewusstsein der herrschenden Klasse das überhaupt vorherrschende Bewusstsein ist und das Proletariat die klassenlose Gesellschaft herbeiführen wird, ist die Wissenschaft des Proletariats zwar parteilich und klassengebunden, angesichts der klassenlosen Gesellschaft jedoch trotzdem objektiv (38). Man kann demnach nur von transzendenter Warte aus die

36) Streeten, Programme, 21. Er erwähnt das Indexproblem als ein allem Denken gemeinsames Problem, während es nach unserem Dafürhalten auf die Begriffe der theoretischen Sprache beschränkt bleibt.

37) Vgl. dazu Popper, Propheten, 260 ff.; E. Nagel, The Structure of Science, Problems in the Logic of Scientific Explanation, London 2. Aufl. 1968, S. 498 ff. (im folgenden zitiert als "Nagel, Structure"); H. Seiffert, Marxismus und bürgerliche Wissenschaft, München 1971, S. 64 ff. (im folgenden zitiert als "Seiffert, Marxismus").

38) Vgl. dazu A. Schaff, Geschichte und Wahrheit, Wien/Frankfurt/Zürich 1970, S. 138 ff. (im folgenden zitiert als "Schaff, Geschichte"); ferner vgl. Teil III, Abschnitt 642.

Möglichkeit objektiver Erkenntnis als Kunstgriff bezeichnen.
b) Zweitens verkennt die Wissenssoziologie den sozialen Apsket in der wissenschaftlichen Methode. Objektive Erkenntnis wird nicht durch irgendwelche Vorgänge im Bewusstsein individueller Wissenschafter erreicht, sondern kommt durch die Zusammenarbeit und wechselseitige Kritik vieler Wissenschafter, durch die Intersubjektivität der wissenschaftlichen Methode, zustande. In diesem Sinne haben wir auch bei unserer Studie die Hoffnung, versteckte Werturteile sowie Irrtümer würden durch Kritik allmählich eliminiert werden können.
c) Überdies genügt die in der Wissensoziologie implizierte Möglichkeit des Sozialwissenschafters, wenigstens Objektivität in bezug auf ein bestimmtes, wenn auch durch seinen sozialen Standort determiniertes Kategoriensystem erreichen zu können, um von objektiver Erkenntnis, wie sie auch in den Naturwissenschaften verstanden wird, sprechen zu können. Auch der Physiker oder Mathematiker macht alle seine Aussagen in bezug auf ein bestimmtes Kategoriensystem, das keineswegs das einzig Mögliche sein muss.

Insgesamt erscheint auch das wissenssoziologische Argument einer untrennbaren Verwobenheit von Wertungen und Tatsachen in den Sozialwissenschaften im Gegensatz zu den Naturwissenschaften bei Mannheim oder in den Wissenschaften schlechthin bei Marx nicht durchschlagend.

Die Wertgeladenheit von Alltagsbegriffen und zahlreichen wissenschaftlichen Begriffen – insbesondere sozialwissenschaftlicher Provenienz – lässt sich nicht bestreiten; unzweifelhaft ist damit eine präskriptive Bedeutung verknüpft, welche die die damit gebildeten Aussagen implizit normativiert (39). Wenn das auch im Rahmen der Alltagssprache eine Tugend darstellt wegen der damit verbundenen Gesamtorientierung, so lässt die auf Erkenntnis ausgerichtete Perspektive der Wissenschaftssprache dieses Faktum als Laster erscheinen. Obwohl über die Wertgeladenheit der Begriffe für einige Bereiche die Tatsache normativer Wissenschaft

39) Auch Nagel, Structure, 492 ff. betont, dass Aussagen mit wertgeladenen Begriffen ein Werturteil implizieren, weil zur informativen Komponente noch die normative tritt. Aus praktischen Gründen mag, wie Nagel darlegt, für Adressaten mit gleichen Werturteilen diese Vermengung sogar ein Vorteil sein. Allerdings scheint uns die Gefahr im allgemeinen gross, dass dann Werturteile mit der Aura der Wissenschaftlichkeit umgeben werden.

konzediert werden muss, kann uns dies nicht zu einer fatalistischen Anerkennung dieser Tatsache als gegeben, als der Wissenschaftssprache inhärent, bewegen; vielmehr wird dadurch ein Programm der Einführung von Begriffen mit einem geringen Grad an Wertgeladenheit analog zu naturwissenschaftlichen Begriffen indiziert (40).

433 Aussagen und Wertfreiheit

Zur Hauptsache wird im Werturteilsstreit nicht die Verletzung eines allfälligen Wertfreiheitsprinzips schon durch Begriffe, sondern durch wissenschaftliche Aussagen behauptet. Wenn das Problem auch nicht endgültig gelöst ist, so ist doch heute ein Ansatz zur Klärung durch die Analysen von Albert (41) vorhanden, der bei Weber in seinen Grundzügen schon zu finden ist (42). Es ist zu unterscheiden zwischen dem Objektbereich der Wissenschaften, der Objektsprache, in der Aussagen über den Objektbereich gemacht werden, und metasprachlichen Relevanzproblemen. Die daraus resultierende Klärung erlaubt die Abgrenzung von drei methodologisch verschieden einzustufenden Fragenkomplexen:

"1. Das Problem der Wertbasis der Sozialwissenschaften: die Frage, inwieweit sozialwissenschaftlichen Aussagen Wertungen irgendwelcher Art zugrunde liegen müssen;
2. das Problem der Wertungen im Objektbereich der Sozialwissenschaften: die Frage, inwieweit diese Wissenschaften Wertungen irgendwelcher Art zum Gegenstand ihrer Aussagen machen müssen; und
3. das eigentliche Werturteilsproblem: die Frage, inwieweit sozialwissenschaftliche Aussagen selbst den Charakter von Werturteilen haben müssen." (43)

40) Vgl. zu diesem Punkt unten die Abschnitte 526 und 6.

41) Vgl. für das Folgende H. Albert, Wissenschaft und Politik. Zum Problem der Anwendbarkeit einer wertfreien Sozialwissenschaft, in: E. Topitsch (Hrsg.), Probleme der Wissenschaftstheorie. Festschrift für Victor Kraft, Wien 1960, S. 201 ff.; (im folgenden zitiert als "Albert, Wissenschaft"); H. Albert, Wertfreiheit als methodisches Prinzip. Zur Frage der Notwendigkeit einer normativen Sozialwissenschaft, in: E. Topitsch (Hrsg.), Logik der Sozialwissenschaften, Köln/Berlin 5. Aufl. 1968, S. 181 ff. (im folgenden zitiert als "Albert, Wertfreiheit"). Ferner Albert, Marktsoziologie, 92 ff. und passim, sowie Albert, Traktat, 62 ff.

42) Weber, Sinn, 239.

43) Albert, Wertfreiheit, 189, sowie Albert, Marktsoziologie 151.

Die Frage, ob die Sozialwissenschaften durch Wertungen als Gegenstand normativiert werden, haben wir bereits erörtert und eine durch ihren Gegenstand bedingte Normativierung der Wissenschaft verneint. Nach unseren bisherigen Ausführungen kann es auch keinem Zweifel unterliegen, dass eine Wertbasis für jede wissenschaftliche Tätigkeit unumgänglich ist, eine Wertbasis, der offenkundig eine kanalisierende Funktion innewohnt, soll sie doch dazu dienen, "Ergebnisse und Methoden der wissenschaftlichen Arbeit unter bestimmten Gesichtspunkten, wie dem der Widerspruchsfreiheit, des Gehaltes, der Erklärungskraft und der Bewährung zu beurteilen und damit auch zu bewerten" (44). Die vorausgeschickten metawissenschaftlichen Erörterungen über die Aufgaben und Spielregeln bilden demnach ein Kernstück der Wertbasis zusammen mit der vor jeder Inangriffnahme einer wissenschaftlichen Untersuchung notwendigen Entscheidung der Selektionsfragen. Die Unvermeidlichkeit derartiger Festsetzungen wird heute von kaum einem Vertreter des Wertfreiheitspostulates bestritten, obgleich ihnen dies manchmal infolge einer Konfundierung von Wertbasis und eigentlichem Werturteil (45) oder in polemischer Absicht unterschoben wird. Die Wertbasis hat jedoch nicht im geringsten zur Folge, dass der wissenschaftliche Aussagenzusammenhang selber von Werturteilen durchsetzt würde. Die Trennung in Objekt- und Metasprache hat gestattet, den Gegenstand des heute noch umstrittenen Bereichs der jahrzehntealten Kontroverse zu lokalisieren und auf den objektsprachlichen Aussagenzusammenhang einzuschränken.

In der Hinsicht, dass die Normativierung auf der Ebene der Aussagen unumgänglich sei, gibt es noch eine weitere Variante. Seiffert (46) stellt die These auf, dass bei den systematischen Wissenschaften – im Gegensatz zu den Wissenschaften mit historischer Fragestellung – "schon die eindeutige Behauptung eines . . .

44) Albert, Traktat, 62.

45) Zum Beispiel scheint Myrdal, Wertproblem, in diesem Sinne zum Teil gegen Windmühlen zu kämpfen (vgl. zum Beispiel S. 84), wobei er auch Wertungen als Gegenstand wissenschaftlicher Forschungen mit den andern beiden Komponenten des Wertproblems vermengt. Vgl. auch die Rezension durch Albert, Marktsoziologie, 131 ff.

46) Seiffert, Einführung II, 166 ff.

Sachverhaltes als bestehend oder nicht bestehend. . . ein normativer Akt ist" (47). Der Wahrheitsanspruch der Aussagen systematischer Wissenschaften macht diese also zu normativen Aussagen. Obwohl der Begriff der Normativität im allgemeinen für Soll-Sätze reserviert ist – Seiffert ist sich dessen bewusst –, will er die Aussagen systematischer Wissenschaften, die ja immer mit Wahrheitsanspruch auftreten, auch als "normativ" verstanden wissen. Die historischen Wissenschaften erheben nach Seiffert nicht den Anspruch, dass die von ihnen gemachten Aussagen wahr im systematischen Sinne sind; vielmehr wollen sie nur historische Tatsachen interpretierend und registrierend nebeneinander stellen. Wahr und falsch beziehe sich bei historischer Fragestellung auf Übereinstimmung mit quellenkritisch erhobenen Gegebenheiten, die sich nicht leugnen, aber auch nicht ändern lassen. "Aus dem Nichtleugnen dessen, was geschehen ist, erwächst die historische Fragestellung. Aus dem Nichtbilligen dessen, was gegeben ist, erwächst die systematische Fragestellung" (48). Die beiden Fragestellungen unterscheiden sich also durch das Motiv, das Interesse des Forschenden, wobei für systematische Wissenschaften ein Interesse "am handelnden Eingreifen in die Welt und der Veränderung dieser Welt" (49) vorausgesetzt wird.

Dieses praktische Interesse stellt jedoch keine logische Notwendigkeit zur Beschäftigung mit systematischen Fragestellungen dar, sondern kommt vielmehr einer empirischen Hypothese gleich. Diese ist sowohl fragwürdig als auch unnötig: Fragwürdig, weil auch bei Feststellungen systematischer Art ein nicht praktisch ausgerichtetes Erkenntnisinteresse vorliegen mag; unnötig, weil das psychologische Motiv, aus dem heraus man sich einer systematischen Fragestellung zuwendet, nicht zum unterscheidenden Merkmal gemacht werden muss, sondern das Ziel der historischen Wissenschaften – quellenkritische Interpretation historischer Einheiten – zu ihrer Unterscheidung von systematischen Betrachtungsweisen genügt. Andernfalls müsste ja zum Beispiel ein Wirtschaftswissenschafter,

47) Seiffert, Einführung II, 167. Die Grenze zwischen Formal- und Realwissenschaften verläuft inmitten der systematischen Wissenschaften.

48) Seiffert, Einführung II, 179. Die Hervorhebungen des Originals wurden weggelassen.

49) Seiffert, Einführung II, 159.

der sich für wirtschaftliche Zusammenhänge interessiert, ohne aber selber handelnd eingreifen zu wollen, den Historikern zugezählt werden! Infolgedessen liegt der Unterschied im Gegenstandsbereich; und zwar gilt dies bezüglich historischer und systematischer Wahrheit, welche sich nicht logisch, sondern nur durch den Gegenstandsbereich unterscheiden. Die Auffassung, wonach nur die systematischen Wissenschaften durch den Wahrheitsanspruch ihrer Aussagen normative Wissenschaften seien, ist dadurch unhaltbar geworden, erscheinen nun doch auch die historischen Wissenschaften als im Seiffert'schen Sinne normativ. Ist es zweckmässig, alle wissenschaftlichen Aussagen infolge ihres Wahrheitsanspruches als normativ zu bezeichnen? Wie schon bei der Frage der Begriffe (Abschnitt 432) würde auch hier das Problem normativer Wissenschaft scheinbar einer trivialen Lösung zugeführt (50); einer Lösung aber, welche sich nicht auf die eigentliche Werturteilsfrage beziehen würde, sondern nur einem terminologischen Trick zu verdanken wäre. Aus diesem Grunde lehnen wir die Verwendung von "normativ" im Seiffert'schen Sinne ab.

434 Werturteil und Zweck-Mittel-Dichotomie

Zuweilen wird geltend gemacht, in der sozialwissenschaftlichen Analyse seien Wertungen "in jedem Stadium gegenwärtig"; denn "die Menschen erkennen nicht nur den letzten Zielen Wert zu" und "sind nicht indifferent gegenüber den Mitteln, die zu diesen Zielen führen" (51). Dadurch, dass den Mitteln nicht nur vom Zweck her abgeleitete Bewertung zukommt, sondern sie auch selbständiger Bewertung unterliegen – sofern man nicht die fragwürdige Maxime, dass der Zweck die Mittel heiligt, anerkennt – soll eine wertfreie Analyse verunmöglicht, Bewertungen und Fakten untrennbar vermischt werden. Die Ansicht trifft zu, dass es keinen Grund gegen eine unabgeleitete Mittelbewertung gibt, dass insbesondere die Wirtschaftswissenschaften dies oft übersehen und glauben, in Vor-

50) Es ist zu beachten, dass die Intention Seifferts nicht auf eine Lösung des Werturteilsstreites zielte.

51) Streeten, Programme, 22 f. Zur Zweck-Mittel-Dichotomie vgl. G. Myrdal, Das Zweck-Mittel-Denken in der Nationalökonomie, in: Myrdal, Wertproblem, 213 ff.; ferner auf Myrdal basierend Albert, Marktsoziologie, 63 ff.

wegnahme der Mittelbewertung vom "rein ökonomischen Standpunkt" aus Empfehlungen verteilen zu können und dass sie derart die implizierte Wertprämisse zugunsten ökonomischer Rationalität mit der Dignität der Wissenschaftlichkeit versehen.

Doch führt dies keineswegs zur Notwendigkeit, Werturteile in den objektsprachlichen Aussagenzusammenhang einzuführen. Die Wissenschaft kann ja ohne weiteres für einen gegebenen Zweck Z die Mittel 1, 2, . . ., n analysieren, wobei jede Zweck-Mittel-Kombination eine Handlungsalternative darstellt, denen als Charakteristikum der angestrebte Zweck Z gemeinsam ist. Weil nun auch die Mittel unabgeleiteter Bewertung unterliegen, sind die Zweck-Mittel-Kombinationen mit keinem wertfreien Kriterium beurteilbar und wissenschaftlich bleibt es unentscheidbar, welche Handlungsalternative vorzuziehen ist. Mehr als Handlungsalternativen aufzeigen soll die Wissenschaft nach unserem Verständnis ja auch nicht leisten; dieser Aufgabe (52) zeigt sie sich aber auch ohne Einführung von Werturteilen gewachsen, so dass der hier zu Diskussion stehende Einwand als nicht stichhaltig zurückgewiesen werden muss.

Es ist darauf hinzuweisen, dass im Zusammenhang mit der Zweck-Mittel-Problematik die Einführung von Werturteilen insofern verführerisch ist, als in alternativen Zweck-Mittel-Relationen häufig Hypothesen mit unterschiedlichem Bewährungsgrad verwendet werden. Auch in diesen Fällen erscheint die Einführung von Werturteilen jedoch unnötig; hingegen muss der Wissenschafter auf die divergierenden Bewährungsgrade hinweisen. Erst der die Entscheidung treffende Politiker fällt unter Berücksichtigung der Bewährtheit der in Frage stehenden Hypothese ein Werturteil.

52) Diese Aufgabenformulierung unterscheidet sich keineswegs vom anfangs aufgestellten Erkenntnisziel, da das Aufzeigen von Handlungsalternativen durch tautologische Umformung von theoretischen in technologische Systeme möglich ist. Vgl. unten Abschnitt 44.

435 Werturteil und statistische Hypothesen

Die Idee, weshalb statistische Hypothesen zur Einführung von Werturteilen nötigen sollen, kann am besten anhand eines Beispiels (53) demonstriert werden.

Vor der Anwendung eines Massnahmenpakets zur Bekämpfung der Inflation erachtet man Simulationen von früheren realen Konstellationen für notwendig, um allfällige unerwünschte Wirkungen zu ermitteln und bei ihrem Auftreten die Inkraftsetzung zu verhindern. Bei hundert Varianten ergeben sich dreimal katastrophale Konsequenzen. Es fragt sich nun, ob dieses Resultat signifikant katastrophale Wirkungen aufzeigt oder ob man diese Konsequenz der Eigenart der drei historischen Konstellationen oder Irrtümern der Theoretiker zur Last legen darf. Der Theoretiker muss aufgrund dieser Tatsachen zwischen der Hypothese H_1: Das Massnahmenpaket zeigt katastrophale Wirkungen, und der Hypothese H_2: Das Massnahmenpaket zeitigt keine katastrophalen Wirkungen, unterscheiden. Bei H_1 und H_2 läuft er das Risiko, entweder eine richtige Hypothese als falsch zu verwerfen (Irrtumstyp I), oder eine falsche Hypothese als wahr zu akzeptieren (Irrtumstyp II). Seine Entscheidung wäre dann rational, wenn er nach einem Kriterium urteilen könnte, das die relative Häufigkeit von Irrtümern von beiden Typen sehr klein hält. Doch leider sind die Risiken, einen der beiden Irrtümer zu begehen, nicht unabhängig voneinander, so dass kein solches Kriterium existiert. Deshalb muss der Experimentator vor der Entscheidung in sich gehen und ein Werturteil fällen: Welches der beiden Risiken soll möglichst klein sein, dasjenige des ersten Irrtumtyps bezüglich H_1, wonach er die wirtschaftliche und soziale Situation aufs äusserste verschlimmern könnte, oder dasjenige des zweiten Irrtumtyps bezüglich H_1, wonach er der Inflation freien Lauf lassen würde? Erst wenn die Entscheidung für das Kleinhalten eines der beiden Risiken gefallen ist, kann die statistische Theorie Kriterien liefern wie zum Beispiel, ob er gewärtigen muss, dass die Irrtumsmöglichkeit ersten Typs bezüglich H_1 1 % übersteigt. So scheinen Werturteile zur Abschätzung der Beweiskraft statistischer Hypothesen notwendig.

53) Wir folgen bezüglich der Struktur des Beispiels J. Neymann, First Course in Probability and Statistics, New York 1950, Kapitel 5. Zitiert nach: Nagel, Structure, 496 ff., an den wir uns auch in der Kritik anlehnen.

Dieses Beispiel ist jedoch irreführend und suggeriert, es komme auf die Bewertungen im Einzelfall an. Dies trifft nicht zu; sondern es sind in jedem Einzelfall nur "Bewertungen" notwendig, wie sie der Wissenschaft als ein verlässliches Wissen anstrebendes Unternehmen inhärent sind. Der Naturwissenschafter entscheidet grundsätzlich nach denselben statistischen Kriterien wie der Wirtschaftswissenschafter. Statistische Relationen sind Erfahrungstatsachen; eine Einführung eines Werturteils wird auch hier erst notwendig, wenn es um die Frage der Zielbestimmung geht: Soll die Irrtumsmöglichkeit ersten Typs bezüglich H_1 kleiner als 1 %, kleiner als 0,5 % sein? Soll die Irrtumsmöglichkeit zweiten Typs bezüglich H_1 kleiner als 5 % sein? Derartige Entscheidungen sind der Wissenschaft entzogen, jedoch nicht das Aufzeigen der Handlungsalternativen.

44 Die Anwendungsbedingtheit der Werturteile

Nunmehr wenden wir uns dem Verhältnis von Theorie und Praxis zu: Ist eine Normativierung der Wissenschaft unumgänglich, um Anwendbarkeit von Theorie herzustellen (54)? Die wissenschaftlichen Theorien beschreiben Spielräume, in denen das reale Geschehen stattfindet; d.h. es werden andere, logisch mögliche Ereignisse ausgeschlossen. Um die Frage der Anwendung: Was können wir tun? zu beantworten, sind die theoretischen Systeme in technologische Systeme zu transformieren, was vermittels rein logisch-deduktiver Veränderung möglich ist. Eine derartige tautologische Transformation ruft nicht nach Prämissen. "Wie bei jeder logischen Deduktion, durch die ein bestimmtes Problem gelöst werden soll, müssen allerdings Gesichtspunkte vorhanden sein, nach denen entschieden werden kann, welche Transformationen relevant sind, d.h. es muss ein Selektionsproblem gelöst werden. Diese Gesichtspunkte müssen sich hier aus der Formulierung des technologischen Problems ergeben." (55) Das technologische

54) Vgl. dazu Albert, Traktat, 65 ff. Albert, Wissenschaft, 201 ff.; Albert, Wertfreiheit, 191 ff.

55) Albert, Wertfreiheit, 192. Die Hervorhebung des Originals wurde weggelassen.

Relevanzproblem zwingt so zu einer hypothetischen Einführung von logischen Einschränkungen; es taucht also dasselbe metasprachliche Problem der in der Wertbasis beheimateten Frage nach der Problemauswahl auch in diesem Zusammenhang wieder auf, nur jetzt von der Formulierung des technologischen Problems her. Von Bedeutung ist, dass nur die Metasprache direkt affiziert ist im Gegensatz zur diskutierten Einführung von Wertprämissen, welche die Objektsprache betreffen würden. Die Technologie kann denn auch keine Vorschriften machen, sondern nur über Handlungsmöglichkeiten informieren; sie gestattet also keineswegs, von der Frage: Was können wir tun? zur Frage: Was sollen wir tun? überzuleiten.

Dass für konkrete Empfehlungen die Einführung von Wertprämissen unumgänglich ist, wird allgemein zugegeben. Wäre der Unterschied der Argumentationsebenen in bezug auf Handlungsmöglichkeiten und Empfehlungen bestimmter Handlungsalternativen immer beachtet worden, so hätte die Diskussion um das Verhältnis von Wissenschaft und Politik um Einiges verkürzt werden können. Durch Einführung alternativer hypothetischer Wertprämissen, die den gesellschaftlich vorherrschenden Wertungen entsprechen sollen, gelangt zum Beispiel Myrdal (56) zu alternativen Empfehlungen, die jedoch den Resultaten eines Verfechters des Wertfreiheitsprinzips ausser in zwei Punkten sehr ähneln würden. Erstens würde ein Anhänger der Wertfreiheit vorsichtiger in Form von Konditionalsätzen: "Wenn Du die Ziel-Mittel-Kombination Zn willst, wähle Zn" statt als direkte Empfehlungen formulieren. Zweitens wären der Selektion der Alternativen Z_1, Z_2, . . ., Zn, die Myrdal auf die von massgebenden Gruppen vertretenen Werte beschränkt sehen möchte, keine derartigen Grenzen gesetzt.

Zum Praxisbezug des hier entwickelten Wissenschaftsbegriffs ist eingewendet worden, man müsse "die Gesellschaft als eine von autonomen Subjekten" fingieren, um die implizierte These von der "Heteronomie der wissenschaftlichen Forschung gegenüber dem gesellschaftlichen Verwertungszusammenhang des Wissens" aufrechtzuerhalten und nicht den Sozialingenieuren die "Legimitation

56) Myrdal, Wertproblem, 169 f.

für Eingriffe im Sinne des herrschenden, einer wirksamen öffentlichen Diskussion entzogenen Wertsystems" zu liefern sowie derart die "bestehenden gesellschaftlichen Machtverhältnisse" (57) zu stabilisieren. Dieses Problem des Wirkungszusammenhanges berührt die Frage nach Gebrauch und Missbrauch von Forschungsprogrammen und ihren Resultaten. Um im Rahmen unseres Wissenschaftsverständnisses Missbrauch lokalisieren zu können, brauchen wir jedoch ein intersubjektives Kriterium, an dem der Gebrauch gemessen werden kann. Gerade dieses Massstabes ermangelt es uns, da sich eine objektive Wertordnung wissenschaftlich nicht feststellen lässt. Zudem stösst die Propagierung des von Wellmer vertretenen Wissenschaftsbegriffs eines emanzipativen Wissenschaftsinteresses auf dieselben Hindernisse wie die Durchsetzung von Emanzipation anstrebenden Forscheranliegen unter dem wertfreien Wissenschaftsideal, sind doch in beiden Fällen die traditionalistischen Tendenzen zu überwinden. Ist dies im ersteren Fall möglich, so auch im letzteren Fall. Hingegen vermeidet das Popper'sche Wissenschaftsideal durch seinen wertrelativistischen Standpunkt die Gefahr einer Transformation der Wissenschaft in ein missionarisches Unternehmen, welches leicht im Totalitarismus enden könnte.

Die Anerkennung des Wertfreiheitsprinzips steht demnach der Anwendbarkeit der der Sozialwissenschaft – wenn man unter Anwendbarkeit die Beantwortung der Frage: Was können wir tun? versteht – nicht im Wege, wie ja auch bei der Anwendbarkeit naturwissenschaftlicher Erkenntnisse keine Einführung normativer Prämissen in den objektsprachlichen Aussagenzusammenhang notwendig ist. Da das Wertfreiheitsprinzip ein Bestandteil der Metasprache ist, entsteht auch kein Zirkel in der Argumentation in dem Sinne, dass die Entscheidung dafür oder dagegen ein Werturteil der gleichen Sprachstufe darstellt und somit sich selber aufheben würde.

57) A. Wellmer, Kritische Gesellschaftstheorie und Positivismus, Frankfurt am Main 1969, S. 20.

45 Zur Wünschbarkeit normativer Wissenschaft

Als Beurteilungskriterium der Wünschbarkeit drängt sich das Ziel der Wissenschaft auf. Unzweifelhaft behindern implizite, nicht offen dargelegte Wertungen die Gewinnung von rein informativen Zusammenhängen. Anders liegt die Sachlage bei expliziten Wertprämissen. Allerdings entsteht ganz generell durch Wertprämissen in der Objektsprache ein normatives Sprachsystem, welches "in den meisten Fällen eine Appell-, Motivations- und Legitimationsfunktion, die den rein kognitiv-informativen Theorien mangelt" (58), erfüllt. Nach unserem Wissenschaftsverständnis sollte Wissenschaft jedoch weniger ein Heilsweg sein, auf dem die Entscheidungen abgenommen werden, als vielmehr eine informierende Entscheidungshilfe. Das Streben nach Erkenntnis wird durch explizite Wertprämissen solange nicht erschwert, als diese Wertprämissen den Wertprämissen der Adressaten entsprechen. Bei divergierenden Werturteilen zwischen Autor und Adressaten wird der Weg zur Erkenntnis durch Vermengung von kognitiven und normativen Sprachkomponenten eher steiniger, muss doch das Informative derart konfundierter Aussagen zuerst herausdestilliert werden, um nicht dem Irrtum zu sehr eingeschränkter Handlungsmöglichkeiten zu verfallen. Denn in logischer Perspektive spielen die Werturteile in einem normativen System dieselbe Rolle wie die Hypothesen in informativen Systemen: Beide "enthalten allgemeine Einschränkungen des 'möglichen' Geschehens, d.h. Spielräume, innerhalb derer sich die wirklichen Vorgänge halten 'sollen'. Der Unterschied zwischen ihnen besteht darin, dass die nomologischen Hypothesen eines wissenschaftlichen Systems sich als falsch erweisen, wenn 'verbotene' Ereignisse auftreten – ein solches System kann also prinzipiell an der Wirklichkeit 'scheitern' –, während die Prinzipien eines normativen Systems nicht erklärenden und prognostischen, sondern regulativen Charakter haben und daher angesichts jeder möglichen Sachlage durchgehalten werden können" (59).

58) Albert, Wissenschaft, 219.

59) Albert, Wissenschaft, 220 f.

Orientiert man sich an einem andern Wissenschaftsziel, sei es das Ziel der "Emanzipation" (60), das Ziel "richtiger und handlungsanweisender Aufklärung über die geschichtliche und gesellschaftspolitische Situation" (61), sei es das Ziel einer "befriedeten Menschheit" (62), so wird man auf Werturteile als bedeutendste Beeinflussungsinstrumente kaum verzichten wollen. Eine bekenntnishafte, mit subjektiver Gewissheit des Forschers erfolgende Setzung von Wertprämissen kommt der Einführung von unüberprüfbaren Dogmen jedoch bedenklich nahe (63). Hingegen erachten wir die explizite Einführung von eingehend begründeten Wertprämissen, die durch ihren Begründungsversuch einer kritischen Diskussion nicht entzogen sind, mit unserer Erkenntnis-Zielsetzung der Wissenschaft für vereinbar, wenn die eingeführten Wertprämissen verbreiteten Wertungen Rechnung tragen; denn der Wissenschafter vermag dann in einer soziologisch Allgemeinverbindlichkeit beanspruchenden Weise Stellungnahmen zu den Tatsachen weiter zu geben (64). In einem weiteren Sinne ist der Wissenschafter ohnehin keinesfalls einer Wertabstinenz verpflichtet: Auch ein Wissenschafter sollte auf die Setzung persönlicher Präferenzen nicht verzichten. Im Gegenteil, ein seiner Verantwortung bewusster Forscher wird sich nur für seine als richtig befundenen Ziele verwenden und sich nicht in den Dienst beliebiger fremder Zielsetzungen stellen. Bei der Einführung von Werturteilen in den objektsprachlichen Aussagenzusammenhang besteht die grosse Gefahr, dass nur noch der Fachmann die Spreu vom Weizen – will heissen: Wert- und Sachkomponenten – trennen

60) So nach Habermas die kritisch orientierten Wissenschaften. Vgl. J. Habermas, Erkenntnis und Interesse, in: J. Habermas, Technik und Wissenschaft als "Ideologie", Frankfurt am Main 4. Auflage 1970, S. 146 ff.; ferner Seiffert, Einführung II,255 ff.

61) J. Fijalkowski, Methodologische Grundorientierungen soziologischer Forschung, in: Enzyklopädie der geisteswissenschaftlichen Arbeitsmethoden, 8. Lieferung: Methoden der Sozialwissenschaften, München/Wien 1967, S. 147.

62) K. Messelken, Antinomien einer Soziologie der Soziologie, in: B. Schäfers (Hrsg.), Thesen zur Kritik der Soziologie, Frankfurt am Main 1969, S. 129. Eine "befriedete Menschheit" als Massstab wissenschaftlicher Rationalität dürfte infolge der Leerformelhaftigkeit sehr fragwürdig sein.

63) Albert, Wertfreiheit, 209 f.

64) Bei Myrdals Studien dürften unsere Bedingungen von expliziten und soziologisch relevanten Wertprämissen weitgehend erfüllt sein.

kann (65). Dies erweist sich dann als folgenreich, wenn die Wertprämissen von den Adressaten der wissenschaftlichen Untersuchung nicht geteilt werden. In diesen Fällen dürften auch explizit statuierte Wertprämissen dem Erkenntnisziel durch die Vermengung von Wert- und Sachaussagen hinderlich sein.

46 Ergebnisse der Werturteilsdiskussion

Wir haben gesehen, dass Wissenschaft weder gegenstandsbedingt, noch analysenbedingt oder anwendungsbedingt normativ ist. Ferner wurde die vom Ziel der Wissenschaft her tolerierbare Normativierung der Wissenschaft auf jene Fälle eingeschränkt, in denen die Wertprämissen explizit eingeführt werden und sie zudem in dem Sinn gesellschaftlich relevant sind, dass ausser dem Wissenschafter auch die Adressaten denselben Wertvorstellungen zuneigen. Die Annahme oder Ablehnung des Wertfreiheitsprinzips ist jedoch "ohne Zweifel eine Sache der Entscheidung, aber das gilt . . . grundsätzlich auch für die Annahme etwa des Prinzips der Widerspruchsfreiheit und aller anderen methodischen Prinzipien. ., aber nicht nur für sie, sondern auch für die Annahme oder Ablehnung von Theorien, Hypothesen, Forschungstechniken, für die Wahl von Problemen, Kriterien, Gesichtspunkten und Perspektiven, wie sie in der wissenschaftlichen Praxis an der Tagesordnung sind. Die Erkenntnis ist von Bewertungen und Entscheidungen aller Art durchsetzt" (66). Wegen diesen Bewertungen kann man die Wirtschaftswissenschaften auch als "Politische Ökonomie" bezeichnen, welche in diesem Sinne das Wertfreiheitsprinzip durchaus nicht ausschliesst.

65) Der wissenschaftliche Wertrelativismus hat einen demokratischen Aspekt: Bei Zugestehen der Nichtobjektivierbarkeit der Werte durch wissenschaftliche Verfahren sind die Wissenschafter den Nichtwissenschaftern gleichgestellt und können nicht auf irgendwelche Werteinsichten pochen, welchen die anderen Anerkennung zollen sollen. Er kann sich höchstens anheischig machen, die Konsequenzen von Zielantinomien von zur Debatte stehenden Entscheidungen weitergehend analysiert zu haben als andere.

66) Albert, Traktat 65.

5 Begriff und Definition

51 Allgemeines

Erst durch das Medium der Sprache gliedert sich die Welt auf in die verschiedenen Sachverhalte, von denen wir wissen. Mit einer bestimmten Sprache ist derart auch eine bestimmte Weltperspektive verbunden, wobei insbesondere dem Begriffssystem für die Weltsicht konstitutive Bedeutung zukommt. Die Wahl und Konstruktion von Begriffen ist in diesem Sinne auch ein wesentliches Tätigkeitsfeld des Wissenschafters, und zwar auch des Erfahrungswissenschafters, sind doch im Forschungsprozess Begriffsauswahl, Hypothesen- und Theoriengewinnung sowie deren Konfrontation mit durch Erfahrung gestützten Basissätzen unabänderlich miteinander verwoben.

Unter einem Begriff verstehen wir ein Zeichen (Wort), dem durch semantische Regeln Designata zugeordnet worden sind. Der Begriff ist somit nicht mit dem Wort identisch, sondern umfasst neben dem Wort auch noch dessen Intension und Extension, soweit sie bestimmt sind. Definieren heisst für ein Wort semantische Regeln festlegen (1). Mit der in der Definition bestimmten Intension eines Begriffs ist auch seine Extension determiniert. Würde definiert durch Angeben der Extension, wäre die Intension jedoch noch unbestimmt. Im allgemeinen versteht man unter definieren denn auch festlegen der Intension eines Begriffs. Der Definition als nominalistische Festsetzung und Konstruktion kann keinerlei Informationsgehalt innewohnen; Existenz und Gebrauch von Definitionen sind von Konventionen abhängig. Aus diesem Grunde ist es auch nicht möglich, dass Nominaldefinitionen falsifiziert oder bestätigt werden; denn ihres konventionalistischen Charakters wegen können sie keinen der beiden empirischen Wahrheitswerte wahr oder falsch annehmen. Nicht nur Definitionen, sondern auch isolierte Begriffe, die nicht Bestandteil empirischer Aussagen sind, können weder wahr noch falsch sein. Ein Reichtum an Begriffen darf deshalb nicht mit einem

1) Opp, Methodologie, 89 ff.

Reichtum an Information verwechselt werden (2); vielmehr bieten die Begriffe erst die Voraussetzungen zu informativen Theorien. Die Begriffsbildung ist eine von der Gesellschaft beeinflusste Tätigkeit, so dass neben erkenntnistheoretischen auch psychologische und soziale Komponenten eine Rolle spielen. In diesem Abschnitt betrachten wir die Begriffsbildung jedoch ausschliesslich vom erkenntnistheoretischen Aspekt und beziehen erst im darauffolgenden Abschnitt 6 einige weitere Komponenten mit ein.

Der konventionalistische Charakter von Definitionen hat nicht etwa zu bedeuten, dass in der Begriffsbildung Willkür vorherrscht. Insbesondere Stegmüller vertritt die Ansicht, dass Begriffssysteme nicht nur auf freien Festsetzungen beruhen. Es sei nämlich das Augenmerk auf das Zusammenspiel der fünf Faktoren der "willkürlichen Konventionen (Festsetzungen), empirischen Befunden (Tatsachenfeststellungen), hypothetischen Annahmen (Verallgemeinerungen aus den empirischen Befunden), Einfachheitsüberlegungen und Fruchtbarkeitsbetrachtungen" (3) zu legen. Wie Stegmüller nachweist, ist dieses pragmatische Zusammenspiel schon auf der elementarsten Stufe der Begriffe, nämlich bei den klassifikatorischen Begriffen, zu beobachten. Neue empirische Forschungsresultate können Neudefinitionen von Begriffen nahelegen, wenn auch nicht erzwingen, da ein Begriff ja nicht falsifizierbar ist.

Nachdem nun einleitend unser Verständnis von Definitionen geklärt ist, untersuchen wir im folgenden neben der Nominaldefinition einige andere Definitionsarten (4). Danach gehen wir zur Formulierung von Adäquatheitskriterien über, um Entscheidungsgrundlagen für die vorzuziehenden Möglichkeiten alternativer Definitionen und Begriffe bereitzustellen.

2) Davor warnt, mit der Nationalökonomie im Visier, Albert, Marktsoziologie, 357 f.

3) Stegmüller, Theorie, 1. Die Hervorhebungen des Originals wurden weggelassen. Vgl. auch S. 15 ff.

4) Für eine andere Unterscheidung von Definitionsarten vgl. W.K. Essler, Wissenschaftstheorie I. Definition und Reduktion, Freiburg/München 1970, S. 39 ff., 111 ff. (im folgenden zitiert als "Essler, Wissenschaftstheorie I").

"Unter einer Nominaldefinition versteht man eine Festsetzung darüber, dass ein bestimmter Ausdruck A_1 gleichbedeutend mit einem anderen Ausdruck A_2 sein soll, wobei die Bedeutung des anderen Ausdrucks A_2 als bekannt vorausgesetzt wird und A_1 die Bedeutung annehmen soll, die A_2 hat" (5). Der Ausdruck A_1 soll Definiendum, der Ausdruck A_2 Definiens heissen. Definiendum und Definiens sind somit beliebig untereinander substituierbar. Da das Definiens als bekannt vorausgesetzt werden muss, wird die Unmöglichkeit deutlich, in der Wissenschaft ausschliesslich definierte Begriffe zu verwenden (6). Würde man sukzesssive die Definienda durch ihre Definiendes ersetzen, so ergäbe sich ein Regress zurück bis auf die undefinierten Grundbegriffe, ohne die keine natürliche oder künstliche Sprache auskommen kann. Der Zweck der Einführung von Nominaldefinitionen ist einerseits ökonomischer Art: Kommunikation wie Denkprozesse laufen schneller ab und erreichen Abstraktionsstufen, die ohne geeignete Begriffe unerreichbar wären. Definitionen sind somit eliminierbar und nicht kreativ (7). Anderseits entstehen mit jedem neuen Begriff neue Möglichkeiten informativer Theorien.

Wird ein bereits vorhandener Begriff auf seine Bedeutung hin analysiert, so spricht man von Bedeutungsanalyse oder analytischer Definition. Hier handelt es sich nicht um das Aufstellen einer Konvention; vielmehr werden bestehende pragmatische Konventionen zum Gegenstand einer empirischen Untersuchung erhoben, deren Resultate Aussagen von der Gestalt "zur Zeit t werden dem Ausdruck A von den Personen P die Designata D zugeschrieben" sein werden und somit auch wahr oder falsch sein können. Analytische Definitionen bieten deshalb keinen alternativen Weg zu den Nominaldefinitionen; denn in der Bedeutungsanalyse werden bereits bestehende Begriffe untersucht und nicht neue gebildet. Nicht die untersuchten Begriffe, sondern die Ergebnisse der Analyse sind wahr oder falsch.

5) Opp, Methodologie, 93. Die Hervorhebung des Originals wurde weggelassen. Die folgenden Ausführungen basieren weitgehend auf Opps Arbeit und damit indirekt auf der grundlegenden Studie von C.G. Hempel, Fundamentals of Concept Formation in Empirical Science, Chicago 1952.

6) Vgl. dazu Seiffert, Einführung I, 33 f., passim.

7) Vgl. Essler, Wissenschaftstheorie I, 65 ff.

Mit dem aus der klassischen Logik stammenden Begriff der Realdefinition, womit eine Beschreibung des "Wesens" oder der "Natur" von irgendwelchen Sachverhalten gemeint war, ist ebenfalls kein zur Nominaldefinition alternativer, gangbarer Weg verbunden. Wie eine differenzierende Analyse zeigt, vereinigt der Begriff der Realdefinition ein Sammelsurium verschiedenster Aussagen wie Nominaldefinitionen, analytische Definitionen, empirische Gesetze, normative Aussagen sowie Begriffsexplikationen (8), so dass sich in ihm zu vermutende neue Möglichkeiten der Begriffsbildung im Nebel bereits bekannter Tatbestände auflösen. Statt vermehrter Transparenz ist eher diffuse Verschleierung die Konsequenz der Verwendung des Begriffs der Realdefinition.

Zuweilen wird auch von einer Möglichkeit von Definitionen durch Reduktionssätze gesprochen (9). Mit diesem von Carnap eingeführten Begriff ist jener auch in den Sozialwissenschaften häufige Fall anvisiert, in dem ein bestimmtes Prädikat auf andere Prädikate zurückgeführt – reduziert – wird. Beispielsweise (10) wird einer Person x das Prädikat "antisemitisch" dann und nur dann zugeschrieben, wenn sie auf die Frage: "Wären Sie damit einverstanden, wenn Ihr Kind einen Juden bzw. eine Jüdin heiratet? " mit "nein" antwortet. Die Reaktion auf den Stimulus, die Frage, entscheidet, ob ein bestimmtes Prädikat zugesprochen wird oder nicht. In dreierlei Hinsicht jedoch unterscheiden sich die Reduktionssätze von Definitionen, so dass man es vermeiden sollte, bei Reduktionssätzen überhaupt von Definitionen zu sprechen (11). Erstens wird das Prinzip der Eliminierbarkeit, wonach das Definiendum immer zugunsten des Definiens eliminierbar sein muss, verletzt. Zweitens wird die Bedeutung der durch Reduktionssätze eingeführten Begriffe nur partiell bestimmt. Drittens besitzen Definitionen niemals Informationsgehalt; wird jedoch ein Begriff durch mehr als einen Reduktionssatz (12) eingeführt – ein praktisch häufiger Fall –, so ist damit die Aufstellung neuer empirischer Hypothesen verbunden.

8) Vgl. Opp, Methodologie, 105 und die dort angeführten Literaturhinweise.

9) So zum Beispiel in Opp, Methodologie, 117 ff.

10) Dieses Beispiel wurde Opp, Methodologie, 117 ff. entnommen

11) Wir folgen hier Stegmüller, Theorie, 226 ff.

12) Eigentlich sollte hier von bilateralen Reduktionssätzen die Rede sein. Doch um die Sache nicht unnötig zu komplizieren, verzichten wir auf diesen Ausdruck. Vgl. Opp, Methodologie, 120.

Deutet man die Reduktionssätze nicht als Reduktionssätze, sondern als operationale Definitionen, um so die erwähnten drei Punkte, die gegen die Deutung als Definitionen sprechen, gegenstandslos zu machen, so handelt man sich dadurch andere schwerwiegende Nachteile ein (13). Die Notwendigkeit, die Scylla operationaler Definitionen zu vermeiden und auch die Charybdis der Reduktionssätze zu umschiffen, hat Carnap denn auch veranlasst, beide Deutungen aufzugeben zugunsten der von uns im Rahmen des Kriteriums der Operationalität diskutierten Unterscheidung von Beobachtungssprache und theoretischer Sprache innerhalb der wissenschaftlichen Gesamtsprache.

Die zur Nominaldefinition alternativen Definitionsarten sind demnach alle äusserst problematisch. Nominaldefinitionen genügen jedoch vollkommen, um beliebigen Ausdrücken jegliche Bedeutungen durch semantische Regeln zuzuschreiben und derart jegliche Designata zuzuordnen. Im folgenden sollen nun Adäquatheitskriterien formuliert werden, denen Begriffe mehr oder minder zu genügen haben, um wissenschaftlich brauchbar zu sein. Es resultiert daraus ein Instrumentarium zur Diagnose "pathologischer" Begriffe.

52 Begriffsdiagnostisches Instrumentarium

521 Präzision

Ist die Definition eines Begriffes bekannt, so ist damit noch nicht gesichert, dass auch alle Ereignisse den Designata des Begriffs eindeutig zugeordnet oder eindeutig nicht zugeordnet werden können. Diese Eindeutigkeit soll "Präzision" heissen, und zwar soll unter der Präzision eines Begriffes "t" folgendes verstanden werden: "alle Personen, die die (Fach-)Sprache verstehen, in der ein Begriff definiert ist, oder die die semantischen Regeln des Begriffs kennen, können bei jedem beliebigen Ereignis entscheiden, ob es zu den Designata von 't' gehört oder

13) Vgl. unten Abschnitt 525, sowie die ausführliche Darstellung bei Stegmüller, Theorie, 217 ff., 229 f., 249 ff.

nicht" (14). Damit, dass ein Ereignis vollständig sein muss, wird die Notwendigkeit des Vorliegens aller für die Zuordnung relevanten Information betont. Die Ermittlung des Grades der allgemeinen Präzision eines Begriffs ist immer mit einer beträchtlichen Unschärfe verbunden; denn durch die notwendige Selektion der Ereignisse, welche als Testbatterie für einen Begriff dienen sollen, hält ein Willkürmoment in den Ermittlungsprozess Einzug.

Wird der Wissenschafter mit wissenschaftlichen Begriffen oder solchen aus dem Alltag konfrontiert, so ergibt sich häufig die Aufgabe, Begriffe zu präzisieren, um überhaupt mit einer Theorie arbeiten zu können. Sollen die Begriffe entsprechend den Intentionen der Schöpfer der Ausdrücke präzisiert werden, so spricht man von der "Interpretation" (15) eines Begriffs; besteht die Zielsetzung des Wissenschafters in einer Präzisierung gemäss von ihm selbst bestimmten Kriterien, so heisst dieses Vorgehen "Explikation" (16) eines Begriffs. Eine Explikation beschränkt sich auf eine Präzisierung, d.h. sie modifiziert nicht klare semantische Regeln des zu explizierenden Ausdrucks. Das letztere würde dazu führen, dass man gar nicht mehr von der Explikation des Ausgangsbegriffes sprechen könnte.

Extrem unpräzise Begriffe sollen Leerformeln (17) genannt werden. Zahlreiche Ausdrücke des alltäglichen und politischen Sprachgebrauchs wie "Wohlfahrt", "Freiheit", "Gerechtigkeit", usw., die in ihrem Kontext kaum je explizit definiert werden, sind höchst unpräzise. Zu dem vorhandenen unscharfen Realitätsbezug tritt meist eine starke emotionale Geladenheit, welche eine rationale Dis-

14) Opp, Methodologie, 139. Die Hervorhebungen des Originals wurden weggelassen. Für die Kriterien der Präzision, Konsistenz und Fruchtbarkeit halten wir uns an seine Ausführungen S. 135 ff.

15) Opp, Methodologie, 158 f.

16) Zu diesem von Carnap eingeführten Begriff vgl. Opp, Methodologie, 159 ff., sowie die dort angeführte Literatur.

17) Vgl. E. Topitsch, Über Leerformeln. Zur Pragmatik des Sprachgebrauchs in Philosophie und politischer Theorie, in E. Topitsch (Hrsg.), Probleme der Wissenschaftstheorie. Festschrift für Victor Kraft, Wien 1960, S. 233 ff.; G. Degenkolbe, Über logische Struktur und gesellschaftliche Funktionen von Leerformeln, in: Kölner Zeitschrift für Soziologie und Sozialpsychologie, Bd. 17, 1965, S. 327 ff.; ferner die kurzen Hinweise in Opp, Methodologie, 136 f., 144.

kussion zusätzlich erschwert. Die mangelnde Präzision der Begriffe überträgt sich auf die mit ihnen gebildeten Aussagen, welche infolgedessen einen nur geringen Informationsgehalt oder einen schleierhaften Normgehalt, wie zum Beispiel "suum cuique tribuere" (18), aufweisen. Allerdings darf für Begriffe der Alltagssprache nicht der Masstab für wissenschaftlich normierte Begriffe angelegt werden. Während die letzteren kontextinvariant sind und so bereits als Sprachelemente eine im Idealfall im Sinne der hier zu erarbeitenden Kriterien normierte Bedeutung haben, kommt den Gebrauchsprädikatoren im Alltag "Kontextabhängigkeit" oder, anders ausgedrückt, "Kontextoffenheit" (19) zu. Je nach dem Kontext, in dem der Gebrauchsprädikator steht, kann er eine andere Bedeutung haben; letztlich werden dadurch Zeichen "gespart". Eine wissenschaftliche Untersuchung kommt nicht um die Übernahme einer beträchtlichen Anzahl von Gebrauchsprädikatoren herum und sollte nur dort normieren, wo es sich von der Aufgabe her als notwendig erweist.

522 Konsistenz

Nicht nur mangelnde Präzision beeinträchtigt Kommunikation und Kritik; sondern auch wenn verschiedene Personen denselben Ausdruck in unterschiedlicher Bedeutung verwenden – was sich praktisch trotz zum Teil gemeinsamen Interesses der an der Wissenschaft Beteiligten kaum verhindern lässt –, erscheint das Erkenntnisziel gefährdet. Die einheitliche Verwendung eines Begriffs wollen wir als Konsistenz bezeichnen und wie folgt definieren: "alle Personen ordnen alle Ereignisse – bei denen sie eine Zuordnung für möglich halten – in gleicher Weise dem Begriff 't' zu" (20). Versucht man den Grad der Konsistenz eines Begriffs zu errechnen, so ist dies nur in bezug auf bestimmte Personen möglich

18) E. Topitsch, Sprachlogische Probleme der sozialwissenschaftlichen Theoriebildung in: E. Topitsch (Hrsg.), Logik der Sozialwissenschaften, Köln/Berlin 5. Aufl. 1968, S. 28 (im folgenden zitiert als "Topitsch, Probleme").

19) W. Kamlah/P. Lorenzen, Logische Propädeutik. Vorschule des vernünftigen Redens, Mannheim 1967, S. 68 (im folgenden zitiert als "Kamlah/Lorenzen, Propädeutik").

20) Opp, Methodologie, 137.

und bei nicht explizit definierten Begriffen zusätzlich nur in bezug auf bestimmte Ereignisse. Es ist sinnvoll, dass nicht nur bei der Begriffsbeurteilung, sondern ebenfalls bei der Begriffsbildung der Faktor der Konsistenz berücksichtigt wird; andernfalls dürfte das Dickicht im Begriffsdschungel noch undurchdringlicher werden.

523 Fruchtbarkeit

Als Ziel der Wissenschaft haben wir Erkenntnis bestimmt. Somit kann man die Begriffe danach beurteilen, wieweit sie zur Erreichung dieses Ziels beitragen. Ihre theoretische Fruchtbarkeit manifestiert sich in ihrer Eigenschaft als Bestandteile informativer Theorien. Gleichzeitig wird damit die Unmöglichkeit deutlich, die Fruchtbarkeit von Begriffen abschliessend zu beurteilen, bevor versucht worden ist, Theorien zu bilden und diese zu überprüfen. Auch eine relative Präzision und Konsistenz eines Begriffs bildet nicht mehr als eine notwendige und keineswegs eine hinreichende Bedingung für theoretische Fruchtbarkeit. Ebenfalls kann der nun zu erörtende Faktor des Informationspotentials eines Begriffs nur ein Indiz für die Chancen eines Begriffs sein, zum wissenschaftlichen Fortschritt im Sinne einer zunehmenden Anzahl informativer Theorien beizutragen.

524 Informationspotential

In der Theorie der Begriffsformen werden drei Arten von Begriffen unterschieden: klassifikatorische oder qualitative, topologische oder komparative und quantitative oder metrische Begriffe (21). Qualitative Begriffe bilden den Inhalt von Klassenbezeichnungen und sind als die einfachste Begriffsform anzusehen. Stegmüller spricht von steigendem Informationsgehalt (22) mit dem Übergang von qualitativen zu komparativen und quantitativen Begriffen. Da jedoch der

21) Vgl. Stegmüller, Theorie, 1, 15 ff.

22) Stegmüller, Theorie, 21, 27, 38 f., 468. Abgesehen von dieser terminologischen Frage folgen wir hier seinen Ausführungen.

Begriff des Informationsgehaltes von Popper (23) für Aussagen präzise definiert wurde und er zudem zum Irrtum verleiten könnte, in Begriffen Informationsquellen zu sehen, soll dieser Terminus zugunsten des Terminus "Informationspotential" von Begriffen aufgegeben werden. Ein komparativer Begriff hat in jenem Sinne ein höheres Informationspotential als ein klassifikatorischer Begriff, dass er eine Ordnungsrelation enthält, durch die "die zu verschiedenen Aequivalenzklassen gehörenden Objekte in bezug auf mehr oder weniger geordnet" (24) werden. Die Spaltung in verschiedene Aequivalenzklassen beim komparativen Begriff entspricht der Setzung der Klassen bei qualitativen Begriffen, nur dass statt eines Prädikatbegriffs für jede Klasse nunmehr ein einziger komparativer Relationsbegriff genügt, um eine bestimmte Grundgesamtheit von Objekten verschiedenen Klassen zuzuordnen. Vielfach geht mit dem Übergang von klassifikatorischen zu komparativen Begriffen eine Verfeinerung der Klasseneinteilung einher, doch ist dies keine zwingende Konsequenz. Die Metrisierung eines Begriffs erlaubt schliesslich unendlich feine Klassifikationen vorzunehmen, die vorher prinzipiell undenkbar gewesen wären. Mit quantitativen Begriffen werden Aussagen über ganz bestimmte Werte auf einer Skala, statt in Wertintervallen wie noch bei klassifikatorischen Begriffen, möglich. Zudem lassen sich empirische Gesetze mit metrischen Begriffen einfacher formulieren und überprüfen.

525 Operationalität

Jedem Sozialwissenschafter sind die Probleme geläufig, die entstehen, wenn er einen Begriff wie zum Beispiel Inflation oder Intelligenz, dem nicht unmittelbar beobachtbare Designata zugeordnet werden können, "operationalisieren" muss. Unter "operationalisieren" wollen wir jenes Vorgehen verstehen, bei dem man auf die Operationen Bezug nimmt, die an Objekten auszuführen sind bzw. durch die im quantitativen Fall eine Grösse gemessen wird. Nach Carnap und Stegmüller (25) ist die Ansicht, dass die Operationalität (26) eine Eigenschaft von Defi-

23) Vgl. Abschnitt 41 Anm. 1.

24) Stegmüller, Theorie, 213 ff.

25) Vgl. Stegmüller, Theorie, 213 ff.

26) Stegmüller spricht in diesem Sinne nicht mehr von Operationalität, sondern bei theoretischen Begriffen von partieller empirischer Deutung eines Begriffs. Bei Begriffen der Beobachtungssprache tritt dieses Problem nicht auf.

nitionen sei, unzweckmässig; Operationalität ist vielmehr eine Eigenschaft von Begriffen. Die Inadäquatheit operationaler Definitionen hat ihre Wurzel darin, "dass das Definiens einer operationalen Definition in einem Wenn-dann-Satz besteht, der als wahrheitsfunktioneller Konditionalsatz (materiale Implikation) gedeutet wird. Denn ein solcher Satz ist auf Grund seiner wahrheitsfunktionellen Charakterisierung richtig, falls der Wenn-Satz falsch ist" (27). Dies hat beispielsweise zur Folge, dass – will man Situationen mit einer Erhöhung der Konsumentenpreise um mehr als 5 % pro Jahr als inflatorisch bezeichnen –, nicht nur den untersuchten Fällen, wo tatsächlich eine Steigerung um mehr als 5 % festgestellt wurde, das Prädikat "inflatorisch" zuzuschreiben ist, sondern dass aus logischen Gründen auch alle nicht analysierten Situationen mit dem Prädikat "inflatorisch" versehen werden können! Da diese Konsequenz natürlich höchst unerwünscht ist, ging man von der Deutung als operationale Definitionen ab und betrachtete diese häufigen Fälle als Reduktionssätze, wie wir sie bereits kennengelernt haben. Doch Carnap gab auch die Reduktionssatzmethode wegen Diskrepanzen mit der tatsächlichen Forschungspraxis wieder auf. Reduktionssätze sind mit praktisch bedeutsamen Ausweichklauseln infolge störender Einflüsse unvereinbar. Beispielsweise, wenn ein Psychologe eine Person auf einen IQ von 130 testet und das Ergebnis negativ ist, hat er, solange er mit Reduktionssätzen operiert, logisch keine Möglichkeit, das negative Ergebnis als nicht schlüssig anzusehen, auch wenn er im Nachhinein von einer Depression der Testperson während der Testzeit erfährt.

Deshalb ist die Konzeption der Reduktionssätze von Carnap zugunsten der Unterscheidung einer Beobachtungssprache und einer theoretischen Sprache innerhalb der wissenschaftlichen Objektsprache als unangemessen aufgegeben wprden (28). Das Vokabular der Beobachtungssprache umfasst undefinierte deskriptive Begriffe, die nur Beobachtbares zum Inhalte haben, sowie damit eingeführte explizite Definitionen. Alle Begriffe, die nicht in der Beobachtungssprache

27) Stegmüller, Theorie, 221. Die Hervorhebungen des Originals wurden weggelassen. Zur logischen Ableitung vgl. S. 218 f. Vgl. auch Essler, Wissenschaftstheorie I, 128 f., 145 f.

28) Vgl. dazu Stegmüller, Theorie, 6 f., 234 ff., 293 ff.

definiert werden können, weil das Vokabular dieser Sprache nicht ausreicht, sind als der theoretischen Sprache zugehörig zu deklarieren. Das Vokabular der theoretischen Sprache besteht aus undefinierten theoretischen Begriffen, für die jedoch nicht Beobachtbarkeit gefordert ist, sowie damit eingeführte explizite Definitionen. Die beiden Teilsprachen werden durch Zuordnungsregeln miteinander verbunden, so dass auch die theoretischen Begriffe eine empirische Interpretation erlangen, die jedoch indirekt und nur partiell ist. In dieser nur partiellen Deutung theoretischer Begriffe liegt die entscheidende Änderung gegenüber der Interpretation als operationale Definitionen oder als Reduktionssätze. Operationale Messverfahren definieren nicht die gemessene Grösse; vielmehr ist die gemessene Grösse ein partiell gedeuteter theoretischer Begriff (29). Wenn man somit einen Begriff auf zwei oder mehr Arten operationalisiert – zum Beispiel misst man die Inflation mit zwei verschiedenen Indices –, so ist das jedesmal eine partielle Interpretation desselben Begriffs und nicht eine vollständige Deutung verschiedener Begriffe. Bei allen theoretischen Begriffen ist somit die Forderung nach Operationalität aufzustellen, um überhaupt damit empirisch arbeiten zu können. Bei den Begriffen der Beobachtungssprache ist diese Forderung ex definitione schon erfüllt. Mit der Trennung in theoretische Sprache und Beobachtungssprache sind nun auch theoretische wie empirische Gesetzeshypothesen möglich, wobei die letzteren aus den ersteren nur unter Zuhilfenahme der Zuordnungsregeln deduzierbar sind (30).

526 Wertgeladenheit

Als sechstes und letztes Kennzeichen eines adäquaten wissenschaftlichen Begriffs können wir einen geringen Grad von Wertgeladenheit nennen. Vom Alltag und vom politischen Sprachgebrauch her haben zahlreiche Begriffe – wie schon erwähnt – neben einer deskriptiven Komponente eine starke emotive

29) Vgl. die instruktive Schilderung der Odyssee des Nutzenbegriffs in A. Bohnen, Die utilitaristische Ethik als Grundlage der modernen Wohlfahrtsökonomik, Göttingen 1964, S. 23 ff., insbesondere S. 34 ff. (im folgenden zitiert als "Bohnen, Ethik"). Der Nutzen im Sinne der individuellen Präferenzrangfolge manifestiert sich in Wahlakten, durch die der theoretische Nutzenbegriff partiell empirisch interpretiert werden kann.

30) Stegmüller, Erklärung, 95 f.,, Deduzierbarkeit ist ohnehin nur im nomologischen, nicht aber im statistischen Fall möglich.

Bedeutung, die wir im Anschluss an Myrdal mit Wertgeladenheit (31) bezeichnen wollen. Diese präskriptiv-deskriptiven Zwittergebilde sind einerseits des gefühlsmässigen Engagements wegen einer kritischen Diskussion hinderlich, wenn man unter Diskussion die potentielle Revision des eigenen Standpunktes versteht. Anderseits ist mit der emotiven Komponente eine präskriptive Bedeutung verknüpft, welche sich wissenschaftlich gar nicht begründen lässt, wie wir in der Werturteilsdiskussion gesehen haben. Überdies wird die Problematik dadurch verschärft, dass in den Fällen der Wertgeladenheit die präskriptive Bedeutung bei Begriffen, bzw. der normative Gehalt bei Aussagen, immer implizit statt explizit vorhanden ist, deshalb häufig vage und zudem im Zeitablauf sich ändernde Konturen aufweist.

Myrdals Ansicht, die Eliminierung stark wertgeladener Ausdrücke in der Wissenschaft sei weder möglich noch wünschenswert, ermangelt einer zureichenden Begründung; denn eine "interesselose Sozialwissenschaft" ist auch bei wissenschaftlichen Begriffen mit einem geringen Grad an Wertgeladenheit undenkbar — ebensowenig wie die Naturwissenschaften heute trotz wertarmen Begriffssystemen "interesselos" betrieben werden. Myrdal verknüpft fälschlicherweise Interesselosigkeit mit fehlender Wertgeladenheit der Begriffe, ohne zu berücksichtigen, dass sich das Forschungsinteresse bei der Problemauswahl — der Wertbasis — aktualisiert. Die Eliminierung stark wertgeladener Begriffe aus der Wissenschaft erachten wir auch deshalb als wünschenswert, weil der Name eines Begriffs häufig nicht nur für diesen spezifisch definierten Begriff steht, sondern überhaupt als Etikette eines bestimmten Problems dient (32). Stark wertgeladene Begriffe erweisen sich in diesen Fällen als Bezeichnungen von ethischen Problemen. Mit der Vermeidung des entsprechenden Begriffs kann dann verhindert werden, dass die mit diesem Begriff gebildeten wissenschaftlichen Hypothesen und Theorien als Lösung des durch den Begriff bezeichneten ethischen Problems angesehen werden.

31) Myrdal, Wertproblem, 43 f.; G. Myrdal, Objektivität in der Sozialforschung, Frankfurt am Main 1971, S. 54 ff. (im folgenden zitiert als "Myrdal, Objektivität").

32) Vgl. die Verdeutlichung dieser These anhand des Begriffs der Ausbeutung in Teil VI, Abschnitt 4.

Zudem werden durch geringe Wertgeladenheit der Begriffe die wissenschaftlich unfruchtbaren Möglichkeiten der "Überredungsdefinitionen" (33) ausgeschaltet. Bei einer Überredungsdefinition wird, wie bei allen Neudefinitionen bestehender Ausdrücke, die deskriptive Komponente des Definiens geändert, zum Beispiel präzisiert. Derart suggeriert ein gleichbleibendes Definiendum eine gleichbleibende Stellungnahme gegenüber sich ändernden deskriptiven Bedeutungen. Fällt hingegen die Aufforderung zur Stellungnahme in Gestalt der emotiven Komponente ganz oder wenigstens beinahe weg, so bleibt auch der "ethischen", wissenschaftlich nicht verantwortbaren Überredung der Boden entzogen. Dass bei einer Neudefinition nur der sogenannte primäre begriffliche Inhalt geändert, neben dem emotiven Gehalt aber auch der sogenannte sekundäre begriffliche Inhalt unverändert bleibt, zeigt die weiter differenzierende Analyse im folgenden Abschnitt.

33) Vgl. dazu Stevenson, Ethics, 210 ff.; ferner die kurze Darstellung bei W. Stegmüller, Hauptströmungen der Gegenwartsphilosophie. Eine kritische Einführung, 4. erw. Auflage Stuttgart 1969, S. 514 f. Ein schönes Beispiel einer Überredungsdefinition findet sich in Popper, Zauber, 129 ff. Popper schildert an dieser Stelle die Diskrepanz zwischen dem "üblichen" Gerechtigkeitsverständnis und Platons Gerechtigkeitsbegriff.

6 Wissenschaftssprache und Alltagssprache

61 Bedeutungsarten der Sprache

Bei sprachlichen Äusserungen kann man zwischen verschiedenen Bedeutungsarten unterscheiden, die, soweit sie Bedeutungsarten von Begriffen sind, sich für unser Thema als relevant erweisen. Die folgenden Bemerkungen betreffen sowohl die Semantik als auch die Pragmatik.

Jede sprachliche Äusserung hat erstens einen "primären begrifflichen Inhalt" (1), womit diejenigen durch den sprachlichen Ausdruck dargestellten Vorstellungen gemeint sind, die zum Verständnis des sprachlichen Ausdrucks in seinem Zusammenhang notwendig sind. Bei Gelingen der Kommunikation wird der primäre begriffliche Inhalt nicht nur durch den sprachlichen Ausdruck symbolisiert, sondern im Empfänger auch evoziert. Im Falle von Begriffen ist der Begriff des primären begrifflichen Inhalts mit der Intension gleichbedeutend. Mit der Intension ist jeweilen auch die Extension gegeben; jedoch kann man von gleichen Extensionen zweier Begriffe nicht auf gleiche Intensionen schliessen.

Zweitens haben sprachliche Ausdrücke häufig einen "sekundären begrifflichen Inhalt", der nicht unmittelbar zur Bedeutung gehört, jedoch gewöhnlich mit dem sprachlichen Ausdruck assoziiert wird. Nicht die privaten, individuell variierenden Assoziationen sind in diesem Zusammenhang wichtig, sondern die kulturspezifisch allgemeinen Assoziationen, denen öffentlicher Charakter zukommt. Weder beim primären noch beim sekundären begrifflichen Inhalt ist erforderlich, dass der Inhalt nur deskriptiv ist.

Drittens wohnt sprachlichen Ausdrücken ein emotiver Gehalt inne, den wir bereits als "Wertgeladenheit" von Begriffen bezeichnet haben. Auch die Wertgeladenheit wird erst interessant, wenn die mit dem sprachlichen Ausdruck ver-

1) W.K. Frankena, Einige Aspekte der Sprache, in: P. Henle (Hrsg.) Sprache, Denken, Kultur, Frankfurt am Main 1969, S. 171 (im folgenden zitiert als "Frankena, Aspekte"). Für das Folgende halten wir uns an Frankenas Ausführungen.

bundenen Emotionen und Stellungnahmen öffentlich sind, damit nicht nur der Sender seine Emotionen ausdrücken, sondern dieselben auch bei den Empfängern evozieren kann.

Wenn wir vorhin uns mit Definitionen befasst haben, stand dabei nur der primäre begriffliche Inhalt von Begriffen zur Diskussion; vom sekundären begrifflichen Inhalt und vom emotiven Gehalt wurde abstrahiert. Dies wird jedoch bei der Analyse eines konkreten Beispiels, in unserem Fall des Begriffs der Ausbeutung, nicht mehr möglich sein, will man nicht eine verkürzte Analyse in Kauf nehmen, die relevante Aspekte der Sprache ausser Betracht lässt. Begriffsprobleme nur unter dem Definitionsaspekt zu betrachten, scheint eine Konsequenz eines hypostasierten wissenschaftslogischen Standpunkts zu sein, der nur den Begründungszusammenhang der Wissenschaft analysiert, jedoch die Untersuchung des Entstehungszusammenhanges sowie der sozialen Konsequenzen der Wissenschaft, des Wirkungszusammenhangs, als irrelevant aus seinem Gesichtsfeld eliminiert. Wissenschaft ist kein Unternehmen in einem sozialen Vakuum, so dass auch Entdeckungs- und Wirkungszusammenhang der Wissenschaftssprache reflektiert werden müssen. Durch den in dieser doppelten Hinsicht mdifizierten Begriffsnominalismus wird eine Brücke zur Hermeneutik geschlagen. Zum Zusammenhang von Sprache und Attitüden sei auf eine empirische Studie hingewiesen, die einige Aspekte dieser Problematik anhand von zwei Begriffen der Alltagssprache verdeutlicht. (2).

Die Beziehungen zwischen Wertgeladenheit, primärem und sekundärem begrifflichen Inhalt sind umstritten (3). Zum Teil wurde die These verfochten, der emotive Gehalt sei völlig unabhängig von jedem begrifflichen Inhalt, zum Teil wird Abhängigkeit des emotiven Gehalts von den begrifflichen Inhalten behauptet.

2) Vgl. P. Schönbach, Sprache und Attitüden. Über den Einfluss der Bezeichnungen "Fremdarbeiter" und "Gastarbeiter" auf Einstellungen gegenüber ausländischen Arbeitern, Bern/Stuttgart/Wien 1970.

3) Vgl. W.K. Frankena, "Kognitiv" und "Nichtkognitiv", in: P. Henle (Hrsg.), Sprache, Denken, Kultur, Frankfurt am Main 1969, S. 210 ff.

Darin, dass nicht der primäre begriffliche Inhalt allgemein für die Wertgeladenheit massgebend ist, scheint man sich zwar einig zu sein; vielmehr wird eine Abhängigkeit zwischen emotivem Gehalt und sekundärem begrifflichen Inhalt als Hypothese postuliert. Da die Varianz der weder historisch noch ethnisch unveränderlichen sekundären begrifflichen Inhalte und ihre Korrelationen mit variierenden Wertgeladenheiten schwierig zu überprüfen ist, lassen wir diese Frage unentschieden. Wichtig für unser Problem ist jedoch, dass keine generelle Abhängigkeit des emotiven Gehalts vom primären begrifflichen Inhalt besteht. Darauf beruht die schon erwähnte Möglichkeit von Überredungsdefinitionen.

Myrdals Ansicht, dass Neologismen bei wertgeladenen Begriffen keinen Ausweg darstellen (4), sondern nur einer Wertverdrängung Vorschub leisten, erweist sich angesichts der erwähnten sprachtheoretischen Zusammenhänge als unhaltbar; denn nach seiner These müsste der sekundäre begriffliche Inhalt und die Wertgeladenheit völlig durch den primären begrifflichen Inhalt determiniert sein. Bei starker Wertgeladenheit vermögen Neologismen unseres Erachtens viel eher die implizite Normativierung der Sprache aufzulösen als blosse Neudefinitionen. Allerdings helfen bei jenen Begriffen auch Neologismen nicht weiter, die ein wissenschaftlich nicht lösbares Problem bezeichnen (5). In diesen Fällen muss zum Neologismus eine Neudefinition treten, in welcher die wissenschaftlich nicht lösbaren Komponenten eliminiert sind. Da mit der Neudefinition der primäre begriffliche Inhalt und durch den Neologismus der sekundäre begriffliche Inhalt und der emotive Gehalt verändert wird, entsteht ein gänzlich neuer Begriff, der keine Verbindung zum Ausgangsbegriff mehr aufweist.

In Sätzen erfolgt nicht nur eine Darstellung bestimmter Inhalte, sondern es wird auch eine gewisse Einstellung des Senders in bezug auf diese Inhalte ausgedrückt. Entsprechend dieser Einstellung, die man als "propositionelle Einstellung" (6)

4) Vgl. Myrdal, Objektivität, 66.

5) Wie das bei "Ausbeutung" der Fall ist. Vgl. Teil VI, Abschnitt 4.

6) Vgl. Frankena, Aspekte, 174 f.

bezeichnet hat, kann man zum Beispiel zwischen indikativen, interrogativen, imperativen, optativen und vokativen Satzarten unterscheiden. In jedem Satz muss infolgedessen ein Schlüssel enthalten sein, der die propositionelle Einstellung des Senders ausdrückt und dadurch für den Empfänger erkennbar macht. Dieser Schlüssel kann in der Satzstruktur, bei gesprochenen Worten in der Intonation, im Zusammenhang des Satzes, in einem Wort, usw. liegen. Entscheidend ist die Feststellung, "dass die grammatikalische Form allein nicht ausreicht, uns den wirklichen Charakter des Satzes erkennen zu lassen" (7). Ob also einem Satz normativer Charakter eignet, lässt sich letztlich erst aus dem Zusammenhang, in dem er vorgefunden wird, ersehen, wobei die Rolle des Schlüssels auch einzelnen Begriffen zufallen kann. Dafür kommen in erster Linie Begriffe in Frage, deren Wertgeladenheit beträchtlich ist.

Diese sprachtheoretischen Bemerkungen werden auf den Begriff der "Ausbeutung" angewandt, wenn wir die Verwendung von "Ausbeutung" in der Wirtschaftstheorie bereits überblicken. Zunächst ist noch auf verschiedene Funktionen der Sprache hinzuweisen, die anhand der Unterscheidung von Wissenschaftssprache und Alltagssprache deutlich gemacht werden können.

62 Funktionen der Sprache

Wir haben schon zu Anfang unserer Untersuchung in Abschnitt 1 auf drei zu unterscheidende Funktionen der Sprache hingewiesen. Symptom- und Signalfunktionen sind phylogenetisch ursprünglicher und bei höheren Tieren zum Teil schon sehr differenziert zu beobachten (8), während die reine Symbolfunktion, das heisst also die Möglichkeit des Gebrauchs der Sprache zur informativen Darstellung von Sachverhalten erst beim Menschen auftritt, und auch hier wird im ausserwissenschaftlichen Bereich nicht häufig davon Gebrauch gemacht.

7) Frankena, Aspekte, 175.

8) Topitsch, Probleme, 17.

Bei höheren Tieren gibt es von der Verhaltensforschung aufgezeigte auslösende Schemata wie "Elternschema", "Feindschema", usw., welchen eine dreifache Funktion innewohnt: "Sie informieren (mit einer gewissen Verlässlichkeit) über das Vorliegen bestimmter Umweltdaten, sie gewährleisten eine angemessene Verhaltenssteuerung und erzeugen zugleich eine damit verbundene emotionale Erregung" (9). Ein ähnliches "plurifunktionales Steuerungssystem" (9) bildet beim Menschen die Alltagssprache. Information über die Umwelt, Gefühlstönung, sowie eine damit verbundene Aufforderung zum im tradierten Sinne "richtigen" Verhalten sind untrennbar verschlungen. Wie in Abschnitt 422 anhand des Missverständnisses des Naturalismus gezeigt wurde, treten zudem die werthaft-normativen Ausdrücke "in denselben sprachlichen Formen auf wie die deskriptiven und erwecken so den Eindruck, als wären sie Eigenschaften der Dinge, die von allem menschlichen Dafürhalten unabhängig sind" (9). Der Alltagssprache als einem Füllhorn von Vorentscheidungen ist ebenso eine entlastende Funktion inhärent, indem sie eine gebrauchsfertige Weltorientierung enthält, wie sie infolge gerade dieser Vorentscheidungen eine kritische Reflexion erschwert. Die Alltagssprache liefert nicht nur diese Gesamtorientierung, sondern erschliesst überdies erst die Welt, indem sie mit den Begriffen einerseits vorgefundenen Abgrenzungen folgt, anderseits dadurch erst Grenzen setzt (10).

So erhellen sich aus den unterschiedlichen Funktionen von Alltagssprache und Wissenschaftssprache die an sie zu richtenden, divergierenden Anforderungen: Die durch plurifunktionale Steuerungssysteme ermöglichte Lebensvereinfachung ist auf die Vermengung der drei Funktionen angewiesen, während für die vom Erkenntnisziel geleitete Wissenschaft dieselbe Vermengung sich nur als Hemmschuh auswirken kann; denn nur eine informative, sich auf die Symbolfunktion beschränkende Sprache erweist sich als völlig zieladäquat. Obgleich sich die Naturwissenschaften schon längst zu informativen Aussagengefügen emanzipierten,

9) Topitsch, Probleme, 18. Die Hervorhebungen des Originals wurden weggelassen. Vgl. auch E. Topitsch, Vom Ursprung und Ende der Metaphysik, München 1972 (im folgenden zitiert als "Topitsch, Ursprung").

10) Kamlah/Lorenzen, Propädeutik, 49 ff.

scheint derselbe Prozess in den Sozialwissenschaften noch nicht so stark ausgeprägt (11).

Am Anfang der Wissenschaft besteht notwendig eine Verbindung zwischen Wissenschaftssprache und Alltagssprache und demnach auch zwischen den damit verbundenen verschiedenen Sprachfunktionen. Je nach Deutung des wissenschaftlichen Vorgehens besteht der Ausgangspunkt zum Beispiel in durch Axiome implizit definierten Grundbegriffen oder in einem konstruktivistisch aus der Alltagssprache gebauten Begriffssystem (12). Doch ist dieses Problem für unsere Fragestellung von zu geringer Relevanz, um weiter verfolgt zu werden; ebenso wie auch ein allfälliges generelles Abgrenzungskriterium zwischen wissenschaftlichen und unwissenschaftlichen Aussagen nicht weiter erörtert werden soll.

In den nun folgenden Teilen wird ein kritischer Überblick über die verschiedenen wirtschaftswissenschaftlichen Ausbeutungskonzeptionen erarbeitet. Mit dem Wissen über den Gebrauch von "Ausbeutung" können dann in Teil VI, Abschnitt 4 diese sprachtheoretischen Überlegungen auf den Begriff der "Ausbeutung" angewandt werden. Wir haben in allen Teilen die auf wissenschaftstheoretischen Überlegungen fussenden Einwände durch immanente, kritische Argumentationen ergänzt, soweit dies möglich war. Damit soll auch jener Leser zu einer kritischen Würdigung der Ausbeutungskonzeptionen geführt werden, der unsere metawissenschaftlichen Entscheidungen nicht akzeptieren zu können meint.

11) Topitsch, Probleme, 25, fasst als Erklärung dieses Umstands ins Auge, dass das Interesse der um die Macht ringenden Gruppen an plurifunktionalen Steuerungssystemen grösser sei als an neutralen, informativen sozialwissenschaftlichen Theorien, während bei den Naturwissenschaften das Interesse auf technologisch-informative Theorien tendiere.

12) Diese Aufzählung der Deutungsversuche erhebt selbstverständlich nicht Anspruch auf Vollständigkeit. Zum Konstruktivismus vgl. Kamlah/Lorenzen, Propädeutik; ferner Seiffert, Einführung I, 119 ff.

Teil II

Ausbeutung und Preistheorie

1 Zum normativ-informativen Dualismus in der klassischen Wertlehre

11 Einführung

Mit der klassischen Schule der Nationalökonomie konstituierte die Wirtschaftswissenschaft sich erstmals als selbständige wissenschaftliche Disziplin. Als weltanschaulich-philosophische Grundpfeiler dieser Periode erweisen sich – naturgemäss mit der Vereinfachung zahlreiche Differenzierungen unterschlagend – erstens der die Freiheit der Individuen und sozialen Gruppen von übergeordneten Instanzen betonende Liberalismus, zweitens der die individuelle Freiheit gegen den Staat anstrebende Individualismus und drittens die Anschauung des Objektivismus, dass Naturgesetze auch die wirtschaftlichen Handlungsabläufe determinieren (1). Im einzelnen finden sich gewaltige Unterschiede bezüglich der Rezeption philosophischer Strömungen, die sich denn auch in einem keineswegs einheitlichen Lehrgebäude niederschlagen. Smiths naturrechtlich-deistische Vorstellung einer prästabilierten Harmonie wandelt sich im Verlauf der klassischen Periode zu einer utilitaristisch begründeten Koordination von Einzel- und Gesamtinteressen, einer Grundlage des "Laissez-faire", die erst durch Keynes endgültig zerstört wurde.

Wenn wir im folgenden von der Klassik sprechen, so werden wir uns in erster Linie auf die Theoretiker Smith und Ricardo sowie Thünen beziehen, ohne zu verkennen, dass ihre Lehren auch in damaliger Zeit umstritten waren und insbesondere von Anhängern einer Angebot-Nachfrage-Theorie bekämpft wurden (2). Das noch unzulängliche Angebot-Nachfrage-Konzept bleibt Vorläufer späterer Entwicklungen der Theorie, während die Arbeitswertlehren eine typische

1) Vgl. G. Briefs, Klassische Nationalökonomie, in: Handwörterbuch der Sozialwissenschaften, Band 6, Stuttgart/Tübingen/Göttingen 1957, S. 5 f. (im folgenden zitiert als "Briefs, Nationalökonomie").

2) Vgl. Schumpeter, Geschichte, 731 ff.

objektivistische Realwert-Schöpfung der Klassik darstellen, welche dann im Marxismus ihre Fortsetzung findet. Zudem stellen die Arbeitswerttheorien (3) ein legitimes Kind der philosophischen Strömungen des Naturrechts und des Utilitarismus dar. Selbst die Gegner der Arbeitswertlehren konnten sich diesem Einfluss kaum entziehen. So spricht zum Beispiel Malthus als Angebot-Nachfrage-Theoretiker von einem dem "natürlichen" Wert entsprechenden "intrinsic value" (4), und Bentham hat sich in ökonomischen Belangen stark an Ricardos Konzeption angelehnt (5). Die Vorstellung eines Realwerts neben dem Preis beschränkt sich also keineswegs auf Arbeitswerttheoretiker, sondern ist ein mit Ausnahme von Cournot und Thünen durchgängiges Phänomen der Klassik, welches in der Arbeitswertlehre nur am deutlichsten hervortritt. Deshalb rechtfertigt es sich vom analytischen Standpunkt aus, mit der Arbeitswerttheorie die Grundproblematik der objektivistischen Klassik aufzurollen und so ihre Einstellung zum Problem der Gerechtigkeit zu erhellen.

In der Klassik findet sich keine namentliche Ausbeutungslehre. Doch der oberflächliche Schein, der nur auf die Namen der Begriffe rekurriert, trügt; denn die klassische Lehre erinnert an den "iustum pretium" der mittelalterlichen Scholastiker und berührt dadurch inhaltlich die Frage der Ausbeutung, so wie der Begriff später verwendet wurde. Thünen gibt sich sogar ausdrücklich mit dem naturgemässen, gerechten Lohn ab. Die Rolle der Arbeit sowohl als Wertquelle wie auch als Wertmassstab bei Smith und Ricardo legt die Ausarbeitung von Ausbeu-

3) Unter Arbeitswerttheorien werden hier nicht nur Theorien verstanden, die monistisch nur den Produktionsfaktor Arbeit anerkennen; vielmehr subsumieren wir unter diesen Begriff auch jene Konzepte, in denen wie zum Beispiel bei Ricardo rein quantitativ in der Arbeitsmenge die Hauptdeterminante für den Wert eines Gutes erblickt wird. Zudem sei angemerkt, dass wir in der vorliegenden Studie den Terminus "Theorie" nicht im wissenschaftstheoretischen Sinn, sondern bloss in der unpräzisen Bedeutung als Lehre verwenden, wie es in den Wirtschaftswissenschaften üblich ist.

4) T.R. Malthus, Principles of Political Economy Considered with a View to Their Practical Application (2. Aufl. 1836), London 1936, S. 60.

5) Vgl. die diesbezüglichen Hinweise zu Malthus und Bentham in Myrdal, Element, 61, 64 f., 67.

tungstheorien nahe, wie sie später von den Sozialisten und Marxisten gelehrt wurden. "Smith und Ricardo können so als unfreiwillige Paten der Ausbeutungstheorie angesehen werden" (6).

Der Begriff des Wertes ist mehrdeutig, so dass differenziert werden muss. Man unterscheidet zwischen subjektivem Gebrauchswert eines Gutes einerseits und dessen objektivem Tauschwert anderseits. Der subjektive Gebrauchswert spielt bei den Autoren der Klassik eine untergeordnete Rolle als blosse Bedingung des Tauschwerts; umsomehr Scharfsinn wurde jedoch auf die Analyse des letzteren aufgewendet. Neben dem gängigen kurzfristigen Marktwert eines Gutes wurde die Existenz eines "natürlichen Wertes" angenommen. Während die empirische Fragestellung nach der Erklärung des Marktwertes eines Gutes den Gegenstand auch der heutigen Preistheorie darstellt, ist der Begriff des "natürlichen Wertes" aus dem Gesichtsfeld moderner Theorie entschwunden, behält allerdings bei entsprechender Interpretation eine Affinität mit der Idee der Preise im vollkommenen Gleichgewicht. Je nach Deutung der verschiedenen Konzeptionen erscheint der "natürliche Wert" als metaphysische Spekulation (7) oder aber er wird als normativ-deskriptive Doppelkonstruktion verstanden (8), und zwar normativ hinsichtlich Preisgerechtigkeit und deskriptiv, indem dem natürlichen Wert langfristig eine Tendenz zur Realisation zugeschrieben wird. Kennt man den Massstab zur Beurteilung der Gerechtigkeit von Preisen, so lassen sich die Abweichungen davon berechnen, um dergestalt die ausbeuterische unrechtmässige Aneignung von Einkommen zu eruieren.

6) E.v. Böhm-Bawerk, Geschichte und Kritik der Kapitalzinstheorien. Erste Abteilung von: Kapital und Kapitalzins, (1884), 4. Aufl. Jena 1921, S. 319 (im folgenden zitiert als "Böhm-Bawerk, Geschichte").

7) Die Metaphysik des Wertbegriffs betont insbesondere J. Robinson, Doktrinen der Wirtschaftswissenschaft, München 1965, S. 36 ff. (im folgenden zitiert als "Robinson, Doktrinen").

8) Auf den normativen Aspekt weist Robinson, Doktrinen, 59 hin. Vgl. auch Myrdal, Element, 51 ff.; G. Kade, Die Grundannahmen der Preistheorie. Eine Kritik an den Ausgangssätzen der mikroökonomischen Modellbildung, Berlin und Frankfurt am Main 1962, S. 116 (im folgenden zitiert als "Kade, Grundannahmen"); W. Weber/H. Albert/G. Kade, Wert, in: Handwörterbuch der Sozialwissenschaften, Band 11, Stuttgart/Tübingen/Göttingen 1961, S. 644.

In terminologischer Hinsicht behandeln wir die Ausdrücke "Preis", "Marktpreis", "Tauschwert" als gleichbedeutend. Ebenso meinen wir mit "Realwert", "natürlicher Wert", "natürlicher Preis" jeweils denselben, vom Tauschwert zu unterscheidenden Sachverhalt.

12 Die Wertlehre von Ricardo

121 Darstellung

Die klassische dualistische Tauschwerttheorie verhinderte von vornherein eine Erklärung aus einem einheitlichen Ansatz. Sie rief vielmehr der Unterscheidung in durch menschliche Anstrengung reproduzierbare und durch menschliche Anstrengung nicht reproduzierbare (Seltenheits-) Güter, wobei der Erklärungsanspruch der Theorien des natürlichen Wertes auf die durch menschliche Anstrengung reproduzierbaren Güter eingeschränkt wurde. Die monopolisierten Güter stellt Ricardo den natürlichen Seltenheitsgütern bezüglich der Preisbildung gleich, da ihr Preis keine notwendige Beziehung zu ihrem Wert habe (9). Im Unterschied zu den natürlichen Seltenheitsgütern, die zu Anfang der "Grundsätze" beiseite geschoben werden und für die Ricardo keine Wertlehre entwickelt hat, werden die Monopolgüter von seiner Wertlehre erfasst und erfahren nur in der Preislehre eine getrennte Behandlung. Ebenso wie der Marktpreis aus den Determinanten von Angebot und Nachfrage zu erklären versucht wurde, leitete man den Wert der nicht reproduzierbaren Güter aus ihrer Seltenheit und den sich kaufkräftig äussernden Bedürfnissen ab. Im allgemeinen wird die Bedeutung dieser zweiten Güterkategorie bagatellisiert und das Hauptgewicht der Analyse auf den Tauschwert der reproduzierbaren Güter gelegt (10).

9) Vgl. W. Hofmann, Wert- und Preislehre. Sozialökonomische Studientexte 1, Berlin 1964, S. 59 (im folgenden zitiert als "Hofmann, Wert- und Preislehre").

10) Vgl. R. Kronstein, Die Diskussion um die Arbeitswerttheorie, Diss. Bern, Wien 1946, S. 17 (im folgenden zitiert als "Kronstein, Diskussion").

Die Ursache der Entstehung des natürlichen Wertes wird in objektiven Faktoren gesucht, wie es in den Arbeitstheorien am deutlichsten wird. Die Vertreter einer Arbeitswerttheorie betrachten den langfristigen, objektiven Tauschwert reproduzierbarer Güter primär als durch die zu ihrer Herstellung notwendige Arbeitsmenge oder das Arbeitsleid bestimmt. Smith und Ricardo entwickelten eine Arbeitsmengentheorie, wobei Smith zusätzlich noch eine Arbeitsleidtheorie und eine Kostentheorie vertrat (11). Der Unterschied dieser drei Wertlehren ist für uns von untergeordneter Bedeutung, denn die Kostentheorie stellt ebenso eine Realwertlehre dar wie die Arbeitsleidtheorie in ihrer Ausprägung in der Klassik einer Arbeitswerttheorie mit psychologischem Inhalt gleichkommt und eine Realwertlehre bleibt (12). Die Relevanz der Arbeitsmengentheorie beschränkte Smith auf "jenen frühen und rohen Zustand der Gesellschaft, in dem es weder Kapitalakkumulation, noch Bodenappropriation gab" (13), so dass wir uns an Ricardo halten, der vorerst keine derartigen Einschränkungen macht.

Schumpeter bezeichnet als Theorem der Ricardo'schen Wertlehre, dass "unter den Bedingungen des vollkommenen Wettbewerbs (die Ricardo nicht näher spezifizierte) . . . die Tauschwerte der Waren proportional den in ihnen enthaltenen oder verkörperten Arbeitsmengen" sind und dass diese letzteren "tatsächlich die Grundlage des Tauschwertes aller Dinge" (14) sind. Wie noch zu zeigen sein wird, trifft dieses Theorem für Ricardo nur in quantitativer Hinsicht zu, nicht hingegen, wenn man alle, auch die quantitativ unbedeutenderen, von Ricardo einbezogenen Wertdeterminanten betrachtet; denn dass der Kapitalzins den Wert, wenn auch nur gering, mitbeeinflusst, hat er nie bestritten. Schumpeter bezeichnet die Formulierung seines Theorems denn auch als eine "Annäherung". Ricardos Intention war, wie angetönt, nicht, primär damit die Marktpreise der

11) Vgl. Schumpeter, Geschichte, 721. Gegen die von Malthus später übernommene Theorie, welche den Realwert durch die Arbeitsmenge, die eine Ware im Austausch zu kaufen vermag, bestimmt sein lässt, polemisiert Ricardo im ersten Abschnitt seiner "Grundsätze" (S. 12 ff.). Diese Theorie stellt eine Kosten-, keine Arbeitswerttheorie dar; denn die Arbeit hat nur die Funktion eines Wertmassstabes, nicht die eines Bestimmungsgrundes.

12) Vgl. Myrdal, Element, 54, 70 ff.

13) A. Smith, ohne Angabe, zitiert nach: Kronstein, Diskussion, 10.

14) Schumpeter, Geschichte, 723. Die Hervorhebung des Originals wurde weggelassen.

Güter zu erklären, sondern er wollte die Bestimmungsgründe des "natürlichen Wertes" erhellen, der erst "nach einem Abflauen aller durch temporäre Störungen verursachten Schwankungen" (15) mit dem Marktpreis zusammenfallen würde: im vollkommenen Gleichgewicht. Ricardo nimmt ein permanentes Fluktuieren des Marktpreises um den natürlichen Preis an. Es ist dabei zu beachten, dass der natürliche Preis keineswegs als Abstraktion aus den kurzfristigen Schwankungen gewonnen wird, sondern durch die Arbeitsmengentheorie eine autonome Erklärung erfahren soll (16). Man kann also nicht den natürlichen Wert und den Gleichgewichtspreis schlechthin identifizieren; denn der natürliche Wert wird zwar bei entsprechender Definition im Gleichgewicht realisiert, besteht aber auch im Normalfall des fehlenden Gleichgewichts als innerer Realwert, als Norm weiter. Gleichzeitig bedeutet die Annahme einer Realisation des natürlichen Wertes im vollkommenen Gleichgewicht, dass dem wirklichen Wirtschaftsgeschehen eine Tendenz zum Gleichgewicht innewohnt; denn – wie erwähnt – nimmt ja Ricardo ein Schwanken der kurzfristigen Marktpreise um den natürlichen Wert an. Schumpeter weist darauf hin, dass Ricardos Theorem unter den Bedingungen des vollkommenen Gleichgewichts und des vollkommenen Wettbewerbs bei Arbeit als einzigem Produktionsfaktor als Sonderfall von der späteren Grenznutzentheorie impliziert wird (17).

Ricardos Arbeitsmengentheorie stellt eine Arbeitszeittheorie dar. Obgleich er hin und wieder analog zu Smiths Arbeitsleidtheorie auf die Mühe der Arbeit hinweist, bezieht er sich doch in entscheidenden Abschnitten auf die Arbeitszeit als Determinante des Produktionswertes. Smiths Schlussfolgerungen aus dem Hirsch-Biber-Beispiel anführend: "Es ist natürlich, dass das Erzeugnis zweitägiger oder zweistündiger Arbeit doppelt soviel wert sein sollte, als was gewöhnlich das Erzeugnis eintägiger oder einstündiger Arbeit ist" (18) und seinen Geltungsbereich

15) Schumpeter, Geschichte, 723.

16) "Der Wert ist nicht einfach ein Preis; er erklärt das Zustandekommen der Preise." Robinson, Doktrinen, 36.

17) Schumpeter, Geschichte, 724.

18) A. Smith, Der Reichtum der Nationen, Buch I, Kap. 5. Zitiert nach: D. Ricardo, Grundsätze der Volkswirtschaft und Besteuerung, (1821), 2. Aufl. Jena 1921, S. 11 (im folgenden zitiert als "Ricardo, Grundsätze").

von einem ursprünglichen, "rohen" Gesellschaftszustand zum allgemeinen Gesetz erweiternd: "Dass dies wirklich die Grundlage des Tauschwertes aller Dinge ist, mit Ausnahme von solchen, die durch menschlichen Fleiss nicht beliebig vermehrt werden können, ist eine Lehre von grösster Wichtigkeit in der Volkswirtschaftslehre" (19), präzisiert Ricardo den vorerst unklaren Arbeitsmengenbegriff durch die Angabe des Arbeitszeitmassstabes. Dass sich nicht alle Arbeit qualitativ über die gleichen Leisten schlagen lässt, Arbeit also keineswegs ein homogenes Gut im weitesten Sinne darstellt, ist sich Ricardo bewusst, so dass er neben dem Zeitfaktor den Qualitätsfaktor miteinbezieht. Bezüglich der Schwierigkeiten der Bewertung qualitativ unterschiedlicher Arbeit verweist er auf den Markt: "Die Wertschätzung, in der verschiedene Qualitäten von Arbeit stehen, wird auf dem Markte bald mit genügender Genauigkeit für alle praktischen Zwecke bestimmt und hängt viel ab von der verhältnismässigen Geschicklichkeit des Arbeiters und der Intensität der geleisteten Arbeit" (20). "Der natürliche Preis der Arbeit ist jener Preis, welcher nötig ist, die Arbeiter in den Stand zu setzen, einen wie den andern, sich zu erhalten und ihr Geschlecht fortzupflanzen ohne Vermehrung oder Verminderung" (21). Er betrachtet also die Bewertung der Arbeitskraft wie die anderer Güter: Der Lohn soll für den Wert der Arbeitskraft entschädigen, welcher sich nach den Subsistenzmitteln und dem in der Ausbildung in die Arbeitskraft eingegangenen Wert bemisst (22). Die Bedeutung natürlicher Fähigkeiten vernachlässigte Ricardo. Ferner relativierte er die zur Erzeugung eines Produkts im allgemeinen und damit auch im speziellen für die Erhaltung des Werts der Arbeitskaraft notwendige Arbeit historisch und ethnisch, indem er sie im Sinne von Marx als gesellschaftlich notwendige, vom Stand der Technik und der Usanzen abhängige Arbeitsmenge umschrieb: "Er (der natürliche Preis der Arbeit, R.G.) wechselt in einem und demselben Lande zu verschiedenen Zeiten und unterscheidet sich sehr wesentlich in den verschiedenen Ländern. Im wesentlichen hängt er von den Gewohnheiten und den Gebräuchen des Volkes ab" (23).

19) Ricardo, Grundsätze, 12.

20) Ricardo, Grundsätze, 19.

21) Ricardo, Grundsätze, 81.

22) Die Einbeziehung der Ausbildung hat Ricardo nicht explizite erwähnt, doch scheint uns diese Interpretation mit Schumpeter, Geschichte, 724 f., der Intention Ricardos am gerechtesten zu verfahren.

23) Ricardo, Grundsätze, 85. Vgl. auch S. 36.

Ausser in den einfachen Fällen, wo zur Produktion entweder nur Arbeit oder zusätzlich noch relativ auf die Arbeitsmenge bezogen gleichviel Kapital verwandt wird und derart für die Höhe der relativen Werte ausschliesslich die Arbeitsmenge bestimmend wirkt, modifiziert Ricardo diese "reine" Arbeitsmengentheorie durch Anerkennung des Einflussfaktors des Kapitalzinses auf den relativen Wert der Produkte in den häufigen Fällen, wo zur Produktion verschiedener Güter unterschiedliche Kapitalintensität sowie unterschiedliche Investitionsdauer notwendig sind (24). Doch hält er den Einfluss des Zinses für relativ gering, so dass man mit Stigler von einer "93 % Labor Theory of Value" (25) sprechen kann, bezifferte doch Ricardo in seinen "Grundsätzen" den quantitativen Einfluss des Zinses auf die relativen Werte auf höchstens 6 %–7 % (26).

Später modifiziert Ricardo das Arbeitsmengenprinzip in der schon in den "Grundsätzen" angetönten Weise, dass er im Zins nun doch einen zweiten, autonomen wertbestimmenden Faktor erblickt: "Streng genommen regulieren die relativen Arbeitsmengen, die auf ein Gut verwandt sind, ihren relativen Wert nur, wenn nichts als Arbeit auf sie verwandt ist, und zwar für die gleiche Zeitdauer. Wenn die Zeitdauer ungleich ist, ist immer noch die relative Arbeitsmenge, die auf ein Gut verwandt ist, der Hauptbestandteil, welcher ihren relativen Wert reguliert; aber sie ist nicht der einzige Bestandteil, denn ausser der Entschädigung für die Arbeit muss der Preis der Ware auch für die Zeitdauer entschädigen, die verstreicht, bevor die Ware zu Markt gebracht werden kann" und "ich denke manchmal, dass, wenn ich das Kapitel über den Wert, das sich in meinem Buche befindet, noch einmal zu schreiben hätte, ich zugeben würde, dass der relative Wert der Waren durch zwei Ursachen statt nur durch eine reguliert wird, nämlich durch die relative Menge der Arbeit, die nötig ist, um die betreffende Ware zu produzieren und durch die Profitrate für die Zeit, während welcher das Kapital müssig lag und bis die Waren zu Markte gebracht wurden." (27).

24) Vgl. Ricardo, Grundsätze, 29 ff.

25) G.J. Stigler, Ricardo and the 93 % Labor Theory of Value, in: The American Economic Review, June 1958, Nr. 3, S. 357 ff.

26) Ricardo, Grundsätze, 36.

27) Briefwechsel zwischen Ricardo und McCulloch, 1816-1823, New York 1895, S. 14. Zitiert nach Kronstein, Diskussion, 28 f. Die Hervorhebungen wurden weggelassen.

Ricardo hat somit seine monistische Arbeitswerttheorie zugunsten einer dualistischen Theorie aufgegeben und das Kapital als Produktionsfaktor anerkannt (28). Schon die Behandlung des durch die qualitativen Unterschiede der Arbeit entstehenden Problems durch Verweis auf die Marktpreise könnte man als Aufgabe seiner Arbeitsmengentheorie interpretieren, indem Ricardo so implizite die Unmöglichkeit einer von den Marktpreisen unabhängigen Bewertung der Qualitätsunterschiede der Arbeit eingestand. Doch ist dieser Rekurs auf die Marktpreise dann sinnvoll, wenn man die Marktpreise als annähernde Realisierung der bestehenden Wertunterschiede versteht, eine Koppelung, die den Marktpreisen eine automatische Annäherung an die den Gütern innewohnenden natürlichen Werte unterstellt. Damit wird jedoch vorausgesetzt, was zu erklären war. So stellt auch die Verbindung von Marktpreisen und natürlichen Werten über ein dauerndes Schwanken der ersteren um die letzteren eine rein definitorische Koppelung mit Realitätsbezug, aber ohne Informationsgehalt dar. Zudem umgeht Ricardo mit dem Rekurs auf die Marktpreise bezüglich der Bewertung qualitativ verschiedener Arbeit die zentrale Frage nach dem Wert, die die verschiedenen, qualitativ sich unterscheidenden Arbeitskategorien zum Erzeugnis beisteuern. Denn die natürlichen Löhne als Entschädigungen für den Wert der Arbeitskraft sind ja nach Ricardos eigenem Ausganspunkt ein Mass für die gesellschaftlich notwendigen Subsistenzmittel und Ausbildungszeiten. Lohnunterschiede drücken somit Unterschiede im Wert der Arbeitskraft aus, nicht aber Differenzen in den von der Arbeitskraft produzierten Werten. Wie soll nun aber der wertmässige Input der —marxistisch gesprochen — abstrakten Arbeit in ein Erzeugnis beurteilt und gemessen werden?

In dem Begriff des "natürlichen Wertes" kulminiert die naturrechtliche Vertragsidee mit der Vermengung normativer und informativer Fragestellung, indem die natürliche Werthöhe idealisiert und gleichzeitig als den sich bildenden Markt-

28) Die monistische Arbeitswerttheorie ist eine Abweichung von der üblichen Lehre von den drei Produktionsfaktoren Arbeit, Kapital und Boden, welche die damalige soziale Schichtung widerspiegelt. Der Grund für das Bemühen, doch nur die Arbeit als wertschöpfend anzusehen, liegt im naturrechtlichen Bild vom Menschen in der Natur: Einzig der Mensch ist aktiv in der Natur als passivem Objekt. Vgl. Myrdal, Element, 56, 58, 68 f.

preis langfristig determinierend dargestellt wird. "Hinter den äusseren beobachtbaren Tauschrelationen sucht man etwas 'Inneres', etwas eigentlich und in höherem Sinne Wirkliches, etwas, worin man ein Kriterium für die 'Richtigkeit' oder 'Gerechtigkeit' der faktischen Tauschrelationen sehen kann. Man sucht die Idee des Wertes oder seinen inneren Grund. Die Vorstellungen von einem 'intrinsic value' wechseln oft ihre terminologische Einkleidung. Gemeinsam ist ihnen aber allen, dass sie darauf hinausgehen, etwas anderes festzustellen als den Tauschwert, etwas Allgemeines, Einheitliches und Beständiges, das gleichzeitig einen 'natürlichen' Ausgangspunkt sowohl für die Erklärung des Tauschwertes als auch für seine sozialethische Beurteilung bilden kann." (29) Der Unterschied im Wert zweier Güter, dadurch entstehend, dass eines einen grösseren Zeitraum bis zum Verkauf am Markt zurücklegen muss, empfindet Ricardo als " eine gerechte Entschädigung für die Zeit, während welcher der Profit vorenthalten wurde" (30). Diesen durch die Investitionsdauer bedingten Teil des natürlichen Wertes bezeichnet et somit expressis verbis als "gerecht", was die These des normativen Einschlags der Konzeption des natürlichen Wertes weiter unterstützt. Für die Klassik galt es als Hauptaufgabe, die natürlichen Gesetze des Wirtschaftslebens zu entdecken, natürliche Gesetze, die über den Mechanismus der vollkommenen Konkurrenz ein soziales Optimum zu garantieren schienen (31). Mit dem Zerfall des Glaubens an die prästabilierte Harmonie und dessen Ersatz durch utilitaristische Strömungen tritt die Aufgabe des Staates in den Vordergrund, die Voraussetzungen der Konkurrenz zu schaffen und zu gewährleisten, um derart den der Konkurrenzwirtschaft angeblich inhärenten Tendenzen zu einem sozialen Optimum zum Durchbruch zu verhelfen (32). In diesem Sinne waren die Klassiker Apologeten des Status Quo, da die Marktpreise mit Ausnahme der Seltenheits- und Monopolgüter um die gerechten, natürlichen Werte fluktuieren.

29) Myrdal, Element, 54. Ferner S. 55: "Zu beachten ist dabei, dass fast alle Wertbegriffe mit dem Begriff des 'gerechten' oder 'richtigen' Preises, des iustum pretium identifiziert werden. Es beruht hauptsächlich auf der Weltanschauung und der allgemeinen philosophischen Einstellung des Betreffenden, ob er dieses iustum pretium in den faktischen oder in den normalen (d.h. natürlichen, R.G.) Tauschrelationen verwirklicht sieht oder nicht." Die Hervorhebungen des Originals wurden weggelassen.

30) Ricardo, Grundsätze, 37.

31) Vgl. Kade, Grundannahmen, 70.

32) Vgl. Kade, Grundannahmen, 65.

Ein naturalistischer Fehlschluss verbindet Sein und Sollen, der auch nach Einbezug des Kapitals als zweitem Produktionsfaktor neben Arbeit infolge der unveränderten Konzeption des natürlichen Wertes nicht überwunden wurde. Die im klassischen Konkurrenzmodell zusammenfallenden Erklärungs- und Rechtfertigungsfunktionen machen ein typisches Merkmal einer pseudokausalen und kryptonormativen Theorie aus (33). Wenn wir die "reine" Arbeitswerttheorie sowie die von Ricardo modifizierte Form in wissenschaftstheoretischer Perspektive betrachten, so löst sich ihre vermeintliche Erklärungskraft im Nebel der Rechtfertigungsfunktion auf; zur Erklärung empirischer wirtschaftlicher Vorgänge liefert sie keinen Beitrag, sondern erschöpft sich bestenfalls in heuristischen Funktionen.

Als empirischer Erklärungsversuch müsste die Arbeitswerttheorie falsifizierbar sein. Diese Conditio sine qua non ist jedoch nicht erfüllt, ist es doch ein leichtes, bei fehlender Koinzidenz der relativen natürlichen Werte und der relativen Preise bestimmter Güter im kurzfristigen Fall unterschiedliche Konkurrenzbedingungen für Differenzen verantwortlich zu machen oder im langfristigen Fall auf qualitativ divergierende Arbeitsarten bei den einzelnen ausgewählten Gütern zu verweisen. Denn die Bewertung der Qualität der Arbeit erfolgt nach Ricardo ja erst durch den Markt, womit sich der Zirkel durch die Einbeziehung der zu erklärenden Marktpreise in die Erklärung selber schliesst. Nun kann die Arbeitswerttheorie bei jeglicher denkbarer Sachlage durch Hinweis auf die Marktbewertungen durchgehalten werden und ist damit empirisch leer, nicht aber falsch. Der denkbare Einwand, die Intention der Klassiker ziele gar nicht auf die Erklärung der Marktpreise, sondern der natürlichen Werte, mag inhaltlich vielleicht zutreffen, stellt jedoch in unserer Argumentation keinen Einwand, sondern vielmehr eine Unterstützung unserer These dar. Denn die mangelnde Falsifizierbarkeit der klassischen Wertlehre wird dadurch noch deutlicher manifest, indem so auch das zu Erklärende kein empirisches Phänomen mehr darstellt. Somit wurde vorhin der aus der Perspektive empirischer Wissenschaft für die Arbeitswerttheorie günstigere Ansatz gewählt, als wir die Marktpreise als Explanandum und die natürlichen Werte als Teile des Explanans interpretierten. Doch bleibt sie auch dann eine erklärender und prognostischer Relevanz ermangelnde Konstruktion.

33) Vgl. Albert, Marktsoziologie, 54.

Wenn man die fehlende Falsifizierbarkeit in Betracht zieht und man sich zudem der aus naturrechtlich-utilitaristischer Quelle stammenden Normativität entsinnt, so wird man sich der normativ-informativen Leerheit der klassischen Arbeitswertlehre bewusst. Auch normative Konstruktionen bedürfen eindeutiger deskriptiver Kriterien zur Formulierung des Sollens, um derart die Differenz zwischen Sein und Sollen konstatieren zu können. Diesem Erfordernis kommt die Arbeitswertlehre nicht nach; sie ist nicht nur in informativer, sondern auch in normativer Hinsicht leer. Damit erleidet auch die Idee der Preisgerechtigkeit in unserer Interpretation der Klassiker dasselbe Schicksal.

Ziehen wir noch Bilanz anhand der im ersten Teil ausgearbeiteten begriffsdiagnostischen Kriterien. In der fehlenden Präzision des Begriffs des natürlichen Wertes gehen allfällige Inkonsistenzen unter. Doch ist er nicht nur unpräzise, sondern auch nicht operational und bis anhin hinsichtlich erklärungskräftiger Theorien auch unfruchtbar, während er durch seine metrische Ausgestaltung ein hohes Informationspotential aufweisen würde. Ausserdem dürfte nach der Andeutung des naturrechtlichen Hintergrundes die starke Wertgeladenheit ausser Frage stehen. Eine begriffsdiagnostische Bilanz weist somit als einziges Aktivum ein Informationspotential höchster Stufe auf, ein Faktor, der jedoch isoliert und ohne ausreichende Unterstützung durch gute Ergebnisse der Analyse der weiteren Anforderungen den Begriff des natürlichen Wertes nicht retten kann.

Es ist versucht worden, Ricardo neben einer Abstinenz-, einer Residual- sowie einer Produktivitätstheorie des Zinses (34) auch eine Ausbeutungstheorie des Zinses zuzuschreiben (35). Den Angelpunkt bildet Ricardos Abschnitt "Über Maschinenwesen": "Jedes Jahr beginnt der Kapitalist seine Operationen mit einem Bestande an Nahrungsmitteln und Bedarfsartikeln im Werte von 13'000 L... Am Ende des Jahres bringen sie (die Arbeiter, R.G.) in seinen Besitz Nahrungsmittel und Bedarfsartikel im Werte von 15'000 L zurück ..." (36). Diese Zinsdif-

34) In der Klassik wurde – wie auch im Marxismus – der Zins mit dem Nettoertrag der Kapitalgüter identifiziert. Vgl. Schumpeter, Geschichte, 791.

35) Schumpeter, Geschichte, 793.

36) Ricardo, Grundsätze, 400.

ferenz von 2'000 L liesse sich als Ausbeutung der Arbeiter durch ihren Arbeitgeber ansehen. Es scheint jedoch, dass mit einer derartigen Interpretation Ricardo Gewalt angetan und zu sehr Marx'sche Perspektiven einfliessen würden; denn Ricardo hat ja den Zins ausdrücklich als Bestandteil des natürlichen Wertes bezeichnet.

Nach naturrechtlichen Vorstellungen ist das Eigentumsrecht an einer Sache mit der auf das Eigentumsobjekt verwandten Arbeit untrennbar verbunden (37), wobei von der Problematik herrenloser Sachen abgesehen wird. Diese naturrechtliche Verbindung von Arbeit und Arbeitsertrag impliziert Wirtschaftsfreiheit, welche wiederum als Konsequenz die Existenz des Kapitalzinses zur Folge hat. Nun steht man vor der Wahl, entweder unverändert am naturrechtlichen Ausgangspunkt festzuhalten, woraus ein Radikalismus in Eigentumsfragen sozialistischer Prägung resultiert. Oder man setzt, in naturrechtlicher Perspektive inkonsequent, das Freiheitsprinzip vor die unmittelbare Verknüpfung von Arbeit und Arbeitsertrag und gelangt zu einem konservativen Liberalismus von der Art der Klassiker. Da Ricardo den Konflikt zwischen seiner ursprünglichen radikalen monistischen Arbeitswertlehre und seiner im übrigen konservativliberalen Haltung gesehen und seine Wertlehre durch die Anerkennung des Produktionsfaktors Kapital seiner Haltung angeglichen hat, wäre es unangemessen, ihm, dem liberalen Klassiker, eine radikale sozialistische Zinsausbeutungstheorie in die Schuhe zu schieben. Dasselbe gilt mutatis mutandis auch vom Versuch, bereits Smiths Behandlung von Zins und Bodenrente als Ausbeutung zu interpretieren (38).

13 Der gerechte Lohn bei Thünen

Es sind noch einige Worte zu Thünens Werk am Platz, der sich die Ermittlung des gerechten Lohnes zur Lebensaufgabe gemacht hatte. Seine Untersuchungen kulminierten in der bekannten Lohnformel $l = \sqrt{ap}$, wobei l, dem naturgemässen und

37) Vgl. für das Folgende Myrdal, Element, 67 f.

38) Wie das G. Stavenhagen, Geschichte der Wirtschaftstheorie, Göttingen 4. durchgesehene und erweiterte Auflage 1969, S. 57 (im folgenden zitiert als "Stavenhagen, Geschichte"), und Schumpeter, Geschichte, 792, machen.

gerechten Lohn, das geometrische Mittel aus dem konventionellen Existenzminimum a und dem Nettoprodukt p der Arbeit äquivalent ist. "Das ist der Lohn, der sich in einer Modellwirtschaft ergeben würde, in der der Boden ein freies Gut, alle Mitglieder der Volkswirtschaft Arbeiter wären, und Kapitalbildung nur durch Sparen aus dem Arbeitseinkommen erfolgen könnte. Jedes Mitglied der Volkswirtschaft hätte dann ein doppeltes Interesse: Als Arbeiter wünschte es den Lohn möglichst hoch, als Bezieher von Zins aus den gesparten Beträgen wünschte es den Zins möglichst hoch, also den Lohn möglichst niedrig. Unter dem Einfluss dieser beiden widerstreitenden Interessen würde sich der Lohn so einspielen, dass die Rente jedes Arbeiters, die er aus seinem vom Lohn zu ersparenden Betrag ziehen kann, maximal ist" (39). Aus diesen Voraussetzungen ergibt sich mit mathematischer Beweiskraft die Thünen'sche Lohnformel.

Neben dieser ethischen Lohn- und Zinsbestimmung hat Thünen auch den in Wirklichkeit sich bildenden Lohn und Zins mit Hilfe einer rudimentären Grenzproduktivitätstheorie zu bestimmen versucht. Wie wir im verteilungstheoretischen Teil IV, im Abschnitt 322 über die Grenzproduktivitätstheorie sehen werden, wurde Thünen von Clark eine Ausbeutungstheorie des Lohnes zugeschrieben. In seinem Modellfall konvergieren der postulierte, gerechte und der grenzproduktivitätstheoretisch sich bildende Lohn, so dass von einem "ethisch-ökonomischen Erklärungsdualismus" (40) gesprochen werden kann. Während bei Smith das harmonische Weltbild Voraussetzung seiner Analysen war, wurde es bei Thünen nach seinen eigenen Worten eine Folgerung aus seinen wissenschaftlichen Untersuchungen (41).

39) W. Krelle, Lohntheorie, in: Handwörterbuch der Sozialwissenschaften, Band 7, Stuttgart/Tübingen/Göttingen 1959, S. 14 f. (im folgenden zitiert als "Krelle, Lohntheorie").

40) K.P. Ackermann, Der ethisch-ökonomische Erklärungsdualismus in der Lehre vom naturgemässen Arbeitslohn und Kapitalzins bei Joh. H. v. Thünen unter besonderer Berücksichtigung des Grenzproduktivitätsgedankens, Diss. Bern, Winterthur 1954, insbesondere S. 29 ff. (im folgenden zitiert als "Ackermann, Erklärungsdualismus").

41) Briefs, Nationalökonomie, 10.

Voraussetzung für Thünens Lohnformel ist die Aussöhnung der Interessen zwischen den gesellschaftlichen Schichten, welche nur über einen Besitzausgleich erfolgen könnte (42). Doch in einer Gesellschaft, wo die Arbeitenden ohnehin die Kapitalbesitzer sind – wie in Thünens Modellwelt – stellt die Lohnhöhe kein Problem dar, weil die Zinseinkommen ebenfalls den Arbeitnehmern zufliessen (43). Unrealistische Modellannahmen verführen zu einer Übertragung eines Gerechtigkeitsideals von einer Modellwelt in eine ganz anders geartete Wirklichkeit. Zudem ist, wie Krelle an der bereits zitierten Stelle bemerkt, das konventionelle Existenzminimum infolge der geringen begrifflichen Präzision ein problematischer Bestandteil einer Lohntheorie. Thünens Versuch, sich bewusst von der Identifikation der Idee des natürlichen Arbeitslohnes der Klassiker mit den bestehenden Verhältnissen durch Bestimmung des normativ-gerechten Lohnes abzusetzen, vermag nicht zu befriedigen.

42) J.H. v. Thünen, Der isolierte Staat in Beziehung auf Landwirtschaft und Nationalökonomie, Neudruck nach der 2. bzw. 1. Auflage (1842 bzw. 1850), Jena 1910, S. 600; Ackermann, Erklärungsdualismus, 33.

43) Krelle, Lohntheorie, 15.

2 Von der Klassik zur Neoklassik

Die klassische Periode der Ökonomie haben wir mit den Koordinaten des Liberalismus, Individualismus und Objektivismus abgegrenzt. Während derart über die als klassisch zu bezeichnenden Autoren eine mehr oder weniger allgemeine Übereinstimmung herrscht, lässt sich dies von der die Klassik ablösenden Periode der Neoklassik nicht behaupten, zumal die Neoklassik neben dem Marxismus nur einer der beiden Nachfolger der Klassik ist.

Einigkeit herrscht darin, dass die Neoklassik mit den Grenznutzenschulen ihren Anfang nahm, indem der klassische Objektivismus durch Einbeziehung des subjektiven Gebrauchswertes in die Analyse des Tauschwertes — vordem war der Gebrauchswert als blosse Bedingung des Tauschwertes angesehen worden —, also durch den neoklassischen Subjektivismus abgelöst wurde. Doch damit ist erst eine historische Grenze formuliert. Der Terminus "Neoklassik" deutet ja auch einen Rückgriff auf klassisches Gedankengut an, sei es eine Aufrechterhaltung der Gleichgewichtskonzeption oder sei es die bis zu Keynes unangefochtene Tradition des Vollbeschäftigungsaxioms. Diese Verbindungen zur Klassik, die beide zuweilen als Abgrenzungskriterien der Neoklassik gegenüber der "modernen" Theorie in Gebrauch standen, scheinen jedoch nur Teilaspekte einer weit fundamentaleren Kontinuität in der ökonomischen Theorie darzustellen. "Unter 'neoklassischer Wirtschaftstheorie' sollen alle diejenigen ökonomischen Theoriebildungen verstanden werden, die von der Klassik das Marktmodell der vollkommenen Konkurrenz übernommen, dabei präzisiert und gegebenenfalls erweitert, aber im Grundzug (d.h. in der quasimechanistischen Konzeption) nicht verändert haben. Fasst man den Begriff 'Neoklassik' einmal soweit, so wird deutlich, wie die üblichen Bestimmungen hierin aufgehen. Weiterhin wird sich aber von dieser Auffassung her der Nachweis der Kontinuität der ökonomischen Theorienbildung führen lassen, weil sich solche scheinbar revolutionäre Entwicklungsstufen, wie etwa die des monopolistischen Wettbewerbs, als traditionell im Sinne einer Aufrechterhaltung des ursprünglichen Axiomensystems erweisen werden" (1). Die Wirtschaftstheorie der Neoklassik stellt somit trotz des Übergangs

1) Kade, Grundannahmen, 11.

vom Objektivismus zum Subjektivismus keine totale Neuschöpfung dar; vielmehr zeigt Kades Analyse eine in der Klassik bereits angelegte Wurzel auf, welche in der Neoklassik in erster Linie mit den Mitteln der mathematischen Analyse präzisiert und erweitert wurde.

Die Rolle der Mathematik in der Wirtschaftstheorie kann neben dem Modell der vollkommenen Konkurrenz als zweites Charakteristikum der Neoklassik angesehen werden. In Analogie zur erfolgreichen Mathematisierung der Physik fand der auf die Mechanik zugeschnittene mathematische Apparat (2) auch in der Wirtschaftstheorie in grossem Stile durch die Grenznutzenschulen Eingang, womit auch bereits die mathematische Methode der marginalistischen Analyse angedeutet ist. Ausser in der Spieltheorie, den marxistischen Makrotheorien und einigen verhaltenstheoretischen Ansätzen herrscht die Marginalanalyse bis heute in der wirtschaftstheoretischen Diskussion vor (3). Marginalismus kann man "als die Klasse wirtschaftswissenschaftlicher Theorienbildungen bezeichnen, in denen typischerweise vorkommende Funktionen überall dort, wo sie definiert sind, be-

2) Vgl. O. Morgenstern, Spieltheorie: Ein neues Paradigma der Sozialwissenschaft, in: Zeitschrift für Nationalökonomie, Band 28, 1968, S. 145 f. (im folgenden zitiert als "Morgenstern, Paradigma"); Kade, Grundannahmen, 80 ff.

3) Je nach Fassung des Marginalismus-Begriffs besteht in der linearen Ökonomik eine weitere, nicht marginalistische Richtung. Nach Morgenstern, der mit einem weiteren als dem unsrigen Marginalismus-Begriff arbeitet, ist lineares Programmieren weder eine selbständige Richtung noch der Spieltheorie zuzurechnen, sondern stellt infolge der Einführung von Ungleichungen eine viel realistischere Version der Marginalanalyse dar; denn ungleich der Spieltheorie und gleich wie im übrigen Marginalismus beschäftigt sich die lineare Ökonomik mit Maximierungsaufgaben unter Annahme der Manipulierbarkeit aller Variabeln. Vgl. Morgenstern, Paradigma, 151. Ferner kann aus der Neoklassik die historische Schule, die sich primär mit Deskription abgibt, ausgeklammert werden. Zu den verhaltenswissenschaftlichen Ansätzen vgl. W. Kirsch, Entscheidungsprozesse. Drei Bände, Wiesbaden 1970 (Band 1), 1971 (Band 2 und 3). Anders als manche Autoren entwickelt Kirsch keine Entscheidungslogik, sondern versucht, die Entscheidungsprozesse in verhaltenswissenschaftlicher Sicht darzustellen.

liebig oft differenziert werden können" (4). Bei der Behandlung der Marktformen stiess die marginalistische Erörterung dieser Probleme auf unüberschreitbare Grenzen, die nicht nur in Lösungsversuchen sichtbar wurden, sondern sich sogar in eingeschränkten Fragestellungen äusserten (5). Deshalb scheint es berechtigt, mit Morgenstern die diese Nachteile vermeidende Spieltheorie als "ein neues Paradigma der Sozialwissenschaft" zu kennzeichnen.

Durch die Offenlegung der Grundannahmen der neoklassischen Wirtschaftstheorie soll ihr logischer Status eruiert sowie Ansatzpunkte zur Kritik der darauf aufbauenden Theorien herausgearbeitet werden. Das implizite Axiomensystem der neoklassischen Entscheidungslogik werden wir im folgenden nach Kades (6) Interpretation referieren. Es liegen drei konstitutive Axiome vor: 1. Das Informationsaxiom, welches "eine eindeutige Zuordnung von Handlungsalternativen und Entscheidungsresultaten als funktionale Beziehung zwischen ökonomischen Quantitäten" postuliert, "womit vollkommene Information der Entscheidungseinheiten vorausgesetzt wird " (7). 2. Das in zwei Teilvoraussetzungen zerfallende Rationalitätsaxiom besagt einerseits, dass der Entscheidungsprozess "in seinem Verlauf

4) E. Fels/G. Tintner, Methodik der Wirtschaftswissenschaft, in: Enzyklopädie der geisteswissenschaftlichen Arbeitsmethoden. 8. Lieferung: Methoden der Sozialwissenschaften, München/Wien 1967, S. 34 (im folgenden zitiert als "Fels/Tintner, Methodik"). Fels/Tintner haben diese Umschreibung von M. Fréchet, Dégager les possibilités et les limites de l'application des Sciences mathématiques (et en particulier du calcul des probabilités) à l'étude des phénomènes économiques et sociaux, in: Revue de l'institut international de statistique 14 (1946), S. 16 ff., übernommen. Nach Fels/Tintner, Methodik, 36 ff., berücksichtigt der Marginalismus nicht, dass (1) erste und zweite Ableitungen keineswegs bei allen Funktionen existieren, (2) die Funktionen möglicherweise jenseits eines bestimmten Punktes nicht mehr definiert sind, (3) das Kriterium "erste Ableitung null, zweite negativ" nur ein lokales Maximum anzeigt, nicht aber das Maximum maximorum für den gesamten Definitionsbereich der Funktion, (4) die Gesamterlös- und Gesamtkostenfunktionen so beschaffen sein könnten, dass es keinen Produktionsumfang gibt, für den die Bedingung Grenzerlös = Grenzkosten erfüllt ist.

5) Die Frage des Oligopolisten: "Was soll ich am besten tun, ganz gleich wie sich der andere verhält, wie sich die anderen verhalten; insbesondere, was soll ich am besten tun, wenn alle anderen ihr Bestes tun? " konnte der Marginalismus, mathematisch gesehen, nicht einmal stellen. Fels/Tintner, Methodik, 43. Die Hervorhebungen des Originals wurden weggelassen.

6) Vgl. für das Folgende Kade, Grundannahmen, 84 ff.

7) Kade, Grundannahmen, 85 f.

auf die Maximierung einer Zielfunktion reduzierbar" (7) ist; anderseits, dass die ökonomische Entscheidungseinheit in der Lage ist, "sich der einzelnen Resultate der möglichen Entscheidungsprozesse als einer geordneten Menge bewusst zu sein" (7). 3. Das Reaktionsaxiom, das "die Zuordnung von Handlungsalternativen und Entscheidungsresultaten" als "durch eine stetige Funktion darstellbar, die differenzierbar ist (Ableitungen beliebigen Grades aufweist)" (8), fordert. Das Informationsaxiom wurde durch die Spieltheorie problematisiert, die die Annahme vollkommener Information als blossen Grenzfall impliziert. Wenn man die erste Teilvoraussetzung des Rationalitätsaxioms isoliert betrachtet, so erweist sich die in dieser allgemeinen Form dem mathematischen Extremwertproblem isomorphe Maximierungshypthese als eine empirisch unangreifbare Leerformel, ein nicht falsifizierbares Prinzip, "weil sich die eindeutige Optimallösung, die hiermit greifbar, auf eine Reihe ganz unterschiedlicher Funktionen beziehen kann, die jeweils für spezifische Entscheidungsprozesse maximale Werte ergeben" (7). Erst durch die zweite Teilvoraussetzung des Rationalitätsaxioms, die Forderung der der Möglichkeit der Bewertung aller möglichen Entscheidungsresultate bezüglich Präferenz und Indifferenz durch die Entscheidungseinheit, wird das Maximierungsproblem und dadurch das Rationalitätsaxiom überhaupt eindeutig und empirisch fassbar. Das Reaktionsaxiom stellt im Grunde eine Erweiterung des Informationsaxioms auf infinitesimale Grössen dar und ermöglicht erst die Aufstellung der in der Neoklassik so verbreiteten Gleichgewichtsmodelle sowie die damit verbundene optimale Lösung des Zurechnungsproblems, der wir in Teil VI, Abschnitt 22 als neoklassische Variante der idealen Sozialordnung wieder begegnen werden.

Auf diesen drei Axiomen basiert mit der neoklassischen Theorie auch das Modell der vollkommenen Konkurrenz, welches insbesondere beim Pigou-Kriterium von Bedeutung ist. In Gestalt der Kritik dieser drei Axiome soll einige Grundlagenkritik am theoretischen Rahmen der neoklassischen Ausbeutungskriterien vorweggenommen werden.

7) Kade, Grundannahmen, 85 f.

8) Kade, Grundannahmen, 88.

Bei der Annahme vollkommener Information lassen sich eine mikroökonomische und eine makroökonomische Ebene auseinanderhalten. In mikroökonomischer Hinsicht wird diese Annahme fragwürdig, sobald wir die Oligopolfälle ins Auge fassen. Denn wenn Interdependenz von Entscheidungen vorliegt, ist grundsätzlich keine vollkommene Information über das Verhalten anderer Entscheidungseinheiten mehr möglich, wodurch das Informationsaxiom sinnlos wird (9). Makroökonomisch interpretiert – alle Wirtschaftssubjekte sind vollkommen informiert – erscheint das Informationsaxiom ebenfalls sinnlos; müssen doch "die Handlungsabläufe aller ökonomischen Entscheidungseinheiten bestimmt sein", "bevor sie auf Grund einer vollzogenen Entscheidung überhaupt determiniert sein können" (10).

Das Rationalitätsaxiom ermangelt empirischen Gehalts, da im nachhinein jedes Resultat eines Entscheidungsprozesses sich als Maximum einer erst dann bezeichneten Funktion interpretieren lässt. "Die Identifizierung von ökonomischem Rationalverhalten und Maximierungsprinzip läuft auf einen rein definitorischen Zusammenhang hinaus: der maximale Wert einer Zielfunktion wird als optimales Entscheidungsresultat bezeichnet, an die Stelle einer Problemanalyse tritt die Definition" (11). Es fragt sich ferner, inwiefern das Reaktionsaxiom den Anforderungen an erfahrungswissenschaftliche Theorienbildung genügt. Das Reaktionsaxiom weist nicht die Existenz und Bestimmbarkeit eines Maximums nach, sondern es tautologisiert die neoklassische Wirtschaftstheorie, weil es das zu beweisende optimale Entscheidungsresultat voraussetzt.

Wir haben in unserer Kritik dieser Grundannahmen den Axiomen den Anspruch auf empirische Geltung unterstellt. Dieser Anspruch auf annähernde Geltung in der Wirklichkeit wurde auch während einiger Zeit von Vertretern der Neoklasssik erhoben; doch heute hat sich das Selbstverständnis der neoklassisch vorgehenden Autoren meist zu einer entscheidungslogischen Interpretation ihrer eigenen Ana-

9) Kade, Grundannahmen, 157 f. Im folgenden stützen wir uns auf seine Argumentation, S. 156 ff.

10) Kade, Grundannahmen, 157. Die Hervorhebungen des Originals wurden weggelassen. Das Argument stammt von Morgenstern.

11) Vgl. Kade, Grundannahmen, 159, Die Hervorhebungen des Originals wurden weggelassen.

lyse hin verschoben. (12) Entscheidungslogik kann in einer Erfahrungswissenschaft jedoch nicht als Ersatz empirischer Theorie, sondern vielmehr nur als heuristische Vorstufe im Rahmen des Entdeckungszusammenhanges von Hypothesen dienen. Der beim Verständnis als Entscheidungslogik immanente regulative Anspruch hat den Anstrich einer Kunstlehre – die für die Praxis äusserst wichtig sein mag –, die jedoch in ihrer regulativen Eigenschaft nur partiell Teil empirischer Wissenschaft sein kann und primär als Hypothesenlieferant dem Erkenntnisfortschritt dient. Entscheidungslogische Interpretation ist nicht nur von informativer, sondern auch von normativer Interpretation zu unterscheiden (13); denn bei entscheidungslogischem Status erscheint die Einführung von Werturteilen, anders als in normativen Systemen, unnötig. Neben der informativen Interpretation spielt die normative Deutung von Teilen der neoklassischen Theorie in der Geschichte der Ausbeutungstheorien eine grosse Rolle. Die normative Interpretation ist zudem als ideologischer Hintergrund der neoklassischen Variante der idealen Sozialordnung virulent und beeinflusste auch einige Spielarten der Grenzproduktivitätstheorie der Verteilung. Eine regulative Theorie ermöglicht die Ableitung situationsadäquater Entscheidungen, bietet jedoch nicht Hand zur Erklärung und Prognose sozialer Tatbestände. Wird das letztere übersehen, die Entscheidungslogik also informativ interpretiert, so hat man ebenso den Rubikon zur ökonomischen Ideologie überschritten wie bei einer normativen Deutung. Scheinen dann die mit informativem Anspruch auftretenden Theorien durch empirische Untersuchungen widerlegt zu werden – soweit es sich nicht ohnehin um unwiderlegbare Leerformeln handelt – so wird flugs Rückzug in den normativen Bereich geblasen (14) oder die Hypothesen werden so uminterpretiert (15), dass sie, ihres empirischen Gehaltes entleert, nicht mehr falsifizierbar sind. Es soll hier

12) Vgl. zum Beispiel W. Krelle, Preistheorie, Tübingen/Zürich 1961, S. VI (im folgenden zitiert als "Krelle, Preistheorie"), der programmatisch feststellt: "Es wird also die Frage zu beantworten versucht: welche Preise soll eine Firma verlangen, wenn sie in einer gegebenen Marktsituation ihre Zielsetzung soweit wie möglich realisieren will, und nicht: welche Preise verlangen Firmen tatsächlich? "

13) Vgl. Albert, Marktsoziologie, 45.

14) Vgl. dazu als Beispiel die Hall-Hitch-Kontroverse in Fels/Tintner, Methodik, 39 f. Ferner bezüglich der Gleichgewichtsidee Albert, Marktsoziologie, 52, 78.

15) Insbesondere der Rekurs auf eine Ceteris-Paribus-Klausel dürfte verführerisch sein.

nicht die entscheidungslogische Fragestellung wider die empirisch-wissenschaftliche Problemlage ausgespielt werden, sondern unsere Intention zielt dahin, unterschiedliche Fragestellungen zu trennen und nur ihre Vermengung zu brandmarken, deren Grundübel in der informativen und normativen Interpretation der Entscheidungslogik zu suchen ist.

3 Das Pigou-Kriterium der Ausbeutung

31 Definitorische Klärung

In seinem einflussreichen, in den zwanziger Jahren dieses Jahrhunderts massgebenden Werk "The Economics of Welfare" entwickelt Pigou eine Ausbeutungstheorie. Ausgehend von einer Umschreibung des fairen Lohnes, unterscheidet er zwei grundsätzliche Möglichkeiten seiner mangelnden Fairness oder Gerechtigkeit, wie wir wohl übersetzen dürfen. In Anlehnung an Marshall definiert Pigou, dass "wages in any occupation are fair when, allowance being made for differences in the steadiness of the demand for labour in different industries, 'they are about on a level with the payment made for tasks in other trades which are of equal difficulty and disagreeableness, which require equally rare natural abilities and an equally expensive training'" (1). Pigou bezieht sich hier auf Reallöhne und lässt Unterschiede nomineller Art ausser Betracht.

Zwei Möglichkeiten der Abweichungen von diesem Ideal scheinen gegeben. "On the one hand, wages may be unfair in some place or occupation, because, though they are equal to the value of the marginal net product of the labour assembled there, this is not equal to the value of the marginal net product, and, therefore, to the wage rate, of the labour assembled elsewhere. On the other hand, wages may be unfair in some place or occupation, because workpeople are exploited, in the sense that they are paid less than the value which their marginal net product has to the firms which employ them" (2). Diese Ausbeutungsdefinition muss in dem Sinne interpretiert werden, dass Ausbeutung vorliegt, wenn "the wage is less than the marginal physical product of labour valued at its selling price" (3). Wenn wir die Menge des produzierten Produkts mit x, die Menge des

1) A.C. Pigou, The Economics of Welfare, 3. Aufl. London, 1929, S. 520 (im folgenden zitiert als "Pigou, Economics"). Das darin enthaltene Zitat aus Marshall, Introduction to L.C. Price's Industrial Peace, S. XIII, wurde unverändert übernommen, Pigou verwendet in seinem Werk den Begriff der "Unfairness" S. 812 inkonsistent; denn an dieser Stelle ist "Unfairness" der "Ausbeutung" gleichgeordnet statt übergeordnet, wie er ihn definierte.

2) Pigou, Economics, 551.

3) J. Robinson, The Economics of Imperfect Competition, London 1936, S. 282 (im folgenden zitiert als "Robinson, Economics").

eingesetzten Faktors mit v bezeichnen, lässt sich das physische Grenzprodukt mit $\frac{dx}{dv}$ darstellen. "Ausbeutung" heisst somit, dass die Arbeitnehmer für ihre Arbeitsleistungen weniger als das physische Grenzprodukt $\frac{dx}{dv}$ multipliziert mit dem Preis p erhalten. Das Produkt aus Preis und physischem Grenzprodukt nennen wir sein Grenzwertprodukt $p \frac{dx}{dv}$, so dass nach dem Pigou-Kriterium Ausbeutung vorliegt, wenn die Entlohnung des Faktors Arbeit geringer als sein Grenzwertprodukt $p \frac{dx}{dv}$ ist.

Robinson übernimmt in "The Economics of Imperfect Competition" (4) dieses Pigou-Kriterium der Ausbeutung und grenzt es gegenüber einer Definitionsmöglichkeit ab, welche das entscheidende Kriterium in der Entsprechung des Lohnes zum Grenzumsatzprodukt $\frac{dU}{dx} \frac{dx}{dv}$ ("marginal net productivity") (5) der Arbeitsleistung sucht. Dabei versteht sie unter dem Grenzumsatzprodukt das physische Grenzprodukt $\frac{dx}{dv}$ ("marginal physical product") der Arbeit multipliziert mit dem durch dessen Verkauf entstehenden Grenzumsatz $\frac{dU}{dx}$ ("marginal revenue") (6). Wenn wir mit Robinson (7) unter vollkommener Konkurrenz auf einem Markt eine vollkommen elastische Angebots- bzw. Nachfragekurve verstehen, so dass der Angebots- bzw. Nachfragepreis ein für den Einzelnen unbeeinflussbares Datum ist, fallen Grenzumsatzprodukt und Grenzwertprodukt bei vollkommener

4) Robinson, Economics, 281 ff.

5) Das Kriterium des Grenzumsatzprodukts wird unten in Abschnitt 4 als Bloom-Kriterium zur Sprache kommen.

6) Robinson, Economics, 282 f. Die Bezeichnung "marginal net productivity" rührt aus der Unterscheidung der "marginal productivity", der "marginal net productivity" sowie der "marginal gross productivity" her. "Marginal productivity is the increment of value of the total output caused by employing an additional man, the total value of other factors remaining unchanged." (S. 237) "Marginal gross productivity is the increment of value of output caused by employing an additional man with the appropriate addition to other factors." (S. 239) "Marginal net productivity is the marginal net increment of value output caused by employing an additional man with the appropriate addition to other factors, less the addition to the cost of other factors." (S. 239) Sie trägt damit der Tatsache Rechnung, dass es sich statt um substitutive auch um limitationale Produktionsfaktoren handeln kann, die an Stelle des Ertragsgesetzes eine Leontief-Produktionsfunktion voraussetzen. Vgl. dazu A.E. Ott, Grundzüge der Preistheorie, Göttingen 1968, S. 105 f., 301 ff. (im folgenden zitiert als "Ott, Grundzüge").

7) Robinson, Economics, 18; J. Robinson, What is Perfect Competition? in: Quarterly Journal of Economics, Nov. 1934. Wiederabgedruckt in: J. Robinson, Collected Economic Papers, Oxford 1951, S. 20 (im folgenden zitiert als "Robinson, Competition").

Konkurrenz auf dem Produktmarkt unabhängig von der Marktform auf dem Faktormarkt zusammen; hingegen differieren sie bei unvollkommener Konkurrenz auf dem Produktmarkt, so dass der Unterschied der beiden Kriterien in der Relevanz des Produktmarktes liegt: Nach dem Ausbeutungskriterium des Umsatzprodukts genügt ein vollkommen elastisches Arbeitsangebot, um nicht Ausbeutung diagnostizieren zu können; die Marktform auf dem Absatzmarkt der produzierten Güter ist völlig irrelevant. Diese Konsequenz erscheint Robinson wenig sinnvoll, so dass sie das Pigou-Kriterium übernimmt, welches die Konstellation am Produktmarkt in die Ausbeutungsproblematik einbezieht, indem neben den Unvollkommenheiten der Elastizität im Arbeitsangebot auch jene in der Warennachfrage bestimmend sind. In den Worten Robinsons: "the fundamental cause of exploitation will be found to be the lack of perfect elasticity in the supply of labour or in the demand of commodities" (8).

32 Typologie der Ausbeutungskonstellationen

321 Ausbeutungslosigkeit als Ausgangszustand

Wenn nun das Gesagte graphisch dargestellt werden soll, so gehen wir am besten zuerst vom Zustand vollkommener Konkurrenz sowohl auf dem Faktor- wie auch auf dem Produktmarkt aus. In einem ersten Schritt betrachten wir dann eine Firma, die auf dem Produktmarkt sich der Situation vollkommener Konkurrenz gegenübersieht, während sie auf dem Faktormarkt als Monopsonist auftreten kann. Zweitens ist die Konstellation bei Monopol auf dem Produktmarkt und gleichzeitig vollkommener Konkurrenz auf dem Faktormarkt zu untersuchen. Drittens nehmen wir ein Unternehmen unter die Lupe, das nicht nur auf dem Produktmarkt Monopolist, sondern auf dem Faktormarkt auch Monopsonist ist. Monopol und Monopson sollen in allen Fällen stellvertretend für alle Marktformen unvollkommener Konkurrenz stehen. Der zu analysierende Zusammenhang zwischen

8) Robinson, Economics, 281

Faktor- und Produktmärkten ist nicht so zu denken, dass es um die Maximierung zweier Gewinne unabhängig voneinander geht: Vielmehr gibt es nur einen Unternehmensgewinn, der sowohl hinsichtlich der Faktor- wie der Produktmärkte maximiert werden soll (9).

Ein ausbeutungsloser Zustand herrscht bei vollkommener Konkurrenz auf dem Faktor- und dem Produktmarkt. Faktorpreiskurve q und Grenzausgabekurve $\frac{dA}{dv}$ fallen zusammen und bilden der vollkommenen Elastizität wegen eine waagrechte Gerade. Die Kurve des Grenzwertprodukts $p\,\frac{dx}{dv}$ und des Grenzumsatzprodukts $\frac{dU}{dx}\,\frac{dx}{dv}$ fallen ebenfalls zusammen und bilden die Nachfragekurve nach dem Faktor, da sie alternative hypothetische Faktorpreise mit alternativen hypothetischen Nachfragemengen koppelt.

Abb. 1: Gewinnmaximierung bei vollkommener Konkurrenz auf dem Faktor- und Produktmarkt. Es entsteht keine Ausbeutung, da im gewinnmaximalen Punkt E das Grenzwertprodukt $p\,\frac{dx}{dv}$ dem Faktorpreis q gleich ist.

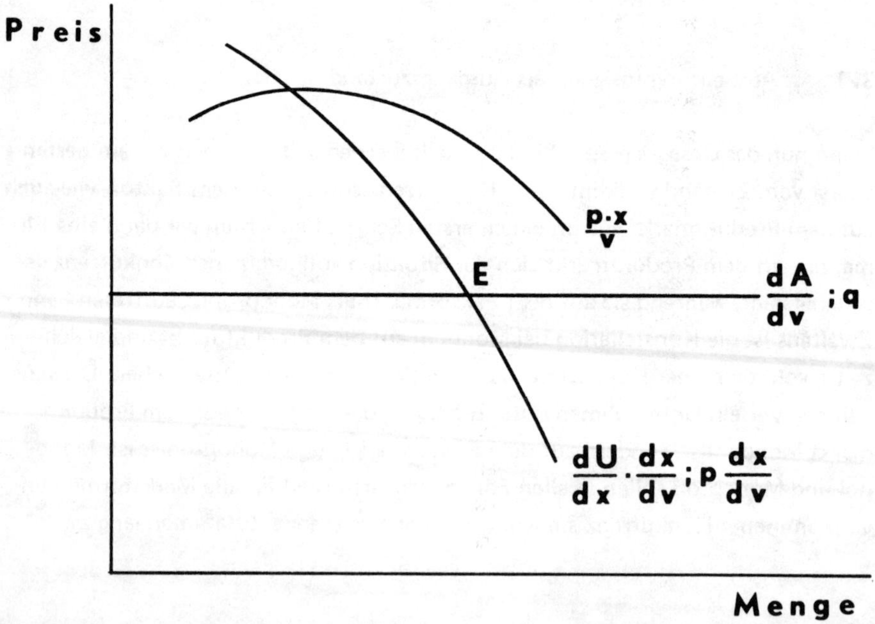

Quelle: A. Woll, Allgemeine Volkswirtschaftslehre, Berlin/Frankfurt 2. rev. Aufl. 1970, S. 209 (im folgenden zitiert als "Woll, Volkswirtschaftslehre"). Leicht geänderte Darstellung.

Als ersten Fall veranschaulichen wir die Lage eines Unternehmens bei vollkommener Konkurrenz auf dem Produktmarkt, das aber auf dem Faktormarkt als Monopsonist auftritt. Auf dem Produktmarkt ist der Preis p weiterhin gegeben und somit gleich dem Grenzumsatz $\frac{dU}{dx}$. Auf dem Faktormarkt ist die Elastizität der Angebotskurve weniger als unendlich, so dass die Grenzausgabekurve $\frac{dA}{dv}$ oberhalb der Faktorpreiskurve q verläuft. Im gewinnmaximalen Punkt E klaffen Faktorpreis q und das Grenzwertprodukt $p\frac{dx}{dv}$ um CE auseinander, so dass sich nach dem Pigou-Kriterium ein monopsonistischer Ausbeutungsgewinn im Ausmass von ABCE einstellt. Der Ausbeutungsgewinn nach dem Grenzumsatzproduktkriterium der Ausbeutung wäre gleich gross, da das Grenzumsatzprodukt $\frac{dU}{dx}\frac{dx}{dv}$ und Grenzwertprodukt $p\frac{dx}{dv}$ denselben Wert aufweisen.

Abb. 2: Monopsonistische Ausbeutung auf dem Faktormarkt bei gleichzeitig vollkommener Konkurrenz auf dem Produktmarkt. Es entsteht der Ausbeutungsgewinn ABCE, da bei der Beschäftigung m der Faktorpreis q im Ausmass CE geringer als das Grenzwertprodukt $p\frac{dx}{dv}$ ist.

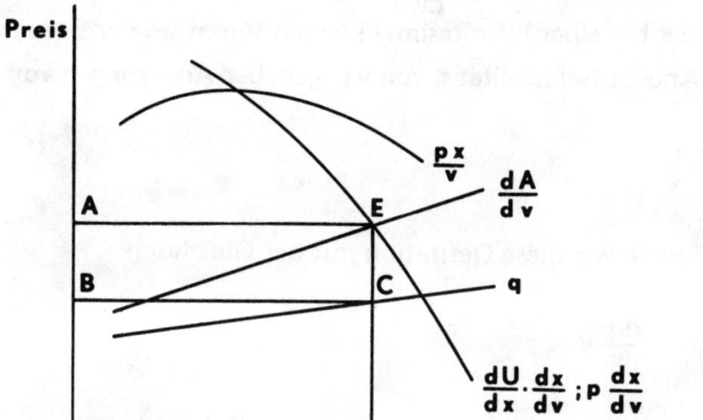

Quelle: Woll, Volkswirtschaftslehre, 214. Leicht geänderte Darstellung.

9) Vgl. für das Folgende die konzise Darstellung bei Ott, Grundzüge, 282 ff.; ferner A. Woll, Allgemeine Volkswirtschaftslehre Berlin/Frankfurt 2. rev. Aufl. 1970, S. 207 ff. (im folgenden zitiert als "Woll, Volkswirtschaftslehre"), dem wir die graphischen Darstellungen entnehmen.

Es fragt sich nun, um wieviel die Faktorentlohnung q geringer als das Grenzwertprodukt $p\frac{dx}{dv}$ ist. Offensichtlich hängt das Ausmass mit der Elastizität des Faktorangebots zusammen. Wir gehen von der Gleichung

$$U = A = qv$$

aus (10), wobei A für die Ausgabe des Nachfragers auf dem Faktormarkt, U für den Umsatz des Anbieters auf dem Produktmarkt und qv (Faktorpreis q multipliziert mit der Faktormenge v) den Umsatz bzw. die Ausgabe im betreffenden Gut anzeigen soll. Durch totale Differentiation dieser Gleichung gelangen wir zu

$$dU = dA = dvq + dqv,$$

wobei dv und dq entweder beide positiv oder beide negativ sind. Durch Division dieser Gleichung durch dv erhalten wir

$$\frac{dU}{dv} = \frac{dA}{dv} = q + \frac{dq}{dv}v,$$

was, wenn wir den Ausdruck nur als $\frac{dA}{dv}$ interpretieren, die Veränderung der Ausgabe der Nachfrager bei einer infinitesimal kleinen Variation der Bezugsmenge darstellt. Da die Angebotselastizität η von v gegenüber Änderungen von q als

$$\eta = \frac{dv}{dq} \cdot \frac{q}{v}$$

definiert wird, können wir diese Definition mit der Gleichung

$$\frac{dA}{dv} = q + \frac{dq}{dv}v$$

kombinieren und erhalten die sogenannte Amoroso-Robinson-Relation

$$\frac{dA}{dv} = q + \frac{q}{\eta} = q(1 + \frac{1}{\eta}).$$

10) Wir folgen der Ableitung bei Ott, Grundzüge, 144, wobei zwei Symbole geändert wurden.

Da beim gewinnmaximalen Punkt E das Grenzwertprodukt $p\frac{dx}{dv}$ der Grenzausgabe $\frac{dA}{dv}$ äquivalent ist, ist die Faktorentlohnung q in der Vertikalen um die Differenz $\frac{q}{\eta}$ geringer als das Grenzwertprodukt. In diesem Mass findet Ausbeutung statt, ausser im Grenzfall, wo die Elastizität $\eta = \infty$ ist, d.h. wo vollkommene Konkurrenz vorliegt. Statt der Differenz $\frac{q}{\eta}$ können wir auch den Faktor $1 + \frac{1}{\eta}$ nehmen, mit dem der Faktorpreis q zu multiplizieren ist, um die Grenzausgabe bzw. Grenzwertprodukt zu erhalten. Durch Umformung von

$$\frac{dA}{dv} = p\frac{dx}{dv} = q\left(1 + \frac{1}{\eta}\right)$$

zu

$$q = p\frac{dx}{dv} \cdot \frac{\eta}{\eta + 1}$$

gelangen wir zu der von Robinson verwendeten Umschreibung, dass das Grenzwertprodukt $p\frac{dx}{dv}$ mit dem Faktor $\frac{\eta}{\eta + 1}$ multipliziert werden muss, um zur Faktorentlohnung q zu gelangen (11). Dieser Faktor $\frac{\eta}{\eta + 1}$ bezeichnet somit das Ausmass monopsonistischer Ausbeutung.

323 Monopolistische Ausbeutung

Im zweiten Fall liegen die Verhältnisse umgekehrt: es herrscht vollkommene Konkurrenz auf dem Faktormarkt, während der Produktmarkt monopolisiert ist. Infolge der vollkommenen Konkurrenz auf dem Faktormarkt fällt die Grenzausgabekurve $\frac{dA}{dv}$ wieder mit der Faktorpreiskurve q zusammen und bildet eine waagrechte Gerade. Hingegen unterscheiden sich infolge der unvollkommenen Elastizität der Absatzfunktion p und Grenzumsatz $\frac{dU}{dx}$ und damit Grenzwertprodukt $p\frac{dx}{dv}$ und Grenzumsatzprodukt $\frac{dU}{dx}\frac{dx}{dv}$. Nachfragekurve bildet die Grenzumsatzproduktkurve, da es sich für das Unternehmen lohnt, bis zum Ausgleich des Grenzumsatzproduktes $\frac{dU}{dx}\frac{dx}{dv}$ mit dem Faktorpreis q Faktoren zu beschäftigen. Dies ist im Diagramm im Punkt E der Fall.

11) Vgl. Robinson, Economics, 314. Wir haben Robinsons Symbol E für die Elastizität des Faktorangebots durch das Symbol η ersetzt.

Abb. 3 Monopolistische Ausbeutung auf dem Produktmarkt bei gleichzeitig vollkommener Konkurrenz auf dem Faktormarkt. Es entsteht der Ausbeutungsgewinn AEGH, da bei der Beschäftigung m der Faktorpreis q um EG geringer als das Grenzwertprodukt $p\frac{dx}{dv}$ ist.

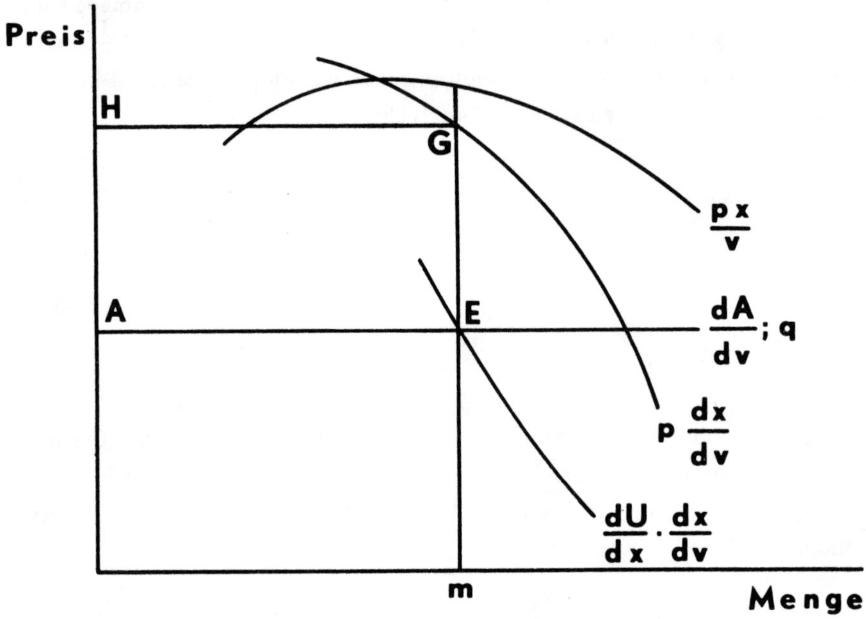

Quelle: Woll, Volkswirtschaftslehre, 213. Leicht geänderte Darstellung.

Bei der in Punkt E realisierten Beschäftigung m ist die Faktorentlohnung q um EG geringer als das Grenzwertprodukt $p\frac{dx}{dv}$, so dass ein monopolistischer Ausbeutungsgewinn AEGH vorliegt. Nach dem Kriterium des Grenzumsatzprodukts der Ausbeutung würde in diesem Fall, wie erwähnt, keine Ausbeutung zu diagnostizieren sein, da im gewinnmaximalen Punkt E der Faktorpreis q und das Grenzumsatzprodukt $\frac{dU}{dx}\frac{dx}{dv}$ sich gleich sind.

Auch in diesem Fall ist die Quantifizierung der Ausbeutung in Abhängigkeit der Elastizität der Nachfrage von Interesse (12).

12) Wir folgen der Ableitung bei Ott, Grundzüge, 138 f.

Wiederum nehmen wir die Gleichung

$$A = U = px$$

zum Ausgangspunkt, wobei A die Ausgabe des Nachfragers, U den Umsatz des Anbieters und px (Produktionspreis p multipliziert mit der Ausbringungsmenge x) die Ausgabe bzw. den Umsatz verkörpert. Durch totale Differentation ergibt sich

$$dA = dU = dxp + dpx,$$

wobei entweder $dx < 0$ und $dp > 0$ oder $dx > 0$ und $dp < 0$ ist. Indem wir mit dx dividieren, erhalten wir

$$\frac{dA}{dx} = \frac{dU}{dx} = p + \frac{dp}{dx}x.$$

Diesen Ausdruck interpretieren wir nur als Grenzumsatz $\frac{dU}{dx}$, der die Veränderung des Umsatzes der Anbieter bei einer infinitesimal kleinen Variation der Absatzmenge angibt. Durch Kombination mit der Definition der Nachfrageelastizität ϵ von x gegenüber Änderungen von p

$$\epsilon = -\frac{dx}{dp}\frac{p}{x}$$

entsteht wieder die Amoroso-Robinson-Relation, in etwas geänderter Form:

$$\frac{dU}{dx} = p - \frac{p}{\epsilon} = p\,(1 - \frac{1}{\epsilon}).$$

Beim gewinnmaximalen Punkt E sind sich der Faktorpreis q und das Grenzumsatzprodukt $\frac{dU}{dx}\frac{dx}{dv}$ gleich, so dass an dieser Stelle die Faktorentlohnung q infolge von

$$q = \frac{dU}{dx}\frac{dx}{dv}$$

umgeformt

$$\frac{dU}{dx} = \frac{q}{\frac{dx}{dv}}$$

und kombiniert

$$q = p\frac{dx}{dv} - \frac{\frac{dx}{dv}\,p}{\epsilon} = p\frac{dx}{dv}\,(1 - \frac{1}{\epsilon})$$

um die Differenz $\frac{p\,\frac{dx}{dv}}{\epsilon}$ bzw. den Faktor $1 - \frac{1}{\epsilon}$ geringer als das Grenzwertprodukt $p\frac{dx}{dv}$ ist. In jenem Fall, wo $\epsilon = \infty$ ist, sind Faktorentlohnung q und Grenzwertprodukt $p\frac{dx}{dv}$ äquivalent: Es liegt nur bei vollkommener Konkurrenz keine Ausbeutung vor. Durch Umformung von

$$q = p\frac{dx}{dv}\,(1 - \frac{1}{\epsilon})$$

zu

$$q = p\frac{dx}{dv}\,(\frac{\epsilon - 1}{\epsilon})$$

finden wir die von Robinson verwendete Formulierung, dass das Grenzwertprodukt $p\frac{dx}{dv}$ mit dem Faktor $\frac{\epsilon - 1}{\epsilon}$ multipliziert werden muss, um die Faktorentlohnung q zu erhalten (13). Mit diesem Faktor $\frac{\epsilon - 1}{\epsilon}$ wird das Ausmass monopolistischer Ausbeutung bezeichnet.

324 Monopsonistisch – monopolistische Ausbeutung

Der dritte Fall soll nun kumulierte monopsonistische Ausbeutung auf dem Faktormarkt und monopolistische Ausbeutung auf dem Produktmarkt erfassen, indem die Ergebnisse des ersten und zweiten Falles kombiniert werden. Es ist für das Unternehmen lohnend, Faktoren zu beschäftigen, bis das Grenzumsatzprodukt $\frac{dU}{dx}\,\frac{dx}{dv}$ der Grenzausgabe $\frac{dA}{dv}$ gleich ist. Bei diesem Punkt E in der Abbil-

13) Vgl. Robinson, Economics, 312.

dung 4 klaffen nun sowohl Faktorpreis q und Grenzausgabe $\frac{dA}{dv}$ um CE infolge des Faktorbeschaffungsmonopsons wie auch Grenzwertprodukt $p\frac{dx}{dv}$ und Grenzumsatzprodukt $\frac{dU}{dx}\frac{dx}{dv}$ um EG des Absatzmonopols wegen auseinander. Es entsteht ein gesamter Ausbeutungsgewinn BCGH, der sich aus dem monopsonistischen Ausbeutungsprofit ABCE und dem monopolistischen Ausbeutungsgewinn AEGH zusammensetzt.

Abb. 4: Monopsonistisch-monopolistische Ausbeutung. Bei der Beschäftigung k wird der gesamte maximale Ausbeutungsgewinn BCGH realisiert, der sich aus dem monopsonistischen Anteil ABCE und dem monopolistischen Anteil AEGH zusammensetzt.

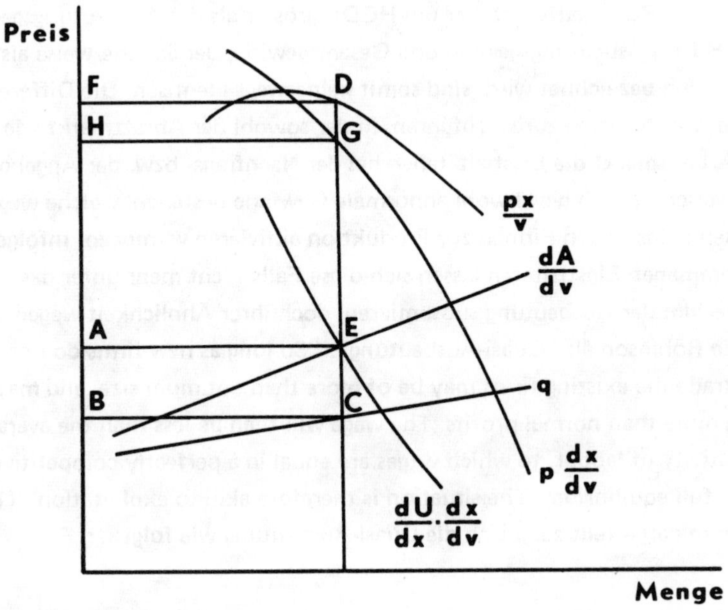

Quelle: Woll, Volkswirtschaftslehre, 215. Leicht geänderte Darstellung.

Das Ausmass kombinierter monopsonistisch-monopolistischer Ausbeutung ist durch Multiplikation des Grenzwertprodukts $p\frac{dx}{dv}$ mit dem monopsonistischen Ausbeutungsfaktor $\frac{\eta}{\eta+1}$ sowie dem monopolistischen Ausbeutungsfaktor $\frac{\epsilon-1}{\epsilon}$ im Vergleich zum vollen Grenzwertprodukt $p\frac{dx}{dv}$ zu errechnen. "Thus the real wage of each factor under the monopolists will be equal to the competitive wage multiplied by $(\frac{\epsilon - 1}{\epsilon})$ $(\frac{\eta}{\eta + 1})$, where ϵ is the elasticity of demand and η is the numerical value of the elasticity of supply of the factor. Thus those factors whose supply is relatively less elastic will be most exploited" (14).

325 Quasi-Ausbeutung

Es dürfte bisher schon aufgefallen sein, dass die eingezeichneten monopsonistischen und monopolistischen Ausbeutungsgewinne nicht den gesamten Gewinn des Unternehmens ausmachen. Für den Gesamtgewinn ist nämlich die Kurve des des Durchschnittertragswertes $\frac{px}{v}$ massgebend, so dass in Abb. 4 der Gesamtgewinn die Grösse BCDF aufweist, der um HGDF grösser als der Ausbeutungsgewinn BCGH ist. Ausbeutungsgewinn und Gesamtgewinn, der üblicherweise als Monopolgewinn bezeichnet wird, sind somit keineswegs identisch. Die Differenz ist auf eine Konstellation zurückzuführen, in der sowohl der Absatzmarkt wie auch der Arbeitsmarkt die Elastizitäten ∞ bei der Nachfrage- bzw. der Angebotskurve aufweisen, jedoch gleichwohl abnormale Gewinne bestehen, welche wegen Hemmnissen keine neuen Firmen zur Produktion aktivieren vermögen. Infolge der vollkommenen Elastizitäten lassen sich diese Fälle nicht mehr unter das Pigou-Kriterium der Ausbeutung subsumieren; doch ihrer Ähnlichkeit wegen bezeichnet sie Robinson als "Quasi-Ausbeutung". "So long as new firms do not enter the trade the existing firms may be of more than optimum size, and may be earning more than normal profits. The wage will then be less than the average net productivity of labour, to which wages are equal in a perfectly competitive industry in full equilibrium. The situation is therefore akin to exploitation" (15). Im Diagramm dargestellt zeigt sich die Quasi-Ausbeutung wie folgt:

14) Robinson, Economics, 314 f. Wir haben Robinsons Symbole durch die unsrigen ersetzt.
15) Robinson, Economics, 289.

Abb. 5: Quasi-Ausbeutung. Da das Grenzwertprodukt $p\frac{dx}{dv}$ bei der Menge m dem Lohn q gleich ist, besteht nach dem Pigou-Kriterium keine Ausbeutungssituation, ungeachtet des abnormalen Gewinnes HGDF, den Robinson als Quasi-Ausbeutung bezeichnet.

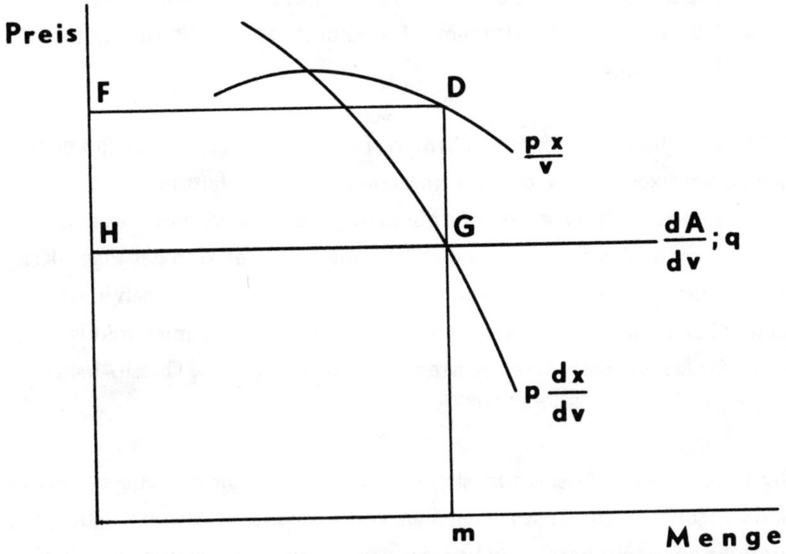

Erst der Ausbeutungsgewinn und der Quasi-Ausbeutungsgewinn zusammen ergeben den gesamten Monopol- und Monopsongewinn.

Wie oben in Abschnitt 31, Anm. 6 erwähnt wurde, versteht Robinson unter dem Grenzwertprodukt ("marginal net productivity") den Nettowertzuwachs zum gesamten Output nach Abzug aller Kosten, die durch die Vermehrung anderer Faktoren als dem der Arbeit entstanden sind, so dass es sich beim Ausbeutungsgewinn wie auch beim Gesamtgewinn in Robinson'scher und Pigou'scher Interpretation um Nettogewinne handelt, in die die angefallenen fixen Kosten und die Kosten der anderen Faktoren bereits eingerechnet worden sind. In Robinsons Konzeption sind in den Kosten sogar bereits Normalgewinne (16) enthalten, wobei "normal profits is that level of profit at which there is no tendency for new

16) Robinson, Economics, 93. Ob im Gleichgewicht "Normalgewinne" die Regel sind oder ob ein "gewinnloser" Zustand herrscht, dürfte eine Frage der Terminologie sein.

firms to enter the trade, or for old firms to disappear out of it" (17). Von den in den Kostenkurven enthaltenen Normalgewinnen unterscheiden wir somit die in den Diagrammen als Differenz zwischen Durchschnittsertragwert und Faktorpreis abnormalen Gewinne. Dieser abnormale Gewinn ist mit dem vorhin als "Gesamtgewinn" bezeichneten Profit identisch und umfasst also die Ausbeutungs- und Quasi-Ausbeutungsgewinne.

Im Gegensatz zu dieser "orthodoxen" Interpretation steht die moderne Lehre (18), welche die fixen Kosten bei den vorangegangenen Ableitungen und Diagrammen ausser Betracht lässt und nur die Erträge der Änderungen des einen variablen Faktors analysiert. Demnach würde eine Interpretation des Pigou-Kriteriums nach der modernen Lehre zur grotesken Konsequenz zwingen, dass alle die Deckung der variablen Faktorkosten übersteigenden Einnahmen inklusive der Beitrag zur Deckung der fixen Kosten als Ausbeutung bzw. Quasi-Ausbeutung zu betrachten sind.

Nach der Typologie der Ausbeutungskonstellation folgen wir nun zuerst Überlegungen, die Pigou über die Zusammenhänge von Ausbeutung, Beschäftigung und Sozialprodukt angestellt hat und gehen dann zu Robinsons Analyse von möglichen Therapien über.

33 Ausbeutung, Beschäftigung und Sozialprodukt

Beutet ein Arbeitgeber seine Arbeitnehmer aus, so wird im allgemeinen die Beschäftigung geringer sein als wenn er nicht oder in geringerem Masse ausbeuten würde. Durch die geringere Beschäftigung von Arbeit steigt ihr Grenzwertprodukt möglicherweise über den Branchendurchschnitt. Das heisst also, "if an employer exploits his men by paying them 5s. a week less than the value of their

17) Robinson, Economics, 92.

18) Worauf J. Robinson, Grundprobleme der Marxschen Ökonomie, Wien 1951, S. 127 f. (im folgenden zitiert als "Robinson, Grundprobleme") selber hinweist.

marginal net product to him, this will not mean they are getting 5s. a week less than the fair wage obtainable for similar work elsewhere, but perhaps only 4s. or 3s. less than this" (19). Dieser Vorgang auf dem Arbeitsmarkt lässt sich graphisch darstellen:

Abb. 6: Ausbeutung, Grenzwertprodukt und Beschäftigung. Es ist der Fall eines Beschaffungsmarktmonopsonisten bei vollkommener Konkurrenz auf dem Produktmarkt dargestellt. Infolge der Ausbeutung und der damit verbundenen geringeren Beschäftigung ist das Grenzwertprodukt grösser als es bei keiner oder geringerer Ausbeutung wäre.

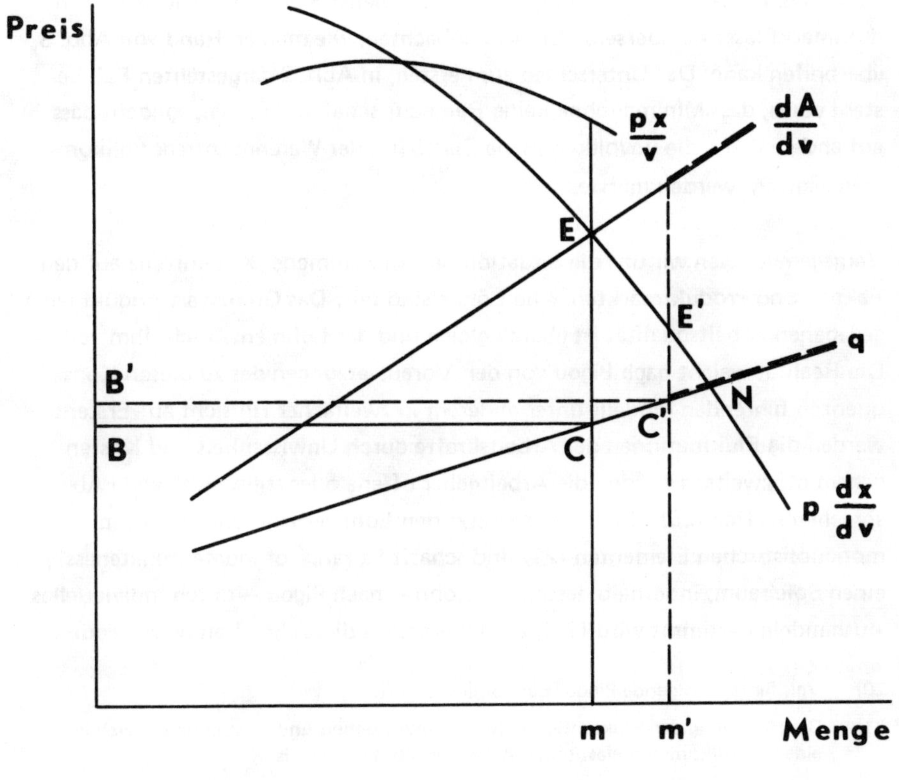

19) Pigou, Economics, 556.

In unserem Beispiel verringert sich das Grenzwertprodukt $p\frac{dx}{dv}$ von E auf E' infolge der Lohnerhöhung von B auf B' durch Einführung eines Minimallohns ebenso wie die Ausbeutung CE zu C'E', während die Menge m auf m' steigt. Wenn nun das ausbeutungsfreie, branchendurchschnittliche Grenzwertprodukt bei N liegt, so nähert sich das firmaspezifische Grenzwertprodukt bei Ausbeutung im Punkt E dem branchendurchschnittlichen durch Verringerung der Ausbeutung und allmählicher Verschiebung des Grenzwertprodukts von E nach N wieder an. Den Lohnunterschieden entsprechen somit bei qualitativ und quantitativ gleicher Arbeitsleistung sogar im Falle uniformer Erlösfunktionen keineswegs Ausbeutungsunterschiede, da allein die Elastizität des Arbeitsangebots entscheidend ist, wenn wir vollkommene Konkurrenz auf dem Produktmarkt voraussetzen. Bei Ausbeutung infolge unvollkommener Konkurrenz auf dem Produktmarkt lässt sich derselbe Effekt beobachten, wie man an Hand von Abb. 3 überprüfen kann. Der Unterschied zum ersten, in Abb. 2 dargestellten Fall besteht darin, dass Minimallöhne keine Remedur schaffen können, sondern dass auf andere Weise die unvollkommene Elastizität der Warennachfrage vollkommen gemacht werden müsste.

Vergegenwärtigen wir uns die Situation bei vollkommener Konkurrenz auf den Faktor- und Produktmärkten. Alle Löhne sind fair: Das Grenzwertprodukt einer gegebenen Arbeitsqualität ist überall gleich und der Lohn entspricht ihm voll. Die Realität weicht nach Pigou von den Voraussetzungen des zu diesen Konsequenzen führenden Modells unter anderem in zweifacher Hinsicht ab: Erstens werden die Fluktuationen der Arbeitskräfte durch Unwissenheit und Kosten gehemmt; zweitens werden die Arbeitgeber offene oder stillschweigende Absprachen treffen (20). Beides durchsetzt den Lohnverhandlungsprozess mit monopolistischen Elementen (21) und schafft "a range of indeterminateness", einen Spielraum, innerhalb dessen der Lohn – nach Pigou – durch individuelles Aushandeln bestimmt wird (22). Die Obergrenze dieses Spielraums wird durch

20) Vgl. für das Folgende Pigou, Economics, 556 ff.

21) Die Hemmung der Fluktuationen durch Unwissenheit und Kosten drückt sich in einer unvollkommen elastischen Arbeitsangebotskurve aus.

22) Dies widerspricht der marginalistischen Analyse monopsonistischer und monopolistischer Verhältnisse, die unter der Annahme der Gewinnmaximierung keinen unbestimmten Spielraum offenlassen. Das letztere ist nur beim bilateralen Monopol der Fall. Pigou scheint hier zeitweilig die Annahme der Gewinnmaximierung zu suspendieren, um der Güte philanthropischer Unternehmer Raum zu gewähren.

einen Lohn, der dem Grenzwertprodukt der Arbeitsleistung für den Arbeitgeber entspricht, bei dem somit keine Ausbeutung stattfindet, beschrieben. Die Untergrenze entspricht jenem Lohn, den der potentielle Arbeitnehmer beim Konkurrenten, die persönlichen Fluktuationskosten abgezogen, erhalten zu können glaubt. Da die Obergrenze durch den ausbeutungsfreien Loh gebildet wird, lässt sich sagen, dass "whenever any gap exists, exploitation of the workpeople up to the measure of this gap is possible. Whether and how far, when the extent of the gap is given, exploitation will actually take place, depends partly on the relative bargaining power of the employers and workpeople concerned and partly on the willingness of the stronger party to exercise its power. Even when the gap is large, the occurrence of exploitation is not certain" (23). Insbesondere in jenen Branchen, in denen sich die Arbeitnehmer in starken Gewerkschaften zusammengeschlossen haben, ist ein Ausbeutungslohn nach Pigou unwahrscheinlich. Sind die Arbeitnehmer hingegen unorganisiert, so liegt es in der Macht des Arbeitgebers, Löhne zu entrichten, die weit eher beim Minimum als beim Maximum dieses Spielraums sich befinden.

Auf den ersten Blick könnte man annehmen, die Grösse des Sozialprodukts werde durch die Ausbeutung nicht beeinflusst, insbesondere beinhalte sie keine notwenige Divergenz zwischen der tatsächlichen Verteilung des Produktionsfaktors Arbeit und der nach dem Konkurrenzmodell idealen Allokation. Wenn auch durch Abschaffung der Ausbeutung die Wohlfahrt ("economic welfare") vermutlich eine steigende Tendenz hätte, da eine Umverteilung von den relativ Reichen zu den relativ Armen resultieren würde, so scheint doch vorerst die Grösse des Sozialprodukts unangetastet. Doch lässt diese Betrachtungsweise – immer nach Pigou – drei indirekte Effekte ausser Betracht.

Erstens: Ausbeutung an bestimmten Orten oder in gewissen Beschäftigungen mag leicht das Arbeitsangebot etwas zu reduzieren, indem einige Arbeitnehmer Ort und Beruf wechseln; allerdings dürfte das Arbeitsangebot nicht genügend schrumpfen, um die Arbeitgeber zur Aufgabe ihrer Ausbeutungspolitik zu zwin-

23) Pigou, Economics, 558. Die Hervorhebungen des Originals wurden weggelassen.

gen. Dem Fall von inversen Arbeitsangebotskurven, wo das Arbeitsangebot mit fallenden Löhnen steigt, räumt Pigou wohl den Status einer Möglichkeit ein, erachtet ihn jedoch langfristig aus Gründen einer sich vermindernden Leistungsfähigkeit als unwahrscheinlich und lässt ihn für die weitere Analyse ausser Betracht. Dadurch, dass das Arbeitsangebot und damit die Beschäftigung in den ausgebeuteten Branchen und Orten sinkt, steigt der Wert des Grenzwertprodukts der weiterhin beschäftigten Arbeit. Das Sozialprodukt fällt notwendigerweise, da Pigous Ausgangssituation ein einziges Grenzwertprodukt der Arbeit kannte und zudem den Voraussetzungen gemäss die Verteilung des Produktionsfaktors Arbeit in seinem Sinne ideal war, währenddessen unter der durch die Ausbeutung induzierten Allokation der Arbeit nicht mehr alle Arbeit an den Orten grösster Produktivität beschäftigt wird.

Zweitens: Räumen die Verhältnisse dem Arbeitgeber die Möglichkeit der Ausbeutung ein, so wird er seine Bemühungen in diese Richtung lenken und erst in zweiter Linie innerbetrieblich rationalisieren. Zudem wird er von der Einführung neuer, kapitalintensiver Verfahren abgehalten; denn in den Maschinen steckt nicht-ausgebeutete Arbeit, die sie relativ zu der innerbetrieblich ausgebeuteten unrentabel machen. Auch aus diesem Grunde nimmt das Sozialprodukt unter Ausbeutungsbedingungen einen geringeren Umfang an als bei fehlender Ausbeutung.

Drittens: Nicht so sehr kompetente und zahlungskräftige Arbeitgeber dürften sich als Ausbeuter betätigen als vielmehr solche ineffizienter Grenzbetriebe, die ihren Betrieb nur dank den Ausbeutungsgewinnen über Wasser halten können. Deshalb würde die Ausmerzung der Ausbeutung primär die Ausschaltung derartiger ungenügend produktiver Unternehmen beschleunigen. "This consideration, in conjunction with the others that have preceded it, makes it plain that external interference to prevent . . . exploitation is desirable in the interest of the national dividend" (24).

24) Pigou, Economics, 563.

Zu diesen drei Punkten tritt noch ein weiterer, den Pigou an anderer Stelle erwähnt (25). Angenommen, im Ausgangszustand werden die Arbeitnehmer fair entlohnt, ferner, dass sie in der folgenden Lohnrunde dem Arbeitgeber einen Ausbeutungsgewinn zugestehen müssen. Der verminderte Lohn jedoch reduziert ihre Leistungsfähigkeit, wodurch ihr Grenzwertprodukt leidet und sie derart die nächste Lohnrunde bereits auf einem niedrigeren Niveau zu verhandeln beginnen müssen. So setzt über die Leistungsfähigkeit ein Circulus vitiosus ein, der das Sozialprodukt schrumpfen lässt. "If, however, exploitation is prevented and wages are forced up to a fair level, the benefit to capacity will start an upward movement exactly analogous to this downward movement" (26). Das Vorkommen dieser kumulativen Prozesse wird von Pigou nur insofern eingeschränkt, dass ihre Wirksamkeit vom Alter der betroffenen Arbeitnehmer sowie vom Ausgangsniveau abhängig und am ausgeprägtesten bei den in der Nähe des Existenzminimums dahinvegetierenden Schichten sei.

34 Möglichkeiten der Beseitigung von Ausbeutung

341 Monopolistische Ausbeutung

Während Pigou primär am Spielraum der Ausbeutung und an der Rechtfertigung ihrer Ausmerzung durch die Analyse der Wechselwirkungen von Sozialprodukt und Ausbeutung interessiert ist, und den übrigen Implikationen seines Ausbeutungsbegriffes nur periphere Aufmerksamkeit widmet, entwickelt Robinson den von Pigou übernommenen Ausbeutungsbegriff systematisch entsprechend der erwähnten Typologie der Ausbeutungskonstellationen, wobei sie auf die Möglichkeiten zur Beseitigung der Ausbeutung besonders eingeht. Zusätzlich behandelt sie den Fall monopsonistischer Ausbeutung bei diskriminierenden Praktiken des Unternehmers in der Arbeitsnachfrage.

25) Pigou, Economics, 563.

26) Pigou, Economics, 607.

Die wichtigsten Fälle von Ausbeutung der Arbeit infolge unvollkommener Konkurrenz auf dem Warenmarkt sind durch die Marktformen des Monopols und Oligopols verursacht.

Der Fall des Monopols wurde bereits in Abb. 3 dargestellt. Es stellt sich die Frage der Therapie. Diese Art der Ausbeutung "cannot be cured by raising wages. A rise in wages would merely lead to unemployment, and exploitation at the higher wage would still continue. The only remedy for exploitation is to control prices in such a way as to obtain the competitive output from the monopolist" (27). Unter dem "competitive output" versteht sie diejenige Produktion, bei der Preis und Durchschnittskosten einander gleich sind. Dies kann für die in Konkurrenz stehende Einzelfirma nur im Durchschnittskostenminimum der Fall sein. Diagrammatisch lässt sich dies wie folgt veranschaulichen:

Abb. 7a und Abb. 7b: Lohnerhöhungen sind keine adäquate Ausbeutungstherapie im Fall des Angebotmonopols, sondern schlagen sich nur in erhöhten Kostenkurven nieder, die zu einer Verschiebung der ursprünglichen Ausbeutung E_1G_1 zur neuen Ausbeutung E_2G_2 bei vermindertem Ausstoss und erhöhtem Preis führen. Abb. 7a und 7b illustrieren denselben Sachverhalt von einer verschiedenen Warte aus: Während Abb. 7a wie bisher den Faktorbeschaffungsmarkt darstellt, zeigt Abb. 7b den Absatzmarkt, eine Darstellungsart, die wir inskünftig ebenfalls verwenden werden.

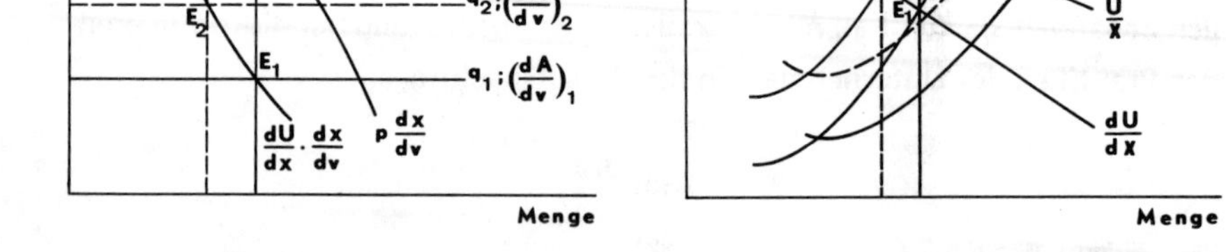

27) Robinson, Economics, 284.

Abb. 8: Ausmerzen der monopolistischen Ausbeutung durch Preiskontrolle. Die Festsetzung eines Höchstpreises zwischen E und Z führt zu einem Verschwinden der Ausbeutung EG.

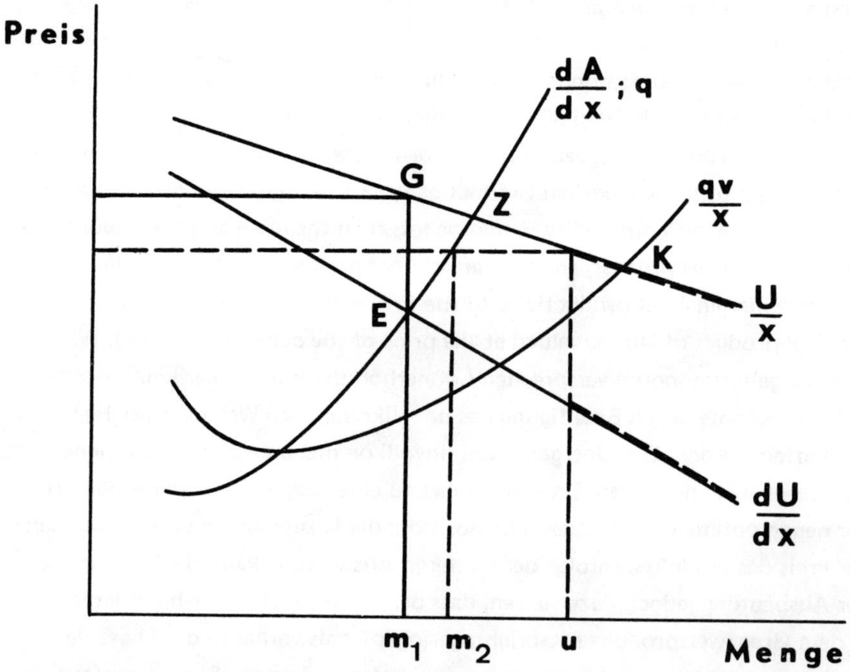

Da die ursprünglich nachgefragte Menge die bei dem festgesetzten Preis produzierte Menge übersteigt (im Diagramm um um_2), werden Rationierungsmassnahmen fällig. Die Festsetzung eines Höchstpreises zwischen Z und G beseitigt die Ausbeutung nicht, da der Preis p (= $\frac{U}{x}$) die Grenzauslage $\frac{dA}{dx}$ und q übersteigt. Einen den früheren Preis G übertreffenden Höchstpreis festzusetzen, wäre sinnlos. Ausser beim Höchstpreis K, der dem Ausstoss bei Konkurrenz entspricht, ergeben sich bei allen Höchstpreisen zwischen K und G nicht auf Ausbeutung zurückzuführende, abnormale Gewinne. Will man auch diese Quasi-Ausbeutung ausschalten, so wird man nicht irgendeinen Höchstpreis zwischen E und Z wählen, sondern den sich bei monopolistischer Konkurrenz realisierenden Preis K, der dem "competitive output" entspricht. Da jedoch bei diesem Höchstpreis wie bei allen bis zum Höchstpreis Z ein meist enormer Nachfrageüberhang entsteht, erweist sich die Bekämpfung der Ausbeutung durch Höchstpreisvorschriften als ein zweischneidiges Schwert. Würde man sich nicht mit der Preisfestsetzung begnügen, sondern das Monopol aufheben und Konkurrenzbedingungen herstellen, so vermiede man diese Nebenfolgen.

Anstelle eines Angebotsmonopols wäre auch ein Oligopol denkbar, ein Fall, der in Wirklichkeit häufiger sein dürfte: "If there is freedom of entry into the trade, so that profits are normal, each firm will be of less than optimum size. The wage will be equal to the average net product of labour (if this were not the case the average cost of the commodity would be less than the price and there would be more than normal profits), and to marginal net productivity to the individual firm; but marginal net productivity to the firm will be less than the marginal physical product of labour valued at the price of the commodity" (28). Wie beim Angebotsmonopol versprechen Lohnerhöhungen auch hier keine Abhilfe; vielmehr könnte durch Beseitigung des unvollkommenen Wettbewerbs Remedur geschaffen werden. Der Übergang vom unvollkommenen zum vollkommenen Wettbewerb bei normalen Gewinnen führt zu einer Expansion der Firmen bis zur neuen optimalen Gleichgewichtsposition; die Kosten fallen und damit auch der Preis des Produkts. Infolge der letzteren Auswirkung kann die Beseitigung der Ausbeutung jedoch dazu führen, dass der Lohn der Arbeitnehmer jetzt, wo er dem Grenzwertprodukt entspricht, geringer ist als vorher in der Phase der Ausbeutung: Durch den Übergang zur optimalen Grösse der Firmen dürfte sich auch die physische Produktivität der Arbeit verändern. Wenn sie nicht in dem Mass ansteigt, dass dadurch das Sinken des Produktpreises kompensiert oder überkompensiert wird, werden die vom Joch der Ausbeutung befreiter Arbeitnehmer weniger Lohn als vorher erhalten.

Wir haben soweit die Beschäftigung konstant gehalten und die Löhne variiert. Das umgekehrte Verfahren ist auch möglich und muss zu denselben Resultaten führen. Die Beschäftigung (bzw. der Lohn, wenn die Beschäftigung konstant bleibt) wird durch den Übergang zum vollkommenen Wettbewerb nur in jenem

28) Robinson, Economics, 284.

Fall ansteigen, in dem die Elastizität der Gesamtnachfrage nach dem Produkt Eins übersteigt (29). Der Faktor Arbeit hat somit bei inelastischer Gesamtnachfrage vom unvollkommenen Wettbewerb und der damit verbundenen Ausbeutung in Gestalt vermehrter Beschäftigung bzw. einer höheren Entlöhnung auf Kosten der Konsumenten profitiert. Die Konsumenten mussten einen höheren Preis als bei vollkommenem Wettbewerb bezahlen; zudem war die Ausbringung geringer. "It does not follow that because the labour attached to the industry gains by the imperfection of the market that it is therefore not desirable to remove it. Moreover, if all industries were in this case labour would not gain from the existence of imperfection, since their loss as consumers would more than offset their gain as wage earners" (30).

342 Monopsonistische Ausbeutung ohne Diskriminierung

Die monopsonistische Ausbeutung auf dem Arbeitsmarkt ist der unvollkommen elastischen Angebotskurve des Faktors Arbeit für den einzelnen Nachfrager zuzuschreiben. In diesem Abschnitt sehen wir noch von der Möglichkeit des Unternehmers ab, in seiner Arbeitsnachfrage diskriminatorische Praktiken anzuwenden. Dass je nach Periodenlänge die Elastizität variiert, ist sich Robinson bewusst, ebenso des "very artifical degree of simplification" (31), den in der gesamten Analyse der Ausbeutung man anzuwenden gezwungen ist.

Zuerst sehen wir uns die Ausbeutung bei unvollkommener Arbeitsangebotselastizität und vollkommener Konkurrenz auf dem Produktmarkt an, wobei wie bisher bei fehlender Diskriminierung von einer einheitlichen Leistung und einem uniformen Lohn pro Beschäftigten in der untersuchten Branche ausgegangen wird. Die Marktform auf der Nachfrageseite kann monopsonistische Gestalt

29) Dies, sofern die Kosten der anderen beschäftigten Faktoren pro Arbeitseinheit gleich bleiben. Zusätzlich werden die Auswirkungen einer Kostensenkung, die nicht auf den Faktor Arbeit, sondern auf die übrigen Faktoren zurückzuführen ist, in Robinson, Economics, 287 analysiert.

30) Robinson, Economics, 288.

31) Robinson, Economics, 292.

haben, sie kann auch durch eine Anzahl von konkurrierenden Unternehmungseinheiten charakterisiert sein, die über "gentlemen's agreements" sich gegenseitig nicht den Arbeitsmarkt verderben wollen. Diese können sich noch stärker zusammenschliessen, und zusätzlich in ihren Abkommen den bei "gentlemen's agreements" vernachlässigten Ausstoss- und Preisänderungen Rechnung tragen; ferner ist monopsonistische Ausbeutung auch denkbar, wenn die Firmen nicht in Einklang miteinander agieren. Abgesehen vom letzteren Fall lassen sich — nach Robinson — alle erwähnten anderen Möglichkeiten durch dasselbe Diagramm illustrieren, unabhängig davon, nach welchen Prinzipien sich die aggregierte Nachfragekurve gestaltet. Voraussetzung jeder Nachfragefunktion ist, dass die Zahl der Firmen innerhalb der monopsonistischen Organisation gleich bleibt, also durch die Profite keine neuen Firmen im Markt induziert werden, da jeder Zahl von Firmen eine andere Nachfragefunktion entspricht.

Abb. 9: Monopsonistische Ausbeutung durch den gesamten Produktionszweig bei koordiniertem Verhalten der Nachfrager. ABCE stellt den Ausbeutungsgewinn der gesamten monopsonistischen Organisation bei der sich ergebenden Beschäftigung m dar.

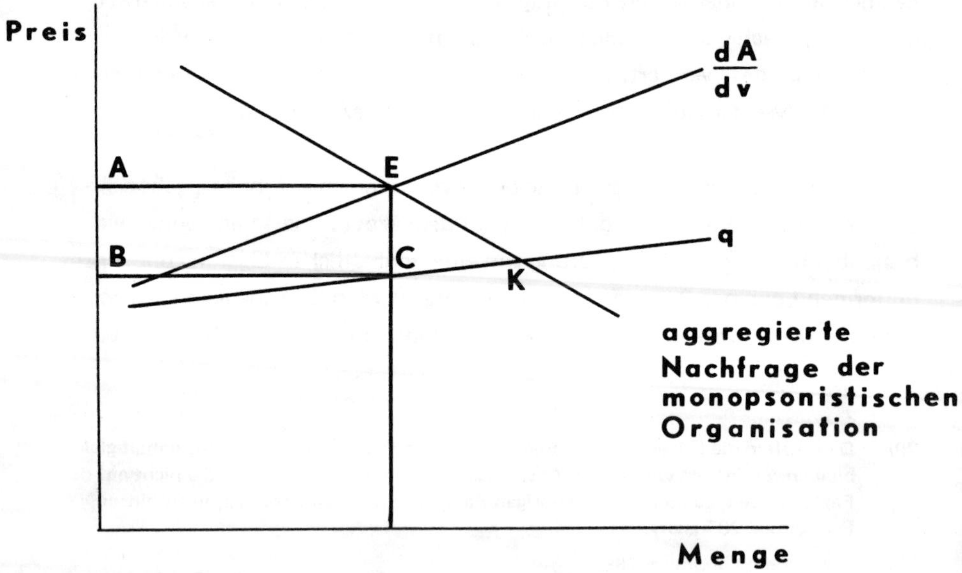

Quelle: Robinson, Economics, 294. Leicht geänderte Darstellung.

Monopsonistische Ausbeutung dieses Typs kann durch Einführung von Mindestlöhnen beseitigt werden; und zwar muss der festgesetzte Lohn in jenem Fall, bei dem die Nachfragekurve dem Grenzwertprodukt der Arbeit bei der jeweiligen Beschäftigung entspricht (32), zumindest die Höhe K erreichen, um die Ausbeutung ganz auszumerzen. Zudem ist bei der Höhe K die Beschäftigung am grössten, da ihre bis zum Lohn K steigende Tendenz sich von diesem Punkt an wendet.

Es bleibt noch jener Fall monopsonistischer Ausbeutung, in dem die nachfragenden Firmen ihr Verhalten nicht koordinieren, Ausbeutung jedoch trotzdem infolge der unvollkommen elastischen Arbeitsangebotskurve resultiert. Statt wie vorher eine ganze Branche zu betrachten, befassen wir uns nurmehr mit den sich bei Einzelfirmen ergebenden Konstellationen. Das Arbeitsangebot kann für einzelne Unternehmen aus denselben Gründen unvollkommen elastisch sein, welche auch das Arbeitsangebot für einen ganzen Produktionszweig unvollkommen elastisch gestalten: Beschäftigungsgrad, Umzugskosten, Transportkosten, Traditionsgebundenheit, Unwissenheit, u.a. (33). Bei normalen Gewinnen werden die einzelnen Nachfrager im durch die monopolistische Konkurrenz herbeigeführten Gleichgewicht eine unteroptimale Unternehmensgrösse aufweisen.

32) Dies trifft bei "gentlemen's agreements" zu, nicht jedoch beim Nachfragemonopol bzw. bei ihm nahekommenden Zusammenschlüssen, die in ihrer Arbeitsnachfragepolitik auch Preis- und Mengenänderungen des Ausstosses in Rechnung stellen. Hier gelingt es nur unvollständig, durch Lohnerhöhungen die Ausbeutung zu beseitigen. Vgl. Robinson, Economics, 293 ff.

33) P.A. Samuelson, Economics, 8. überarbeitete Auflage New York etc. 1970, S. 562 (im folgenden zitiert als "Samuelson, Economics"), hält die Mobilität und damit die Arbeitsangebotselastizität der Arbeitskräfte in den modernen Gesellschaften für gross, so dass "the lessening of exploitation by union organization is more important in isolated places, like the tin mines of Bolivia...".

Abb. 10: Monopsonistische Ausbeutung durch die Einzelfirma bei Konkurrenz (unkoordiniertem Verhalten) der Nachfrager. Da bei vollkommener Konkurrenz auf dem Absatzmarkt der Verkaufspreis p gleich dem Grenzumsatz $\frac{dU}{dx}$ ist, ist das Grenzwortprodukt $p\frac{dx}{dv}$ um EC geringer als der Faktorpreis q, so dass sich der monopsonistische Ausbeutungsgewinn ABCE ergibt.

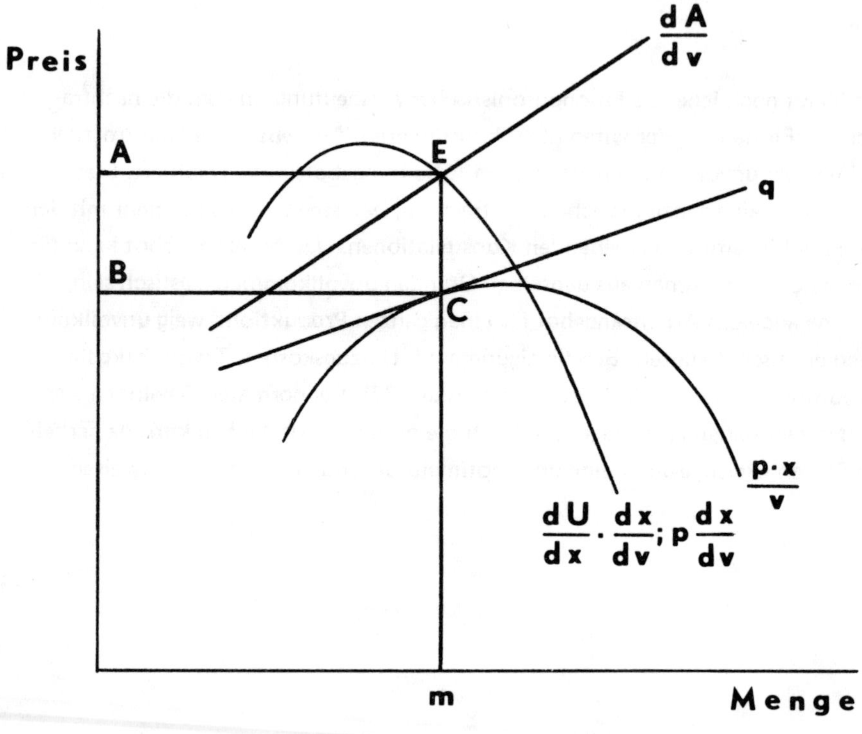

Quelle: Robinson, Economics, 296. Leicht geänderte Darstellung.

Diese Art der Ausbeutung kann durch Herbeiführung eines vollkommenen Arbeitsmarktes beseitigt werden, indem zum Beispiel Unwissenheit und Beharrungsvermögen bekämpft oder die Transportkosten gesenkt werden. Welche Konsequenzen ergeben sich für die Lohnhöhe durch Beseitigung der unvollkommenen Arbeitsangebotselastizität, wenn die Beschäftigung konstant gehalten und die Profite auf normaler Ebene verbleiben sollen? Es ist anzunehmen, dass die physische Produktivität pro Arbeiter bei der Verschiebung zur optimalen Firmengrösse steigt. Bei konstanter Beschäftigung steigt dadurch die Produktion und der Preis des Produkts fällt. Die Durchschnittswertproduktkurve verschiebt sich gegen die x-Achse und der neue Lohn wird je nach der Elastizität der Nachfrage nach dem Produkt grösser, gleich oder geringer ausfallen. "Therefore if the elasticity of demand for the commodity is less than unity (so that total receipts are reduced by the fall in price) the total of wages (and the rate per man) will be less in the new position than in the old. If the demand is elastic, wages will be greater. If the elasticity of demand is equal to unity, wages will remain the same. This is on the assumption that the cost of other factors per man remains the same" (34).

Statt zu versuchen, den Arbeitsmarkt "perfekt" zu machen, kann die vollkommene Elastitzität des Arbeitsangebots auch vermittels der Einführung eines Mindestlohnes hergestellt werden. Doch führt dieser Weg im allgemeinen zu beschäftigungspolitisch ungünstigen Ergebnissen: Sofern der Mindestlohn höher als der sich bei unvollkommener Konkurrenz ergebende Lohn ist, — der einzig sinnvolle Fall —, wird das Beschäftigungsvolumen geringer als vorher sein, ausser die physische Arbeitsproduktivität pro Mann gehe stark zurück. Denn, normale Gewinne vorausgesetzt, bei Steigen der Durchschnittsauslagenkurve q infolge des Mindestlohnes muss auch die Durchschnittswertproduktkurve $\frac{px}{v}$ sich nach oben verschieben, damit $\frac{px}{v}$ und q sich weiterhin tangential berühren. Dies bedeutet jedoch eine Preiserhöhung des Produkts sowie einen reduzierten Gesamtausstoss der Branche durch Eliminierung von Grenzbetrieben infolge der Lohnerhöhung.

Die unterschiedliche Beurteilung der Einführung von Mindestlöhnen in diesem zuletzt besprochenen Fall im Gegensatz zur monopsonistischen Ausbeutung bei koordiniertem Vorgehen der Einzelfirmen rührt daher, dass bei unkoordiniertem Verhalten die Profite als normal angenommen werden, während sie bei koordiniertem Verhalten eine monopsonistisch ermöglichte abnormale Höhe aufweisen. Wenn die Gewinne jedoch ohnehin normal sind, so werden sie durch eine

34) Robinson, Economics, 298.

Lohnerhöhung so geschmälert, dass langfristig die Zahl der Unternehmungen und ihre Gesamtproduktion zurückgehen.

343 Monopsonistische Ausbeutung mit Diskriminierung

Nun soll die Ausbeutung der Arbeit infolge unvollkommener Arbeitsangebotselastizität – der zuletzt besprochene Fall – bei zusätzlicher Macht der Arbeitgeber zur Diskriminierung in der Arbeitsnachfrage analysiert werden. Durch die Diskriminierung wird die monopsonistische Ausbeutung verschärft. Bei perfekter Diskriminierung befindet sich der Diskriminierte in der Situation eines Optionsempfängers. Auf diese Situation werden wir im Abschnitt über das Stackelberg-Kriterium der Ausbeutung zurückkommen.

Wir geben nun die bis anhin aufrechterhaltene Voraussetzung auf, dass alle Arbeitnehmer die gleiche Leistung erbringen. "One type of discrimination then occurs even though the same wage is paid to each man. Suppose that the transfer wage (35, R.G.) is the same for all workers but that individual workers differ in efficiency from the point of view of the industry; then the supply of labour to the monosponist organisation, measured in efficiency units, is not perfectly elastic, although the supply of men is perfectly elastic. The amount of employment will be so regulated that the marginal net productivity of the least efficient man is equal to the uniform wage. Discrimination will then be perfect, since each man receives his transfer wage and the whole rent of labour is retained by the monopsonist" (36). Perfekte Diskriminierung (37) liegt vor, wenn jede Faktoreinheit zu ihrem minimalen Angebotspreis gekauft wird; beim Faktor Arbeit ist es der "transfer wage". Der Überschuss über den "transfer wage",

35) Der "transfer wage" entspricht jenem Preis für eine bestimmte Einheit des Faktors Arbeit, der mindestens bezahlt werden muss, um sein Abwandern in einen anderen Produktionszweig zu verhindern. Vgl. Robinson, Economics, 104.

36) Robinson, Economics 300.

37) Vgl. Robinson, Economics, 225 ff.

die Rente (38), die bei Konkurrenz der Nachfrager die Arbeitnehmer erhalten würden, wird vollständig von der monopsonistischen Organisation eingeheimst. Zur Beseitigung des durch Diskriminierung erreichten Gewinnes können nicht Mindestlöhne verhelfen; denn diese würden die unveränderte Konstellation nur auf ein höheres Niveau transponieren und die marginalen Arbeitnehmer eliminieren. Vielmehr lässt sich diese Diskriminierungsart nur durch leistungsentsprechende Entlöhnungen anstelle der gleichen Entlöhnung jedes Arbeitnehmers ungeachtet seiner Tüchtigkeit abschaffen.

Eine Diskriminierung anderer Art liegt vor, wenn Arbeitnehmer gleicher Leistungsfähigkeit und Leistungswilligkeit unterschiedlich bezahlt werden, eine Möglichkeit, die bei der Bereitschaft der Arbeitnehmer, unterschiedliche Minimallöhne, d.h. "transfer wages", zu akzeptieren, sowie einzeln oder in mehreren Gruppen die Anstellungsverträge auszuhandeln, Wirklichkeit werden kann. Wenn wir einmal mehr von der Annahme gleicher Leistung aller Arbeitnehmer ausgehen, so fällt bei perfekter Diskriminierung die Arbeitsangebotskurve mit der Grenzkostenkurve des Faktors Arbeit für den Arbeitgeber zusammen.

38) "The essence of the conception of rent is the conception of a surplus earned by a particular part of a factor of production over and above the minimum earnings necessary to induce it to do its work." Robinson, Economics, 102. Die Hervorhebung des Originals wurde weggelassen.

Abb. 11: Perfekte Diskriminierung bei der Arbeitsnachfrage. Die Arbeitsangebotskurve fällt mit der Durchschnittsauslagenkurve q bei fehlender Diskriminierung und mit der Grenzauslagenkurve $\frac{dA}{dv}$ bei perfekter Diskriminierung zusammen. Ohne Diskriminierung ergibt sich die Beschäftigung m beim Lohn C. Mit perfekter Diskriminierung ergibt sich die Beschäftigung m_D – die der Beschäftigung bei Konkurrenz der Nachfrager entspricht – zum Durchschnittslohn C_D. Die bezahlten Löhne fallen auf die Kurve QE_D.

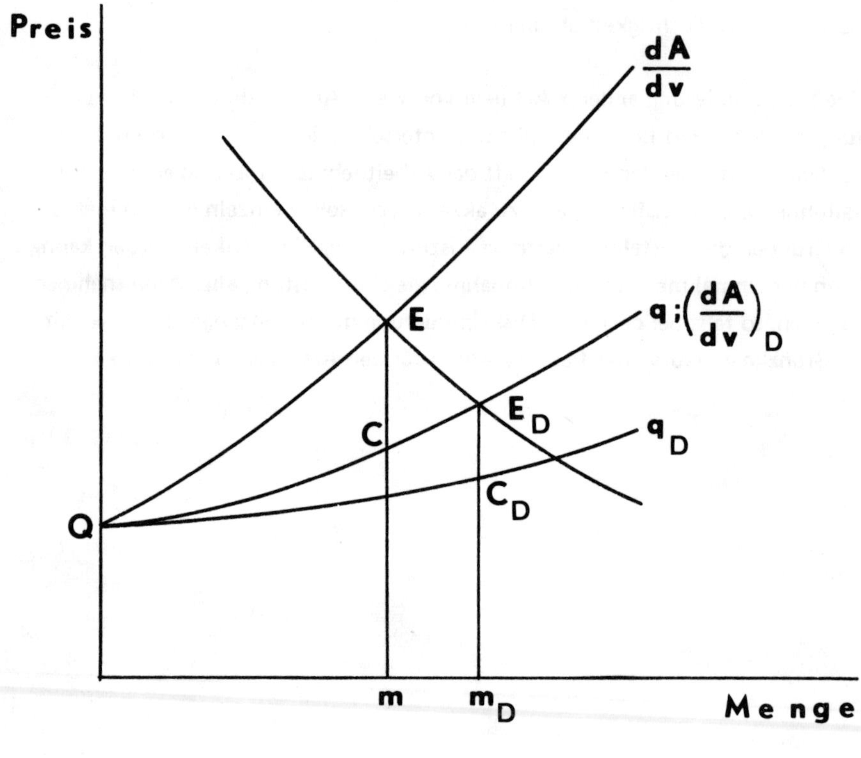

Quelle: Robinson, Economics, 227. Leicht geänderte Darstellung.

Unterbindet man die Diskriminierung durch ein Verbot, so geht die Beschäftigung auf jenen Stand zurück, der sich bei nichtdiskriminierender Nachfrage der monopsonistischen Organisation ergibt (von m_D auf m). Es liegt dann eine einfache monopsonistische Ausbeutungssituation vor. Wird das Diskriminierungsverbot jedoch noch durch die Einführung eines Mindestlohnes im Ausmass des bei Konkurrenz Wirklichkeit werdenden Lohnes E_D unterstützt, so bleibt der Umfang der Beschäftigung sich gleich; hingegen werden die abnormalen Gewinne des Monopsons auf die normalen Profite bei Konkurrenz reduziert, weil die ganze dem Faktor Arbeit zukommende Rente vom Arbeitgeber auf die Arbeitnehmer übergeht.

Perfekte Diskriminierung bei der Arbeitsnachfrage dürfte selten anzutreffen sein; umsomehr jedoch ist unvollständige Diskriminierung wahrscheinlich. Als Beispiel sei nur an die noch heute gängige Praxis erinnert, Unterschiede in der Entlöhnung von Frauen und Männern zu machen (39).

344 Quasi-Ausbeutung

Die Quasi-Ausbeutung kann durch Öffnung der Märkte für neue Firmen beseitigt werden. Es wird sich ein langfristiges Gleichgewicht ergeben, das frei von abnormalen Gewinnen ist. Der Preis der Ware würde sinken bei gleichzeitiger Reduktion der Firmen auf die optimale Grösse, wobei der Gesamtoutput aller dieses Gut produzierenden Unternehmen steigt, ausser die Nachfrage habe eine Elastizität gleich null.

Wie würde sich eine Herbeiführung normaler Gewinne auf die Gesamtbeschäftigung in der Produktion des betreffenden Gutes auswirken? Durch die Reduktion der Firmen auf die optimale Grösse wird die physische Produktivität pro Arbeitseinheit wahrscheinlich zunehmen. Bei einem als konstant angenommenen Lohn werden die Nichtlohnkosten pro Arbeitseinheit durch die Verschiebung auf die optimale Produktion sinken. "Now we found that when there is both a rise in physical productivity and a fall in the cost per man of the other factors, the critical elasticity of demand, at which employment is unchanged at the given wage, is less than unity. Since the fall in other costs (including profits)

39) Der interessierte Leser sei bezüglich der theoretischen Analyse der unterschiedlichen Entlöhnung von Frauen und Männern unter dem Aspekt der auf Diskriminierung zurückzuführenden Ausbeutung auf Robinson, Economics, 302 ff. verwiesen.

is likely to be considerable, we may say in general that unless the elasticity of demand is very small the return to full equilibrium and normal profits will be likely to increase employment in the industry" (40).

Während im Falle der monopolistischen Ausbeutung der Heilsweg nicht über erhöhte Löhne führen kann, zeigt sich die Situation bei der Quasi-Ausbeutung in einem andern Licht. Die abnormen Profite können sehr wohl durch eine Lohnerhöhung zum Verschwinden gebracht und ein Gleichgewicht in dieser Industrie erreicht werden. Eine Reaktion der Löhne scheint im allgemeinen infolge ihrer immanenten Flexibilität auch wahrscheinlicher als das Auftreten neuer Produzenten. Doch zeitigt die Herbeiführung von normalen Gewinnen durch eine Lohnerhöhung einen höheren Warenpreis und eine geringere Beschäftigung in dem betreffenden Produktionszweig als bei der Anpassung an normale Gewinne durch eine Expansion der Branche. Der neoklassischen Theorie entsprechend vollzieht sich die Allokation der Produktionsfaktoren mit einer Tendenz zum Optimum infolge der Fluktuationen der Gewinne um das normale Niveau. Wenn jedoch die Gewinne nur deswegen in der Nähe der Normalität oszillieren, weil Lohnveränderungen die Fluktuation auffangen, so versagt der Mechanismus der tendenziell optimalen Allokation. Die Arbeitnehmerorganisationen verhindern durch Einfrieren der Löhne nach unten einen modellgemässen Allokationsvorgang. Die Tendenz zur Beseitigung der Quasi-Ausbeutung erscheint im Licht der Allokationsproblematik als fragwürdig.

Zum Schluss sei noch auf einige Schriften hingewiesen, in denen das Pigou-Kriterium der Ausbeutung vertreten wird. Neben Phelps Brown (41), der sich zwar nicht auf Pigou beruft, verbindet auch Boulding (42) Ausbeutung mit monopsonistisch-monopolistischen Marktformen. Boulding übernimmt jedoch den Standpunkt Pigous nicht völlig, da die Wirkungen natürlicher Monopole nicht unter

40) Robinson, Economics, 290.

41) E.H. Phelps Brown, The Economics of Labor, New Haven/London 1962, S. 32 ff.

42) K.E. Boulding, Gerechtigkeit im Wirtschaftsleben, in: B. Külp/W. Schreiber (Hrsg.), Soziale Sicherheit, Köln/Berlin 1971, S. 145 ff. (im folgenden zitiert als "Boulding, Gerechtigkeit").

seinen Ausbeutungsbegriff fallen und er zudem noch die Bedürfnisseite, nicht nur die Leistungsseite, einbezogen sehen möchte. Eine Lösung, die über das leerformelartige "suum cuique" hinausgeht, kann er aber nicht anbieten. Giersch (43) hingegen handelt in orthodoxer Weise die Fälle der monopolistischen und insbesondere der monopsonistischen Ausbeutung ab, ebenso wie auch Renner (44) das Pigou-Kriterium unkritisch übernimmt und es gegen die marxistische Ausbeutungstheorie ausspielt. Auch Samuelson (45) spricht von monopolistischer und monopsonistischer Ausbeutung. Die Schule der quasimonopolistischen Verteilungstheorie (46) – mit Preiser und Zarnowitz als profiliertesten Köpfen – vertritt neben ihrer quasimonopolistischen Ausbeutungstheorie als Ergänzung zumeist noch das Pigou-Kriterium. Bronfenbrenner (47) behandelt das Pigou-Kriterium äusserst eingehend. In einer allerdings älteren Veröffentlichung von Hicks (48) sind wir ebenfalls auf das Pigou-Kriterium der Ausbeutung gestossen. Auch Tiano und Marchal (49) haben das Pigou-Kriterium übernommen. Wenn das Pigou-Kriterium bezüglich seiner Verbreitung auch heute seinen Zenith überschritten haben dürfte, so darf es angesichts dieser Literaturhinweise jedoch keineswegs totgesagt werden.

43) H. Giersch, Allgemeine Wirtschaftspolitik, 1. Band: Grundlagen, Wiesbaden 1961, S. 206 ff. (im folgenden zitiert als "Giersch, Wirtschaftspolitik").

44) P. Renner, Die Verteilungstheorie von Karl Marx, Diss. Freiburg, Heidelberg 1965, S. 63 ff., 122 f. (im folgenden zitiert als "Renner, Verteilungstheorie").

45) Samuelson, Economics, 480, 523, 562.

46) Vgl. unten, Teil IV, Abschnitt 314.

47) M. Bronfenbrenner, Income Distribution Theory, Macmillan 1971, S. 189 ff. (im folgenden zitiert als "Bronfenbrenner, Income").

48) J.R. Hicks, The Theory of Wages, (1932), New York 1948, S. 81 ff.

49) A. Tiano, L'action syndicale ouvrière et la théorie économique du salaire, Paris 1958, S. 47 ff.; J. Marchal, Le mécanisme des prix, 3. Aufl. Paris 1951, S. 305 ff.

35 Kritik des Pigou-Kriteriums

351 Immanente Kritik

Die Kritik wird die Ausführungen von Pigou und Robinson im wesentlichen gemeinsam treffen. Vorerst werden einige kritische Argumente erörtert, die den hinter dem Pigou-Kriterium stehenden Rahmen nicht sprengen, um dann im folgenden Abschnitt von transzendenter Warte aus Kritik zu üben.

In immanent kritischer Betrachtung sind sieben Gesichtspunkte zu unterscheiden. a) Nicht nur die Arbeit, sondern alle Produktionsfaktoren werden ausgebeutet. b) Einige der in der Analyse gemachten Voraussetzungen sind fragwürdig. c) Nach dem Pigou-Kriterium lässt sich Ausbeutung auch diagnostizieren, wenn gar kein Ausbeutungsgewinn vorhanden ist. d) Die Behandlung der Oligopolsituation erscheint inadäquat. e) Der Ausschluss von Rückwirkungen von Veränderungen der Faktorentlehnung auf die Ertragsfunktionen ist unrealistisch. f) Das Problem einer allfälligen Ausbeutung von Konsumenten wird vernachlässigt. g) Das Pigou-Kriterium widerspricht der Alltagsbedeutung von "Ausbeutung".

a) Robinson behandelt in ihren Abschnitten über monopsonistische und monopolistische Ausbeutung ausschliesslich die Ausbeutung der Arbeit; ebenso Pigou, der Ausbeutung als eine Möglichkeit unfairer Löhne in seine Analyse eingliedert. Doch lässt sich dieselbe Analyse auf alle Produktionsfaktoren übertragen, so dass nicht nur die Arbeit, sondern auch die anderen "hired factors" ausbeutbar sind. Es ist nicht ersichtlich, weshalb aus analytischen Gründen die Ausbeutung ausschliesslich auf die Arbeit beschränkt werden sollte. In einer in der Arbeit den alleinigen Produktionsfaktor erblickenden Optik könnte Ausbeutung auf den Faktor Arbeit eingezäunt bleiben. Doch weder Pigou noch Robinson haben eine Arbeitswertlehre ihren Studien zugrunde gelegt, wobei sich Robinson ausdrücklich auf die landläufige Unterscheidung von "Land, Labour, Capital and Enterprise" (50) bezieht und diese übernimmt. Die Einschränkung der Ausbeu-

50) Robinson, Economics, 19. Für Pigou liegt die wichtigste Unterscheidung in "labour and the factors other than labour". Vgl. Pigou, Economics, 656.

tung auf den Faktor Arbeit ist bei Robinson im Gegensatz zu Pigou nicht durchgängig; denn beim Vergleich von "perfect" und "imperfect competition" begeht sie selber den Weg der Generalisierung und spricht nur noch von der Ausbeutung der Faktoren (51). In diesem Sinne scheint der Vorwurf Chamberlins (52) an Robinson, die Ausbeutungskonzeption müsste – wenn schon – auf alle Produktionsfaktoren verallgemeinert werden, nur halbwegs berechtigt, während er jedoch bei Pigou ins Schwarze trifft (53).

b) Robinson macht für ihre Analyse die Voraussetzung homogener Produkte (54). Diese Voraussetzung erscheint heute sehr problematisch, wenn man den Grad der Produktdifferenzierung und den allgemein beobachtbaren Trend jedes Produzenten, seine Produkte zu individualisieren, sich vor Augen hält. Dadurch wird ihre Fragestellung nach den Konsequenzen unvollkommenen Wettbewerbs bei homogenen Gütern obsolet und verliert an Gewicht gegenüber Chamerblins Problem des monopolistischen Wettbewerbs, der heterogene Güter voraussetzt. Robinson selber weicht in einer späteren Betrachtung ihrer Theorie von der früheren Voraussetzung ab und spricht nur noch von "close substitutes" bzw. "extremely remote substitutes" (55). Bei heterogener, monopolistischer Konkurrenz die Frage nach Ausbeutung im Sinne Pigous zu stellen, scheint jedoch fragwürdig (56), da mangels eines homogenen Marktes die Elastizität der Nachfrage nicht unendlich sein kann und somit Ausbeutung immer gegeben ist. Heterogene Konkurrenz findet nicht zuletzt durch Verkaufsaktivitäten statt. Damit wird eine weitere Voraussetzung berührt, nämlich die Unabhängigkeit der Nachfrage von

51) Robinson, Economics, 307 ff.

52) E.H. Chamberlin, The Theory of Monopolistic Competition. A Re-orientation of the Theory of Value, 8. Aufl. Cambridge (Mass.) 1962, S. 182, 216 f. (im folgenden zitiert als "Chamberlin, Theory"); E.H. Chamberlin, Towards a More General Theory of Value, New York, 1957, S. 309 f. (im folgenden zitiert als "Chamberlin, Value").

53) Chamberlin bezieht seine Ausführungen aber nur auf Robinson.

54) Robinson, Economics, 17.

55) J. Robinson, "Imperfect Competition" Revisited, in: Economic Journal, Sept. 1953, Wiederabgedruckt in: J. Robinson, Collected Economic Papers, Band 2, Oxford 1964, S. 222 f. (im folgenden zitiert als "Robinson, Revisited")'

56) Chamberlin, Value, 309, 311.

den Kosten (57). In der Realität sind häufig ein grosser Teil der Gesamtkosten Verkaufskosten, welche jedoch mit vollkommener Konkurrenz unvereinbar sind (58). Verkaufskosten können Kosten für die Information der potentiellen Käufer sein und müssen keineswegs einer manipulativen Werbung dienen. Da Information unumgänglich ist, sind auch Verkaufskosten bis zu einer gewissen Höhe unumgänglich, und da im von Ausbeutung und Quasi-Ausbeutung freien Zustand keinerlei Überschuss verbleibt, um diese Kosten zu decken, ist Ausbeutung auch aus diesem Grunde der Realität notwendig immanent (59).

c) Der dritte Punkt unserer immanenten Kritik scheint der schwerwiegendste zu sein. Das Pigou-Kriterium gestattet nämlich Ausbeutung zu diagnostizieren, auch wenn gar kein Ausbeutungsgewinn vorhanden ist. In zahlreichen Fällen übersteigt die als Ausbeutung bezeichnete Differenz den abnormalen Gewinn. Im Gleichgewicht bei imperfektem Wettbewerb erhalten alle Faktoren weniger als den Wert ihres Grenzwertprodukts und werden deshalb ausgebeutet, ohne dass ein Ausbeutungsgewinn vorliegt.

57) Robinson, Economics, 94, 224 Anm. 1. Vgl. Punkt e) unserer immanenten Kritik.

58) Chamberlin, Theory, 185.

59) Chamberlin, Theory, 216 ff. und Chamberlin, Value, 309 erwähnt noch eine weitere tragende Säule von Robinsons Ausbeutungskonzeption, die nach seiner Ansicht vom Einsturz bedroht ist: Die Voraussetzung, dass pro Firma nur ein Unternehmer vorhanden ist und dieser unteilbar ist (vgl. Robinson, Economics, 17, 25). Robinson ist die Irrealität dieser Unterstellung klar, doch ist nicht einzusehen, weshalb bei Aufgaben dieser Voraussetzung mit dem Fehlen eines leicht identifizierbaren Trägers der Ausbeuterrolle die Konzeption der Ausbeutung nach Pigou überhaupt dahinfallen sollte.

Abb. 12: Ausbeutung ohne Ausbeutungsgewinn. Wiederholung von Abb. 10. Obwohl das Grenzwertprodukt $p\frac{dx}{dv}$ die Faktorentlohnung q bei der Beschäftigung m um EC übersteigt und der Faktor nach dem Pigou-Kriterium in diesem Ausmass ausgebeutet wird, liegt kein Ausbeutungsgewinn vor, da q im Punkt C $\frac{px}{v}$ entspricht.

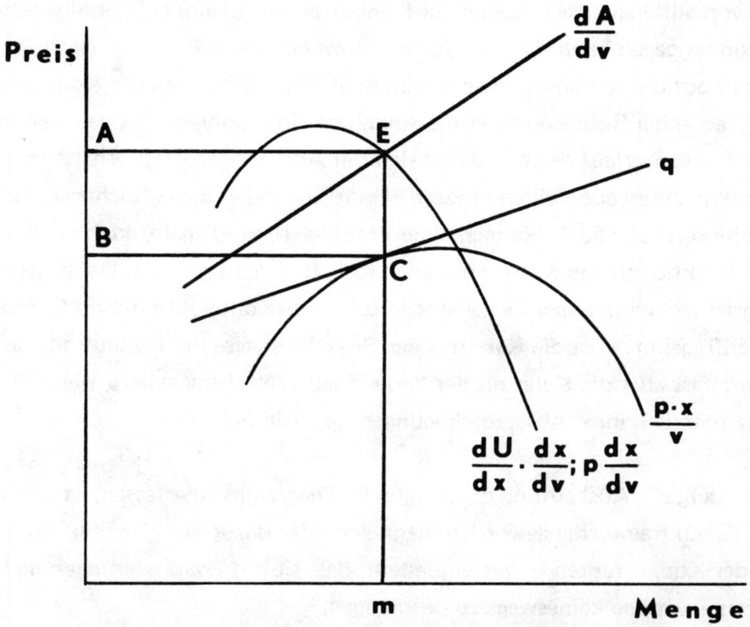

Die Ursache dieses Paradoxons liegt darin, dass das Grenzwertprodukt $p\frac{dx}{dv}$ multipliziert mit der eingesetzten Zahl Faktoreinheiten v den Totalerlös px übersteigt und deshalb gar kein Ausbeutungsgewinn existiert. Die beiden Grössen sind sich nur bei Normalgewinnen und vollkommener Konkurrenz gleich. Damit zeigt sich nochmals, dass das Pigou-Kriterium der Ausbeutung auf die Verhältnisse der vollkommenen Konkurrenz angelegt ist, hingegen mit den realen Zuständen nicht zu Rande kommt. Zusätzlich wurde ja bereits früher in Abschnitt 325 darauf hingewiesen, dass bei Interpretation nach moderner Lehre auch der die Deckung der variablen Kosten qv übersteigende Beitrag an die fixen Kosten als Ausbeutung zu bezeichnen wäre. "It would be impossible for employers to avoid the charge of 'exploitation' without going into bankruptcy" (60).

60) Chamberlin, Theory, 183.

d) Robinsons Behandlung der Marktform des Oligopols nötigt ferner zu kritischen Bemerkungen, wie Stackelberg gezeigt hat. Bei vollkommener Konkurrenz sowie beim Monopol bringt die Darstellung der individuellen Nachfragekurve der Unternehmung keine besonderen Probleme mit sich und ist insbesondere unabhängig von allfälligen Reaktionen der Konkurrenten. In einer oligopolistischen Situation hingegen kann sich eine formal einwandfreie individuelle Nachfragekurve nur auf die Annahme einer bestimmten Verhaltensweise der Konkurrenten stützen – bei Robinson ist es die Annahme eines polypolistischen Verhaltens, wie der Kurvenverlauf zeigt –, da sie sich mit Änderungen der Verhaltensweise der Konkurrenten ebenfalls verändern würde. Die individuelle Nachfragekurve von Robinson soll alle Wirkungen einer Preisänderung spiegeln, auch diejenigen, die auf Reaktionen von Konkurrenten zurückzuführen sind (61). Damit ist dieser Begriff jedoch in einen Zirkel ausgeartet. "Zur Konstruktion ihrer 'individuellen Nachfragekurve' ist die Kenntnis der Reaktionsweise der Konkurrenz notwendig; hierzu ist aber die Kenntnis der 'individuellen Nachfragekurve' dieser Konkurrenz (nämlich ihrer Absatzbedingungen) erforderlich" (62).

Der Versuch, die Ausbeutung quantitativ im Diagramm zu erfassen, ist damit in diesen Fällen fragwürdig geworden; denn auch der Bezug auf gleichbleibende Preise der Konkurrenten – was unterstellt, dass sie auf Preisänderungen nicht reagieren – vermag keineswegs zu befriedigen.

e) Die Annahme, dass Veränderungen in der Lohnhöhe die Nachfrage unberührt lassen, ist höchst unrealistisch. Änderungen in der Faktorentlohnung – insbesondere bei der Arbeit, wo das nominale Lohnniveau heute nach unten starr scheint und Lohnerhöhungen in den produktivsten Branchen auch die anderen Branchen mitreissen – schlagen sich in Verschiebungen der Umsatzkurven sowie in Variationen der Ertragsfunktionen nieder.

61) Robinson, Economics, 21.

62) H.v. Stackelberg, Neues Schrifttum über unvollständigen Wettbewerb, in: Schmollers Jahrbuch, (1935), Jg. 59. Wiederabgedruckt in: H.H. Barnikel (Hrsg.), Wettbewerb und Monopol, Darmstadt 1968, S. 62.

f) Das Pigou-Kriterium bezeichnet nur die Ausbeutung der Faktoren bzw. deren Besitzer, lässt jedoch jeglichen Bezug auf eine naheliegende Ausbeutung der Konsumenten durch "übersetzte" Preise vermissen; denn zum Beispiel auf eine Monopolstellung im Absatzmarkt zurückzuführende Gewinne werden nicht als Ausbeutung des Konsumenten interpretiert, sondern als eine Ausbeutung der das Gut produzierenden Faktorbesitzer, denen der Gewinn vorenthalten wird. Es ist nicht einzusehen, weshalb nur die Arbeitnehmer als Ausgebeutete angesehen werden sollen, wenn doch die Konsumenten im Vergleich zu Konkurrenzpreisen überhöhte Monopolpreise zu entrichten haben. Diesen Sachverhalt visiert Boulding an, wenn er schreibt, "dass der Monopolist ein Ausbeuter ist, ist leicht einzusehen. Schwieriger ist es, festzustellen, wen er ausbeutet" (63). Auch Samuelsons Äusserungen (64) lassen sich so interpretieren; denn er schreibt nicht einzelnen Arbeitern, sondern der Gesellschaft insgesamt die Rolle der Ausgebeuteten zu, weil Monopole zu Abweichungen vom sozialökonomischen Optimum bei vollkommener Konkurrenz führen (65). Monopole haben in neoklassischer Perspektive eine nicht optimale Faktorenallokation, überhöhte Preise und infolgedessen eine nicht optimale Bedürfnisbefriedigung zur Folge.

Transformiert man die monopolistisch-monopsonistische Ausbeutung des Produktionsfaktors Arbeit oder der Produktionsfaktoren überhaupt in eine Ausbeutung der betroffenen Konsumenten, so wird aus dem Anspruch der Besitzer der Produktionsfaktoren auf mit dem Pigou-Kriterium zu vereinbarende Entgelte der Anspruch der Konsumenten auf Produktpreise, die dem Niveau bei vollkommener Konkurrenz entsprechen. Makroökonomisch sind zwar in einer geschlossenen Volkswirtschaft die Besitzer der Produktionsfaktoren mit den Konsumenten identisch. Wenn jedoch disaggregiert wird in verschiedene Konsumentengruppen und Gruppen von Einkommensempfängern, ergeben sich je nach der Betrachtung der Ausbeutung in Konsumenten- oder Produzentenperspektive gruppenspezifische Divergenzen. Denn falls sowohl alle Produktionsfaktoren als

63) Boulding, Gerechtigkeit, 146.

64) Vgl. Samuelson, Economics, 479 f., 523; ferner P.A. Samuelson, Economic Theory and Wages, in: D. McCord Wright (Hrsg.), The Impact of the Union. Eight Economic Theorists Evaluate the Labor Union Movement, New York 1951, S. 325 f. (im folgenden zitiert als "Samuelson, Theory").

65) Zur Optimumsvorstellung vgl. unten Teil VI, Abschnitt 22.

auch die Konsumenten dank der Marktkonstellation von den Unternehmern ausgebeutet werden, leiden entsprechend der Konsumneigung und der ungleichen Einkommens- und Vermögensverteilung die vermögenden und einkommensstärkeren Schichten weniger unter der doppelten Ausbeutung als die unteren Einkommens- und Vermögensklassen, die infolge ihrer hohen Konsumneigung als Konsumenten mehr als die oberen Schichten verlieren (66).

Sobald man die Möglichkeit, ausgebeutet zu werden, nicht mehr auf den Faktor Arbeit beschränken, sondern auf die Produktionsfaktoren schlechthin ausdehnen will, vermag erst der Wechsel der theoretischen Perspektive von der Ausbeutung der Produktionsfaktorbesitzer zur Konsumentenausbeutung die die Ungleichheit verstärkenden verteilungstheoretischen Konsequenzen wieder ans Licht zu bringen. Im Rahmen der Verteilungstheorie – in Teil IV, Abschnitt 31 – finden sich weitere Ausführungen zum Verhältnis von Produzenten- und Konsumentenausbeutung. Während hier von monopolistischer und monopsonistischer Ausbeutung gemäss der Marktformenlehre die Rede war, wird im genannten verteilungstheoretischen Abschnitt die durch das Klassenmonopol erzeugte quasi-monopolistische Ausbeutung erörtert werden.

g) Siebtens widerspricht die Bedeutung des Pigou-Kriteriums der im Alltag üblichen Bedeutung von "Ausbeutung". Dies ist deswegen fragwürdig, weil mit dem Pigou-Kriterium eine nichtmarxistische Lösung des Ausbeutungsproblems in der populären Bedeutung des Wortes intendiert wurde. Es kann nämlich "bei starrem Lohnsatz, wie hoch oder niedrig er auch sein mag, überhaupt keine Ausbeutung stattfinden. . . . Ist es jedoch nur möglich, durch Höhersetzung der Gesamtlöhne neue Arbeiter heranzuziehen (. . .), müssen die Löhne also bei Neueinstellung gesteigert werden, so werden gerade dadurch die Arbeiter ausgebeutet" (67).

66) Vgl. Maurice, théories, 291 f.; W.H. Hutt, Theory of Collective Bargaining, Glencoe 1954, S. 116 ff., insbesondere S. 143 f. Vgl. ferner V. Zarnowitz, Die Theorie der Einkommensverteilung. Entwicklung und heutiger Stand, Tübingen 1951, S. 109, 124 (im folgenden zitiert als "Zarnowitz, Theorie").

67) W. Krelle, Die Grenzproduktivitätstheorie des Lohnes, in: Jahrbücher für Nationalökonomie und Statistik, Band 162, 1950, S. 14 (im folgenden zitiert als "Krelle, Grenzproduktivitätstheorie"). Die Hervorhebungen des Originals wurden weggelassen. Ähnlich W. Günthardt, Das Problem der Konstanz der Einkommensverteilung, Diss. Zürich, Winterthur 1965, S. 93 (im folgenden zitiert als "Günthardt, Problem").

Nicht nur dass also bei Vorliegen von Ausbeutung gar nicht unbedingt ein Ausbeutungsgewinn vorhanden sein muss, sondern auch dass bei Ausbeutung die Löhne ohne weiteres höher sein können als bei Fehlen von Ausbeutung, macht die unüberbrückbare Diskrepanz zwischen Pigou-Kriterium und populärem Ausbeutungsverständnis aus. Zudem braucht es noch den Begriff der Quasi-Ausbeutung, um die nicht so unwichtigen Fälle von Gewinnen bei vollkommener Konkurrenz, aber geschlossenen Märkten zu erfassen.

352 Transzendente Kritik

Vorerst beschäftigen wir uns mit dem im Pigou-Kriterium zum Ausdruck kommenden Mythos der vollkommenen Konkurrenz als Ideal, um dann das begriffsdiagnostische Instrumentarium auf das Pigou-Kriterium anzuwenden.

Wie die Darstellung von Robinsons Ausführungen zum Thema der Ausbeutung in genügender Schärfe gezeigt haben dürfte, blieb die Kontinuität der Theorienbildung trotz der zuweilen "preistheoretische Revolution" genannten neu gewonnenen zentralen Stellung des unvollkommenen Wettbewerbs gewahrt. Die Optik der Theorie verharrte in ihrer Einstellung gegenüber der vollständigen Konkurrenz, wenn wir den durch Freiheit von Ausbeutung sowie Quasi-Ausbeutung gekennzeichneten Zustand im Gegensatz zu Robinsons vollkommener Konkurrenz, der die Quasi-Ausbeutung ausser acht lässt, so nennen wollen. Mehr noch als bei Pigou wird das Konkurrenzideal in einigen Bemerkungen zum Ausbeutungsproblem durch Bronfenbrenner (68) makroökonomisch ausgeweitet. Er schlägt nämlich vor, alle jene Arbeitenden als ausgebeutet zu betrachten, deren Lohn geringer ist als er es in einer Gesellschaft mit vollkommener Konkurrenz auf allen Märkten wäre. Während das Pigou-Kriterium sich nur auf die Faktor- und Produktmärkte einer einzelnen Industrie bezieht, werden bei Bronfenbrenner zusätzlich alle übrigen Märkte in einer Volkswirtschaft relevant. Alle Abweichungen von dieser neoklassischen idealen Sozialordnung zum Nachteil der Arbeiter stellen dementsprechend Ausbeutung dar. Robinsons Versuch der

68) M. Bronfenbrenner, The Economics of Collective Bargaining, in: The Quarterly Journal of Economics, Band 53, 1938/39, S. 541.

Emanzipation der Ökonomie aus der "tyranny of the assumption of perfect competition" (69) war also sowohl für sich selbst wie auch für die Wirtschaftswissenschaften überhaupt nur zum Teil erfolgreich.

Die vollkommene Konkurrenz dient häufig als Norm und als Rechtfertigungsgrund wünschbarer Massnahmen (70), doch "pure competition is an extreme, a limit, rather than a norm. . . . Except where the conditions are actually those of pure competition, competitive theory is a distortion of reality rather than an approximation to it" (71). "Der statische Begriff der reinen Konkurrenz" sollte "in keinem Fall als Mass für die Beurteilung . . . der Ausbeutung dienen, da er reine Fiktion ist" (72). Robinson wurde dieser grundsätzlichen Mängel ihres analytischen Vorgehens inne und hat sich heute von ihrer damaligen Position weit entfernt (73). Sie war sich schon damals im Gegensatz zu Pigou der Realitätsferne ihrer Analyse bewusst (74), ohne aber die sich aufdrängenden Konsequenzen zu ziehen. Wie Robinson später selber schreibt, werden insbesondere in bezug auf den Pigou'schen Ausbeutungsbegriff "moralische und analytische Überlegungen . . . unlösbar verwirrt. Die Ursache liegt darin, dass versucht wird, die Merkmale des vollkommenen Wettbewerbs in einer Welt als Massstab zu verwenden, in der er, ausser in den Lehrbüchern, überhaupt nicht existiert" (75). Das Pigou-Kriterium der Ausbeutung ist somit aus transzendenter Sicht fragwürdig, weil es einerseits ein Werturteil impliziert und weil anderseits die damit vorgeschlagene Norm der vollkommenen Konkurrenz selber problematisch und nur in einem "economic wonderland" (76) realisierbar ist.

69) Robinson, Competition, 20.

70) Dies, obgleich Pigou den Wirtschaftswissenschaften ausdrücklich die Rolle positiver Wissenschaft zuweist. Vgl. A.C. Pigou, Praktische Fragen der Volkswirtschaft, Jena 1937, S. 75.

71) Chamberlin, Theory, 181 f.

72) E. Böhler, Nationalökonomie. Grundlagen und Grundlehren, 3. Aufl. Zürich 1957, S. 247 (im folgenden zitiert als "Böhler, Nationalökonomie").

73) Vgl. Robinson, Doktrinen; sowie Robinson, Revisited.

74) Vgl. Robinson, Economics, 94, 97, passim.

75) Robinson, Grundprobleme, 128.

76) F. Machlup, The Political Economy of Monopoly. Business, Labor and Government Policies, Baltimore 1952, S. 377.

Nun soll das Pigou-Kriterium noch durch das begriffsdiagnostische Instrumentarium einer Prüfung unterworfen werden. Die Erörterung der Faktoren der Konsistenz und der Wertgeladenheit fällt dahin, da die letztere bei gleichbleibendem Definiendum ("Ausbeutung") invariant ist, während die Inkonsistenz des Ausbeutungsbegriffes bereits durch die Darstellung der verschiedenen Kriterien ersichtlich ist. Auf die Wertgeladenheit von "Ausbeutung" gehen wir in Teil VI, Abschnitt 4 ein. Der Grad der Präzision des Pigou-Kriteriums der Ausbeutung in bezug auf die theoretische Sprache ist hervorragend; denn ohne Schwierigkeiten kann beurteilt werden, ob in einer beschriebenen Situation Ausbeutung vorliegt oder nicht, sofern die relevante Information in der Beschreibung enthalten ist. Den Begriff der theoretischen Sprache verwenden wir hier in bezug auf die ökonomische Theorie, die, wie erwähnt, nicht nur ein informatives Hypothesengebilde darstellt, sondern zahlreiche nichtinformative Elemente enthält. Die Bedeutung des Begriffs der theoretischen Sprache für die Ökonomie ist somit weiter als diejenige in der Wissenschaftstheorie. In bezug auf die Beobachtungssprache ist der Präzisionsgrad des Pigou-Kriteriums jedoch anders. Denn mangels exakter Zuordnungsregeln, die die in hohem Grad abstrahierende theoretische Sprache in die Beobachtungssprache umzugiessen gestatten, ist die Präzision des Ausbeutungsbegriffs ungenügend. Wir verstehen ihn dabei quantitativ, nicht klassifikatorisch, weil ja das blosse Vorhandensein von Ausbeutung in einer Welt mit allgegenwärtiger unvollkommener Konkurrenz ohnehin bejaht werden müsste. Bei der interessanteren Frage des Ausbeutungsgrades versagt die Übersetzung in die Beobachtungssprache jedoch, so dass das in der theoretischen Sprache infolge der quantitativen Ausgestaltung des Ausbeutungsbegriffs maximale Informationspotential sich nicht auswirken kann. Mit dem Hinweis auf den schlechten Zustand der Zuordnungsregeln haben wir das Problem der Operationalität des Ausbeutungsbegriffs berührt. Die unrealistischen Annahmen sowie der realitätsferne Massstab der vollkommenen Konkurrenz verhindern eine quantitative empirische Deutung des Ausbeutungsbegriffs, dem somit die Eigenschaft der Operationalität abzusprechen ist. Damit hängt auch die fehlende Fruchtbarkeit des Pigou-Kriteriums der Ausbeutung bezüglich neuer informativer Theorien zusammen.

4 Das Bloom-Kriterium der Ausbeutung

41 Definitorische Klärung

Zum Teil aus der Kritik am Pigou-Kriterium ging ein neuer Versuch einer Ausbeutungsdefinition hervor, ein Unterfangen, das Bloom mit "A Reconsideration of the Theory of Exploitation" (1) in Angriff nahm. Die nachfolgend als "Bloom-Kriterium" bezeichnete Ausbeutungsdefinition wird in einem Teil der Literatur (2) Chamberlin zugeschrieben. Wir haben jedoch in Chamberlins Schriften keine Stelle gefunden, die mehr als eine Kritik an Pigou ist. Zwar hat Bloom einiges Chamberlin zu verdanken, wie Bloom selber schreibt; doch scheint uns nach der vorliegenden Literatur einzig die Bezeichnung "Bloom-Kriterium" berechtigt.

Da das Pigou-Kriterium zur Folge hat, dass bei unvollkommener Konkurrenz alle Produktionsfaktoren ausgebeutet werden und die Ausbeutung zu einer ubiquitären Erscheinung wird, scheint Bloom die Untersuchung der Bedingungen der Ausbeutung nach dem Pigou-Kriterium uninteressant und zugleich würde eine Rückkehr zu Pigou "sacrifice 'realism for idealism'" (3). Aus diesen Gründen schlägt Bloom eine Reformulierung des Ausbeutungskriteriums vor und

1) G.F. Bloom, A Reconsideration of the Theory of Exploitation, in: Quarterly Journal of Economics, Vol. LV, 1940-41, S. 413 ff. Wiederabgedruckt in: Readings in the Theory of Income Distribution, Vol. III of the Blakiston Series of Republished Articles on Economics, Philadelphia/Toronto 1946, S. 245 ff. (im folgenden zitiert als "Bloom, Reconsideration"). Wir zitieren nach dem Wiederabdruck. Vgl. auch G.F. Bloom/H.R. Northrup, Economics of Labor and Industrial Relations, Philadelphia/Toronto 1950, S. 317 ff. (im folgenden zitiert als "Bloom/Northrup, Economics"); G.F. Bloom/N. Belfer, Unionism and the Marginal Productivity Theory, in: R.A. Lester/J. Shister (Hrsg.), Insights into Labor Issues, New York 1948, S. 238 ff. (im folgenden zitiert als "Bloom/Belfer, Unionism"); G.F. Bloom/N. Belfer, Unions and Real Labor Income, in: J. Shister (Hrsg.) Readings in Labor Economics and Industrial Relations, Chicago/ Philadelphia/New York 1951, S. 376 ff.

2) Vgl. zum Beispiel Bronfenbrenner, Income, 196, 198 f.; Zarnowitz, Theorie, 108.

3) Bloom, Reconsideration, 247.

definiert Ausbeutung als einen Lohn, der geringer als das Grenzumsatzprodukt $\frac{dU}{dx}\frac{dx}{dv}$ ("marginal revenue product") ist (4). Dies werden wir inskünftig als Bloom-Kriterium bezeichnen. Es ist identisch mit dem monopsonistischen Teil des Pigou-Kriteriums.

Abb. 13: Ausbeutung nach dem Bloom-Kriterium. Abb. 13 ist eine Wiederholung von Abb. 4. Während nach dem Pigou-Kriterium der monopsonistisch-monopolistische Ausbeutungsgewinn BCGH beträgt, bezeichnet das Bloom-Kriterium nur den monopsonistischen Gewinn ABCE als "Ausbeutung".

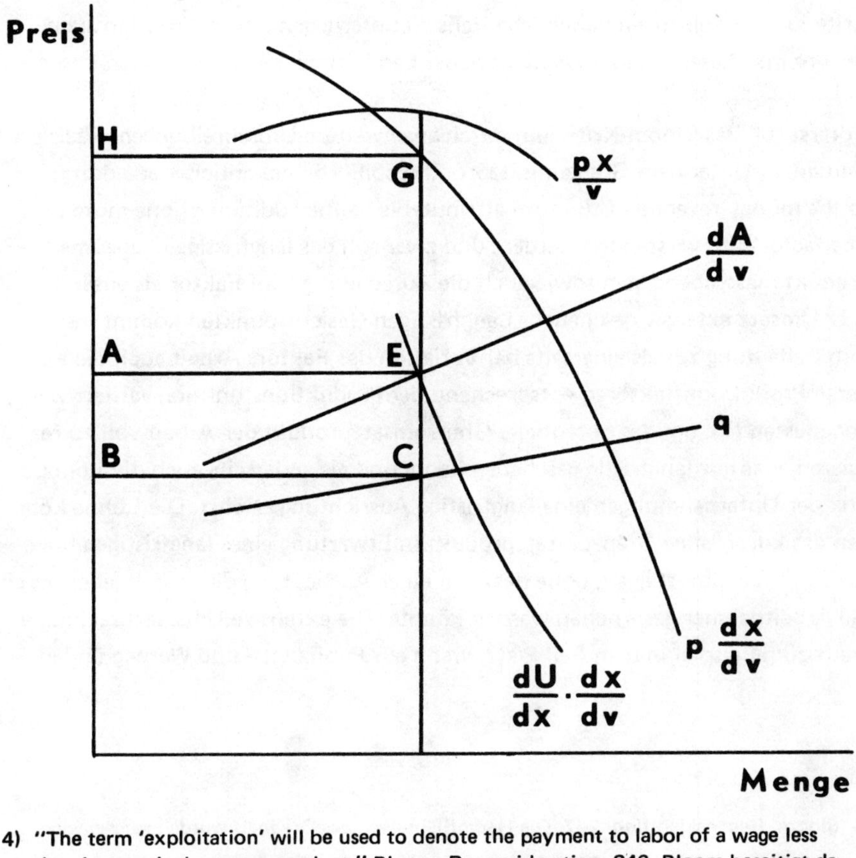

4) "The term 'exploitation' will be used to denote the payment to labor of a wage less than its marginal revenue product." Bloom, Reconsideration, 246. Bloom beseitigt damit in einer Vorwegnahme den Anlass zu den Einwänden, die Woll, Volkswirtschaftslehre, 245 gegen das Pigou-Kriterium erhebt.

Im Gegensatz zum Pigou-Kriterium, welches bei Abwesenheit von Ausbeutung eine im neoklassischen Sinne tendenziell ideale Faktorenallokation beinhaltet, impliziert der nach dem Bloom-Kriterium ausbeutungsfreie Zustand keine optimale Faktorenallokation. Um zusätzlich monopolistischen Elementen Rechnung zu tragen, schlägt Bloom als weitere Alternativlösung zu seinem eigenen Kriterium vor, "to define exploitation as payment to a worker of a wage less than that marginal revenue product which would be attributable to this type of labor in a monopolistic economy in which a perfect market for labor existed" (5). Bloom selber verzichtet darauf, die Implikationen dieses Alternativkriteriums zu entwickeln; da es uns den wichtigsten Einwendungen, die wir gegen das Bloom-Kriterium vorzubringen haben, ebenfalls zu unterliegen scheint, werden auch wir uns mit dieser Alternative nicht näher beschäftigen.

Vorerst soll das Bloom-Kriterium durch zwei weitere Umschreibungen präzisiert werden. a) Unter dem Grenzumsatzprodukt soll "the net anticipated addition to the money revenue of the firm attributable to the addition of one more unit of a factor" (6) verstanden werden; und zwar soll das langfristige Grenzumsatzprodukt massgebend sein sowie auch die Zurechnung zum Faktor als zusätzlicher Umsatz extensiv geschehen. Langfristigen Gesichtspunkten kommt insofern Bedeutung zu, als einerseits bei Variation des Faktors Arbeit auch die anderen Produktionsfaktoren entsprechend der Produktionsfunktion variiert werden müssen (7), um das potentielle Grenzumsatzprodukt der Arbeit voll zu realisieren, was nur langfristig geschehen kann, und als anderseits auch die Lohnpolitik der Unternehmungen eine langfristige Ausrichtung erfährt. Die Löhne können das kurzfristige Grenzumsatzprodukt in Erwartung eines langfristigen höheren Umsatzes übersteigen, ohne dass von einer Ausbeutung der Arbeitgeber durch die Arbeitnehmer gesprochen werden könnte. Die extensive Umsatzzurechnung greift zum Beispiel in dem Fall Platz, wenn aus Publizitäts- und Werbegründen

5) Bloom, Reconsideration, 247. Die Hervorhebungen des Originals wurden weggelassen.

6) Bloom, Reconsideration, 248.

7) Somit entspricht Blooms "marginal revenue product" Robinsons "marginal net productivity".

hohe Löhne gezahlt werden und so neben den Grenzumsatzprodukt bei gegebener Nachfrage nach dem Produkt noch eine Verschiebung der Nachfragekurve mit dem Effekt einer Erhöhung des Grenzumsatzprodukts tritt. b) Beim Lohn darf keineswegs nur auf die ausbezahlten Beträge abgestellt werden; vielmehr müssen die Kosten für dem Personal zugutekommende betriebliche Dienstleistungen wie für Pensionskasse, Sicherheit, betrieblich organisierte Freizeitgestaltung usw. miteingerechnet werden.

42 Absicht als typologisches Kriterium

421 Nicht-vorsätzliche Ausbeutung

Die Fälle der Ausbeutung können in die Kategorien der vorsätzlichen und der nicht-vorsätzlichen Ausbeutung eingeteilt werden. "Exploitation will be said to be non-deliberate if the discrepancy between marginal revenue product and wage is traceable to conditions which are beyond the employer's control. . . . Exploitation will be said to be deliberate, if the employer consciously attempts to pay labor less than its marginal revenue product, even though conditions are such that he could pay the marginal revenue product if he so desired" (8).

Drei Umstände lassen sich unterscheiden, unter denen nichtvorsätzliche Ausbeutung auftritt. Den jeweils zum Vergleich herangezogenen Ausgangszustand nehmen wir als ausbeutungsfrei an.

a) Unvollkommen elastische Arbeitsangebotskurve. Dieser Fall wurde bereits in den Abschnitten 322 und 342 in extenso untersucht. Bedingt durch die positive Korrelation des Ausbeutungsgrades mit dem Ausmass der unvollkommenen Elastizität des Arbeitsangebotes, können niedrige Löhne keineswegs als Indikatoren von Ausbeutung fungieren, ja bei hohen Löhnen scheint Ausbeutung sogar weit wahrscheinlicher.

8) Bloom, Reconsideration, 251 f.

b) Kosten von Preisänderungen. Bei Lohnänderungen werden häufig auch Änderungen der Produktpreise vorgenommen. In zweierlei Hinsicht sind diese Preisänderungen mit Kosten verbunden:

Erstens entstehen Kosten durch die Schwierigkeit der Ermittlung der optimalen Faktorkombination. Wenn die Löhne plötzlich leicht zurückgehen, kann es billiger sein, anstelle der Vornahme einer Neukalkulation den Produktpreis auf der bisherigen Höhe zu belassen. Infolgedessen klaffen Grenzumsatzprodukt und Lohn auseinander, und der Faktor Arbeit wird ausgebeutet. Bei steigenden Löhnen ist dasselbe Verhalten denkbar, so dass statt der Arbeitnehmer nun der Arbeitgeber ausgebeutet wird.

Zweitens entstehen Kosten durch die Informierung der Öffentlichkeit über die Produktpreisänderungen. Der Unternehmer wägt nach einer Lohnsenkung den durch eine in seinem Ermessen liegende Preissenkung möglichen zusätzlichen Absatz und damit Mehrumsatz gegen die erhöhten Verkaufskosten ab. Fällt der Entschluss zugunsten Beibehaltens des bisherigen Preises, so wird bei einer vorangegangenen Lohnsenkung der Faktor Arbeit nun ausgebeutet, bzw. der Arbeitgeber bei einer Lohnerhöhung. Lautet die Entscheidung zugunsten einer Preisänderung, so stellt der Lohn nicht das Aequivalent zum Grenzumsatzprodukt dar, sondern entspricht dem Grenzumsatzprodukt abzüglich den Verkaufskosten (9). Selbstverständlich könnte man die letzteren bereits im Grenzumsatzprodukt einrechnen; doch Bloom möchte aus analytischen Gründen davon absehen. Da der Lohn somit nicht mehr dem vollen Grenzumsatzprodukt entspricht, liegt nach dem Bloom-Kriterium Ausbeutung der Arbeitnehmer vor. Bei steigenden Löhnen mag der umgekehrte Fall Wirklichkeit und der Arbeitgeber durch den Arbeitnehmer ausgebeutet werden. Da Bloom meint annehmen zu können, dass beide Situationen ungefähr gleich häufig auftreten, gleichen sich in langfristiger Betrachtung die Profite als Ausbeuter und die Verluste als

9) Die Verkaufskosten dienen in diesem Fall nicht einer Verschiebung der Nachfragekurve nach dem Produkt, sondern sollen nur die im Modell nicht mit Kosten verbundene Verschiebung entlang der bestehenden Nachfragekurve bewirken. Da in der Realität jede Verschiebung einer bestehenden Kurve entlang mit Kosten verbunden sein dürfte, zeigt sich hier die Realitätsferne des Bloom-Kriteriums.

Ausgebeuteter bei allen Faktoren aus, soweit die Ursache dafür in den Verkaufskosten zu suchen ist.

c) Diskontinuierliche Produktnachfragekurven. Diskontinuierliche Durchschnittsumsatzprodukt- und Grenzumsatzproduktkurven ermöglichen Ausbeutung. Sie sind jedoch weder eine notwendige noch eine hinreichende Bedingung. Dass keine notwendige Bedingung vorliegt, ist bereits durch die vorgängige Erörterung monopsonistischer Ausbeutung einsichtig. Hinreichend ist diese Bedingung ferner nicht, weil, wie Abb. 14 illustriert, auch bei diskontinuierlichen Kurven horizontale, vollkommene Elastizität der Nachfrage anzeigende Abschnitte denkbar sind. Die Nachfragekurve wird in Oligopolkonstellationen (10) diskontinuierlich sein.

Abb. 14: Diskontinuierliche Nachfragekurve.

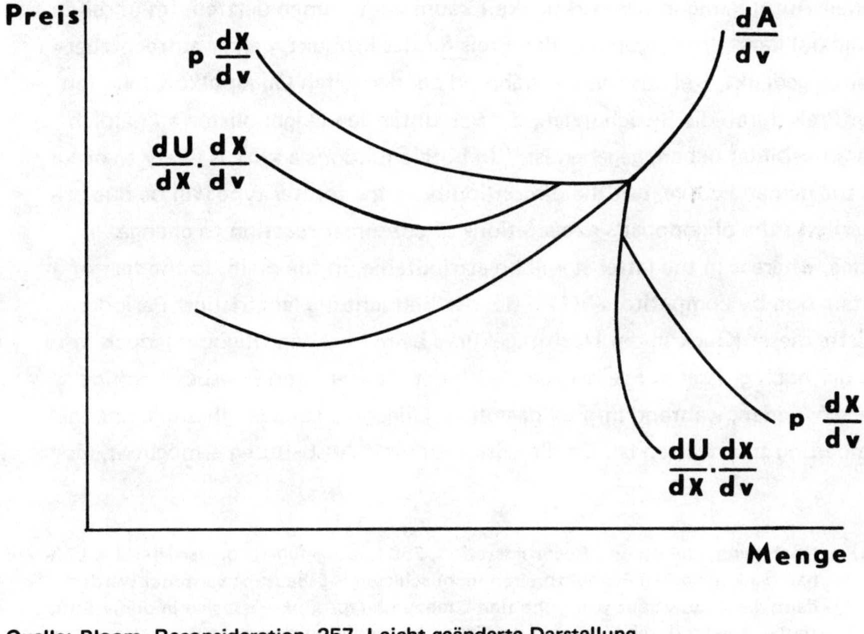

Quelle: Bloom, Reconsideration, 257. Leicht geänderte Darstellung.

10) Für eine ausführliche Erörterung der oligopolistischen Ausbeutung vgl. Maurice, théories, 219 ff.

Wenn wir ein vollkommen elastisches Arbeitsangebot unterstellen sowie annehmen, dass die Grenzauslagen $\frac{dA}{dv}$ nur aus Lohnkosten bestehen, ist im vollkommen elastischen Abschnitt der Nachfragekurve Ausbeutung nicht nur nach dem Bloom-Kriterium, sondern auch nach dem Pigou-Kriterium unmöglich. Der Oligopolist wird, sofern gemäss Abb. 14 die Grenzausgabenkurve $\frac{dA}{dv}$ die Nachfragekurve $\frac{dU}{dx}\frac{dx}{dv}$ in dem entsprechenden Abschnitt schneidet, wie ein sich in vollkommener Konkurrenz befindender Unternehmer handeln. Im diskontinuierlichen, vertikalen Teil der Nachfragekurve sind die Voraussetzungen für Ausbeutung gegeben; dies insbesondere, wenn der Produktpreis langfristig konstant zu halten versucht wird, während die von den Löhnen abhängigen Grenzauslagen $\frac{dA}{dv}$ auf und ab fluktuieren (11). Bei steigenden Löhnen wird tendenziell der Arbeitgeber, bei fallenden Löhnen tendenziell der Arbeitnehmer ausgebeutet.

Nach Bloom ist es vom analytischen Standpunkt aus von Vorteil, zwischen einem "reifen" und einem "unreifen" Oligopol zu unterscheiden, die beide in reiner Ausprägung in der Wirklichkeit kaum vorkommen dürften. Im unreifen Oligopol kann der Oligopolist den Preis für das Produkt, den er aufrechtzuerhalten gedenkt, frei auswählen, während bei der reifen Oligopolkonstellation der Preis durch die Beziehungen, die sich unter den Oligopolisten allmählich herausgebildet haben, gegeben ist. "In both situations a kink is likely to occur in the demand curve, but the discontinuity in the former type will be due primarily to the oligopolist's expectations of consumer reaction to changes in price, whereas in the latter it will be attributable, in the main, to the fear of retaliation by competitors" (12). Bei der Betrachtung langfristiger Perioden dürfte dieser Knick in der Nachfragekurve beim unreifen Oligopol jedoch infolge der noch grösseren Freiheit bezüglich der Mengen- und Preisbestimmung verschwinden, während im Fall des reifen Oligopols auch langfristig keinerlei Änderung zu erwarten ist. Da die Diskontinuität Ausbeutung ermöglicht, lässt

11) Doch kann, wie Bloom, Reconsideration, 259 f., ausgeführt, von variierenden Löhnen bei konstanten Produktpreisen nicht schlüssig Ausbeutung vermutet werden; denn die Aequivalenz von Lohn und Grenzumsatzprodukt lässt sich in dieser Situation entweder durch Variation der Faktorkombination oder auch durch Variierung des Outputs aufrechterhalten.

12) Bloom, Reconsideration, 261.

sich sagen, "that the possibility of a discrepancy existing between marginal revenue product and wage is much grater in conditions of mature, than in immature, oligopoly" (13). Die beim unreifen Oligopol durch Lohnveränderungen kurzfristig sich ergebende Ausbeutung erscheint als ein normales Ergebnis dynamischer Wirtschaft, in der nicht alle Erwartungen sich erfüllen und das Verhalten deshalb später Korrekturen erfahren muss. Beim reifen Oligopol richten sich die Erwartungen wechselseitig auf die anderen Oligopolisten; die Anpassungsmöglichkeiten an Lohnänderungen beschränken sich auf Variierung der Faktorkombination. Preis- und Mengenänderungen bleiben nach Bloom jedoch im allgemeinen verwehrt, so dass Ausbeutung zu einem längerfristigen Zustand wird. Je nach der Entwicklung des Lohnniveaus werden entweder die Arbeitnehmer oder die Arbeitgeber ausgebeutet. "However, a substantial wage increase is more likely to induce a change in output at the given price than is a fall in wages, and so this will be a factor contributing to the result that mature oligooly is more likely to cause exploitation of labor than of employers" (14).

422 Vorsätzliche Ausbeutung

Bisher wurde nicht-vorsätzliche Ausbeutung erörtert. Wir werden sehen, dass auch eine vorsätzliche Ausbeutung durch Oligopolisten denkbar ist. Als vorsätzliche Ausbeutung ist ohne Zweifel die oben im Rahmen des Pigou-Kriteriums erwähnte monopsonistische Diskriminierung der Arbeitnehmer zu bezeichnen. Wenn man gewöhnlich von Ausbeutung spricht, so fasst man jedoch weniger diesen Fall ins Auge, als die in gewissen Branchen zu Hungerlöhnen Beschäftigten ("sweated industries"). Das Bloom-Kriterium bezieht Ausbeutung auf das Grenzumsatzprodukt, das die beschäftigten Einheiten des Faktors Arbeit dem betreffenden Arbeitgeber einbringen. Wenn nun die Mobilität der Arbeitskräfte in Wirklichkeit durch Kosten und Ignoranz gehemmt wird, können sich ohne weiteres für qualitativ und quantitativ gleiche Arbeitsleistungen verschiedene Lohnniveaus einspielen. Diese im Sinne Pigous unfairen Löhne stellen aber keineswegs

13) Bloom, Reconsideration, 264.

14) Bloom, Reconsideration, 267.

hinreichende Indikatoren dar, um Ausbeutung diagnostizieren zu können; denn die Branchen mit dem niedrigeren Lohnniveau bieten möglicherweise Arbeitsplätze mit geringerer Produktivität, so dass das erzeugte Grenzumsatzprodukt niedriger als anderwärts ist. Nach Bloom ist dieser Fall insbesondere in den "sweated industries" der vorherrschende Fall; die gegenteilige Ansicht, nämlich, dass die Arbeitgeber die Arbeitnehmer vorsätzlich ausbeuten, dürfte kaum zutreffend sein. Denn kann der Arbeitgeber dank seiner Macht die Lohnrate niedrig halten, so liegt es in seinem eigenen Interesse, nach der Gewinnmaximierungsregel Grenzumsatzprodukt und Grenzauslagen zum Ausgleich zu bringen. Damit bleibt der vorsätzlichen Ausbeutung jeder Boden entzogen (15), ganz unabhängig davon, welche Marktform auf Seiten der Arbeitsnachfrager besteht und dass die Mobilität der Arbeitnehmer durch diverse Faktoren gehemmt wird. "These factors are crucial in determining the level at which the wage will be set . . . the real clue to the cause of deliberate exploitation lies in the conditions of sale of the product" (16).

Die für die Erfassung der vorsätzlichen Ausbeutung entscheidende Fragestellung geht dahin, jene Bedingungen zu eruieren, unter denen der Arbeitgeber trotz der Intention der Gewinnmaximierung nicht die Produktion ausweitet, bis Grenzumsatzprodukt und Lohn einander gleich sind. Drei Bedingungen müssen erfüllt sein: Erstens muss die Arbeitsangebotskurve im relevanten Bereich vollkommen inelastisch sein. Zweitens muss der Arbeitgeber in der Lage sein, die Lohnhöhe festzusetzen. Drittens muss die Nachfragekurve nach dem produzierten Gut beim gegebenen Preis einen Knick aufweisen. Diese letzte Voraussetzung ist deshalb unabdingbar, weil sonst der Unternehmer, durch die – möglicherweise erpresste – Lohnsenkung veranlasst, den Preis seines Produkts erniedrigen, damit eine Ausweitung der nachgefragten Menge induzieren und wiederum solange

15) Dies trifft aber nur zu, wenn man die Arbeitsangebotskurve im relevanten Bereich als vollkommen elastisch voraussetzt; denn ansonsten wären ja die für die Gewinnmaximierung massgebenden Grenzauslagen nicht gleich den Durchschnittsauslagen (Löhnen). Es wird hier die Voraussetzung einer vollkommen elastischen Arbeitsangebotskurve gemacht, weil die auf unvollkommene Elastizität zurückzuführende Ausbeutung bereits behandelt und nicht-vorsätzlich ist, während hier die Bedingungen vorsätzlicher Ausbeutung zur Debatte stehen.

16) Bloom, Reconsideration, 272. Die Hervorhebungen des Originals wurden weggelassen.

mehr Arbeit nachfragen würde, bis der Lohn, die Grenzauslagen und das Grenzumsatzprodukt sich gleich sind. Diese drei Bedingungen sind nach Bloom am ehesten bei Oligopolen erfüllt. Da nun die "sweated industries" häufig eine oligopolistische Marktform aufweisen, liegt hierin der wahre Kern der Behauptung, dass die Hungerlöhne dieser Branchen auf Ausbeutung beruhen.

Welche Bedeutung kommt der im Sinne des Bloom-Kriteriums verstandenen Ausbeutung in der Realität zu? Bloom schätzt ihr Vorkommen gering ein. Die zuletzt besprochene, vorsätzliche Ausbeutung dürfte infolge des scharfen Auges der Gewerkschaften sowie der Anziehungskraft allfälliger Ausbeutungsgewinne auf neue Firmen selten sein, auch in den "sweated industries". Ein weiterer bedeutsamer Ausbeutungsfall, nämlich die nicht-vorsätzliche, durch ein unvollkommen elastisches Arbeitsangebot verursachte Ausbeutung, würde an und für sich bei qualifizierte Fähigkeiten erfordernden Tätigkeiten auftreten, doch sind gerade hier vielfach die Gewerkschaften stark und machen das Arbeitsangebot durch Minimallohnvorschriften in Tarifverträgen vollkommen elastisch im relevanten Bereich. Damit ist aber auch die Ausbeutung beseitigt. Es bleibt noch der letzte, wichtige Typ der nicht-vorsätzlichen Ausbeutung in der reifen Oligopolkonstellation zu erwähnen. Die zunehmende Macht der Gewerkschaften merzt jedoch auch hier nach Bloom tendenziell die Ausbeutung aus; denn in Oligopolsituationen wie der in Abb. 14 dargestellten kann die Ausbeutung nicht nur durch Herbeiführen der Marktform der vollkommenen Konkurrenz beseitigt werden, sondern auch durch von den Gewerkschaften oder Behörden ins Spiel gebrachte Minimalvorschriften, die das Lohnniveau auf die Preishöhe des oligopolistischen Grenzumsatzprodukts hinaufschrauben.

An anderer Stelle weist Bloom (17) darauf hin, dass Gewerkschaften auch Hand bieten können zu einer Politik der künstlichen Verknappung des Arbeitsangebots und sie damit Ausbeutung erst schaffen, indem zum Beispiel restriktive Bestimmungen für das Lehrlingswesen aufgestellt werden usw. Diese "produzierte" Ausbeutung wird die Gewerkschaft dann durch Einführung eines entsprechenden Minimallohnes wieder zu beseitigen trachten. Bezüglich von Gewerk-

17) Bloom/Northrup, Economics, 338 ff.

schaften durchgesetzten Lohnerhöhungen ist zu unterscheiden zwischen Ausbeutung beseitigenden Lohnerhöhungen, die auf Kosten der Profite gehen, einerseits, und Lohnerhöhungen bei fehlender Ausbeutung anderseits, welche statt in einer Schmälerung der Gewinne sich in Preiserhöhungen bei verminderter Beschäftigung niederschlagen.

43 Ausbeutung der Arbeitgeber

Es fragt sich sogar, ob die Macht der Gewerkschaften – ihre "bargaining power" – nicht zu einer Ausbeutung der Arbeitgeber führen kann, statt nur die Ausbeutung der Arbeitnehmer zu vermindern oder zu beseitigen (18). Die Bedeutung des Terminus "Ausbeutung der Arbeitgeber" muss noch präzisiert werden, da der Arbeitgeber eine natürliche oder eine juristische Person sein kann und die Einkommen der Arbeitgeber sich aus den heterogenen Komponenten Unternehmerlohn, Zins und Profit zusammensetzen. "Ausbeutung der Arbeitgeber" soll nicht in bezug auf eine dieser Einkommensarten definiert werden, sondern eine Überbezahlung der Arbeitnehmer beinhalten: Immer wenn die Arbeitnehmer mehr als das Grenzumsatzprodukt ihrer Arbeit erhalten, kann man von einer "Ausbeutung der Arbeitgeber" sprechen. Sind die Gewerkschaften derart erstarkt, dass eine Ausbeutung der Arbeitgeber wahrscheinlich ist, oder schlägt sich die "bargaining power" nur in Änderungen der Beschäftigung, der Produktpreise, des Outputs nieder?

Der Einfluss der Gewerkschaften auf den Produktionsprozess und auf die Einstellung und Entlassung von Arbeitnehmern verschlechtert die Mobilität der Produktionsfaktoren. Die Einführung beispielsweise von Abgangsentschädigunggen bei Entlassungen macht diese für den Arbeitgeber kostspielig und vergrössert den Bereich der Unbestimmtheit der Löhne. Die Gewerkschaften sind bei Abgangsentschädigungen viel eher in der Lage, den Arbeitgeber ausbeutende Lohnerhöhungen ohne Anpassung des Beschäftigungsgrades durchzusetzen. Die Existenz eines Bereichs der Indeterminiertheit der Löhne lässt sich mit der Markt-

18) Vgl. für das Folgende Bloom/Belfer, Unionism, 238 ff.

form des bilateralen Monopols theoretisch erfassen; es wird im Abschnitt 5 über das Stackelberg-Kriterium der Ausbeutung näher darauf eingegangen. Die Macht der Gewerkschaften kann eine Bezahlung der Arbeitnehmer nach ihrem Grenzumsatzprodukt verunmöglichen, selbst wenn dies entsprechend dem Anspruch der Grenzproduktivitätstheorie (19) gemessen werden könnte. Je nach der Macht der Verhandlungspartner resultieren die Lohnrunden in einer Ausbeutung der Arbeitnehmer oder der Arbeitgeber; nicht-ausbeuterische Lohnsätze wären als Resultat einer zufälligen Konstellation der Verhandlungsmacht der beiden Partner anzusehen. Der Bereich der Indeterminiertheit der Löhne ist natürlich weder für die Gewerkschaften nach oben noch für die Arbeitgeber nach unten unbeschränkt. Zuallerletzt bleibt dem Arbeitgeber immer noch die Alternative: Investieren oder Desinvestieren. Im Sinn dieser vagen Grenze mag nach Bloom/ Belfer auch weiterhin die langfristige Durchsetzung des Grenzwertproduktivitätsprinzips behauptet werden.

Gewerkschaftliche Einflüsse vermögen nicht nur die Ausbeutung der Arbeitgeber, sondern auch die Ausbeutung von Arbeitnehmern durch andere Arbeitnehmer zu bewirken. Dies soll an zwei Beispielen gezeigt werden. Die von Arbeiter zu Arbeiter variierenden Fähigkeiten und der unterschiedliche Leistungswille haben individuell divergierende Grenzproduktivitäten zur Folge. Nur die Entlöhnungsmethode des Stücklohns im Gegensatz zum Zeitlohn ist geeignet, derartige Leistungsunterschiede auch in Lohnunterschiede umzuwandeln. Die Gewerkschaften machen ihren Einfluss im allgemeinen jedoch zur Abschaffung des Stücklohns geltend. Dadurch, dass auch beim Zeitlohn in jeder Lohnkategorie individuell unterschiedliche Leistungen erbracht werden, jedoch allen derselbe Lohn bezahlt wird, wird bei einem Lohnniveau, das mindestens dem Grenzumsatzprodukt des tüchtigsten Arbeiters entspricht, der Arbeitgeber ausgebeutet. Der tüchtigere Teil der Arbeitnehmer wird durch die weniger Tüchtigen ausgebeutet, sofern das Lohnniveau weniger als das Grenzumsatzprodukt des tüchtigsten Arbeitnehmers ausmacht. Auf jeden Fall profitiert vor allem der weniger tüchtige Teil der Arbeiter. Das Grenzproduktivitätsprinzip kann bei Lohnkategorien anstelle individueller Leistungsentlohnung höchstens noch auf in Lohn-

19) Zur Grenzproduktivitätstheorie als Verteilungstheorie vgl. unten Teil IV, Abschnitt 32.

kategorien zusammengefasste Gruppen angewandt werden, nicht mehr auf den einzelnen Arbeitnehmer.

An den Entscheidungskriterien bei Beförderungen lässt sich ein zweites Beispiel verdeutlichen. Nach Bloom/Belfer würde das Grenzproduktivitätsprinzip die Beförderung des Tüchtigsten verlangen. In Wirklichkeit spielen jedoch noch zahlreiche weitere Kriterien mit; darunter zum Beispiel das Dienstalter, das auf gewerkschaftlichen Druck hin häufig entscheidenden Einfluss auf Beförderung hat. Ist der Dienstältere zugleich der weniger Tüchtige von zwei Bewerbern, so wird der Dienstjüngere, aber Tüchtigere, in gewissem Sinne ausgebeutet. Zwar erfolgt keine direkte Ausbeutung, da der Beförderte an seinem neuen Arbeitsplatz entsprechend den gewachsenen Anforderungen auch eine höhere Leistung erbringen wird; doch wird der Tüchtigere im Sinne einer "deprivation of an opportunity to advance" (20) ausgebeutet.

Bloom/Belfer halten insgesamt die "bargaining power" der Gewerkschaften für dermassen erstarkt, dass innerhalb gewisser Grenzen eine Ausbeutung der Arbeitgeber durchaus im Bereich des Möglichen ist, ohne dass ein Beschäftigungsrückgang zu befürchten wäre; die Möglichkeiten zu kompensierenden Produktpreiserhöhungen hangen von den Konstellationen auf den Produktmärkten ab. Am wahrscheinlichsten ist eine Ausbeutung der Arbeitgeber auf Kosten der Gewinne, die als Residualgrösse am meisten schwankungsanfällig sind. Bloom/Belfer erörtern allerdings die Frage nicht, ob die Residualgrösse des Gewinns mit der Grenzproduktivitätstheorie vereinbar ist und ob in bezug auf eine Residualgrösse ihr auf das Grenzproduktivitätsprinzip abgestimmter Begriff der Ausbeutung überhaupt noch angebracht ist.

20) Bloom/Belfer, Unionism, 246.

44 Kritik des Bloom-Kriteriums

In der Kritik des Bloom-Kriteriums können wir uns insofern kurz fassen, als die meisten Punkte bereits anlässlich des Pigou-Kriteriums eine ausführliche Erörterung erfahren haben. Wiederum soll die immanente Kritik der transzendenten vorangehen, wobei auch in der Reihenfolge der einzelnen Punkte die Kritik zu Pigou und Robinson massgebend sein soll.

Auch beim Bloom-Kriterium liegt kein Grund zur Beschränkung des Ausbeutungskriteriums auf den Produktionsfaktor Arbeit vor. Homogenität der Produkte hingegen ist nicht Voraussetzung dieses Kriteriums, da die Verhältnisse auf dem Warenmarkt irrelevant sind. Im Gegensatz zu Robinson bezieht Bloom die Verkaufskosten in seine Analyse ein. Sie werden jedoch nicht dem Grenzumsatzprodukt zugeschlagen, so dass in ihrem Ausmass Ausbeutung entsteht, da der Lohn höchstens dem Grenzumsatzprodukt minus die Verkaufskosten äquivalent ist. Auch bei Bloom ist Ausbeutung ohne das Vorhandensein eines Ausbeutungsgewinnes mit der Modifizierung möglich, dass sich dieses Paradoxon hier nur auf den Arbeitsmarkt bezieht. Die Oligopolfrage erfährt bei Bloom wohl eine extensive Erörterung, bleibt jedoch in bezug auf die individuelle Nachfragekurve auch mit Mängeln behaftet, da die von ihm unterstellte Verhaltensmaxime das polypolistische Verhalten bei Robinson durch ein bestimmtes oligopolistisches Verhalten, das als Reaktion auf eigene Preissenkungen Preissenkungen der Konkurrenten und auf Preiserhöhungen Stillhalten der Konkurrenten annimmt, ersetzt (21). Die Frage der Konsumentenausbeutung bleibt ebenfalls ein unerörtertes Problem. Ferner bestehen auch hier die erwähnten Widersprüche zwischen Alltagsbedeutung von "Ausbeutung" und dem Bloom-Kriterium. Es wurde bereits angetönt, dass die Idee der Ausbeutung der Arbeitgeber nur insoweit

21) Vgl. E. Schneider, Einführung in die Wirtschaftstheorie, II. Teil, Wirtschaftspläne und wirtschaftliches Gleichgewicht in der Verkehrswirtschaft, 10. verbesserte Aufl. Tübingen 1965, S. 66 (im folgenden zitiert als "Schneider, Einführung II"). Zur Kritik dieser "kinky demand curve" vgl. G.J. Stigler. Die geknickte Oligopol-Nachfragekurve und starre Preise, in: A.E. Ott (Hrsg.), Preistheorie, Köln/Berlin 1965, S. 326 ff. Sowie H. Arndt, Anpassung und Gleichgewicht am Markt, in: Jahrbücher für Nationalökonomie und Statistik, Band 170, 1958, S. 259 ff.

mit dem grenzproduktivitätstheoretischen Hintergrund des Bloom-Kriteriums vereinbar erscheint, als sich die Arbeitnehmer mit einem ihr Grenzumsatzprodukt übersteigenden Lohn Einkommen von anderen Faktoren aneignen. Wenn jedoch der Gewinn der Arbeitgeber davon betroffen ist, und der Gewinn als Residualgrösse nach Abzug von Unternehmereinkommen, Zinsen und ähnlichen Faktorentgelten verstanden wird, so lässt sich unseres Erachtens nicht im gewohnten Sinne von Ausbeutung sprechen, da dann durch die Ausbeutung keine anderen Faktoreinkommen beeinträchtigt werden.

In transzendenter Hinsicht bleiben sich die Ergebnisse der Anwendung des begriffsdiagnostischen Instrumentariums gleich. Nur die Idealisierung der vollkommenen Konkurrenz wird durch das Bloom-Kriterium etwas eingeschränkt, keineswegs jedoch eliminiert. Denn auf dem Arbeitsmarkt bildet der bei vollkommener Konkurrenz sich formende Lohn nach wie vor den Massstab der Ausbeutung, während nun die Marktform auf dem Absatzmarkt irrelevant ist. Insgesamt scheint deshalb das Bloom-Kriterium der Ausbeutung ebensowenig kritischen Einwänden standzuhalten wie das Pigou-Kriterium.

5 Das Stackelberg-Kriterium der Ausbeutung

51 Definitorische Klärung

Seit Stackelberg (1) wird der Begriff der Ausbeutung in Zusammenhang mit der Marktform des bilateralen Monopols gebracht, eine Verknüpfung, die bis heute in zahlreiche massgebende Lehrbücher Eingang gefunden hat (2).

Jene Konstellation, in der sich auf einem Markt ein einziger Anbieter (Monopolist) und ein einziger Nachfrager (Monopsonist) gegenüberstehen, wird als bilaterales Monopol bezeichnet. In dieser Marktform sind fünf verschiedene Extrempositionen der realisierten Preis-Mengen-Kombinationen denkbar. Erstens können beide Marktkontrahenten den Preis als gegeben annehmen und entsprechend als Mengenanpasser handeln, also genau so, wie sie im Falle der vollständigen (3) Konkurrenz handeln würden. Bei beidseitiger Mengenanpassung ergibt sich denn auch die Umsetzung jener Menge, die bei vollständiger Konkurrenz umgeschlagen würde, zu dem gleichen Preis, der sich bei vollständiger Konkurrenz realisiert. Zweitens können wir für den Anbieter die Prämisse des Preises als unabhängiger Variable aufheben, während der Nachfrager weiterhin als Mengenanpasser wie unter den Bedingungen vollständiger Konkurrenz handelt. Der Anbieter bezieht nun die potentiellen Reaktionen des Nachfragers in seine preispolitischen Überlegungen ein, so dass also eine normale Monopolkonstellation vorliegt, bei der der sich ergebende Preis höher und die umgesetzte Menge geringer als bei vollständiger Konkurrenz sein werden. Drittens ist der analoge Fall mit

1) H.v. Stackelberg, Marktform und Gleichgewicht, Wien/Berlin 1934, S. 24 ff., 114 ff. (im folgenden zitiert als "Stackelberg, Marktform"); H.v. Stackelberg, Grundlagen der theoretischen Volkswirtschaftslehre, 2. überarbeitete Aufl. Bern 1948, S. 197 ff. (im folgenden zitiert als "Stackelberg, Grundlagen"). Diese beiden Quellen werden für die folgende Darstellung massgebend sein.

2) Als Beispiele seien erwähnt: Schneider, Einführung II, 360 ff.; Ott, Grundzüge, 204 ff.; Krelle, Preistheorie, 417 ff.

3) Wir verwenden die Terminologie Stackelbergs, auch bezüglich Kosten, Erlös und Vorteil.

umgekehrten Vorzeichen denkbar: Der Nachfrager besitzt als Monopsonist Cournot'sche Aktionsparameter, während der Anbieter sich als Mengenanpasser verhält und somit seine Monopolstellung nicht ausnützt. Ein niedrigerer Preis bei geringerer Menge als bei vollständiger Konkurrenz wird die Folge sein.

Die soweit erwähnten drei möglichen Marktkonstellationen unterscheiden sich in nichts von den bereits früher vorgekommenen Marktformen der vollständigen Konkurrenz, des Monopols sowie des Monopsons, und Stackelberg verwendet im Gegensatz zu Pigou, Robinson und Bloom im Zusammenhang mit den Abweichungen von der vollständigen Konkurrenz den Begriff der "Ausbeutung" nicht. Doch das bilaterale Monopol erlaubt dem Monopolisten bzw. Monopsonisten noch eine weit stärkere Stellung einzunehmen als das beim gewöhnlichen Monopol und Monopson denkbar ist. Auch bei anderen Marktformen als derjenigen des bilateralen Monopols sind die noch aufzuzeigenden starken Stellungen denkbar, nämlich, wenn der Monopolist bzw. Monopsonist in der Lage ist, Preis und Menge mit jedem seiner Kontrahenten einzeln auszuhandeln. Den qualifizierten Stellungen des Monopolisten bzw. Monopsonisten entsprechen die Extrempositionen vier oder fünf.

Viertens kann der Anbieter, sofern es ihm seine Machtfülle gestattet, nicht nur den Preis festsetzen und die Bestimmung der Menge seinen Kontrahenten überlassen, sondern sowohl Preis als auch Menge diktieren. Man bezeichnet ihn in diesem Fall nach Frisch als Optionsfixierer, seinen "Partner" als Optionsempfänger (4). Dem letzteren bleibt nur noch die Wahl zwischen Annahme und Ablehnung des Angebots. Unter der Voraussetzung der Gewinnmaximierung wird der Anbieter genau jene Mengen-Preis-Kombination offerieren, die einerseits den Nachfragenden in eine Nullgewinnposition drängt und anderseits beim Anbietenden die Bedingung des Ausgleichs von Grenzkosten und Grenzerlös erfüllt. In dieser denkbar stärksten Situation für den Anbieter wird der Nachfrager ausgebeutet, weshalb sie "Ausbeuterposition" des Anbieters genannt wird. Sie befindet sich auf der Ausbeutungskurve des Anbieters, welche durch die geometrischen Orte aller Preis-Mengen-Kombinationen gebildet wird, zu denen der Nach-

4) Schneider, Einführung II, 67.

frager gerade noch bereit ist, als Nachfrager am Markt aufzutreten: Die Durchschnittskostenkurve. Da der Nachfrager stets in der Weise handeln wird, dass der durch das nachgefragte Gut induzierte Grenzvorteil dem Preis dieses Gutes gleich ist, steht die Ausbeutungskurve des Anbieters als Kurve des monetären Durchschnittsvorteils des Nachfragenden zur Absatzkurve des Anbieters bzw. der Nachfragekurve des Nachfragers bei fehlenden Ausbeutungsbedingungen im Verhältnis einer Durchschnittsgrössen- zu einer Grenzgrössenkurve. Diese Grenzvorteilskurve des Nachfragers ist mit der Durchschnittserlöskurve (Absatzkurve) des Anbieters identisch, so dass diese im Verhältnis zur Grenzerlöskurve des Anbieters wiederum die Relation einer Durchschnittsgrössen- zu einer Grenzgrössenkurve innehat.

Fünftens ist bei umgekhrter Machtverteilung dasselbe Spiel mit vertauschten Rollen denkbar: Der Nachfrager bezieht als Optionsfixierer seine Ausbeutungsposition und schiebt dem Anbietenden die Rolle des Optionsempfängers und Ausgebeuteten zu. Wiederum sind es drei Kurven, die interessieren: "1. die Kurve der variablen Stückkosten des Lieferanten als die Ausbeutungskurve des Nachfragers; 2. die Grenzkostenkurve des Lieferanten als die Bezugskurve des Nachfragers (im Sinne des gewöhnlichen Nachfragemonopols); 3. die Grenzausgabenkurve des Nachfragers (im Sinne des gewöhnlichen Nachfragemonopols)" (5). Preisuntergrenze bilden nicht die totalen Stückkosten; denn die darin enthaltenen Fixkosten fallen ja ohnehin an, so dass die variablen Stückkosten entscheidend sind (6). Die Grenzausgabenkurve des Nachfragers steht zur Bezugskurve des Nachfragers (bzw. der Grenzkostenkurve des Lieferanten) ebenso wie die Bezugskurve des Nachfragers (bzw. die Grenzkostenkurve des Lieferanten) zur Ausbeutungskurve des Nachfragers (bzw. der variablen Stückkostenkurve des Lieferanten) im Verhältnis der Grenzgrössen- zur Durchschnittsgrössenkurve.

Die ziemlich komplexe Situation beim bilateralen Monopol sieht im Diagramm wie folgt aus:

5) Stackelberg, Grundlagen, 199. Die Hervorhebungen des Originals wurden weggelassen.

6) Je nach der Länge der ins Auge gefassten Periode erscheint der Anteil der fixen Stückkosten an den gesamten Stückkosten grösser oder geringer, da mit zunehmender Länge fixe Kosten variablen Charakter annehmen.

Abb. 15: Ausbeutung beim bilateralen Monopol.

K*K*:	Ausbeutungskurve des Nachfragers (Stückkosten des Anbieters)
SS:	Bezugskurve des Nachfragers (Angebotskurve = Grenzkosten des Anbieters)
G'G':	Grenzausgabekurve des Nachfragers
V*V*:	Ausbeutungskurve des Anbieters (Durchschnittsvorteil des Nachfragers)
DD:	Absatzkurve des Anbieters (Nachfragekurve = Grenzvorteil des Nachfragers)
F'F':	Grenzerlöskurve des Anbieters

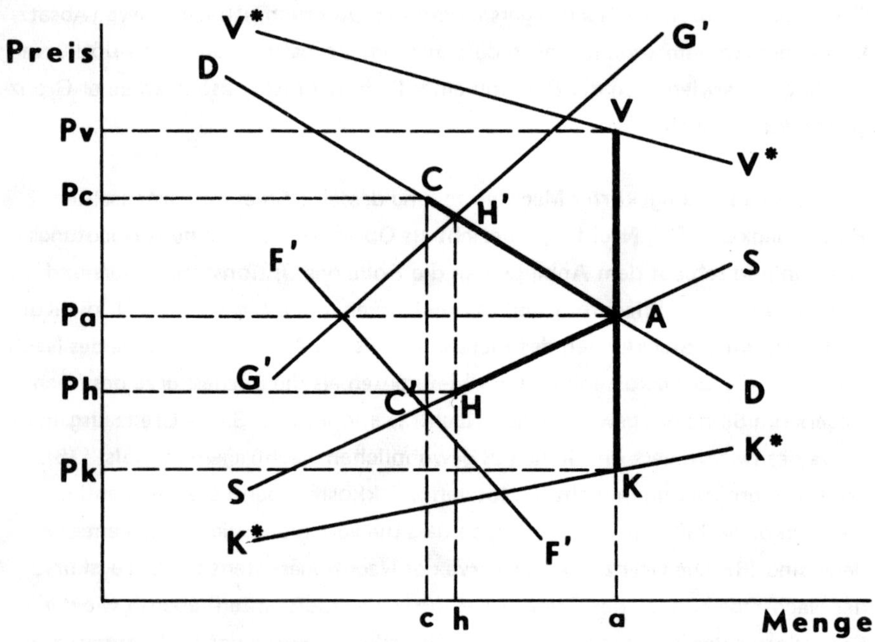

Quelle: Stackelberg, Grundlagen, 203.

Schnittpunkt A der Angebotskurve SS und der Nachfragekurve DD bezeichnet die bei beidseitiger Mengenanpassung, also bei vollständiger Konkurrenz umgesetzte Menge a sowie den entsprechenden Preis Pa. Ist der Anbieter Angebotsmonopolist mit Cournot'schen Aktionsparametern, so ergibt sich über den Schnittpunkt C' der Grenzkostenkurve SS und der Grenzerlöskurve F'F' der Cournot'sche Punkt C mit dem Monopolpreis Pc bei der Menge c. Übersteigt die Stärke des Anbieters die Macht eines gewöhnlichen Monopolisten, so wird das

Gleichgewicht durch den Schnittpunkt A der Grenzkostenkurve SS sowie der Grenzvorteilskurve DD bezeichnet und dem Anbieter der Bezug seiner Ausbeuterposition V ermöglicht, so dass bei der umgesetzten, im Vergleich zur Konkurrenzsituation ebenso grossen Menge a der den Konkurrenzpreis Pa wesentlich übersteigende Ausbeutungspreis Pv zustande kommt. Liegen die Machtverhältnisse umgekehrt, so führt das normale Monopson infolge des Schnittpunktes H' der Grenzvorteilskurve DD und der Grenzausgabekurve G'G' über den Punkt H zur Umsetzung der Menge h zum Preis Ph. Hat der Monopsonist hingegen seine Ausbeuterposition erlangt, so wird die Menge a umgesetzt, weil sich die Grenzvorteilskurve DD und die Grenzkostenkurve SS im Punkt A schneiden. Der Preis Pk liegt auf der die variablen Stückkosten des Anbieters darstellenden Geraden, da sie der Ausbeutungskurve des Nachfragers entspricht.

Das Charakteristikum des bilateralen Monopols ist darin zu sehen, dass der Preis innerhalb der beschriebenen Grenzen indeterminiert ist, d.h. mit den Mitteln der ökonomischen Analyse nicht bestimmt werden kann, da die relativen Machtpositionen entscheiden. Das Stackelberg-Kriterium der Ausbeutung besagt, dass im Fall des bilateralen Monopols die Macht, den Kontrahenten in eine Nullgewinnposition zu drängen, Ausbeutung indiziert, ohne sich jedoch über ihr Ausmass zu äussern. Statt sich nur auf das bilaterale Monopol zu beziehen, kann man auch die anderen Optionsfixierer-Optionsempfänger-Relationen in das Stackelberg-Kriterium einbeziehen, ohne den Intentionen seines Schöpfers Gewalt anzutun. Das so erweiterte Stackelberg-Kriterium besagt, dass die Macht des Optionsfixierer, den Optionsempfänger in eine Nullgewinnposition zu drängen, Ausbeutung indiziert. Bemerkenswert ist, dass das Zustandekommen einer Ausbeutungsposition die umgesetzte Menge — verglichen mit den Verhältnissen bei vollständiger Konkurrenz — nicht verändert. Der Machtkampf zwischen dem Monopolisten und Monopsonisten soll also nur die Frage entscheiden, "wie der Unterschied zwischen dem Ausbeutungspreis des Anbieters und dem Ausbeuterpreis des Nachfragers, also die Differenz Pv — Pk, unter die beiden Partner aufgeteilt werden soll" (7). Das Produkt a (Pv — Pk) stellt den Gesamtgewinn dar, den die beiden Kontrahenten unter sich zu verteilen haben. Es entspricht

7) Stackelberg, Grundlagen, 204.

nicht nur dem Gesamtgewinn, sondern auch dem Maximalgewinn; denn das Rechteck PvVKPk beinhaltet unter allen durch die Preisachse, die Geraden V^*V^* und K^*K^* ermöglichten Rechtecken die grösste Fläche. Deshalb wird im bilateralen Monopol bei Unterstellen gewinnmaximierenden Verhaltens die realisierte Preis-Mengen-Kombination auf der durch die beiden Ausbeutungspositionen begrenzten Geraden VK liegen (8). Für jeden nicht auf VK, aber im Rechteck PvVKPk liegenden Punkt gibt es einen Punkt auf VK, der dem einen Kontrahenten den gleichen, dem anderen aber einen grösseren Gewinn verheisst. Von Wichtigkeit scheint die Tatsache, dass der Gesamtgewinn auch bei polypolistischer Mengenanpassung den gleichen Umfang aufweist. Seine Verteilung ginge dann für beide Kontrahenten "auf einer 'mittleren Linie'" (9) vor sich.

Die Analyse der Marktform des bilateralen Monopols mit der Möglichkeit Stackelberg'scher Ausbeutung wird häufig dazu benützt, um die Lohnverhandlungen zwischen Gewerkschaften und Arbeitgeberverbänden zu interpretieren (10). Doch wie Kromphardt (11) ausführt, sind beide Verhandlungspartner meist nicht in der Modellage von Optionsfixierern, da weder die Arbeitgeberverbände die Abnahme noch die Gewerkschaften die "Lieferung" einer fixierten Menge von Arbeitsleistungen gewährleisten können. Es ist anzunehmen, dass beide Seiten vor allem die Lohnhöhe als Aktionsparameter einsetzen und nur im Ausnahmefall Lohnhöhe und Menge der Arbeitsleistung als Option zur Ablehnung oder Annahme vorlegen können, so dass bei Lohnverhandlungen häufig Orte der ausbeutungsfreien Strecken HA und CA aktuell werden dürften. Hingegen scheint es richtiger, den Arbeitgeber beim frühindustriellen Einzelarbeitsvertrag als Optionsfixierer

8) Hier weichen wir von der Darstellung von Stackelberg, Grundlagen, 204, und Ott, Grundzüge, 208, ab, die die Indeterminiertheit für das ganze Netz CA, HA, VK annehmen und folgen der Sicht von Schneider, Einführung II, 362; Krelle, Preistheorie, 440; denn es ist nicht ersichtlich, weshalb die Gewinnmaximierungsannahme zugunsten der primären Berücksichtigung von alternativen Verhaltensweisen suspendiert werden soll.

9) Stackelberg, Grundlagen, 204. Er distanziert sich ausdrücklich von der naheliegenden Unterstellung, dass diese "mittlere Linie" auch einem Gerechtigkeitsideal entspricht.

10) Vgl. zum Beispiel Schneider, Einführung II, 382; Ott, Grundzüge, 204.

11) W. Kromphardt, Preistheorie, in: Handwörterbuch der Sozialwissenschaften, Band 8, Stuttgart/Tübingen/Göttingen 1963, S. 492 (im folgenden zitiert als "Kromphardt, Preistheorie").

anzusehen (12); denn das Optionsfixierer-Optionsempfänger-Verhältnis ist ja, wie erwähnt, nicht auf das bilaterale Monopol beschränkt, da der Optionsempfänger nicht notwendigerweise alleiniger Nachfrager oder Anbieter zu sein hat.

52 Kritik des Stackelberg-Kriteriums

Es lag nicht in Stackelbergs Absicht, eine Ausbeutungstheorie zu entwickeln. Er war vielmehr primär im Rahmen der Analyse der Marktformen an der adäquaten Erfassung des bilateralen Monopols interessiert. Die Ausführungen zur Ausbeutung, die zur Lokalisierung der vorhandenen Begriffe innerhalb der Theorie des bilateralen Monopols soviel Raum beanspruchten, sind denn auch verhältnismässig mager. Ausser den Extremen der auf Ausbeutungskurven liegenden Ausbeutungspositionen mit ihren Ausbeutungspreisen ist nichts vorhanden, das bei Nichterreichen dieser Grenzwerte gestatten würde, nach Stackelberg Ausbeutung festzustellen. Zudem liefert Stackelberg auch keinen Massstab mit, der eine Quantifizierung der Ausbeutung – sei es auch nur bei Vorliegen einer Ausbeutungsposition und nicht bei Zwischenwerten – und damit die Fixierung eines spezifischen Ausbeutungsgewinnes gestattet. Vom wissenschaftstheoretischen Standpunkt aus ist es zu begrüssen, dass Stackelberg sich der Bezeichnung eines offensichtlich Werturteile erfordernden Kriteriums zur Quantifizierung enthalten hat, wenn man davon absieht, dass die praktisch unwichtigen Extreme als Ausbeutungspositionen und damit bei extensiver Interpretation als ethisch unrichtig gebrandmarkt werden. Man kann die Stackelberg'sche Fassung der Ausbeutung als reine Sache einer Bezeichnung zweier Geraden bzw. zweier Koordinatenpunkte beurteilen ohne Relevanz für die Suche nach Möglichkeiten einer Ausbeutungsdiagnose.

12) Kromphardt, Preistheorie, 492. Kromphardt schreibt zwar an dieser Stelle, das Modell des bilateralen Monopols dürfte für den frühindustriellen Einzelarbeitsvertrag richtig sein; doch da der einzelne Arbeitnehmer keinerlei Monopolstellung für sich beanspruchen kann, dürfte Kromphardt damit die Stellung des Arbeitgebers als Optionsfixierer anvisiert haben.

In einer anderen Hinsicht scheinen die Stackelberg'schen Ausführungen jedoch bemerkenswert. Offensichtlich werden Ausbeutung und Macht der Kontrahenten assoziiert. "Ausbeutung" heisst bei Stackelberg Ausbeutung eines Dritten durch Gebrauch eigener Macht. Da in der Analyse des bilateralen Monopols der Einfluss der Macht manifest wird, liegt das Zugeständnis der Möglichkeit der Ausbeutung bei dieser Marktform nahe. Doch Macht ist auch bei Vorliegen anderer Marktformen präsent, nur wird dort ihre Existenz durch das Feigenblatt der marginalistischen Analyse verdeckt und in die meist nicht untersuchten Daten verbannt. Wenn schon zugestanden wird, dass Ausbeutung und Macht Hand in Hand gehen können, so kann eine Ausbeutungsdiagnose keineswegs auf das indeterminierte bilaterale Monopol eingeschränkt werden, sondern hat auch die anderen Marktformen zu erfassen. Stackelberg ist einem Selbstmissverständnis zum Opfer gefallen, wenn er meint, dass beim bilateralen Monopol ein Machtkampf entstehe, "dessen Ergebnis je nach der konkreten Lage des betreffenden Marktes verschieden ausfallen würde, mit einer automatischen Selbstregulierung des Marktes jedoch nichts gemein hätte. Wir sehen also, dass die Marktform des bilateralen Monopols mit den Grundprinzipien der freien kapitalistischen Wirtschaft unvereinbar ist" (13). Macht und Machtkämpfe sind eine unleugbare Tatsache, nur dass sie im Marginalismus ihr Dasein in den unanalysierten Daten fristen. "Wer . . . Modellwelten baut, in denen dank der gesetzten Prämissen das Vorhandensein von Macht ausgeschlossen ist, wird auch keine Machteinflüsse finden. Wer aber aus solchen Modellen schliesst, dass die wirtschaftliche Macht keine ökonomischen Wirkungen hat, betrügt sich selbst" (14).

13) Stackelberg, Marktform, 27.

14) H. Arndt, Recht, Macht und Wirtschaft, Berlin 1968, S. 24 f. (im folgenden zitiert als "Arndt, Recht").

6 Das Arndt-Kriterium der Ausbeutung

61 Definitorische Klärung

In neuester Zeit hat Arndt (1) versucht, die Frage der Ausbeutung wissenschaftlich zu behandeln. Nachdem ausserhalb der sozialistischen Theorie Ausbeutung permanent mit gewissen Marktformen, insbesondere dem Monopol und Monopson, in Verbindung gebracht wurde, möchte er Ausbeutung als eine Erscheinung sui generis, die nicht mit bestimmten Marktformen verknüpft ist, aufweisen. Obgleich die Konzeption dieser Ausbeutungstheorie im marginalistischen Ansatz verbleibt, gelingt es, Macht und Ausbeutung im Anschluss an die von der Marktform unabhängige Fassung der Ausbeutung durch Marx in die Theorie zu integrieren. Arndts Ideen ähneln denjenigen von Preiser und Zarnowitz, denen wir im verteilungstheoretischen Teil IV begegnen werden. Während für die letzteren die Beeinträchtigung der freien Konkurrenz durch Abhängigkeiten infolge von unvollkommener Konkurrenz und ungleicher Einkommensverteilung entscheidende Kriterien sind, verbindet Arndt Ausbeutung mit jeglicher Art von Abhängigkeit, die ökonomische Konsequenzen zeitigt.

Der Anknüpfungspunkt liegt in der bei der kritischen Sichtung des Stackelberg-Kriteriums getroffenen Feststellung, dass Macht keineswegs auf die in der Theorie indeterminierten Marktkonstellationen beschränkt ist. Im Gegenteil, Macht und deren Auswirkungen sind ohne weiteres auch bei Vorliegen eines Gleichgewichts denkbar. Die Kosten- und Erlösfunktionen "sind keine nur von aussen gegebenen Grössen, sondern werden durch . . . den Grad der ökonomischen Unabhängigkeit und damit durch den ökonomischen Freiheitsgrad, den ein Wirt-

1) H. Arndt, Ausbeutung und Marktform. Kurvenverschiebungen bei Veränderungen des "ökonomischen Freiheitsgrades", in: Zeitschrift für die gesamte Staatswissenschaft, Band 115, 1959, S. 193 ff. (im folgenden zitiert als "Arndt, Ausbeutung"); H. Arndt, Marktgleichgewicht. 1. Band von "Mikroökonomische Theorie", Tübingen 1966, S. 224 ff. und passim (im folgenden zitiert als "Arndt, Marktgleichgewicht"); H. Arndt, Marktprozesse. 2. Band von "Mikroökonomische Theorie", Tübingen 1966, S. 178 ff. und passim (im folgenden zitiert als "Arndt, Marktprozesse"); Arndt, Recht, 101 ff.

schafter am Markt besitzt, bestimmt oder jedenfalls mitbestimmt" (2). Wenn das Wirtschaftssubjekt unter mehreren Bedarfsmärkten zu wählen in der Lage ist, hat es einen freien ökonomischen Willen und kann in ökonomischer Unabhängigkeit handeln. Doch mag das Wirtschaftssubjekt in zahlreichen Fällen so sehr auf einen bestimmten Bedarfsmarkt angewiesen sein, dass es ohne Gefährdung der eigenen Existenz nicht auf über ihn sich abwickelnde Transaktionen verzichten kann. Infolge dieses Verlusts der ökonomischen Unabhängigkeit ändern sich seine Bewertungen und damit verschieben sich auch seine Erlös- oder Vorteilskurven, deren Lage keineswegs rein exogen fixiert ist. Das orthodoxe ökonomische Gleichgewichtssystem ist deshalb unterbestimmt, "solange nicht angegeben ist, ob (und in welchem Umfang) die Wirtschaftseinheiten – die Haushalte und Betriebe – ökonomische Unabhängigkeit besitzen" (3). Durch Kurvenverschiebungen zuungunsten des ökonomisch Abhängigen wird dessen Ausbeutung ermöglicht, so dass sich das nach Verlust der ökonomischen Unabhängigkeit entstehende Gleichgewicht als "Ausbeutungsgleichgewicht" bezeichnen lässt. Nicht nur das abhängige Wirtschaftssubjekt wertet gezwungenermassen um, sondern auch das beherrschende Wirtschaftssubjekt nimmt eine Neubewertung seiner eigenen Nachfrage- oder Angebotsfunktionen vor, die als Nebeneffekt tendenziell eine Verschleierung der Ausbeutung zur Folge hat, wie noch zu zeigen sein wird. Das gängige Marktmodell wird um eine Dimension erweitert, indem den Marktteilnehmern neben der Möglichkeit der Mengenanpassung nicht nur Cournot'sche Aktionsparameter sowie zusätzlich Chamberlin'sche Aktionsparameter der Produktdifferenzierung zur Verfügung stehen können, sondern auch die Wertmassstäbe der Kontrahenten bei konstanter Gutsqualität als Aktionsparameter einsetzbar sind. Das Arndt-Kriterium der Ausbeutung will somit besagen, dass Ausbeutung unabhängig von der Marktform bei Fehlen der ökonomischen Unabhängigkeit durch den Einsatz der Wertungen des abhängigen Wirtschaftssubjekts als Aktionsparameter zugunsten des beherrschenden Wirtschaftssubjekts entsteht, wobei die Umwertungen des beherrschenden Wirtschaftssubjekts ebenfalls zu berücksichtigen sind. Die Marktform und die Marktmacht sind deshalb in diesem Zusammenhang von zweitrangiger Bedeutung, weil der ökono-

2) Arndt, Ausbeutung, 194. Die Hervorhebungen des Originals wurden weggelassen.

3) Arndt, Ausbeutung, 198.

mische Freiheitsgrad des Ausgebeuteten auch bei geringerem Marktanteil des ausbeutenden Unternehmens infolge von "Liefer-, Abnehmer-, Aktivkredit-, Passivkredit-, Patent- und Stimmrechtsabhängigkeiten" (4) sehr gering sein kann. Diese spezifischen Beziehungen qualitativer Art stellen zusammen mit der Marktbeherrschung die beiden Ursachen wirtschaftlicher Macht und Abhängigkeit dar. Unsere Darstellung wird sich vor allem dem Grenzfall des völligen Verlusts der ökonomischen Unabhängigkeit zuwenden und ihn mit dem gegenteiligen Grenzfall des Bestehens der vollen ökonomischen Unabhängigkeit konfrontieren, wobei wir uns auf eine mikroökonomische Analyse beschränken.

62 Ausbeutung und Abhängigkeit

Vorerst wendet sich unsere Aufmerksamkeit der Ausbeutung des Angebots zu. Ausgangspunkt bilden die Verhältnisse bei voller ökonomischer Unabhängigkeit der Wirtschaftssubjekte, welche beim einen Kontrahenten durch eine exogene Datenänderung verloren geht. Der Verlust der ökonomischen Unabhängigkeit zwingt zu einer Umwertung der eigenen Leistungen durch den abhängigen Anbieter: Das abhängige Unternehmen versucht Kostensenkungen zu erreichen durch Neubewertung der eigenen Unternehmerleistung und des Eigenkapitals, durch Senken der Mitarbeiterlöhne, durch Rationalisierung sowie über Ausbeutung der Abhängigkeit eigener Lieferanten und Kunden. Der abhängige Arbeitnehmer schränkt seine Lebenshaltung durch vermehrte Berücksichtigung inferiorer Güter ein und dehnt gleichzeitig sein Arbeitsangebot aus, was mit einer Umwertung von Grenzvorteil und Grenzkosten verbunden ist. "In diesem Umwertungsprozess verschieben sich die Grenzvorteils- und Grenzkostenkurven der Haushalte: durch die 'Sparmassnahmen' verringern sich die Kosten seiner Lebenshaltung in toto und durch die Erhöhung seiner Arbeitsleistung (in Zeiteinheiten gerechnet) werden die Kosten seiner Lebenshaltung auf eine grössere Zahl von Arbeitsstunden verteilt" (5). Doch nicht nur die Arbeitsangebotskurve ver-

4) Arndt, Recht, 115.

5) Arndt, Ausbeutung, 200. Wie Arndt darlegt, ändert sich auch der Massstab, nach dem sich der Haushalt richtet, mit dem Verlust der ökonomischen Unabhängigkeit: Während vorher nach dem Grenzleid der Arbeit gefragt wurde, sind jetzt die Grenzkosten entscheidend. Für unser Argument ist diese qualitative Änderung nicht von Belang.

schiebt sich nach rechts unten, sondern dieselbe Tendenz ist ganz allgemein bei den Angebotskurven der ökonomisch Abhängigen, auch bei Unternehmen, wirksam. Die neue Angebotskurve bezeichnet Arndt als "Ausbeutungskurve", welche von der Kurve gleichen Namens Stackelberg'scher Provenienz scharf zu trennen ist.

Abb. 16: Verschiebung der Angebotskurve des abhängigen Anbieters. Die ausgezogene Kurve stellt die Angebotskurve dar, welche sich im unteroptimalen Bereich aus der Durchschnittskostenkurve und im überoptimalen Bereich aus der Grenzkostenkurve zusammensetzt. Die neue Angebotskurve A_2 stellt die Ausbeutungskurve dar.

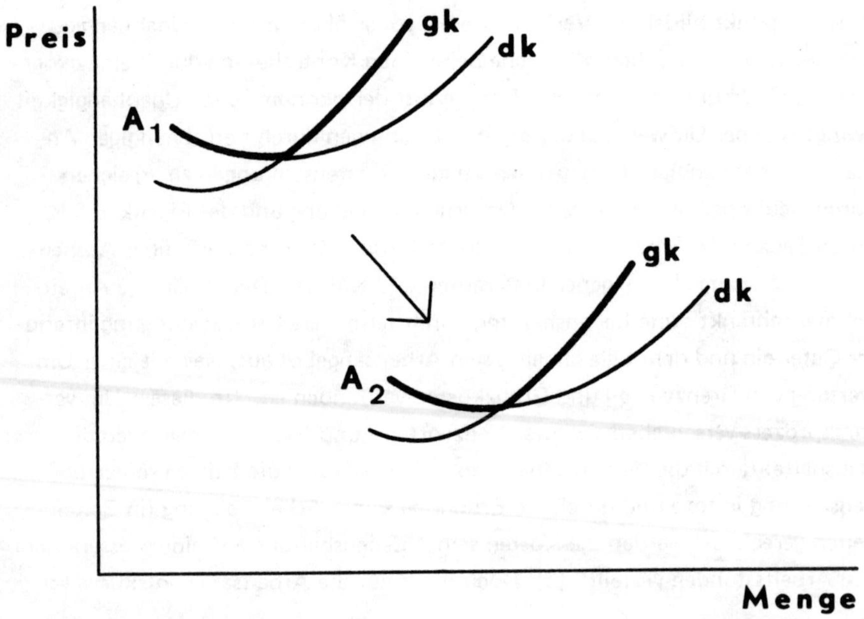

Quelle: Arndt, Ausbeutung, 200. Die Bezeichnungen wurden geändert.

Wäre der Ausbeuter gar Optionsfixierer, würde die Angebotskurve auch im Bereich über dem Durchschnittskostenminimum durch die Durchschnittskostenkurve bestimmt. Unter diesen Prämissen fallen die Ausbeutungskurve Stackelbergs und diejenige Arndts zusammen.

Nicht nur der ausgebeutete Anbieter, sondern auch der beherrschende Nachfrager wertet um; denn "je leichter ein Gut erhältlich ist, desto geringer wird es bewertet" (6). Der Ausbeuter wird deshalb die vom Abhängigen gelieferten Waren geringer einschätzen als früher, so dass seine Nachfragekurve nach unten sinkt: "Er wird für die gleiche Menge dieses Gutes nur einen geringeren Preis zahlen als zuvor, weil er den Grenzvorteil jeder gegebenen Menge niedriger als vorher bewertet" (6).

6) Arndt, Marktgleichgewicht, 229.

Abb. 17: Verschiebung der Nachfragekurve des beherrschenden Nachfragers. N_2 stellt die Grenzvorteils- und damit die Nachfragekurve des beherrschenden Unternehmers dar, nachdem vorher bei beidseitiger ökonomischer Unabhängigkeit der Kontrahenten N_1 die Nachfragekurve repräsentiert hat.

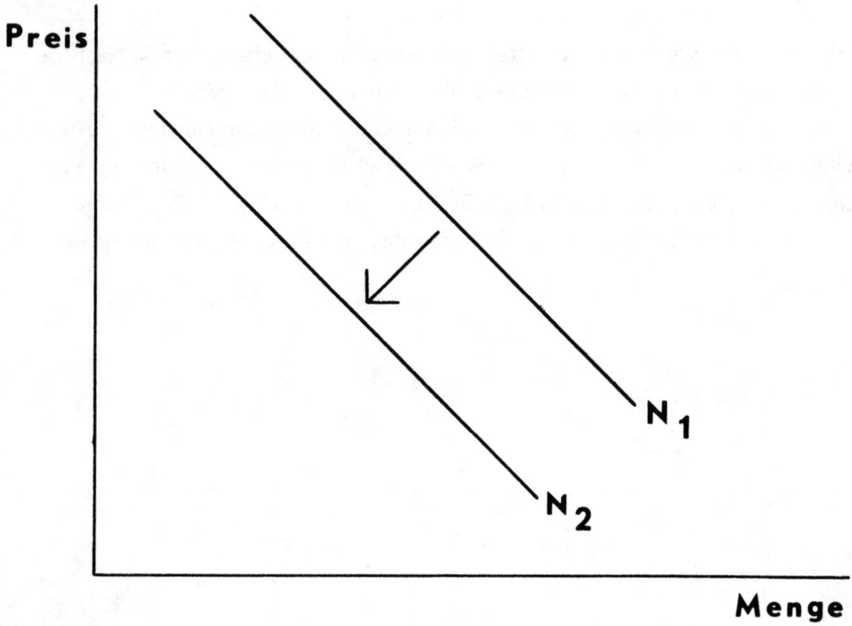

Quelle: Arndt, Marktgleichgewicht, 229. Die Darstellung des Originals wurde zu unseren Zwecken vereinfacht (7).

Mit dieser Umwertung des Grenzvorteils erklärt sich auch in einfacher Weise, wie Arndt bemerkt, das gute Gewissen der Ausbeutenden, die vor wie nach der Umwertung den Kontrahenten jenen Preis entrichten, der ihrer eigenen Wertskala entspricht. Die Umwertungen des beherrschenden Nachfragers sowie des abhängigen Anbieters in einem Diagramm vereinigt dargestellt, zeigt die Verschiebung

7) Ausser in Arndt, Ausbeutung, zeichnet Arndt in seinen Diagrammen eine dritte Achse ein, auf der die Wertungen der Wirtschaftssubjekte abgetragen werden. Wir verzichten hier und im folgenden auf diese Art der Darstellung, da uns Wertungen nur insoweit interessieren, als sie sich in Preisen und Mengen niederschlagen. Dazu genügt aber die Konzeption des herkömmlichen Diagramms.

des Gleichgewichts bei voller ökonomischer Freiheit zum Ausbeutungsgleichgewicht.

Abb. 18: Verschiebung vom Gleichgewicht bei beidseitiger ökonomischer Unabhängigkeit zum Ausbeutungsgleichgewicht bei ökonomischer Abhängigkeit des Anbieters. (Kombination von Abb. 16 und Abb. 17) Über das Ausmass der umgesetzten Menge kann nichts Allgemeines ausgesagt werden; m_2 mag grösser, geringer oder gleich m_1 sein, je nach dem Ausmass der Umwertungen.

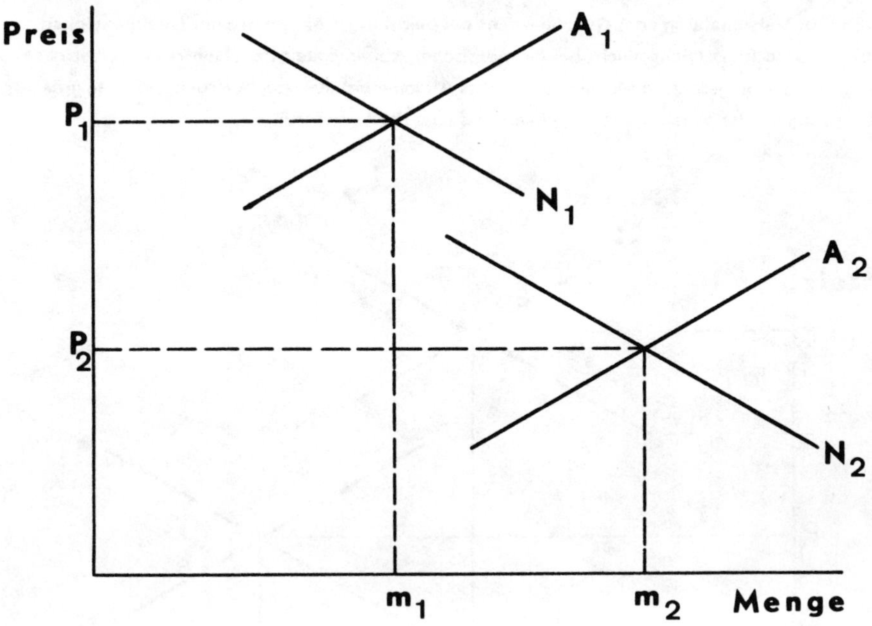

Quelle: Arndt, Marktgleichgewicht, 233. Leicht geänderte Darstellung.

Der Schlüssel zur Analyse der Ausbeutung der Nachfrage steckt in dem Verlust der ökonomischen Unabhängigkeit des Nachfragers. Der Abhängigkeitsstatus wird den Nachfragenden veranlassen, die fragliche Ware neu zu bewerten, und zwar in der eine Höherbewertung ausdrückenden Verschiebung der Nachfragekurve nach rechts. Die zur Finanzierung der Höherbewertung benützten Ressourcen wird sich der abhängige Nachfrager analog zum abhängigen Anbieter durch

Neubewertung eigener oder von abhängigen Produzenten bezogenen fremder Leistungen beschaffen. Gleichzeitig wertet der beherrschende Anbieter ebenfalls um, indem er leichter verkäufliche Güter höher einschätzt, als er es bis anhin getan hat. "Die Knappheit eines Gutes ist nicht nur, wie die Grenznutzenschule unterstellt, eine Folge unserer Wertungen, sondern unsere Wertungen werden umgekehrt auch durch die Knappheit bestimmt" (8). Die beiden Kurvenverschiebungen führen zu einem neuen Ausbeutungsgleichgewicht:

Abb. 19: Verschiebung vom Gleichgewicht bei beidseitiger ökonomischer Unabhängigkeit zum Ausbeutungsgleichgewicht bei ökonomischer Abhängigkeit des Nachfragers. Über das Ausmass der umgesetzten Menge kann nichts Allgemeines ausgesagt werden; m_2 mag grösser, geringer oder gleich m_1 sein, je nach Ausmass der Umwertungen.

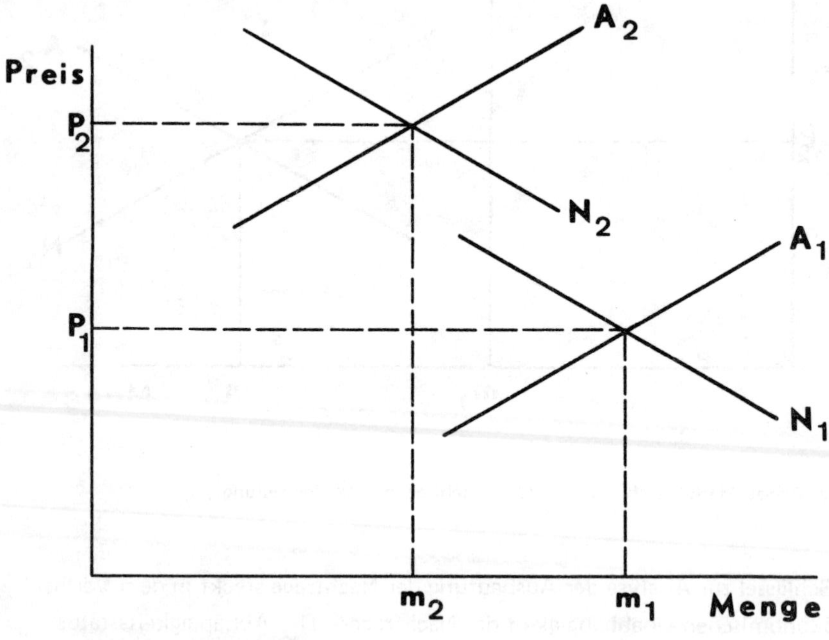

Quelle: Arndt, Marktgleichgewicht, 233. Leicht geänderte Darstellung.

8) Arndt, Marktgleichgewicht, 231.

Mit dem Begriff der ökonomischen Abhängigkeit des Nachfragers dürfte sich insbesondere die sogenannte "inverse" Nachfragefunktion bei inferioren Gütern neu interpretieren lassen, wie Abb. 20 zeigt:

Abb. 20: Die sogenannte inverse Nachfragekurve bei inferioren Gütern. Sie wird durch L dargestellt, erweist sich jedoch nicht als eigentliche Nachfragekurve, sondern als eine "Kurve aktueller oder möglicher Gleichgewichts- oder Ausgleichslagen", welche sich durch Verschiebungen der Angebots- und Nachfragekurven konstituiert.

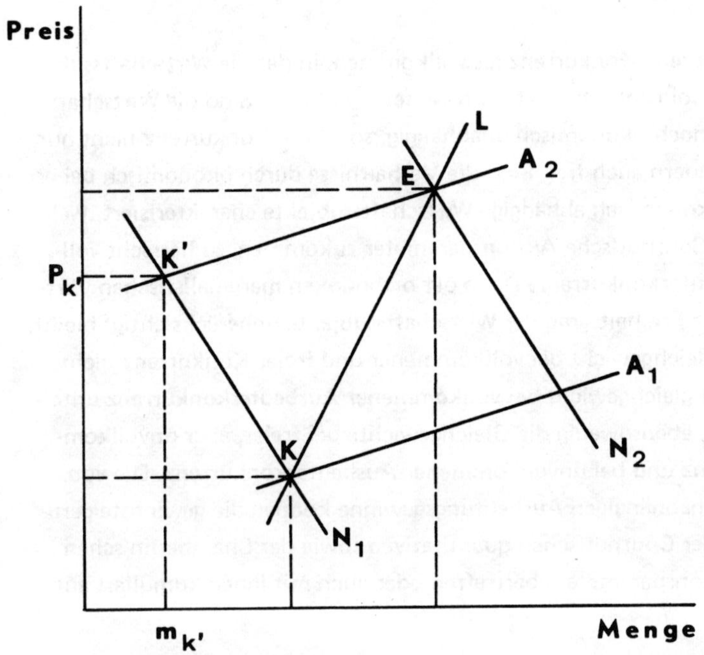

Quelle: Arndt, Ausbeutung, S. 212. Die Darstellung des Originals wurde vereinfacht.

Die sogenannte "inverse" Nachfragekurve – zum Beispiel von Brot – stellt eine durch Umwertungen herbeigeführte "Kurve aktueller oder möglicher Gleichgewichts- oder Ausgleichslagen" (9) dar und sollte nicht als Nachfragekurve ver-

9) Arndt, Ausbeutung, 213.

standen werden. Beispielsweise infolge einer Missernte verschiebt sich die Angebotskurve A_1 zu A_2, was vorläufig den Preis P_k, bei der Menge m_k, aktuell werden lässt. Diese Verknappung veranlasst den Haushalt, eine Neubewertung der Güter vorzunehmen, da er infolge seiner ökonomischen Abhängigkeit nach der Preiserhöhung des inferioren Gutes nicht mehr so viele superiore Güter erwerben kann, wie zur Existenzerhaltung notwendig sind: Das inferiore Gut wird durch den Haushalt höher bewertet, d.h. seine Nachfragekurve N_1 verschiebt sich nach N_2,wodurch das neue Ausbeutungsgleichgewicht E sich realisiert. Gleichzeitig werden die superioren Güter geringer bewertet.

Arndt bezeichnet jene Konkurrenz als vollkommen, in der die Wirtschaftssubjekte nicht über Cournot'sche Aktionsparameter verfügen. Sind die Wirtschaftssubjekte zudem noch ökonomisch unabhängig, so ist die Konkurrenz nicht nur vollkommen, sondern auch frei. Sind die Verhältnisse durch ökonomisch beherrschende sowie ökonomisch abhängige Wirtschaftssubjekte charakterisiert, welchen aber keine Cournot'sche Aktionsparameter zukommen, so herrscht vollkommene Ausbeuterkonkurrenz. Da in der orthodoxen marginalistischen Wirtschaftstheorie der Freiheitsgrad der Wirtschaftssubjekte unberücksichtigt bleibt, kann das reine Gleichgewicht bei vollkommener und freier Konkurrenz nicht vom Ausbeutungsgleichgewicht bei vollkommener Ausbeuterkonkurrenz unterschieden werden, ebensowenig die Gleichgewichte bei freier, aber unvollkommener Konkurrenz und bei unvollkommener Ausbeuterkonkurrenz. Die von der Marktform unabhängigen Ausbeutungsgewinne können die gewinnsteigernden Wirkungen der Cournot'schen quantitativen sowie der Chamberlin'schen qualitativen Aktionsparameter übertreffen oder auch mit ihnen kumuliert auftreten.

Es stellt sich nun die Frage, welchen Einfluss die Konjunkturschwankungen auf die Ausbeutung ausüben. Intuitiv scheint plausibel, dass die beherrschenden Wirtschaftssubjekte in Zeiten der Prosperität ihre Machtstellung wesentlich geringer ausnutzen werden als in Depressionsepochen, in denen der Existenzkampf sich verschärft. In der Hochkonjunktur können deshalb selbst abhängige Wirtschaftssubjekte durch Gewinne Reserven ansammeln, die in Notzeiten jedoch wieder durch verstärkten Druck der Ausbeuter aus ihnen herausgepresst werden. So greift negativ mit den Konjunkturausschlägen korreliert ein Ausbeutungszyklus Platz. "Während die konjunkturelle Anfälligkeit der abhängigen Unternehmen zunimmt, wird das beherrschende Unternehmen absolut konjunkturunempfindlich: Ohne Rücksicht auf den Konjunkturverlauf bleibt sein Gewinn konstant, weil die von seinen Vasallenunternehmen gezahlten Ausbeutungsraten gerade der konjunkturellen Minderung eines Gewinns gleichkommen" (10). Diese Ausführungen beziehen sich auf ein von Arndt konstruiertes Modell (11) eines Ausbeutungszyklus, ein Modell, das nach Arndt umso eher in seiner Tendenz den Vorgängen in der Wirklichkeit nahekommen dürfte, als das beherrschende Unternehmen nicht nur seine Konjunkturempfindlichkeit verringert, sondern langfristig bei progressiven Steuersätzen auch durch die gleichmässigere Gewinnverteilung im Zeitablauf weniger Steuern zahlt. Durch die Möglichkeiten der Ausbeutung wird die Selektion der Unternehmen verzerrt: Grenzproduzent ist nicht mehr derjenige, der am unwirtschaftlichsten produziert, sondern jener Betrieb, der keine Ausbeutungsgewinne zu machen in der Lage oder willens ist.

63 Ausbeutung als erzwungener Lernprozess

Im Rahmen eines Versuchs einer neuen, lerntheoretischen Grundlegung der Wirtschaftstheorie hat Berger (12) das Arndt-Kriterium der Ausbeutung übernommen und ihm in seiner lerntheoretischen Erfassung wirtschaftlicher Vorgänge einen zentralen Platz zugewiesen. Eingangs wird zwischen freiwilligen und unfreiwilligen Lernprozessen differenziert. Freiwillige ökonomische Lernprozesse sind Effekte intendierter, operativer ökonomischer Verhaltensänderungen, während unfreiwillige Lernprozesse durch Signale induzierte, reaktive Verhaltensänderungen darstellen. Innerhalb des unfreiwilligen Lernens sind die zwei Situationen einer partiellen Interessendivergenz einerseits und einer totalen Interessendiver-

10) Arndt, Marktprozesse, 191.

11) Vgl. Arndt, Marktprozesse, 189 ff.

12) W. Berger, Lernprozesse in der Wirtschaftstheorie. Zu einer neuen, lerntheoretischen Grundlegung der Wirtschaftstheorie, Berlin, 1970, S. 83 ff. (im folgenden zitiert als "Berger, Lernprozesse").

genz anderseits möglich, während bei Interessenharmonie unfreiwilliges Lernen ex definitione undenkbar ist. Partielle Interessendivergenz führt zu bedingtem, reaktivem Lernen, wie es für die Parteien des Arbeitsmarktes in Tarifverhandlungen und im Arbeitskampf typisch ist. Totale Interessendivergenz führt zu determiniertem erzwungenem reaktiven Lernen, das im normalen Konkurrenzkampf, wo mehrere Firmen miteinander unvereinbare Positionen (zum Beispiel sich ausschliessende Marktanteile) anstreben, oder bei der Ausbeutung nach Arndt'schem Verständnis zu beobachten ist.

Im Arbeitskampf ist die Beilegung eines ausgebrochenen Streiks ohne Ausbeutung der einen Partei durch die andere über einen Stufenlernprozess (13) möglich; doch je nach den Machtverhältnissen der beiden Parteien kann auch die eine ihre Interessen auf Kosten der anderen durchsetzen, indem das überlegene Wirtschaftssubjekt Umwertungen durch reaktives Lernen erzwingt und so das andere ausbeutet. Das Verhältnis von Streik- und Vertragsbewertung durch das Unternehmen und die Gewerkschaft in Abhängigkeit von der Lohnrate zeigt Abb. 21.

13) Vgl. dazu das instruktive Diagramm in Berger, Lernprozesse, 89.

Abb. 21: Zonen potentieller Ausbeutung

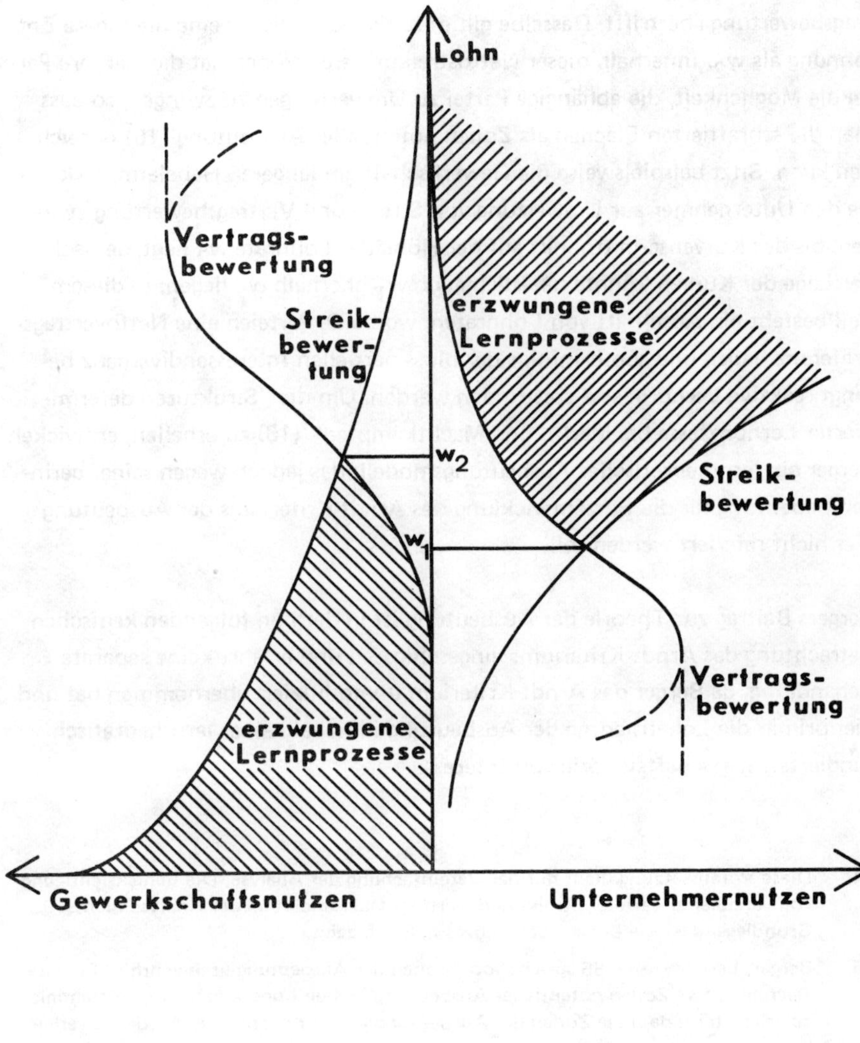

Quelle: Berger, Lernprozesse, 84.

Unter der Voraussetzung, dass den Nutzenfunktionen der Parteien ein gleichartiger Streik zugrunde liegt (14), ergeben sich bei den eingezeichneten Verhältnissen die Ausbeutungsschwelle w_1 des Unternehmers und w_2 als Ausbeutungsschwelle der Gewerkschaft; denn bei einer höheren Lohnrate als w_1 besteht eine Nettostreikpräferenz des Unternehmers, weil die Streikbewertung die Vertragsbewertung übertrifft. Dasselbe gilt mutatis mutandis für eine niedrigere Entlöhnung als w_2. Innerhalb dieser Nettostreikpräferenzzonen hat die stärkere Partei die Möglichkeit, die abhängige Partei zu Umwertungen zu zwingen, so dass man die schraffierten Flächen als Zonen potentieller Ausbeutung (15) bezeichnen kann. Sitzt beispielsweise die Gewerkschaft am längeren Hebelarm, so kann sie den Unternehmer zur Umwertung von Streik- und Vertragsbewertung zwingen, bis der Kurvenschnittpunkt auf der Höhe der Lohnrate w_2 liegt. Je nach der Lage der Kurven könnte natürlich auch w_1 oberhalb w_2 liegen; in diesem Fall besteht ein Abschnitt von Lohnraten, wo beide Parteien eine Nettovertragspräferenz haben und somit infolge der bloss partiellen Interessendivergenz bedingt reaktive Lernprozesse stattfinden werden. Um die "Strukturen determinierter Lernprozesse bei Markt- und Machtkämpfen" (16) zu erhellen, entwickelt Berger ein lerntheoretisches Ausbeutungsmodell, das jedoch wegen seiner geringen Bedeutung für die Fortentwicklung des Arndt-Kriteriums der Ausbeutung hier nicht referiert werden soll.

Bergers Beitrag zur Theorie der Ausbeutung ist in der nun folgenden kritischen Betrachtung des Arndt-Kriteriums eingeschlossen und erfährt keine separate Behandlung, da Berger das Arndt-Kriterium unmodifiziert übernommen hat und hier primär die Lokalisierung der Ausbeutung innerhalb einer lerntheoretisch fundierten Wirtschaftstheorie von Interesse war.

14) Diese Voraussetzung dient nur der Vereinfachung der Analyse. Die Berücksichtigung von variabler erwarteter Streik- und Vertragsdauer ändert an der Analyse nichts Grundlegendes, wie Berger, Lernprozesse, 85 ff. zeigt.

15) Berger, Lernprozesse, 85 spricht von "Zonen der Ausbeutung" schlechthin. Eine Bezeichnung als "Zonen potentieller Ausbeutung" scheint uns jedoch das Verständnis zu erleichtern, da diese Zonen der Ausbeutung ja nicht quantitativ Ausdruck verleihen, sondern nur die Möglichkeit von Ausbeutung durch erzwungene Lernprozesse anzeigen sollen.

16) Berger, Lernprozesse, 97. Zum Modell vgl. S. 98 ff.

64 Kritik des Arndt-Kriteriums

Es scheint uns in zweierlei Hinsicht notwendig, zum Arndt-Kriterium der Ausbeutung kritische Hinweise anzubringen. Erstens möchten wir den ethischen Hintergrund, das implizite Werturteil, klarstellen. Zweitens werden wir das Arndt-Kriterium von der Warte unseres begriffsdiagnostischen Instrumentariums her einer kritischen Prüfung unterziehen.

Auch das Arndt-Kriterium der Ausbeutung kommt nicht ohne den Vergleich zweier unterschiedlicher Zustände aus, von denen der eine — der ausbeutungsfreie — als erstrebenswert dargestellt wird. Der unmerkliche Übergang von der theoretischen Analyse zur Erörterung von Massnahmen zur Beseitigung der Ausbeutung spricht hier wie früher eine deutliche Sprache. Die Charakterisierung der Ausbeutung als Folge von Macht und Abhängigkeit wendet sich nicht gegen das Bestehen von Macht an und für sich, sondern scheint uns gegen ihren Missbrauch (17) zu zielen. Wenn auch das von Arndts Theorie implizierte Werturteil der Vorzugswürdigkeit der von ihm als ausbeutungsfrei beschriebenen Verhältnisse im bestehenden soziokulturellen Rahmen verbreiteten Wertungen Rechnung trägt, so ist dennoch auch bei ihm die implizite Normativierung der "Ausbeutung" enthaltenden Aussagenzusammenhänge zu bemängeln. Trotzdem stellt das Arndt-Kriterium einen interessanten Versuch dar, die bisher weitgehend vernachlässigte Macht in den marginalistischen Ansatz einzufügen. Arndt hat trotz dem genannten Mangel die vage Definition von "Ausbeutung" als Machtmissbrauch durch Böhler (18) präzisiert und in der Theorie berücksichtigt.

Wie präsentiert sich das Arndt-Kriterium in der Perspektive des begriffsdiagnostischen Instrumentariums? Wie bisher können Konsistenz und Wertgeladenheit auch für diesen Definitionsversuch nicht isoliert untersucht werden. Zur

17) Gebrauch und Missbrauch von Macht dürften jedoch schwierig abzugrenzen sein, so dass es sich fragt, ob nicht Arndt nur den Verzicht auf Ausnützung von Machtpositionen als vertretbar erachten würde. Dies wird dadurch nahegelegt, dass im Arndt'schen Modell des Ausbeutungszyklus die ausbeutungsfreie Phase der Prosperität durch Verzicht auf den Einsatz von Machtmitteln zur Ausnützung der Abhängigkeitsverhältnisse gekennzeichnet ist.

18) Böhler, Nationalökonomie, 249.

Beurteilung der Präzision des Arndt-Kriteriums erscheint es wiederum zweckmässig, zwischen theoretischer Sprache und Beobachtungssprache zu trennen. In bezug auf das theoretische Sprachsystem der Ökonomie ist die Präzision hervorragend; denn bei vollständigem Vorliegen der relevanten Information kann der Entscheid, ob das in Frage stehende Ereignis zu den Designata von "Ausbeutung" zählt oder nicht, eindeutig gefällt werden. Ganz anders liegt der Fall in bezug auf die Beobachtungssprache. Die Unschärfe des Begriffs der Abhängigkeit überträgt sich auf die Definition der Ausbeutung, deren Designata nur in Extremfällen eindeutig identifiziert werden können. Zudem dürfte eine Quantifizierung der Ausbeutung durch Vergleich der bestehenden (Ausbeutungs-) Preise mit hypothetischen Knappheitspreisen praktisch unmöglich sein. Darin manifestiert sich die Theorieferne weiter Bereiche der ökonomischen "Theorie", wenn man, wie in anderen Fachbereichen üblich und in Teil I ausgeführt, unter wissenschaftlichen Theorien informative Theorien versteht. Diese informative Theorie, die Arndt mit Spiethoff "anschauliche Theorie" nennt (19), wird von ihm scharf von der reinen Theorie getrennt, zu welcher auch die Ausbeutungstheorie Arndts zählt. Die informative Theorie "kann mit der Welt der Erfahrung konfrontiert werden, die reine Theorie nicht" (19). Diesem Bekenntnis zum Trotz illustriert Arndt seine "reine Theorie" mit zahlreichen Beispielen aus der Wirklichkeit und verwischt derart die Grenzen zwischen "reiner" und erfahrungswissenschaftlicher Theorie sowie Beobachtungssätzen. Die Untersuchung der Präzision in bezug auf die Beobachtungssprache transzendiert Arndts explizites Theorieverständnis; trotzdem scheint uns unser Vorgehen zulässig, da jegliche erfahrungswissenschaftliche Theorie letztlich auf Erfahrung bezogen bleiben muss, auch die "reine" Theorie, die man als Vorstufe und Hypothesenreservoir zur informativen Theorie zugeordnet sich denken kann. Damit ist die Frage der Fruchtbarkeit angetönt. Diese Frage in bezug auf informative Theorien schon heute zu beantworten, scheint verfrüht; immerhin ist zusammen mit dem Ausbeutungsbegriff die Existenz der Macht in die traditionelle Marginaltheorie einbezogen worden. In der Perspektive der "reinen" Theorie ist Ausbeutung quantifizierbar und weist dadurch in diesem Rahmen ein maximales Informationspotential auf; ob sich jedoch bei Anwendung auf die Realität die Quanti-

19) Arndt, Ausbeutung, 210.

fizierung aufrechterhalten lässt, ist fraglich. Beim Feststellen der Ausnützung eines Abhängigkeitsverhältnisses einen hypothetischen Knappheitspreis zu errechnen und dadurch Ausbeutung quantitativ fassbar zu machen, ist — wie erwähnt — höchst problematisch; im besten Fall dürften klassifikatorische Analysen vertretbar sein. Die Frage nach der Operationalität des Arndt-Kriteriums ist mit dem Hinweis auf die "reine" Theorie bereits negativ beantwortet worden.

7 Das Maurice-Kriterium der Ausbeutung

71 Definitorische Klärung

In seinem umfangreichen Werk über die modernen Ausbeutungstheorien (1) entwickelt Maurice nach der Kritik der bisherigen Konzeptionen eine eigene Ausbeutungstheorie. Wie sich noch zeigen wird, ist es problematisch, das Maurice-Kriterium der Ausbeutung im Abschnitt der Preistheorie abzuhandeln. Da Maurice jedoch die Produktionsaspekte der Ausbeutung im Verhältnis zu den Distributionsaspekten mehr betont und da eine bessere Alternative nicht auszumachen ist, wurde die Konzeption von Maurice in die Preistheorie eingeordnet.

Von den neoklassischen und der marxistischen Ausbeutungstheorie ausgehend, bemängelt Maurice in erster Linie die einseitig ökonomische Perspektive dieser Ausbeutungstheorien. Ein vertretbares Ausbeutungskriterium kann nur von einem mehrdimensionalen Ansatz her gefunden werden, von dem aus die ökonomische Problematik neu erschlossen zu werden vermag. Während nach Marx die Ausbeutung dem kapitalistischen Produktionsprozess inhärent ist, erblicken die Neoklassiker in der Ausbeutung primär ein Preis- und Verteilungsphänomen. Beide theoretischen Richtungen belegen die Notwendigkeit einer mehrdimensionalen Betrachtungsweise, indem beide selber die rein ökonomische Perspektive transzendieren: Die Notwendigkeit von Werturteilen, die Begriffe der Objektivierung und Entfremdung mögen als Stichworte vorläufig genügen. Ausbeutung ist keineswegs nur ein Lohnproblem; vielmehr sind auch Ungerechtigkeiten — Ausbeutung ist eng mit Ungerechtigkeit verbunden — in den übrigen Arbeitsbedingungen durchaus möglich. Ausbeutung betrifft nach Maurice den ganzen arbeitenden Menschen und nicht nur einen Teilaspekt der Arbeit in der Form des Lohnes. "L'exploitation, derrière l'aspect économique externe du phénomène, fait fondamentalement référence à l'homme lui-même, à sa nature. Elle prend la forme d'une méconnaissance ou d'un refus d'une satisfaction de besoins premiers normalement assurés par une activité laborieuse, d'aspirations pro-

1) Vgl. Maurice, théories.

fondes qui s'expriment ou se manifestent à l'occasion du travail; mais elle est finalement une injustice perpetrée contre l'homme, une injure faite à sa personne, une atteinte à son être tout entier" (2).

Man muss davon ausgehen, dass der Mensch, auch der arbeitende Mensch, Subjekt und nicht Objekt ist. Im Arbeitsprodukt objektiviert sich der kreative Geist des Menschen durch seine Projektion nach aussen. In der Arbeit befreit sich der Mensch und findet Formen der Selbstdarstellung. Durch die erzwungene Trennung des Arbeitsprodukts vom Subjekt, die mit der Lohnarbeit automatisch gegeben ist, wird der Arbeitsprozess zu einem Vorgang der Entfremdung und Ausbeutung. Während Selbstdarstellung und Objektivierung im Arbeitsprodukt ein primärer, natürlicher Akt ist, sind Entfremdung und Ausbeutung sekundäre, historische Phänomene. Jede Arbeit ist zwar Objektivierung, aber nicht jede Arbeit ist mit Ausbeutung verbunden. "Exploiter le travailleur, c'est voir dans le travail un objet capable d'une production et source de richesses, ravaler l'activité productrice de l'homme au rang d'une marchandise ou d'un 'facteur', et par là même nier le sens profond du travail, oublier la nature fondamentale de la personne qui fournit le travail" (3).

Maurice erkennt klar, dass mit jeder Ausbeutungstheorie ein Werturteil gekoppelt ist, das erst ermöglicht, alle mit diesem Begriff belegbaren Sachverhalte zu denunzieren. Er fragt sich nun nach der Herkunft der dem mit "Ausbeutung" verbundenen Werturteil zugrunde liegenden Werte, wie sich ihre Autorität begründen lässt. Maurice beruft sich weder auf eine platonische Wertewelt noch bezieht er seine Massstäbe aus einer "höheren", überzeitlichen Ethik. Er rekurriert vielmehr auf eine pragmatische Situationsethik: "C'est dans le monde qu'il transforme, en relation avec les situations concrètes, que les valeurs sont proposées à l'homme qu'il est appelé à les découvrir, à les re-connaître" (4). Die Betrachtung der Bedeutung und Situation der Arbeit im menschlichen Leben lässt die diesen konkreten Situationen entsprechenden Werte erkennen. Demgemäss

2) Maurice, théories, 349. Die Hervorhebungen des Originals wurden weggelassen.

3) Maurice, théories, 354.

4) Maurice, théories, 362.

erscheint die menschliche Arbeit in zweifachem Sinne als Wertquelle. Einerseits ist sie ein Mittel der Selbstverwirklichung des Arbeitenden, anderseits stellt die Arbeit eine naturgestaltende, kulturelle Aktivität dar, vermittels der Güter produziert werden. Die Arbeit fügt sowohl dem Naturgegenstand durch seine Transformation in ein Arbeitsprodukt als auch dem Produzenten Wert hinzu. In der Entfremdung geht die letztere Funktion der Arbeit verloren, da keine befreiende und fördernde Selbstdarstellung mehr stattfindet. Im Gegensatz zur Entfremdung bezieht sich der Begriff der Ausbeutung auch auf die Partizipation des Arbeitenden am Produkt. "Exploiter un travailleur, c'est vouloir obtenir de lui une activité et un résultat en l'excluant du partage des fruits de cette activité" (5), wobei mit "fruits" alle nach der zugrunde liegenden Anthropologie positiv zu bewertenden Effekte gemeint sind.

Maurice diskutiert dann die Frage, ob Ausbeutung ein rein subjektives, psychologisches, oder ein objektives, soziologisches Phänomen sei. Dem Bewusstsein des Ausgebeuteten über seine Lage, also die Existenz eines "sentiment d'exploitation", kommt keine konstitutive Bedeutung für den Sachverhalt der Ausbeutung zu. Jedoch begleitet es häufig zunächst rein soziologisch umschriebene Ausbeutung, so dass sich Ausbeutung trotzdem oder gerade wegen des Fehlens der entsprechenden Bewusstseinslage als psycho-soziologisches Phänomen begreifen lässt. Das "sentiment d'exploitation" gedeiht primär in widernatürlichen, lebensfeindlichen Arbeitsbedingungen, innerhalb deren Spektrum die Lohnfrage besondere Bedeutung einnimmt. Ungerechtigkeiten bei der Entlöhnung entstehen nicht nur durch ungleiche Behandlung ähnlich qualifizierter Arbeitender oder durch stossende vertikale Lohnunterschiede, sondern sie wurzeln auch in den Vergleichen der tatsächlichen Bedingungen mit möglichen, realisierbaren Verhältnissen. Denn mit den historischen Möglichkeiten ändert sich auch die Idee der Gerechtigkeit, so dass heute etwas ein Gefühl der Ausbeutung hervorrufen mag, was dem früheren Stand der technischen und ökonomischen Entwicklung noch völlig adäquat gewesen ist. Ausbeutung ist demnach ein historischer und kulturspezifischer Begriff, dessen Beziehung zu einem durchschnittlichen Lebensstandard und zu durchschnittlichen Arbeitsbedingungen im weitesten

5) Maurice, théories, 365.

Sinne quantitativ und qualitativ mit dem Entwicklungsstand variiert. Wie wir bereits hervorgehoben haben, soll "Ausbeutung" nicht nur Ausbeutung der Arbeit, sondern auch Ausbeutung des Arbeiters umfassen; neben einer Ausbeutung im Verteilungsprozess exisiert auch eine Ausbeutung in der Produktion.

Aufgrund der bisherigen Überlegungen statuiert Maurice ein psycho-soziologisches Ausbeutungskriterium; es ist psycho-soziologisch, weil Ausbeutung Bezug nehmen muss auf eine "psychologie de l'homme au travail, individu ou groupe social — élément subjectif", welche verbunden ist "à une situation concrète, à un contexte historique et sociologique — élément objectif" (6). In diesem psychosozial abgesteckten Rahmen liegt nach dem Maurice-Kriterium dann "Ausbeutung" vor, wenn der Arbeitende einerseits seine ihm innewohnenden Werte nicht fördern kann oder anderseits, wenn der Arbeitende nicht entsprechend den Möglichkeiten am Arbeitsprodukt partizipiert. Ausbeutung verhindert oder beeinträchtigt zumindest die Verwirklichung der Ziele der menschlichen Arbeit, welche Maurice an dieser Stelle mit "réalisation de sa liberté et construction d'une communauté humaine" (7) sehr allgemein umschreibt. Von diesen beiden Zielen her lässt sich der Begriff der Ausbeutung in dem Sinne präzisieren, dass Ausbeutung sowohl bei einer mangelnden "minimisation des coûts humains de l'activité économique" als auch bei einer mangelnden "maximisation de produit, . . . du progrès" (8) vorliegt. Dieses mikroökonomische Konzept weitet Maurice im Zuge entwicklungstheoretischer Überlegungen auf makroökonomische Grössen aus und gelangt dadurch zur Möglichkeit der Ausbeutung einer Gesellschaft durch sich selbst. "Mais c'est la société économique toute entière qui peut être considérée comme s'exploitant elle-même, dans la mesure oû ses mécanismes, structures et institutions ne permettent pas la réalisation d'un progrès ou d'un développement optimum, c'est-à-dire d'un accroissement maximum du produit global réel, aux coûts sociaux minima" (9). Da das Privateigentum und das Lohnsystem "Ausbeutung" in der weiten psycho-soziologischen Bedeutung von Maurice begünstigen, führt dieses Kriterium ganz zwanglos zur Forderung nach

6) Maurice, théories, 410.

7) Maurice, théories, 410.

8) Maurice, théories, 411.

9) Maurice, théories, 488. Die Hervorhebung des Originals wurde weggelassen.

systemüberwindendem, institutionellem Wandel. Zahlreiche Parallelen zu marxistischen Vorstellungen sind nicht zu übersehen, wenn auch die beiden Konzeptionen keineswegs gleichzusetzen sind.

Maurice bemüht sich nach der Definition seines Ausbeutungskriteriums um Indikatoren und Quantifizierung der Ausbeutung. Ausgehend von den menschlichen Kosten in der Produktion, die auf verschiedene Bedürfnisniveaus bezogen werden, vermag er jedoch nicht über erste Hinweise hinauszugelangen. Zudem verlassen diese Hinweise nicht den gewohnten Rahmen ökonomischer Messwerte.

In einem letzten Abschnitt versucht Maurice sein Ausbeutungskriterium in die Verteilungstheorien von Kaldor und Marchal zu integrieren und analysiert des weiteren entwicklungstheoretische Implikationen seines Ausbeutungskriteriums. Da sich unsere kritischen Einwände jedoch direkt gegen das Maurice-Kriterium richten, glauben wir auf eine Behandlung dieser Versuche verzichten zu können.

72 Kritik des Maurice-Kriteriums

Zunächst stört einmal, dass die Vermeidung von Ausbeutung eine Minimierung der Kosten und eine Maximierung des Produkts zugleich voraussetzen soll. Entweder müssen die Kosten oder das Produkt festgelegt werden, damit die komplementäre Grösse maximiert bzw. minimiert werden kann. Dieser Einwand ist jedoch von geringer Relevanz und vermag das Gesamtbild noch nicht zu trüben. Problematischer scheint uns schon die in der Maximierungsnorm sich abzeichnende Einschätzung des Ziels des wirtschaftlichen Wachstums: Obwohl Maurice das Ziel wirtschaftlichen Wachstums anthropologisch fundiert zu haben glaubt, scheint bereits heute die Frage nach der Sinnhaftigkeit und langfristigen Realisierbarkeit dieses Ziels legitim. Die Erkenntnis der planetaren Begrenztheit der Ressourcen denunziert ein unreflektiertes Wachstumsziel, obwohl Maurice behauptet, dass "la conception traditionelle d'une économie 'avare' est aujourd' hui dénoncé" (10). Die anthropologische Fundierung des Wachstumsziels scheint

10) Maurice, théories, 488.

uns gescheitert; stattdessen enthüllt es sich als ein gewöhnliches Ziel neben anderen und die Denunziation von diesem Ziel nicht entsprechenden Sachverhalten erweist sich als ein normales Werturteil. Das, was Maurice den christlichen Schriften zur sozialen Frage vorwirft, nämlich, dass sie keine "exploitation théorique, mais une condamnation de situations injustes" (11) enthalten, trifft auch für sein Ausbeutungskriterium zu, sofern man nicht die Erörterung von Sinnzusammenhängen als Ersatz theoretischer Erklärungen ansieht. Der Realitätsbezug der Erörterungen über die Arbeit und die damit verbundenen Werturteile vermögen den Mangel an für theoretische Erklärungen unerlässlichem Informationsgehalt nicht zu heilen. Bestenfalls lässt sich erklären, wie es zu Sachverhalten kommt, die durch das Maurice-Kriterium als "Ausbeutung" qualifiziert werden; doch ist damit noch keine Erklärung der Ausbeutung, sondern vielmehr eben gerade eine "condamnation de situations injustes" gewonnen.

Der Anspruch auf eine theoretische Erklärung der Ausbeutung ist bei Maurice auf der Grundlage einer kognitivistischen Ethik entstanden, welche ja erst eine Erklärung im erkenntnistheoretischen Sinn ermöglichen würde. Die kognitive Basis der Werte wurde bereits im angeführten Zitat über die Begründung der den Werturteilen zugrunde liegenden Werte deutlich: Als Prinzip statuierte Maurice, dass der Mensch in konkreten Situationen aufgerufen ist, die Werte zu entdecken ("découvrir") und sie wiederzuerkennen ("re-connaître"). Es erübrigt sich an dieser Stelle, auf die Problematik einer kognitiven Ethik einzugehen, da ihre wissenschaftliche Unhaltbarkeit in Teil I, Abschnitt 42 dargetan wurde.

Ein letzter Ansatz der Kritik, den wir zusammen mit dem vorangegangenen für zentral erachten, ergibt sich durch die Anwendung des begriffsdiagnostischen Instrumentariums. Das Maurice-Kriterium der Ausbeutung ist höchst unpräzise; zudem war die Suche nach einer geeigneten Indikatorenkombination bisher nicht von Erfolg gekrönt, so dass die Operationalität dieser Ausbeutungskonzeption fraglich ist. In einen metrischen Begriff mit einem entsprechend hohen Informationspotential kann das Maurice-Kriterium erst durch quantifizierbare Indikatoren transformiert werden. Ein Urteil über die theoretische Fruchtbarkeit wäre

11) Maurice, théories, 367.

heute noch verfrüht. Insgesamt scheint die durch Anwendung des begriffsdiagnostischen Instrumentariums erarbeitete Diagnose das Maurice-Kriterium der Ausbeutung als pathologischen Begriff zu erweisen.

Teil III

Ausbeutung in der marxistischen Ökonomie

1 Utopischer Sozialismus

Die durch die Industrialisierung hervorgerufenen sozialen Verhältnisse im vergangenen Jahrhundert sprachen eine deutliche Sprache. Das Elend breiter Massen erschütterte die harmonistischen Grundlagen der klassischen Ökonomie. Vor allem in Gestalt einer sich ausbreitenden sozialistischen Bewegung wurde die Klassik unter Beschuss genommen, wobei sozialreformerisch eingestellte Theoretiker, insbesondere Sismondi, die Attacke sekundierten. Die sozialen Missstände führten dazu, dass die Ausbeutung der Arbeiter zu einem der beherrschenden Themata dieser Zeit wurde. Es gelang jedoch erst Marx, die Idee der Ausbeutung in eine theoretische Form umzugiessen, welche nicht bei einer offenkundig ethisch fundierten Denunzierung der als Ausbeutung deklarierten Zustände stehenblieb. Den vormarxistischen Sozialismus fasste Marx im Ausdruck des "utopischen Sozialismus" zusammen und unterschied davon scharf seinen "wissenschaftlichen Sozialismus". Es ist dabei zu beachten, dass das marxistische Selbstverständnis von "wissenschaftlich" sich nicht die in Teil I angeführten Eigenschaften der Wissenschaftlichkeit zu eigen macht. Den Marxismus bezeichnet Engels deshalb als "wissenschaftlich", weil er durch Aufdecken der geschichtlichen Entwicklungsgesetze die historische Bewegung in Richtung des Sozialismus erkennt (1), dadurch die ethische Begründung des Sozialismus, welche infolge der Unwirksamkeit ethischer Appelle ohnehin utopisch bleiben müsste, überflüssig macht und auf die Ausarbeitung von sozialen Utopien in Gestalt idealer Sozialordnungen verzichten zu können meint.

Der Marxismus setzt sich in dreifacher Hinsicht vom utopischen Sozialismus ab. Als Ausfluss der Philosophie des historischen Materialismus wird erstens das Verhältnis von Wissenschaft und Ethik und zweitens die Konstruktion von utopischen Sozialordnungen anders beurteilt. Ein dritter Unterschied zeigt sich in der Gewichtung der Analyse der historischen Verhältnisse. Aus der marxistischen Synthese der materialistischen Philosophie mit der Betonung der Analyse resultiert in gewissem Sinne ein Heilsweg, der bei den utopischen Sozialisten fehlt.

1) F. Engels, Die Entwicklung des Sozialismus von der Utopie zur Wissenschaft, in: Marx/ Engels Werke, Band 19, Berlin 1962, S. 209 (im folgenden zitiert als "Engels, Entwicklung"). Vgl. auch unten Abschnitt 642.

Das soziale Elend jener Zeit, die Existenz arbeitsloser Einkommen wie Gewinn, Zins und Grundrente und die aus dem Naturrecht stammende Idee des Rechts auf den vollen Arbeitsertrag (2) legten den Gedanken nahe, die Ursache des auf Ausbeutung der Arbeiter zurückgeführten sozialen Elends in der Eigentumsordnung zu suchen. In allen vier Spielarten des utopischen Sozialismus, die zu unterscheiden uns sinnvoll erscheint (3) – erstens Saint-Simon und seine Schüler, zweitens die Genossenschaftssozialisten Fourier, Blanc und Owen, drittens die Anarchisten Proudhon, Bakunin und Kropotkin sowie viertens die Mehrwerttheoretiker Thompson, Hodgskin, Bray und Gray – soll die behauptete, in den Details sich unterscheidende Ausbeutung durch Reform oder gänzliche Neuordnung der Eigentumsverhältnisse beseitigt werden (4). Die arbeitslosen Einkommen erscheinen als Raub eines Teils des natürlichen Arbeitslohnes, da die Arbeit als allein wertschöpfend angesehen wird und demnach der Arbeiter Anspruch auf den vollen Arbeitsertrag hat. Die Arbeitswerttheorie dient der ethischen Fundierung des Anspruchs auf Freiheit von Ausbeutung. Bei Thompson (5) taucht erstmals der Begriff des Mehrwerts auf, der im marxistischen System ein Eckpfeiler sein wird. Thompson gelang es aber nicht, das in diesem Begriff liegende analytische Potential zu entfalten und, wie Marx es tat, darzustellen, dass mit der Ausbeutung der Arbeitenden die Spielregeln der kapitalistischen Wirtschaftsordnung keineswegs in einer nach kapitalistischen Vorstellungen moralisch anfechtbaren Weise verletzt werden.

2) Vgl. dazu G. Cassel, Das Recht auf den vollen Arbeitsertrag. Eine Einführung in die theoretische Ökonomie, Göttingen 1900; A. Menger, Das Recht auf den vollen Arbeitsertrag in geschichtlicher Darstellung, Stuttgart/Berlin 4. Aufl. 1910.

3) Vgl. Stavenhagen, Geschichte, 123 ff.; Schumpeter, Geschichte, 561 ff., 591 f.; LL. Lorwin, Exploitation, in: Encyclopaedia of the Social Sciences, Band 6, New York 1948, S. 16 (im folgenden zitiert als "Lorwin, Exploitation").

4) Vgl. zum Beispiel V. Rouquet la Garrigue, L'idee de l'exploitation de l'homme par l'homme dans les théories économiques depuis le début du 19ème siècle, in: L'actualité économique, Montréal, 25. Jg., 1949, Nr. 3, S. 397 ff.

5) W. Thompson, Untersuchung über die Grundsätze der Verteilung des Reichtums zu besonderer Förderung des menschlichen Glücks, (1824), Berlin 1903/4, Band I, S. 287.

Infolge der verhältnismässig geringen Bedeutung der utopischen Sozialisten bezüglich der ökonomischen Analyse gehen wir nicht weiter auf sie ein (6), sondern untersuchen im folgenden die Ausbeutung in marxistischer Perspektive.

6) Aus denselben Gründen verzichten wir auch auf die Erörterung der Ausbeutungslehre von Rodbertus. Vgl. die zusammenfassende Darstellung bei Böhm-Bawerk, Geschichte, 330 ff.

2 Werttheoretische Grundlagen

21 Gebrauchswert, Wert und Tauschwert

Marx geht von der plausiblen These aus, dass die Existenzbedingung einer Gesellschaft in der Produktion der Subsistenzmittel zu suchen ist. Zur Produktion werden Produktionsmittel angefertigt. Bei der Benutzung dieser Produktionsmittel, der Produktivkräfte, müssen die Menschen gesellschaftliche Produktionsverhältnisse eingehen. Produktivkräfte und Produktionsverhältnisse bilden zusammen die Produktionsweise, die sich in verschiedenen historischen Formen darstellt. Eine davon ist der Kapitalismus, in dem die Arbeitsprodukte Waren sind. Nicht der individuelle Mensch, sondern die ökonomisch gegebene Gesellschaftsperiode bildet den Ausgangspunkt der Untersuchung (1). Da die Waren in der bestehenden Gesellschaft eine zentrale Rolle innehaben, beginnt Marx mit ihrer Analyse.

Wie die Autoren der klassischen Periode der ökonomischen Theorie, so unterscheidet auch Marx bei den Waren zwischen Gebrauchswert und Tauschwert; allerdings wird insbesondere dem letzteren Begriff eine geänderte Bedeutung zugemessen. Ausgangspunkt der Erarbeitung dieser Begriffe mag die Betrachtung des Arbeitsprozesses bilden. "Die Arbeit ist zunächst ein Prozess zwischen Mensch und Natur, ein Prozess, worin der Mensch seinen Stoffwechsel mit der Natur durch seine eigne Tat vermittelt, regelt und kontrolliert" (2). Durch den Arbeitsprozess wird eine Veränderung des Arbeitsgegenstandes bewirkt, bis der Prozess schliesslich im Produkt erlischt. "Sein Produkt ist ein Gebrauchswert, ein durch Formveränderung menschlichen Bedürfnissen angeeigneter Naturstoff" (3). Doch die Stellung von Gebrauchswerten im Arbeitsprozess bleibt nicht auf

1) R. Dahrendorf, Marx in Perspektive. Die Idee des Gerechten im Denken von Karl Marx, Hannover o.J., S. 64 f. (im folgenden zitiert als "Dahrendorf, Marx").

2) K. Marx, Das Kapital. Kritik der politischen Ökonomie, Erster Band, Buch 1: Der Produktionsprozess des Kapitals, Marx/Engels Werke, Band 23, Berlin 1962, S. 192 (im folgenden zitiert als "Marx, Kapital I").

3) Marx, Kapital I, 195.

dessen Produkte beschränkt. Vielmehr stellen auch das Rohmaterial und die Arbeitsmittel Gebrauchswerte dar; denn "die Nützlichkeit eines Dings macht es zum Gebrauchswert" (4). Die Analyse des Gebrauchswerts ist nicht Bestandteil der marxistischen Ökonomie, ausser in jenen Fällen, wo er die gesellschaftliche Produktionsweise beeinflusst oder von ihr beeinflusst wird (5). Denn grundlegend für die marxistische Ökonomie ist die Forderung, dass im Gegensatz zur bürgerlichen, das heisst nichtmarxistischen Wirtschaftswissenschaft alle ökonomischen Begriffe sozialer Natur sein müssen (6).

Infolge des Kriteriums der Nützlichkeit kommt allen nutzbaren Dingen Gebrauchswert zu; hingegen weisen sie nur, wenn sie Waren sind, auch Tauschwert auf. Zunächst erscheint der Tauschwert "als das quantitative Verhältnis, die Proportion, worin sich Gebrauchswerte einer Art gegen Gebrauchswerte anderer Art austauschen, ein Verhältnis, das beständig mit Zeit und Ort wechselt" (7). Die Nützlichkeit der Dinge, ihr Gebrauchswert oder ihre Qualität kann nicht das sie Verbindende sein, das sie vergleichbar und austauschbar macht, so dass man vom Gebrauchswert abstrahieren kann. Nach dieser Entkleidung der Waren von ihren "sinnlichen Beschaffenheiten" bleibt ihnen eine gemeinsame Eigenschaft in ihrer Reduktion auf "abstrakt menschliche Arbeit" (8), worin auch die konkreten Formen der Arbeiten aufgehoben sind. Denn Menschen, die Waren austauschen, tauschen bestimmte Arbeitsmengen enthaltende Produkte aus. Die quantitative Relation zwischen sich tauschenden Waren ist nur die Oberfläche der dahinterliegenden gesellschaftlichen Beziehung der Wareneigentümer.

4) Marx, Kapital I, 50.

5) "Der Gebrauchswert in dieser Gleichgültigkeit gegen die ökonomische Formbestimmung, d.h. der Gebrauchswert als Gebrauchswert, liegt jenseits des Betrachtungskreises der politischen Ökonomie. In ihren Kreis fällt er nur, wo er selbst Formbestimmung". K. Marx, Zur Kritik der Politischen Ökonomie, in: Marx/Engels Werke, Band 13, Berlin 1961, S. 16 (im folgenden zitiert als "Marx, Kritik"). Vgl. dazu R. Rosdolsky, Zur Entstehungsgeschichte des Marx'schen "Kapital", Band 1, Frankfurt am Main 1968, S. 98 ff., 230 (im folgenden zitiert als "Rosdolsky, Entstehungsgeschichte I"). Abweichend P.M. Sweezy, Theorie der kapitalistischen Entwicklung, 1942, Frankfurt am Main 1970, S. 40 f. (im folgenden zitiert als "Sweezy, Theorie").

6) Wie zum Beispiel Sweezy, Theorie, 40 betont.

7) Marx, Kapital I, 50.

8) Marx, Kapital I, 52.

In der sogenannten einfachen Warenproduktion sind die Wareneigentümer mit den Produzenten identisch. Im Tausch manifestiert sich das Faktum, dass die Arbeit individueller Produzenten gesellschaftlichen Charakter aufweist. "Als Gebrauchswert ist eine Ware ein allgemeines Merkmal der menschlichen Existenz, das in jeder Gesellschaftsform vorhanden ist. Als Wert ist eine Ware ein Merkmal einer spezifischen historischen Form einer Gesellschaft, die zwei hauptsächliche unterscheidende Wesensmerkmale hat: erstens eine entwickelte Arbeitsteilung und zweitens private Produktion. In solch einer Ordnung — und in keiner anderen — endet die Arbeit der Produzenten in Waren oder, unter Vernachlässigung der allgemeinen Eigenschaft der Waren (Nutzen), in Werten" (9). Der Tauschwert ist für Marx nur "eine 'Erscheinungsform', selbständige Darstellungsweise des in der Ware enthaltnen Werts" (10), den es somit zu untersuchen gilt, um den Tauschwert erklären zu können. "'Ware' ist einerseits Gebrauchswert und andrerseits 'Wert', nicht Tauschwert, da die blosse Erscheinungsform nicht ihr eigner Inhalt ist" (11). Dadurch, dass die Arbeit als hinter dem Tauschwert verborgener Wert entdeckt und damit die Ware als Arbeitsprodukt gesehen wird, ist der Wert als eine gesellschaftliche Kategorie bestimmt; denn jede individuell produzierte Ware verkörpert einen bestimmten Anteil an der Totalarbeitskraft, die der gesamten Gesellschaft in einer festgesetzten Periode zur Verfügung steht.

Der Unterschied zwischen konkreter und abstrakter Arbeit ist analog zu dem Dualismus der Waren als Gebrauchswert und Wert ausgestaltet. "Alle Arbeit ist einerseits Verausgabung menschlicher Arbeitskraft im physiologischen Sinn und in dieser Eigenschaft gleicher menschlicher oder abstrakt menschlicher Arbeit bildet sie den Warenwert. Alle Arbeit ist andrerseits Verausgabung menschlicher Arbeitskraft in besondrer zweckbestimmter Form, und in dieser Eigenschaft konkreter nützlicher Arbeit produziert sie Gebrauchswerte" (12). Arbeit als Substanz des Wertes bezieht sich deshalb immer auf abstrakte Arbeit.

9) Sweezy, Theorie, 42.

10) K. Marx, Randglossen zu Adolph Wagners "Lehrbuch der politischen Ökonomie", in: Marx/Engels Werke, Band 19, Berlin 1962, S. 369 (im folgenden zitiert als "Marx, Randglossen"). Die Hervorhebungen des Originals wurden weggelassen.

11) Marx, Randglossen, 369. Die Hervorhebungen des Originals wurden weggelassen.

12) Marx, Kapital I, 61.

Den Massstab des durch die abstrakte Arbeit gebildeten Wertes findet Marx in der Arbeitszeit, wie sie es in früheren Arbeitswerttheorien schon gewesen war. Es ist wiederum nicht die individuell zufällig aufgewendete Arbeitszeit massgebend. Vielmehr ist zur Bestimmung des Warenwerts die gesellschaftlich notwendige Arbeitszeit entscheidend, welche benötigt wird, "um irgendeinen Gebrauchswert mit den vorhandenen gesellschaftlich-normalen Produktionsbedingungen und dem gesellschaftlichen Durchschnittsgrad von Geschick und Intensität der Arbeit darzustellen" (13). Die Einebnung der individuellen Arbeitszeiten zur durchschnittlichen, gesellschaftlich notwendigen Arbeitszeit, die zur Produktion einer spezifischen Ware benötigt wird, trägt dem gesellschaftlichen Charakter der individuellen Produktion Rechnung. Die gesellschaftlich notwendige Arbeitszeit hat nur eine quantitative Dimension und bezieht sich nicht auf den Gebrauchswert der Waren. Die Interpretation des Begriffs der "gesellschaftlich notwendigen Arbeitszeit" in Beziehung zum gesellschaftlichen Bedarf anstelle oder zusätzlich zur technologischen Deutung, wie sie hier vertreten wird, kann der marxistischen Werttheorie in ihrer objektivistischen Tendenz nicht gerecht werden, auch wenn sie an Anknüpfungspunkten in den Marx'schen Schriften nicht ermangelt (14).

Das schon bei Ricardo erörterte Problem des Verhältnisses von qualitativ verschiedenen Tätigkeiten beschäftigt auch Marx. Wenn bisher von Arbeit schlechthin gesprochen wurde, so war damit "einfache Durchschnittsarbeit" gemeint, welche "jeder gewöhnliche Mensch, ohne besondere Entwicklung" verrichten kann. "Die einfache Durchschnittsarbeit selbst wechselt zwar in verschiedenen Ländern und Kulturepochen ihren Charakter, ist aber in einer vorhandnen Gesellschaft gegeben. Komplizierte Arbeit gilt nur als . . . multiplizierte einfache Arbeit" (15).

13) Marx, Kapital I, 53.

14) Vgl. Marx, Kapital I, 122.

15) Marx, Kapital I, 59. Die Hervorhebungen des Originals wurden weggelassen. Zum Problem der Reduktion qualifizierter und auf einfache Arbeit vgl. unten Abschnitt 622.

Der Wert eines bestimmten Gutes ist nur dann im Zeitablauf gleich, wenn die zur Produktion benötigte Arbeitszeit konstant bleibt. Die Arbeitszeit "wechselt aber mit jedem Wechsel in der Produktivkraft der Arbeit. Die Produktivkraft der Arbeit ist durch mannigfache Umstände bestimmt, unter anderem durch den Durchschnittsgrad des Geschickes der Arbeit, die Entwicklungsstufe der Wissenschaft und ihrer technologischen Anwendbarkeit, die gesellschaftliche Kombination des Produktionsprozesses, den Umfang und die Wirkungsfähigkeit der Produktionsmittel, und durch Naturverhältnisse" (16). Der Einfluss der derart variierten Produktivkraft, d.h. der Produktivität der Arbeit, muss beachtet werden: Da der Wert der Produktion einer bestimmten Zeitspanne unabhängig von der Produktivkraft der Arbeit ist und konstant bleibt, verteilt sich dieselbe Wertmasse bei gesteigerter Produktivität auf eine grössere Anzahl Güter, so dass der Wert des einzelnen Gutes sinkt. Der Wert der Güter steht somit in umgekehrtem Verhältnis zur Arbeitsproduktivität.

22 Konstantes und variables Kapital

Der Produktionsprozess ist nicht nur Arbeitsprozess, sondern auch Wertbildungsprozess. Der Wert des produzierten Gebrauchswertes wird durch das Quantum der in ihm materialisierten gesellschaftlich notwendigen Arbeit bestimmt. Die verschiedenen Faktoren des Arbeitsprozesses haben unterschiedlichen Anteil an der Bildung des Produktwertes. Die Produktionsmittel weisen schon vor ihrem Eingehen in den Produktionsprozess Wert auf, welcher durch die Übertragung des Produktionsmittels auf das Produkt erhalten und übertragen wird. Da der Arbeiter durch Verausgabung seiner Arbeitskraft im Produktionsprozess dem Produkt entsprechend dem zeitlichen Aufwand Wert zusetzt, ist seine Arbeit doppelseitiger Natur: Dieselbe Arbeit muss gleichzeitig einerseits Wert schaffen und Wert erhalten oder übertragen. Da der Arbeiter dem Produkt nicht neuen Wert zusetzen kann, ohne alten Wert zu erhalten und zu übertragen, sieht Marx den Wertübertragungsprozess als "eine Naturgabe, die den Arbeiter nichts kostet,

16) Marx, Kapital,I, 54.

aber dem Kapitalisten viel einbringt, die Erhaltung des vorhandenen Kapitalwerts", als eine "Seelenwandrung", welche "sich gleichsam hinter dem Rücken der wirklichen Arbeit" (17) ereignet.

"Nur soweit Produktionsmittel während des Arbeitsprozesses Wert in der Gestalt ihrer alten Gebrauchswerte verlieren, übertragen sie Wert auf die neue Gestalt des Produkts. Das Maximum des Wertverlustes, den sie im Arbeitsprozess erleiden können, ist offenbar beschränkt durch die ursprüngliche Wertgrösse, womit sie in den Arbeitsprozess eintreten, oder durch die zu ihrer eignen Produktion erheischte Arbeitszeit. . . . Sein Wert (der Wert eines Produktionsmittels, R.G.) ist bestimmt nicht durch den Arbeitsprozess, worin es als Produktionsmittel eingeht, sondern durch den Arbeitsprozess, woraus es als Produkt herauskommt" (18). Mit dem Terminus "Produktionsmittel" sind Rohstoffe, Hilfsstoffe und Arbeitsmittel gemeint, die teilweise oder ganz in das neue Produkt eingehen oder durch die Produktion auch nur abgenützt werden. Um diesen Produktionsprozess im Kapitalismus zu ermöglichen, muss der Kapitalist einmal im Ausmass der benötigten Produktionsmittel Geld vorschiessen, das sich derart in Kapital verwandelt. Dieser in Produktionsmittel umgesetzte Teil des Kapitals verändert seine Wertgrösse im Produktionsprozess nicht, so dass er die Bezeichnung "konstantes Kapital" (19) erhält. Er wird mit dem Buchstaben "c" symbolisiert.

Doch genügt der Einsatz von konstantem Kapital nicht, um den kapitalistischen Produktionsprozess in Gang zu bringen; denn auch die Löhne für die beschäftigten Arbeitskräfte müssen vorgeschossen werden. Während von den Produktionsmitteln nur Wert auf das neue Produkt übertragen wird, setzt die Arbeit Neuwert zu. Ein Teil des Neuwerts stellt das Aequivalent für den Reproduktionswert der Arbeitskraft dar, der Rest bildet einen varibalen Überschuss. Aus diesem Grund bezeichnet Marx den in Arbeitskraft umgesetzten Teil des Kapitals als "variables Kapital" (20), das mit dem Buchstaben "v" dargestellt wird. Der Überschuss

17) Marx, Kapital I, 221.

18) Marx, Kapital I, 220.

19) Marx, Kapital I, 223.

20) Marx, Kapital I, 224.

über das reproduzierte variable Kapital, den die Arbeiter produzieren, stellt das Mehrprodukt beziehungsweise im Kapitalismus den Mehrwert dar. Den Mehrwert bezeichnet Marx mit "m", so dass sich der gesamte Wert einer Ware aus den Wertbestandteilen c+v+m zusammensetzt. Den Begriff des Mehrwerts werden wir in Abschnitt 32 eingehender erörtern.

3 Ausbeutung als Konsequenz der Anwendung der Werttheorie auf die Arbeitskraft

31 Der Warencharakter der Arbeitskraft im Kapitalismus

Damit ein Gut als Ware gilt, genügt das Vorhandensein seines Gebrauchswertes nicht: "Ein Ding kann nützlich und Produkt menschlicher Arbeit sein, ohne Ware zu sein. Wer durch sein Produkt sein eigenes Bedürfnis befriedigt, schafft zwar Gebrauchswert, aber nicht Ware. Um Ware zu produzieren, muss er nicht nur Gebrauchswert produzieren, sondern Gebrauchswert für andre, gesellschaftlichen Gebrauchswert. . . . Um Ware zu werden, muss das Produkt dem andern, dem es als Gebrauchswert dient, durch den Austausch übertragen werden" (1). Kennzeichen der Ware ist somit, dass sie für den Warenbesitzer "nur den Gebrauchswert, Träger von Tauschwert und so Tauschmittel zu sein" (2), hat. Im Austausch werden die Waren als Werte aufeinander bezogen, so dass sie sich "als Werte realisieren, bevor sie sich als Gebrauchswerte realisieren können" (2). Warenproduktion ist typisch für den Kapitalismus, doch ist sie auch in der gesellschaftlichen Organisationsform der einfachen Warenproduktion möglich.

Zwei Bedingungen müssen erfüllt sein, damit die Arbeitskraft – worunter Marx den "Inbegriff der physischen und geistigen Fähigkeiten, die in der Leiblichkeit, der lebendigen Persönlichkeit eines Menschen existieren und die er in Bewegung setzt, sooft er Gebrauchswerte irgendeiner Art produziert" (3), versteht – als Ware auf dem Markt erscheint. Erstens muss der Besitzer der Ware "Arbeitskraft" fähig sein, diese auf dem Markt anzubieten. Der Arbeiter muss frei, Eigentümer seiner eigenen Person sein, damit er sich auf dem Markt mit dem geldbesitzenden Nachfrager auf gleicher Ebene treffen und so ein äquivalenter Tausch zustande kommen kann. Die Arbeitskraft wird stets nur für eine bestimmte Zeit ausverkauft; denn andernfalls

1) Marx, Kapital I, 55.

2) Marx, Kapital I, 100.

3) Marx, Kapital I, 181.

würde der freie Arbeiter zum Sklaven, der Warenbesitzer zur Ware selber. Zweitens ist erforderlich, dass der Besitzer der Arbeitskraft keine anderen Waren veräussern kann, die ihn des Verkaufs seiner Arbeitskraft entheben würden. Andere Waren könnte der Arbeiter nur feilbieten, wenn er die zur Produktion notwendigen Produktionsmittel besässe. Da er solche jedoch nicht sein eigen nennt und er zudem vor und während der Produktion bis zum Verkauf auch konsumieren muss, ist Eigenproduktion undenkbar. Damit der Kapitalist Arbeitskraft auf dem Warenmarkt vorfindet, muss der Arbeiter somit frei in doppeltem Sinne sein, nämlich frei in der Verfügung über seine Person und frei von Besitz (4). Da sich im Warenaustausch Käufer und Verkäufer auf gleicher Ebene frei gegenübertreten, bezeichnet Marx die Sphäre der Zirkulation bitter als "ein wahres Eden der angebornen Menschenrechte" (5), wobei er die Verhältnisse der Produktionssphäre vorläufig noch im Dunkeln lässt.

Der Wert der Arbeitskraft ist genau wie der Wert der anderen Waren durch die zu ihrer Produktion notwendige Arbeitszeit bestimmt. Die Existenz des Individuums vorausgesetzt, besteht die Produktion des Individuums in den zu seiner Erhaltung benötigten Lebensmitteln und allfälligen Bildungsausgaben. Darin ist auch ein entsprechender Anteil für die Kinder der Arbeiter eingeschlossen; denn erst dadurch erreicht der Reproduktionswert der Arbeiter seine normale Höhe. "Der Umfang sog. notwendiger Bedürfnisse, wie die Art ihrer Befriedigung" ist "selbst ein historisches Produkt und hängt daher grossenteils von der Kulturstufe eines Landes, unter andrem auch wesentlich davon ab, unter welchen Bedingungen, und daher mit welchen Gewohnheiten und Lebensansprüchen die Klasse der freien Arbeiter sich gebildet hat. Im Gegensatz zu den andren Waren enthält also die Wertbestimmung der Arbeitskraft ein historisches und moralisches Element" (6). Wie die anderen Waren kauft der Geldbesitzer auch die Arbeitskraft zu ihrem vollen Wert (7).

4) Marx, Kapital I, 183.

5) Marx, Kapital I, 189.

6) Marx, Kapital I, 185.

7) Inwiefern das Verhältnis von Wert und Preis historischen Änderungen unterworfen ist, wird in Abschnitt 4 diskutiert.

Hat es soweit mit dem Tauschwert der Ware "Arbeitskraft" keine besondere Bewandtnis, so ist ihr Gebrauchswert umso eigenartiger. Denn ihr Gebrauchswert liegt darin, selbst Quelle von Wert zu sein, so dass die Konsumation der Arbeitskraft sich in Wertschöpfung äussert.

32 Relativer und absoluter Mehrwert

Dadurch, dass der Gebrauchswert der Arbeitskraft Wertschöpfung ermöglicht, ist der Produktionsprozess nicht nur Arbeitsprozess, sondern auch Wertbildungsprozess. Der Arbeitsprozess ist der qualitative Aspekt des Produktionsprozesses im Gegensatz zum Wertbildungsprozess, der dessen quantitative Seite darstellt. Die Wertschöpfung bis zum Punkt, wo der mit dem variablen Kapital gezahlte Wert der Arbeitskraft durch neuen äquivalenten Wert ersetzt wird, nennt Marx "'einfacher Wertbildungsprozess'. Dauert der Wertbildungsprozess über diesen Punkt hinaus, so wird er Verwertungsprozess" (8). Da die Arbeitskraft für eine bestimmte Zeit gekauft wird, hat der Käufer – der Kapitalist – keinerlei Veranlassung, den Arbeitstag auf den einfachen Wertbildungsprozess zu beschränken, bis die Arbeitskraft das notwendige Produkt zur Reproduktion hervorgebracht hat. Im Gegenteil: Die Einzigartigkeit der Ware Arbeitskraft liegt darin, die Wertschöpfung über den einfachen Wertbildungsprozess auch im Verwertungsprozess fortzusetzen. Das Produkt des Verwertungsprozesses der Arbeitskraft ist der Mehrwert. Die zur Mehrwertproduktion verausgabte Arbeitskraft heisst Mehrarbeit und steht in komplementärem Verhältnis zur notwendigen Arbeit, welche die zur Erstellung des notwendigen Produkts notwendige Arbeitszeit umfasst (9). Die Summe der notwendigen Arbeit und der Mehrarbeit bildet die Gesamtarbeitszeit einer bestimmten Periode. Als Bezugsperiode wollen wir den Arbeitstag verwenden.

8) Marx, Kapital I, 209.

9) Marx, Kapital I, 230 f.

Mehrarbeit bedingt einen gewissen Stand der Produktivität, durch den erst verhindert wird, dass der ganze Arbeitstag in der notwendigen Arbeit aufgeht. Doch bereits Kooperation verschiedener Arbeiter in einem Produktionsprozess sowie die Arbeitsteilung führt zu einer Steigerung der Produktivität, die Mehrarbeit ermöglicht. Mehrarbeit bedingt also keineswegs eine hoch entwickelte Technologie, sondern dürfte ausser in sogenannten "primitiven" Gesellschaften überall anzutreffen sein. Doch nur in einer Gesellschaft, in der die Arbeitsprodukte Waren sind, wird die Mehrarbeit zum Mehrwert.

Man könnte sich fragen, weshalb der Mehrwert auf die Arbeit zurückgehen soll, wenn doch offensichtlich ist, dass Arbeitskraft kombiniert mit Maschinen einen weit grösseren Güterausstoss zustande bringen kann. "Es stimmt natürlich, dass man Material und Maschinen als physisch produktiv bezeichnen kann in dem Sinne, dass die Arbeitskraft mit ihnen zusammen ein grösserer Produkt liefern kann als ohne sie, aber physische Produktivität in diesem Sinne darf unter keinen Umständen mit Wertproduktivität verwechselt werden. Vom Wertstandpunkt aus gibt es keinen Grund anzunehmen, dass Material oder Maschinen letzten Endes mehr zuführen können, als sie selbst enthalten. Dies lässt nun nur noch eine Möglichkeit offen, nämlich dass die Arbeitskraft die Quelle des Mehrwerts sein muss" (10).

Die Produktion des Mehrwerts ist bei gegebenen Produktivkräften und gegebener Intensität der Arbeit durch die Länge des Arbeitstages beschränkt, und zwar nach unten durch den Wert der Arbeitskraft, der in der notwendigen Arbeit zuerst zu reproduzieren ist, bis Mehrwert überhaupt entstehen kann, und nach oben einerseits durch physiologische Schranken des Arbeiters, der ohne Raubbau und Substanzverzehr den Arbeitstag nicht über eine gewisse Länge ausdehnen kann und anderseits durch moralische Schranken, die kulturspezifisch ausgeprägt sind. Der Mehrwert, der durch die Verlängerung des Arbeitstages über die notwendige Arbeit hinaus produziert wird, heisst absoluter Mehrwert (11). Er ist bei konstanter Produktivkraft und Arbeitsintensität nur durch Variation der Länge des Arbeitstages veränderbar. Es könnte nun der Eindruck vorherr-

10) Sweezy, Theorie, 80.

11) Marx, Kapital I, 334, 532.

schen, der Mehrwert könne nur durch Erhöhung des absoluten Mehrwerts gesteigert werden, da ja die Arbeitszeit für das Ausmass der Wertschöpfung massgebend sein soll.

Doch kann auch von konstanter Länge des Arbeitstages ausgegangen werden, während Arbeitsintensität und Produktivität als variabel angenommen werden. Eine Steigerung dieser beiden Faktoren bewirkt einen grösseren Warenausstoss in derselben Zeit, so dass der Wert des einzelnen Gutes sich verringert. Sind durch die Wertverminderung Waren betroffen, die zur Produktion der Arbeitskraft dienen, so nimmt in der entsprechenden Relation auch der Wert der Arbeitskraft ab. Dadurch schrumpft die Zeit, die zur Erstellung des notwendigen Produkts benötigt wird, so dass sich trotz konstanter Länge des Arbeitstages der Mehrwert auf Kosten des notwendigen Produkts steigert. Diese Vergrösserung des Mehrwerts tritt nur ein, wenn der Produktivitätsfortschritt den Wert der Erzeugnisse für den Arbeiterbedarf vermindert, nicht hingegen bei einer Verringerung des auf die Erzeugnisse übertragenen Werts der Produktionsmittel. Der Mehrwert, der aus der Verkürzung der notwendigen Arbeitszeit und entsprechender Änderung des Verhältnisses des notwendigen Produkts zum Mehrprodukt entspringt, heisst relativer Mehrwert (12). Der relative Mehrwert wächst ungefähr proportional zur Produktivitätsentwicklung, während der Wert der Waren in reziprokem Verhältnis dazu fällt. Der Begriff des relativen Mehrwerts macht deutlich, weshalb "der Kapitalist, dem es nur um die Produktion von Tauschwert zu tun ist, den Tauschwert der Waren beständig zu senken strebt" (13). Derselbe Prozess verbilligt einerseits die einzelnen Waren, während der gesamthaft in ihnen steckende Mehrwert steigt. Die Kapitalistenklasse ist nicht am Wert der Waren, sondern nur an ihrem Mehrwert interessiert.

Absoluter und relativer Mehrwert sind nicht zwei getrennte Wertgrössen, sondern zwei Begriffe, die den einen Mehrwert unter zwei verschiedenen Aspekten beleuchten, um je nach Intention Zusammenhänge besser aufzeigen zu können.

12) Marx, Kapital I, 334, 532 f.

13) Marx, Kapital I, 339

33 Ausbeutung durch Aneignung des Mehrwerts

Soweit war das Augenmerk auf die Dynamik der Mehrwertproduktion gerichtet, ohne die Eigentumsverhältnisse zu beachten. Deren Problematik wird nun den Schlüssel zum marxistischen Ausbeutungsverständnis liefern. Bei allen Waren gehört dem Käufer einer Ware auch deren Gebrauchswert; davon macht die Arbeitskraft keine Ausnahme. Der Arbeitsprozess dient der Konsumation der Arbeitskraft, die der Kapitalist mit dem variablen Kapitalanteil wie die Produktionsmittel mit dem konstanten Kapitalanteil gekauft hat. Die Arbeitsprodukte sind deshalb Eigentum der Kapitalisten und nicht der Arbeiter als unmittelbaren Produzenten. Da die Arbeitskraft auf bestimmte Zeit gekauft wird, nicht nur zur Reproduktion ihres eigenen Wertes, entsteht bei entsprechendem Stand der Produktivität und der Arbeitsintensität der Mehrwert, der wie das notwendige Produkt dem Kapitalisten gehört. Dieser bezahlt alle Waren zu ihrem Wert, die Produktionsmittel wie die Arbeitskräfte und verkauft die Produkte wiederum zu ihrem Wert. Die Ausbeutung der Arbeiter durch die Kapitalisten geschieht deshalb völlig legal durch die Aneignung des Mehrwerts. Die Aussage, dass die Waren entsprechend ihrem Wert, das heisst, nach Massgabe der zu ihrer Produktion gesellschaftlich notwendigen Arbeitszeit sich tauschen, wird oft als "Wertgesetz" bezeichnet (14).

Im Gegensatz zum Ausbeutungsbegriff der utopischen Sozialisten ist die Marx'sche Ausbeutung im Rahmen des Kapitalismus vom Stigma der Unrechtmässigkeit befreit. Mit der Legalität der Aneignung des Mehrwerts wird auch die Systemimmanenz der Ausbeutung offenbar. Das Wertgesetz repräsentiert gewissermassen das "Recht" der kapitalistischen Wirtschaftsordnung. Eine Verletzung durch einen Tauschakt kann die Ausbeutung vergrössern oder verringern, je nachdem, ob die Arbeitskraft unter oder über ihrem Wert gekauft wird. Jene zusätz-

14) Inwieweit das Wertgesetz im Kapitalismus auf mikro- und makroökonomischer Ebene gilt, werden wir in Abschnitt 4 erörtern. Hier sei nur zusammenfassend erwähnt, dass im Kapitalismus das Wertgesetz mikroökonomisch aufgehoben ist und dass der Produktionspreis die Rolle des Wertes übernimmt. Indirekt behält es jedoch seine Gültigkeit, indem auf makroökonomischer Ebene die Summe der Preise aller Güter der Summe der Werte aller Waren entspricht, wobei konjunkturelle Korrekturfaktoren einzurechnen sind.

liche Ausbeutung, die durch Verletzung des Wertgesetzes erreicht wird, wird auch im kapitalistischen Rechtsempfinden als Unrecht angesehen. Die iuristische Betrachtungsweise des Warenaustausches verschleiert die Ausbeutungsbeziehungen, die durch das marxistische Begriffssystem aufspürbar sind. "Die Marx'sche Theorie . . . impliziert weder ein Betrügen noch ein Berauben. In ihr ergibt sich die Ausbeutung völlig unabhängig vom schlechten Verhalten irgendeines Wirtschaftssubjektes aus der Logik des kapitalistischen Wertgesetzes und erscheint daher als tiefer im System verwurzelt, als dies irgendeine andere Ausbeutungstheorie zu zeigen in der Lage wäre" (15).

Im kapitalistischen Ausbeutungsverhältnis manifestiert sich der Klassengegensatz zwischen Kapitalisten und Proletariat; denn die Ausbeutung ist immer Ausbeutung des Menschen durch den Menschen, also ein eminent gesellschaftliches Verhältnis zwischen Gruppen, deren antagonistische Stellung durch ihr Verhältnis zu den Produktionsmitteln bestimmt wird. "Entsprechend ihrer Stellung im Ausbeutungsverhältnis als Ausbeuter (. . .) oder Ausgebeutete bilden diese Gruppen die bestimmten Klassen einer Gesellschaft" (16). Eine Beseitigung der Ausbeutung impliziert deshalb immer auch die Aufhebung der Klassen und muss sich zwangsläufig gegen das kapitalistische Wirtschaftssystem als Ganzes richten. Das Privateigentum an den Produktionsmitteln ermöglicht und erzwingt geradezu die gesellschaftlich tolerierbare Maximierung der Ausbeutung durch den Konkurrenzdruck. Gleichzeitig bildet der ausgebeutete Mehrwert die Grundlage der Kapitalbildung.

Ausbeutung ist keineswegs auf den Kapitalismus beschränkt, wie wir in Abschnitt 5 eingehender sehen werden. "Für den Kapitalismus ist . . . nicht das Faktum der Ausbeutung eines Teils der Bevölkerung durch den anderen charakteristisch, sondern die Form, die diese Ausbeutung annimmt, nämlich die Produktion des Mehrwerts" (17). Denn, wie bereits erwähnt, ist von einer gewissen Produktivität an,

15) Schumpeter, Geschichte, 795.

16) A. Lemmnitz, Ausbeutung, Ausbeutungsgrad, in: Ökonomisches Lexikon, Band A-K, Berlin 1967, S. 195 (im folgenden zitiert als "Lemmnitz, Ausbeutung").

17) Sweezy, Theorie, 81. Die Hervorhebungen des Originals wurden weggelassen. Vgl. Marx, Kapital I, 231.

deren Niveau die meisten Kulturen erreichen, die Möglichkeit der Mehrarbeit über die notwendige Arbeit hinaus gegeben. Je nachdem, wer über die Produktionsmittel gebietet, bilden sich die entsprechenden Klassen der Ausbeuter und ihrer Opfer. Der Kapitalismus ist eine historische Ausprägung der Ausbeutergesellschaften, deren conditiones sine quibus non in einer Minimalhöhe der Produktivität einerseits und in der Vereinigung der Produktionsmittel in der Hand weniger anderseits zu suchen sind. Die Behauptung trifft somit nicht zu, dass die Marx'sche Ausbeutungstheorie definitorisch auf den Kapitalismus eingeschränkt ist (18).

Bei der einfachen Warenproduktion, wo die Produzenten auch Eigentümer ihrer Produktionsmittel sind, war das Eigentum am Produkt der Arbeit durch die private Erzeugung automatisch geregelt (19). Allmählich entwickelten sich die Produktivkräfte durch Konzentration der Produktionsmittel infolge zunehmender Kooperation, zahlreicherer Manufakturen und industrieller Produktion von privaten zu gesellschaftlichen Produktionsmitteln. Doch der Entwicklung der Produktivkräfte ging keine Wandlung der Produktionsverhältnisse parallel. Das Eigentum an den Produktionsmitteln und die Aneignung der Produkte blieb privat, obgleich die Produktionsweise längst gesellschaftlichen Charakter angenommen hatte. Bei gesellschaftlicher Produktion wird private Aneignung der Produkte zur Ausbeutung der Produzenten. Die private Aneignung im Kapitalismus ist also ein Anachronismus aus einer vorkapitalistischen Epoche, welcher den Grundwiderspruch des Kapitalismus begründet und sich gesellschaftlich als Antagonismus zwischen Kapitalisten und Proletariat äussert.

Da Arbeit allein wert- und mehrwertschaffend ist, kann die Grundrente nicht der Produktivität des Bodens entspringen. Zudem ist der Grundeigentümer kein notwendiger Produktionsagent des kapitalistischen Produktionsprozesses, obgleich nichtbestehendes Gemeineigentum am Boden als dem wesentlichsten Produk-

18) D.S. Landes, Über das Wesen des ökonomischen Imperialismus, in: H.-U. Wehler (Hrsg.), Imperialismus, Köln/Berlin 1970, S. 80 (im folgenden zitiert als "Landes, Wesen").

19) Vgl. Engels, Entwicklung, 213 f.

tionsmittel unabdingbare Grundlage der kapitalistischen Ausbeutung ist (20). Wenn der Grundeigentümer auch nicht Mehrwert aus dem Boden pumpt, so partizipiert er doch an der Summe des gesamten gesellschaftlichen Mehrwerts im Ausmass der Grundrente dank dem, dass das Grundeigentum dem Kapital eine Schranke setzt. Der Kapitalist beutet die Arbeiter direkt aus, er eignet sich den Mehrwert nicht nur an, sondern bringt ihn hervor durch den Produktionsprozess, dessen Leitung er innehat. "Der Landlord dagegen besitzt im Grundeigentum (für die absolute Rente) und in der natürlichen Verschiedenheit der Bodenarten (Differentialrente) einen Titel, der ihn befähigt, einen Teil dieser surplus labour oder der surplus value, zu deren Direktion und Kreation er nichts beiträgt, in die Tasche zu stecken. In Kollisionsfällen betrachtet ihn der Kapitalist als blosse superfetation, ein Sybaritengewächse, Schmarotzerpflanze der kapitalistischen Produktion, die Blattlaus, die ihm im Pelz sitzt" (21). Die Bodenrente schmälert den Mehrwert der industriellen, kommerziellen und Geldkapitalisten, nicht aber die Bezahlung der Arbeitskräfte. Die Existenz der Bodenrente bedingt keine Änderung am bisherigen marxistischen Ausbeutungsverständnis, da das Grundeigentum die Höhe des gesamtgesellschaftlich produzierten Mehrwerts unbeeinflusst lässt. Gleichzeitig wird auch ersichtlich, dass eine Bodenverstaatlichung, die das Privateigentum an den übrigen Produktionsmitteln unberührt lässt, die Ausbeutung in keiner Hinsicht vermindert oder gar beseitigt.

20) Vgl. Rosdolsky, Entstehungsgeschichte I, 52 f. Zur Grundrente im marxistischen System vgl. W. Fritz, Ideen zur Sozialisierung des Bodens, Diss. Zürich 1969, S. 111 ff. (im folgenden zitiert als "Fritz, Ideen").

21) K. Marx, Theorien über den Mehrwert (Vierter Band des "Kapitals"), Zweiter Teil, Marx/ Engels Werke, Band 26.2, Berlin 1967, S. 325 f. (im folgenden zitiert als "Marx, Theorien II").

34 Der Ausbeutungsgrad

Den Umfang des Mehrwerts m im Verhältnis zur Grösse des variablen Kapitals v, welches zur entsprechenden Mehrwertproduktion notwendig ist, nennt Marx die Rate des Mehrwerts $\frac{m}{v}$. Dass das konstante Kapital c nicht miteinbezogen wird, ist keine Willkür, sondern eine Konsequenz der marxistischen Werttheorie, die allein im "Umsatz von Arbeitskraft in Arbeit" (22) Wertschöpfung erblickt. Das konstante Kapital kann deshalb auch nicht seinen Wert reproduzieren. Die Produktionsmittel produzieren nur neuen "Gebrauchswert, worin der alte Tauschwert wieder erscheint" (23). Unter einer anderen Problemstellung als der der Ausbeutung kann die Einbeziehung des konstanten Kapitals durchaus sinnvoll sein, wie in Abschnitt 4 im Zusammenhang mit der Profitrate ersichtlich werden wird. "Der Mehrwert verhält sich zum variablen Kapital, wie die Mehrarbeit zur notwendigen, oder die Rate des Mehrwerts $\frac{m}{v} = \frac{\text{Mehrarbeit}}{\text{notwendige Arbeit}}$. Beide Proportionen drücken dasselbe Verhältnis in verschiedner Form aus, das eine Mal in der Form vergegenständlichter, das andre Mal in der Form flüssiger Arbeit.

Die Rate des Mehrwerts ist daher der exakte Ausdruck für den Exploitationsgrad der Arbeitskraft durch das Kapital oder des Arbeiters durch den Kapitalisten" (24). Die Mehrwertrate stellt die kapitalistische Ausprägung des Verhältnisses des Mehrprodukts zum notwendigen Produkt dar. Die Form des Ausbeutungsgrades im Kapitalismus ist nicht mit dem Ausbeutungsgrad schlechthin identisch, da der letztere durch das Verhältnis $\frac{\text{Mehrarbeit}}{\text{Notwendige Arbeit}}$ oder $\frac{\text{Mehrprodukt}}{\text{Notwendiges Produkt}}$ beschrieben wird. Im folgenden beschränken wir uns auf die Erörterung der kapitalistischen Form des Ausbeutungsgrades, dessen Zusammenhang mit der Masse des Mehrwerts nun geklärt werden soll.

Er lässt sich durch drei Gesetze beschreiben (25):

22) Marx, Kapital I, 229.

23) Marx, Kapital I, 222.

24) Marx, Kapital I, 231 f.

25) Vgl. Marx, Kapital I, 321 ff., Wir übernehmen die Ausdruckweise von Marx, dessen Gesetzesbegriff jedoch nicht mit demjenigen der modernen Wissenschaftstheorie zusammenfällt.

a) Erstens ist die Masse des produzierten Mehrwerts gleich dem Umfang des variablen Kapitals multipliziert mit dem Ausbeutungsgrad. Das variable Kapital lässt sich dabei weiter zerlegen in den Wert pro Arbeitskraft multipliziert mit der Zahl der ausgebeuteten Arbeitskräfte. Vorausgesetzt wird eine Konstanz des Wertes der Arbeitskräfte sowie deren arithmetische Reduktion auf Durchschnittsarbeitskräfte. Setzt sich der Kapitalist die Produktion einer fixen Mehrwertmasse zum Ziel, so kann er die Variation des einen Faktors durch entsprechende Veränderung des anderen Faktors kompensieren. Insbesondere kann das variable Kapital durch Reduktion der Zahl der Arbeitskräfte oder Verminderung des Wertes der Durchschnittsarbeitskraft verringert und die Ausbeutungsrate erhöht werden, um die Mehrwertmasse konstant zu halten.

b) Bleibt der Wert der Arbeitskraft konstant, so stösst zweitens die Erhöhung des Ausbeutungsgrades auf absolute Schranken; denn der durchschnittliche, durch psychische und moralisch-soziale Faktoren eingesetzte Arbeitstag bildet eine Schranke der Möglichkeit zur Erhöhung des Ausbeutungsgrades als Kompensation einer Verringerung der Zahl der ausgebeuteten Arbeiter. Diese Schranke haben wir schon beim Begriff des absoluten Mehrwerts angetroffen. Hält man umgekehrt den Arbeitstag konstant, so lässt sich bei einer Verringerung des variablen Kapitals die Mehrwertmasse nur so auf der alten Höhe halten, dass der Ausbeutungsgrad über eine Verringerung des Wertes der Arbeitskraft gesteigert oder der relative Mehrwert durch Senkung des notwendigen Produkts erhöht wird. Dies ist einerseits durch Förderung der Arbeitsintensität und anderseits über Produktivitätsfortschritte möglich. Je nach dem Ausmass der Veränderungen kann somit der Mehrwert auch bei Verkürzung des Arbeitstages konstant gehalten oder gesteigert werden, was "gegenwärtig in den meisten entwickelten kapitalistischen Ländern der Fall ist" (26).

Eine Verkürzung der Arbeitszeit kombiniert mit Produktivitätsfortschritten ist demnach in marxistischer Sicht nicht ein Signal dafür, dass im Spätkapitalismus die antagonistischen Interessen ihren Ausgleich in der Mitte gefunden haben, sondern vielmehr ein Indiz gesteigerter Ausbeutung. Auch die gegenüber früher

26) Lemmnitz, Ausbeutung, 196.

allgemein wesentlich höheren Löhne beweisen keineswegs das Gegenteil: Die unerhörten Produktivitätsfortschritte sowie die allgemeine Intensivierung der Arbeit haben einerseits den Wert der Arbeitskraft, gemessen an den Gütern, die in früheren Epochen in ihre Produktion einging, stark gesenkt. Anderseits darf das historische und moralische Element bei der Berechnung des Wertes der Arbeitskraft nicht ausser Acht gelassen werden; denn in der Wohlstandsgesellschaft sind zahlreiche frühere Luxusgüter Elemente des normalen Lebensstandards geworden und somit dem Kreis der Güter, die den Wert der Arbeitskraft in der Gegenwart bestimmen, einzurechnen. Doch unter der Annahme, dass die Änderungen im Wert der Arbeitskraft zusammen mit der Arbeitszeitverkürzung die erwähnten Produktivitätsfortschritte und erhöhte Arbeitsintensität wertmässig nicht zu kompensieren vermögen, werden Überfluss und Ausbeutung vereinbar, ja, sogar die These erhöhter Ausbeutung ist denkbar (27). "Mit der wachsenden Produktivität der Arbeit geht, wie man gesehn, die Verwohlfeilerung des Arbeiters, also wachsende Rate des Mehrwerts, Hand in Hand, selbst wenn der reelle Arbeitslohn steigt" (28).

c) Drittens ist darauf hinzuweisen, dass die Masse des Mehrwerts nur durch den Umfang des variablen Kapitals und den Ausbeutungsgrad determiniert wird, dass also die Grösse des konstanten Kapitals irrelevant ist. Wie Marx selber konstatiert (29), scheint dies mit aller Erfahrung in Widerspruch zu stehen. Wie dieses dritte Theorem mit der Wirklichkeit vereinbar ist, zeigt sich in Abschnitt 4.

Der Ausbeutungsgrad ist über die Masse des Mehrwerts mitbestimmend für das Ausmass der Kapitalbildung, die Akkumulation des Kapitals. Der Mehrwert wird vom Kapitalisten nicht voll akkumuliert, sondern ein Teil davon wird als persönliches Einkommen verbraucht. Der Umfang der Kapitalbildung wird also durch das Verhältnis des akkumulierten und des konsumierten Teils des Mehrwerts mit-

27) Zu einigen Schwierigkeiten einer quantitativen Untersuchung vgl. Abschnitt 4 und 632. Vgl. auch V. Pfaff/M. Wikhäll (Hrsg.), Das Schwedische Modell der Ausbeutung. Texte zum Arbeiterleben und zur Klassenstruktur im Wohlfahrtsstaat, Köln 1971.

28) Marx, Kapital I, 631.

29) Marx, Kapital I, 325.

bestimmt. Je mehr sich der Ausbeutungsgrad ausdehnt oder die Anzahl der ausgebeuteten Arbeiter steigt, "desto mehr wächst auch die Wertsumme, die sich in Konsumtionsfonds und Akkumulationsfonds spaltet. Der Kapitalist kann daher flotter leben und zugleich mehr 'entsagen'" (30).

30) Marx, Kapital I, 635 f.

4 Wert und Preis

41 Das Problem

Bisher haben wir bei der Erörterung der Ausbeutung durchwegs mit Wertgrössen operiert, ohne deren Verhältnis zu den in der Wirklichkeit sich bildenden Preisen zu klären. Die soll im folgenden nachgeholt werden. Die Wertlehre ist nicht nur eine Lehre der Wertschöpfung, sondern zielt auch auf die Erklärung des Preisbildungsprozesses ab (1). Marx erkannte so gut wie Ricardo, dass im Kapitalismus die Preise nicht dem Wert der in den Waren verausgabten Arbeitskraft proportional sind. Doch während Ricardo seine Arbeitswerttheorie modifizierte und für sie nur noch als Annäherung Geltung beanspruchte (2), kehrte Marx das Problem um und fragte, "wie infolge des Mechanismus des vollkommenen Wettbewerbs diese absoluten Werte, ohne geändert zu werden, so verlagert werden können, dass die Waren schliesslich, während sie ihren Wert behalten, nicht zu relativen Preisen abgesetzt werden, die proportional zu diesem Wert sind" (3). Da in der marxistischen Theorie Werte und Preise infolgedessen ohne weiteres divergieren können, stellt sich die Frage nach ihrer wechselseitigen Beziehung.

Böhm-Bawerk hatte das Problem in der Weise zu lösen versucht, dass er die These vom Widerspruch der ersten Bandes des "Kapital" zu dem dritten Band aufbrachte: Während Marx im ersten Band noch der geschilderten Arbeitswerttheorie angehangen habe, habe er sie selber später, wie aus dem posthum veröffentlichten dritten Band hervorgehe, infolge unlösbarer Widersprüche zugunsten einer neuen Profitratentheorie aufgegeben. Doch wie aus Marx' "Theorien über den Mehrwert" eindeutig hervorgeht und einige Stellen im ersten Band des "Kapital"

1) Hofmann, Wert- und Preislehre, 92.

2) Vgl. Teil II, Abschnitt 12; sowie Schumpeter, Geschichte, 729.

3) Schumpeter, Geschichte, 729. Die Hervorhebungen des Originals wurden weggelassen.

(4) ebenfalls erkennen lassen, entbehrt diese These jeder Grundlage. Zudem hatte Marx das Gerüst des dritten Bandes über den Gesamtprozess der kapitalistischen Produktion bereits vor der erstmaligen Publikation des ersten Bandes über den Produktionsprozess konzipiert. Die Frage der Verwandlung von Werten in Preise ist somit ein nicht wegzudiskutierendes Problem der marxistischen Ökonomie.

42 Mehrwert, Kostpreis und Profit

Wie wir gesehen haben, lässt sich der Wert einer kapitalistisch produzierten Ware in der Addition von c+v+m ausdrücken. Der Anteil von c+v ersetzt nur "den Preis der verzehrten Produktionsmittel und den Preis der angewandten Arbeitskraft", also das, "was die Ware dem Kapitalisten selbst kostet, und bildet daher für ihn den Kostpreis der Ware" (5). Dieser so verstandene kapitalistische Kostpreis ist nicht mit dem identisch, was die Produktion der Ware kostet; denn die "kapitalistische Kost der Ware misst sich an der Ausgabe in Kapital, die wirkliche Kost der Ware an der Ausgabe in Arbeit" (5). Der Mehrwert stellt die Differenz zwischen Wert und Kostpreis dar. Im Kostpreis werden die unterschiedlichen Charaktere des variablen und des konstanten Kapitals eingeebnet und der Ursprung des Mehrwerts, das heisst der Wertveränderung, die während des Produktionsprozesses sich ereignet, wird statt nur dem variablen Kapitalteil dem Gesamtkapital zugerechnet. Der Mehrwert scheint jedoch nicht nur dem verausgabten Gesamtkapital c+v zu entspringen, sondern er stellt sich vielmehr als eine Folge des vorgeschossenen Gesamtkapitals überhaupt dar, welches neben dem verausgabten Gesamtkapital c+v auch das in notwendigen Produktionsmitteln investierte Kapital — das aber ungleich dem konstanten Kapital c nicht in den Warenwert über-

4) Vgl. Marx, Kapital I, 117, 181, 411, 589. Bei Hofmann, Wert- und Preislehre, 108 finden sich Literaturhinweise zur Kontroverse über den Widerspruch zwischen der Wert- und Preistheorie. Ferner wird dieses Problem einer eingehenden Anylse unterzogen in P.A. Samuelson, Understanding the Marxian Notion of Exploitation: A Summary of the So-Called Transformation Problem Between Marxian Values and Competitive Prices, in: Journal of Economic Literature, Band 9, 1971, S. 399 ff.

5) K. Marx, Das Kapital. Kritik der politischen Ökonomie, Dritter Band, Buch III: Der Gesamtprozess der kapitalistischen Produktion, Marx/Engels Werke, Band 25, Berlin 1970, S. 34. Die Hervorhebungen des Originals wurden weggelassen (im folgenden zitiert als "Marx, Kapital III").

gegangen ist – umfasst (6). "Als solcher vorgestellter Abkömmling des vorgeschossenen Gesamtkapitals erhält der Mehrwert die verwandelte Form des Profits" (7). Zunächst ist also der Profit dasselbe wie der Mehrwert, Mehrwert auf das vorgeschossene Gesamtkapital statt auf den variablen Kapitalteil bezogen, Mehrwert in einer "mystifizierten Form, die jedoch mit Notwendigkeit aus der kapitalistischen Produktionsweise herauswächst" (7).

Ausbeutung ist somit die Bedingung des Profits. Profit und Mehrwert müssen mikroökonomisch nicht gleich gross sein; denn durch die Differenz zwischen Wert und Kostpreis kann die Ware mit Profit auch unter ihrem Wert verkauft werden. "Die Minimalgrenze des Verkaufspreises der Ware ist gegeben durch ihren Kostpreis. Wird sie unter ihrem Kostpreis verkauft, so können die verausgabten Bestandteile des produktiven Kapitals nicht völlig aus dem Verkaufspreis ersetzt werden. Dauert dieser Prozess fort, so verschwindet der vorgeschossene Kapitalwert. Schon von diesem Gesichtspunkt aus ist der Kapitalist geneigt, den Kostpreis für den eigentlichen inneren Wert der Ware zu halten, weil er der zur blossen Erhaltung seines Kapitals notwendige Preis ist. Es kommt aber hinzu, dass der Kostpreis der Ware der Kaufpreis ist, den der Kapitalist selbst für ihre Produktion gezahlt hat, also der durch ihren Produktionsprozess selbst bestimmte Kaufpreis. Der beim Verkauf der Ware realisierte Wertüberschuss oder Mehrwert erscheint dem Kapitalisten daher als Überschuss ihres Verkaufspreises über ihren Wert, statt als Überschuss ihres Werts über ihren Kostpreis, so dass der in der Ware steckende Mehrwert sich nicht durch ihren Verkauf realisiert, sondern aus dem Verkauf selbst entspringt" (8). Diese kapitalistische Tendenz, Wert und Kostpreis zu identifizieren, führt zur Illusion der Möglichkeit einer ausbeutungsfreien Gesellschaft bei Verkauf aller Waren zu ihrem Kostpreis. Es wird verkannt, dass die Arbeitskräfte nach wie vor ausgebeutet werden, nur dass nun die Kon-

6) In marxistischen Begriffen, auf deren Einführung wir verzichtet haben: Der Mehrwert stellt sich als eine Folge des vorgeschossenen Gesamtkapitals dar, das sowohl das fixe als auch das zirkulierende Kapital umfasst.

7) Marx, Kapital III, 46. Die Hervorhebungen des Originals wurden weggelassen.

8) Marx, Kapital III, 47 f. Die Hervorhebungen des Originals wurden weggelassen.

sumenten die Ausbeuterrolle von den Kapitalisten übernommen haben (9). Zudem ist eine auf kapitalistische Produktionsverhältnisse aufgebaute Ordnung ohne Profit der Kapitalbesitzer undenkbar.

43 Produktionspreis und Marktpreis

Obwohl somit der Profit eine verwandelte Form des Mehrwerts darstellt und beide zahlenmässig gleich gross sind, sofern die Waren zu ihrem Wert verkauft werden, trifft die numerische Aequivalenz bei der Profitrate und dem als Mehrwertrate sich darstellenden Ausbeutungsgrad im Kapitalismus nicht zu. In der Profitrate wird der Mehrwert m, der sich nun als Profit p darstellt, statt auf das variable Kapital v auf das Gesamtkapital C, das sich aus dem variablen Kapital v und dem konstanten Kapital c zusammensetzt, bezogen. Um die wesentlichen Zusammenhänge prägnanter herausarbeiten zu können, trifft Marx die Annahme, dass alle Teile des vorgeschossenen Gesamtkapitals eine identische Umschlagsperiode von einem Jahr haben. Vorgeschossenes und verausgabtes Gesamtkapital sind somit im folgenden äquivalente Grössen. Die Mehrwertrate $m' = \frac{m}{v}$ verhält sich demnach zur Profitrate $p' = \frac{m}{C} = \frac{m}{c+v}$ wie das Gesamtkapital zum variablen Kapital (10). Die Profitrate ist stets kleiner als die Mehrwertrate, der Ausbeutungsgrad, ausser im irrealen Grenzfall, wo dem variablen Kapital kein konstantes Kapital zugesetzt wird. Die Mehrwertrate sowie die Wertzusammensetzung des Kapitals bestimmen die Grösse der Profitrate und ihre Veränderungen im Zeitablauf.

9) Auch wenn die Arbeiter den überwiegenden Teil der Konsumenten ausmachen, gewissermassen also sich selber ausbeuten, ergibt sich für den Einzelnen keineswegs ein Ausgleich, der einer ausbeutungsfreien Gesellschaft nahekäme; denn der in den einzelnen Waren enthaltene Mehrwert ist von Produkt zu Produkt verschieden je nach Ausbeutungsgrad und dem Anteil des variablen Kapitals am verausgabten Gesamtkapital.

10) Zusätzlich nehmen wir der Einfachheit halber den Wert des Geldes als konstant an, und gehen von gesellschaftlich durchschnittlichen Bedingungen aus. Die Wirkungen der Umschlagsperioden auf die Profitrate werden in Marx, Kapital III, 80 ff. analysiert.

Marx nennt die Wertzusammensetzung des Kapitals, bestehend aus variablem und konstantem Kapital, soweit sie durch die technische Zusammensetzung bestimmt wird und diese widerspiegelt, die organische Zusammensetzung des Kapitals (11). Geht man nun von einem in allen Branchen gleich hohen Ausbeutungsgrad aus, so ergeben sich je nach der organischen Zusammensetzung des Kapitals in den verschiedenen Produktionssphären unterschiedliche Profitraten; dabei nehmen wir der Einfachheit halber eine in allen Branchen gleiche Umschlagszeit des Kapitals an. Nur im Falle gleicher organischer Zusammensetzung des Kapitals zusätzlich zum selben Ausbeutungsgrad würden sich die Profite entsprechend den Kapitalgrössen verhalten, wenn die Waren zu ihren Werten verkauft werden. Ein Blick auf die Produktion zeigt jedoch, dass die organische Zusammensetzung des Kapitals von Branche zu Branche stark variiert. "Andrerseits unterliegt es keinem Zweifel, dass in der Wirklichkeit, von unwesentlichen, zufälligen und sich ausgleichenden Unterschieden abgesehn, die Verschiedenheit der durchschnittlichen Profitraten für die verschiednen Industriezweige nicht existiert" (12). Diese hypothetischen, branchenspezifischen durchschnittlichen Profitraten werden durch die Konkurrenz der Kapitalien zu einer allgemeinen Profitrate eingeebnet. "Und zwar geschieht dies durch fortwährende Übertragung von Kapital aus einer Sphäre in die andre, wo augenblicklich der Profit über dem Durchschnitt steht. . . . Diese unterbrochene Aus- und Einwanderung des Kapitals, die zwischen verschiedenen Sphären der Produktion stattfindet, erzeugt steigende und fallende Bewegungen der Profitrate, die sich gegenseitig mehr oder weniger ausgleichen und dadurch die Tendenz haben, die Profitrate überall auf dasselbe gemeinsame und allgemeine Niveau zu reduzieren" (13). Der Ausbeutungsgrad sowie die organische Zusammensetzung des Kapitals beim einzelnen Kapitalisten sind für die Grösse eines Profits somit irrelevant; entscheidend ist einzig und allein der Umfang des Gesamtkapitals und die Höhe der allgemeinen Profitrate.

11) Marx, Kapital III, 155; Marx, Kapital I, 640.

12) Marx, Kapital III, 162.

13) Marx, Kapital III, 218.

Obwohl allein die Arbeitskraft wertschöpfend ist, ist nicht der Umfang des variablen Kapitals, sondern des Gesamtkapitals für die Profitmasse des einzelnen Kapitalisten massgebend. Die Waren werden nicht zu ihren Werten verkauft, sondern zu jenem Preis, der wenigstens den Durchschnittsprofit einbringt: Zu ihrem Produktionspreis, der für Marx den verwandelten Wert der Waren darstellt. "Der Produktionspreis der Ware ist . . . gleich ihrem Kostpreis plus dem, entsprechend der allgemeinen Profitrate, prozentig ihm zugesetzten Profit oder gleich ihrem Kostpreis plus dem Durchschnittsprofit. . . . Der Profit, der entsprechend dieser allgemeinen Profitrate auf ein Kapital von gegebener Grösse fällt, . . . heisst der Durchschnittsprofit" (14). Der Warenwert $W = c+v+m$ verwandelt sich in den Produktionspreis $P = c+v+p$.

Wenn sich auch für den einzelnen Kapitalisten Produktionspreis und Wert seiner Waren unterscheiden, so gilt das nicht für die Gesamtheit der Produktionszweige. Da durch die allgemeine Profitrate der gesamte produzierte Mehrwert unter den einzelnen Kapitalien entsprechend ihrem Anteil am gesellschaftlichen Gesamtkapital neu verteilt wird, muss "die Summe der Produktionspreise der produzierten Waren gleich der Summe ihrer Werte" (15) sein. Auch dies gilt nur für einen ganzen konjunkturellen Zyklus.

Damit der durch die Konkurrenz der Kapitalien induzierte Ausgleich der Profitraten überhaupt spielt, scheint eine gewisse Höhe der kapitalistischen Entwicklung notwendig. Ursprünglich bestimmte wahrscheinlich beim bloss gelegentlichen Tausch der individuelle Arbeitswert jedes einzelnen Produkts den Austausch (16). Später bildeten sich produktbezogene Märkte, die einen Austausch zum Produktwert im Sinne der gesellschaftlich notwendigen Arbeitszeit zur Folge hatten. Erst im Kapitalismus entstehen zwischen den produktbezogenen Märkten Querverbindungen, die die Durchsetzung einer allgemeinen Profitrate und in deren Folge die Inkongruenz zwischen Werten und Produktionspreisen ermög-

14) Marx, Kapital III, 167.

15) Marx, Kapital III, 169.

16) Vgl. für diese historische Herleitung Hofmann, Wert- und Preislehre, 92 f.; Marx, Kapital III, 186.

lichen. Man kann deshalb "die Werte der Waren nicht nur theoretisch, sondern historisch als das prius der Produktionspreise . . . betrachten" (17).

Der Produktionspreis wiederum ist nicht mit dem Marktpreis identisch, der sich auf den Märkten in der Realität bildet. Letztlich sind auch die Produktionspreise keine "Preise", "sondern nur durch das Dazwischentreten der Durchschnittsprofitrate modifizierte Werte" (18). Im Verhältnis zu den auf den Märkten sich bildenden Preisen ist der Produktionspreis vielmehr "das Zentrum, worum sich die täglichen Marktpreise drehn und wozu sie sich in bestimmten Perioden ausgleichen" (19). Wenn somit oben Ausbeutung im Kapitalismus als Aneignung des Mehrwerts durch den Kapitalisten umschrieben wurde, so hat die Transponierung dieser werttheoretisch definierten Ausbeutung in empirische feststellbare Preisgrössen die drei Stufen vom Wert der Ware zu ihrem Produktionspreis und schliesslich ihrem Marktpreis zu durchlaufen, um bezifferbar zu werden. Der Einfachheit halber, und um den Preis kleiner, eventuell sich ausgleichender Ungenauigkeiten können wir vom kurzfristigen Marktpreis abstrahieren und uns nur noch um seine langfristige, im Produktionspreis sich manifestierende Tendenz bekümmern.

Nach den bisher erörterten Beziehungen zwischen Wertrechnung und Preisrechnung ist es unmöglich, das Ausmass der Ausbeutung auf mikroökonomischer Ebene zu quantifizieren. Die Verteilung des gesamten gesellschaftlichen Mehrwerts an die einzelnen Kapitalien durch die allgemeine Profitrate lässt keinen Rückschluss mehr auf den in der einzelnen Branche oder gar im einzelnen Betrieb erzeugten Mehrwert und damit auf die branchen- oder gar firmenspezifische Ausbeutung zu; denn die Unterschiede in der organischen Zusammensetzung des Kapitals und im Ausbeutungsgrad werden ja eingeebnet. Während die organische Zusammensetzung des Kapitals durch Untersuchung des Einsatzverhältnisses zwischen Lohnkapital und Sachkapital sich eruieren lässt, ist dies beim

17) Marx, Kapital III, 186.

18) R. Rosdolsky, Zur Entstehungsgeschichte des Marx'schen "Kapital", Band 2, Frankfurt am Main 1968, S. 483 (im folgenden zitiert als "Rosdolsky, Entstehungsgeschichte II").

19) Marx, Kapital III, 188.

individuellen Ausbeutungsgrad nicht möglich, müsste dazu doch gerade der gesuchte branchen- oder firmenspezifische Mehrwert bekannt sein. Der Profit des einzelnen Kapitals ist ja nicht auf den selbst produzierten Mehrwert beschränkt. Im Austausch kann der Profit den Mehrwert auf mikroökonomischer Ebene über- oder unterschreiten. Auch die Möglichkeit, sich auf einen zur Produktion der Arbeitskraft notwendigen Warenkorb zu einigen und den durchschnittlichen Einnahmenüberschuss pro Arbeitskraft nach Verrechnung des Wertes der Arbeitskraft und der Aufwendungen für Produktionsmittel als Mehrwert pro Arbeitskraft zu deklarieren, versagt, weil im so errechneten Überschuss die die Wertgrösse verfälschende Profitrate Eingang gefunden hat.

Doch was für Teile des Ganzen Gültigkeit hat, gilt nicht für die Volkswirtschaft als Ganzes: Da die Profitrate den individuell erzeugten Mehrwert neu verteilt, aber durch diesen Vorgang in einer geschlossenen Volkswirtschaft weder Mehrwert produziert wird noch Mehrwert verloren gehen kann, entspricht die Gesamtmasse des Mehrwerts vor der Umverteilung derjenigen nach der Redistribution. Wertgrössen und Preisgrössen korrespondieren auf makroökonomischer Ebene quantitativ. Eine Berechnung des Mehrwerts einer ganzen Volkswirtschaft und somit des Ausmasses der gesamthaften Ausbeutung wird möglich, wenn wir von all den Unschärfen absehen, die einerseits durch die Erhebung des statistischen Materials und anderseits — was schwer wiegt — durch eine in weiten Bereichen willkürliche Abgrenzung des zur Produktion der Arbeitskraft notwendigen Warenkorbs sowie bei der Reduktion von komplizierterer auf einfache Arbeit entstehen. Zusätzlich haben wir eine Korrektur anzubringen, wenn wir die bisher undiskutierte und unmarxistische Annahme aufgeben, dass alle Arbeit produktiv ist.

44 Produktive und unproduktive Arbeit

Das Problem der produktiven Arbeit stellt sich Marx als "die Frage, was produktive Arbeit vom Standpunkt des Kapitals aus ist" (20). Die Frage der produktiven Arbeit ist in diesem Sinne ein historisches Problem des Kapitalismus. "Produktive Arbeit im Sinn der kapitalistischen Produktion ist die Lohnarbeit, die im Austausch gegen den variablen Teil des Kapitals (. . .) nicht nur diesen Teil des Kapitals reproduziert (oder den Wert ihres eignen Arbeitsvermögens), sondern ausserdem Mehrwert für den Kapitalisten produziert" (21). Einmal mehr wird der Unterschied zwischen Güter- und Wertproduktivität wichtig. Der Einwand, alle Arbeit, die irgendetwas produziere, sei produktiv, verfängt nicht, da die Fragestellung ja nicht auf die Analyse der überhistorischen, trivialen Güterproduktivität abzielt, sondern auf die historische Wertproduktivität im Kapitalismus. Der Begriff der produktiven Arbeit hat deshalb nichts zu tun mit dem Inhalt der Arbeit, so dass je nach der Rolle der Arbeit im kapitalistischen Produktionsprozess dieselbe Art der Arbeit produktiv oder unproduktiv sein kann. "Der Begriff des produktiven Arbeiters schliesst daher keineswegs bloss ein Verhältnis zwischen Tätigkeit und Nutzeffekt, zwischen Arbeiter und Arbeitsprodukt ein, sondern auch ein spezifisch gesellschaftliches, geschichtlich entstandnes Produktionsverhältnis, welches den Arbeiter zum unmittelbaren Verwertungsmittel des Kapitals stempelt. Produktiver Arbeiter zu sein, ist daher kein Glück, sondern ein Pech" (22).

Die im marxistischen Sinne produktive Arbeit darf nicht mit produktiver und unproduktiver Arbeit unter dem Gesichtspunkt des allgemeinen gesellschaftli-

20) K. Marx, Theorien über den Mehrwert (Vierter Band des "Kapitals"), Erster Teil, Marx/Engels Werke, Band 26.1, Berlin 1965, S. 369) (im folgenden zitiert als "Marx, Theorien I"). Die Hervorhebungen des Originals wurden weggelassen. Zur Thematik der produktiven Arbeit vgl. K. Marx, Das Kapital. Kritik der politischen Ökonomie, Zweiter Band, Buch II: Der Zirkulationsprozess des Kapitals, Marx/Engels Werke Band 24, Berlin 1969, S. 131 ff. (im folgenden zitiert als "Marx, Kapital II"); Marx, Kapital III, 292 ff.; Marx, Theorien I, 122 ff., 365 ff.; Schumpeter, Geschichte, 768 ff.; Renner, Verteilungstheorie, 150 ff.

21) Marx, Theorien I, 122.

22) Marx, Kapital I, 532.

chen Interesses verwechselt werden (23); denn Wertproduktivität ist gegenüber gesellschaftlicher Erwünschtheit indifferent.

Nur jene Arbeit ist also produktiv, die Mehrwert produziert und somit ausgebeutet wird. Um das Ausmass der Ausbeutung in einer gegebenen Gesellschaft eruieren zu können, ist deshalb Mehrwert produzierende Arbeit gegenüber derjenigen, die keinen Mehrwert erzeugt, abzugrenzen.

Während früher der Produktionsprozess individuell vonstatten ging, differenzierten sich infolge der Zunahme von Kooperation und Arbeitsteilung die einzelnen Funktionen zu verschiedenen Berufen. "Das Produkt verwandelt sich . . . aus dem unmittelbaren Produkt des individuellen Produzenten in ein gesellschaftliches, in das gemeinsame Produkt eines Gesamtarbeiters" (24). Da alle Organe dieses hypothetischen Gesamtarbeiters zur Mehrwertproduktion unerlässlich sind und ihrer Wertproduktion entsprechend partizipieren, sind alle Organe als produktiv zu bezeichnen, wobei infolge von Kooperation und Arbeitsteilung sogar neue, ebenfalls produktive Tätigkeiten wie Planung, Koordination u.a. entstehen können. Alle zur Erhöhung des Tauschwerts technisch unabdingbaren (25) Arbeiten sind produktiv. Somit ist es möglich, eine erste von zwei Gruppen unproduktiver Tätigkeiten herauszuschälen; sie sind unproduktiv, weil sich in beiden Gruppen die Arbeitskraft nicht gegen mehrwerterzeugendes Kapital, sondern unmittelbar gegen Geld statt gegen in Kapital verwandeltes Geld austauscht.

a) Zur Realisation des Mehrwerts nicht unbedingt notwendige Arbeiten im Zirkulationsprozess wie Werbung, Buchhaltung, Korrespondenz etc. einerseits sowie die aus dem Kapitalverhältnis fliessende "Arbeit" des Kapitalisten, die Arbeiter auszubeuten (26) anderseits sind als unproduktiv zu bezeichnen. "Das allgemeine Gesetz ist, dass alle Zirkulationskosten, die nur aus der Formverwandlung der Ware entspringen, dieser letztren keinen Wert zusetzen. Es sind bloss Kosten zur Realisierung des Werts oder zu seiner Übersetzung aus einer Form in

23) Vgl. E. Mandel, Marxistische Wirtschaftstheorie, Frankfurt am Main 1968, S. 200 f. (im folgenden zitiert als "Mandel, Wirtschaftstheorie").

24) Marx, Kapital I, 531.

25) Mandel, Wirtschaftstheorie, 201.

26) Vgl. Marx, Kapital III, 399 f.

die andre . . . und bildet, die ganze Kapitalistenklasse betrachtet, einen Abzug vom Mehrwert . . ." (27). Der Terminus "Form" bezieht sich auf die Waren- und Geldform, in der der Wert im Kapitalismus erscheinen kann. Das kommerzielle Kapital, das die Formveränderungen Ware-Geld und Geld-Ware ermöglicht, erzeugt nicht Mehrwert, sondern partizipiert am in der Produktion entstandenen Mehrwert ungeachtet seiner Notwendigkeit. Nur jene Kosten, die eine Bedingung der Zirkulation selber sind, wie zum Beispiel die Transportkosten oder die aus einem normalen, nichtspekulativen Warenvorrat vor dem Verkauf entstehenden Lagerhaltungskosten, fügen Wert hinzu (28). Bei ihnen verbirgt sich der Produktionsprozess unter der Form des Zirkulationsprozesses; diesem Schein zum Trotz sind sie dem Produktionsprozess zuzurechnen und deshalb produktiv.

Die in der Formverwandlung der Waren tätigen Arbeitskräfte sind zwar unproduktiv, helfen jedoch andere Arbeitskräfte für produktive Arbeit freizusetzen; denn der Nutzen unproduktiver Arbeit besteht darin, "dass ein geringrer Teil der Arbeitskraft und Arbeitszeit der Gesellschaft in dieser unproduktiven Funktion gebunden wird" (29). Sind die in unproduktiven Funktionen Beschäftigten Lohnarbeiter, so leisten sie zwar auch Mehrarbeit, welche dem Kapitalisten einen Teil seiner Zirkulationskosten erspart, aber schaffen keinen Mehrwert. Die Ausbeutung der unproduktiven Arbeiter erfolgt dergestalt, dass sie mehr Mehrwert auf den Bereich ihres Kapitals übrtragen, als sie im Lohn vergütet erhalten (30).

b) Da Marx die Produktion von materiellem Reichtum im weitesten Sinn, nämlich in der Bedeutung des Gesamtarbeiters, als wertbildend und damit mehrwertschöpfend und produktiv erklärt, sind weite Teile von Tätigkeiten des Dienstleistungssektors zusätzlich zu den Dienstleistungen der Zirkulationssphäre unpro-

27) Marx, Kapital II, 150. Die Hervorhebungen des Originals wurden weggelassen.

28) Marx, Kapital II, 149.

29) Marx, Kapital II, 134.

30) Dies gilt nur für die überwiegende Mehrzahl der unproduktiven Arbeiter, nämlich jene, welche durch das kommerzielle Kapital ausgebeutet werden. Bei den übrigen, zum Beispiel bei formal selbständigen Künstlern, findet meist die vorkapitalistische Form der Ausbeutung durch Wucherkapital statt, wie sie in Abschnitt 522 geschildert wird.

duktiv: Polizei, Lehrer, Juristen, Diener, etc. (31). Wie erwähnt, steht die gesellschaftliche Nützlichkeit nicht zur Diskussion.

Dieses Kriterium der unproduktiven Arbeit ist unseres Erachtens häufig missverstanden und in kritischer Absicht ausgenutzt worden. Das Kriterium, dass nur die Arbeit in der Produktion materiellen Reichtums produktiv sei, bildet für Marx nur die inhaltliche Bestimmung des entscheidenden, übergeordneten Kriteriums, dass nur jene Arbeit produktiv ist, die sich gegen in Kapital verwandeltes Geld austauscht. In der kapitalistischen Produktionsweise kann "als Charakteristisches der produktiven Arbeiter, i.e. der Kapital produzierenden Arbeiter, bezeichnet werden, dass ihre Arbeit sich in Waren realisiert, (. . .) materiellem Reichtum. Und so hätte die produktive Arbeit eine von ihrem entscheidenden Charakteristikum, das gegen den Inhalt der Arbeit durchaus gleichgültig und von ihm unabhängig ist, unterschiedne zweite Nebenbestimmung erhalten" (32). Die produktive Arbeit wird bei Marx nur deshalb auf die materielle Produktion eingeschränkt, weil die kapitalistische Produktionsweise einerseits überhaupt unübertragbar auf die nichtmaterielle Produktion ist und anderseits einfach zu seiner Zeit nicht angewandt wurde. Die Einschränkung der produktiven Arbeit auf die materielle Produktion ist deshalb nichts als konsequent und soll keineswegs den produktiven Arbeiter irgendwie erhöhen (33).

Konkret zählt Marx die Landwirtschaft, Handwerk, Industrie und Transportgewerbe (inklusive notwendige Verpackung und Sortieren) zur materiellen Produktion. Nichtproduktiv sind hingegen einmal die in Punkt a) erwähnte Gruppe von Arbeiten in der Zirkulation. Hinzu kommen die unproduktiven Arbeiten von Gruppe b): Dienste, deren Produktion mit der Konsumtion zusammenfällt (Lehrer, Schauspieler, Aerzte, etc.) und Waren, die nicht durch kapitalistische Produktionsweisen produziert werden (Bücher, Gemälde, etc., soweit die Produzenten nicht in einem kapitalistischen Lohnverhältnis stehen). Bezüglich der

31) Marx, Theorien I, 377 ff.

32) Marx, Theorien I, 385. Die Hervorhebungen des Originals wurden weggelassen.

33) Wie das zum Beispiel W. Theimer, Der Marxismus. Lehre, Wirkung, Kritik, Bern/München 4. Aufl. 1963, S. 128 (im folgenden zitiert als "Theimer, Marxismus") interpretiert.

Lohnhöhe besteht kein Unterschied zwischen produktiven und unproduktiven Arbeitskräften.

Selbständige Handwerker und Bauern, die keine Arbeiter beschäftigen, gehören weder in die Kategorie der produktiven noch der unproduktiven Arbeiter (34), auch wenn sie Waren produzieren, da ihre Produktionsweise keine kapitalistischer Art ist. Das entscheidende Kriterium des mehrwerterzeugenden Kapitals fehlt, da die Produktionsmittel den Produzenten gehören. Die Existenz der selbständigen Handwerker und Bauern zeigt, dass noch nicht alle Produktionsverhältnisse der kapitalistischen Produktionsweise unterworfen sind, wenn auch die Trennung der Arbeiter von den Produktionsmitteln den Normalfall darstellt. Ausbeutung dieser Selbständigen wird durch Wucherkapital möglich; es ist dies eine Form der Ausbeutung, wie sie in vorkapitalistischer Zeit zum Teil üblich war. Wir werden in Abschnitt 522 näher darauf eingehen.

Nach orthodoxer Theorie ist bei der Berechnung der Ausbeutung im Rahmen einer ganzen Volkswirtschaft somit der nach Abzug der Lohneinkommen (v), der durch die Produktion entstandenen Wertverminderung der Produktionsmittel – den Abschreibungen also – und den in die Produktion eingegangenen Rohmaterialien (c) vom Bruttosozialprodukt entstehende Saldo um das Ausmass der bisher nicht berücksichtigten unproduktiven Tätigkeiten zu korrigieren. Die Korrektur ist in der Weise vorzunehmen, dass alle an unproduktive Tätigkeiten ausgeschütteten Lohneinkommen, die zu überwiegendem Teil aus dem von den produktiven Tätigkeiten produzierten Mehrwert finanziert werden, dem Saldo wieder zugezählt werden. Der nun sich ergebende Betrag repräsentiert den in einer gegebenen Periode erzeugten Mehrwert und damit das Ausmass der Ausbeutung der Arbeiterklasse durch die Kapitalistenklasse.

34) Marx, Theorien I, 382 ff.

Kuczynski (35) hat für die USA die Entwicklung des Ausbeutungsgrades seit 1843/48 errechnet, indem er in der geschilderten orthodoxen Art und Weise die Einkommen der produktiven Arbeiter den Einkommen der Kapitalisten und unproduktiven Arbeitern zusammen gegenüberstellt. Danach erfuhr die Mehrwertrate auf der Basis des Durchschnitts von 1843-1848 gleich 100 eine Zunahme auf 786 für den Durchschnitt der Jahre 1942-1945. Man kann sich nach der Relevanz eines derartigen Indexes für den Ausbeutungsgrad fragen, da ja in der Gegenwart der tertiäre Sektor einen immensen Aufschwung genommen hat. Der Ausbeutungsgrad sagt infolgedessen nichts mehr über die Verteilung der Einkommen auf Besitz- und Arbeitseinkommen aus. Wir werden in Abschnitt 631 in kritischer Absicht auf das Problem der produktiven Arbeit zurückkommen.

45 Ausbeutung und der tendenzielle Fall der Profitrate

Bis anhin haben wir die Profitrate nur unter dem Aspekt des Ausgleichs individueller Profitraten zur allgemeinen Profitrate durch die Konkurrenz der Kapitalien behandelt. Marx hat des weiteren jedoch auch ein Gesetz des tendenziellen Falls der Profitrate für den Kapitalismus aufgestellt (36), das entsprechend dem Zusammenhang zwischen Wert und Preis eine Verbindung mit Mehrwert und Ausbeutung aufweist.

Marx geht von der Erfahrung aus, dass die Produktion in zunehmendem Masse anlagenintensiver wird. Deshalb steigt der Wert des konstanten Kapitals c schneller als das variable Kapital v. Gleichzeitig ist nach Marx ja allein das letztere wert-

35) J. Kuczynski, Darstellung der Lage der Arbeiter in den Vereinigten Staaten von Amerika seit 1898, Band 30 von: Die Geschichte der Lage der Arbeiter unter dem Kapitalismus, Berlin 1966, S. 205. Vgl. auch die Weltausbeutungsraten in J. Kuczynski, Eine Weltübersicht über die Geschichte der Lage der Arbeiter, Band 37 von: Die Geschichte der Lage der Arbeiter unter dem Kapitalismus, Berlin 1967, S. 125 ff.

36) Marx, Kapital III, 221 ff. Vgl. auch J.M. Gillman, Das Gesetz des tendenziellen Falls der Profitrate, Frankfurt am Main 1969, der sich mit einer Neuformulierung versucht (im folgenden zitiert als "Gillman, Gesetz"). Ferner Sweezy, Theorie, 119 ff. Sowie antikritisch zu Sweezy: Rosdolsky, Entstehungsgeschichte II, 467 ff.

und mehrwertbildend, während vom konstanten Kapital nur der durch die Produktion verbrauchte Anteil auf die Produkte übergeht. Zwangsläufig muss die Profitrate $\frac{m}{c+v}$ eine fallende Tendenz aufweisen, wenn der Ausbeutungsgrad $\frac{m}{v}$ als konstant angenommen wird. Mit der fallenden Profitrate muss kein Fallen der Profitmasse verbunden sein, da die letztere auch vom Umfang des Gesamtkapitals und nicht nur von der Profitrate abhängt. Im Gegenteil: Marx nimmt ein Wachsen der Profitmasse trotz des tendenziellen Falls der Profitrate an, weil das Gesamtkapital in stärkerem Masse wächst, als der Prozentanteil des variablen Kapitals fällt. Doch die Profitrate ist das in kapitalistischer Perspektive entscheidende Kriterium; ihr tendenzieller Fall lässt auf ein Ende des kapitalistischen Systems schliessen, ist doch die Profitrate "die treibende Macht in der kapitalistischen Produktion, . . . der Stachel der kapitalistischen Produktion" (37).

Der Angelpunkt der Beurteilung dieses Gesetzes liegt in der Einschätzung des Ausbeutungsgrades. Marx hat die Möglichkeit einer Erhöhung des Ausbeutungsgrades zwar keineswegs übersehen, sie jedoch nur als "entgegenwirkende Ursache" (38) klassifiziert, die den Fall vorübergehend aufhalten kann und das Gesetz des Falls der Profitrate als solches in eine blosse Tendenz verwandelt. Um den Fall der Profitrate aufzuhalten, werden die Kapitalisten die Ausbeutung der Arbeiter zu steigern versuchen. Wie ersichtlich geworden ist, kann dies geschehen durch Erhöhung des absoluten oder relativen Mehrwerts: Die Verlängerung des Arbeitstages steigert den absoluten Mehrwert, während die Intensivierung der Arbeit sowie Produktivitätsfortschritte über ein vermindertes notwendiges Produkt den relativen Mehrwert erhöhen. Weil nun die zunehmende Anlagenintensität, das heisst die steigende organische Zusammensetzung des Kapitals eine Zunahme der Arbeitsproduktivität zur Folge hat, erhöht sich demgemäss auch der Ausbeutungsgrad. Auch wenn offensichtlich ist, dass der Steigerung des Ausbeutungsgrades die Grenzen des Arbeitstages sowie ein bleibendes Minimum an notwendiger Arbeit entgegenstehen, ist die Marx'sche Art der Verbindung des Ausbeutungsgrades mit steigender organischer Zusammensetzung des

37) Marx, Kapital III, 269.

38) Marx, Kapital III, 242 ff. Mit den übrigen entgegenwirkenden Ursachen beschäftigen wir uns mangels Relevanz zum Thema der Ausbeutung nicht.

Kapitals fragwürdig; denn einzig in jenem Fall, in dem die Veränderung des Ausbeutungsgrades durch enorme Veränderungen in der organischen Zusammensetzung des Kapitals sogar überkompensiert werden, bleibt der tendenzielle Fall der Profitrate bestehen. Die Möglichkeit der Überkompensation ist deshalb als unwahrscheinlich zu betrachten, weil auch das konstante Kapital eine Wertgrösse darstellt (39).

Das Volumen der physischen Produktivität der Maschinen kann nicht als Index des Wertes des konstanten Kapitals verwendet werden. Gerade das enorme Ansteigen der Kapazitäten verleitet aber dazu, die Zunahme der organischen Zusammensetzung des Kapitals in einer verzerrten Optik zu betrachten.

Es ergibt sich sogar, dass von den beiden die Profitrate bestimmenden Variablen weder die Änderungen in der organischen Zusammensetzung des Kapitals noch die Änderungen im Ausbeutungsgrad vom theoretischen Standpunkt aus als dominierend angesehen werden dürfen. Der Ausbeutungsgrad hat innerhalb seiner Grenzen ebenso bedeutenden Einfluss auf die Profitrate wie die organische Zusammensetzung des Kapitals (40) und verunmöglicht deshalb eine eindeutige Aussage über den langfristigen Verlauf der Profitrate, sofern wir nicht weitere Faktoren zur Begründung einer Tendenz nach unten herbeiziehen oder uns auf die einer Steigerung des Ausbeutungsgrades immanenten Grenzen verlassen. Wenn das Gesetz des tendenziellen Falls der Profitrate zum Eckpfeiler der marxistischen Zusammenbruchstheorie des Kapitalismus erhoben wird (41), so erschliesst sich bei Verwerfung der Marx'schen Einschätzung des Verlaufs des Ausbeutungsgrades als blosser entgegenwirkender Ursache die zukünftige Entwicklung des Kapitalismus in ihrer Offenheit.

39) Die "Verwohlfeilerung der Elemente des konstanten Kapitals" behandelt Marx, Kapital III, 245 f. als weitere entgegenwirkende Ursache.

40) Vgl. Sweezy, Theorie, 128. Sweezy führt den Fall der Profitrate zur Hauptsache auf eine durch zunehmende Kapitalakkumulation induzierte Erhöhung der Nachfrage nach Arbeitskräften und sich daraus ergebende gewinnschmälernde Lohnerhöhungen zurück.

41) So zum Beispiel mit Marx-Zitaten fundiert Rosdolsky, Entstehungsgeschichte II, 448 f.; Gillman, Gesetz, 17. Gillman sieht sich gezwungen, den Mehrwertbegriff zum empirischen Nachweis einer sinkenden Profitrate zu modifizieren .

Nebenbei sei bemerkt, dass eine Überprüfung des Gesetzes des tendenziellen Falls der Profitrate anhand der Zinssätze natürlich unzulässig ist. Der Mehrwertbegriff wird gerade dadurch zu einem neuen analytischen Instrument, dass in ihm heterogen erscheinende Profitelemente zusammengefasst werden können, die in der Betriebsrechnung zum Teil in die Kosten eingehen (Zinsen, Steuern, Unternehmerlohn, u.a.), zum Teil offen als Gewinn ausgewiesen werden.

Eine Schätzung der Profitrate, in welcher ja der in Profit verwandelte, aber grössengleiche Mehrwert als Zähler fungiert, mittels Zinssätzen würde deshalb völlig willkürlich einen Teil des Mehrwerts an die Stelle des Ganzen setzen, ohne dass vorgängig eine Korrelation zwischen Zinssatz und Profitrate nachgewiesen wäre. In vorkapitalistischen Zeiten jedoch repräsentierte der Zins des Wucherkapitals noch mit Ausnahme der Abgaben an den Staat den ganzen Mehrwert; deshalb ist der damalige Zins mit dem kapitalistischen Zins völlig unvergleichbar (42).

42) Vgl. Marx, Kapital III, 609.

5 Die historischen Formen der Ausbeutung

51 Zur historischen Betrachtungsweise

Die marxistische Methode ist "in ihrem innersten Wesen historisch" (1) und gestattet, "das Problem der Gegenwart als geschichtliches Problem" (2) zu betrachten. Das Problem der Gegenwart bildet der Kapitalismus, und mit ihm die Ausbeutung des Menschen durch den Menschen. Durch die historische Methode wird eine Relativierung der Gegenwart bezüglich der Vergangenheit wie auch der Zukunft greifbar. Im folgenden wollen wir uns mit dem von Ausbeutung freien Sozialismus und Kommunismus nicht befassen, in den der Kapitalismus nach marxistischer Ansicht einmal einmünden wird, sondern auf die Vergangenheit eingehen.

Es wurde schon früher darauf hingewiesen, dass für den Kapitalismus nicht die Tatsache der Ausbeutung charakteristisch ist, sondern die spezifische Form, die die Ausbeutung annimmt. Es gilt demnach, die historischen Formen der Ausbeutung zu untersuchen. Die Form der Ausbeutung wird durch das Verhältnis der Eigentümer der Produktionsmittel zu den unmittelbaren Produzenten bestimmt. Dieses Produktionsverhältnis wiederum erhält seine Form durch die Entwicklungsstufe der Produktivkräfte. Je nach ihrer Entwicklungsstufe ergibt sich eine spezifische Ausgestaltung der Staatsform, insbesondere eine kennzeichnende Form allfälliger Herrschafts- und Abhängigkeitsverhältnisse, die gleichzeitig Ausbeutungsverhältnisse darstellen. Die Grundlage der Ausbeutung bildet ein Stand der Arbeitsproduktivität, der Mehrarbeit überhaupt zulässt. Ferner müssen die Produktionsmittel in der Hand weniger vereinigt sein. Die Eigentümer der Produktionsmittel sind die ausbeutende Klasse, denen antagonistisch die ausgebeutete Klasse gegenübersteht. Die Geschichte ist deshalb nicht nur eine Geschichte der Klassenkämpfe, sondern ebenso eine Geschichte der Ausbeutung.

1) G. Lukacs, Geschichte und Klassenbewusstsein. Studien über marxistische Dialektik, Neuwied/Berlin 1970, S. 51 (im folgenden zitiert als "Lukacs, Geschichte").

2) Lukacs, Geschichte, 279.

Bevor eine Darstellung der verschiedenen Gesellschaftsformationen möglich ist, muss ein kurzer Abriss der marxistischen Geschichtsphilosophie gegeben werden. In der Geschichte durchläuft die Menschheit mehrere sukzessive Entwicklungsstadien, bis "notwendig" Freiheit im Kommunismus verwirklicht sein wird. Der historische Determinismus wird mit der optimistischen Idee des Fortschritts verknüpft. Wenn man die treibende Kraft der geschichtlichen Entwicklung kennt, so kann man auch ihre zukünftige Entwicklung prognostizieren. Das Fortschreiten der Geschichte vollzieht sich im dialektischen Rhythmus, im Dreischritt These, Antithese, Synthese der Dialektik (3). Der Widerspruch zwischen These und Antithese entfaltet sich zu der höher stehenden Synthese, welche die Funktion der These in der nun folgenden Triade übernimmt. In der Idee der Dialektik als fortschreitende Entwicklung zu etwas Höherem findet sich die optimistische Ausgestaltung des historischen Determinismus wieder. Allerdings haben weder Marx noch Engels die dialektische Methode je als so formalisierte Triade dargestellt, wie sie bei Hegel zu finden ist. Die Dialektik im Marxismus darf deshalb nicht als Logik gedeutet werden, sondern vielmehr als heuristisches Instrument, das erlaubt, die Entwicklung der Gesellschaft unter dem Aspekt der dialektischen Triade zu betrachten. Wenngleich Marx und Engels die Dialektik von Hegel übernommen haben, so ist doch keineswegs die gesamte Grundlage der marxistischen Geschichtsbetrachtung Hegel'scher Provenienz. "Für Hegel ist der Denkprozess, den er sogar unter dem Namen Idee in ein selbständiges Subjekt verwandelt, der Demiurg des Wirklichen, das nur seine äussere Erscheinung bildet. Bei mir ist umgekehrt das Ideelle nichts andres als das im Menschenkopf um-

3) In marxistischer Sicht mutet eine Formalisierung der Dialektik zu einer allgemeinen dialektischen Logik fragwürdig an; denn "Marx bindet seine Methode 1. an den untersuchten Stoff; 2. an die Entwicklungsstufe der gegebenen Wissenschaft (das heisst der Erforschung des gegebenen Stoffs); 3. an die Entwicklungsstufe des untersuchten Gegenstands". J. Zeleny, Zum Wissenschaftsbegriff des dialektischen Materialismus, in: A. Schmidt (Hrsg.), Beiträge zur marxistischen Erkenntnistheorie, Frankfurt am Main 2. Aufl. 1970, S. 84 (im folgenden zitiert als "Zeleny, Wissenschaftsbegriff"). Zur Dialektik vgl. auch K.R. Popper, Was ist Dialektik? , in: E. Topitsch (Hrsg.), Logik der Sozialwissenschaften, Köln/Berlin 5. Aufl. 1968, S. 262 ff. (im folgenden zitiert als "Popper, Dialektik"); Seiffert, Einführung II, 199 ff.; I.M. Bochenski, Der sowjetrussische dialektische Materialismus (Diamat), Bern/München 5. Aufl. 1967, S. 86 ff. (im folgenden zitiert als "Bochenski, Materialismus"); H. Holzhey, Dialektik, Neue Zürcher Zeitung, 23.8.70, und die dort angeführten Literaturhinweise.

gesetzte und übersetzte Materielle" (4). An die Stelle des Hegel'schen Weltgeistes tritt die Materie, so dass sich die Konzeption als dialektischer Materialismus bezeichnen lässt. Die Begründung des dialektischen Materialismus geht auf Engels zurück, während Marx mehr einem historischen Materialismus zuneigt. Der historische Materialismus setzt den Akzent auf die Konsequenzen des Verhältnisses materielle Basis – Überbau; die Betonung des dialektischen Faktors in den Entwicklung und seine Ausdehnung auf die ganze Naturbetrachtung kennzeichnen den Engels'schen dialektischen Materialismus (5). "Unter dialektischem Materialismus versteht die sowjetmarxistische Orthodoxie, in Anlehnung an die Altersschriften von Engels, die metaphysische und der exakten Forschung äusserlich bleibende These, dass der Natur (identifiziert mit Materie im einzelwissenschaftlichen Sinn) unter Abstraktion von aller vermittelnden menschlich-gesellschaftlichen Zutat eine dialektische Bewegung immanent ist" (6). Der Materialismus, wie wir ihn stichwortartig beschrieben haben, soll diese orthodoxe These einer Naturdialektik nicht implizieren, weil für uns primär das historische Moment des Materialismus von Interesse ist.

Doch wird nicht nur der Weltgeist Hegels ersetzt, sondern die Theorie der Geschichte erfährt bei Marx eine zusätzliche Modifikation. Im marxistischen Selbstverständnis ist die Geschichte nicht eine Selbstentfaltung der Materie analog zum Weltgeist, sondern ein "resultativer Prozess, . . . eine Dimension des Handelns der ihr Leben wie auch ihre Vergesellschaftung möglicherweise verändert reproduzierenden Menschen" (7). Die dialektische Bewegung zeigt sich primär in der Materie, während die Ideen als Reflex der Materie, als Überbau, die dialektische Entwicklung nur sekundär widerspiegeln.

4) Marx, Kapital I, 27.

5) Vgl. Bochenski, Materialismus, 21 ff.

6) A. Schmidt, Nachwort, in: H. Lefèbvre, Probleme des Marxismus, heute, Frankfurt am Main 4. Aufl. 1968, S. 138.

7) H. Fleischer, Marxismus und Geschichte, Frankfurt am Main 1969, S. 94 (im folgenden zitiert als "Fleischer, Marxismus"). Die Hervorhebungen des Originals wurden weggelassen. Zur Entwicklung des Verhältnisses von Marx und Hegel vgl. J. Zeleny, Die Wissenschaftslogik bei Marx und "Das Kapital", Berlin 1968, S. 185 ff.

"Materie" im marxistischen Sinn erhält eine ökonomische Bedeutung. Der Stoffwechsel zwischen Mensch und Natur ist bestimmend für die historische Entwicklung. In den Worten von Marx: "In der gesellschaftlichen Produktion ihres Lebens gehen die Menschen bestimmte, notwendige, von ihrem Willen unabhängige Verhältnisse ein, Produktionsverhältnisse, die einer bestimmten Entwicklungsstufe ihrer materiellen Produktionskräfte entsprechen. Die Gesamtheit dieser Produktionsverhältnisse bildet die ökonomische Struktur der Gesellschaft, die reale Basis, worauf sich ein juristischer und politischer Überbau erhebt, und welcher bestimmte gesellschaftliche Bewusstseinformen entsprechen. Die Produktionsweise des materiellen Lebens bedingt den sozialen, politischen und geistigen Lebensprozess überhaupt. Es ist nicht das Bewusstsein der Menschen, das ihr Sein, sondern umgekehrt ihr gesellschaftliches Sein, das ihr Bewusstsein bestimmt. Auf einer gewissen Stufe ihrer Entwicklung geraten die materiellen Produktivkräfte der Gesellschaft in Widerspruch mit den vorhandenen Produktionsverhältnissen oder, was nur ein juristischer Ausdruck dafür ist, mit den Eigentumsverhältnissen, innerhalb deren sie sich bisher bewegt haben. Aus Entwicklungsformen der Produktivkräfte schlagen diese Verhältnisse in Fesseln derselben um. Es tritt dann eine Epoche sozialer Revolution ein. Mit der Veränderung der ökonomischen Grundlage wälzt sich der ganze ungeheure Überbau langsamer oder rascher um" (8). Die Form der Ausbeutung variiert entsprechend der Entwicklung der Produktionsweise. Die Dialektik zwischen den Produktivkräften und den Produktionsverhältnissen äussert sich in sukzessiven gesellschaftlichen Entwicklungsstadien. "In grossen Umrissen können asiatische, antike, feudale und modern bürgerliche Produktionsweisen als progressive Epochen der ökonomischen Gesellschaftsformation bezeichnet werden" (9). Marx formulierte diese Stadientheorie unseres Wissens ausser an der zitierten Stelle nur noch in den "Grundrissen" explizite. Deshalb und in Berücksichtigung seiner differenzierten konkreten Geschichtsinterpretation sollte dieses Vier-Stadien-Schema nur mit Vorsicht, das heisst "in grossen Umrissen" verwendet werden; ansonsten liegt die Gefahr einer selbst gebastelten Karikatur der marxistischen Geschichtsinterpretation nahe. Dieser Gefahr bewusst, übernehmen wir die Gliederung von Marx.

8) Marx, Kritik, 8 f.

9) Marx, Kritik, 9.

Den Ausgangspunkt der Geschichte bildet der gesellschaftliche Zustand eines klassenlosen Urkommunismus (10). Aus dieser klassenlosen "primitiven" Gesellschaft, in der noch kein Mehrprodukt existiert, wächst mit der Entwicklung der Produktivkräfte und dem nun dadurch möglichen Mehrprodukt die Sklavenhaltergesellschaft hervor, deren Fortschritt in der sozialen Beziehungen darin liegt, dass stammesfremde Kriegsgefangene nun versklavt statt wie vorher ermordet wurden (11), während der Fortschritt in der Naturbeherrschung durch die Erzeugung des Mehrprodukts gegeben ist. In ihr ist bereits der Keim zur darauffolgenden Ordnung des Feudalismus angelegt, welche schliesslich vom Kapitalismus abgelöst wird. Dieser wiederum wird "notwendig" in die klassenlose Gesellschaft des Sozialismus übergehen, sobald die dem Kapitalismus immanenten Widersprüche zwischen der Entwicklungsstufe der Produktivkräfte und den Produktionsverhältnissen unausgleichbar geworden sind. Es ist umstritten, was "notwendig" im Zusammenhang vom Übergang einer Epoche zum nächstfolgenden Zeitalter meint. Fleischer (12) versteht darunter eine "Tatnotwendigkeit" im Gegensatz zur "Geschehensnotwendigkeit", welche dem Marxismus implizite von Topitsch (13) zugeschrieben wird, wenn er als notwendig nur durch willentliche Eingriffe unbeeinflussbare Prozesse gelten lässt. Tatnotwendigkeit ist in dem Sinne gemeint, dass nicht mehr abzuweisende Not die Notwendigkeit der Umwälzung erzwingt. Aus der praktischen Tatnotwendigkeit folgt möglicherweise die Geschehensnotwendigkeit; keinesfalls jedoch birgt die Geschehensnotwendigkeit die Tatnotwendigkeit in sich. Da nach Fleischer Marx und Engels den Begriff der Notwendigkeit in verschiedenen Zusammenhängen in verschiedenem Sinn gebrauchen (14), besteht hierin eine dauernde Quelle von Interpretationen, die dem heutigen Selbstverständnis des Marxismus nicht gerecht werden.

10) Vgl. dazu A. Künzli, Karl Marx. Eine Psychographie, Wien/Frankfurt/Zürich 1966, S. 600 ff. (im folgenden zitiert als "Künzli, Marx").

11) Engels, Anti-Dühring, 169.

12) Fleischer, Marxismus, 142 ff.

13) Topitsch, Ursprung, 323 ff.

14) Vgl. auch Künzli, Marx, 675 ff., der die Marx'sche Ambivalenz zwischen Determinismus und Voluntarismus treffend schildert.

52 Die historischen Ausbeutergesellschaften

521 Sklavenhaltergesellschaft und Feudalismus

In der Sklavenhaltergesellschaft herrscht Privateigentum an den Produktionsmitteln sowie an den Menschen, den Sklaven, welche als ausgebeutete Klasse den Sklavenhaltern als Ausbeutern gegenüberstehen. Die Entwicklung der Produktivkräfte gestattet die Erzeugung eines Mehrprodukts infolge verbesserter landwirtschaftlicher Methoden und Arbeitsteilung. In der Sklavenhaltergesellschaft wie auch im Feudalsystem ist "die Herrschaft der Produktionsbedingungen über die Produzenten . . . versteckt durch die Herrschafts- und Knechtschaftsverhältnisse, die als unmittelbare Triebfedern des Produktionsprozesses erscheinen und sichtbar sind" (15). Die Sklaven werden aufgrund des herrschaftvermittelnden Eigentumsverhältnisses zur Mehrarbeit gezwungen. Ausserökonomischer Zwang, nämlich Gewalt, ist notwendig. In der Sklavenhaltergesellschaft scheint nicht nur die Mehrarbeit, sondern auch die Erzeugung des notwendigen Produkts Arbeit für den Sklavenbesitzer zu sein. Alle Arbeit des Sklaven "erscheint als unbezahlte Arbeit. Bei der Lohnarbeit erscheint umgekehrt selbst die Mehrarbeit oder unbezahlte Arbeit als bezahlt. Dort verbirgt das Eigentumsverhältnis das Fürsichselbstarbeiten des Sklaven, hier das Geldverhältnis das Umsonstarbeiten des Lohnarbeiters" (16). Die Ausbeutung im Sklavensystem ergreift nur ausnahmsweise auch Teile des notwendigen Produkts, sofern ein Substanzverzehr des Sklaven in Kauf genommen wird. Die Aneignung des Mehrprodukts geschieht aufgrund des Eigentums an den Sklaven. Wie in allen Klassengesellschaften, ist auch in der Sklaverei die unproduktive Arbeit der Leitung des Arbeitsprozesses zu leisten, jene Aufsicht, welche aus dem Klassengegensatz entspringt. Je schärfer der Gegensatz zwischen den unmittelbaren Produzenten und den Eigentümern der Produktionsmittel ausgeprägt ist, desto grössere Ausmasse nimmt die Aufsichtsarbeit an. "Sie erreicht daher ihr Maximum im Sklavensystem" (17).

15) Marx, Kapital III, 839.

16) Marx, Kapital I, 562.

17) Marx, Kapital III, 397.

Die Weiterentwicklung der handwerklichen Produktions- und landwirtschaftlichen Anbaumethoden führte schliesslich zum Feudalismus. Das Privateigentum an den Produktionsmitteln sowie die als Leibeigene oder Hörige an die Feudalherren gebundene unterdrückte Klasse bildeten die Bedingungen der neuen Form der Ausbeutung. Sie erfolgt auch hier noch durch Anwendung von ausserökonomischem Zwang. Die feudalistische Mehrarbeit, zum Beispiel in der Form der Fronarbeit für den Gutsherren, ist unverschleierte Mehrarbeit (18), offen als Ausbeutung für die Betroffenen erkennbar. Dies steht im Gegensatz zum Kapitalismus, wo die gesellschaftlichen Produktions- und damit Ausbeutungsverhältnisse durch das System der Lohnarbeit verschleiert werden.

522 Der Übergang zum Kapitalismus

Noch bevor die kapitalistische Form der Ausbeutung die vorherrschende Form der Ausbeutung wurde, hat zum Teil eine klassenlose Gesellschaftsform mit Warenproduktion, die einfache Warenproduktion, bestanden. Diese entwickelt sich (19) aus dem vorerst gelegentlichen, dann gewohnheitsmässigen Tausch durch Übergang zur absichtlichen Produktion von Waren als Gebrauchswerte für andere. Es findet zwar ein regelmässiger Tausch statt, doch besteht keine freie Lohnarbeit und auch keine Kapitalakkumulation. Die Produzenten sind Eigentümer der Produktionsmittel, weshalb weder Klassen existieren noch Ausbeutungsbeziehungen bestehen. Insofern, als die Produkte bereits Warencharakter angenommen haben mit allen Voraussetzungen und Konsequenzen des Wertgesetzes, stellt die einfache Warenproduktion eine Vorstufe zum Kapitalismus dar.

Die einfache Warenproduktion setzt voraus, dass es in der Zirkulationssphäre üblich ist, die Waren zu verkaufen, um das Geld wieder in Ware zurückzuverwandeln. Diese Zirkulationsform, "verkaufen, um zu kaufen" (20), Ware – Geld –

18) Vgl. Marx, Kapital I, 91 f.

19) Hofmann, Wert- und Preislehre, 87; vgl. auch Mandel, Wirtschaftstheorie, 70 ff.

20) Marx, Kapital I, 162.

Ware (W—G—W), ist die unmittelbare Form der Warenzirkulation. Bei ihrem Vorherrschen ist die Gesellschaft der einfachen Warenproduktion klassenlos. Daneben findet sich jedoch allmählich eine zweite Zirkulationsform: Geld — Ware — Geld (G—W—G), die ungleich der Warenzirkulation zwei entgegengesetzte Phasen durchläuft. Man kauft, um zu verkaufen; die Zirkulation wird Selbstzweck und verliert die Funktion der Aneignung von Gebrauchswerten. Durch diese Zirkulationsform verwandelt sich Geld in Kapital. Dieser Vorgang ist nicht nur im Kapitalismus möglich, sondern in bestimmter Form auch in vorkapitalistischer Zeit.

Marx spricht in diesem Zusammenhang von Wucherkapital (21). Es existiert in zwei Formen. Einerseits gibt es Wucher beim Geldverleihen an Feudalherren oder Sklavenbesitzer, anderseits wird Geld an den kleinen, selbständigen Produzenten, den Handwerker oder Bauern, ausgeliehen. Für beides ist charakteristisch, dass der Geldempfänger nominell Eigentümer der Arbeitsbedingungen und des Arbeitsprodukts bleibt, durch den Wucher jedoch ruiniert und in die Abhängigkeit des Wucherers getrieben wird. Im Kapitalismus braucht der unmittelbare Produzent — der Arbeiter — kein Geld aufzunehmen, weil die Arbeitsbedingungen und die Arbeitsprodukte nicht ihm gehören. "Der Lohnsklave ist ebensogut wie der wirkliche Sklave durch seine Stellung davon ausgeschlossen, Schuldsklave zu werden, wenigstens in seiner Eigenschaft als Produzent" (22). Ansatzpunkte für den Wucherer bilden jene häufigen, zufälligen Schicksalsschläge wie Krieg, Seuchen, etc., deren Schaden unmittelbar nicht einmal gross zu sein braucht. Doch der Wucherzins verunmöglicht eine Rückzahlung des Darlehens, so dass der Darlehensnehmer immer mehr sich verschulden muss, bis er vollkommen vom Wucherer abhängig ist. Nach aussen bleibt der Produzent wie in der klassenlosen einfachen Warenproduktion Eigentümer der Produktionsmittel und seiner Arbeitsprodukte, obwohl er vom Darlehensgeber ausgebeutet wird. Der Wucherer hat derart die Möglichkeit, sich das ganze Mehrprodukt der Produzenten und auch allenfalls Teile des notwendigen Produkts anzueignen. "Das Wucher-

21) Vgl. Marx, Kapital III, 607 ff. Dem Handels- oder Kaufmannskapital kommt bezüglich der Ausbeutung dieselbe Rolle zu wie dem Wucherkapital. Vgl. Marx, Kapital III, 335 ff., insbesondere 343.

22) Marx, Kapital III, 609.

kapital besitzt die Exploitationsweise des Kapitals ohne seine Produktionsweise" (23). In bezug auf die Ausbeutung lässt sich somit das Wucherkapital und das Kapital des Kapitalismus auf eine Ebene stellen, hinsichtlich der Produktion sind sie jedoch grundverschieden.

Falls die Darlehen nicht an die kleinen, selbständigen Produzenten gehen, sondern die Feudalherren oder Sklavenbesitzer dem Wucher verfallen, ändert sich an der Funktion des Wucherkapitals nichts. Die Produktionsweise braucht hier – wie bei den selbständigen Produzenten – keineswegs zu ändern; der ausgesaugte Feudalherr oder Sklavenhalter wird seine eigenen Opfer entsprechend mehr ausbeuten. Bei vollständigem Ruin übernimmt der Wucherer ihre Rolle, jedoch ohne im allgemeinen die Produktionsweise zu ändern. Es zeigt sich die Vereinbarkeit der Ausbeutung durch das Wucherkapital mit den verschiedensten Entwicklungsstufen der Gesellschaft. Nur wenn die zusätzlich notwendigen Bedingungen gegeben sind, vermag die wucherische Ausbeutung eine Gesellschaftsform in eine andere überzuführen. Entscheidend dafür ist die Entwicklung der Produktivkräfte, wie sich bei der Genesis des Kapitalismus zeigt. Doch schon im alten Rom hatte nach Marx der Wucher nach dem Ruin der Kleinbauern eine Transformation der vorher kleinbürgerlichen Gesellschaft in eine Sklavenwirtschaft zur Folge (24).

Die Umwälzungen der Produktivkräfte gegen Ende der feudalistischen Zeit, die vermehrte Kooperation, Arbeitsteilung und die Entwicklung der Manufakturen machen andere Produktionsverhältnisse notwendig, als in der feudalistischen Gesellschaft vorhanden waren. Die enge Bindung der Leibeigenen und Hörigen an den Hof steht der Entfaltung der neuen Produktivkräfte im Wege; denn es werden nun freie Arbeiter benötigt. Das Emporkommen der Kapitalisten stellt sich das "als Frucht eines siegreichen Kampfes gegen die Feudalmacht und ihre empörenden Vorrechte, sowie gegen die Zünfte und die Fesseln, die diese der freien Entwicklung der Produktions und der freien Ausbeutung des Menschen durch den Menschen angelegt" (25). Das Wucherkapital, das sich im Laufe der

23) Marx, Kapital III, 611.

24) Vgl. Marx, Kapital III, 609.

25) Marx, Kapital I, 743.

Zeit angesammelt hat, passt seine Funktion der kapitalistischen Produktionsweise an, indem es sich zu einem modernen Kreditsystem entwickelt. Der Wucher mag zwar auch im Kapitalismus noch vorkommen, stellt jedoch ein atypisches, untergeordnetes Phänomen dar. Das zinstragende Kapital als wesentliches Element des Kapitalismus unterscheidet sich vom Wucherkapital in der durch die neuen Produktionsbedingungen hervorgebrachten verwandelten Person des Darlehensnehmers. "Selbst wo ein vermögensloser Mann als Industrieller oder Kaufmann Kredit erhält, geschicht dies in dem Vertrauen, dass er als Kapitalist fungieren, unbezahlte Arbeit aneignen wird mit dem geliehenen Kapital. Es wird ihm Kredit gegeben als potentiellem Kapitalisten" (26). Der Umstand, dass ein fähiger Kopf in dieser Weise sich zum Kapitalisten wandeln kann, auch wenn er ohne Vermögen ist, erlaubt der herrschenden Klasse eine dauernde Regeneration. Sie hilft mit, das Herrschaftssystem und damit das Ausbeutungsverhältnis zu zementieren (27).

523 Der Kapitalismus

Wie wir gesehen haben, entwickelt sich neben der einfachen Warenzirkulation W—G—W die Zirkulation G—W—G. In der einfachen Warenzirkulation bildet der Austausch der qualitativ verschiedenen Waren den Inhalt der Zirkulation, währProzess G—W—G der Inhalt des Austauschs in der quantitativen Verschiedenheit der beiden G zu suchen ist. Deshalb beschreibt man den Prozess exakter mit G—W—G'. G' ist gleich der ursprünglich vorgeschossenen Geldsumme vermehrt um den Mehrwert. Diese Bewegung G—W—G' ist die "allgemeine Formel des Kapitals" (28), sei es Wucher-, Kaufmanns- oder industrielles Kapi-

26) Marx, Kapital III, 614.

27) "Je mehr eine herrschende Klasse fähig ist, die bedeutendsten Männer der beherrschten Klassen in sich aufzunehmen, desto solider und gefährlicher ist ihre Herrschaft". Marx, Kapital III, 614. Es ist deshalb ein Irrtum, wenn J. Schumpeter, Kapitalismus, Sozialismus und Demokratie, Bern 1946, S. 39 (im folgenden zitiert als "Schumpeter, Kapitalismus") schreibt, Elitenwechsel erscheine auf der Marx'schen Leinwand nicht, weil seine Konsequenzen mit dem Marxismus unvereinbar seien.

28) Marx, Kapital I, 170.

tal. Das zinstragende Kapital, wozu auch das Wucherkapital zu zählen ist, verkürzt den Prozess sogar auf die Formel G–G'. Allgemein können wir sagen, dass jenes Geld Kapital ist, das durch die Zirkulation G–W–G' danach trachtet, sich Mehrwert anzueignen, für das die Zirkulation Selbstzweck darstellt und nicht auf die Aneignung von bestimmten Gebrauchswerten abzielt.

Es entsteht die Frage nach der Herkunft des Mehrwerts. Marx weist nach (29), dass der Mehrwert weder aus dem Verkauf von Waren über ihrem Wert noch aus ihrem Kauf unter ihrem Wert erklärt werden kann. "Werden Aequivalente ausgetauscht, so entsteht kein Mehrwert, und werden Nicht-Aequivalente ausgetauscht, so entsteht auch kein Mehrwert. Die Zirkulation oder der Warenaustausch schafft keinen Wert" (30): Für die Erklärung der Kapitalakkumulation sind Verletzungen des Wertgesetzes unwesentlich, so dass jene zufällige und vorübergehende Ausbeutung, die dem Arbeiter in der Zirkulation durch Missachten des Wertgesetzes um einen Teil seines notwendigen Produkts bringt, hier nicht weiter untersucht werden soll. Im umgekehrten Fall, wenn die Produzenten mehr als das notwendige Produkt erhalten, können gewissermassen antinomische wechselseitige Ausbeutungsbeziehungen entstehen: Einerseits beutet der Eigentümer der Produktionsmittel die Produzenten durch Aneignung des Mehrwerts aus; anderseits kann der Produzent durch Verletzen des Wertgesetzes mehr als das notwendige Produkt erhalten und so den Eigentümer der Produktionsmittel "ausbeuten". Diese "Ausbeutung" des Ausbeuters durch den Ausgebauteten ist die einzige im marxistischen Rahmen wenigstens kurzzeitig denkbare Ausbeutung der Kapitalisten durch die Arbeiter. Andere Interpretationen, die den Spiess vollständig umkehren wollen und behaupten, bereits Marx habe die Möglichkeit einer Ausbeutung der Kapitalisten durch die Arbeitenden zugestanden, entbehren jeder Grundlage (31).

29) Marx, Kapital I, 171 ff.

30) Marx, Kapital I, 177 f.

31) In diesem Sinne sind die Ausführungen von E. Streissler zu beurteilen, wie sie von W. Linder, Marx als Advokat des freien Unternehmers, in: Neue Zürcher Zeitung, 20.9.70 referiert werden.

Das durch die G—W—G' Zirkulation in Kapital verwandelte Geld zusammen mit der Revolution der Produktionsweise lässt den Kapitalismus entstehen. Durch die in doppeltem Sinne freien Arbeiter gelangt die Ware Arbeitskraft auf den Markt und das Rätsel der Mehrwertgenese ist gelöst. Die Trennung der Produzenten von den Produktionsbedingungen als Resultat historischer Umwälzungen, die Eigentumslosigkeit der Produzenten ist unabdingbare Voraussetzung der kapitalistischen Entwicklung (32); Geldreichtum Einzelner hätte nicht genügt. Während in vorkapitalistischer Zeit primär individuell gearbeitet wurde, entwikkelt sich die Kooperation, Arbeitsteilung und Maschinerie zur spezifischen Form des kapitalistischen Produktionsprozesses und verwandelt den individuellen Produktionsprozess in einen gesellschaftlichen. In dieser Verwandlung besteht einerseits die historische Notwendigkeit des Kapitalismus, anderseits ist die gesellschaftliche Form des Arbeitsprozesses "eine vom Kapital angewandte Methode, um ihn durch Steigerung seiner Produktivkraft profitlicher auszubeuten" (33); denn es ist "der bestimmende Zweck des kapitalistischen Produktionsprozesses möglichst grosse Selbstverwertung des Kapitals, d.h. möglichst grosse Produktion von Mehrwert, also möglichst grosse Ausbeutung der Arbeitskraft durch den Kapitalisten" (34) zu erreichen. Durch zunehmende Kapitalbildung entwikkeln sich die Produktionsbedingungen auf eine Stufe, welche die Basis für die höheren Gesellschaftsformen des Sozialismus und Kommunismus abgeben.

Es dürfte deutlich geworden sein, dass der marxistische Kapitalbegriff vom in der bürgerlichen Ökonomie verwendeten Begriff radikal verschieden ist. "Kapital" meint nicht vergegenständliche Arbeit oder Produktionsmittel; denn bei dieser Definition hätte Kapital in allen Epochen existiert und ginge seines historischen Charakters verlustig. Das Kapital ist bei Marx nicht als natürliche, sondern als sozialgeschichtliche Kategorie ausgestaltet (35). Die güterwirtschaftliche Bestimmung des Kapitals als produziertes Produktionsmittel vermengt die

32) Zu dieser Voraussetzung vgl. vor allem K. Marx, Grundrisse der Kritik der politischen Ökonomie, Fotomechanischer Nachdruck der Moskauer Ausgabe 1939 und 1941, Frankfurt/Wien o.J. S. 408 ff. (im folgenden zitiert als "Marx, Grundrisse").

33) Marx, Kapital I, 354.

34) Marx, Kapital I, 350.

35) Rosdolsky, Entstehungsgeschichte II, 646.

Marx'sche Unterscheidung von Gütern und Waren, von Güterproduktivität und Wertproduktivität. "Arbeit ist . . . nicht die einzige Quelle der von ihr produzierten Gebrauchswerte, des stofflichen Reichtums" (36). Jedoch ist die Arbeit alleinige Quelle der Werte. Dementsprechend ist auch der Kapitalbegriff nicht güterwirtschaftlich, sondern wertmässig und damit sozialgeschichtlich zu verstehen.

Wie schon bei der Ausbeutung, darf auch beim Kapitalbegriff nicht von der Form abstrahiert und nur der Inhalt betont werden (37). Der Inhalt ist ahistorisch, während die Form eine historische Ausprägung annimmt. Das Kapital ist "ein bestimmtes, gesellschaftliches, einer bestimmten historischen Gesellschaftsformation angehöriges Produktionsverhältnis, das sich an einem Ding darstellt und diesem Ding einen spezifischen gesellschaftlichen Charakter gibt" (38). In diesem Produktionsverhältnis treten die Produktionsbedingungen als vergegenständlichte Arbeit der lebendigen Arbeit so gegenüber, dass durch den Gebrauch der in der einfachen Zirkulation G—W—G erworbenen Arbeitskraft die Erzeugung von Mehrwert und dessen individuelle Aneignung möglich wird. Nur wenn das Produkt der Mehrarbeit "die Form von Mehrwert annimmt, wenn der Eigner der Produktionsmittel den freien Arbeiter — frei von sozialen Fesseln und frei von eignem Besitz — als Gegenstand der Ausbeutung sich gegenüber vorfindet und ihn ausbeutet zum Zweck der Produktion von Waren, erst dann nimmt, nach Marx, das Produktionsmittel den spezifischen Charakter des Kapitals an" (39). Das kapitalistische Produktionsverhältnis ist wesentlich Ausbeutungsverhältnis.

36) Marx, Kapital, 58.

37) Vgl. Marx, Grundrisse, 168 f. In der Unterscheidung zwischen Form und Inhalt manifestiert sich der Einfluss von Hegels Logik. Es sind die gesellschaftlichen Formen der Produktion und Distribution, die nach Marx den Gegenstand der ökonomischen Analyse bilden. Der Inhalt erzeugt vom Standpunkt Hegels in seiner Entwicklung jene Form, die latent im Inhalt bereits enthalten war; die Form ist nicht wie bei Kant in bezug auf den Inhalt etwas Äusserliches. Vgl. Rosdolsky, Entstehungsgeschichte I, 104 f.

38) Marx, Kapital III, 822.

39) F. Engels, Herrn Eugen Dührings Umwälzung der Wissenschaft (Anti-Dühring) in: Marx/Engels Werke, Band 20, Berlin 1962, S. 193 (im folgenden zitiert als "Engels, Anti-Dühring").

6 Im Brennpunkt der Kritik

61 Aufriss

Wie schon früher, unterscheiden wir auch jetzt zwischen immanenter, im Rahmen der marxistischen Voraussetzungen verbleibender Kritik und transzendierender Kritik. Dazu tritt ein weiterer Abschnitt, in dem einige Skizzen zur Frage entworfen werden sollen, inwieweit einerseits die marxistische Theorie für den Spätkapitalismus relevant ist, ob die geschichtliche Entwicklung seit den Tagen von Marx eine Revision oder gar Ablehnung seiner Kategorien nahelegt, und ob anderseits die marxistische Theorie — soweit sie Ausbeutung und Verelendung betrifft — durch die Wirklichkeit falsifiziert worden ist. Sowohl die immanente wie auch die transzendente Kritik unterteilen wir in zutreffende und unzutreffende Argumente. Nachdem bisher die Unabdingbarkeit der marxistischen Werttheorie für ein adäquates Verständnis der marxistischen Fassung der Ausbeutung dargelegt wurde, wird die Kritik der Ausbeutung zumeist den indirekten Weg über die Werttheorie beschreiten. Ganz allgemein berücksichtigen wir Einwände nur soweit, als sie für das Problem der Ausbeutung von Bedeutung sind. Ferner sei auf die getrennte Erörterung der Imperialismustheorien in Teil V hingewiesen.

62 Immanente Kritik

621 Unzutreffende Argumente

a) Erstens wurde eingewendet, der marxistischen Ausbeutungstheorie liege ein doppeldeutiger Gebrauch des Begriffes "Arbeitskraft" zugrunde, der die Theorie "logisch unhaltbar" (1) mache. Danach versteht Marx unter der Arbeitskraft zuweilen das Arbeitsvermögen, den Inbegriff der physischen und geistigen Fähigkeiten des Arbeiters, und zuweilen die täglich ohne Substanzverzehr mögliche maximale Arbeitsleistung. Diese beiden Bedeutungen beziehen sich nun wie Substanz und Nutzung eines Gutes aufeinander. Nur dadurch, dass Marx die beiden Bedeutungen gleichsetzt, kommt er zu seiner vermeintlichen Lösung des Mehrwertproblems; denn der Kapitalist kauft nicht die Substanz des Arbeiters, sondern nur seine Nutzung, die Arbeitsleistung. Er mietet die Substanz für eine kontraktlich festgesetzte Zeit und hat dementsprechend nicht den Substanzwert wie bei einem Kauf der Substanz zu entrichten. Dadurch, dass der Kapitalist die Nutzung kauft, hat er auch den vollen Preis für die tägliche Arbeitsleistung aufzuwenden. Es bleibt bei Erfüllung des Wertgesetzes kein Raum für Ausbeutung oder Mehrwert (2).

Wenn nun Marx, wie wir gesehen haben, den Wert eines Gutes durch die zu seiner Produktion gesellschaftlich notwendige Arbeitszeit bestimmt sein lässt und diese Werttheorie auch auf die Arbeitskraft anwendet, so hat der Kapitalist dementsprechend die nahrungs- und bildungsmässig historisch notwendigen Ausgaben zur Produktion der Arbeitskraft zu bestreiten. Er bezahlt den während der Beschäftigungsdauer eintretenden Substanzverzehr, nicht die Arbeitsleistung, den Gebrauchswert, sondern den Tauschwert. Die Marx'sche Theorie ist in dieser Hinsicht eindeutig und lässt keinen Raum für Oppenheimers These einer Doppeldeutigkeit im Begriff der Arbeitskraft.

1) F. Oppenheimer, Weder Kapitalismus noch Kommunismus, Jena 1932, S. 122 (im folgenden zitiert als "Oppenheimer, Kapitalismus"). Vgl. auch F. Oppenheimer, Wert und Kapitalprofit. Neubegründung der objektiven Wertlehre, Jena 1916, S. 179 ff. (im folgenden zitiert als "Oppenheimer, Wert").

2) Oppenheimers eigene Ausbeutungstheorie erörtern wir in Teil IV, Abschnitt 312.

b) Zweitens nimmt Schumpeter die Ausbeutungstheorie unter Beschuss, indem er die Anwendbarkeit der Werttheorie auf die Arbeitskraft bestreitet. "Denn, wenn die Arbeitsmengentheorie des Wertes überhaupt Gültigkeit besitzt, so nur kraft einer rationalen Kostenkalkulation: nur ökonomisch eingesetzte (gesellschaftlich notwendige) Arbeitsmengen schaffen einen Wert. Aber offensichtlich werden Menschen nicht nach kapitalistischen Rationalitätsregeln im Hinblick auf kostendeckende Erträge produziert" (3). Eine Übernahme von Lassalles ehernem Lohngesetz oder der Bevölkerungslehre von Malthus hätte nach Schumpeters Meinung die Konsistenz der Ausbeutungslehre wieder gestärkt. Marx hat sich jedoch von beidem distanziert.

Die Identifizierung von ökonomisch eingesetzten mit gesellschaftlich notwendigen Arbeitsmengen, auf die Schumpeter sein Argument stützt, scheint uns jedoch nicht statthaft. Nicht umsonst hat Marx die Arbeitszeit als historisch und gesellschaftlich notwendige umschrieben; doch stellt er nirgends fest, dass dieses historische Element sich in den Bahnen kostenminimierender Kalkulationen bewegen müsse. Im Gegenteil, auch steigende Löhne, die aus dem Blickwinkel blosser physiologischer Reproduktion unnötig erscheinen, werden mit der Werttheorie vereinbar. Allerdings ist zuzugeben, dass ausser bei der Ware Arbeitskraft vermutlich bei der Produktion aller anderen Waren auf betriebswirtschaftliche Kostenminimierung geachtet wird. Die Konkurrenz übt einen beständigen institutionellen Druck in diese Richtung aus, ein Moment, das bei den Arbeitskräften fehlt. Marx hat die Tendenz zur betriebswirtschaftlichen Kostenminimierung nicht begrifflich mit der historisch gesellschaftlich notwendigen Arbeitszeit verknüpft; erst sekundär manifestiert sich bei den Waren eine empirische Tendenz in dieser Richtung ausser bei der Ware "Arbeitskraft".

c) Drittens wurde ausgeführt, die marxistische Werttheorie vermöge aus dem Grund nicht zu überzeugen, weil sie die Nützlichkeit und Seltenheit von Gütern vernachlässige (4). Die Rolle der Nützlichkeit, des Gebrauchswertes, im Marxis-

3) Schumpeter, Geschichte, 795. Vgl. auch Schumpeter, Kapitalismus, 53.

4) Böhm-Bawerk, Geschichte, 384. Zur Antikritik vgl. Hofmann, Wert- und Preislehre, 105, 107 f. Auch Oppenheimer bezeichnet die Marx'sche Werttheorie nur als Teiltheorie, die sich auf beliebig reproduzierbare Güter beschränke. Vgl. Oppenheimer, Kapitalismus, 11, 116.

mus wurde schon früher dargelegt, so dass wir uns die Frage der seltenen Güter beschränken. Marx befasst sich in der Werttheorie mit der Frage der Wertschöpfung, welche er allein auf Arbeit zurückführt. Die Seltenheit der Güter, vor allem der nicht beliebig reproduzierbaren Güter, bezieht sich aber auf das Verhältnis von Angebot und Nachfrage, also auf die Preisbildung statt auf die Wertbildung. Da in der kapitalistischen Preisbildung einzelner Güter die Werte von ihren Preisen losgelöst sind, können Dinge sogar "einen Preis haben, ohne einen Wert zu haben" (5). Dies trifft für jene Sachen zu, welche keine Arbeitsprodukte darstellen, aber trotzdem begehrt und nicht frei erhältlich sind. Die "wertfreien" Güter werden ebenso wie die Waren aus in der Produktion entstandenen Einkommen gekauft; es sei diesbezüglich an die Marx'sche Behandlung der Grundrente erinnert (6). Das auf der Vernachlässigung der Seltenheit von Gütern basierende Argumente gegen die Werttheorie trifft nur den preistheoretischen Aspekt der marxistischen Werttheorie, nicht jedoch die Theorie der Wertschöpfung.

d) Viertens hat man Marx vorgeworfen, dass er die Frage nicht bewältigen könne, weshalb die Kapitalisten auf dem Arbeitsmarkt sich konkurrenzieren. Der Konkurrenzdruck könne die Löhne bis zur Beseitigung der Ausbeutung hinauftreiben. Wenn die Ausbeutung der Arbeitskräfte ein derart profitables Geschäft ist, so liege es doch im Zuge der Konkurrenz und des Gewinnstrebens, das variable Kapital v möglichst zu vergrössern (7). Ähnlich stellt Schumpeter (8) das Problem, nur dass er es statt auf das variable Kapital auf das gesamte Kapital bezieht und untersucht, weshalb die Konkurrenz nicht eine Ausbringungssteigerung bis zum vollständigen Verschwinden der Ausbeutungsgewinne erzwingt.

5) Marx, Kapital I, 117.

6) Vgl. Abschnitt 33. In gleicher Weise lassen sich übrigens die dynamischen Vorsprungsrenten in die marxistische Theorie integrieren: Trotz überdurchschnittlichen Fortschritten in der Güterproduktivität bleibt die Wertproduktivität auf der gesellschaftlich notwendigen Stufe; jedoch erreicht der Profit der dynamischen Unternehmen ein überdurchschnittliches Ausmass. Vgl. die in dieser Hinsicht fragwürdigen Bemerkungen bei E. Heimann, Soziale Theorie der Wirtschaftssysteme, Tübingen 1963, S. 85 (im folgenden zitiert als "Heimann, Theorie").

7) Popper, Propheten, 216. Popper versucht an dieser Stelle selber eine Antwort zu geben, die jedoch — wie auch er feststellt — unbefriedigend ist. Sie enthält nur einen Teil der marxistischen Lösung, die wir im folgenden anführen.

8) Schumpeter, Kapitalismus, 54, 58 f.; Schumpeter, Geschichte, 795.

Die Lösung der ersten Variante des Problems liegt darin, dass der einzelne Kapitalist nicht am Mehrwert interessiert ist, sondern allein am Profit. Dieser wird durch die allgemeine Profitrate verteilt entsprechend dem investierten Gesamtkapital; das im Einzelfall beschäftigte variable Kapital v ist völlig irrelevant. Der Wertaspekt spielt für den Kapitalisten keine Rolle, so dass man gar nicht – wie Popper im Namen von Marx das tut – den Konkurrenzkampf anführen muss, der eine einseitige Investition des Kapitals in v verhindere. Selbstverständlich hat der Wettbewerb die Konsequenz von zunehmenden Investitionen im Anlagenkapital; die historische Mission des Kapitalismus wird von Marx ja entsprechend als die einer ungeheuren Entwicklung der Produktivkräfte umschrieben. Die Expansion im konstanten Kapitalsektor führt nun aber auch wieder zu einer zunehmenden Nachfrage nach Arbeitskräften, so dass wir nun bei der Schumpeter'schen Variante des Problems angelangt sind.

Wie früher erwähnt wurde, bremst ein im Zuge zunehmender Akkumulation erhöhtes Lohnniveau den Profitanreiz und leitet damit die Rückbildung der Akkumulation ein. Doch noch ein zweiter Faktor verhindert das Erreichen eines ausbeutungsfreien Gleichgewichts. Es ist die Dynamik des kapitalistischen Produktionsprozesses, die es nie zu einem stationären Gleichgewicht kommen lässt. Die permanente Revolution der Produktivkräfte erzwingt andauernde Revisionen der gesellschaftlich notwendigen Arbeitszeiten gegebener Produkte und verhindert so durch die Produktion eines zunehmenden relativen Mehrwerts durch Lohnerhöhungen in Griffnähe gerückte Ausbeutungsfreiheit. Bei neuen Produktentwicklungen findet derselbe Prozess statt. Einerseits die konjunkturelle Bremse der Akkumulation und anderseits die neuerungsträchtige Dynamik des Kapitalismus verhindern massive und andauernde, zur Beseitigung der Ausbeutung geeignete Lohnerhöhungen.

622 Zutreffende Argumente

Seit den Tagen der Publikation von Böhm-Bawerks Schrift "Zum Abschluss des Marx'schen Systems" (9) Ende letzten Jahrhunderts gehört ein Trumpf zum Inventar der Marx-Kritik, der partiell nach wie vor sticht. Es handelt sich um das schon bei Ricardo aufgegriffene Problem der Reduktion von komplizierter auf einfache Arbeit. Den Zirkel, den wir bei Ricardo geltend gemacht haben, gibt es nach Ansicht dieser Kritik auch bei Marx. Auch er verweise auf die faktischen Austauschverhältnisse, um zu einem Reduktionsmassstab zu gelangen; da jedoch gerade die faktischen Austauschverhältnisse das zu Erklärende darstellen, liege ein Zirkel vor. Die Reduktion sei ganz einfach deswegen unmöglich, weil in verschiedenen Produkten qualitativ verschiedene Arbeit in verschiedener Menge enthalten sei. Eine differenzierende Untersuchung wird zeigen, dass dieser Einwand in der vorliegenden Form die Marx'sche Theorie nicht trifft, dass aber eine etwas anders argumentierende Kritik durchaus vertretbar ist.

In verschiedenen Produkten sind offensichtlich verschiedene Arten von Arbeit in unterschiedlichen Mengen verkörpert. Auch jede ungelernte, einfache Arbeit hat ihre Eigenart und lässt sich in ihrer konkreten Form nicht mit einer anderen einfachen Arbeit vergleichen. Die qualitativen und quantitativen Unterschiede der Arbeitsarten sind deshalb nicht ein Spezialproblem des Verhältnisses der qualifizierten zur einfachen Arbeit (10), sondern tauchen schon beim Vergleich konkreter einfacher Tätigkeiten auf. Werden ganz allgemein die konkreten Arbeitsformen vergleichbar gemacht, so wird auch die einfache Arbeit mit der qualifizierten vergleichbar und der Zusammenhang der qualifizierten Arbeit als ein Mehrfaches der einfachen Arbeit tritt hervor. Die Vergleichbarkeit konkreter Arbeitsformen erreicht Marx durch seinen Begriff der "abstrakt menschlichen Arbeit". Der Tauschwert der Waren ist etwas rein Gesellschaftliches; vom Gebrauchswert, der Nützlichkeit wird abstrahiert. "Mit dem nützlichen Charakter

9) E.v. Böhm-Bawerk, Zum Abschluss des Marxschen Systems, in: Festgabe für Karl Knies, Berlin 1896, S. 164 ff.

10) Vgl. Rosdolsky, Entstehungsgeschichte II, 601. Abgesehen von der von uns aufrechterhaltenen Kritik an Marx folgen wir Rosdolsky, Entstehungsgeschichte II, 597 ff.

der Arbeitsprodukte verschwindet der nützliche Charakter der in ihnen dargestellten Arbeiten, es verschwinden also auch die verschiednen, konkreten Formen dieser Arbeiten, sie unterscheiden sich nicht länger, sondern sind allzusamt reduziert auf gleiche menschliche Arbeit, abstrakt menschliche Arbeit" (11). Dieser Grundbegriff der Marx'schen Werttheorie hat seine Existenz nicht einer willkürlichen Abstraktion zu verdanken, sondern basiert auf der Beobachtung des kapitalistischen Produktionsprozesses: Die Austauschbarkeit der Arbeiter in verschiedensten Funktionen sowie ihre tatsächliche Fluktuation zeigt die Berechtigung der Abstraktion. Die Arbeit ist nur noch ein Mittel zur Schaffung von Reichtum und ihrer individuellen Besonderheit entwachsen. Mit dem Begriff der abstrakten Arbeit ist das Problem der Vergleichbarkeit verschiedener Tätigkeiten und damit die grundsätzliche Reduzierbarkeit der qualifizierten auf die einfache Arbeit gelöst. Es bleiben nunmehr die Regeln der Reduktion und ihr Massstab zu ermitteln.

Das Verhältnis zwischen einfacher und komplizierter Arbeit, "in letzter Instanz, reduziert sich auf den verschiednen Wert der Arbeitsvermögen selbst, d.h. ihre verschiednen Produktionskosten (durch Arbeitszeit bestimmt)" (12). Die Ausbildungszeiten sind somit für das Verhältnis von qualifizierter und einfacher Arbeit entscheidend. Ein höherer Wert der Arbeitskraft äussert sich in höheren Werten der durch sie hergestellten Produkte als bei in der gleichen Zeitspanne durch einfache Arbeit hergestellten Gütern. Marx leitet hier, keineswegs im Widerspruch zu seiner Werttheorie, den Wert der Waren aus dem Wert der Arbeitskraft her. Dies bedeutet nur, "dass im gesellschaftlichen Prozess der Gleichsetzung verschiedener Arbeiten die Mehrausgabe an Arbeit, die die kapitalistische Gesellschaft für die Ausbildung qualifizierter Arbeitskräfte verwenden muss, sich nicht anders als auf dem Weg der höheren 'Bewertung' der durch diese Arbeitskraft hervorgebrachten Produkte ausdrücken kann" (13).

11) Marx, Kapital I, 52.

12) K. Marx, Theorien über den Mehrwert (Vierter Band des "Kapitals"), Dritter Teil, Marx/Engels Werke, Band 26.3, Berlin 1968, S. 165 (im folgenden zitiert als "Marx, Theorien III"). Die Hervorhebungen des Originals wurden weggelassen.

13) Rosdolsky, Entstehungsgeschichte II, 613. Die Hervorhebung des Originals wurde weggelassen.

Alternativ zu dieser Marx'schen Lösung das Heil in den Wissenschaften der Arbeitsphysiologie und Arbeitspsychologie zu suchen, wäre nicht statthaft (14). Denn die Verfahren der analytischen Arbeitsplatzbewertung, die so bereitwillig einen Reduktionsmassstab zu liefern scheinen, dienen der Regelung der Löhne und nicht der Feststellung der Arbeitserträge. Auf die Löhne kann jedoch nicht verwiesen werden, ohne dem von Böhm-Bawerk aufgezeigten Zirkel zu verfallen. Es bleibt also bei der von Marx skizzierten Lösung, eine Lösung jedoch, die bei nochmaliger Betrachtung zeigt, dass sie höchstens eine Teillösung ist.

Wir haben nämlich bis jetzt durchwegs vorausgesetzt, dass qualifizierte Arbeit auf erlernten Fähigkeiten basiert. Natürliche, angeborene Unterschiede wurden vernachlässigt. Will man diese miteinbeziehen, so verlässt die Werttheorie den sicheren Boden; denn natürliche Unterschiede in der Qualität gearbeiteter Stunden bedingen einen anderen Reduktionsmassstab als den bisher erarbeiteten. Zum Zweck der Analyse nehmen wir vorläufig an, dass erlernte und angeborene Faktoren trennbar sind.

Sweezy (15) versucht sich in einer problematischen Konstruktion, um auch in diesem Fall zu einem Massstab zu gelangen. Danach ist es bei angeborenem Talent notwendig, einen talentierten und zum Vergleich einen normalen Arbeiter in der Produktion derselben Güter zu beschäftigen, um eine quantitative Relation zu erhalten, die die Reduktion der qualifizierten auf einfache Arbeit ermöglicht. Diese Relation soll nun auch für alle anderen Tätigkeiten der beiden Testpersonen Gültigkeit haben. Die Generalisierung wird durch Hinweis auf häufige Fluktuationen und Berufswechsel legitimiert. Diese Konstruktion setzt jedoch voraus dass die individuellen Arbeitskräfte eine gleichmässige Begabungsstruktur aufweisen im Sinne eines in allen einzelnen Begabungssektoren gleichen Niveaus. Andernfalls wäre ja die Übertragung der konkret ermittelten Relation auf andere Tätigkeiten unzulässig. Diese Voraussetzung des auf seinem Fähigkeitsniveau universellen Menschen mutet fragwürdig an. Aus den gleichen Gründen wie vorhin bietet die analytische Arbeitsplatzbewertung auch bei angeborenen Fähig-

14) Vgl. Hofmann, Wert- und Preislehre, 107.

15) Sweezy, Theorie, 59 f.

keiten keine Handhabe für eine Reduktionsmassstab. Sein Fehlen wirkt sich auf die Arbeitswerttheorie jedoch als starke Beeinträchtigung aus, besteht doch nun keine Möglichkeit, den Warenwert zu ermitteln.

Selbst wenn man Sweezys Annahme und seine darauf basierende Konstruktion akzeptieren würde, ist das Problem des Reduktionsmassstabes ungelöst. Denn die analytische Trennung von angeborenen und erlernten Fähigkeiten lässt sich in der Praxis nicht durchführen. Jegliche Tätigkeit dürfte die Resultate einer Mischung von angeborenen und erlernten Fähigkeiten sein: Solange nicht angeborene Talente von erlernten Fertigkeiten auseinandergehalten werden können, ist das Reduktionsproblem sogar bei Vorhandensein von Reduktionsmassstäben sowohl für angeborene wie auch für erlernte Fähigkeiten ungelöst. Wenn man Annahme und Konstruktion von Sweezy ablehnt, so liegt ebenfalls in der untrennbaren Verschlingung angeborener und erlernter Komponenten die Unmöglichkeit begründet, für die angeborenen Talente einfach den Reduktionsmassstab zu übernehmen, der sich im Sektor der erlernten Fähigkeiten ergibt.

Wir betonen: Der Mangel der Arbeitswerttheorie besteht nur im Fehlen eines Reduktionsmassstabes; denn angeborene Fähigkeiten sind keineswegs grundsätzlich mit ihr unvereinbar, wie Schumpeter (16) meint. Die Arbeitswerttheorie hat sich nie anheischig gemacht, Wertunterschiede zwischen einer bestimmten Zeit qualifizierter und derselben Zeit einfacher Arbeit vermittels des Arbeitswertprinzips zu erklären, zum Beispiel durch den Wert der Arbeitskraft. Der Wert der Arbeitskraft dient bei erlernten Fähigkeiten nur als Reduktionsmassstab. Eine durch angeborene Fähigkeiten qualifizierte Arbeitskraft erhält das gleiche Entgelt wie eine einfache Arbeitskraft, nur dass die erstere infolge ihrer höheren Wertproduktivität mehr ausgebeutet wird als die letztere. Diese grössere Ausbeutung der geborenen Talente ist eine Konsequenz des Wertgesetzes.

Auf den ersten Blick ist man geneigt, hierin einen Widerspruch zur Realität zu erblicken. Im Kapitalismus ist das Wertgesetz aber ausser Kraft, auch für die Lohnbildung. Deshalb können Arbeitskräfte mit angeborenen Fähigkeiten im Wider-

16) Schumpeter, Kapitalismus, 48.

spruch mit dem mikroökonomischen Wertgesetz durchaus einen höheren Lohn als eine einfache Arbeitskraft erhalten, ohne dass dies mit der marxistischen Wert- und Preislehre unvereinbar wird. Es liegt hier der gleiche Fall vor wie bei seltenen Gütern, auf die keine Arbeit verwandt wurde. Doch sei nochmals darauf hingewiesen, dass die Trennung von angeborenen und erlernten Fähigkeitskomponenten rein fiktiv ist, dass also auch der Reduktionsmassstab für erlernte Fähigkeiten letztlich eine undurchführbare Fiktion ist.

Je nach Einschätzung dieser immanenten Kritik wird man geneigt sein, die auf der Werttheorie fussende Ausbeutungstheorie als haltbar oder unhaltbar zu betrachten. Wir meinen, dass sie zumindest auf eine gravierende Lücke hinweist, die bis heute nicht ausgefüllt werden konnte.

63 Marxistische Theorie und Spätkapitalismus

631 Zur Adäquatheit marxistischer Kategorien im Spätkapitalismus

Die Untersuchung über die Wandlungen des Hochkapitalismus zum Spätkapitalismus wird vier Punkte umfassen, die in bezug auf unsere Problemstellung selektioniert wurden. Selbstverständlich haben sich manche andere, unerwähnte Änderungen ergeben.

a) Erstens fragt sich, ob der Klassenantagonismus einer Zusammenarbeit der Klassen gewichen ist. Die Zunahme der Mittelschichten, die am Wohlstand partizipieren, legt die Annahme einer derartigen Metamorphose des Kapitalismus nahe. Der Klassenkampf scheint einer institutionalisierten Konfliktregelung zwischen den Marktparteien gewichen zu sein. Doch fragt es sich, ob nicht einfach "die bislang anhaltende hohe Wachstumsrate den Problemen der Verteilung ihren Stachel genommen hat" (17). Der Klassenkampf wäre dieser Ansicht zufolge nur

17) K. Borchardt, Zur Theorie der sozial-ökonomischen Entwicklung der gegenwärtigen Gesellschaft, in: T.W. Adorno (Hrsg.), Spätkapitalismus oder Industriegesellschaft?, Stuttgart 1969 S. 37.

bis zur Abflachung des wirtschaftlichen Wachstums sistiert, eine Auffassung, die mit der marxistischen Geschichtsinterpretation nicht unvereinbar scheint. Eine Analyse der Einkommensquoten des Zweiklassenmodells von Besitz- und Arbeitseinkommen zeigt langfristig eine verhältnismässig geringe, länderweise verschiedene Zunahme der Einkommensquote aus unselbständiger Arbeit (18). Die Expansion der vielzitierten Mittelschichten, die das marxistische Zweiklassenschema unanwendbar machen sollen, vermag diese Aufgabe jedoch nicht zu leisten. Schon Marx hat Ricardo die Unterlassungssünde vorgeworfen, das beständige Wachstum der Mittelschichten übersehen zu haben (19). Dies spricht dafür, dass sich ihre heute noch grössere Expansion mit der marxistischen Theorie vereinbaren lässt, ohne die letztere zurechtbiegen zu müssen. Von Lenin (20) stammt die Ansicht, dass die Arbeiteraristokratie von den Kapitalisten durch hohe Löhne bestochen wird. Doch halten wir diese fragwürdige These im Zusammenhang mit der Aktualität des Marx'schen Klassenbegriffs für unnötig. Der Wohlstand der Mittelschichten besteht zum grössten Teil in gesteigertem Konsum und einer materiellen Sicherheit, die früher nicht bestanden hat; die Eigentumsverhältnisse in der Produktion werden davon kaum betroffen (21). Das entscheidende Moment in der Bestimmung der Klassen liegt nicht in der Höhe des Einkommens, sondern in der Antwort auf die Frage: "auf welche Weise beschaffen sich Menschen die Mittel zur Erhaltung ihrer . . . Existenz, wovon – oder: von wem – leben sie?" (22).

18) Vgl. Teil IV, Abschnitt 4; auch Renner, Verteilungstheorie, 81 ff. Diese makroökonomischen Grössen müssen durch mikroökonomische Analysen ergänzt werden, um aussagekräftiger zu werden. Insbesondere wäre die Quote der unselbständig Arbeitenden zu berücksichtigen sowie eine Lorenzkurve zu erstellen.

19) Marx, Theorien II, 576.

20) Vgl. Teil V, Abschnitt 62.

21) Auch geringer Aktienbesitz macht noch keinen Kapitalisten aus. Erst wenn jemand nicht mehr gezwungen ist, seine Arbeitskraft zu verkaufen, muss er der Kategorie der Kapitalisten zugerechnet werden. Vgl. Mandel, Wirtschaftstheorie, 245 ff. Die Differenzierung in Eigentümer der Produktionsmittel und Manager hat Marx selber schon in seine Argumentation einbezogen, vgl. Marx, Kapital III, 401 ff., 452 ff.

22) W. Hofmann, Grundelemente der Wirtschaftsgesellschaft. Ein Leitfaden für Lehrende, Reinbek 1969, S. 34 (im folgenden zitiert als "Hofmann, Grundelemente"). Die Hervorhebungen des Originals wurden weggelassen. Nicht die Mittelschichten generell, sondern nur die selbständigen Gewerbetreibenden, die Bauern und Angehörigen freier

Marx hat ja den Klassenantagonismus aufgrund der Produktionsverhältnisse im Kapitalismus bestimmt. Diese so definierten Klassen bestehen nach wie vor. Die marxistische Klassentheorie ist, wie jede Klassentheorie nach Dahrendorf, "eine Theorie des Strukturwandels durch sozialen Konflikt"; insofern "ist die Annahme eines Klassengegensatzes ein Teil der Definition des Klassenbegriffs" (23). Die Annahme eines gewaltsamen Konflikts ist ein spezifisch marxistischer Zusatz, der durch die bisherige Entwicklung im Westen in Frage gestellt ist. Wir haben angetönt, dass er möglicherweise nur sistiert sei. Doch sehen wir gegenwärtig keine Möglichkeit, ein fundiertes Urteil darüber abzugeben, ohne von der marxistischen Geschichtsphilosophie auszugehen. Der Klassenantagonismus als solcher besteht jedenfalls auch bei institutionalisierter, friedlicher Konfliktregelung weiter, sofern man den marxistischen Klassenbegriff überhaupt akzeptiert.

b) Zweitens wurde die Zeitgemässheit der Arbeitswerttheorie durch Habermas verneint. Im Spätkapitalismus "werden Technik und Wissenschaft zur ersten Produktivkraft, womit die Anwendungsbedingungen für Marxens Arbeitswerttheorie entfallen. Es ist nicht länger sinnvoll, die Kapitalbeträge für Investitionen in Forschung und Entwicklung auf der Grundlage des Wertes der unqualifizierten (einfachen) Arbeitskraft zu berechnen, wenn der wissenschaftlich-technische Fortschritt zu einer unabhängigen Mehrwertquelle geworden ist, gegenüber der die von Marx allein in Betracht gezogene Quelle des Mehrwerts: die Arbeitskraft des unmittelbaren Produzenten, immer weniger ins Gewicht fällt" (24).

23) R. Dahrendorf, Soziale Klassen und Klassenkonflikt in der industriellen Gesellschaft, Stuttgart 1957, S. 136 (im folgenden zitiert als "Dahrendorf, Klassen"). Dahrendorf erweitert und überwindet den marxistischen Klassenbegriff, indem er Klassen als "Gruppierungen der Träger von Positionen gleicher Autorität in Herrschaftsverbänden" umschreibt (S. 145). Marxens Klassenbegriff ist darin als Spezialfall enthalten. Den Anlass zur Revision gab für Dahrendorf die Trennung von rechtlichem Eigentum und faktischer Kontrolle der Produktionsmittel. Es ist darauf hinzuweisen, dass Marx, Kapital III, 401 ff., 452 ff. diese Entwicklung bereits vor Augen hatte, darin jedoch nicht wie Dahrendorf einen Verlust des analytischen Wertes seines Klassenbegriffs erblickte, sondern im Gegenteil diese Trennung als höchste und manifeste Steigerung des Klassenantagonismus empfand.

24) J. Habermas, Technik und Wissenschaft als "Ideologie", Frankfurt am Main 4. Aufl. 1970, S. 79 f.; vgl. auch J. Habermas, Zwischen Philosophie und Wissenschaft: Marxismus als Kritik, in: J. Habermas, Theorie und Praxis, Frankfurt am Main, 4. erweiterte Aufl. 1971, S. 253 ff. Für eine eingehende Kritik der Habermas'schen These vgl. W. Müller, Habermas und die Anwendbarkeit der Arbeitswerttheorie, in: Sozialistische Politik 1, 1969, S. 39 ff.

Einen entscheidenden Unterschied zum früheren Kapitalismus sieht Habermas darin, dass der technisch-wissenschaftliche Fortschritt heute institutionalisierten Charakter angenommen hat, während früher Erfindungen mehr akzidentell auftraten.

Diese Beobachtung trifft zweifellos zu, doch scheint uns die Verwerfung der Arbeitswerttheorie daraus keineswegs zwingend zu folgen. Marx hat die Beschleunigung der technischen Entwicklung vorausgesehen und sie mit dem Begriff des relativen Mehrwerts in die Arbeitswerttheorie integriert, ohne dass man zur These einer "unabhängigen Mehrwertquelle" durch den wissenschaftlich-technischen Fortschritt greifen müsste. Auch die institutionalisierte Form der Erzeugung von Innovationen ändert an der Angemessenheit der Marx'schen Kategorien nichts. Man könnte darin vielmehr ein Indiz eines scharfen beschränkten Wettbewerbs sehen.

c) Drittens scheint das orthodoxe Verständnis der produktiven Arbeit obsolet geworden zu sein. Die Expansion des tertiären Sektors im Spätkapitalismus verunmöglicht nämlich die personelle Übereinstimmung der produktiven Arbeiter nach dem ersten Kriterium, wonach alle mehrwertproduzierende und durch das Produktionsverhältnis des Kapitals ausgebeutete Arbeit produktiv ist, mit den Arbeitern nach dem zweiten Kriterium, wonach nur die Arbeit in der materiellen Produktion produktiv ist. Für Marx war das zweite Kriterium nur die inhaltliche Formulierung des Ersteren, welches gegenüber dem Inhalt der Arbeit indifferent ist. Marx räumt dem ersteren Kriterium ausdrücklich die Priorität ein (25). Es besteht nun kein Zweifel, dass sich die kapitalistische Produktionsweise heute auf weiten Strecken auch der Produktion immaterieller Güter bemächtigt hat. Marx konnte diesen Bereich noch als empirisch unbedeutend vernachlässigen. "Alle diese Erscheinungen der kapitalistischen Produktion auf diesem Gebiet sind so unbedeutend, verglichen mit dem ganzen der Produktion, dass sie gänzlich unberücksichtigt bleiben können" (26). Dies trifft unseres Erachtens heute nicht mehr zu. Man kann nicht mehr die produktive Arbeit im Marx'schen Sinne auf die ma-

25) Vgl. das Zitat oben in Abschnitt 44.

26) Marx, Theorien I, 386.

terielle Produktion einschränken, wie das in der früher angeführten Untersuchung Kuczynski getan hat, ohne der Intention von Marx untreu zu werden.

Vor einem Missverständnis muss jedoch gewarnt werden. Nicht der ganze tertiäre Sektor ist der Produktion immaterieller Güter verpflichtet, die nach Marx durch produktive Arbeit entstehen; denn unsere Kritik bezog sich nur auf das Problem der produktiven Arbeit im Produktionsprozess (27). Die Arbeit im Zirkulationsprozess bleibt weiterhin unproduktiv, weil sie keinen Wert und Mehrwert schafft. Die Ausdehnung des tertiären Sektors betrifft zweifellos zu einem grossen Teil die Tätigkeiten der Zirkulation, der Realisierung des Mehrwerts. Die Berechnung der Ausbeutung darf deshalb weder in Kuczynskis Bahnen verlaufen, noch einfach Lohneinkommen und Besitzeinkommen einander gegenüberstellen, soll sie der Konzeption von Marx entsprechen. Vielmehr müssen die im Zirkulationsprozess verdienten Lohneinkommen den Besitzeinkommen zugeschlagen werden, um den makroökonomischen Ausbeutungsgrad zu finden. Auch dies ist nur unter der Voraussetzung korrekt, dass die Lohneinkommen insgesamt dem Total der individuellen Werte der Arbeitskraft entsprechen (28). Ferner sei darauf hingewiesen, dass mit der Existenz von Einkommen unproduktiver Arbeiter nicht mehr die ganze Mehrwertmasse an die Kapitalistenklasse fliesst. Gerade durch die Aufblähung des unproduktiven Sektors im Spätkapitalismus partizipieren die Arbeiter in zunehmendem Umfang am Mehrwert. Die hohe Beschäftigung in unproduktiven Tätigkeiten entlastet zusätzlich den Arbeitsmarkt in den produktiven Sektoren und steigert dadurch indirekt das allgemeine Lohnniveau.

27) Diese Einschränkung übersieht Renner, Verteilungstheorie, 159 f.

28) Zudem stellt sich die Frage nach dem analytischen Wert der Differenzierung in produktive und unproduktive Arbeit. Marxistisch-immanent ist es klar, dass die empirische Bestimmung des Mehrwerts von zentraler Bedeutung ist. Von einem den Marxismus transzendierenden Standpunkt aus scheint die analytische Bedeutung gering, da nichts über die Einkommensverteilung ausgesagt wird. Der Wert der Differenzierung liegt letztlich nur in der Absonderung jener aus "unproduktiven" Diensten entstehenden Einkommen, bei denen Produktion und Konsumtion der Güter zusammenfallen (Lehrer, Aerzte, etc.) und deshalb im Kreislauf eine andere Stellung einnehmen als gewöhnliche Arbeitseinkommen. Vgl. Schumpeter, Geschichte, 768 f.

d) Viertens wurde bis jetzt kaum ein Wort über die Marktform verloren, die doch eine relevante Variable darstellen könnte. Schliesslich beeinflusste die Marktformenlehre ja bereits die Formulierungen des Pigou-, Bloom- und Stackelberg-Kriteriums der Ausbeutung. Marx schrieb in Auseinandersetzung mit Ricardo, dass "das Gesetz des Wertes zu seiner völligen Entwicklung die Gesellschaft der grossen industriellen Produktion und der freien Konkurrenz . . . voraussetze" (29). Engels unterstreicht den Ausnahmecharakter, den damals die Monopole in seiner Sicht aufgewiesen haben: "Dass . . . Gelegenheiten monopolistischer Ausbeutung vorkommen, ist altbekannt. Dass aber die durch sie erzeugten Monopolpreise nicht als Ausnahmen und Spezialfälle, sondern grade als klassische Exempel der heute gültigen Feststellung der Werte gelten sollen, das ist neu" (30). In diesem Disput mit Dühring deutet Engels die Möglichkeit der Ungültigkeit der Werttheorie bei vorherrschend monopolistischer Marktform an.

Es besteht nun kein Zweifel, dass die spätkapitalistische Epoche nicht durch vollkommene, sondern durch beschränkte Konkurrenz charakterisiert wird. Auch Marx hatte bereits Bekanntschaft mit Oligopolen und Monopolen geschlossen und sich mit ihnen auseinandergesetzt. Der Monopolpreis wird "weder vom Produktionspreis noch vom Wert der Waren, sondern vom Bedürfnis und der Zahlungsfähigkeit der Käufer bestimmt"; seine Betrachtung gehört "in die Lehre von der Konkurrenz . . ., wo die wirkliche Bewegung der Marktpreise untersucht wird" (31). Für den Monopolpreis ist also weder die Arbeitszeit direkt noch indirekt über den Produktionspreis massgebend; das Einzige, was sich über ihn aussagen lässt, ist, dass er vom Marktpreis bei freier Konkurrenz nach oben abweichen wird. Das Wertgesetz scheint in einer ganz oder teilweise monopolisierten Wirtschaft jeglicher Grundlage zu ermangeln; die Bedingungen der Wert- und Ausbeutungstheorie scheinen zu fehlen.

29) Marx, Kritik, 46.

30) Engels, Anti-Dühring, 176.

31) Marx, Kapital III, 772. Das Monopol soll in diesem Abschnitt als pars pro toto der Formen des beschränkten Wettbewerbs verstanden werden; denn in das Konzept von Marx können die übrigen Marktformen ohne Schwierigkeiten eingegliedert werden.

Lassen wir uns nicht durch eine Vermengung der Wert- und Preisbetrachtung täuschen. Die Wertproduktivität ist unabhängig von der Marktform; somit beeinflusst die Existenz des beschränkten Wettbewerbs das Ausmass des gesamtgesellschaftlichen Mehrwerts nicht (32). Es fragt sich deshalb nach der Herkunft der Monopolprofite. Marx löst das Problem in bereits bekannter Manier: Durch den Monopolpreis werden "die durch den Wert der Waren gegebenen Grenzen ... nicht aufgehoben. Der Monopolpreis gewisser Waren würde nur einen Teil des Profits der andern Warenproduzenten auf die Waren mit dem Monopolpreis übertragen. Es fände indirekt eine örtliche Störung in der Verteilung des Mehrwerts unter die verschiedenen Produktionssphären statt, die aber die Grenze dieses Mehrwerts selbst unverändert liesse" (33). Je nach den historischen Bedingungen muss der das Normalmass der Konkurrenzgewinne übersteigende Monopolprofit aus dem Mehrwert der übrigen Kapitalisten oder aus den Löhnen der Arbeitskräfte, eventuell aus ihrem notwendigen Produkt bestritten werden. "Ginge die Ware mit Monopolpreis in den notwendigen Konsum des Arbeiters ein, so würde sie den Arbeitslohn erhöhn und dadurch den Mehrwert vermindern, falls der Arbeiter nach wie vor den Wert der Arbeitskraft bezahlt erhielte. Sie könnte den Arbeitslohn unter den Wert der Arbeitskraft herabdrücken, aber dies nur, soweit jener über der Grenze seines physischen Minimums stände. In diesem Falle würde der Monopolpreis durch Abzug am realen Arbeitslohn (...) und an den Profit der andern Kapitalisten bezahlt" (34). Die Monopolisten können ihre Waren über dem Produktionspreis verkaufen, während die Nichtmonopolisten dementsprechend weniger für ihre Güter lösen und sie unter dem Produktionspreis verkaufen müssen. Die Tendenz zum Ausgleich der Profitraten weicht einer Tendenz zu einer Hierarchie der Profitraten (35), angefangen bei den gutgeschützten Zusammenschlüssen bis zu den Branchen mit freiem Wettbewerb.

32) Wir sehen davon ab, dass Monopole über einen geringeren Ausstoss eine Verminderung der Beschäftigung und damit auch eine geringere Wert- und Mehrwertproduktion zur Folge haben können.

33) Marx, Kapital III, 869.

34) Marx, Kapital III, 869.

35) Sweezy, Theorie, 322.

Hofmann (36) vertritt die Meinung, dass in der gegenwärtigen Epoche bei beschränkter Konkurrenz die Preise sich völlig von der Werten gelöst haben, dass die Marx'sche Analyse der Preisbildung nur für einen Konkurrenzkapitalismus Gültigkeit beanspruchen kann. Während die Arbeitswerttheorie aufgrund der enormen Produktivitätsfortschritte eine Entwertung der Waren, ein Sinken ihrer Produktionspreise und ihrer Marktpreise vermuten lässt, ist das Preisniveau in allen Industrieländern während der letzten Jahrzehnte tendenziell gestiegen. Diese "säkuläre Inflation" führt Hofmann auf die Verhältnisse oligopolistischer Konkurrenz zurück und konstatiert die Unverträglichkeit des Wertgesetzes mit der spätkapitalistischen Realität. Die oben dargestellte Marx'sche Lösung — die auch die offizielle Version in der Sowjetunion ist —, das Wertgesetz auch bei Monopolen weitergelten zu lassen, bezeichnet Hofmann als "Verlegenheitslösung" (37). Nach unserer Ansicht gibt es zwei Möglichkeiten der Argumentation, um das Marx'sche Wertgesetz auch in einer inflationierenden Epoche mit beschränkter Konkurrenz durchzuhalten.

Erstens kann man von der Marx'schen Integration der Monopolpreise in seine Theorie ausgehen. Wenn man zusätzlich annimmt, dass der Anteil qualifizierter Arbeit andauernd gestiegen ist und auch die Arbeitsintensität langfristig zugenommen hat, so wäre der Wert der Waren gar nicht gefallen, wie eine erste, oberflächliche Betrachtung nahe gelegt hatte. Vielmehr entsprechen den steigenden Preisen so tendenziell steigende Werte; die säkulare Inflation hat eine marxistische Deutung erhalten.

Zweitens können die gesamtgesellschaftlich produzierten Werte einer Periode per definitionem der totalen Preissumme in dieser Volkswirtschaft und Periode gleichgesetzt werden. Dann scheint die Interpretation der Monopolpreise als Preise über den Produktionspreisen und kompensatorisch der Nichtmonopolpreise unter den Produktionspreisen vertretbar. Dadurch erhält das Wertgesetz

36) Vgl. W. Hofmann, Das "Wertgesetz" in der Erwerbsgesellschaft unserer Tage und in der sozialistischen Planwirtschaft, in: W. Euchner/A. Schmidt (Hrsg.), Kritik der politischen Ökonomie heute. 100 Jahre "Kapital", Frankfurt am Main 1968, S. 264 f. (im folgenden zitiert als "Hofmann, 'Wertgesetz'"); Hofmann, Wert- und Preislehre, 110.

37) Hofmann, Wert- und Preislehre, 110.

aber eindeutig den Charakter einer blossen Definition; die Bezeichnung des Zusammenhanges zwischen totaler Wert- und Preissumme als Wertgesetz wird zu einem irreführenden Euphemismus.

Bei beiden Varianten gerät die Ausbeutungstheorie auf gefährlichen Boden. Denn es ist nicht einzusehen, weshalb die Arbeiter durch gute gewerkschaftliche Organisationen prinzipiell nicht einen wesentlich höheren Teil am Gesamtprodukt erzwingen können, als ihnen dem Wertgesetz entsprechend im Ausmass des notwendigen Produkts zustehen würde. Eine starke Gewerkschaft erlaubt den Arbeitern, ihre Arbeitskraft über dem Produktionspreis zu verkaufen und derart sich einen Teil des Mehrwerts anzueignen. Bei staatlichen Arbeitslosenentschädigungen und gewerkschaftlichen Streikkassen ist auch der Hinweis auf das vitale Interesse des Arbeiters an seiner Tätigkeit nicht mehr schlüssig. Der Tarifstreit kann zu einem ausgeglicheneren Kampf werden, indem beide Parteien je nach Durchhaltezeit mit Verlusten zu rechnen haben (38). Die marxistische Behandlung der Monopole nimmt der kapitalistischen Ausbeutung den prinzipiellen Charakter für einen Teil des Mehrwerts. Nur noch ein quantitativ reduzierter Teil des Mehrwerts kann für eine systemimmanente Ausbeutung in Anspruch genommen werden. Ohne Monopolpreisbildung im Lohnstreit wären die Mehrwertanteile Gewinn, Reserven, Zinsen, etc. möglicherweise weit höher, als wenn die Arbeiter sich nicht auch einen Teil am Mehrwert sichern könnten. Das historische Moment in der Bestimmung des Werts der Arbeitskraft wird allerdings sukzessive zur Integration des Monopolrentenanteils beim Lohn in den Wert der Arbeitskraft selber führen, so dass das Streben nach Löhnen über dem Produktionspreis wieder von vorn beginnt und sich so eine tendenziell steigende Lohnbewegung ergibt, ohne dass die Ausbeutung sich im vollen Umfang der Lohnzunahme verringert.

38) Marx verweist bezüglich des sich einspielenden Lohnes auf das Kräfteverhältnis der Parteien. Die Gewerkschaften haben hier einen gewissen Spielraum, da im Gegensatz zum durch das physische Minimum gebildeten Lohnminimum das Lohnmaximum nicht feststeht. Doch verhindern die der kapitalistischen Produktion immanenten Gesetze eine permanente Lohnsteigerung in grossem Ausmass. Die Gewerkschaften dürfen sich deshalb nicht auf einen Kleinkrieg gegen die Wirkungen des Kapitalismus beschränken, sondern müssen auf die Beseitigung des Systems der Lohnarbeit selber hinarbeiten. Vgl. K. Marx, Lohn, Preis und Profit, in: Marx/Engels Werke, Band 16, Berlin 1962, S. 147 ff.

Fassen wir zusammen: Mit einem Kunstgriff – sei es der Rekurs auf qualifizierte und intensivierte Arbeit oder die Flucht in eine Definition – kann die Anwendbarkeit der marxistischen Analyse der Preisbildung auch für inflationäre Verhältnisse und beschränkte Konkurrenz behauptet werden, ein Kunstgriff allerdings, hinter dessen Problemadäquatheit wir einerseits in beiden Fällen sehr wohl ein Fragezeichen setzen dürfen und der anderseits die Ausbeutung als systemimmanent für einen Teil des Mehrwerts beseitigt, ausser man identifiziert Lohnniveau und Wert der Arbeitskraft. Es sei abschliessend darauf hingewiesen, dass durch die Probleme der Preisbildung die Wertschöpfungslehre nicht berührt wird. Die Deutung der Werttheorie als Lehre der Wertschöpfung scheint uns identisch mit dem qualitativen Wertproblem nach Sweezy (39) und die Wertlehre als Lehre von der Bestimmung der Preisgrössen identisch mit dem quantitativen Wertproblem. Die qualitative Analyse des Kapitalismus wird von den Schwierigkeiten nicht berührt, die die Anwendbarkeit der Marx'schen Kategorien bei beschränktem Wettbewerb aufwerfen.

632 Verelendung – Widerlegung durch den Spätkapitalismus?

Oft wird der Wohlstand der Industriestaaten als Widerlegung der marxistischen Verelendungsthese verstanden. "Das grundlegende Verhältnis der Ausbeutung wird nach Marx in Gestalt der Verelendung für die geschichtlichen Agenten . . . handgreiflich; aber dieses Verhältnis würde . . . auch bestehen, wenn es Verelendung . . . nicht gäbe" (40). Verelendung ist Folge und Indiz der Ausbeutung. Was verstand Marx unter Verelendung?

39) Sweezy, Theorie, 39.

40) W. Hofmann, Verelendung, in: Folgen einer Theorie. Essays über "Das Kapital" von Karl Marx, Frankfurt am Main 1967, S. 28 (im folgenden zitiert als "Hofmann, Verelendung"). Zur Frage der Verelendung vgl. auch Rosdolsky, Entstehungsgeschichte I, 351 ff.; J. Kuczynski, Die Theorie der Lage der Arbeiter. Band 36 von: Die Geschichte der Lage der Arbeiter unter dem Kapitalismus, Berlin 1968 (im folgenden zitiert als "Kuczynski, Theorie"); T. Sowell, Marx's "Increasing Misery" Doctrine, in: American Economic Review, March 1960, Nr. 1, S. 111 ff.; Mandel, Wirtschaftstheorie, 159 ff.; E. Mandel, Entstehung und Entwicklung der ökonomischen Lehre von Karl Marx, Frankfurt am Main 1968, S. 137 ff. (im folgenden zitiert als "Mandel, Entstehung").

Es ist üblich geworden, zwischen absoluter und relativer Verelendung zu differenzieren. Absolute Verelendung meint, dass es der Arbeiterklasse tendenziell immer schlechter geht, während relative Verelendung das Ergehen der Arbeiter an der Profitmasse misst. Verelendung im letzteren Sinn liegt auch dann vor, wenn die Löhne steigen, solange nur die Profite in noch grösserem Ausmass zunehmen. Die Theorie der absoluten Verelendung hat Marx nur in seinen Frühschriften vertreten, als er noch eine Existenzminimumtheorie des Lohnes vertrat (41). Die Verelendungstheorie des "Kapital" und der andern späteren Schriften behauptet nur die Tendenz zu einer relativen Verelendung, die zudem insofern nicht eindeutig ist, als sie entweder den durchschnittlichen Einzellohn auf den Durchschnittsprofit bezieht oder die Quoten der Löhne und Profite am Volkseinkommen aufeinander bezogen werden (42). Der Durchschnittsprofit kann jedoch nicht mit dem durchschnittlichen Einzellohn vergleichen werden, da aus ihm vor allem akkumuliert wird. Beim makroökonomischen Quotenvergleich müssten die Bevölkerungsänderungen berücksichtigt werden. In beiden Fällen sind zudem Änderungen der Arbeitszeit, der Arbeitsintensität und des Wertes der Arbeitskraft zu berücksichtigen, um die Löhne im Verhältnis zum Aufwand aussagekräftig zu machen. Schliesslich wäre bei der makroökonomischen Variante zu berücksichtigen, dass die Löhne der unproduktiven Arbeiter nicht der Lohnquote, sondern der Profitquote zugeschlagen werden müssen, da diese Löhne aus dem Mehrwert finanziert werden. Mängel in der Statistik — man denke nur an die Bilanzfrisuren, die gang und gäbe sind — dürften vollends einen entscheidenden Falsifikationstest, der den Wahrheitsgehalt der Marx'schen Prognose enthüllen könnte, verunmöglichen.

Ein weiteres ist zu berücksichtigen. Marx hat die Verelendung keineswegs nur als einkommensmässige Verelendung verstanden, wie die häufig zitierten Aus-

41) Mandel, Entstehung, 141 f.; Rosdolsky, Entstehungsgeschichte I, 353. Rosdolsky findet allerdings noch ein Körnchen Wahrheit in der Theorie der absoluten Verelendung, nämlich, dass Verelendungstendenzen temporär in Krisenzeiten sowie permanent in den Entwicklungsländern vorhanden sind. Vgl. Rosdolsky, Entstehungsgeschichte I, 360. Ferner schreibt Kuczynski, Theorie, 5 ff. Marx eine Theorie der absoluten Verelendung in bezug auf die Gesamtlage der Arbeiter, nicht nur in bezug auf ihre ökonomische Situation, zu.

42) Hofmann, Verelendung, 35.

führungen zeigen: "Alle Mittel zur Entwicklung der Produktion schlagen um in Beherrschungs- und Exploitationsmittel des Produzenten, verstümmeln den Arbeiter in einen Teilmenschen, entwürdigen ihn zum Anhängsel der Maschine, vernichten mit der Qual seiner Arbeit ihren Inhalt, entfremden ihm die geistigen Potenzen des Arbeitsprozesses . . . Es folgt daher, dass im Masse wie Kapital akkumuliert, die Lage des Arbeiters, welches immer seine Zahlung, hoch oder niedrig, sich verschlechtern muss. Das Gesetz endlich, welches die . . . industrielle Reservearmee stets mit Umfang und Energie der Akkumulation im Gleichgewicht hält, schmiedet den Arbeiter fester an das Kapital als den Prometheus die Keile des Hephästos an den Felsen. Es bedingt eine der Akkumulation von Kapital entsprechende Akkumulation von Elend. Die Akkumulation von Reichtum auf dem einen Pol ist also zugleich Akkumulation von Elend, Arbeitsqual, Sklaverei, Unwissenheit, Brutalisierung und moralischer Degradation auf dem Gegenpol" (43). Der eindrücklich dargestellte Gegenpol wird nicht durch die Arbeiterklasse insgesamt gebildet, wie man nach einer flüchtigen Lektüre meinen könnte. Vielmehr bezieht sich – im ganzen Zusammenhang gesehen – dieses Zitat nur auf die industrielle Reservearmeee, so dass es keineswegs als Prognose für die ganze Arbeiterklasse verwendet werden kann. Für die Arbeitslosen allein kann man dieses Zitat als Prognose absoluter Verelendung auslegen, eine Prognose, die sich zweifellos als falsch erwiesen hat, soweit wir das Materielle betrachten. Dadurch, dass wie im angeführten Zitat Verelendung auf die Gesamtperson bezogen wird – wir dürfen dies wohl auch auf die relative Verelendung der ganzen Arbeiterklasse ausdehnen, ohne der Intention Marxens Gewalt anzutun –, entsteht neben der materiellen auch eine intellektuelle, mentale und sittliche Dimension (44), in denen in Ermangelung allgemeingültiger Massstäbe die Überprüfung der Verschlechterung noch schwieriger ist. Kulturkritik verschiedenster Provenienz konstatiert heute in diesem weiteren Sinne Verelendung auch in der Wohlstandsgesellschaft. Wie die Prognose relativer materieller Verelendung kann auch die These einer umfassenden relativen Verelendung der Gesamtperson keineswegs als widerlegt gelten. Aber auch eine eindeutige Bestätigung liegt nicht vor.

43) Marx, Kapital I, 674 f.

44) Vgl. Hofmann, Verelendung, 39 ff., der sich zu dieser weiteren Fassung des Verelendungsbegriffs äussert; ferner Kuczynski, Theorie, 14 ff.

64 Transzendente Kritik

641 Unzutreffende Argumente

Schon im Verlaufe der Darstellung der marxistischen Ausbeutungstheorie wurde es notwendig, sich gegen eine Verwechslung der Güter- und Wertproduktivität zu wenden, eine Verwechslung, die vielfach in der Kritik kulminiert, Marx hätte für eine korrekte Analyse neben der Arbeit auch die Produktionsfaktoren Kapital und Boden oder den technischen Fortschritt miteinbeziehen müssen. Wir haben bereits früher zitiert: "Arbeit ist . . . nicht die einzige Quelle der von ihr produzierten Gebrauchswerte, des stofflichen Reichtums" (45), jedoch produziert nur sie Wert. Die Kritik, Arbeit sei nicht alleiniger Produktionsfaktor, verabsolutiert in marxistischer Perspektive die Güterproduktivität und blickt damit am wesentlichen, der Wertschöpfung, vorbei. Im Prozess der Güterproduktion gehen die Menschen bestimmte gesellschaftliche Beziehungen ein. Diese bilden den Gegenstand der Marx'schen Studien (46). In allen Gesellschaften muss die gesellschaftliche Gesamtarbeit auf die verschiedenen Produktionszweige verteilt werden. Durch die marxistische Werttheorie gelingt es, die historische Form dieses Verteilungsprozesses im Kapitalismus theoretisch darzustellen. Aus der marxistischen Aufgabenstellung der Untersuchung der sozialen Beziehungen im Produktionsprozess folgt konsequent die Arbeitswerttheorie und die untergeordnete Bedeutung der Güterproduktivität.

Zudem kann man sich mit Mandel (47) fragen, weshalb gerade die jeweiligen Faktoren – zum Beispiel Arbeit, Boden, Kapital – isoliert werden sollen. Man könnte unter anderen doch auch den Staat als weiteren Faktor miteinbeziehen, der für die Produktion ebenfalls unerlässlich ist und somit auch ein produktiver

45) Marx, Kapital I, 58.

46) Vgl. dazu R.L. Meek, Studies in the Labour Theory of Value, London 1956, S. 151 ff. (im folgenden zitiert als "Meek, Studies"). Ferner R. Schlesinger, Marx. His Time and Ours, London 1950, S. 104 ff. (im folgenden zitiert als "Schlesinger, Marx").

47) Mandel, Entstehung, 88 f.

Beitrag entsprechen müsste. Offensichtlich findet Willkür in der Lehre von den Produktionsfaktoren einen weiten Spielraum. Wenn Marx zudem den Einfluss anderer Faktoren als den der Arbeit auf den Güterstrom zugesteht, so scheint die Kritik umso unangebrachter. Zur Lösung von Problemen in der Güterproduktion mag es sinnvoll sein, mit verschiedenen Produktionsfaktoren zu operieren; die Wertschöpfung im marxistischen Sinne stellt jedoch wieder ein anderes Problem dar. Die Kritik, die die Rolle der Arbeit im Marxismus durch eine erweiterte Formel der Produktionsfaktoren substituieren will, geht deshalb an der marxistischen Fragestellung vorbei. Jene Interpretationen der Wertlehren jedoch, die sich als Lösung des Zurechnungsproblems sowohl in marxistischer Variante wie auch bürgerlich in Gestalt der Lehre von den Produktionsfaktoren und ihren produktiven Beiträgen ausgeben, kranken alle an einem normativ-informativen Dualismus bereits in der Fragestellung. Von dieser hängt es denn auch häufig ab, ob sich Begriffe in informativen Theorien überhaupt je als fruchtbar erweisen werden (48). Wir werden auf die Zurechnungsfragestellung der Wertlehren zurückkommen.

Hofmann (49) weist darauf hin, dass die moderne Theorie des Volkseinkommens sich mit der Ansicht von Marx deckt, der Neuwert einer Periode sei gleich der Summe der Löhne, das heisst des variablen Kapitals und der Gewinneinkommen, das heisst des Mehrwerts. Dieser Wertschöpfungsaspekt der marxistischen Theorie zeigt, dass sie sich in ihrer Eigenschaft als Preistheorie keineswegs erschöpft, sondern dass zum mindesten ebenso zutreffend von einer Verteilungstheorie gesprochen werden darf. Der Streit um die Lehre von den Produktionsfaktoren rührt daher, dass mit der informativen Fragestellung nach den wertschaffenden Faktoren häufig eine sozialethische, normative Fragestellung nach den Wertquellen und der damit verbundenen Wertzurechnung verknüpft ist. Auf diesen normativ-informativen Dualismus werden wir sowohl im folgenden Abschnitt als auch in Teil IV im Zusammenhang mit der neoklassischen Zurechnungsfrage kritisch eingehen.

48) Vgl. zur marxistischen Definition von "Wert" die zwischen nominalistischer Definition und Information schwankenden Ausführungen von M. Cornforth, Marxistische Wissenschaft und antimarxistisches Dogma, Frankfurt am Main 1970, S. 216 (im folgenden zitiert als "Cornforth, Wissenschaft").

49) Hofmann, Wert- und Preislehre, 109.

642 Zutreffende Argumente

a) Die Äusserung von Marx, "alle Wissenschaft wäre überflüssig, wenn die Erscheinungsform und das Wesen der Dinge unmittelbar zusammenfielen" (50), beinhaltet ein ganzes Wissenschaftsprogramm, dessen Versprechen unter anderem in den Werttheorie eingelöst wird. In unserem Wissenschaftsverständnis ist die Erforschung eines "Wesens" der Dinge nur insoweit sinnvoll, als informative Aussagen angestrebt werden. Gerade das scheint beim Essentialismus jedoch fraglich. Welcher logische Status kommt der Werttheorie zu?

Sie könnte aus analytischen, informativen oder normativen Aussagen bestehen. Wird die Werttheorie als Aussagengefüge mit Informationsgehalt interpretiert, so besteht sie aus Hypothesen, die falsifizierbar sein müssten. Diese Interpretation widerspricht dem Selbstverständnis des Marxismus, denn Engels — allerdings nicht Marx — verwahrt sich expressis verbis gegen die Deutung des Wertgesetzes als blosse Hypothese. Das Wertgesetz habe "eine weit grössere und bestimmtere Bedeutung" (51). Die Steigerung kann aber nur darin bestehen, dass das Wertgesetz zu einer "Realaussage" gemacht wird, die unter allen Umständen durchgehalten werden kann: Das Wertgesetz ist dann eine analytische Aussage mit Realitätsbezug, aber ohne Informationsgehalt. Diesen Charakter teilt es mit den meisten "Wesensaussagen". Die Tendenz zur Analytizität des Wertgesetzes haben wir bereits bei der Diskussion um die Anwendbarkeit der marxistischen Theorien bei beschränkter Konkurrenz angetroffen. Möchte man sich dieser Konsequenzen entziehen und das Wertgesetz wider Engels wie die Werttheorie überhaupt als Hypothesengefüge verstanden wissen, so entsteht die Frage nach der Falsifizierbarkeit. Infolge der platonischen Trennung zwischen Wesen und Erscheinungsform werden zusätzliche Probleme aufgeworfen; denn nur insoweit sind Aussagen über das Wesen von Sachen falsifizierbar, als Zusammenhänge im Wesen eindeutig mit entsprechenden Zusammenhängen in den Erscheinungsformen korreliert sind. Diese Bedingung scheint uns bei der Werttheorie nicht erfüllt, worauf wir in bezug auf den quantitativen Aspekt der Werttheorie

50) Marx, Kapital III, 825.

51) Engels, Ergänzung und Nachtrag zum III. Buche des "Kapital", in: Marx, Kapital III, 904.

schon wiederholt hingewiesen haben. Die Marx'sche Lösung des qualitativen Wertproblems hingegen will überhaupt keine falsifizierbaren Hypothesen aufstellen, sondern nur die kapitalistische Produktionsweise deuten und begrifflich erfassen.

Auch für die Periode der einfachen Warenproduktion könnte das Wertgesetz nicht als falsifizierbare Hypothese gedeutet werden; denn der Reduktionsmassstab der qualifizierten auf einfache Arbeit fehlt, so dass eine im Widerspruch zur Theorie stehende Tatsache ohne Überprüfungsmöglichkeit hinwegerklärt werden könnte. Möglicherweise bot das Wertgesetz damals allerdings eine approximative Erklärung der Preise. Für den entwickelten Kapitalismus hat Marx selber die mikroökonomische Geltung des Wertgesetzes negiert, es aber makroökonomisch weitergelten lassen. Doch ist die gesamtwirtschaftliche Übereinstimmung von Werten und Preisen bei beschränktem Wettbewerb heute entweder eine Definition oder "eine unbeweisbare Vermutung" (52), da der Arbeitswert der Messbarkeit ermangelt. Darin liegt auch begründet, dass derart zahlreiche Phänomene mit der marxistischen Theorie vereinbar sind: Mit der Werttheorie ist ein vages und unüberprüfbares Aussagensystem geschaffen worden, das scheinbar widersprechende Tatsachen mehr oder weniger mühelos mit der Theorie vereinbaren kann. Der Informationsgehalt eines nicht falsifizierbaren Aussagensystems ist gleich null. Deshalb scheint die analytische Interpretation der Werttheorie zutreffender. Es droht dadurch allerdings, dass die Marxisten "zu einer Ratsversammlung von murmelnden Bibelexegeten" (53) werden. Im Charakter der Werttheorie liegt zum Teil die geringe Anzahl empirischer Untersuchungen marxistischer Provenienz begründet; denn eine empirische Untersuchung verlangt eine Auseinandersetzung mit Preisgrössen statt mit Werten.

Unsere Kritik an der Werttheorie soll nicht heissen, Marx habe nur Leerformeln zu einer Theorie des Kapitals verbunden. Vielmehr sind die falsifizierbaren Hypothesen ausserhalb der Werttheorie, zum Beispiel in der Konjunktur- und Wachs-

52) Hofmann, "Wertgesetz", 267. Hofmann bezieht diese Qualifikation des Wertgesetzes auf den Sozialismus, doch scheint sie uns auch auf den Kapitalismus übertragbar, ohne Hofmanns Intention zu verfälschen.

53) Gillman, Gesetz, 186.

tumstheorie, zu lokalisieren. Ob und inwiefern die marxistische Geschichtsphilosophie falsifizierbar ist, fällt aus unserer Themastellung heraus. Der interessierte Leser sei auf die Polemiken zwischen Popper und Cornforth verwiesen (54).

b) Wenn wir nun den normativen Aspekt marxistischer Theorie untersuchen, so ist zunächst nochmals darauf hinzuweisen, dass für Marx die Mehrwertaneignung durch den Kapitalisten, die Ausbeutung, im Rahmen des Kapitalismus nicht in irgendwelchem Sinne unrechtmässig ist, wenn auch die Wertgeladenheit des Ausbeutungsbegriffs die Kritik Marxens eindeutigen, wiederholten Äusserungen zum Trotz in diese Richtung zu kanalisieren scheint (55). Nicht nur gebührt nach dem Wertgesetz der Mehrwert dem Kapitalisten, sondern der Kapitalist erzwingt sogar erst dessen Produktion (56). Marx hat sich ausdrücklich gegen die gewerkschaftliche Propagierung des Rechts auf den vollen Arbeitsertrag gewandt (57).

Die Zurechnungsfragestellung der Wertlehre fordert aber auch von der marxistischen Fassung der Arbeitswerttheorie ihren Tribut. Die Frage nach den Quellen des Werts und seiner Zurechnung ist von sozialethischem Interesse und zeitigt in diesem Sinne auch verteilungspolitische Konsequenzen. Im Marxismus wird die kapitalistische Ausbeutung historisch relativiert und als notwendige Durchgangsphase der gesellschaftlichen Entwicklung gerechtfertigt.

54) Vgl. Popper, Elend, Propheten; Popper, Dialektik; die Replik von Cornforth, Wissenschaft. Vgl. die Übersicht in H. Cyntha, Beiträge zur marxistischen Ökonomie des Kapitalismus im angelsächsischen Sprachraum, Diss. Köln 1970, S. 12 ff.

55) Vgl. die Zitate bei Hofmann, Einkommenstheorie, 135; sowie Theimer, Marxismus, 104.

56) Vgl. Marx, Randglossen, 359 f., 382.

57) K. Marx, Kritik des Gothaer Programms. Randglossen zum Programm der deutschen Arbeiterpartei, in: Marx/Engels Werke, Band 19, Berlin 1962, S. 18 ff. (im folgenden zitiert als "Marx, Gothaer Programm"). Vom gesellschaftlichen Gesamtprodukt sind nach Marx abzuziehen: 1) Ersatzinvestitionen, 2) Neuinvestitionen, 3) Reservefonds, 4) Nicht direkt zur Produktion gehörige Verwaltungskosten, 5) Befriedigung von Gemeinschaftsbedürfnissen 6) Sozialfonds, bevor zu Verteilung an individuelle Produzenten geschritten werden kann. Deshalb kann nicht schon von der Existenz von Steuern und kalkulatorischen Gewinnen her in Osteuropa auf Ausbeutung der dortigen Arbeiterklasse geschlossen werden, wie das zum Beispiel W. Linder, Die Ausbeutung des Menschen durch den Menschen. Nekrolog auf einen Scheintoten, in: Neue Zürcher Zeitung, 18.6.72, macht. In welcher Weise Ausbeutung im marxistischen Sinn auch in bestehenden, sich als sozialistisch bezeichnenden Staaten aufspürbar wird, soll eine kleine Skizze in Teil VI, Abschnitt 1 aufzeigen.

Das normative Element ist deshalb nicht in einer unmarxistischen Forderung nach Beseitigung der Ausbeutung innerhalb des kapitalistischen Systems zu suchen, sondern im Postulat nach der Überwindung des Kapitalismus selber. Die Abschaffung des Kapitalismus bildet nach marxistischem Selbstverständnis nicht nur Postulat, sondern eine historische Notwendigkeit, eine zwangsläufige Entwicklung der Geschichte. Ein Streben nach systemimmanenter Beseitigung der Ausbeutung hätte nichts als Retouchen erreichen können, welche letztlich das Ausbeutungsverhältnis unberührt lassen, während das Gelingen der systemtranszendierenden Beseitigung der Ausbeutung gewiss ist. Dass eine behauptete geschichtliche Tendenz wider den Kapitalismus und zugunsten eines ausbeutungsfreien Sozialismus besteht, vermag dem normativen Inhalt in Gestalt sozialistisch orientierter Handlungsaufforderung keinen Abbruch zu tun.

Der normative Gehalt macht vielmehr deutlich, dass die landläufig dem Marxismus zugeschriebene "Einbahnstrasse" von der ökonomischen Basis zu den Ideen als Überbau nicht vollkommen eingleisig ist. Dass Ideen auf die ökonomische Basis zurückwirken, dass also eine – wenn auch beschränkte – Wechselwirkung besteht, wird nicht bestritten. Die Produktionsweise wird erst in letzter Instanz für bestimmend erachtet und dadurch den Ideen ein bedingter Einfluss zugestanden (58). Damit hängt eng das Verhältnis von menschlicher Handlung und Geschichtsverlauf zusammen. Die Geschichte entwickelt deshalb auch keine hypostasierte Eigendynamik, in welcher die Menschen nur als Marionetten ökonomi scher Bestimmungsgründe agieren. "Der Marxismus geht aus von der Erkenntnis, dass die unter den Bedingungen einer gegebenen Produktionsweise verwirklichbaren Möglichkeiten begrenzt sind. Aber dies heisst nicht, dass die Möglichkeiten sich unabhängig von denjenigen verwirklichen, die sie hervorbringen . . ."(59). Diese Beziehung zwischen menschlicher Aktion und Geschichtsverlauf, die wir früher mit dem Stichwort der Tatnotwendigkeit umschrieben haben, gibt Raum

58) M. Dobb, Der historische Materialismus und die Rolle des ökonomischen Faktors, in: M. Dobb, Organisierter Kapitalismus. Fünf Beiträge zur politische Ökonomie, Frankfurt am Main 1966, S. 58 (im folgenden zitiert als "Dobb, Materialismus"). Man beachte die bei Dobb angeführten Zitate von Marx und Engels. Das Basis-Überbau-Theorem richtet sich primär gegen Hegel, der die Geschichte als Selbstentfaltung der Ideen, des Weltgeistes, begriff.

59) Dobb, Materialismus, 64.

für Handlungsanweisungen – wie zum Beispiel diejenige der Abschaffung der Ausbeutung durch eine Systemtransformation –, soweit sie mit der erkannten geschichtlichen Entwicklungstendenz in Übereinstimmung stehen. "Der Kommunismus ist nicht nur prognostisches Resultat, sondern auch programmatisches Ziel" (60).

Dass die Normativität nicht auf die spezifische Antwort des Marxismus auf die Fragestellung des Zurechnungsaspekts der Wertlehre zurückzuführen ist, sondern in der Fragestellung nach den produktiven, wertschaffenden Faktoren selber liegt, enthüllt ein Blick auf die neoklassische Ökonomie: "An die Stelle von Mehrwertbildung und Ausbeutung in der marxistischen tritt in der liberalen Doktrin die Entlohnung nach dem produktiven Beitrag, die Maximierung des Sozialprodukts und die Souveränität des Konsumenten" (61). Das unterscheidende Element in dieser Symmetrie der Ideologien liegt primär darin, dass die neoklassische Ökonomie in der Systemimmanenz verharrt – analytisch wie auch in ihren praktischen Konsequenzen –, während der Marxismus die bestehende Wirtschaftsordnung transzendiert. Im Pigou- und Bloom-Kriterium haben wir zwei Ausbeutungskonzeptionen neoklassischer Provenienz kennen gelernt, die zusammen mit dem Marxismus illustrieren, welch guter Nährboden in pseudoobjektiven Fragestellungen für normative Schlussfolgerungen vorliegt. Die preistheoretische Seite der marxistischen Arbeitswerttheorie ist in diesem Zusammenhang irrelevant und wird durch unsere Kritik der impliziten Normativität nicht getroffen.

Unsere Trennung von Erkenntnis und Entscheidung, von Seinsurteil und Werturteil trifft das Selbstverständnis des Marxismus nicht und kann deshalb nur von einem transzendenten Standpunkt aus als Waffe der Kritik eingesetzt werden. Nach Goldmann (62) besteht das Werturteil bei Marx nie unabhängig von Wirklichkeitserkenntnis und gestattet deshalb keine Interpretation als "ethisch";

60) Fleischer, Marxismus, 111.

61) Albert, Marktsoziologie, 177 f.

62) L. Goldmann, Dialektische Untersuchungen, Neuwied/Berlin 1966 S. 235 f. (im folgenden zitiert als "Goldmann, Untersuchungen").

das Seinsurteil wiederum ist nicht wertfrei. Seinsurteil und Werturteil werden in der dialektischen Analyse vielmehr untrennbar verbunden. Es ist mithin nicht so, dass der Marxismus seine handlungsanleitenden Aussagen als Beeinträchtigung des Wissenschaftsideals interpretiert. Im Gegenteil: "Diese beiden grossen Entdeckungen: die materialistische Geschichtsauffassung und die Enthüllung des Geheimnisses der kapitalistischen Produktion vermittelst des Mehrwerts verdanken wir Marx. Mit ihnen wurde der Sozialismus eine Wissenschaft" (63). Und nochmals Engels: "Über soziale Gerechtigkeit oder Ungerechtigkeit wird durch eine einzige Wissenschaft entschieden — durch die Wissenschaft, die sich mit den materiellen Tatsachen von Produktion und Austausch befasst, die Wissenschaft von der politischen Ökonomie" (64). Cornforth formuliert die Leistung von Marx so: "Seine wissenschaftliche Theorie a) bewies das Wesen und die Folgen der Ausbeutung der Arbeiter in der modernen Gesellschaft, b) formulierte das praktische Ziel, dieser Ausbeutung und ihren Folgen ein Ende zu bereiten, und c) lieferte die Prinzipien, mit deren Hilfe die für die Verwirklichung dieses Zieles erforderliche praktische Politik entschieden werden konnte" (65).

Die Begründung der Werturteile ist also eine Sache der politischen Ökonomie, einer Realwissenschaft. Dies wird durch die marxistische Geschichtsphilosophie möglich: "Zwecke und Zwecksetzungen sind im Grunde vorgegeben . . . durch die obengenannten Lebensverhältnisse der Individuen in einer gegebenen Gesellschaftsformation.' Daraus folgt . . .: 'Zwecksetzungen und damit moralische Wertungen und Normen' sind 'wissenschaftlich zu begründen . . ., es ist dies lediglich ein Bewusstwerden und ein Bewusstmachen von Vorgegebenem, wobei dieses Bewusstwerden und Bewusstmachen über die wissenschaftliche Einsicht läuft" (66). Wir haben somit ein objektivistische Werttheorie vor uns, wie wir sie in Teil I kritisiert haben.

63) Engels, Entwicklung, 209. Die Hervorhebungen des Originals wurden weggelassen.

64) F. Engels, Ein gerechter Tagelohn für ein gerechtes Tagewerk, in: Marx/Engels Werke, Band 19, Berlin 1962, S. 247.

65) Cornforth, Wissenschaft, 12.

66) H. Kramer, Wissenschaft und Parteilichkeit, in: W. Müller (Hrsg.), Sozialismus und Ideologie, Berlin 1969, S. 201 (im folgenden zitiert als "Kramer, Wissenschaft"). Das im Zitat enthaltene Zitat stammt von: W. Eichhorn I, Wie ist Ethik als Wissenschaft möglich? , Berlin 1965, S. 56.

Allerdings hat die Objektivität im Marxismus eine andere Bedeutung als in der "bürgerlichen" Philosophie. Objektivität und Parteilichkeit werden nämlich als vereinbar betrachtet (67). Objektivität meint nicht eine Stellung über allen Klassen, da mit der Existenz von Klassen ein unparteiliches Denken nicht möglich ist. Der Anspruch auf Objektivität im "bürgerlichen" Sinn ist nur Ausdruck von Klasseninteressen. Da der Marxismus die Interessen des Proletariats verfolgt und das Proletariat die klassenlose Gesellschaft verwirklichen wird, in der es keine widerstreitenden Klasseninteressen mehr gibt, werden Parteilichkeit und Objektivität durch die Entwicklungstendenz der Geschichte vereinbar. Das marxistische Objektivitätsverständnis ändert nichts an der auf wissenschaftlichem Wege erschliessbaren kognitiven Dimension, die den Werten zugeschrieben wird, so dass unsere Kritik der objektivistischen Werttheorien auch für den Marxismus relevant ist.

Das Bewegungsgesetz der Geschichte in Gestalt der Produktivkräfte und der Produktionsverhältnisse liefert den allgemeinen Bewertungsmassstab, aus dem die einzelnen Werturteile ableitbar sind. "Aus dem Eingebettetsein der Wissenschaft in ein bestimmtes Stadium der gesellschaftlichen Entwicklung ergeben sich in letzter Instanz Problemstellung, Problembearbeitung, Problemlösung und deren Anwendung" (68). Alles Denken, auch dasjenige wissenschaftlicher Art, ist ein Moment des Lebensprozesses des Menschen. Diesen "Momentcharakter des menschlichen Bewusstseins und Denkens innerhalb des praktisch-historischen Lebensprozesses" (69) will der marxistische Wissenschaftsbegriff berücksichtigen und gelangt von da her zu einer Vermengung von Erkenntnis und Entscheidung.

Auch die prinzipielle Ablehnung von ethisch begründeten Forderungen – wie zum Beispiel des Rechts auf den vollen Arbeitsertrag – folgt aus der marxistischen Geschichtsphilosophie; denn der Begriff der Gerechtigkeit als Bestandteil

67) Vgl. Bochenski, Materialismus, 108; Autorenkollektiv, Wissenschaft, 291 ff.

68) Kramer, Wissenschaft, 204.

69) Zeleny, Wissenschaftsbegriff, 79.

des Überbaus kann ja nur ein Reflex der jeweiligen Produktionsweise sein (70). Jede Gesellschaftsformation weist ein spezifisches Gerechtigkeitsverständnis auf, dessen Relativität auch durch einen allfälligen Allgemeingültigkeitsanspruch nicht aufgehoben werden kann. Vielmehr begünstigt der Allgemeinheitsanspruch jeweils die Interessen der herrschenden Klassen, wie die "bürgerliche" Gerechtigkeitsvorstellung bezeugt, welche über das als "gerecht" empfundene Wertgesetz die kapitalistische Aneignung des Mehrwerts gestattet. Gerechtigkeit und Recht sind deshalb immer klassenbezogen. Positives Recht und Gerechtigkeitsbegriff der herrschenden Klasse fallen in jeder Periode letztlich zusammen; denn die Bestimmung des Gerechtigkeitsverständnisses durch die historische Produktionsweise verhindert die Formulierung von ethischen Forderungen, die die bestehende Gesellschaftsformation transzendieren. Ein überhistorisches Gerechtigkeitsideal ist undenkbar. Deshalb kann Marx auch nicht die Verwirklichung der kommunistischen Gesellschaft von einem ethischen Standpunkt aus fordern, wie wir ihm das in unserer transzendenten Kritik durch die Trennung von Erkenntnis und Entscheidung unterstellen. Er ruft vielmehr zur Revolution auf, weil er sich mit der historischen Entwicklungstendenz in Einklang weiss, weil die kommunistische Gesellschaft notwendig — tatnotwendig — kommen muss. "Nicht weil das Proletariat seine Lebenssituation an einem moralischen Begriff des Gerechten misst, sondern weil seine Funktion innerhalb der bestehenden Verhältnisse die 'Unnatürlichkeit' dieser Verhältnisse in aller Entschiedenheit repräsentiert, empört es sich — 'notwendig' — gegen die kapitalistische Produktionsweise" (71). Der Marx'sche historische Materialismus hat eine "teleologische Suspension des Ethischen" (72) zur Folge. In der klassenlosen kommunistischen Gesellschaft wird der Gerechtigkeitsbegriff objektiv, obgleich er weiterhin durch die Produktionsweise bestimmt bleibt. Sein Inhalt betrifft jedoch unser Thema nicht mehr, abgesehen davon, dass er die Beseitigung der Ausbeutung impliziert.

70) Vgl. für unsere Ausführungen zur Idee des Gerechten bei Marx: Dahrendorf, Marx, insbesondere S. 54 ff.

71) Dahrendorf, Marx, 85.

72) Künzli, Marx, 677.

Die Erörterung der wissenschaftstheoretischen Grundlagen in Teil I hat uns dazu geführt, einerseits sowohl die Möglichkeit wie auch die Zweckmässigkeit der Trennung von Werturteilen und informativen Aussagen in der wissenschaftlichen Objektsprache zu bejahen und anderseits die Wünschbarkeit normativer Wissenschaft im Rahmen des Erkenntniszieles für jene Fälle zu verneinen, in denen die Werturteile von Autor und Adressaten nicht zusammenfallen. Von diesem das marxistische Selbstverständnis transzendierenden Standpunkt aus müssen wir die implizite handlungsanweisende Komponente der marxistischen Wissenschaft ablehnen.

c) Nun betrachten wir die marxistische Fassung der Ausbeutung in der Perspektive des begriffsdiagnostischen Instrumentariums. Wie bisher fallen die Erörterung der Konsistenz und der Wertgeladenheit weg.

Die Präzision des marxistischen Ausbeutungsbegriffs ist ungenügend, weil in ihm der unklare Begriff des "Werts der Arbeitskraft" enthalten ist. Der Wert der Arbeitskraft müsste unabhängig vom Lohn bestimmt werden können. Da jedoch Marx ein historisches Element im Wert der Arbeitskraft eingebaut hat, kann der Lohn über das zur Befriedigung des physiologischen Bedarfs notwendige Mass ansteigen, ohne sich vom Wert der Arbeitskraft zu entfernen. Infolge der gesellschaftlichen Interdependenz werden sich Lohnsteigerungen kaum auf einzelne Bereiche einschränken lassen, so dass sich das Lohnniveau als Ganzes verschiebt. Dadurch wird der Verkauf der Arbeitskraft über ihrem Niveau praktisch ausgeschlossen, da alle anderen Produktionszweige mit Lohnerhöhungen nachziehen müssen und sich die in die Reproduktion der Arbeitskraft eingehende kulturell-historische Bedürfnisbefriedigung auf ein allgemein höheres Niveau verschiebt, mithin den Wert der Arbeitskraft erhöht. Insbesondere in den heute vorherrschenden Verhältnissen der unvollkommenen Konkurrenz, deren Vorteile sich auch über die Arbeiter die Gewerkschaften zunutze machen und eine Monopolrente erzielen können, fällt diese Fragwürdigkeit in der Bestimmung des Wertes der Arbeitskraft ins Gewicht. Schon bei der Diskussion des beschränkten Wettbewerbs und der Verelendungsthese hat sich gezeigt, wie bequem angesichts der Unbestimmtheit dieses Begriffs argumentiert werden kann.

Die Ermittlung der makroökonomischen Ausbeutung erfährt durch die Unterscheidung von produktiver und unproduktiver Arbeit ein zusätzliches unpräzises Element, da die Entscheidung bei manchen Tätigkeiten über ihren produktiven oder unproduktiven Charakter arbiträr sein dürfte (73).

Durch diesen zusätzlichen, zweiten unpräzisen Faktor nähert sich der marxistische Ausbeutungsbegriff in quantitativer Hinsicht den Leerbegriffen. Die Leichtigkeit, mit der scheinbar widersprechende Tatsachen mit der marxistischen Theorie in Einklang gebracht werden können, hat sicher zu einem grossen Teil den Ursprung in unpräzisen Begriffen und geht weniger auf "Lüge und rabulistische Verdrehungskünste" (74) zurück.

Die Fruchtbarkeit des marxistischen Ausbeutungsbegriffs scheint sich auf die agitatorischen Möglichkeiten zu beschränken, da bisher durch ihn keine neuen informativen Theorien induziert worden sind.

Das Informationspotential des marxistischen Ausbeutungsbegriffs ist wegen seiner Ausgestaltung als quantitativem Begriff maximal.

Das Problem der Operationalität des marxistischen Ausbeutungsbegriffs wurde schon im Zusammenhang mit der Falsifizierbarkeit implizite gestreift. Der Wert ist ein Begriff der theoretischen Sprache, der durch das Wertgesetz und seine Modifikationen als Zuordnungsregeln in Preisen eine empirische Deutung erfährt.

Ob durch das Wertgesetz makroökonomisch Wert und Preis direkt oder in der Mikroökonomie indirekt zugeordnet werden, spielt keine Rolle, sondern kom-

73) Ganz abgesehen von der mangelnden Präzision können wir uns nach dem Sinn dieses Ausbeutungsbegriffs fragen, der immerhin den in unproduktiven Sektoren beschäftigten Arbeitern erlaubt, von dem der Ausbeutung entstammenden Mehrwert ihr Dasein zu fristen. Es ändert nichts daran, dass durch die unproduktiven Arbeiter produktive Arbeiter freigesetzt werden und sich dadurch die gesamte Mehrwertmasse erhöht.

74) W. Krelle, Verteilungstheorie, Tübingen 1962, S. 33 (im folgenden zitiert als "Krelle Verteilungstheorie").

pliziert im indirekten Falle nur das Messverfahren. Der Wertbegriff und dadurch der marxistische Ausbeutungsbegriff sind trotz all ihren übrigen Mängeln als operationell zu bezeichnen, da die Zuordnungsregeln zwar unpräzise, aber immerhin spezifiziert sind. Es scheint somit unangemessen, den Wertbegriff als "metaphysisch" abzutun (75).

d) Fazit: Der quantitative Teil der marxistischen Ausbeutungstheorie scheint uns unhaltbar zu sein. Die qualitative Analyse kann aufrechterhalten werden, wenn man gewillt ist, Normativität und den Mangel fehlender Reduzierbarkeit von qualifizierter auf einfache Arbeit in Kauf zu nehmen.

75) Vgl. Robinson, Doktrinen, 50.

Teil IV

Ausbeutung und Verteilungstheorie

1 Einführung

Das Untersuchungsobjekt der Verteilungstheorie bildet die Verteilung des Volkseinkommens. Es ist Gemeingut der Theorie, diese Verteilung nach personellen und funktionellen Kriterien zu analysieren. Im Rahmen der funktionellen Verteilungstheorie interessiert die Entlohnung der Produktionsfaktoren im Produktionsprozess. Die Unterscheidung von gewissen Produktionsfaktoren und deren Funktionen ist traditionell bestimmt. Letztlich fliessen alle Einkommen Personen zu; die personelle Einkommensverteilung stellt das zweite allgemein übliche Untersuchungskriterium dar. Je nach der Problemstellung ist auch die Einkommensverteilung auf die verschiedenen Wirtschaftssektoren, auf soziale Gruppen, auf die Haushalte oder nach weiteren Kriterien bedeutsam (1). Die Frage nach der Ausbeutung berührt sowohl funktionelle wie auch personelle Aspekte in der Literatur.

Ein von der Verteilungstheorie vernachlässigter Gegenstand ist die Vermögensverteilung, die im allgemeinen nur insoweit relevant wird, als sie eine Determinante der Einkommensverteilung bildet, ohne dass ihr neben der Einkommensverteilung eigenständige Beachtung zuteil wird. Dementsprechend erscheint die Vermögensverteilung auch im Zusammenhang der Ausbeutungsproblematik nur als Bestimmungsgrund der Einkommensverteilung.

Die primäre Einkommensverteilung ist das Resultat der Produktions- und Marktprozesse; die Einkommensverteilung kann nicht von der Einkommensbildung getrennt werden, so dass mit einer Produktions- und Preistheorie auch eine Verteilungstheorie impliziert wird. Ausgangspunkt unserer verteilungstheoretischen Untersuchungen bilden demnach die vorangegangenen preistheoretischen Überlegungen der bürgerlichen Wirtschaftswissenschaften sowie unsere Ausführungen zur marxistischen Oekonomie. Die verteilungstheoretischen

1) Vgl. G. Bombach, Die verschiedenen Ansätze der Verteilungstheorie, in: Einkommensverteilung und technischer Fortschritt, Schriften des Vereins für Socialpolitik, Neue Folge Band 17, Berlin 1959, S. 96ff. (im folgenden zitiert als "Bombach, Ansätze"); Krelle, Verteilungstheorie, 1ff.

Implikationen der früher erwähnten Kriterien der Ausbeutung werden insoweit durch weitere Analysen ergänzt, als dies für die Darstellung des Begriffs der Ausbeutung notwendig ist. Diesem verteilungstheoretischen Teil kommt demnach mehr ergänzender Charakter zu den früheren Erörterungen zu, auf die häufig verwiesen werden muss.

Nach einer Skizze der Verteilungstheorie der Klassiker wird näher auf die Klassenmonopoltheorien und die Grenzproduktivitätstheorie der Verteilung eingegangen, welche Gelegenheit bieten, Bezüge zu den Ausbeutungskriterien von Marx, Oppenheimer, Pigou und Bloom herzustellen. Die marxistische Verteilungstheorie wird nicht aus den anderen Theorien bürgerlicher Provenienz ausgegliedert, unter welchen zum Teil ähnliche, allerdings von Marx beeinflusste Erklärungsversuche der Einkommensverteilung vorliegen. Im Zusammenhang mit der Grenzproduktivitätstheorie werden gewisse Aspekte des Leistungsprinzips diskutiert. Der folgende Abschnitt berücksichtigt den dynamischen und makroökonomischen Charakter des Verteilungsproblems, indem auf Aspekte der Entwicklung und Theorie der Lohnquote unter besonderer Berücksichtigung inflatorisch verursachter Redistribution eingegangen wird. Die Zusammenhänge zwischen Verteilung und Aussenwirtschaft finden sich nicht in diesem Teil, sondern in Teil V.

2 Die Verteilungstheorie der Klassiker

Wie im preistheoretischen Teil beschränken wir uns auf eine Skizze der Verteilungstheorien von Smith, Ricardo und Thünen als im Zusammenhang mit dem Ausbeutungsproblem wichtigste Vertreter der Klassik.

Bei Smith steht die Verteilung des Volkseinkommens nicht im Brennpunkt des Interesses; jedoch ergibt sich über die Preistheorie eine Lösung des Verteilungsproblems. Für den Anteil der Lohnempfänger am Volkseinkommen gibt Smith keine eindeutige Erklärung; denn im Abschnitt "Der Arbeitslohn" sind die verschiedensten Lohntheorien, die später entwickelt wurden, im Ansatz nebeneinander angelegt (1). Die unseres Erachtens bei Smith dominierende Lohntheorie besagt, dass die Gruppe der Lohnempfänger sich in einen Lohnfonds teilen muss, der im Rahmen einer expandierenden Wirtschaft ebenfalls zunimmt. Infolgedessen hängt die Lohnentwicklung vom Verhältnis zwischen der Zunahme des Lohnfonds und damit der Nachfrage nach Arbeitskräften sowie der Bevölkerungsentwicklung und damit dem Angebot an Arbeitskräften ab (2). In diesem Sinne ist Smith weder optimistisch (3) noch pessimistisch (4). Die Lohnhöhe muss sich langfristig weder auf dem Niveau der physiologischen noch des konventionellen Existenzminimums bewegen. Gleichzeitig weist Smith jedoch darauf hin, dass hohe Löhne auf eine Bevölkerungsvermehrung und damit auf einen Lohndruck hinwirken, die die Lohnhöhe wieder auf ihren "notwendigen Satz" (5) vermindern.

1) Vgl. für eine gedrängte Übersicht der Ansätze Krelle, Lohntheorie, 1f.

2) Vgl. A. Smith, Der Reichtum der Nationen, (1776), Erster Band, Leipzig 1924, S. 68ff. (im folgenden zitiert als "Smith, Reichtum").

3) Wie E. Preiser, Distribution, in: Handwörterbuch der Sozialwissenschaften als "Distribution I (Theorie)", Band 2, Stuttgart/Tübingen/Göttingen 1959, S. 620ff. Wiederabgedruckt in: E. Preiser, Bildung und Verteilung des Volkseinkommens. Gesammelte Aufsätze zur Wirtschaftstheorie und Wirtschaftspolitik, 3., durchgesehene Auflage Göttingen 1963, S. 298 (im folgenden zitiert als "Preiser, Distribution") annimmt.

4) Wie Krelle, Verteilungstheorie, 22f., annimmt.

5) Smith, Reichtum, 80

Die Bestimmungsgründe und die Höhe der makroökonomischen Lohnquote wie auch der Einzellöhne sind bei Smith mehrdeutig. So wie für Smith die Arbeitswerttheorie nur in den Gesellschaftsanfängen Gültigkeit besass, verweist er auf einen ursprünglichen Zustand, in dem der Arbeiter noch den vollen Arbeitsertrag erhielt (6). Sobald "Bodenaneignung und Kapitalansammlung" (6) stattgefunden hatte, musste der Poduzent sein Arbeitserzeugnis mit dem Grundbesitzer und dem Kapitalgeber teilen. Grundrente – es ist eine absolute Rente – und Profit haben demnach eine antagonistische Stellung zum Arbeitslohn inne. Hierin liegt der Ansatzpunkt der Ausbeutungstheorien der utopischen Sozialisten sowie der Klassenmonopoltheorien. Smith selber lässt sich keine Ausbeutungstheorie des Profits und der absoluten Grundrente zuschreiben, da er es als "nutzlos" bezeichnet, "weiter nachzuforschen welchen Einfluss er (der ursprüngliche Zustand ohne Bodenaneignung und Kapitalansammlung, R.G.) auf die Vergütung oder den Lohn der Arbeit gehabt haben würde" (7).

Ricardo erblickt in der Verteilung des Volkseinkommens auf die Grundeigentümer, Kapitalbesitzer und Arbeiter das "Hauptproblem der Volkswirtschaftslehre" (8). Ausgangspunkt bildet seine Wertlehre, die quantitativ überwiegend eine Arbeitswertlehre ist. Die Grundrente als absolute Rente in der Smith'schen Fassung würde jedoch dem Arbeitswerttheorem widersprechen, weshalb Ricardos Grundrentenerklärung eine Differentialrententheorie darstellt. Der Wert der Waren wird durch den Arbeitsaufwand des Grenzproduzenten bestimmt, so dass allen, die sich günstigere Umständen für die Produktion erfreuen, eine Differentialrente zufällt (9). Die Grundrente ist somit kein Aufschlag auf den durch den Wert bestimmten natürlichen Preis der Erzeugnisse. Das nach Abzug der Grundrentenquote verbleibende Volkseinkommen wird von den Arbeitern und Kapitalbesitzern aufgeteilt.

6) Smith, Reichtum, 63

7) Smith, Reichtum, 64

8) Ricardo, Grundsätze, 6

9) Ricardo, Grundsätze, 59

Die Quote der Arbeiter wird durch die Werttheorie determiniert: Der natürliche Preis der Arbeit besteht im Existenzminimum in konventionellem Sinne, das langfristig gerade die Reproduktion der Bevölkerung erlaubt. Das Gesetz vom abnehmenden Bodenertrag bewirkt nach Ricardo eine ständige Verteuerung der Nahrungsmittel, welche sich in einer Erhöhung der Nominallöhne niederschlägt; dem wirken zeitweilig die Produktivitätsfortschritte in der Landwirtschaft entgegen (10). Die Quote des Kapitalprofits am Volkseinkommen erfährt keine gesonderte Erklärung, sondern wird als Residualgrösse nach Abzug der Grundrenten- und Lohnquote aufgefasst (11). Das Bevölkerungswachstum erzeugt einen steigenden Nahrungsmittelbedarf, der infolge des fallenden Bodenertrages nur bei gleichzeitiger Verteuerung der Nahrungsmittelpreise und einer Erhöhung der Differentialrenten befriedigt werden kann. Die Verteuerung macht wiederum eine Erhöhung der nominellen Lohnquote notwendig, da die Löhne sich ja auf dem Niveau des Existenzminimums befinden. Diese Erhöhung der Lohnquote kann nur auf Kosten der Profitquote gehen.

Im preistheoretischen Teil wurde in Ricardos Verwendung des Begriffs des natürlichen Preises ein normativ-informativer Dualismus blossgelegt. Die Betonung des normativen Aspekts erlaubt bei langfristigem Abweichen des Marktpreises vom natürlichen Preis einen Tatbestand zu sehen, der jenem der Ausbeutung analog ist, so wie der Ausbeutungsbegriff später verwendet wurde. "Ausbeutung" in dieser Bedeutung ist bei Ricardo nur zwischen Arbeitern und Kapitalbesitzern denkbar, da die Grundrente als Differentialrente, wie erwähnt, keinen Abzug vom natürlichen Preis der Erzeugnisse bedingt (12). Wird der informative Aspekt in Ricardos Verwendung des Begriffs des "natürlichen Preises" hervorgehoben — denn Ricardo nimmt eine langfristige Tendenz zur Realisierung der natürlichen Preise an, um die die Marktpreise oszillieren —, so muss man nach Ricardo den Eintritt eines derartigen an Ausbeutung gemahnenden Sachverhaltes für unwahrscheinlich erachten (13). Diese Hinweise auf Ricardos Verteilungstheorie sollen

10) Ricardo, Grundsätze, 81f.

11) Ricardo, Grundsätze, 98f.

12) Ricardo, Grundsätze, 98f.

13) Ricardo, Grundsätze, 82

genügen. Kritische Bemerkungen zum Begriff des natürlichen Preises wurden bereits im preistheoretischen Teil geäussert.

Thünen ist der bedeutendste Vorläufer der Grenzproduktivitätstheorie, auf die in Abschnitt 32 eingegangen werden wird. Zu Thünens Vorstellung eines gerechten Lohnes und seines Verhältnisses zur Grenzproduktivitätstheorie sei auf unsere früheren Ausführungen verwiesen (14).

14) Vgl. Teil II, Abschnitt 13

3 Klassenmonopoltheorien und Grenzproduktivitätstheorie

31 Klassenmonopoltheorien

311 Marxistische Verteilungstheorie

Wenn man von verhaltenen Ansätzen bei den Klassikern sowie von den Schriften der utopischen Sozialisten absieht, hat Marx die erste Verteilungstheorie formuliert, die man als Klassenmonopoltheorie bezeichnen kann. Da, wie Marx selbst feststellt, die Distribution mit der Produktion gegeben ist (1), handelt es sich bei unserer Aufgabe nur noch darum, einige Verteilungsaspekte der in Teil III geschilderten und kritisierten marxistischen Wert- und Wirtschaftstheorie herauszustreichen.

Ehe auf den Verteilungsprozess und die einzelnen Anteile eingegangen wird, sind noch einige Bemerkungen zum Begriff des Volkseinkommens als Verteilungsobjekt notwendig. Es wird behauptet, dass die marxistische Konzeption des Volkseinkommens sich fundamental vom bürgerlichen Begriff unterscheide (2), weil Marx entsprechend der Differenzierung zwischen produktiver und unproduktiver Arbeit nur der produktiven Arbeit die Eigenschaft der Wertschöpfung zuschreibt und in seine Konzeption des Vokseinkommens (3) einbezieht, hingegen die Erzeugnisse durch unproduktive Arbeit nicht zum Volkseinkommen zählt. Eine nähere Betrachtung kann jedoch zeigen, dass dieser Gegensatz keineswegs derart fundamentaler Natur ist, wie er sich auf den ersten Blick ausnimmt. Die Abschreibungen als Ersatz des verzehrten konstanten Kapitals werden im folgenden

1) Vgl. Marx, Gothaer Programm, 22

2) Vgl. Renner, Verteilungstheorie, 184f.

3) Marx spricht anstelle von "Bruttosozialprodukt" für den Bruttoneuwert und "Volkseinkommen" für den Nettoneuwert einer Periode von "Bruttoprodukt", "Rohertrag" oder "Rohprodukt" einerseits und von "Nationaleinkommen" und Roheinkommen" anderseits. Vgl. Renner, Verteilungstheorie, 184. Wir werden jedoch weiterhin die heute in der bürgerlichen Oekonomie üblichen Termini verwenden.

vernachlässigt, um zu einer Betrachtung in Nettogrössen zu gelangen. Dem Neuwert einer Periode kommt sowohl ein Wertaspekt als auch ein Güteraspekt zu. Die Summe der produzierten Werte im marxistischen Sinne in einer Periode entstammt zwar nur der produktiven Arbeit. Jedoch hilft gesellschaftlich unerlässliche, aber unproduktive Arbeit indirekt, das mögliche Ausmass der produktiven Arbeit zu vermehren. Die Güterbetrachtung kann demnach nicht nur von den durch produktive Arbeit produzierten Waren ausgehen, sondern muss auch die auf unproduktive Arbeit zurückgehenden Güter im weitesten Sinne (4) einbeziehen. Dies kommt auch darin zum Ausdruck, dass makroökonomisch die Wertsumme einer Periode der Summe der Preise derselben Periode gleich sein soll: Die mit unproduktiver Arbeit produzierten Güter weisen wie die Waren Preise auf und sind somit in der Preissumme wie in der Wertsumme enthalten. Zudem verläuft der Einkommensverteilungsprozess im Kapitalismus über Preisgrössen, so dass die alleinige Berücksichtigung des Wertaspekts des Volkseinkommens nichts über die empirische Verteilung von Gebrauchswerten aussagen würde.

Die Aneignung des durch die Arbeiterklasse produzierten Mehrwerts durch die Kapitalistenklasse erfüllt ex definitione den Tatbestand der Ausbeutung. Wenn man makroökonomisch eine Entlöhnung entsprechend dem Wert der Arbeitskraft unterstellt, so spaltet sich das Volkseinkommen grundsätzlich in Mehrwert und den notwendigen Wert auf, der dann im Umfang dem variablen Kapital entspricht. Nicht der ganze Mehrwert geht an die Kapitalistenklasse; denn insbesondere wird ein Grossteil (5) der unproduktiven Arbeiter aus dem Mehrwert entlohnt. Der an die Kapitalistenklasse fliessende Mehrwert lässt sich weiter disaggregieren (6) in a) die Einkommen der industriellen Kapitalisten: den industriellen Profit; b) die Einkommen der kommerziellen Kapitalisten: den kommerziellen Profit; c) die Einkommen der Geldkapitalisten: den Zins, und d) die

4) Neben immateriellen Gütern sind auch die Gebrauchswerte der selbständigen Produzenten eingeschlossen, die weder produktiv noch unproduktiv im marxistischen Sinne sind.

5) Daneben wird die Entlohnung eines Teils der unproduktiven Arbeiterschaft auch wieder aus Löhnen finanziert, indem in seltenen Fällen produktive Lohnabhängige Dienstboten etc. einstellen, oder indem über Steuern die Entlohnung der Staatsbeamten gesichert wird.

6) Vgl. die klare Darstellung bei Renner, Verteilungstheorie, 189.

Einkommen der Grundeigentümer: die Grundrente. Im Gegensatz zu Ricardo erklärt Marx die Entstehung des Profits in seinen verschiedenen Spielarten, wenn der Gesamtprofit auch, was sein Ausmass anbetrifft, eine Residualgrösse bleibt.

Die langfristige Entwicklung der Verteilungsquoten sah Marx zuungunsten der Arbeiterklasse verlaufen, was in der Theorie der relativen Verelendung – in ihrer makroökonomischen, auf die Lohnentwicklung bezogene Fassung – zum Ausdruck kommt. Die Produktion des relativen Mehrwerts durch die in Gebrauchswerten ausgedrückten Produktivitätssteigerungen nimmt enorm zu. Gleichzeitig setzt die unerhörte Kapitalakkumulation eine industrielle Reservearmee frei. Diese beiden Faktoren sorgen nach Marx dafür, dass langfristig die Arbeiterschaft relativ verelendet.

Der in Teil III geschilderten marxistischen Theorie des Kapitalismus kommen sowohl preistheoretische als auch verteilungstheoretische Aspekte im Sinne einer Wertschöpfung zu (7). Vielfach werden in der bürgerlichen Literatur die die Ersteren nicht nur überbetont, sondern die marxistische Theorie wird ausschliesslich als Preistheorie verstanden und insofern missverstanden. Wie in Teil III, Abschnitt 631 gezeigt wurde, ist die quantitative, mikroökonomisch-preistheoretische Ebene der marxistischen Theorie für den gegenwärtigen Monopolkapitalismus kaum aufrechtzuerhalten, ganz abgesehen von der Kritik, die wir in immanenter Hinsicht angebracht haben. Hingegen scheint uns die marxistische Theorie als makroökonomische Verteilungstheorie heute zentraler zu sein. Durch die definitorische Gleichsetzung von Werten und Preisen auf makroökonomischer Ebene wird ein Bezug zwischen Werten und Preisen hergestellt, der sich in der oben ausgeführten Weise zur Erörterung der einzelnen makroökonomischen Verteilungsquoten auswerten lässt. Dadurch, dass sich mikroökonomisch die Werte von den Preisen gelöst haben, ist auch der Begriff des Wertes der Arbeitskraft fragwürdig (8) geworden und der marxistische

7) Vgl. insbesondere Hofmann, "Wertgesetz", 236ff.

8) Vgl. Hofmann, Verelendung, 49

Ausbeutungsbegriff deshalb letztlich nicht mehr quantitativ, sondern nur noch klassifikatorisch zu gebrauchen. Zudem bleibt unsere immanente Kritik auch bei der Interpretation der marxistischen Theorie als makroökonomische Verteilungstheorie gültig.

Durch die weiteren Argumente der in Teil III, Abschnitt 6, angebrachten Kritik wird die Verteilungstheorie ebenfalls mitbetroffen.

312 Abzugstheorie des Profits: Produzentenausbeutung

Wir wenden uns nun den Ideen von Oppenheimer zu, die gewisse Parallelen zu Marx aufweisen, obgleich Oppenheimer weit davon entfernt ist, Marxist zu sein. Parallelen zu Marx liegen in dreierlei Hinsicht vor. Erstens wendet Oppenheimer ebenfalls eine historische Betrachtungsweise an und untersucht den Kapitalismus als transitorisches Wirtschaftssystem. Zweitens ist der Kapitalismus auch für Oppenheimer eine Klassengesellschaft. Drittens ist auch Oppenheimer Vertreter einer Arbeitswerttheorie. Im einzelnen unterscheiden sich Oppenheimers Auffassungen von denjenigen marxistischer Provenienz allerdings auch bezüglich dieser drei Punkte wesentlich. Vorerst ist notwendig, auf Oppenheimers Wertlehre einzugehen, da seine Klassenmonopoltheorie der Verteilung eine Konsequenz seiner Wertlehre bildet.

Die Frage nach der Ursache und nach der Höhe des Wertes sind nach Oppenheimer zwei grundverschiedene Dinge. Die Ursache des Wertes sieht er im Nutzen, während die Höhe des Wertes vom Arbeitsaufwand abhängt (9). Der Nutzen ist ein psychologisches oder allenfalls als Gebrauchswert der Dinge ein technologisches Problem. Die Fragestellung der Oekonomie zielt auf die Höhe des Wertes ab, wobei Oppenheimer "Wert" mit "statischem Preis" gleichsetzt.

9) Oppenheimer, Wert, 60

Das Einkommen e bei statischen oder dynamischen Verhältnissen bildet sich aus dem Preis v des zu Markte gebrachten Gutes multipliziert mit der Anzahl n dieses Gutes weniger die Selbstkosten s des Einzelprodukts multipliziert mit der Anzahl n (10). In Gleichungsform:

$$e = v \cdot n - s \cdot n\,.$$

Als Produktpreis ergibt sich durch Umformung

$$v = \frac{e}{n} + s\,.$$

In der Statik kann man das Einkommen e als Konstante E betrachten. Der statische Wert eines Gutes kann vorerst somit wie folgt dargestellt werden:

$$v = \frac{E}{n} + s\,.$$

Da Einkommen nicht Tauschwert, sondern Gebrauchswert darstellt, liegt nach Oppenheimer kein Zirkelschluss vor. Das Einkommen setzt sich nicht nur aus Gebrauchswerten, der Lustseite, zusammen, sondern ihm ist auch eine Lastseite eigen, welche sich als Arbeitsaufwand ausdrücken lässt.

Entsprechend dieser Formel haben in einer Gesellschaft der Gleichen, "absolut ausgedrückt, alle Produkte . . . genau den statischen Preis der auf sie insgesamt verwendeten Arbeitszeit" (11). Relativ ausgedrückt, tauschen sich die Produkte nach Massgabe der in ihnen enthaltenen Arbeitszeit. Diese Fiktion einer Gesellschaft der Gleichen muss nun in zweierlei Hinsicht eine Annäherung an die Realität durchlaufen.

Erstens weisen nicht alle Glieder der Gesellschaft dieselbe persönliche Qualifikation auf. Anerzogene Qualifikation der Arbeit bedingt einen Zuschlag q zum

10) Vgl. Oppenheimer, Wert, 45ff.

11) Oppenheimer, Wert, 58. Die Hervorhebungen des Originals wurden weggelassen.

Normaleinkommen E nach Massgabe der direkten Ausbildungskosten, der Höhe des während der Ausbildungszeit entgangenen Normaleinkommens und der Lebenserwartung. Die angeborene Qualifikation beeinflusst den statischen Preis nicht, da der Preis durch die Grenzarbeitszeit des durchschnittlich qualifizierten Grenzproduzenten bestimmt wird (12). Qualifizierte Arbeit erhält dadurch eine Differentialrente.

Zweitens müssen die Monopole berücksichtigt werden, oder, wie Oppenheimer es nennt, die Unterschiede bezüglich der sachlichen Qualifikation. Unter einem Monopol versteht er "eine gesellschafts-wirtschaftliche Machtposition des Inhalts, dass ihr Inhaber, der 'Monopolist', im Marktverkehr infolge des Ausschlusses oder der Beschränkung der freien Konkurrenz einen 'Monopolgewinn' erhält; d.h. dass sein Einkommen . . . höher ist als das Einkommen anderer Wirtschaftspersonen, die sich nicht der Verfügung über eine solche Machtposition erfreuen, . . . bei gleicher Anspannung gleich qualifizierter Arbeitskraft in gleicher Zeit" (13). Der statische Monopolpreis ist gegenüber dem statischen Konkurrenzpreis erhöht. Das Einkommen des Monopolisten ist das Normaleinkommen E plus die Monopolrente m, so dass die Formel für den Monopolpreis v_m lautet:

$$v_m = \frac{E + m\ (+q)}{n} + s \quad (14).$$

Das Verkaufsmonopol realisiert den Monopolgewinn durch Aufschlag auf den statischen Konkurrenzpreis, während das Einkaufsmonopol einen Abzug vornimmt. Das letztere ist bei allen betroffenen Arbeitern der Fall; sie erhalten einen um "einen Monopoltribut gekürzten Ertrag ihrer Arbeit, einen 'Monopollohn' " (15). Den Monopolprofit nennt Oppenheimer zuweilen auch Mehrwert.

12) Die Werttheorie Oppenheimers beschränkt sich auf vertretbare Güter.

13) F. Oppenheimer, Theorie der reinen und politischen Oekonomie, Zweiter Halbband: Die Gesellschaftswirtschaft, 5. völlig neu bearbeitete Auflage Jena 1924, S. 480 (im folgenden zitiert als "Oppenheimer, Theorie II"). Die Hervorhebungen des Originals wurden weggelassen.

14) Der Faktor q ist nur insoweit relevant, als es sich um anerzogene Qualifikationen handelt.

15) Oppenheimer, Wert, 110

Im Verhältnis zum Arbeitslohn lässt sich Oppenheimers Theorie in der Terminologie von Peter (16) als eine "Abzugstheorie des Profits" charakterisieren, die den normalen, statischen Profit als Produzentenausbeutung (17) erklären will. Während die marxistische Theorie ebenfalls die Ausbeutung der Produzenten behauptet, kann man sie dennoch nicht mit Oppenheimer in die Abzugstheorie einreihen, da Marx im Gegensatz zu Oppenheimer die Forderung auf den vollen Arbeitsertrag vehement abgelehnt hat. Die marxistische Verteilungstheorie ist weder eine Abzugstheorie noch eine Aufschlagstheorie; denn Marx geht für die kapitalistische Aequivalenzbedingung nicht vom Arbeitsertrag, sondern vom Wert der Arbeitskraft aus.

Soweit Monopolverhältnisse zwischen Einzelnen und Gruppen bestehen — Oppenheimer nennt sie "Personalmonopole" —, sind sie von verhältnismässig untergeordneter Bedeutung. Dies lässt sich vom Klassenmonopol nicht behaupten, durch welches die Wirtschaftsgesellschaft in zwei Klassen gespalten wird. "Nicht der Überprofit des Monopolisten ist das primäre Problem, sondern der normale Profit des mit keinem Personalmonopol ausgestatteten Kapitalisten" (18). Diesen normalen Kapitalprofit erklärt Oppenheimer durch die Existenz eines Klassenmonopolverhältnisses.

Oppenheimer kennt drei geschichtliche Klassenverhältnisse, die jeweils durch ein Klassenmonopol begründet sind: Klassenmonopol "am Menschen in der Sklavenwirtschaft, an Mensch und Boden in der Feudalwirtschaft, am Boden allein in der kapitalistischen Verkehrswirtschaft" (19). Im Gegensatz zu Marx ist bei Oppenheimer das Klassenmonopol an Grund und Boden im Kapitalismus primär, das Kapitalverhältnis erst sekundäre Folge. Das auf politische Herrschaft, nicht auf natürliche Akkumulation zurückzuführende Grossgrundeigentum konstituiert

16) Vgl. H. Peter, Grundprobleme der theoretischen Nationalökonomie. Wert, Preis, Profit, Stuttgart 1933, S. 111 (im folgenden zitiert als "Peter, Grundprobleme").

17) Zarnowitz, Theorie, 15

18) Oppenheimer, Wert, 96. Die Hervorhebungen des Originals wurden weggelassen.

19) F. Oppenheimer, System der Soziologie. Erster Band: Allgemeine Soziologie. Erster Band: Grundlegung, Jena 1922, S. 315.

eine Bodensperre. Dadurch sind die Arbeiter frei von Bodeneigentum und gezwungen, auch zu einem niedrigeren Lohn als dem statischen Konkurrenzlohn zu arbeiten. Die landlose Bevölkerungsklasse entrichtet dergestalt ihren klassenbedingten Monopoltribut. Es wird natürlich versucht, dem zu entgehen. Einerseits geht die Tendenz dahin, nach Kolonien mit freiem Land auszuwandern; die Spekulation mit Grundstücken errichtet jedoch in Kürze auch hier eine Bodensperre. Anderseits geht der Wanderungsstrom in die Industriezentren, in die Städte. Hier treten die Arbeiter in Konkurrenz und drücken den Lohn in den Industrien auf den Lohnsatz der Landarbeiter hinunter, "und zwar auf den Lohn des sog. 'Grenzkuli', d.h. eines abhängigen Bauern in den agrarischen Randgebieten (zuzüglich Reisekosten)" (20). Infolge dieses Wanderungsmechanismus ist die Bodensperre die Ursache, dass auch die nicht in der Landwirtschaft beschäftigten Arbeiter nur einen Monopollohn erhalten. "Der Monopollohn ist der 'volle Arbeitsertrag' vermindert um den Monopolgewinn" (21), und um diesen Abzug werden die Unselbständigen ausgebeutet (22). Die Selbständigen werden durch Verkaufsmonopole, also durch Aufschläge auf den statischen Konkurrenzpreis, ausgebeutet. Die Bodensperre, das Grossgrundeigentum, ist somit die Ursache der Ausbeutung auch im industriellen Sektor. Äusserlich bleibt für die Beteiligten des Klassenmonopolverhältnisses die Form des Vertrages gleich wie beim Tausch von Aequivalenten, "aber sein Inhalt ist eben nicht mehr der 'gerechte', äquivalente, sondern der 'ungerechte' Tausch durch einseitige Festsetzung des Verhältnisses zwischen Wert und Gegenwert unter dem Monopolverhältnis" (23). Es herrscht keine freie Konkurrenz im Sinne Oppenheimers.

Im Zustand freier Konkurrenz könnte es nur Arbeitseinkommen geben; alle Besitzeinkommen sind bei statischen Verhältnissen darauf zurückzuführen,

20) W. Fritz, Ideen. Vgl. Oppenheimer, Theorie II, 636f.

21) Oppenheimer, Theorie II, 634. Die Hervorhebungen des Originals wurden weggelassen.

22) Oppenheimer, Theorie II, 514

23) Oppenheimer, Theorie II, 514. Die Hervorhebungen des Originals wurden weggelassen.

dass nicht freie Konkurrenz im Sinne Oppenheimers herrscht. Der Begriff der freien Konkurrenz meint hier nicht vollkommene Konkurrenz gemäss der Marktformentheorie, sondern wird dadurch gekennzeichnet, dass freie Verfügbarkeit über Produktionsmittel jeder Art herrscht. Dadurch haben die Arbeiter, statt zum Akzept jeglichen Lohndiktats gezwungen zu sein, die Alternative selbständiger Beschäftigung, wo ihnen der unverkürzte Arbeitsertrag zufällt. Für Oppenheimers freie Konkurrenz ist also notwendig, dass die Arbeiter im Marx'schen Sinne gerade nicht in doppelter Hinsicht frei sind. Die einseitige Vermögensverteilung und damit die beschränkte Verfügungsmöglichkeit über Produktionsmittel, primär der ungleiche Grundbesitz, schafft eine besitzende und eine vermögenslose Klasse, deren Verhältnis infolge des Erwerbszwanges als Klassenmonopolverhältnis bezeichnet werden muss. Mit den sich ergebenden Verteilungsquoten werden die Arbeitenden im Ausmass der Profitquote um das ihnen zustehende Volkseinkommen geprellt. Es ist zu beachten, dass Oppenheimer statische Verhältnisse zugrundelegt, so dass spezifische Effekte der Dynamik — wie zum Beispiel Fortschrittsrenten — von seiner Theorie nicht erfasst werden.

Ähnlich wie ein kranker Organismus Selbstheilungskräfte hervorbringt, so tendiert auch das Gesellschaftssystem zur Beseitigung von Störungen. Deshalb kann es nur eine Frage der Zeit sein, bis der Kapitalismus durch Aufhebung der Bodensperre überwunden ist. Ähnlich wie bei Marx wird das propagierte Aktionsprogramm als mit dem Geschichtsprozess harmonierend dargestellt (24). Das Bodenmonopol ist kein natürliches, sondern ein rechtliches Monopol, das folglich durch politische Aktion aufgehoben werden kann. Im Kampf gegen die Bodensperre genügt es, soviel Grundeigentum zu enteignen oder aufzukaufen, bis die Landbedürftigen mit ihrem wichtigsten Produktionsmittel genügend ausgerüstet sind. Dadurch wird der übrige Grossgrundbesitz an Mangel von Arbeitskräften zu leiden beginnen und zu niedrigen Preisen dem Staat verkauft werden. Mit dem Aufbrechen der Bodensperre wird auch dem Kapitalmonopolverhältnis die Grundlage entzogen, da die freien Arbeiter in der Landwirtschaft das volle Arbeitsprodukt als Entgelt erhalten können. Die Löhne steigen, "bis der Lohn

24) Oppenheimer, Theorie II, 1104. Vgl. zum Aktionsprogramm 1103ff.

den Mehrwert auch in der Industrie verschlungen hat" (25). Die Beseitigung der Ausbeutung im primären Sektor zieht somit ihre Abschaffung im sekundären Sektor nach sich. Abgesehen vom Pionierlohn, der auf der wirtschaftlichen Dynamik gründet, wird der Arbeitslohn die einzige Einkommensform sein.

Im Unterschied zu Marx führt Oppenheimer die Ausbeutung auf die Verletzung des Prinzips vom Tausch äquivalenter Güter zurück. Ferner analysiert er den Wert der Arbeitskraft anders als Marx: Der Lohn stellt nicht den Preis der Arbeitskraft dar, sondern den Preis der Arbeit, den Preis des Arbeitsprodukts. Deshalb kann auch die Formel der Forderung nach dem vollen Arbeitsertrag Anwendung finden. In dieser Hinsicht hat Oppenheimer das Klagelied der utopischen Sozialisten wieder aufgenommen, allerdings in präzisierter Form, da er den Kapitalprofit als Monopolprofit kennzeichnet.

Zu den nun folgenden kritischen Bemerkungen treten noch die Einwände, die wir in den Abschnitten 314 und 33 zur quasimonopolistischen Ausbeutungstheorie als modernste Variante der Klassenmonopoltheorien vorbringen werden. Mag auch die Freisetzung von Arbeitskräften durch die industrielle Revolution auf dem Lande besonders augenfällig gewesen sein, es besteht heute kein Grund, den Verhältnissen in der Landwirtschaft agrozentrisch Priorität einzuräumen. Die Trennung der Produzenten von ihren Produktionsmitteln hat auch im Handwerk und Gewerbe stattgefunden, so dass die Bodensperre nicht als einzige Basis eines Klassenmonopols angesehen werden kann (26). Die Marx'sche Perspektive, in der die Grundrente im Rahmen der Mehrwertkonzeption betrachtet wird, scheint deshalb zutreffender. Die Bodenfrage kann nur in gesamtgesellschaftlichem Kontext bearbeitet werden.

Der statischen Konkurrenzpreis, der als Massstab der Ausbeutung fungiert, ist kein Element der Wirklichkeit. Die Formel zu seiner Errechnung kann nicht widerlegt werden, da in einer dynamischen Wirtschaft die Randbedingungen der

25) Oppenheimer, Kapitalismus, 218. Die Hervorhebungen des Originals wurden weggelassen.

26) Vgl. W. Hofmann, Einkommenstheorie. Vom Merkantilismus bis zur Gegenwart, Sozialökonomische Studientexte, Band 2, Berlin 1965, S. 109 (im folgenden zitiert als "Hofmann, Einkommenstheorie").

Statik nicht gegeben sind. Aus diesem Grunde ist es höchst fragwürdig, den hypothetischen statischen Preis mit der Etikette der Gerechtigkeit zu versehen. Davon abgesehen, ist auch bei Oppenheimer die unreflektierte Durchdringung von ethischen Fragen und realwissenschaftlicher Analyse zu bemängeln.

313 Aufschlagstheorie des Profits: Konsumentenausbeutung

Im Anschluss an Oppenheimer vertrat Peter (27) eine weitere Klassenmonopoltheorie, die hier zusammen mit der Verteilungstheorie von Conrad (28) skizziert wird, da beide ungleich Oppenheimer den Profit als Aufschlag auf den sich bei freier Konkurrenz einstellenden Lohn betrachten. Zudem vermeiden sie den Agrozentrismus Oppenheimers.

In bezug auf den Boden ist es evident, dass seine Begrenztheit die Aufhebung der im Oppenheimer'schen Sinne freien Konkurrenz zur Folge hat. Für Oppenheimer war das Bodenmonopol primär, aus dem er das Kapitalmonopol ableitete. Conrad jedoch führt den Monopolcharakter des Kapitalbesitzes nicht auf das Bodenmonopol zurück (29), sondern begründet ihn unabhängig davon. Die Mehrergiebigkeit der Produktionsumwege, die sich als Arbeit und Kosten sparende Kraft des Kapitals äussert, macht zusammen mit der Konkurrenzordnung den Besitz von Produktionsmitteln für jeden Produzenten unentbehrlich (30). Wenn auch der Kapitalbestand im Gegensatz zum Boden grundsätzlich veränderlich ist, so ist er doch sowohl in jedem gegebenen Zeitpunkt als auch im Prozess des

27) Aus seinen zahlreichen Schriften sei insbesondere auf Peter, Grundprobleme, und H. Peter, Einführung in die politische Oekonomie, Stuttgart/Köln 1950 (im folgenden zitiert als "Peter, Einführung") verwiesen.

28) Vgl. O. Conrad, Der Mechanismus der Verkehrswirtschaft, Jena 1931 (im folgenden zitiert als "Conrad, Mechanismus"); O. Conrad, Lohn und Rente, Leipzig/Wien 1909 (im folgenden zitiert als "Conrad, Lohn").

29) W. Schultz, Die Entwicklung der Diskussion um das Machtproblem innerhalb der Verteilungslehre in Deutschland seit Franz Oppenheimer, Diss. Köln 1966, S. 70 (im folgenden zitiert als "Schultz, Entwicklung").

30) Conrad, Mechanismus, 159

wirtschaftlichen Wachstums durch die Spar- und Investitionsneigung beschränkt (31). Die Quelle der Profite liegt "nicht in der Beziehung zwischen Unternehmer und Arbeiter, sondern in der Beziehung zwischen Monopolinhaber und Käufer" (32), weil die Monopolstellung der Klasse der Produktionsmittelbesitzer die Macht vermittelt, den Verkaufspreis über die Arbeitskosten hinaus anzuheben.

Ähnlich argumentiert Peter. Das dringliche Bedürfnis der vermögenslosen Arbeiter steht im Gegensatz zur Fähigkeit der über die Produktionsmittel verfügenden Klasse, länger als die Arbeiter warten zu können. Jeder Vermögensbesitzer kann über seltene Güter verfügen, so dass er "als Produzent oder Verkäufer von fertigen Produkten den hohen Verkaufspreis der Monopolgüter" erzielt. "Als Käufer der Arbeit zahlt er nur den infolge der hohen Dringlichkeit des Austauschbedürfnisses niedrig stehenden Preis der Arbeit" (33).

Während die Arbeiter also zum Konkurrenzpreis arbeiten, können sie ihr eigenes Produkt nur zu einem Monopolpreis zurückkaufen (34). Hier wird deutlich, dass die Tatsache der Begrenztheit des Produktionsmittelvorrats zur Entstehung von Besitzeinkommen nicht genügt. Vielmehr muss eine zweite Bedingung, nämlich die ungleichmässige Verteilung des Produktionsmittelbesitzes, erfüllt sein (35). Denn eine gleichmässige Eigentumsverteilung würde die Aufschläge auf den Preis der Produkte über ausgeglichene Realeinkommen auf dem selben Niveau wie ohne Aufschläge neutralisieren.

Conrads und Peters Theorie lassen sich somit mit dem Terminus der "Konsumentenausbeutung" (36) charakterisieren. Wie Peter bemerkt, unterscheiden

31) Conrad, Mechanismus, 156ff.

32) Conrad, Lohn, 122

33) Peter, Grundprobleme, 110. Von qualifizierter Arbeit wird dabei abgesehen, vgl. Peter, Grundprobleme, 113

34) Peter, Grundprobleme, 114

35) Vgl. Preiser, Distribution, 300

36) Zarnowitz, Theorie, 15. Daneben hat auch A. Graziadei in einer Revision der marxistischen Theorie den Begriff der Konsumentenausbeutung verwendet. Vgl. dazu Maurice, théories, 112ff.

sich Aufschlags- und Abzugstheorie des Profits in der "mathematischen Konstruktion" (37), gehen jedoch von derselben Begründung des Profits im Bestehen eines Klassenmonopols aus. An dieser Stelle soll auf eine Diskussion von Einwänden verzichtet werden, da die Klassenmonopoltheorie anschliessend noch präzisiert worden ist. Wir wollen diese Fortführung der Klassenmonopoltheorie als "Theorie der quasimonopolistischen Ausbeutung" bezeichnen (38).

314 Quasimonopolistische Ausbeutung

Eine Zusammenfassung der Abzugs- und Aufschlagstheorien wurde von Preiser (39) und Zarnowitz (40) mit der Theorie der quasimonopolistischen Ausbeutung vorgenommen. Sie basiert wie die skizzierten Klassenmonopoltheorien auf dem Grundgedanken, dass die Konkurrenz infolge der Knappheit der Produktionsmittel faktisch nicht frei ist, wodurch Besitzeinkommen entstehen. Preiser bringt nach seinen eigenen Worten in provokatorischer Formulierung Eigentum, Besitzeinkommen und Ausbeutung miteinander in Beziehung: "Wo das Eigentum ungleich verteilt ist, erlaubt es dem Eigentümer, andere auszubeuten" (41). Der Terminus des "Quasimonopols" stammt von Preiser (42) und wurde zuerst

37) Peter, Grundprobleme, 192

38) Zuweilen werden auch die Klassenmonopoltheorien insgesamt mit dem Begriff der "Quasimonopoltheorien" belegt; vgl. Preiser, Distribution, 299.

39) Preisers Werk handelt an zahlreichen Stellen von der quasimonopolistischen Verteilungstheorie. Vgl. in erster Linie E. Preiser, Besitz und Macht in der Distributionstheorie, in: Synopsis, Festgabe für Alfred Weber, Heidelberg 1948, S. 333ff. Wiederabgedruckt in: E. Preiser, Bildung und Verteilung des Volkseinkommens. Gesammelte Aufsätze zur Wirtschaftstheorie und Wirtschaftspolitik, 3. durchgesehene Auflage Göttingen 1963, S. 227ff. (im folgenden zitiert als "Preiser, Besitz"); E. Preiser, Die ökonomische Problematik der Eigentumsverteilung, in: F. Karrenberg/H. Albert (Hrsg.), Sozialwissenschaft und Gesellschaftsgestaltung, Festschrift für Gerhard Weisser, Berlin 1963, S. 305ff. (im folgenden zitiert als "Preiser, Problematik").

40) Zarnowitz, Theorie, 232ff. Die Ausbeutungstheorie von Zarnowitz wurde auch von Giersch, Wirtschaftspolitik, 207, übernommen.

41) Preiser, Problematik, 307f. Im Original hervorgehoben.

42) Vgl. Preiser, Besitz, 243

von Zarnowitz in seiner Schrift mit Ausbeutung in Verbindung gebracht. Preisers und Zarnowitz' quasimonopolistische Ausbeutungstheorien sind im wesentlichen identisch. Die quasimonopolistische Ausbeutungstheorie erfasst letztlich einige Spezialfälle der durch das Arndt-Kriterium als Ausbeutung bezeichneten Sachverhalte. Wir folgen im weiteren der ausführlichen Darstellung von Zarnowitz.

Er demonstriert die Genesis der Besitzeinkommen anhand des Produktionsfaktors Boden: Unter der Voraussetzung gleicher Qualität und gleicher Verkehrslage allen Bodens sowie der Annahme, dass er ein freies Gut ist, erzielt weder der Boden noch seine Nutzung einen Preis. Die zur Vereinfachung gemachte Voraussetzung gleicher Güte und gleicher Verkehrslage des Bodens schliesst nur die Entstehung von Differentialrenten aus, die in diesem Zusammenhang nicht interessieren und ohne Auswirkungen auf die Argumentation bleiben. In dieser Situation werden alle Grundstücke entsprechend der Gewinnmaximierungsregel bis zu jenem Ausstoss bewirtschaftet, der sich beim Maximum der Durchschnittsproduktivitätskurve ergibt. Anstelle einer intensiveren Bewirtschaftung würde die Inanspruchnahme von neuem, freiem Boden vorgezogen. In Abb. 22 stellt P' den Produktionspunkt bei Boden als freiem Gut dar.

Abb. 22: Quasimonopolistische Ausbeutung
entsteht bei fallender Durchschnittsproduktivität, also jenseits von P'.

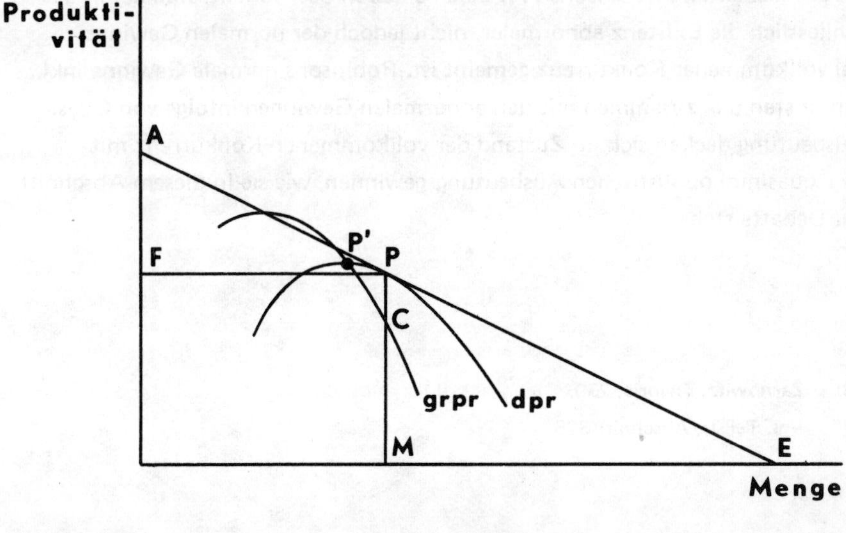

Wird nun die Voraussetzung, dass der Boden ein freies Gut ist, aufgegeben, so zahlt es sich aus, die Produktion über den Punkt P' hinaus auszudehnen. In allen Fällen, in denen der Lohn sich auf einem niedrigeren Niveau als dem der Durchschnittsproduktivitätskurve einspielt, bleibt nach Abzug der Lohnsumme ein Knappheitsgewinn. Wird die Entlöhnung entsprechend der im folgenden Abschnitt zu erörternden Grenzproduktivitätstheorie vorgenommen, so entsteht im Ausmass der Arbeitseinheiten multipliziert mit der Differenz zwischen Durchschnitts- und Grenzproduktivität eine Rente, die dem Bodenbesitzer zufliesst.

Zarnowitz überträgt diese Grundrententheorie auf die Besitzeinkommen im allgemeinen und beschreibt die Marktlage zwischen Besitzenden und Arbeitenden als Quasimonopol, das mit der Knappheitsrente der Produktionsmittel zur quasimonopolistischen Ausbeutung führt (43). Arbeitende und Besitzende müssen natürlich nicht personell getrennt sein, sondern eine ungleichmässige Eigentumsverteilung genügt zur Erfüllung dieses Ausbeutungstatbestandes.

Der Begriff der quasimonopolistischen Ausbeutung darf keinesfalls mit der monopolistischen und monopsonistischen Ausbeutung des Pigou- und Bloom-Kriteriums verwechselt werden. Diese Art der Ausbeutung setzt Marktformen beschränkter Konkurrenz voraus, während quasimonopolistische Ausbeutung mit vollkommener Konkurrenz durchaus vereinbar ist. Ebenso überdeckt die Quasi-Ausbeutung Robinsons (44) einen anderen Sachverhalt, weil damit ausschliesslich die Existenz abnormaler, nicht jedoch der normalen Gewinne bei vollkommener Konkurrenz gemeint ist. Robinsons normale Gewinne inkl. Zinskosten u.a. zusammen mit den abnormalen Gewinnen infolge von Quasi-Ausbeutung decken sich im Zustand der vollkommenen Konkurrenz mit den quasimonopolistischen Ausbeutungsgewinnen, wie sie in diesem Abschnitt zur Debatte stehen.

43) Zarnowitz, Theorie, 239.

44) Vgl. Teil II, Abschnitt 325.

Wenn vom Zustand vor der Konstituierung des Quasimonopolverhältnisses ausgegangen wird, so lassen sich zwei Anpassungsprozesse an den neuen Datenkranz denken. Zarnowitz leitet die Entstehung der quasimonopolistischen Marktlage vom Bevölkerungszuwachs ab, der nicht nur zu erhöhter Güternachfrage, sondern auch zu einem umfangreichen Arbeitsangebot führt. Beides sind Vorgänge, die die Produktionsmittel knapp machen. Einerseits kann der Nominallohn entsprechend der Verminderung der Grenzproduktivität sinken: Es liegt die Variante der Abzugstheorie des Profits, durch Produzentenausbeutung, vor. Anderseits ist es denkbar, dass der Nominallohn auf dem hergebrachten Niveau verharrt, dass jedoch die Preise der Erzeugnisse infolge der erhöhten Produktnachfrage steigen: Es liegt die Variante der Aufschlagstheorie des Profits, der Konsumentenausbeutung, vor. Die innere Einheit der beiden Ansätze der Klassenmonopoltheorien tritt in der Vereinbarkeit dieser beiden Alternativen zutage; in Wirklichkeit werden sich Mischformen ergeben haben.

Indem Zarnowitz das Postulat nach dem vollen Arbeitsertrag mit dem Begriff der Durchschnittsproduktivität der Arbeit präzisiert und gleichzeitig eine Entlohnung nach dem Grenzproduktivitätsprinzip unterstellt, wird der Grad der quasimonopolistischen Ausbeutung mit dem Ausbeutungsquotienten

$$\frac{\text{Grenzertrag der Arbeit}}{\text{Durchschnittsertrag der Arbeit}}$$

quantifizierbar: "Je geringer dieser Quotient, desto höher die Ausbeutungsintensität" (45).

Diese Beziehung zwischen Grenzertrag und Durchschnittsertrag der Arbeit ist wie jedes Verhältnis zwischen Durchschnitts- und Grenzkurven auch mit Hilfe des Elstizitätsbegriffs beschreibbar. Dies kann man anhand von Abb. 22

45) Zarnowitz, Theorie, 241

zeigen (46). Die Elastizität ϵ der Durchschnittsproduktivitätskurve in P ist $\frac{PE}{AP}$. Da die Dreiecke APF und PEM ähnlich sind, gilt $\frac{PE}{AP} = \frac{PM}{AF}$; da ferner AF = PC ist, ist die Elastizität

$$\epsilon = \frac{PM}{PC} = \frac{dpr}{dpr - gpr} = 1 - \frac{dpr}{gpr'}$$

wobei "dpr" die Durchschnittsproduktivität und "gpr" die Grenzproduktivität symbolisieren sollen.
Durch Umwandlung erhalten wir

$$\frac{gpr}{dpr} = \frac{\epsilon - 1}{\epsilon}.$$

$\frac{gpr}{dpr}$ ist aber nichts anderes als der Ausbeutungsquotient, in dem die Elastizität der Grenzproduktivitätskurve der Arbeit nicht auftritt; er ist allein von der Elastizität der Durchschnittsproduktivitätskurve abhängig. Nur in jenem Fall herrscht keine quasimonopolistische Ausbeutung, in dem ϵ den Wert ∞ annimmt, also beim in Abb. 22 eingezeichneten Kurvenverlauf in Punkt P'. Durch den Elastizitätskoeffizenten $\frac{\epsilon - 1}{\epsilon}$ wird die formale Analogie der quasimonopolistischen Ausbeutung zu Pigous, von der Marktform abhängigen monopolistischen Ausbeutung aufgezeigt.

Wir haben die Theorie der quasimonopolistischen Ausbeutung auf mikroökonomischer Ebene entfaltet. Als Verteilungstheorie und insbesondere als Klassenmonopoltheorie muss ihr auch eine makroökonomische Version eigen sein. Durch Aggregation gelangt man zu gesamtwirtschaftlichen Verteilungsquoten. In der statischen Wirtschaft, die wir immer unterstellt haben, gibt es keine Pioniergewinne, so dass alle Nichtarbeitseinkommen entweder auf quasimonopolistische Ausbeutung des Klassenmonopols oder auf Ausbeutungsgewinne durch

46) Wir folgen der Ableitung bei Robinson, Economics, 35f. Diese geometrische Form der Ableitung führt zum selben Ergebnis wie die Ableitung auf rein mathematischem Wege, die oben in Teil II, Abschnitt 32, bei Pigous monopolistischer Ausbeutung angewandt wurde.

Ausnutzung von Verhältnissen beschränkter Konkurrenz, wie das Pigou-Kriterium sie erfasst, zurückzuführen sind.

In der quasimonopolistischen Fassung der Klassenmonopoltheorie ist das Konkurrenzideal auf die Spitze getrieben. Während bei Pigou und Robinson das Konkurrenzideal sich innerhalb der Marktformenlehre bewegte und somit die vollkommene Konkurrenz als idealer Bezugsrahmen genügte – auch Zarnowitz hat, was die Marktformen betrifft, das Pigou-Kriterium der Ausbeutung übernommen (47) –, wird darüber hinaus eine gleichmässige Besitzverteilung vorausgesetzt, die erst eine in materiellem Sinne freie und nicht nur vollkommene Konkurrenz gewährleistet. Die nach Preiser und Zarnowitz ideale Sozialordnung scheint uns in ihrem Verteilungsaspekt sogar mit der sozialistischen Verteilungsordnung vereinbar. Wir meine dies in dem Sinne, dass sie eine der von Marx "tolerierten" Verteilungen entspricht, da der Mehrwert in ihr kollektiv und nicht mehr individuell durch Kapitalisten angeeignet wird. Bezüglich der Verteilungskonsequenzen ergibt sich somit das paradoxe Resultat einer Konvergenz der marxistisch idealen Sozialordnung mit der extremsten auf Konkurrenz basierenden Ordnungsvorstellung.

Die Vermengung von wertenden, empirischen und entscheidungslogischen Aussagen in der quasimonopolistischen Ausbeutungstheorie ist fragwürdig, weil die Unterschiede und Wertprämissen nicht klar herausgestellt werden. Der Ausbeutungsbegriff erweist sich für die Klassenmonopoltheorien ganz allgemein als bequemer Passepartout zur "Lösung" von normativen Problemen unter informativem Anstrich. Auf den – allerdings geringen – informativen Gehalt der quasimonopolistischen Ausbeutungstheorie werden wir in Abschnitt 33 zurückkommen. Vorerst jedoch wenden wir uns der Gegnerin der Klassenmonopoltheorien, der Grenzproduktivitätstheorie, zu.

47) Zarnowitz, Theorie, 108ff.

32 Grenzproduktivitätstheorie

321 Skizze der Kerngedanken

Weder die Klassiker, noch Marx, noch die Vertreter der anderen Klassenmonopoltheorien konnten ein einheitliches Erklärungsprinzip für die relativen Anteile von Lohn, Grundrente und Profit anbieten. Mit dem Gedanken der Grenzproduktivität eines Faktors scheint jedoch ein allgemeines Verteilungs- und Erklärungsprinzip gefunden zu sein (48). Die Grenzproduktivitätstheorie der Verteilung ist eine Frucht neoklassischer Bemühungen und hat nicht nur seit Beginn der Neoklassik eine weitreichende Entwicklung durchgemacht, sondern es bestanden häufig, insbesondere zu Ende des vergangenen Jahrhunderts, mehrere Versionen nebeneinander. Mit dem Terminus der "Grenzproduktivitätstheorie" meinen wir mit Schumpeter (49) ganz allgemein die Anwendung der Grenznutzentheorie auf das Verteilungsproblem und nicht nur die Grenzproduktivitätstheorie von Clark und seinen Schülern. Als weitere wichtige Varianten sei auf die Theorien von Böhm-Bawerk und von Wieser hingewiesen, die alle im einzelnen verschiedene Grenzproduktivitätstheorien und divergierende Lösungen des damals dominierenden Problems, des sogenannten Zurechnungsproblems, vorbrachten (50).

48) E. Preiser, Erkenntniswert und Grenzen der Grenzproduktivitätstheorie, in: Schweizerische Zeitschrift für Volkswirtschaft und Statistik, 89. Jg., 1953, S. 25ff. Wiederabgedruckt in: E. Preiser, Bildung und Verteilung des Volkseinkommens. Gesammelte Aufsätze zur Wirtschaftstheorie und Wirtschaftspolitik, 3. durchgesehene Auflage, Göttingen 1963, S. 265 (im folgenden zitiert als "Preiser, Erkenntniswert").

49) J.A. Schumpeter, Das Grundprinzip der Verteilungstheorie, in: Archiv für Sozialwissenschaft und Sozialpolitik, Band 42, 1916/17, S. 1ff. Wiederabgedruckt in: J.A. Schumpeter, Aufsätze zur ökonomischen Theorie, Tübingen 1952, S. 324 (im folgenden zitiert als "Schumpeter, Grundprinzip").

50) Für eine Übersicht über die Entwicklung bis heute vgl. Hofmann, Einkommenstheorie, 161ff., Stavenhagen, Geschichte, 227ff. Zum Zurechnungsproblem im speziellen vgl. W. Mohrmann, Dogmengeschichte der Zurechnungslehre, Jena 1914 (im folgenden zitiert als "Mohrmann, Dogmengeschichte"); H. Mayer, Zurechnung, in: Handwörterbuch der Staatswissenschaften, Band 8, 4., gänzlich umgearbeitete Auflage, Jena 1928, S. 1206ff. (im folgenden zitiert als "Mayer, Zurechnung").

Ohne auf Details eizugehen, sollen im folgenden nur die für die Frage der Ausbeutung relevanten Grundzüge skizziert werden.

Die Zurechnungstheorie sucht eine Antwort auf die Frage, wie sich aus den Preisen der Konsumgüter bestimmte Preise der zu ihrer Erzeugung notwendigen Produktionsmittel ergeben (51), um so die Anteile am Produktionsertrag, der den kombinierten Produktionsfaktoren zugerechnet werden muss, feststellen zu können. Auf diese produktionstheoretische Fragestellung bietet die Grenzproduktivitätstheorie die Antwort, dass bei Variationen eines Faktors um eine Einheit die Ertragsänderung, das Grenzprodukt dieses Faktors, ihm als produktiver Beitrag zum Gesamtertrag zugerechnet werden muss (52). Unter der Voraussetzung vollkommener Konkurrenz werden die Faktoren entsprechend ihrem produktiven Beitrag entlohnt (53), weil die ökonomischen Zurechnungsgesetze der Produktion zugleich die funktionelle und damit auch die personelle Verteilung determinieren. Bei gegebenem Angebot an Produktionsfaktoren gestaltet sich die Nachfrage der Unternehmer nach produktiven Diensten entsprechend der Grenzproduktivität, die bei Variationen des Angebots ebenfalls variiert. Da somit das Grenzprodukt nicht nur von der Nachfrage, sondern auch vom Angebot der Produktionsfaktoren, das heisst von ihrer relativen Seltenheit abhängt, lässt sich auch sagen, dass die Produktionsfaktoren im Verhältnis zu ihrer relativen Seltenheit entlohnt werden (54).

In zweierlei Hinsicht ist eine Wandlung der Auffassungen der Grenzproduktivitätstheoretiker eingetreten. Einerseits wurde die zurechnungstheoretische Fragestellung fallen gelassen zugunsten einer Betrachtungsweise, die die Preisbildung auch bei den Produktionsfaktoren, nicht nur bei den Konsumgütern, als Marktvorgang ansieht (55). Anderseits erscheint die Grenzproduktivitätstheorie in

51) Mayer, Zurechnung, 1206

52) Vgl. Preiser, Distribution, 301

53) Mayer, Zurechnung, 1225; kritisch Preiser, Erkenntniswert, 273f.

54) Vgl. Preiser, Erkenntniswert, 274

55) Vgl. Preiser, Distribution, 301; Preiser, Erkenntniswert, 268f.

ihrer modernen Form als Implikation der Gewinnmaximierungsregel (56), so dass sie nicht mehr als empirische, informative Hypothese, sondern als Bestandteil eines entscheidungslogischen Aussagengefüges interpretiert werden muss (57). Der mikroökonomische Grenzproduktivitätssatz stellt die auf den Input bezogene Regel der Gewinnmaximierung dar und besagt, dass der Unternehmer den Einsatz des betreffenden Produktionsfaktors so lange vermehrt, bis das Grenzwertprodukt gerade dem Preis des Faktors gleich ist (58). Es ist offenkundig, dass beim Grenzproduktivitätsprinzip in dieser Variante weniger die Verteilung als vielmehr die Produktion im Brennpunkt steht; denn es formuliert unter der Prämisse der Gewinnmaximierung ein Verhaltensprinzip für den Unternehmer bei gegebenen Faktorenpreisen (59). Die Produktionsfunktion bestimmt die Verteilung. Da gegebene Faktorpreise zur Anwendung der Gewinnmaximierungsregel unterstellt werden müssen, hat sich die Grenzproduktivitätstheorie als Verteilungstheorie insofern selbst aufgegeben.

Da diese Gewinnmaximierungsregel unabhängig von den Marktformen gilt – bei unvollkommener Konkurrenz muss nur das Grenzwertprodukt durch das Grenzprodukt und der Faktorpreis durch die Grenzausgabe ersetzt werden –, bereitet die Berücksichtigung des beschränkten Wettbewerbs keine Mühe. Die bei vollkommener Konkurrenz zustande kommende Faktorentlohnung q ist gleich dem Grenzwertprodukt $p\frac{dx}{dv}$. Bei beschränkter Konkurrenz bezüglich der Nachfrage auf dem Faktorbeschaffungsmarkt ist q um den Faktor $\frac{\eta + 1}{\eta}$ zu korrigieren, wenn η die Elastizität des Angebots darstellt. Bei beschränkter Konkurrenz bezüglich des Angebots auf dem Produktmarkt ist der Konkurrenzpreis p um den Faktor $\frac{\epsilon - 1}{\epsilon}$ zu ändern, wobei ϵ die Elastizität der Nachfrage ist. Die Berücksichtigung von beschränkter Konkurrenz sowohl auf dem Faktorbeschaffungs- wie auf dem Produktmarkt ergibt somit für die

56) Vgl. Krelle, Grenzproduktivitätstheorie, 2,12

57) Zur Problematik der Gewinnmaximierungsregel als empirische Hypothese vgl. zum Beispiel Albert, Marktsoziologie, 463f.; Fels/Tintner, Methodik, 39f.

58) Preiser, Distribution, 302

59) Hofmann, Einkommenstheorie 231, 234

Gewinnmaximierungsregel bei vollkommener Konkurrenz einen Korrekturfaktor von $(\frac{\epsilon - 1}{\epsilon})(\frac{\eta}{\eta + 1})$, um den die dem Grenzwertprodukt entsprechende Faktorentlohnung bei vollkommener Konkurrenz zu modifizieren ist (60).

Soweit wurde die moderne mikroökonomische Version der Grenzproduktivitätstheorie skizziert. Da ihre Darstellung zu unserem Zweck hinreicht und zudem die Aggregation zahlreiche Probleme aufwirft (61), verzichten wir darauf, uns mit der makroökonomischen Ausgestaltung der Grenzproduktivitätstheorie zu befassen. Im Abschnitt 42 werden wir mit der Cobb-Douglas-Produktionsfunktion auf eine makroökonomische Variante zurückkommen. Bezüglich kritischer Bemerkungen erfolgt eine Beschränkung auf die das Ausbeutungsproblem betreffenden Aspekte.

322 Grenzproduktivitätstheorie und Ausbeutung

"If each productive function is paid for according to the amount of its product, then each man gets what he himself produces" (62). Weil nun Clark mit seiner Grenzproduktivitätstheorie nachweisen zu können glaubt, dass die Entlohnung der Produktionsfaktoren tatsächlich jeweilen ihrem produktiven Beitrag entspricht, bekommt jedermann über den Verteilungsmechanismus das zurück, was er zur Erstellung des Produkts beigesteuert hat. Das Ziel Clarks bestand in der Widerlegung der Behauptung von Ausbeutung in der bestehenden Gesellschaft (63), wozu die Grenzproduktivitätstheorie Hand zu bieten scheint. In Clarks Interpretation wird die Grenzproduktivitätstheorie zur Apologie der bestehenden Einkommensverteilung; obgleich die Grenzproduktivitätstheorie eine Theorie

60) Vgl. Preiser, Erkenntniswert, 283; vgl. auch oben Teil II, Abschnitt 32.

61) Vgl. zu einigen Aggregationsproblemen Krelle, Verteilungstheorie, 68ff.; E. Scheele, Die makroökonomische Theorie der Einkommensverteilung, in: Jahrbuch für Sozialwissenschaft, Band 13, 1962, S. 333ff. (1. Teil), Band 14, 1963, S. 141ff. (2. Teil), hier S. 223f. (im folgenden zitiert als "Scheele, Theorie")

62) J.B. Clark, The Distribution of Wealth. A Theory of Wages, Interest and Profits, (1899), New York/London 1931, S.7 (im folgenden zitiert als "Clark, Distribution").

63) Clark, Distribution, 4

der funktionellen Verteilung ist, schliesst Clark auf die Gerechtigkeit der personellen Verteilung zurück. "Hatten die älteren (vorsozialistischen) 'Ausbeutungs'-Theorien in der Kategorie des Gewinns einen 'Abzug' vom Arbeitsertrag, also eine Verletzung des Aequivalententausches gesehen, so stellt die Umformulierung des Aequivalenzprinzips selbst (jeder erhält, was seine Ware 'wert' ist) wieder das gute soziale Gewissen her" (64). Anstelle von widerstreitenden Interessen zeichnet die Vermengung von funktioneller und personeller Verteilung ein Bild gesellschaftlicher Harmonie. "An die Stelle von Mehrwertbildung und Ausbeutung in der marxistischen tritt in der liberalen Doktrin die Entlohnung nach dem produktiven Beitrag . . . " (65). So steht sogar in einer modernen Dogmengeschichte zu lesen: "Die Produktivitätstheorie des Lohnes bedeutete die endgültige Widerlegung der Lohnfondstheorie und der auf sie fussenden sozialistischen Ausbeutungstheorien" (66).

Clarks Bestreben ging nicht nur dahin, die sozialistischen Ausbeutungskonzepte zu widerlegen, sondern er bekämpfte gleichzeitig jene Lohntheorie, die er seinem grenzproduktivitätstheoretischen Vorläufer Thünen zuschrieb; denn "Von Thünen's theory of wages is apparently a theory of exploitation of labor" (67). Zwar erhalten in Clarks Interpretation der Thünen'schen Theorie alle Arbeiter einen Lohn, der der Grenzproduktivität des Grenzarbeiters entspricht.Da jedoch bei gegebenem Kapitalbestand die Produktivität der übrigen Arbeiter höher als die Grenzproduktivität des Grenzarbeiters ist,werden alle Arbeiter ausser dem Grenzarbeiter ausgebeutet. Clark bestreitet die Schlüssigkeit dieser Interpretation der Grenzproduktivitätstheorie mit dem Argument, dass der Überschuss über die Grenzproduktivität des Grenzarbeiters bei den übrigen Arbeitern dem Faktor Kapital zuzurechnen sei. Die Verwendung von Kapital im Produktionsprozess fordert ebenfalls ihr Entgelt gemäss seiner Grenzproduktivität, so dass nicht das ganze Produkt, sondern nur der seinem produktiven Beitrag entsprechende Anteil dem Faktor Arbeit zusteht. "As Von Thünen did not suspect,

64) Hofmann, Einkommenstheorie, 164

65) Albert, Marktsoziologie, 177f.

66) Stavenhagen, Geschichte, 260

67) Clark, Distribution, 322

the natural law of wages gives a result that would satisfy his own requirement, as being desirable and morally justifiable" (68). Der wertende Charakter von Clarks "Widerlegung" der Thünen zugeschriebenen Wertung ist evident. Nur mit einer anderen Konzeption des gerechten Lohnes konnte dem nach Clark bei Thünen geltend gemachten Anspruch auf den vollen Arbeitsertrag begegnet werden. Für Clark bestand jedoch einer seiner wichtigsten Beiträge gerade "in the demonstration that the marginal productivity theory is a theory of justice and not, as von Thünen believed, of exploitation" (69).

Natürlich neigten längst nicht alle Vertreter der traditionellen, informativ sein wollenden Grenzproduktivitätstheorie zur Apologetik wie Clark und einige seiner Schüler. In der Zurechnungsfrage bemühte man sich um eine Trennung des moralischen vom ökonomischen und technisch-physikalischen Zurechnungsproblem (70). Doch die Schwierigkeit, bei der ökonomischen Zurechnung die produktiven Beiträge unabhängig von den tatsächlich sich ergebenden Marktgrössen zu ermitteln und damit das Grenzproduktivitätsprinzip in falsifizierbarer Weise als Bestimmungsgrund der Einkommensverteilung nachzuweisen, führte oft zu einer unkritischen Identifikation der bestehenden Einkommensverteilung mit derjenigen, die sich nach der Grenzproduktivitätstheorie ergeben sollte. In Kombination mit der verführerischen Assoziation von "richtig", "gerecht", zum Terminus des "produktiven Beitrags" gelangt man bereits in die Nähe der Clark'schen Apologetik. Die moderne, entscheidungslogische Interpretation trägt einerseits der Schwierigkeit der empirischen Überprüfung Rechnung, indem der Anspruch auf empirische Geltung suspendiert wird, und verunmöglicht anderseits die Verwendung der Grenzproduktivitätsheorie als ideologischen Rechtfertigung der bestehenden Verteilung.

Die Grenzproduktivitätstheorie diente zeitweise nicht nur als Waffe gegen Ausbeutungsthesen, sondern es wurden immanent in ihrem Begriffssystem neue

68) Clark, Distribution, 324

69) Samuelson, Theory, 329. Die Hervorhebungen des Originals wurden weggelassen.

70) Vgl. Mohrmann, Dogmengeschichte, 8f.: Mayer, Zurechnung, 1208

Ausbeutungskriterien entwickelt, die bereits in der neoklassischen Preistheorie Erwähnung gefunden haben. Das Pigou-Kriterium bezeichnet jene Faktorentlohnungen (71) als Ausbeutung, die nicht dem Grenzprodukt bei vollkommener Konkurrenz auf Faktor- und Produktmärkten – also dem Grenzwertprodukt – entsprechen. Das Bloom-Kriterium nimmt die vollkommen elastische Arbeitsangebotskurve als Norm, während die Marktform auf dem Produktmarkt irrelevant ist. Indem zur Vermeidung von Ausbeutung bei Elastizitäten mit dem Wert ∞ zusätzlich immer die Beachtung des mikroökonomischen Grenzproduktivitätstheorems notwendig ist, ist die Grenzproduktivitätstheorie, welche zuerst eine empirischen Erklärung der bestehenden Verteilung sein sollte und vorläufig als Handlungsdirektive endete, selber zur Norm geworden.

323 Zum Leistungsprinzip

Im mikroökonomischen Grenzproduktivitätsprinzip manifestiert sich das Leistungsprinzip als Gewinnmaximierungsregel. Auch im Pigou- und Bloom-Kriterium der Ausbeutung findet die Idee des Leistungsprinzips einen normativ überhöhten Ausdruck, wie sich noch zeigen wird.

Mit dem Begriff des Leistungsprinzips ist eine Doppeldeutigkeit verbunden: Einerseits wird es normativ im Sinne einer Leistungsgerechtigkeit gefasst; anderseits wird damit ein Verhaltensprinzip formuliert, das je nach Interpretation entscheidungslogische oder informative Funktion auf mikroökonomischer wie auch auf makroökonomischer Ebene haben soll. Das Leistungsprinzip als Verhaltensmaxime identifizieren wir mit dem Gewinnmaximierungsprinzip. Die beiden Aspekte des Leistungsprinzips konvergieren in normativ-informativen Doppelkonstruktionen, die auch dann vorliegen können, wenn zwar der entscheidungslogische Gehalt des Leistungsprinzips zugestanden wird, man jedoch darin eine annähernd zutreffende Beschreibung der Wirklichkeit zu erkennen glaubt und das Maximierungsprinzip so dennoch in eine informative Maximierungshypothese verwandelt.

71) Wir sehen davon ab, dass Pigou und zeitweilig auch Robinson die Anwendung des Ausbeutungskriteriums auf den Faktor Arbeit beschränkt haben.

Das Leistungsprinzip im Sinne der Leistungsgerechtigkeit ist genetisch auf die naturrechtliche Vorstellung des Verhältnisses zwischen Mensch und Natur zurückführbar (72). Die Sicht des Menschen als aktiven Faktor in einer ihm passiv als Objekt sich darbietenden Natur legitimiert die leistungsgerechte Forderung auf den vollen Arbeitsertrag. Im Zuge der gesellschaftlichen Entwicklung kollidiert der allein mit Arbeit verbundene Leistungsbegriff des Naturrechts mit den Forderungen, die aus der Institution des Eigentums abgeleitet werden. Dieser Kollision entspricht die spätere Differenzierung im Begriff der Leistung, der einerseits auf die Arbeitsleistung eingeschränkt bleibt oder im Sinne des "produktiven Beitrags" ausgeweitet wird. Das an der Leistung orientierte Verteilungsprinzip spielt im Verhältnis zur Gleichheitsmaxime eine ambivalente Rolle. Einerseits dient es der Abwehr ungerechtfertigter Privilegien und stellt in diesem Sinne alle Menschen gleich. "Auf der andern Seite fungiert das Leistungsprinzip nicht nur als Norm, die Gleichheit gewährleistet, sondern ebensosehr als Legitimationsprinzip, das gesellschaftliche Ungleichheit rechtfertigt: indem es den Anspruch auf soziale Gleichheit propagiert, engt es ihn ein" (73). Wir werden auf das Leistungsprinzip als Verteilungsnorm zurückkommen.

Das Leistungsprinzip im Sinne der Maximierungsmaxime scheint uns bis auf die schon bei Smith zu entdeckende Fiktion harmonierender Einzelinteressen, die ein gesellschaftliches Maximum an Wohlstand herbeizuführen vermögen, zurück verfolgbar. Zumindest wurde die Entstheung dadurch entscheidend begünstigt. Ohne die Fiktion der Interessenharmonie wäre das mikroökonomische Maximierungsprinzip in problematischem Lichte erschienen.
Diese wenigen Bemerkungen zur Herkunft der Idee des Leistungsprinzips sollen genügen. Es ist nunmehr notwendig zu klären, was mit dem Begriff der Leistung überhaupt gemeint sein soll: denn Ausbeutung einfach als nicht leistungsgerechte Entlohnung zu umschreiben, wäre mehrdeutig (74).

72) Vgl. Myrdal, Element, 67f.

73) C. Offe, Leistungsprinzip und industrielle Arbeit. Mechanismen der Statusverteilung in Arbeitsorganisationen der industriellen "Leistungsgesellschaft", Frankfurt am Main 1970, S.43 (im folgenden zitiert als "Offe, Leistungsprinzip").

74) Küng, Wirtschaft, 31, 52, 72f.

Der Begriff der Leistung könnte subjektiv im Sinne des Aufwandes zur Leistungserstellung gefasst werden. Von diesem psychologischen Leistungsverständnis wurde zum Teil in der Grenznutzentheorie Gebrauch gemacht. Arbeitsleid beim Faktor Arbeit und Warten oder Konsumverzicht beim Verfügbarmachen von Kapital werden häufig beide als Nutzenentgang dargestellt und darauf eine funktionelle Verteilungslehre errichtet. Das ungelöste Problem dieses subjektiven Leistungsverständnisses stellt die Messung des kardinalen Nutzens dar, die erst intersubjektive Vergleiche und eine operationelle subjektive Leistungsbeurteilung ermöglichen würde.

Mit "Leistung" wird denn auch zumeist ein objektiver Sachverhalt gemeint. Im Marxismus wird der Begriff der Leistung im Sinne eines objektivierten Aufwandes gebraucht: In der marxistischen Analyse des Kapitalismus gelangt im Rahmen des kapitalistischen Aequivalenzprinzips ein Leistungsbegriff zur Ausformung, der mit dem Wert der Arbeitskraft vom gesellschaftlich notwendigen Aufwand und nicht vom Arbeitsertrag ausgeht. In der bürgerlichen Theorie hingegen steht Leistung für einen irgendwie objektivierten Ertrag. Die Leistungsgerechtigkeit stellt sich nun als Ausfluss einer "Erfolgsethik" (75) dar. In den meisten bürgerlichen Schriften wird unter Leistung der produktive Beitrag zum Sozialprodukt im Sinne der traditionellen Grenzproduktivitätstheorie verstanden. Im Laissez-faire-Liberalismus wurde die objektive Leistung nach dem produktiven Beitrag mit dem Marktpreis selber gemessen und zugleich über die Marktmechanismen langfristig eine tendenzielle Angleichung zwischen objektiver und subjektiver Leistung unterstellt (76). Die approximative Entsprechung von subjektiver und objektiver Leistung mit dem Marktpreis wies einen vermeintlichen Weg zur Umgehung intersubjektiver Nutzenvergleiche. Das Leistungsprinzip führt vor allem in der älteren liberalen Doktrin zur Maximierung des

75) Küng, Wirtschaft, 26

76) B. Külp, Verteilungspolitik, in: T. Pütz (Hrsg.), Wirtschaftspolitik, Grundlagen und Hauptgebiete, Band III, Stuttgart 1971, S. 129f. (im folgenden zitiert als "Külp, Verteilungspolitik").

Sozialprodukts bei gleichzeitiger Annahme einer leistungsgerechten Entlohnung der Produktionsfaktoren. "Sozialproduktmaximierung und Verteilungsgerechtigkeit sind ... Seiten ein und derselben Sache" (77). Der implizite normative-informative Dualismus führt nun zwanglos zu neoklassischen Ausbeutungskriterien.

Da bei beschränkter Konkurrenz der Marktpreis im Gegensatz zu den Verhältnissen vollkommener Konkurrenz als Aktionsparameter eingesetzt und damit manipuliert werden kann, würde die Identifikation schlechthin von Marktpreis und Leistung zu problematischen Konsequenzen führen. Die Berücksichtigung der Marktform führt zu einer Präzisierung des Leistungsbegriffs im Sinne des produktiven Beitrags bei vollkommener Konkurrenz. Leistungsgerechtigkeit in diesem Sinne bildet den ethischen Hintergrund vor allem des Pigou- und, in vermindertem Masse, auch des Bloom-Kriteriums der Ausbeutung. Der Laissez-faire-Liberalismus wandelt sich dadurch in einen Interventionismus. In den beiden genannten Kriterien hat das Leistungsprinzip einen Ausdruck gefunden, der mikro- und makroökonomisches Maximierungsprinzip in Einklang präsentiert. Wird allein das einzelwirtschaftliche Leistungsprinzip zur Norm erhoben, so konstituiert dessen Nichterfüllen Ausbeutung. Die Gewinnmaximierungsregel wird in diesem letzten Fall derart hypostasiert, dass bei Zuwiderhandeln von "exploitation of the employer by the employer" (78) gesprochen wird. Mit einem solchen theoretischen Hintergrund wird es plausibel, die "Gegner der Leistungsgesellschaft" als "die Ausbeuter von heute und morgen" (79) zu apostrophieren. Die privatwirtschaftliche Maximierungsregel zum Ausbeutungskriterium zu erheben, bei deren Erfüllung die entsprechend definierte Leistung leistungsgerecht honoriert wird, dürfte aus marxistischer Warte sich ausnehmen, wie wenn der Bock zum Gärtner gemacht worden wäre, führt doch nach der

77) Albert, Marktsoziologie, 53

78) R.G. Lisey/P.O. Steiner, Economics, New York/Evanston/London 1966, S. 414 (im folgenden zitiert als "Lisey/Steiner, Economics"). Ob auch die Arbeiter in diesen Fällen ausgebeutet werden, scheint ihnen "debatable".

79) Gegner der Leistungsgesellschaft, die ausbeuter von heute und morgen, Rundbrief der Aktionsgemeinschaft Soziale Marktwirtschaft E.V., Heidelberg, vom 25.11.1971

marxistischen Ansicht gerade das Profitmotiv zur Ausbeutung der Arbeiterklasse. Die Wertungen stehen in einem unschlichtbaren Gegensatz.

Die Auffassung, dass die objektive Leistung sich im produktiven Beitrag verkörpert, ist nicht unbestritten. Einerseits kann man sich fragen, ob dieses Ideal einer funktionellen Verteilung überhaupt sinnvoll ist, da es nichts über die personelle Verteilung aussagt (80). Anderseits werden über den Begriff des "produktiven Beitrags" alle Produktionsfaktoren bezüglich der Verteilungsgerechtigkeit gleichgestellt, ohne auf die soziale Problematik Rücksicht zu nehmen. Statt die heute aus dem Privateigentum fliessenden Konsequenzen als gegebenen institutionellen Rahmen zu akzeptieren, kann auch im eingangs erwähnten naturrechtlichen Ausgangspunkt festgehalten werden. Dementsprechend wird man dann "Leistung" nicht als "produktiven Beitrag" schlechthin definieren, sondern auf Arbeitsleistungen einschränken. Es handelt sich hier um den Standpunkt der Klassenmonopoltheorien. Zugleich wird anhand des Leistungsbegriffs deutlich, wie Wertungen in Definitionsfragen mitspielen können und wie entscheidend der Gesichtspunkt der Fruchtbarkeit für informative Theorien im Gegensatz zu rechtfertigenden Pseudotheorien ist. Leistungsgerechtigkeit im Sinne der Klassenmonopoltheorien erhält dementsprechend einen radikalen Anstrich: Nicht nur die arbeitslosen Einkommen, die infolge von Marktformen beschränkter Konkurrenz diejenigen bei vollkommener Konkurrenz übersteigen, widersprechen der Leistungsgerechtigkeit, sondern auch alle auf Eigentum zurückzuführenden Einkommen werden als quasimonopolistische Ausbeutung qualifiziert. Wenn auch die offene Erörterung der Leistungsgerechtigkeit als explizit normatives Problem meist vermieden wird, so legt die Sprache der Vertreter der Klassenmonopoltheorien eine normative Deutung nahe (81). Die Identifikation von Leistungseinkommen mit Arbeitseinkommen einerseits und Besitzeinkommen mit Machteinkommen anderseits ignoriert nicht nur den Machtfaktor, der bei der Aushandlung der Arbeitseinkommen mitspielt, sondern auch den vererbten

80) Vgl. Zarnowitz, Theorie, 220

81) Vgl. die Bemerkungen von Albert, Marktsoziologie, 462ff., zu Preisers Klassenmonopoltheorie.

Besitz an Fähigkeiten, die auf Leistung und Einkommen einwirken. Der Leistungsbegriff der Klassenmonopoltheorien dient der Fundierung des Anspruchs der Arbeitenden auf die Besitzeinkommen, während der Leistungsbegriff der liberalen Theorie einer Rechtfertigung der arbeitslosen Einkommen den Weg ebnete.

Das Postulat der Leistungsgerechtigkeit setzt bei allen erwähnten Definitionen voraus, dass die Leistung tatsächlich festgestellt werden kann. Gerade dies wird aber in der industriellen Produktion unmöglich, indem der individuelle Anteil nicht mehr isoliert werden kann (82). Auch die Input-Output-Variationen nach der Grenzproduktivitätstheorie können nicht einsichtig machen, weshalb das Grenzprodukt gerade dem variierten Faktor und nicht auch den übrigen, für die Produktion ebenfalls unentbehrlichen Produktionsfaktoreneinheiten zugeschrieben werden soll. "Das Leistungsprinzip wird deshalb als präskriptive Norm selber sinnlos" (83). Auch die modernen Verfahren der Arbeitsplatzbewertung und der persönlichen Bewertung vermögen daran nichts zu ändern. Abgesehen von zahlreichen Einzelpunkten, die in ihrer Eigenschaft als leistungsbestimmende Faktoren zur Kritik Anlass geben (84), greift in beiden Fällen eine arbiträre Gewichtung heterogener Elemente Platz, die vermutlich traditionell bestimmt ist.

Der Leistungsgerechtigkeit als Verteilungsprinzip wird häufig die Bedürfnisgerechtigkeit entgegengesetzt. Im Zustand der vollkommenen Konkurrenz auf allen Märkten ist entsprechend den Annahmen der Konsumentensouveränität die Bedürfnisbefriedigung in der Modellgesellschaft maximal, so dass Leistungsprinzip und Bedürfnisprinzip bei den gegebenen Ressourcen zusammenfallen. Umgekehrt könnte eine nur partielle Koinzidenz mit dem Argument geltend gemacht werden, dass über den Markt nicht alle Leistungen honoriert werden (85). Entscheidend für die Einkommensverteilung ist letztlich nicht die Leistung,

82) Vgl. zum Beispiel Küng, Wirtschaft, 25ff., 60ff; eingehend Offe, Leistungsprinzip, 117ff.

83) Offe, Leistungsprinzip, 165

84) Zum Beispiel wird das Element der "Initiative" im Rahmen der persönlichen Bewertung durch die technologisch-organisatorischen Arbeitsbedingungen weitgehend mitbestimmt. Vgl. Offe, Leistungsprinzip, 144ff.

85) Vgl. Külp, Verteilungspolitik, 139. Es handelt sich hier um das Beispiel von Familienzulagen und Reproduktionen.

sondern ihre Bewertung am Markt (86). Angesichts der vorherrschenden unkontrollierten Bedürfnisinflation scheint uns jedoch der Gegensatz zwischen Leistungs- und Bedürfnisprinzip realistisch.

Diese Hinweise mögen genügen, da eine weitergehende Diskussion den Rahmen unseres Themas sprengen würde. Zum Schluss sei noch ein kurzer Hinweis auf den Marxismus gestattet. Marx akzeptiert das Leistungsprinzip zu Beginn der kommunistischen Gesellschaft als Relikt des Kapitalismus, bis eine bedürfnisgerechte Einkommensverteilung möglich sein wird (87). Der Lohn ist, wie bereits erwähnt, bei Marx jedoch kein Leistungslohn im bürgerlichen Sinne, da nach seiner Theorie der Wert der Arbeitskraft und nicht das Arbeitsprodukt massgebend ist.

33 Skizze einer Synthese

Preiser (88) hat sich bemüht, die Vereinbarkeit der Grenzproduktivitätstheorie und der Klassenmonopoltheorien aufzuzeigen und derart auch die Grenzen ihrer Erklärungskraft deutlich zu machen. Die Preisbildung für Produktionsfaktoren determiniert die Einkommensverteilung sowohl in funktioneller wie auch, bei gegebener Ressourcenverteilung, in personeller Hinsicht. Die Grenzproduktivitätstheorie bietet eine Erklärung (89) ausschliesslich der Nachfrage nach Produktionsfaktoren, während die Angebotsseite gänzlich im Dunkeln bleibt. Die Klassenmonopoltheorien betreffen jedoch gerade das Angebot der Produktionsfaktoren und erweisen sich in diesem Sinne als komplementär zur Grenzproduktivitätstheorie. Durch die Klassenmonopoltheorien finden gesellschaftliche

86) Vgl. Küng, Wirtschaft, 54

87) Vgl. Marx, Gothaer Programm, 20f.

88) Vgl. Preiser, Distribution, 302f.

89) Die Interpretation der Grenzproduktivitätstheorie als empirische Erklärung der Nachfrage widerspricht der verbreiteten modernen entscheidungslogischen Variante. Wir folgen hier dem Sprachgebrauch Preisers und verweisen bezüglich einiger Bedenken wider eine informative Interpretation auf Abschnitt 321.

Variabeln Eingang in die Theorie der Einkommensverteilung; die Existenz des Privateigentums und die Besitzverteilung beeinflussen nicht nur die personelle Verteilung der funktionellen Besitzeinkommen, sondern wirken sich auch auf das Arbeitsangebot aus (90). Das Arbeitsangebot ist nicht einfach gegeben, sozusagen natürlich determiniert, sondern es wird insbesondere durch den sozialen Faktor der Eigentumsverteilung mitbestimmt: Besitz ermöglicht den Arbeitenden eine Reaktion auf Lohnänderungen; das Arbeitsangebot ist weniger starr, sondern eher elastische. Allerdings kann der Besitz auch nur als ein das Arbeitsangebot beeinflussender Faktor unter anderen gesehen werden. Eine Kritik der Klassenmonopoltheorien unter diesem Aspekt sprengt jedoch unsere Aufgabe (91).

Abgesehen von der im einzelnen mit den beiden Theorien verbundenen Problematik, stösst auch ihre Synthese in zweierlei Hinsicht an bedeutsame Grenzen. Einerseits bleibt sie infolge der preis- und produktionstheoretisch orientierten Grenzproduktivitätstheorie, die mit ungelösten Aggregationsproblemen belastet ist, auf eine mikroökonomische Version beschränkt, in der die "Kernfrage der Verteilungstheorie . . . : die Frage nach den Anteilen der Klassen am Sozialprodukt und nach der Entwicklung dieser Anteile" (92) verloren gegangen ist. Anderseits sind beide widerstreitenden Theorien und somit auch ihre Synthese statisch: Die durch wirtschaftliches Wachstum induzierten Datenänderungen bleiben ebenso ausserhalb der theoretischen Reichweite wie das Phänomen dynamischer Gewinne. Die Fragestellung des folgenden Abschnitts zielt dementsprechend darauf, in welcher Form Begriffe der Ausbeutung bei dynamischer und makroökonomischer Betrachtung der Einkommensverteilung wieder auftauchen. Bei der theoretischen Erfassung der Lohnquotenentwicklung, insbesondere bei der These ihrer Konstanz, lassen sich einerseits Querverbindungen zur bereits bekannten Ausbeutungsproblematik feststellen und anderseits neue Ausbeutungsthesen konstatieren.

90) Vgl. Preiser, Besitz, 234ff.

91) Vgl. für einige kritische Punkte Külp, Verteilungspolitik, 131

92) Preiser, Distribution, 303

4 Zur These der konstanten Lohnquote

41 Die empirische Entwicklung der Lohnquote

Die Frage nach der makroökonomischen funktionellen Verteilung war im Laufe der theoriegeschichtlichen Entwicklung primär als Frage nach der Lohnquote virulent; insbesondere die These ihrer langfristigen Konstanz erregte entsprechend der individuellen "propensity to be surprised" (1) die Gemüter. Wir werden uns nach kurzen Hinweisen auf empirische Untersuchungen mit einigen ausgewählten Erklärungsversuchen der relativen Anteile begnügen, welche im Zusammenhang mit dem Begriff der Ausbeutung von Interesse sind. Für eine eingehende Diskussion sei auf Külp (2) und Rothschild (3) verwiesen.

Die Verwendung des Begriffs der Lohnquote ist keineswegs konsistent. In der Lohnsumme geht zum Teil das gesamte Einkommen des Produktionsfaktors Arbeit ein, zum Teil werden nur die Löhne der sozialen Schicht der Arbeitenden im weiteren Sinne aufaddiert oder die Lohnsumme wird gar nur aufgrund der Entlohnung der Industriearbeiter berechnet. Die letzte Variante dürfte der Gruppe von Marxens produktiven Produzenten am nächsten kommen. Man kann einwenden (4), dass zufolge einer stets längeren Ausbildungszeit die Lohneinkommen gar nicht mehr nur Arbeitseinkommen sind, sondern dass man sie partiell als Kapitalerträge der Ausbildungsinvestitionen auffassen muss. Diese Infragestellung der herkömmlichen funktionellen Verteilungstheorie ist für

1) J.T. Dunlop, Wage Determination unter Trade Unions, New York 1944, S. 151 (im folgenden zitiert als "Dunlop, Wage Determination").

2) B. Külp, Lohnbildung im Wechselspiel zwischen politischen und wirtschaftlichen Kräften, Berlin 1965, S. 245ff. (im folgenden zitiert als "Külp, Lohnbildung").

3) K.W. Rothschild, Der Lohnanteil am Gesamteinkommen. Einige Bemerkungen zu einem umstrittenen Problem, in: Weltwirtschaftliches Archiv, Band 78, 1957, 157ff. Wiederabgedruckt in: K.W. Rothschild, Marktform, Löhne, Aussenhandel. Beiträge zur Wirtschaftstheorie und Wirtschaftspolitik, Wien/Frankfurt/Zürich 1966, S. 101ff. (im folgenden zitiert als "Rothschild, Lohnanteil").

4) Vgl. E. Küng, Die Lohnquote und ihre Probleme in: Neue Zürcher Zeitung, 22.2.1972, Mittagausgabe S. 10.

unsere geschichtlich ausgerichteten Erörterungen jedoch nicht relevant. Auch die Bezugsgrösse der Löhne, das Gesamteinkommen, wird entsprechend den verschiedenen Begriffen des Volkseinkommens unterschiedlich gefasst. Die These einer Konstanz der Lohnquote belässt zudem dem einzelnen Verfechter einen nicht unbeträchtlichen Spielraum, welche Entwicklungsreihen noch den Prädikator "Konstanz" verdienen. Dieses Definitionsproblem wird in seiner Problematik dadurch noch akzentuiert, dass bei langen Zeitreihen enorme Fehlerbereiche in Kauf genommen werden müssen: Kuznets (5) errechnete für die Volkseinkommensstatistik der USA in der Zwischenkriegszeit einen Fehlerbereich von ± 20 %, wobei er allerdings aufgrund kompensatorischen Ausgleichs von Ungenauigkeiten ± 10 % für zutreffender erachtete. Lohnquotenberechnungen, die vor den ersten Weltkrieg zurückreichen, dürften noch eine weit grössere Fehlermarge aufweisen.

Es kann demgemäss auch nicht mehr erstaunen, wenn die empirischen Befunde keineswegs konvergieren (6).

Kalecki (7) fand für Grossbritannien eine Lohnquote für "manual labour" von 41,4 % 1880, 39,4 % 1913. Aufgrund anderer Berechnungen führt er für 1911 40,7 % als britische Lohnquote an, die sich über 43,0 % 1924 zu 41,8 % 1935 entwickelt. Für die USA zitiert er einerseits 37,9 % 1909 und 40,2 % 1925 und anderseits – nach anderen Berechnungen – 34,9 % 1919 und 35,8 % 1934. Aufgrund dieser Daten lässt sich keine klare Entwicklungstendenz feststellen; die These einer Lohnquotenkonstanz liegt vielmehr nahe. Neue Berechnungen,

5) S. Kuznets, National Income and its Composition, National Bureau of Economic Research, Bd. II (1942), Kapitel 12. Zitiert nach O. Morgenstern, Über die Genauigkeit wirtschaftlicher Beobachtungen, 2., völlig neu bearbeitete und erweiterte Auflage Wien/Würzburg 1965, S. 255ff.

6) Vgl. die Daten bei Külp, Lohnbildung, 258ff., 368ff.; Renner Verteilungstheorie, 81ff.; Günthardt, Problem, 36ff.

7) M. Kalecki, The Distribution of the National Income, in: Essays in the Theory of Economic Fluctuations, 1939, S. 13ff. Wiederabgedruckt in: Readings in the Theory of Income Distribution, Philadelphia/Toronto 1946, S. 198ff. (im folgenden zitiert als "Kalecki, Distribution").

die Kalecki (8) 1954 publizierte, brachten zwar eine grössere Variationsbreite der Daten, lassen jedoch keinen klaren Trend erkennen.

Külps (9) Berechnungen der Lohn- und Gehaltsquote zeigen für Deutschland bei einer ungefähr zehnprozentigen Variationsbreite eine bemerkenswerte Konstanz von 59,9 % 1924 bis 1957 mit 59,7 % und seitdem einen Anstieg auf 64,9 % im Jahre 1968. Grossbritannien weist 54,8 % 1870, 66,1 % 1924 und 65,3 % 1949 auf, während die Lohn- und Gehaltsquote in den USA von 35,8 % 1850 über 60,1 % 1924 auf 69,7 % im Jahre 1957 gestiegen ist. Diese Selektion soll genügen.

Es sind also bereits die Daten kontrovers. Unter anderem aus diesem Grunde kann die makroökonomischen Version der marxistischen Verelendungstheorie nicht als falsifiziert gelten (10). Jegliche eindeutig sein wollende Aussage über die empirische Entwicklung ist somit letztlich genötigt, gewisse Untersuchungsergebnisse zu ignorieren, sofern nicht nachgewiesen werden kann, dass sie aus irgendwelchen Gründen unhaltbar sind.

42 Zwei theoretische Erklärungsversuche

Angesichts der kontroversen Explananda kann es nicht verwundern, dass auch die theoretischen Erklärungsversuche im Sinne einer Theorie der Determinanten der Lohnquote vielfältig sind (11). Wir werden zwei davon auswählen, die für die Geschichte der Ausbeutungstheorien interessant sind.

8) M. Kalecki, Theory of Economic Dynamics. An Essay on Cyclical and Long-Run Changes in Capitalist Economy, London 1954, S. 32ff (im folgenden zitiert als "Kalecki, Theory").

9) Külp, Lohnbildung, 368f.; Külp, Verteilungspolitik, 101f.. Wir folgen der leicht modifizierten und ergänzten Tabelle in der neueren Publikation.

10) Vgl. dazu oben Teil III, Abschnitt 632.

11) Vgl. G. Posselt, Der Anteil der Lohnsumme am Volkseinkommen. Theoretische Versuche zur Bestimmung der Lohnquote, Diss. Köln 1960, (im folgenden zitiert als "Posselt, Anteil"); Külp, Lohnbildung, 263ff.

Erstens wurde die Entwicklung der Lohnquoten durch eine makroökonomische Grenzproduktivitätstheorie zu erklären versucht (12). Schon bei der mikroökonomischen Grenzproduktivitätstheorie haben wir auf die Bedeutung der Produktionsfunktionen hingewiesen; deren Übertragung auf die Gesamtwirtschaft führt zu einer Erklärung der Anteile und damit auch der Lohnquote durch die technischen Bedingungen. Unter den Annahmen der Gewinnmaximierung, der vollkommenen Konkurrenz und des Gesetzes sinkender Ertragszuwächse steigert der Unternehmer die Produktion bis zum Output, bei dem der Lohn l dem Grenzwertprodukt $p\frac{dx}{dv}$ gleich wird. Also gilt $l = p\frac{dx}{dv}$ bzw. $\frac{l}{p} = \frac{dx}{dv}$. Eine Veränderung des mikroökonomischen Grenzwertprodukts $p\frac{dx}{dv}$ entspricht unter den gemachten Voraussetzungen und ceteris paribus einer makroökonomischen Veränderung des realen Gesamtausstosses $P\frac{dX}{dv}$, wobei P das gesamtwirtschaftliche Preisniveau und X das gesamtwirtschaftliche Einkommen symbolisieren sollen. Die Lohnquote Q kann definiert werden als Anteil der Lohnsumme L, die sich als Produkt des Stundenlohnansatzes l multipliziert mit der Anzahl der gesamtwirtschaftlich eingesetzten Arbeitsstunden v auffassen lässt, am durch das Preisniveau P multipliziert mit dem gesamtwirtschaftlichen Einkommen X bestimmten Volkseinkommen Y. Also gilt $Q = \frac{lv}{PX}$. Da entsprechend der Gewinnmaximierungsregel im Gleichgewicht der Reallohn $\frac{l}{p}$ gleich der Grenzproduktivität $\frac{dx}{dv}$ oder $\frac{dX}{dv}$ ist, kann man auch schreiben: $Q = \frac{dX}{dv}\frac{v}{X} = \frac{dX}{X} : \frac{dv}{v}$. Die Elastizität des gesamtwirtschaftlichen Einkommens in bezug auf den Arbeitsaufwand muss gemäss dieser Ableitung der Lohnquote gleich sein.

Für die Cobb-Douglas-Produktionsfunktion als eine einfache makroökonomische, nämlich linear homogene Produktionsfunktion (13) lässt sich diese Ableitung mathematisch bestätigen (14). Cobb, Douglas und ihre Schüler glauben nun empirisch nachweisen zu können, dass erstens ihre Produktionsfunktion die Realität annähernd beschreibt und dass zweitens die Elastizität des gesamtwirt-

12) Vgl. für das Folgende Posselt, Anteil, 9ff.; Külp, Lohnbildung 263ff.

13) Vgl. zu diesen Begriffen zum Beispiel Posselt, Anteil, 11f.

14) Vgl. für den Beweis Külp, Lohnbildung, 265

schaftlichen Einkommens in bezug auf den Arbeitsaufwand tatsächlich der Lohnquote entspricht (15). Mit ihren positiven Resultaten scheint ein Falsifikationstest der makroökonomischen Grenzproduktivitätstheorie negativ verlaufen zu sein, der die theoretisch deduzierte Hypothese der Entlohnung nach dem produktiven Beitrag im Zwei-Produktionsfaktorenmodell von Cobb-Douglas bestätigt. Die Forderungen der traditionellen und normativ interpretierten Grenzproduktivitätstheorie scheinen erfüllt.

Jedoch kann auch eine scheinbare empirische Bestätigung die irrealen Voraussetzungen einer Theorie nicht heilen. Vollkommene Konkurrenz ist heute auf keinen Fall allgemein Realität, und die Gewinnmaximierung als allgemeine Verhaltenshypothese der Unternehmer ist ebenso bestritten wie die Annahme von Produktionsfunktionen mit abnehmenden Ertragszuwächsen für die Industrie. Auf die Aggregationsproblematik, die aus dem mikroökonomischen Ansatz der Grenzproduktivitätstheorie resultiert, wurde bereits in Abschnitt 32 hingewiesen. In der Literatur lässt sich generell Verwunderung über den negativ verlaufenen Falsifikationstest konstatieren (16), wenn auch weitgehende Übereinstimmung über die Unhaltbarkeit der Cobb-Douglas-Produktionsfunktion als gesamtwirtschaftliches Verteilungsmodell herrscht. Die Produktionsfunktionen sind nur eine von mehreren Determinanten der Einkommensverteilung; technische Faktoren allein genügen zur Erklärung nicht. Diese makroökonomische Version der Grenzproduktivitätstheorie vermag demgemäss auch nicht die Faktorentlohnung entsprechend den Grenzproduktivitäten und in diesem Sinne die "richtige" Lohnquote nachzuweisen.

Zweitens wurde die Entwicklung der Lohnquote von Kalecki (17) mit dem Monopolgrad und dem Verhältnis der Rohstoffpreise zu den Löhnen zu erklären

15) Für eine Zusammenfassung der Kritik an den statistischen Methoden vgl. P. Davidson, Theories of Aggregate Income Distribution, New Brunswick (New Jersey) 1960, S. 40 f. (im folgenden zitiert als "Davidson, Theories").

16) Vgl. zum Beispiel Krelle, Verteilungstheorie, 61f., 71

17) Kalecki, Distribution; Kalecki, Theory. Kalecki modifizierte in seiner neueren Publikation die Theorie leicht; wir beziehen uns hier noch auf die erste Fassung.

versucht. Im Gegensatz zu den Klassenmonopoltheorien geht Kalecki von dem Monopolbegriff der Marktformenlehre aus. Im Anschluss an Lerner (18) misst er den Monolgrad der Wirtschaft mit einem preistheoretischen Kriterium, nämlich mit der Möglichkeit des Unternehmers, den Verkaufspreis einer Produkteinheit und damit das Grenzwertprodukt $p\frac{dx}{dv}$ über die Grenzauslagen $\frac{dA}{dv}$ anzuheben und setzt diese Differenz wiederum in Relation zum Verkaufspreis dieser Produkteinheit. Der Monopolgrad μ ist demnach wie folgt definiert:

$$\mu = \frac{p\frac{dx}{dv} - \frac{dA}{dv}}{p\frac{dx}{dv}}$$

Im Unterschied zur makroökonomischen Grenzproduktivitätstheorie berücksichtigt Kaleckis Monopolgradtheorie demnach die unvollkommene Konkurrenz auf den Produktmärkten, indessen bleibt ein allfälliger unvollkommener Wettbewerb auf den Faktormärkten auch bei Kalecki dadurch ausgeschlossen, dass er eine Dominanz derjenigen Branchen annimmt, in denen Grenzkosten und Durchschnittskosten im Umkreis der gegebenen Produktion zusammenfallen. Die übrigen Sektoren der Volkswirtschaft werden vernachlässigt. Kalecki überträgt den mikroökonomischen Monopolgrad Lerners auf die Gesamtwirtschaft, indem er ihn über eine unter bestimmten Annahmen geltenden Ableitung (19) derart interpretiert, dass mit dem makroökonomischen Monopolgrad das Verhältnis der Gesamtsumme der Unternehmereinkommen, Abschreibungen und Gehälter einerseits zu dem gesamten Umsatz in einer Volkswirtschaft anderseits bezeichnet wird. Die Gehälter tauchen im Zähler des Monopolgrades auf, weil in Kaleckis Lohnquote nur die Löhne für "manual labour" eingehen sollen; die

18) Vgl. A.P. Lerner, The Concept of Monopoly and the Measurement of Monopoly Power, in: Review of Economic Studies, Band 1, 1933/34, S. 169; Kalecki, Distribution, 201.

19) Vgl. dazu W.P. Schmidt, Die praktische Bedeutung der bisherigen Versuche zur Messung des Monopolgrades, Diss. Köln 1960, S. 34ff. (im folgenden zitiert als "Schmidt, Bedeutung").

Abschreibungen figurieren im Zähler, weil er von Bruttogrössen, und zwar vom privaten Bruttoinlandsprodukt ausgeht (20). Wenn der Monopolgrad den Wert Null aufweist, herrscht vollkommene Konkurrenz und alle Faktoren werden mit ihrem Grenzwertprodukt entlohnt. Da der Monopolgrad Abweichungen von diesem Ausgangspunkt infolge des Einsatzes des monopolistischen Preis-Aktionsparameters auf den Produktmärkten misst, muss ein Zusammenhang mit dem Pigou-Kriterium der Ausbeutung bestehen.

Als Mass der monopolistischen Ausbeutung auf dem Absatzmarkt wurde (21) die Amoroso-Robinson-Relation $q = p\frac{dx}{dv}(\frac{\epsilon - 1}{\epsilon})$ ermittelt, wobei ϵ die Nachfrageelastizität nach den Produkten symbolisiert. Da nach der Gewinnmaximierungsregel im gewinnmaximalen Punkt das Grenzumsatzprodukt $\frac{dU}{dx}\frac{dx}{dv}$ und die Grenzauslagen $\frac{dA}{dv}$ einander gleich sind und bei vollkommener Konkurrenz auf den Faktorbeschaffungsmärkten die Faktorentlohnung q mit den Grenzauslagen $\frac{dA}{dv}$ zusammenfällt, ergibt sich folgende Beziehung:

$$\mu = \frac{p\frac{dx}{dv} - q}{p\frac{dx}{dv}} = \frac{p\frac{dx}{dv} - p\frac{dx}{dv}(\frac{\epsilon - 1}{\epsilon})}{p\frac{dx}{dv}} = 1 - \frac{\epsilon - 1}{\epsilon} = \frac{1}{\epsilon} \quad (22).$$

Der Lerner'sche Monopolgrad stehr demnach unter den Voraussetzungen von Kalecki in einer präzisen Beziehung zum Mass monopolistischer Ausbeutung nach dem Pigou-Kriterium: Je geringer der Grad der monopolistischen Ausbeutung – das heisst, je grösser die Nachfrageelastizität ist –, desto geringer ist auch der Monopolgrad und desto grösser ist die Lohnquote. Bezüglich der letzeren Beziehung im Rahmen von Kaleckis Theorie sei auf seine eigenen Ausführungen verwiesen (23).

20) Vgl. Kalecki, Distribution, 197

21) Vgl. oben Teil II, Abschnitt 323

22) Vgl. zur Ableitung Schmidt, Bedeutung, 33

23) Vgl. Kalecki, Distribution, 201ff., 208f.

Neben dem makroökonomischen Monopolgrad ergeben sich aus Kaleckis Theorie die Rohwarenpreise als zweite Determinante der Lohnquote. Ihre Wirkung ist derjenigen von Monopolgradänderungen entgegengesetzt. Die Konstanz der Lohnquote, die es für Kalecki zu erklären galt, ist auf die aus zufälligen Gründen fallenden Rohwarenpreise zurückzuführen, die die aus einem steigenden Monopolgrad sich ergebenden Konsequenzen gerade kompensieren konnten. Nach Krelle erklärt Kalecki die fallenden Preise der Primärprodukte "im Sinne von Rosa Luxemburg und Lenin mit der Ausbeutung der Kolonialvölker . . . durch die Industrienationen" (24). Wir haben jedoch bei Kalecki keine Passage gefunden, die diesen Gedankengang erwähnt. Im Gegensatz zu den in Teil V, Abschnitt 6 behandelten Imperialismusthesen lässt Kalecki die Rohstoffpreisentwicklung unerklärt. Eine Parallelität (25) zu Lenins, Prebischs und Singers Theorien besteht hingegen in der Behauptung einer negativen Korrelation zwischen Primärgüterpreisen und der Lohnquote in den Industrieländern (26). Auf eine Kritik von Kaleckis Verteilungstheorie wird hier verzichtet (27), da es nur darum ging, Querverbindungen zu Ausbeutungskriterien transparent zu machen.

Es sei noch darauf hingewiesen, dass die Konsequenzen einer Aufgabe von Kaleckis Annahme konstanter Grenz- und Durchschnittskosten im Rahmen grenzproduktivitätstheoretischer Gedankengänge in seine Theorie integriert werden könnten (28). Der Monopolgrad auf dem Faktormarkt lässt sich unter der Voraussetzung vollkommener Konkurrenz auf den Produktmärkten aus der Differenz zwischen tatsächlicher Entlohnung und dem Grenzwertprodukt ableiten. Es ergeben sich dann zu den geschilderten Beziehungen auf den Produkt-

24) Krelle, Verteilungstheorie, 43

25) Vgl. dazu unten Teil V, Abschnitte 433 und 64.

26) Vgl. H.-B. Schäfer, Imperialismusthesen und Handelsgewinne. Zur Theorie der Wirtschaftsbeziehungen zwischen Industrie- und Entwicklungsländern, Düsseldorf 1972, S. 143ff. (im folgenden zitiert als "Schäfer, Imperialismusthesen").

27) Zur Kritik vgl. Külp, Lohnbildung, 278ff.

28) Vgl. Külp, Lohnbildung, 282

märkten analoge Beziehungen zwischen Monopolgrad, monopsonistischer Ausbeutung (29), Elastizität des Faktorangebots und der Lohnquote.

Wie erwähnt, werden neben Produktionsfunktionen, dem Monopolgrad und den Rohstoffpreisen noch zahlreiche weitere Bestimmungsgründe der Lohnquote angeführt, die hier jedoch nicht von Belang sind. Die angebliche Konstanz der Lohnquote wurde zuweilen "als ideologische Waffe in der Lohndiskussion" (30) verwendet, um die Vergeblichkeit gewerkschaftlicher Bemühungen aufzuweisen, den Anteil der Löhne am Sozialprodukt zu erhöhen. Meist wird auf die Entwicklung der Produktivität verwiesen und Lohnsteigerungen über die Produktivitätsfortschritte hinaus werden langfristig ausschliesslich inflationäre Folgen zugesprochen. Diesen Zusammenhängen wollen wir uns im folgenden zuwenden.

43 Konstanz der Lohnquote: Neuauflage der Lohnfondstheorie

Während in der Vorkriegszeit die Zusammenhänge zwischen Lohnhöhe und Beschäftigungsgrad im Brennpunkt des wissenschaftlichen Bemühens standen, wird die Nachkriegszeit durch die Diskussion um die Beziehungen zwischen Löhnen und Preisen geprägt. Als weitherum akzeptiertes Theorem hat sich herauskristallisiert, dass die Produktivitätsentwicklung übersteigende Lohnerhöhungen letztlich sich selbst vereiteln: Was einzelne Lohnbezieher gewinnen, verlieren andere; für die Gesamtheit der Arbeitenden ändert sich die Lohnquote jedoch nicht. Es findet "Ausbeutung von Arbeitern durch Arbeiter" (31) statt. Die gewerkschaftliche Lohnpolitik, die "die klassische Form der 'kapitalistischen Ausbeutung' verminderte oder aufhob, hat die syndikale Form der Ausbeutung innerhalb der Arbeiterschaft in das Blickfeld gerückt" (32). Auch nach dem

29) Vgl. oben Teil II, Abschnitt 322

30) Rothschild, Lohnanteil, 136

31) G.A. Briefs, Gewerkschaftsprobleme in unserer Zeit. Beiträge zur Standortbestimmung, 2. Aufl. von "Das Gewerkschaftsproblem gestern und heute", Frankfurt am Main 1968, S. 55 (im folgenden zitiert als "Briefs, Gewerkschaftsprobleme").

32) Briefs, Gewerkschaftsprobleme, 60

Maurice-Kriterium der Ausbeutung sind durch Inflation verursachte Umverteilungen zwischen einzelnen Subjekten und Gruppen ausbeuterisch, unabhängig davon, ob die These der Konstanz der Lohnquote tatsächlich zutrifft oder nicht. Zudem beutet sich nach Maurice die Gesellschaft durch eine Inflation selber aus, soweit die Inflation das Erreichen eines raschen wirtschaftlichen Wachstums hemmt (33). Auch Machlup macht geltend, dass durch die Monopolmacht der Gewerkschaften erzwungene Lohnsteigerungen sich nicht in Gewinnschmälerungen niederschlagen, sondern durch höhere Preise überwälzt werden. Dergestalt können die Gewerkschaften ihre Monopolmacht nur auf Kosten der übrigen Gruppen von Arbeitern ausüben. "In the long run . . . the beneficiairies of monopolistic wage policies exploit their fellow laborers. This exploitation takes several forms: (1) fewer laborers will find employment in the industries, which pay the monopolistic wage rates; (2) in the other industries, which absorb some of the laborers who cannot get the more attractive jobs, wage rates will be lower than they would be otherwise; (3) some of the displaced laborers will remain unemployed and their subsistance will have to come out of assessments on others; and (4) as consumers all will have to play higher prices for the products made with the dearer labor" (34)

Die Idee einer durch die Produktivitätsentwicklung determinierten konstanten Lohnquote erinnert in ihrer Konzeption an die klassische Lohnfondstheorie, nur dass die letztere sich auf absolute Grössen bezog, während ihre moderne Neuauflage eine relative Konstanz impliziert (35). Es ist wohl unnötig zu sagen, dass ein allfälliger normativer Anstrich der behaupteten Konstanz der Lohnquote den Kreis wissenschaftlicher Erkenntnisaussagen sprengt und die Produktivitätsent-

33) Vgl. Maurice, Theories, 479f.

34) F. Machlup, Monopolistic Wage Determination as a Part of the General Problem of Monopoly, in: J.Shister (Hrsg.), Readings in Labor Economics and Industrial Relations, Chicago/Philadelphia/New York 1951, S. 390

35) Vgl. G. Bombach, Löhne und Preise im Lichte der modernen Theorie, in: G. Bombach/S.L. Gabriel (Hrsg.), Löhne und Preise, Darmstadt 1957, S. 47

wicklung keine allgemein zu akzeptierende Richtlinie für eine gerechte Einkommensverteilung abgeben kann (36). Gegenstand der folgenden Ausführungen soll nicht der normative Aspekt der propagierten produktivitätsorientierten Lohnpolitik, sondern vielmehr die geltend gemachten informativen Zusammenhänge sein, insbesondere die Behauptung, dass die syndikale Form der Ausbeutung von Arbeitern durch Arbeiter bei die gesamtwirtschaftliche Produktivitätsentwicklung überschreitenden Lohnerhöhungen unvermeidlich sei.

Zunächst sind Vorfragen zu den Begriffen des Lohnes und der Produktivität zu klären. In den Löhnen sollen auch die Gehälter eingeschlossen sein, damit nicht der Strukturwandel zwischen Arbeitern und Angestellten vermeintlich Änderungen der Produktivität induziert. "Produktivität" wird meist als Arbeitsproduktivität verstanden, welche die Relation zwischen einem bestimmten Input an Arbeitseinheiten in einer Periode und dem damit erzeugten Output darstellt. Den besten Massstab des Outputs stellt das Nettosozialprodukt zu Faktorenkosten dar (37), doch wird infolge von Ermittlungsschwierigkeiten meist das Bruttosozialprodukt zu Marktpreisen verwendet. Dies führt dann zu überhöhten Angaben der Produktivitätsfortschritte, wenn erstens die indirekten Steuern, zweitens die Abschreibungen oder drittens beide eine höhere Zuwachsrate als das Bruttosozialprodukt zu Marktpreisen aufweisen. Zudem darf nicht die Zuwachsrate des Bruttosozialprodukts als Produktivitätsmessziffer unmodifiziert verwendet werden; denn die Vernachlässigung von Veränderungen des Inputs würde das gesuchte Ergebnis stark verfälschen. Neben diese "technischen" Probleme der Ermittlung einer sinnvollen Produktivitätsmessziffer tritt ein prognostisches Problem (38): Für die Lohnverhandlungen von heute können die

36) Dies betont G. Bombach, Preisstabilität, wirtschaftliches Wachstum und Einkommensverteilung, in: Schweizerische Zeitschrift für Volkswirtschaft und Statistik, 95. Jg. 1959, S. 19.

37) H. Dräger, Probleme der Ermittlung einer modifizierten Produktivitätszahl, in: E. Stiller (Hrsg.), Lohnpolitik und Vermögensbildung. Frankfurter Gespräch der List Gesellschaft 29.–30. November 1963. Protokolle und Gutachten, Basel/Tübingen 1964, S. 167f., 172 (im folgenden zitiert als "Dräger, Probleme").

38) G. Fürst, Diskussionsvotum, in: E. Stiller (Hrsg.), Lohnpolitik und Vermögensbildung. Frankfurter Gespräch der List Gesellschaft 29.–30. November 1963. Protokolle und Gutachten, Basel/Tübingen 1964, S. 27.

im nachhinein ermittelten statistischen Zahlen der vorangegangenen Jahre nicht Richtschnur sein; denn das Sozialprodukt wird nicht erst nachträglich verteilt, sondern Produktion, Preisbildung und Verteilung greifen ineinander über. Weiter sei betont, dass der statistische Produktivitätsbegriff nicht nur keine werturteilsfreie Grundlage für eine "natürliche" oder "gerechte" Verteilungsnorm abgeben kann, sondern auch nicht als Indikator der Leistung derjenigen, die an der Lohnquote Anteil haben, betrachtet werden darf (39). Das Problem der Zurechnung des Produktionsertrages zu den beteiligten Produktionsfaktoren ist ja bereits auf der technischen Ebene ungelöst. Ferner würde gerade eine zurechnungstheoretische Rechtfertigung entsprechend den produktiven Beiträgen die durch eine produktivitätsorientierte Lohnpolitik angestrebte Konstanz der Lohnquote infolge des technischen Fortschrittes desavouieren, ausser man vertritt die unwahrscheinliche These konformer Fortschritte aller partiellen Produktivitäten der Produktionsfaktoren, das heisst die These eines neutralen technischen Fortschrittes. Zudem würden auch in diesem Fall noch branchen- und betriebsspezifische Divergenzen unterschlagen.

Als Arbeitshypothese nehmen wir nun den Fall an, dass einige Gewerkschaften bei Preisstabilität eine Nominallohnerhöhung über die gesamtwirtschaftlichen Produktivitätsfortschritte hinaus erzwingen können. In der theoretischen Literatur werden nur gesamtwirtschaftliche, nicht branchenmässige Produktivitätsfortschritte für massgebend erachtet (40), da erstens die Branchen-Arbeitsproduktivitätsmessziffer keine intersektoralen Vergleiche bezüglich des Kapitaleinsatzes erlaubt und zweitens sich politisch untragbare intersektorale Einkommensunterschiede ergeben würden. Das Ziel unserer Erörterungen ist die Klärung der Frage, ob die Theorie schlüssig nachweisen kann, dass Lohnerhöhungen, die die Produktivitätszuwächse übersteigen, tatsächlich die Lohnquote in keinem Fall anzuheben vermögen. Unsere Ausführungen sind nicht als Plädoyer für die Erhöhung der Lohnquote, sondern rein informativ aufzufassen. In der wirtschafts-

39) G. Bombach, Die Bedeutung wirtschaftspolitischer Zielsetzungen, in: G. Bombach/ S.L. Gabriel (Hrsg.), Löhne und Preise, Darmstadt 1957, S. 210 (im folgenden zitiert als "Bombach, Bedeutung").

40) Vgl. Dräger, Probleme, 166f.

politischen Entscheidungssituation müssen zudem potentionelle Nebenwirkungen, wie zum Beispiel inflationäre Konsequenzen oder Änderungen im Beschäftigungsgrad, in Rechnung gezogen und bewertet werden. Ferner vernachlässigen wir die kurzfristige Analyse, in der selbstverständlich eine Erhöhung der Lohnquote als Ergebnis resultieren würde.

Ceteris paribus führt die angenommene Lohnerhhöhung zu inflationären Konsequenzen, da einem gleichbleibenden Güterstrom ein breiterer Geldstrom gegenübersteht. Die Lohnquote bleibt unverändert, wenn wir für die Konsumneigung den Wert Eins annehmen. Dieser Extremwert ist ein Grenzfall, der in der Realität zwar kaum vorkommen wird, der jedoch analytisch die Inflationswirkungen herauszustreichen erlaubt. In den Sektoren, in denen die Lohnsteigerungen stattgefunden haben, ergeben sich höhere Reallöhne, die jedoch in den wegen den Preissteigerungen gesunkenen Reallöhnen der übrigen Branchen ihr Gegenstück finden. Es liegt hier der anvisierte Fall syndikaler Ausbeutung von Arbeitern durch Arbeiter vor.

Die erhöhten Einkommen der Lohnbesitzer insgesamt schlagen sich in erhöhten Einnahmen der Unternehmer nieder. Die deswegen erhöhten Unternehmungsgewinne erlauben die Finanzierung der Sparlücke, die dadurch entstanden ist, dass die Lohnerhöhungen vorerst zu Lasten von der Selbstfinanzierung dienenden Gewinnen ging, bis diese infolge des inflatorischen Zwangssparens in entsprechendem Ausmass anstiegen. Es wäre somit falsch, von vornherein eine Beeinträchtigung der Spartätigkeit und dadurch des Wirtschaftswachstums zu befürchten; denn die vorerst verminderten Gewinne werden, in makroökonomischer Perspektiver betrachtet, durch zusätzliche Inflationsgewinne wieder aufgestockt (41). Bombach weist darauf hin, dass auch bei sinkender Sparquote der privaten Haushalte keineswegs zwingend eine Verminderung des Sparens insgesamt zu erwarten ist, dass vielmehr die Nachkriegszeit die Hypothese einer Änderung der Sparformen nahelegt: An die Stelle des Sparens der privaten Haushalte treten einer-

41) Bombach, Bedeutung, 213f.

seits Selbstfinanzierung ermöglichendes Unternehmungssparen in Form erhöhter Gewinne und anderseits möglicherweise Überschüsse in öffentlichen Haushalten.

Popper (42) vergleicht das inflatorische Zwangssparen – die erzwungenen Investierungen in seiner Terminologie – mit marxistischer Ausbeutung, indem in beiden Fällen eine Bevölkerungsgruppe zugunsten einer anderen Gruppe auf etwas verzichten muss. Während den Unternehmern die durch inflatorisches Zwangssparen erhöhten Gewinne gehören, müssen die Konsumenten sich im Ausmass der Preissteigerungen zusätzlicher Konsumation enthalten, ohne für diesen Verzicht entgolten zu werden. Die mit den erhöhten Gewinnen finanzierten Investitionen verbleiben den Unternehmern "gratis und franko" (43). In konsequent ausgeweiteter Popper'scher Diktion wären demnach alle Inflationsgewinne als "Ausbeutung" zu qualifizieren. Mag auch diese ethische Beurteilung der Inflationsgewinne gegenwärtig in weiten Kreisen Zustimmung finden, der Begriff der Ausbeutung liefert in diesen Zusammenhängen keinerlei Beitrag zur Erklärung empirischer Sachverhalte. Zudem ist Poppers Analogieschluss auf das Marx'sche Ausbeutungsverständnis problematisch, da nach marxistischer Ansicht die Arbeiterklasse im Rahmen des Kapitalismus sich nicht des Mehrwerts "enthält", sondern der Mehrwert nach kapitalistisch-immanenten Grundsätzen zu Recht an die Kapitalklasse fliesst. Am Popper'schen Vergleich des inflatorischen Zwangssparens mit marxistischer Ausbeutung ist bemerkenswert, dass er in völligem Gegensatz zur Brief'schen These der Ausbeutung der Arbeiter durch Arbeiter steht. Durch die beidseitige Verwendung eines Ausbeutungsbegriffs werden infolge der informativen Komponenten quasi-objektive Aussagen erreicht, deren normativer Gehalt sich in der wechselseitigen Konfrontation deutlich enthüllt.

42) Vgl. Popper, Propheten, 443f. Er bezieht sich auf einen Aufsatz von L. Miksch, Die Geldordnung der Zukunft, in: Zeitschrift für das gesamte Kreditwesen, 1949

43) O. von Nell-Breuning, Kapitalismus und gerechter Lohn, Freiburg 1960, S. 42, 140 (im folgenden zitiert als "Nell-Breuning, Kapitalismus").

Nur das Geltendmachen der Ceteris-paribus-Klausel ermöglichte die eindeutige Aussage einer Konstanz der Lohnquote. Bei ihrer Aufhebung werden sich Möglichkeiten zeigen, wie die unerwünschte Konsequenz einer konstanten Lohnquote allenfalls vermieden werden kann. Die Lohnquote, die sich nach einer die Produktivitätssteigerung übertreffenden Lohnerhöhung einstellt, ist indeterminiert, wenn nicht neue Verhaltensannahmen getroffen werden. Auch im folgenden wird wie bisher der Einfachheit halber Konstanz der Einkommensgruppen, das heisst der an der Lohnquote partizipierenden Unselbständigen, der Selbständigen und des Staates, vorausgesetzt (44).

Die nominale Einkommensverteilung bestimmt nicht direkt die reale Einkommensverteilung; vielmehr steht als intervenierende Variable zwischen beiden die Einkommensverwendung (45). Im vorhin geschilderten Fall wurde mit der Ceteris-Peribus-Klausel konstante Einkommensverwendung unterstellt. Wenn nun die Konsum- und die Sparneigung der Lohn- und Gehaltsempfänger nicht gleich bleibt, sondern die letztere steigt, dergestalt, dass das über die Produktivitätsentwicklung hinaus ausgeschüttete Einkommen statt konsumiert gespart wird, dann bleibt die monetäre Gesamtnachfrage gleich und die Unternehmer können insgesamt keine Preiserhöhungen druchsetzen. Auch dieser Extremfall dürfte selten Wirklichkeit werden. Wirklichkeitsnah sind Konsumfunktionen, die für die zusätzlichen Einkommen eine Konsumneigung zwischen Eins und Null ausweisen; je nachdem, werden die Wirkungen mehr dem ersten oder dem jetzt zur Diskussion stehenden zweiten Grenzfall ähneln. Die Lohnerhöhung geht in diesem zweiten Fall einer marginalen Konsumneigung von Null voll zu Lasten der Gewinne. Infolge des konstanten Preisniveaus steigt die Lohnquote im Umfang der nominalen Lohn- und Gehaltserhöhungen. Was die anti-inflatio-

44) H. Riese, Wirtschaftswachstum, Produktivitätslohn und Preisstabilität, in; E. Stiller (Hrsg.), Lohnpolitik und Vermögensbildung. Frankfurter Gespräch der List Gesellschaft 29.-30. November 1963. Protokolle und Gutachten, Basel/Tübingen 1964, S. 224, 234f. (im folgenden zitiert als "Riese, Wirtschaftswachstum").

45) Vgl. Riese, Wirtschaftswachstum, 226ff., G. Bombach, Lohnentwicklung, Sparprozess und Kapitalbildung, in: E. Stiller (Hrsg.), Lohnpolitik und Vermögensbildung. Frankfurter Gespräch der List Gesellschaft. 29.-30. November 1963. Protokolle und Gutachten, Basel/Tübingen 1964, S. 50 ff.

nären Wirkungen anbetrifft, so sind dem Sparen die Importausgaben gleichzustellen. Da der Rückgang der der Selbstfinanzierung dienenden Gewinne durch umfangreicheres freiwilliges Sparen der privaten Haushalte gerade kompensiert wird, erleidet auch das wirtschaftliche Wachstum unter der Annahme einer konstanten Investitionsneigung der Unternehmer keine Einbusse.

Diese Annahme einer konstanten Investitionsneigung der Unternehmer ist allerdings problematisch (46). Wenn auch insgesamt die Investitionsmöglichkeiten gleichbleiben, so ist es doch unwahrscheinlich, dass der Gewinnrückgang – sei es auch nur ein verlangsamter Ansteig – die Investitionsneigung der Unternehmer nicht beeinflusst. Erfährt aber ihre Investitionsneigung eine Beeinträchtigung, so wird sich über eine geringere Investitionsquote das Wachstum des Sozialprodukts verringern oder gar negativ werden. Die höhere Lohnquote würde derart unter Umständen mit einer Verringerung der absoluten Zuwächse oder einem Rückgang der absoluten Anteile erkauft. Die Beurteilung dieser aus einer Zielantinomie resultierenden Wirkungen ist eine wirtschaftspolitische Frage, die hier nicht zur Debatte steht.

Als Ergebnis unserer Skizze der Zusammenhänge zwischen Produktivitätsentwicklung und Lohnquote ergibt sich, dass der Versuch zur Steigerung der Lohnquote durch Lohnerhöhungen über das Ausmass der Produktivitäsfortschritte hinaus nicht zwangsläufig im Sinne der These der Ausbeutung von Arbeitern durch Arbeiter scheitern muss. Zum Gelingen des Vorhabens ist allerdings ein bestimmtes Verhalten der Wirtschaftssubjekte notwendig. Erstens müssen die Lohn- und Gehaltsempfänger das den Produktivitäsfortschritt übersteigende Einkommen sparen. Der Investivlohn und andere Gewinnbeteiligungen sind Lohnformen, um das erforderliche Sparverhalten zu sichern oder wenigstens zu fördern (47). Stellen schon diese neuen Lohnformen Schritte in Richtung auf eine revidierte Deutung der Kooperation im Unternehmen dar, so würde die Erfüllung des zweiten Erfordernisses, nämlich der Sicherstellung der notwen-

46) Vgl. A.E. Ott, Lohnhöhe und Produktivität, in: Volkswirtschaftliche Korrespondenz der Adolf-Weber-Stiftung, Nr. 10, April 1963, ohne Seitenangabe.

47) Vgl. Preiser, Problematik, 322ff.

digen Investitionsquote, eine Mitbestimmung der Unselbständigen in der Preis- und Investitionspolitik der Unternehmungen notwendig machen und dazu führen, "die Schranken des reinen Lohntarifverhältnisses zu überschreiten" (48). Die moderne Variante der Lohnfondstheorie ist prinzipiell genauso unhaltbar wie die klassische Version; in beiden Fällen wurden politische Entscheidungen in pseudo-objektive Aussagen transformiert. Selbstverständlich kann die Auseinandersetzung um die relativen Anteile am Sozialprodukt nicht ohne Berücksichtigung der Produktivitätsentwicklung geführt werden; denn mehr als produziert wird, kann auch nicht verteilt werden. Doch ist durch die Produktivitätsentwicklung die Obergrenze der gesamtwirtschaftlichen Entwicklung der Löhne keineswegs vorgegeben. Der jeweilige Spielraum muss aufgrund der Verhaltensweisen der Wirtschaftssubjekte sowie der wirtschaftspolitischen Ziele im Einzelfall eruiert werden.

48) Hofmann, Einkommenstheorie, 260

Teil V

Ausbeutung und Aussenwirtschaftstheorie

1 Das Problem

Die Behauptung einer Ausbeutung der Entwicklungsländer (1) durch die wohlhabenden Industriestaaten ist in der Tagesdiskussion der letzten Jahre zum blossen Schlagwort geronnen. Zumeist wird nicht einmal die Aufgabe unternommen, den Begriff der Ausbeutung vorgängig zu klären, sondern ohne Umschweife wird dieser oder jener geltend gemachte Tatbestand mit der Etikette der Ausbeutung versehen. Die aktuelle Diskussion um "Ausbeutung" konzentriert sich auf das Verhältnis der Industriestaaten zur Dritten Welt und vernachlässigt in der nichtmarxistischen Literatur eher die bisher erörterten, primär auf die Binnenwirtschaft bezogenen Ausbeutungsbegriffe. Im folgenden soll nun untersucht werden, welche Inhalte der Ausbeutungsbegriff in den wissenschaftlichen Anspruch erhebenden Schriften aufweist. Die in den Zusammenhang der Aussenwirtschaftstheorie eingeordneten Ausbeutungsbegriffe prüfen wir auf die wissenschaftliche Zweckmässigkeit ihrer Bedeutung. Die Frage also, ob die Entwicklungsländer tatsächlich entsprechend dem jeweils adoptierten Ausbeutungsbegriff ausgebeutet werden, wird von unserer Problemstellung nicht miteingeschlossen. Das Thema dieser Schrift ist vielmehr der Vorfrage nach der Bedeutung von "Ausbeutung" gewidmet, ohne deren Beantwortung die vielleicht interessanter erscheinende Frage nach einer allenfalls empirisch feststellbaren Ausbeutung nicht angegangen werden kann. Soweit es geboten erscheint, werden hin und wieder auch Ergebnisse empirischer Untersuchungen Erwähnung finden.

Das Problem der Ausbeutung wird durch die Erweiterung des Bezugskreises von der Binnenwirtschaft auf die Weltwirtschaft häufig in die These des ökonomischen Imperialismus transformiert. "Imperialismus" hat durchaus nicht nur Stellenwert im marxistischen Begriffssystem, sondern wird auch in zahlreichen

1) So schillernd der Begriff der Entwicklungsländer und seine Synonyme "unterentwickelte Länder" sowie "Dritte Welt" auch sein mögen, eine Präzisierung scheint auf der theoretischen Ebene unserer Argumentation unnötig. Es handelt sich bei den Ausbeutungsthesen meist um die Behauptung globaler Tendenzen, in deren Rahmen strittige Einzelfälle ohnehin nur geringe Relevanz aufweisen. Für eine umfassende Diskussion der mit Unterentwicklung verknüpften Phänomene vgl. K. Doepgen, Begriff und Zustand der wirtschaftlichen Unterentwicklung, Diss. Karlsruhe, Düsseldorf 1965.

Varianten im bürgerlichen Vokabular verwendet. Marxistische und bürgerliche Ansätze bedingen denn auch eine erste, rohe Gliederung dieses Teils, indem in den Abschnitten 4 und 5 nichtmarxistische Ansätze hinterfragt werden und danach in Abschnitt 6 marxistische Konzeptionen zur Sprache kommen sollen. Zunächst wird in Abschnitt 2 das Verhältnis zwischen Binnen- und Aussenwirtschaftstheorie skizziert und dann in Abschnitt 3 eine Übersicht über Thesen im Zusammenhang zwischen Imperialismus und Ausbeutung erarbeitet. In den Abschnitten 4 und 5 erfahren die mit "Ausbeutung" in Zusammenhang gebrachten Faktoren eine detaillierte Erörterung auf theoretischer Ebene: Beim Warenverkehr interessieren primär das Theorem der komparativen Kosten und die mit dem Verlauf der Realaustauschverhältnisse verbundenen Theorien. Sodann befassen wir uns bei der Problematik des Kapitalverkehrs insbesondere mit dem Kapitalexport in die Entwicklungsländer. In Abschnitt 6 wird die bürgerliche Perspektive zugunsten von marxistischen Fassungen der Imperialismusthese verlassen.

Die folgende Diskussion der Ausbeutung der Entwicklungsländer spiegelt eine einseitige ökonomische Optik wider: Die Entwicklungsprobleme erscheinen primär als ökonomische Fragen; soziale und institutionelle Faktoren sind meist in die Daten abgeschoben. Man muss deshalb im Auge behalten, dass die im Zusammenhang mit der Ausbeutung dominierenden Variablen nur einen Ausschnitt der für eine umfassende Entwicklung relevanten Faktoren darstellen. Myrdal (2) stellt in dieser Hinsicht eine interessante These auf. Danach ist nicht eine Ausbeutung der Entwicklungsländer – in irgendeinem Sinne, wie wir den Begriff in diesem Abschnitt darlegen werden, insbesondere auch im marxistischen Sinne – das zentrale Entwicklungsproblem, sondern, dass die Arbeitskräfte der Dritten Welt überhaupt zu wenig produzieren. Der Entwicklung und Modernisierung der Wirtschaft steht viel mehr als eine irgendwie im einzelnen definierte Ausbeutung die geringe Produktivität der Arbeitskräfte entgegen, welche einerseits auf die enorme Bevölkerungszunahme und anderseits auf die technologische Lücke zwischen Industrie- und Entwicklungsländern zurückzuführen ist. Mit dieser Bemerkung soll die Relevanz der Ausbeutungsthesen, wie sie im fol-

2) G. Myrdal, Politisches Manifest über die Armut in der Welt, Frankfurt am Main 1970, S. 392 ff.

genden zur Darstellung gelangen, relativiert werden.

Alle mit der Ausbeutung der Entwicklungsländer in Zusammenhang gebrachten Teilprobleme weisen unseres Erachtens eine gemeinsame Grundlage auf: Es geht um die bei der gegenwärtigen internationalen Arbeitsteilung wirksamen Mechanismen, die die Verteilung des international produzierten Reichtums auf die Entwicklungsländer einerseits und die entwickelten Staaten anderseits determinieren. Wie wir sehen werden, visiert die These der Ausbeutung der Entwicklungsländer die Existenz von nach verschiedenen Kriterien ungerechtfertigten internationalen Einkommenströmen an. "Der Realeinkommenstransfer kann als notwendige, aber nicht hinreichende Bedingung von Ausbeutung verstanden werden" (3). Je nach Transfermechanismus und Wertung fällt das die hinreichende Bedingung formulierende Kriterium unterschiedlich aus, wie aus unserer Untersuchung ersichtlich wird.

3) Schäfer, Imperialismusthesen, 26. In dieser Studie wird das Verhältnis von Realeinkommenstransfer zu Profitratenhöhe, Handelsbilanzsaldo sowie Realaustauschverhältnissen eingehend untersucht.

2 Zum Verhältnis zwischen Binnen- und Aussenwirtschaftstheorie

Zur Analyse des binnenwirtschaftlichen Austausches wandte Ricardo, wie wir gesehen haben, eine bei der Gewichtung der Produktionsfaktoren in quantitativer Hinsicht überwiegende Arbeitswerttheorie an. Im zwischenstaatlichen Austausch hingegen erachtet Ricardo das Arbeitsmengengesetz als aufgehoben, so dass werttheoretisch eine Sonderstellung der Ricardo'schen Aussenhandelstheorie innerhalb seiner Wirtschaftstheorie vorliegt. Das Versagen der Arbeitswerttheorie zur Analyse des Aussenhandels liegt darin, dass diese vollständige Mobilität der Produktionsfaktoren voraussetzt, welche Ricardo nur für den Binnenhandel als gegeben annahm (1). Im Aussenhandelsverhältnis sollen sich Kapital und Arbeit jedoch definitionsgemäss nicht frei bewegen können. Das Objekt der klassischen Aussenhandelstheorie ist deshalb in der Analyse der Konsequenzen der immobilen Produktionsfaktoren zu finden.

Offensichtlich liegt kein qualitativer, sondern ein gradueller Unterschied zwischen Binnenhandel und Aussenhandel vor; denn einerseits stehen auch im Binnenraum der vollkommenen Mobilität der Faktoren Hemmnisse entgegen und anderseits existiert eine beträchtliche internationale Mobilität von Kapital und Arbeit. Ricardo analysierte somit Grenzfälle, ohne mit seinen Annahmen einen theoretischen Fehler zu begehen; mit zunehmender internationaler Mobilität der Produktionsfaktoren würde mit dem Verschwinden des Unterschieds in den Voraussetzungen zwischen Binnen- und Aussenwirtschaft auch das Objekt der Aussenhandelstheorie verschwinden (2). Der Hintergrund der Arbeitswerttheorie bei Ricardo beeinträchtigt weder seine Abgrenzung von Binnen- und Aussenwirtschaft, die durch das Mobilitätskriterium unabhängig von der Arbeitswerttheorie vorliegt, noch das Herzstück seiner Aussenhandelstheorie, das Theorem der komparativen Kosten, welches sich im Sinne der "opportunity costs"

1) Vgl. Schumpeter, Geschichte, 739 ff.

2) G. Haberler, Der internationale Handel. Erweitert um: The Relevance of the Theory of Comparative Advantage under Modern Conditions, Reprint, Berlin/Heidelberg/New York 1970, S. 3 (im folgenden zitiert als "Haberler, Handel").

reformulieren lässt (3) und auch in der Heckscher-Ohlin-Theorie grundsätzlich aufrechterhalten werden kann (4). Dadurch, dass der Abgrenzung nur ein gradueller Unterschied zugrunde liegt, scheint die Aussenhandelstheorie nicht nur im zwischenstaatlichen Verkehr anwendbar, sondern ebenso in allen jenen interregionalen Fällen des Binnenhandels, in denen das Kriterium verhältnismässig geringer Mobilität der Faktoren erfüllt ist. Sofern wir also nicht einen anderen, grundsätzlichen Unterschied zwischen Binnen- und Aussenwirtschaft auffinden können, wird die Aussenhandelstheorie auch auf binnenwirtschaftliche Probleme bei Vorliegen geringer Mobilität anwendbar sein.

Andere Kriterien (5) zur Abgrenzung von Binnen- und Aussenwirtschaft wurden in den Währungsverschiedenheiten der Staaten, den Transportkosten, den Verschiedenheiten der Politik in den einzelnen Staaten sowie dem Bestehen nationaler politischer Einheiten gesucht. Offensichtlich sind ausser den Währungsunterschieden alle anderen Kriterien wiederum nur Abgrenzungen gradueller Natur. Doch ist dies auch bei den Verschiedenheiten der Geldwesen der Fall; denn der Begriff der Währungsgleichheit deckt sehr verschiedene Sachverhalte, war doch zum Beispiel bei der Goldwährung "das Bestehen verschiedener Währungseinheiten ein unwichtiges Detail" (6).

Wir kommen also zum Schluss, dass zwischen Binnen- und Aussenwirtschaft keine grunsätzliche, sondern graduelle Unterschiede bestehen, dass demnach auch die Theorie der Aussenwirtschaft von ihrem Objekt her keinen grundsätzlichen Neuansatz erforderlich macht. Die Aussenwirtschaftstheorie ist Teil der allgemeinen Wirtschaftstheorie. Infolgedessen ist es denkbar, dass wir bereits

3) Vgl. Haberler, Handel, 132 ff.

4) Vgl. B. Södersten, International Economics, New York/Evanston/London 1970, S. 70 f. (im folgenden zitiert als "Södersten, Economics").

5) Vgl. C.P. Kindleberger, International Economics, 4. Aufl. Homewood (Illinois) 1968, S. 6 ff. (im folgenden zitiert als "Kindleberger, Economics"); G. Haberler, Aussenhandel, in: Handwörterbuch der Sozialwissenschaften, Band 1, Stuttgart/Tübingen/Göttingen 1956, S. 458 (im folgenden zitiert als "Haberler, Aussenhandel").

6) Haberler, Aussenhandel, 458.

diskutierte, binnenwirtschaftliche Ausbeutungskriterien auf aussenwirtschaftlichem Gebiet erneut vorfinden werden.

Im Gegensatz zu Ricardo ist in der Marx'schen Preistheorie durch das Verhältnis von Wert und Preis binnenwirtschaftlich keine vollkommene Mobilität der Arbeitskräfte vorausgesetzt, wohl aber wird vollkommene Mobilität des einen allgemeinen Profitratenausgleich herbeiführenden Kapitals angenommen. Diese wirklichkeitsnäheren Voraussetzungen lassen eine Übertragung der marxistischen, binnenwirtschaftlichen Ausbeutungskonzeption auf die Aussenwirtschaft erwarten.

3 Imperialismus und Ausbeutung

Im Anschluss an Landes (1) soll zuallererst zwischen der ökonomischen Interpretation des Imperialismus und dem ökonomischen Imperialismus differenziert werden. Wir sind an der ökonomischen oder nichtökonomischen Interpretation des Imperialismus nicht interessiert, so dass die folgenden Ausführungen sich auf den ökonomischen Imperialismus beschränken (2).

Die Bedeutung von "Imperialismus" sollte unseres Erachtens nicht historisch abgegrenzt werden, wodurch er definitorisch aus dem Gesichtsfeld der die Gegenwart betreffenden Diskussionen hinaus gerückt werden könnte, sondern eine strukturell orientierte Umschreibung scheint am Platze. Zum Teil liegen auch derartige Definitionen vor; insbesondere den marxistischen Imperialismustheorien stehen trotz der historischen Betrachtungsweise auf die Bedingungen und Struktur abzielende Definitionen des Imperialismus zu Gevatter, da die Bedingungen des Kapitalismus, als dessen Ausfluss der Imperialismus erscheint, spezifiziert sind. Auch nichtmarxistische Tendenzen in diese Richtung sind zu beobachten (3). Mit diesem Hinweis auf den Weg, welchen ein Definitionsversuch zu beschreiten hätte, wollen wir uns begnügen; denn nicht der Imperialismus als solcher steht hier zur Debatte, sondern er interessiert nur insoweit, als er mit Aus-

1) Landes, Wesen, 66.

2) Zur Begriffsentwicklung bis zu Hobsons Imperialismustheorie im Jahre 1902, insbesondere zur Differenzierung zwischen ökonomischen und politischen Aspekten des Imperialismus vgl. H.W. Kettenbach, Lenins Theorie des Imperialismus , Teil I: Grundlagen und Voraussetzungen, Köln 1965 (im folgenden zitiert als "Kettenbach, Theorie"). Ferner findet sich eine Übersicht über ältere Imperialismustheorien in Schäfer, Imperialismusthesen, 13 ff.

3) Vgl. zum Beispiel die verschiedenen Versuche bei H. Neisser, Der ökonomische Imperialismus im Lichte moderner Theorie, in: H.-D. Ortlieb (Hrsg.), Zur Ordnung von Wirtschaft und Gesellschaft, Festausgabe für Eduard Heimann zum 70. Geburtstage, Hamburger Jahrbuch für Wirtschafts- und Gesellschaftspolitik, Tübingen 1959, S. 209 ff. (im folgenden zitiert als "Neisser, Imperialismus"); Landes, Wesen, 66. Für eine umfangreiche Übersicht über die Imperialismusbegriffe vgl. M. Klafkowski, Zur Theorie der Aussenwirtschaft. Ökonomischer Imperialismus — Kaufkraftparität. Eine zugleich dogmengeschichtliche Studie, Berlin 1967, 13 ff. (im folgenden zitiert als "Klafkowski, Theorie"). Zur historisierenden Richtung vgl. H. Maus, Imperialismus, in: Handwörterbuch der Sozialwissenschaften, Band 5, Stuttgart/Tübingen/Göttingen 1956, S. 185 ff. (im folgenden zitiert als "Maus, Imperialismus").

beutung verknüpft wird. Auch im bürgerlichen Imperialismusverständnis lässt sich dieser Zusammenhang leicht belegen (4). Nicht immer wird aussenwirtschaftliche Ausbeutung in Zusammenhang mit einer Imperialismusthese gebraucht. Auch diese Ausbeutungskonzepte werden wir einzubeziehen haben.

Die Behauptung von Ausbeutung im Zusammenhang mit der Aussenwirtschaft lassen sich nach dem Gesichtspunkt ordnen, wie die Ausbeutung im Verhältnis zum Kapitalismus interpretiert wird: Systemwidrig, systemneutral oder systemimmanent.

a) Systemwidrig: Unter diese Kategorie fallen jene Ausbeutungsdefinitionen, die eine Ausserkraftsetzung der ökonomischen Gesetzmässigkeiten des Kapitalismus voraussetzen, damit Ausbeutung möglich ist. Dieser Fall liegt bei Landes vor: "Die imperialistische Ausbeutung besteht in der Verwendung von Arbeitskraft zu Löhnen, die niedriger sind als jene, die sich unter den Bedingungen eines freien Arbeitsmarktes ergeben würden; oder in der Aneignung von Gütern zu Preisen, die niedriger sind als jene, die sich auf dem freien Markt hätten erzielen lassen. Imperialistische Ausbeutung impliziert, mit anderen Worten, einen ausserhalb des Marktes liegenden Zwang" (5). Diese Umschreibung der Ausbeutung setzt für ihr Vorkommen eine Beeinträchtigung des kapitalistischen Marktmechanismus voraus, welche in einem unabhängig von der Marktform sich manifestierenden Zwang ihre Ursache haben muss. Da der Zwang Macht und Abhängigkeit impliziert, besteht bei der Ausbeutungsdefinition von Landes eine Affinität zum Arndt-Kriterium. Diese aus Zwang resultierende Ausbeutung wird im folgenden nicht mehr weiter behandelt, da sich die Überlegungen vom Arndt-Kriterium analog übertragen lassen.

b) Systemneutral: Wenn durch die Ausbeutungsdefinition weder implizit noch explizit das Wirtschaftssystem und damit auch nicht der Kapitalismus berührt wird, so liegt Systemneutralität vor. Das Ausbeutungsverständnis von Penrose scheint uns hier einordnungsbedürftig: Ausbeutung heisst, "that foreign interests

4) Vgl. Neisser, Imperialismus; Landes, Wesen.

5) Landes, Wesen, 69.

use their superior political or economic power to prevent the exploited country from making the most profitable use to itself of its own resources" (6). Ausbeutung wird dadurch in keiner Weise in Beziehung mit einer bestimmten Wirtschaftsordnung gesetzt. Nach Galtung (7) zeitigt der Imperialismus dann Ausbeutungseffekte, wenn die Wirtschaftsbeziehungen zwischen Nationen asymmetrisch sind. Als "asymmetrisch" bezeichnet er die Beziehungen dann, wenn ihre nationalen und internationalen Wirkungen nicht gleichwertig sind. Infolgedessen koppelt Galtung Ausbeutung nicht mit einer bestimmten Wirtschaftsordnung. Gegenwärtig wird häufig auch aus nichtmarxistischen Kreisen argumentiert, die Industrieländer beuteten die Entwicklungsländer durch säkular fallende Realaustauschverhältnisse sowie durch ihre Direktinvestitionen aus (8). Soweit nicht allein die kapitalistisch organisierten, sondern alle hochentwickelten Industriestaaten anvisiert werden, ist dieses Ausbeutungsverhältnis systemneutral.

c) Systemimmanent: Wir bezeichnen die aussenwirtschaftliche Ausbeutung als dem kapitalistischen System immanent, wenn sie als ein notwendiger Ausfluss dieses Wirtschaftssystem gesehen wird. Diese Interpretation wird von marxistischen Autoren verschiedener Schattierungen vertreten; sei es, dass imperialisti-

6) E. Penrose, Profit Sharing Between Producing Countries and Oil Companies in the Middle East, in: The Economic Journal, 1959, S. 248 (im folgenden zitiert als "Penrose, Profit Sharing").

7) J. Galtung, Eine strukturelle Theorie des Imperialismus, in: D. Senghaas (Hrsg.), Imperialismus und strukturelle Gewalt. Analysen über abhängige Reproduktion, Frankfurt am Main 1972, S. 29 ff., insbesondere S. 40 ff. (im folgenden zitiert als "Galtung, Theorie"). Um Galtungs eigene Terminologie nicht einführen zu müssen, haben wir oben allgemein gebräuchliche Termini verwendet.

8) In der wissenschaftlichen, nichtmarxistischen Literatur hat sich diese Art der Ausbeutung, wenn auch meist mit starken Vorbehalten, explizit niedergeschlagen bei C.P. Kindleberger, The Terms of Trade. A European Case Study, New York/London 1956, S. 241 ff. (im folgenden zitiert als "Kindleberger, Terms"); A. Kruse, Aussenwirtschaft. Die internationalen Wirtschaftsbeziehungen, 2. überarbeitete und erweiterte Aufl. Berlin 1965. S. 136 f. (im folgenden zitiert als "Kruse, Aussenwirtschaft"); H.W. Singer, The Distribution of Gains Between Investing and Borrowing Countries, in: American Economic Review, May 1950, Nr. 2, S. 479 f. (im folgenden zitiert als "Singer, Distribution"); Södersten, Economics, 469 ff.; Neisser, Imperialismus, 215 f. Aufgebracht wurde die These der säkular zugunsten der Industriestaaten fallenden Realaustauschverhältnisse durch Prebisch und Singer. Die These der Ausbeutung im Zusammenhang mit dem Kapitalverkehr entstammt dem Marxismus.

sche Ausbeutung auf eine bestimmte Phase der kapitalistischen Entwicklung beschränkt wird, sei es, dass sie eine permanente Begleiterscheinung des Kapitalismus darstellen soll. Hobson (9) vertrat bereits vor den Marxisten eine ähnliche Imperialismustheorie, auf die sich später insbesondere Lenin abgestützt hat.

Zunächst werden im folgenden die Argumente bürgerlicher Provenienz für die These einer Ausbeutung der Entwicklungsländer untersucht. Dazu ist es notwendig, bei der Analyse des Handelsverkehrs einerseits auf die Theorie der komparativen Kosten einzugehen, anderseits zu untersuchen, wie sich der Verlauf der Entwicklung der Realaustauschverhältnisse erklären lässt. Einige Hinweise auf den theoretischen Zusammenhang zwischen internationalem Handel und wirtschaftlicher Entwicklung werden dazu Hand bieten können. Die Effekte des Kapitalverkehrs, insbesondere von Direktinvestitionen im Ausland, bilden das Thema eines weiteren Abschnittes. Die besonderen Probleme der These einer Systemimmanenz der Ausbeutung der Entwicklungsländer durch die hochentwickelten kapitalistischen Staaten werden im darauf folgenden marxistisch ausgerichteten Abschnitt 6 Erwähnung finden.

9) J.A. Hobson, Imperialism. A Study, London 1902.

4 Handelsverkehr und Ausbeutung in bürgerlicher Perspektive

41 Der Aussenhandelsgewinn

Um Ausbeutung durch Aussenhandel adäquat erörtern zu können, müssen wir uns zuerst Klarheit verschaffen, was die ökonomische Theorie als Aussenhandelsgewinn deklariert. Wir folgen den zusammenfassenden Ausführungen von Rose (1), ohne uns in diesem Abschnitt um allfällige normative Implikationen dieser Aussenhandelsgewinnanalyse zu kümmern. Den gesamten Aussenhandelsgewinn kann man in einen Handelsgewinn und einen Spezialisierungsgewinn aufspalten.

Wir gehen von zwei Ländern, Inland und Ausland, und zwei Gütern, x_1 und x_2, aus, die in beiden Staaten produziert werden. Das Tauschoptimum für die beiden Länder zusammen wird dadurch bestimmt, dass im Inland wie im Ausland die gesellschaftliche Grenzrate der Substitution zwischen den beiden Gütern gleich ist. Wird von autarken Verhältnissen zur Verwirklichung dieses Kriteriums durch Handel zwischen den zwei Staaten geschritten, so entsteht ein Effekt, der Handelsgewinn genannt wird. Abb. 23 soll einer genaueren Analyse den Weg ebnen. Wenn der Analyse mit Autarkie und Freihandel in der Realität irrelevante Grenzfälle zugrunde gelegt werden, so lässt sich dies mit der Annahme begründen, dass eine Intensivierung bereits bestehender Handelsbeziehungen den Aussenhandelsgewinn in gleicher Weise, wenn auch nicht im gleichen Ausmass wie der Übergang von der Autarkie zum Freihandelssystem beeinflussen würde. Erst mit dieser Annahme erhalten die folgenden Ausführungen überhaupt empirische Relevanz.

1) Vgl. K. Rose, Theorie der Aussenwirtschaft, 3. Aufl. Berlin/Frankfurt am Main 1970, S. 366 ff. (im folgenden zitiert als "Rose, Theorie"). Für eine die theoriegeschichtliche Entwicklung berücksichtigende Übersicht vgl. R. Clapham, Aussenhandel und wirtschaftlicher Wohlstand, Diss. Köln 1964, S. 6 ff. (im folgenden zitiert als "Clapham, Aussenhandel"). Unsere Darstellung des Aussenhandelsgewinns folgt der reinen Aussenhandelstheorie. Daneben gibt es jedoch auch die monetäre Theorie, die vent-for-surplus-Theorie sowie die Produktivitätstheorie des Aussenhandels, welche zu unterschiedlicher Beurteilung der Aussenhandelsvorteile führen. Vgl. Schäfer, Imperialismusthesen, 85 ff.

Abb. 23: Der Handelsgewinn

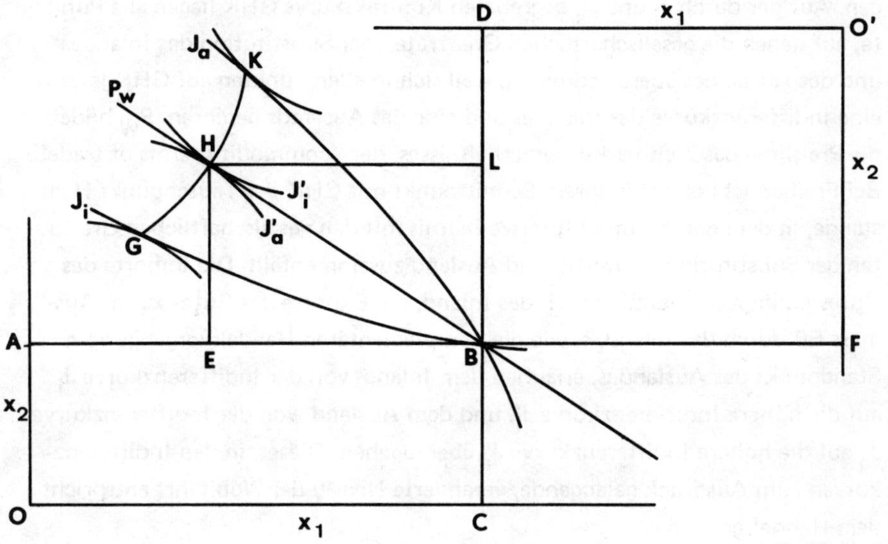

Quelle: K. Rose, Theorie der Aussenwirtschaft, 3. Aufl. Berlin/Frankfurt am Main 1970, S. 367 (im folgenden zitiert als "Rose, Theorie"). Leicht vereinfachte Darstellung.

Auf den beiden Achsen werden die Mengen der Güter x_1 und x_2 abgetragen. Ausgangspunkt bildet die Voraussetzung der Immobilität der Produktionsfaktoren in beiden Ländern, um so Effekte einer durch den Handel induzierten Arbeitsteilung auszuschalten. Die Kurve der Produktionsmöglichkeiten oder Transformationskurve ABC des Inlandes und DBF des Auslandes ist deshalb rechteckig, während sie bei mobilen Produktionsfaktoren konkave Form annehmen würde. Bei Vollbeschäftigung produzieren beide Länder vor und nach der Aufnahme des Handels in Punkt B. Durch diesen Produktionspunkt B laufen die gesellschaftlichen Indifferenzkurven J_i des Inlandes und J_a des Auslandes. Diese beiden Indifferenzkurven repräsentieren den höchsten Gesamtnutzen, welcher je für die beiden Staaten erreichbar ist. Die Aufnahme des Handels gestattet nun das Erreichen einer höheren Indifferenzkurve für das Inland wie für das Ausland. Der Tauschpunkt muss deshalb innerhalb des Bereiches von J_i und J_a liegen. Auf der durch J_i und J_a begrenzten Kontraktkurve GHK liegen alle Punkte, auf denen die gesellschaftlichen Grenzraten der Substitution des Inlandes und des Auslandes übereinstimmen, weil sich in allen Punkten auf GHK jeweils eine Indifferenzkurve des Inlandes und eine des Auslands berühren. P_W bildet die Preislinie des Weltmarktpreisverhältnisses, der "commodity terms of trade". Bei Freihandel kommt in ihrem Schnittpunkt mit GHK der Tauschpunkt H zustande, in dem das Weltmarktpreisverhältnis mit den gesellschaftlichen Grenzraten der Substitution im Inland und Ausland zusammenfällt. Die Importe des Gutes x_2 im Ausmass EH durch das Inland, die Exporte des Gutes x_1 im Ausmass EB durch das Inland, sowie die komplementären Handelsvorgänge vom Standpunkt des Auslandes, erlauben dem Inland, von der Indifferenzkurve J_i auf die höhere Indifferenzkurve J'_i, und dem Ausland, von der Indifferenzkurve J_a auf die höhere Indifferenzkurve J'_a überzugehen. Dieses, in den Indifferenzkurven zum Ausdruck gelangende, veränderte Niveau der Wohlfahrt entspricht dem Handelsgewinn.

Die Voraussetzung der Immobilität der Produktionsfaktoren wird nun aufgegeben, so dass die Transformationskurve nicht mehr rechteckig, sondern konkave Gestalt hat. Nunmehr ist Arbeitsteilung zwischen dem Inland und Ausland möglich. Die Arbeitsteilung ist dann optimal, wenn das Verhältnis der sozialen Grenzkosten von x_1 und x_2, welche sich in der Transformationskurve niedergeschlagen, in beiden Ländern dasselbe ist. Die Realisierung dieser Bedingung durch den Aussenhandel führt zu einem Effekt, der als Spezialisierungsgewinn bezeichnet wird. Abb. 24 soll darüber näheren Aufschluss bringen.

Abb. 24: Der Spezialisierungsgewinn

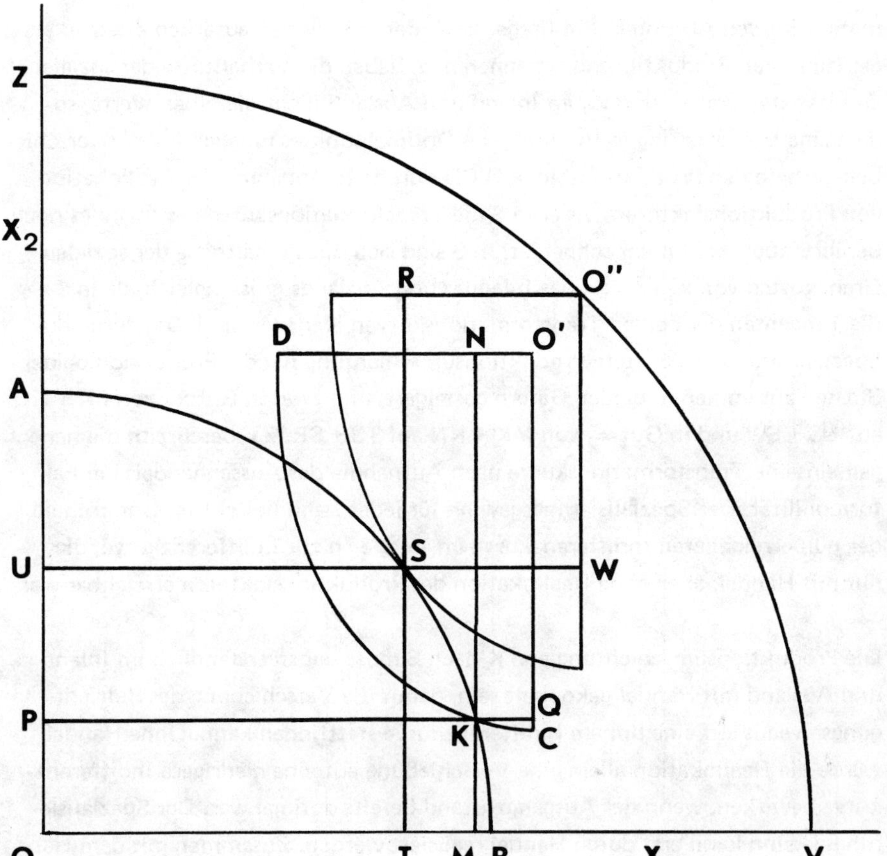

Quelle: Rose, Theorie, 369

Die konkave Transformationskurve AB umschliesst zusammen mit den Achsenabschnitten OA und OB den Produktionsblock OAB des Inlandes, der alle Produktionsmöglichkeiten des Inlandes umfasst. Der Produktionsblock des Auslands wird durch O'CD dargestellt und schneidet den Produktionsblock des Inlands in K. Es ist wahrscheinlich, dass sich die beiden Produktionsblöcke schneiden und nicht berühren, weil in autarkem Zustand die nationalen Preisverhältnisse im Ausland wahrscheinlich von denjenigen im Inland abweichen. Da Vollbeschäftigung unterstellt wird, kommen als Produktionspunkte nur Punkte auf den Transformationskurven AB und CD in Frage. In K, den wir für den autarken Zustand als gemeinsamen Produktionspunkt annehmen, haben die Verhältnisse der sozialen Grenzkosten von x_1 und x_2 im Inland und Ausland nicht dieselben Werte, so dass eine Verbesserung in Richtung des Optimalpunktes möglich ist. Wir verschieben deshalb den Produktionsblock O'CD durch die Annahme der Reallokation von Produktionsfaktoren, bis er in S die Transformationskurve des Inlandes noch berührt, aber nicht mehr schneidet. In S sind sich die Verhältnisse der sozialen Grenzkosten von x_1 und x_2 des Inlandes und Auslands grössengleich, da in S die Tangenten der beiden Transformationskurven identisch sind. Die durch die Spezialisierung eingeleitete Produktionsumschichtung hat die Produktion beider Staaten zusammen in beiden Gütern gesteigert; und zwar in Gut x_1 von PK + KQ auf US + SW und in Gut x_2 von MK + KN auf TS + SR. ZV beschreibt die neue gemeinsame Transformationskurve nach Aufnahme des Aussenhandels bei Faktormobilität. Der Spezialisierungsgewinn für jedes Land besteht im Unterschied der nun erreichbaren Indifferenzkurve im Vergleich zur Indifferenzkurve, die nur mit Handel, aber ohne Reallokation der Produktionsfaktoren erreichbar war.

Die Produktionsumschichtung von K nach S muss selbstverständlich im Inland und Ausland mit Handel gekoppelt sein, damit die Verschiebung des Befriedigungsniveaus auf eine höhere Indifferenzkurve stattfinden kann. Ohne Handel würde die Reallokation allein eine Verschiebung auf eine niedrigere Indifferenzkurve bewirken, wenn der Ausgangzustand bereits optimal war. Der Spezialisierungsgewinn kann erst durch Handel realisiert werden. Zusammen mit dem Handelsgewinn bildet der Spezialisierungsgewinn den Aussenhandelsgewinn.

Abb. 25: Der Aussenhandelsgewinn

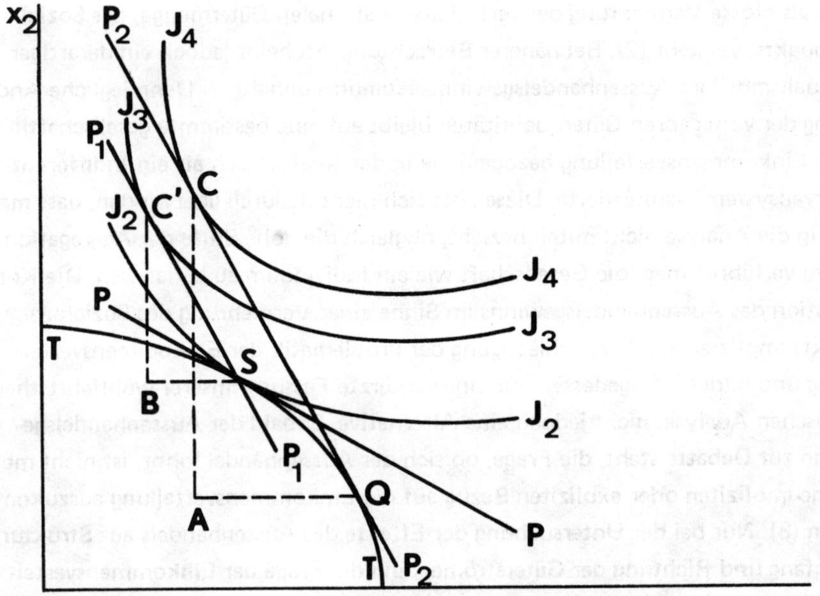

Quelle: Södersten, Economics, 38. Leicht geänderte Darstellung.

Abb. 25 stellt den Aussenhandelsgewinn des Inlands dar; das Ausland lassen wir der Einfachheit halber beiseite. S ist der optimale Produktionspunkt bei Autarkie, weil die Indifferenzkurve J_2 die Transformationskurve TT in S berührt. Wird nun der Handel bei einem in der Preislinie P_2 zum Ausdruck kommenden Weltmarktpreisverhältnis der beiden Güter möglich, so verschiebt sich der Produktionspunkt S nach Q. Dies erlaubt, durch Export von Gut x_1 im Ausmass AQ und Import von Gut x_2 im Umfang AC die Indifferenzkurve J_4 in C zu erreichen. Der Aussenhandelsgewinn besteht somit mit Erreichen von J_4 anstelle von J_2. Nehmen wir Immobilität der Produktionsfaktoren an, so dass S weiterhin den Produktionspunkt bildet. Eine Parallelverschiebung des in P_2 zum Ausdruck kommenden Weltmarktpreisverhältnisses der beiden Güter durch S zeigt den Handelsgewinn auf: Er besteht im Erreichen der Indifferenzkurve J_3 statt J_2. Infolgedessen macht die Differenz im Niveau von J_3 und J_4 den Spezialisierungsgewinn aus.

Man könnte versucht sein, neben diese wohlfahrtstheoretisch orientierte Aussenhandelsgewinnanalyse jene Konzeption des Aussenhandelsgewinns zu stellen, die ihn als blosse Vermehrung der verfügbaren nationalen Gütermenge, des Sozialprodukts, versteht (2). Bei näherer Betrachtung erscheint jedoch ein derartiger "Dualismus" im Aussenhandelsgewinnverständnis unhaltbar. Denn jegliche Änderung der verfügabren Güterquantitäten bleibt auf eine bestimmte gesellschaftliche Einkommensverteilung bezogen, die in der Analyse sich als ein Indifferenzkurvensystem manifestierte. Diese lässt sich nicht dadurch überwinden, dass man sie in die Analyse nicht miteinbezieht, obgleich die hohe Stufe der Aggregation dazu verführen mag, die Gesellschaft wie ein Individuum zu behandeln. Die Konzeption des Aussenhandelsgewinns im Sinne einer Vermehrung des Sozialprodukts impliziert die Vernachlässigung der Problematik der Einkommensverteilung und bildet infolgedessen nur eine verkürzte Fassung unserer wohlfahrtstheoretischen Analyse, nicht jedoch eine Alternative. Sobald der Aussenhandelsgewinn zur Debatte steht, die Frage, ob sich der Aussenhandel lohnt, ist nicht mehr ohne impliziten oder expliziten Bezug auf die Einkommensverteilung auszukommen (3). Nur bei der Untersuchung der Effekte des Aussenhandels auf Struktur, Umfang und Richtung der Güterströme kann die Frage der Einkommensverteilung, soweit notwendig, ausgeklammert werden. Doch tritt diese Fragestellung in unserem Zusammenhang zugunsten der Frage nach dem Aussenhandelsgewinn zurück.

Die Kriterien, die von der neuen Wohlfahrtsökonomie für Kompensationszahlungen entwickelt worden sind (4), vermögen am Rekurs auf eine bestimmte Einkommensverteilung nichts zu ändern; denn obwohl sich potentielle Wohlfahrts-

2) J. Lademann, Das Realaustauschverhältnis als Index des Aussenhandelsgewinns, in: Weltwirtschaftliches Archiv, Band 77 (1956 II), S. 258.

3) Clapham, Aussenhandel, 48, stellt dies zwar auch fest; er versucht dann aber trotzdem, den Aussenhandelsgewinn rein empirisch, wertfrei, zu fassen. Dabei behilft er sich zur Bewältigung der Verteilungsproblematik mit der Entwicklung des Sozialprodukts pro Kopf. Doch impliziert auch der so gefasste Aussenhandelsgewinnbegriff eine spezifische soziale Wohlfahrtsfunktion, bzw. ein System gesellschaftlicher Indifferenzkurven.

4) Vgl. Rose, Theorie, 375 ff.

erhöhungen eruieren lassen, kann damit nichts über tatsächliche Wohlfahrtsveränderungen ausgesagt werden, ohne eine bestimmte Einkommensverteilung zugrunde zu legen.

42 Ausbeutung und das Theorem der komparativen Kosten

421 Das Theorem der komparativen Kosten

In einem neueren Lehrbuch der Ökonomie findet sich der Passus: "It has sometimes been held that it is impossible for trade between any two parties to be to the mutual advantage of both. According to this view, one trading partner must always reap his gain at the expense of the other. The principle of comparative costs, which shows that it is possible for both parties to gain from trade, even if one of them is more efficient than the other in all lines of production, completely refutes the exploitation doctrine of trade. Seen in this light, comparative costs is to be viewed as a possibility theorem" (5). Soweit ein allfälliger Aussenhandelsgewinn also auf Kosten des Handelspartners geht, liegt dieser Auffassung gemäss Ausbeutung vor. Das Theorem der komparativen Kosten soll nun eine Möglichkeit aufzeigen, bei der der Aussenhandelsgewinn aus theoretischer Sicht keineswegs auf Ausbeutung zurückgehen muss, wenn er auch im konkreten Fall darauf zurückgehen könnte. Es soll aufzeigen, wie Handel für alle Beteiligten vorteilhaft sein kann. Es wird deshalb das Theorem der komparativen Kosten daraufhin zu prüfen sein, ob es diese ihm zugeschriebene "Arbeit" auch leisten kann. Dieser Ausbeutungsbegriff ist nicht spezifisch auf das Verhältnis der Entwicklungsländer zu den Industriestaaten gemünzt, sondern auf jeglichen Handel anwendbar.

5) Lipsey/Steiner, Economics, Die Hervorhebungen des Originals wurden weggelassen.

Angenommen, Land 1 und Land 2 produzieren beide ein Gut A und ein Gut B. Bereits Smith (6) fand heraus, dass sich bei konstantem Aufwand die Gütermengen beider Länder durch Handel vergrössern lassen, wenn Land 1 bei einem Gut und Land 2 beim anderen Gut einen absoluten Kostenvorsprung innehaben. Diesen Diesen absoluten Kostenunterschieden entsprechend bildet sich in unserem Modellfall bei Handel die internationale Arbeitsteilung heraus.

Nun überdeckt dieser mit absoluten Kostenvorteilen operierende Fall jedoch keineswegs alle denkbaren Kostenkonstellationen bei zwei Ländern. Vielmehr kann ein Land auch befähigt sein, beide Güter billiger zu produzieren als das andere Land. Das auf Torrens und Ricardo zurückgehende Theorem der komparativen Kosten will nun zeigen, dass trotz absoluten Kostenvorteilen des einen Staates in allen Belangen und entsprechenden absoluten Kostennachteilen des anderen Staates Handel vorteilhaft sein wird, solange die absoluten Kostenunterschiede bei den einzelnen Produkten von unterschiedlichem Ausmass sind. Anhand des berühmten Ricardo'schen Beispiels können die komparativen Kostendifferenzen herausgearbeitet werden (7).

England und Portugal produzieren beide Tuch und Wein. In England kostet eine Einheit Tuch 100 Arbeitsstunden, eine Einheit Wein 120 Arbeitsstunden; Portugal produziert in 90 Arbeitsstunden eine Einheit Tuch, in 80 Arbeitsstunden eine Einheit Wein. England weist somit bei beiden Produkten absolute Kostennachteile auf. Der absolute Nachteil ist jedoch bei Wein grösser als bei Tuch, wodurch England bei der Tuchproduktion einen komparativen Vorteil aufweist: denn $\frac{90}{100} > \frac{80}{120}$. Das Theorem der komparativen Kosten besagt also folgendes: "Jedes Land spezialisiert sich auf die Erzeugung jenes Gutes, bei dem es einen komparativen Vorteil besitzt, und tauscht die nicht selbst verbrauchten 'Überschüsse' gegen andere Güter, die es nur mit komparativen Nachteilen erzeugen könnte" (8). Wenn auch Ricardo von seiner Arbeitswerttheorie ausging, ist

6) Vgl. Södersten, Economics, 14 f.

7) Vgl. Ricardo, Grundsätze, S. 119 ff.; Haberler, Handel, 98 f. Anstelle der von Ricardo verwendeten Arbeitskräfteeinheit werden wir in Übereinstimmung mit der Usanz Arbeitsstunden verwenden. Das Argument wird davon nicht beeinflusst.

8) Rose, Theorie, 224.

das Theorem der komparativen Kosten nicht unlösbar mit ihr verbunden; denn entscheidend ist nur, dass eine Skala der komparativen Vorteile und Nachteile erstellt werden kann. Der Massstab der komparativen Unterschiede ist unwesentlich (9). Überlicherweise werden heute anstelle des Arbeitsmengenmassstabes die "opportunity costs" verwendet (10), die eine Integration des Theorems in die allgemeine Gleichgewichtstheorie gestatten. Dadurch wird zugleich von dem einseitig angebotsorientierten Theorem der komparativen Kosten zu einer auch die Nachfrage einbeziehenden Theorie der komparativen Preisvorteile übergegangen. Im folgenden verstehen wir das Theorem der komparativen Kosten immer in letzterem Sinne. Aufgrund des Theorems der komparativen Kosten lässt sich ein Aussenhandelsgewinn bei beiden Handelspartnern behaupten, sofern den komparativen Vorteilen entsprechend spezialisiert wird. In dieser Form widerlegt es tatsächlich die These der Ausbeutung durch Aussenhandel.

422 Annäherung an die Realität und wohlfahrtstheoretische Implikationen

Dem Theorem der komparativen Kosten liegen verschiedene Voraussetzungen zugrunde, die bisher unerwähnt blieben. Die Konsequenzen des Abbaus der Voraussetzungen für den Aussenhandelsgewinn, den die Handelspartner gemäss dem Theorem erzielen sollten, werden nun untersucht. Als erste Voraussetzung ist die Unterstellung der Übereinstimmung von privaten und sozialen Grenzkosten zu erwähnen (11); es werden weder externe Ersparnisse (external economies) noch externe Kosten (external diseconomies) berücksichtigt. Weitere zentrale Voraussetzungen sind zweitens die vollkommene Konkurrenz auf den Faktor- und Produktmärkten, drittens die Annahme substitutiver Güter sowie viertens die statische Betrachtungsweise (12). Fünftens sind bis anhin flexible Faktor-

9) Vgl. D. Lorenz, Dynamische Theorie der internationalen Arbeitsteilung. Ein Beitrag zur Theorie der weltwirtschaftlichen Entwicklung, Berlin 1967, S. 17 (im folgenden zitiert als "Lorenz, Theorie").

10) Diese Umformulierung des Theorems der komparativen Kosten geht auf Haberler zurück. Vgl. Haberler, Handel, 132 ff.

11) Vgl. Rose, Theorie, 216.

12) Vgl. Lorenz, Theorie, 11 f.

und Produktpreise sowie Vollbeschäftigung aller Faktoren vorausgesetzt worden. Infolge dieser einschneidenden Voraussetzungen erfasst das Theorem der komparativen Kosten einen hypothetischen Fall, der in der Realität unauffindbar sein wird. Es kann in dieser Form demnach nicht als Widerlegung einer auf die Realität gemünzten Ausbeutungsthese akzeptiert werden. Durch Aufgeben der fünf Voraussetzungen soll es realen Verhältnissen angenähert werden; je nach den Konsequenzen werden wir der Deutung des Verhältnisses zwischen dem Theorem der komparativen Kosten und der Ausbeutungsthese nach Lipsey/Steiner zustimmen können oder nicht.

a) Erstens wird die Übereinstimmung von privaten und sozialenGrenzkosten und -nutzen nicht länger postuliert (13). Kann nun das Verhältnis der privaten Grenzkosten von dem Verhältnis der sozialen Grenzkosten abweichen, so fallen zwar im Gleichgewicht bei vollkommener Konkurrenz die relativen Güterpreise mit dem Verhältnis der privaten Grenzkosten noch zusammen, nicht mehr jedoch mit dem Verhältnis der sozialen Grenzkosten. Die Konsequenzen dieser Änderung lassen sich am besten diagrammatisch und anhand eines Beispiels erörtern. Nehmen wir an, dass die Tuchfabrikation eine Verschmutzung des Wassers bewirkt, deren Kosten der verursachende Produzent nicht selber trägt. Diese externen Verluste machen die Differenz zwischen den privaten Grenzkosten und den entsprechend höheren sozialen Grenzkosten für Tuch aus.

13) Das folgende basiert auf Rose, Theorie, 381 ff. Wir sprechen von nun an nur noch von Grenzkosten und nicht mehr vom Grenznutzen, da über die Indifferenzkurven das für den Grenznutzen analoge Problem mitberücksichtigt wird und deshalb keiner gesonderten Behandlung bedarf.

Abb. 26: Durch Handel induzierter Wohlfahrtsverlust infolge von externen Verlusten.

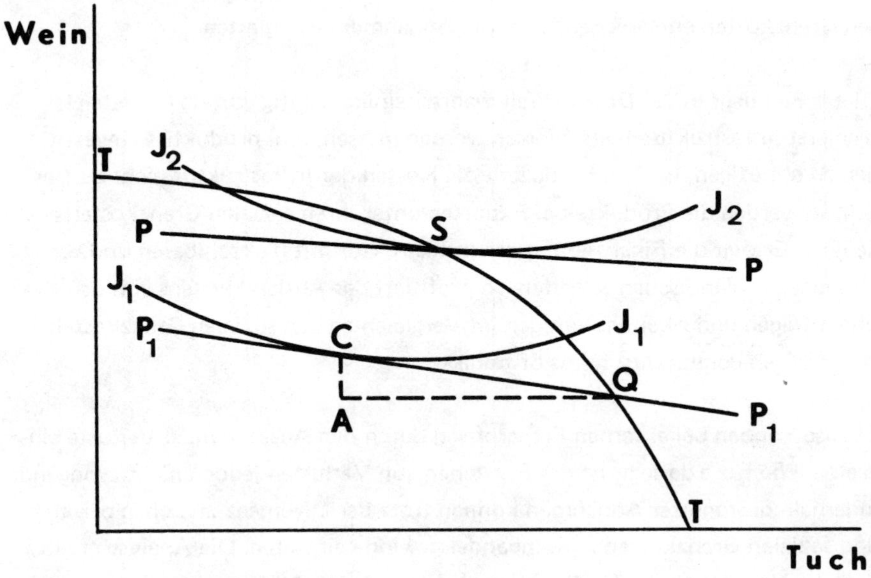

Quelle: Rose, Theorie, 384. Leicht geänderte Darstellung.

Das durch die privaten Grenzkosten bestimmte Preisverhältnis von Wein und Tuch ist geringer als das Verhältnis der sozialen Grenzkosten der beiden Güter, so dass die interne Preislinie PP mit der Tangente zu TT durch S nicht mehr identisch ist, sondern wie in Abb. 26 flacher als die Tangente verläuft. Diese stellt das Verhältnis der sozialen Grenzkosten dar, das die Transformationskurve TT die soziale Grenzrate der Substitution in der Produktion wiedergibt. Die internationalen "commodity terms of trade" sollen durch P_1P_1 dargestellt werden. Wird nun der autarke Zustand, dessen Produktionspunkt und Konsumtionspunkt S ist, aufgegeben und entsprechend den internationalen "commodity terms of trade" Handel getrieben, so verschiebt sich der Produktionspunkt von S nach Q, der Konsumtionspunkt von S nach C. Im neuen Zustand wird im Ausmass von AQ Tuch exportiert und im Ausmass von AC Wein importiert. Während S auf der Indifferenzkurve J_2J_2 lag, befindet sich der neue Konsumtionspunkt C auf der niedrigeren Indifferenzkurve J_1J_1. Der Wohlstand hat sich demnach durch den Handel verringert, weil die Verhältnisse der sozialen und privaten Grenzkosten entsprechend unseren Annahmen divergierten.

Dieser Fall liegt in der Dritten Welt wahrscheinlich häufig vor, da Gebiete vielfach erst infrastrukturell erschlossen werden müssen, um produktive Investitionen zu ermutigen. Hat ein Produzent die Kosten der Infrastruktur nicht zu tragen, so werden die Produkte bei Exporten unter ihren sozialen Grenzkosten ausgeführt. Erfolgt die Finanzierung der Infrastruktur mit rückzahlbaren und verzinslichen ausländischen Krediten, so profitiert das Ausland erstens von den Kapitalerträgen und zweitens von den im Vergleich zu den sozialen Grenzkosten zu niedrigen commodity terms of trade.

Ebenso können bei externen Ersparnissen durch den Aussenhandel Verluste eintreten. Wie Rose darlegt, ist das Entstehen von Verlusten jedoch nicht zwingend; innerhalb bestimmter Annahmen können trotz der Divergenz zwischen privaten und sozialen Grenzkosten Aussenhandelsgewinne eintreten. Die Analyse ergibt, dass der Verlust aus der Reallokation der Produktionsfaktoren herrührt. Je nachdem, ob der Handelsgewinn hinreicht, um den Spezialisierungsverlust zu kompensieren oder gar mehr als wett zu machen, kann insgesamt ein Aussenhandelsgewinn resultieren. Der Verlust rührt auf jeden Fall aus der Spezialisierung in die durch die Existenz externer Ersparnisse oder Verluste induzierte falsche Richtung her, also aus einer vom sozialen Standpunkt aus falschen Reallokation der Produktionsfaktoren.

Die Suspendierung dieser ersten Annahme hat somit ergeben, dass nun der Handel entsprechend dem Theorem der komparativen Kosten nicht mehr eindeutig beurteilt werden kann: Je nach dem Ausmass des Spezialisierungsverlustes und des Handelsgewinnes resultiert insgesamt ein Aussenhandelsgewinn oder -verlust. Als Widerlegung der Ausbeutungsbehauptung wird das Theorem somit eingeschränkt auf jene Fälle, in denen der Handelsgewinn den Spezialisierungsverlust übersteigt. Es genügt nicht, dass das Theorem der komparativen Kosten bezogen auf die relativen privaten Grenzkosten auch bei externen Effekten massgebend ist; denn die Fragestellung geht je nach dem gesamtwirtschaftlichen, sozialen Aussenhandelsgewinn sowie der gesamtwirtschaftlichen Ausbeutung durch den Aussenhandel.

b) Zweitens wird nun die Voraussetzung vollkommener Konkurrenz nicht länger aufrechterhalten. Da die relativen und nicht die absoluten Preise entscheidend sind, würde ein in allen Bereichen gleicher Monopolisierungsgrad an dem Theorem nichts ändern; die vollkommene Konkurrenz mit ihrem Monopolisierungsgrad gleich null ist in dieser Hinsicht ein Spezialfall der allgemeineren Voraussetzung des gleichen Monopolisierungsgrades (14). Bereichsspezifische, unterschiedliche Monopolisierungsgrade führen hingegen zu Verzerrungen – aus der Perspektive des Zustandes bei vollkommener Konkurrenz betrachtet – des Verlaufs der Güterströme sowie der Aussenhandelsgewinne. Beispielsweise eine infolge des sektoral hohen Monopolisierungsgrades ermöglichte Steigerung des Weinpreises in Portugal von 80 auf 120 Arbeitsstunden pro Einheit würde in unserem auf Ricardo basierenden Beispiel eine Umkehr der komparativen Vorteile und dadurch der Güterströme bewirken; denn $\frac{90}{100} < \frac{120}{120}$. Dadurch, dass in verschiedenen Bereichen unterschiedliche Divergenzen zwischen Preis und Grenzkosten vorkommen, entstehen Unterschiede zwischen dem Preisverhältnis und dem Verhältnis der sozialen Grenzkosten. Es werden grundsätzlich jene Überlegungen, die wir bereits bezüglich externer Ersparnisse und Verluste angestellt haben, auch auf die Fälle unterschiedlich unvollkommenen Wettbewerbs anwendbar, allerdings mit einer wichtigen Modifikation. Die Öffnung der Märkte, der Aussenhandel selber, bewirkt tendenziell eine Beschränkung der Marktmacht der am unvollkommenen Wettbewerb beteiligten Parteien. Dadurch werden die infolge der unvollkommenen Konkurrenz entstandenen externen Effekte abgeschwächt. Es ergibt sich folgendes Schaubild, wenn wir weiterhin unser Beispiel aus Abb. 26 zugrunde legen:

14) Vgl. für das Folgende Rose, Theorie, 387 f.

Abb. 27: Aussenhandelsinduzierte Ausweitung des Wettbewerbs kann bei externen Effekten bis zur Überkompensierung von Wohlfahrtsverlusten führen.

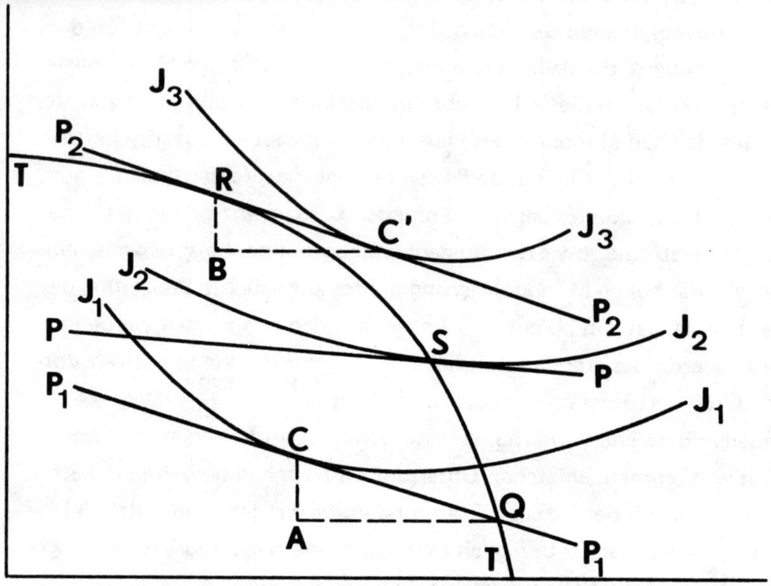

Quelle: Rose, Theorie, 384, 388.

S stellt den ursprünglichen Produktionspunkt auf der Transformationskurve TT dar, weil durch S die interne Preislinie PP verläuft. PP ist nicht tangential zu TT in S und liegt flacher als die Tangente. Die Ursache dafür ist in der Annahme unvollkommener Konkurrenz bei der Weinherstellung zu suchen, welche bewirkt, dass der relative Weinpreis höher ist als das Verhältnis der sozialen Grenzkosten von $\frac{\text{Wein}}{\text{Tuch}}$ und damit eine den externen Verlusten in der Tuchfabrikation analoge Situation vorliegt. Wie wir in Abb. 26 gesehen haben, wird durch den Handel bei den unterstellten externen Verlusten der Produktionspunkt Q und der mit Wohlfahrtsverlusten verbundene Konsumtionspunkt C erreicht. Die Öffnung der Märkte kann nun jedoch im Falle von durch unvollkommenen Wettbewerb verursachten externen Effekten ein gesteigertes Konkurrenzverhalten erzwingen, so dass anstelle des Produktionspunktes Q ein näher bei R liegender Produktionspunkt und ein dementsprechend auf höheren Indifferenzkurven liegender Konsumtionspunkt erreicht wird. In R tangieren die "commodity terms of trade" P_2P_2, parallel zu P_1P_1, die Transformationskurve TT. R wird nur erreicht, sofern anstelle der Anwendung monopolistischer Aktionsparameter nur noch Mengenanpassung vorgenommen wird.

Der Wohlfahrtseffekt durch die Einführung von Marktformen unvollkommener Konkurrenz ist somit genau wie bei der Zulassung externer Effekte nicht eindeutig auszumachen, wenn auch die Wahrscheinlichkeit grösser als bei normalen externen Effekten ist, dass durch den verschärften Wettbewerb die relativen Preise den relativen sozialen Grenzkosten sich annähern und infolgedessen der Handelsgewinn den Spezialisierungsverlust teilweise oder ganz kompensieren bis übertreffen kann. Wiederum ist darauf hinzuweisen, dass vom privatwirtschaftlichen Standpunkt aus das Theorem der komparativen Kosten weiterhin zutrifft, dass für uns hingegen nur die beschriebenen gesamtwirtschaftlichen Konsequenzen von Belang bleiben.

c) Drittens sollen nun die Konsequenzen der Annahme substitutiver Güter analysiert werden. Das Theorem der komparativen Kosten ist nur auf jenen Aussenhandel anwendbar, der im Austausch identischer und in diesem Sinne substitutiver Güter besteht. Jedoch sind die Industriegütermärkte der Gegenwart gerade durch die Bemühungen gekennzeichnet, die Produkte zu individualisieren und damit die Güteridentitäten aufzuheben (15). Die Homogenität der Güter wird durch die Tendenz zur Produktdifferenzierung immer mehr beschränkt. Auch bei engen Substituten lassen sich die Güterdifferenzen nicht mehr auf Kostenunterschiede reduzieren. Das Theorem der komparativen Kosten ist in seiner üblichen Form, die auf der Anwendung der Preistheorie auf den Aussenhandel basiert, nicht auf komplementäre Güter anwendbar. Das Theorem überdeckt deshalb nur einen Teil des gesamten Aussenhandels. Durch eine Reformulierung (16)

15) P. Düesberg, Zur praktischen Bedeutung der reinen Theorie des internationalen Handels, in: Zeitschrift für die gesamte Staatswissenschaft, Band 123, 1967, S. 131.

16) Vgl. Lorenz, Theorie, 27 f.; Auch P. Düesberg, Determinanten der internationalen Güterströme. Der Erklärungswert der Faktor-Proportionen-Theorie für den Handel in der Europäischen Wirtschaftsgemeinschaft, Berlin 1965, S. 94.

des Theorems der komparativen Kosten als allgemeines Theorem der komparativen Vorteile kann neben dem Aussenhandel mit substitutiven auch jener mit komplementären Gütern erfasst werden. Diese erweiterte Konzeption erlaubt, den Kostenvorteilen Qualitätsvorteile und jegliche Vorteile anderer "Dimension" gleichzustellen.

Sind derart zwar alle absoluten und komparativen Differenzen unter einen Hut gebracht worden, so muss man sich jedoch fragen, ob der dafür gezahlte Preis nicht zu hoch ist. Denn der Informationsgehalt des reformulierten und verallgemeinerten Theorems ist durch seine Vereinbarkeit mit allen denkbaren Lagen gleich null, solange kein umfassender, operationeller Vorteilsbegriff besteht, der im Rahmen des Theorems gewisse Sachlagen ausschliesst. Ansonsten bleibt das Theorem der komparativen Vorteile ein nicht falsifizierbarer Satz, mit dem keine ex ante Aussagen möglich sind, der jedoch ex post der Rechtfertigung jeglichen Verlaufs der Handelsströme dienlich ist. In dieser leeren Form kann es nicht als Widerlegung des Ausbeutungsbehauptung durch Handel anerkannt werden. Hingegen würde ein operationeller Vorteilsbegriff, mit dem sich auch der die Behauptung der Ausbeutung aufstellende Kritiker einverstanden erklären kann, trotz der Erweiterung des traditionellen Konzepts der komparativen Kosten eine Überprüfung ermöglichen, inwieweit die Aussenhandelsgewinne des Einen auf Kosten des Anderen gehen.

Es stehen somit folgende drei Alternativen zur Verfügung: Einerseits bleibt die Möglichkeit, das Theorem der komparativen Kosten in seiner traditionellen Form in bezug auf substitutive Güter aufrechtzuerhalten. Der beträchtliche Umfang des Handels in komplementären Gütern wird dabei ignoriert und diesbezüglich die Ausbeutungsthese auch nicht tangiert. Anderseits kann das Theorem der komparativen Kosten als Theorem der komparativen Vorteile neu formuliert werden. Ohne operationellen, anerkannten Vorteilsbegriff könnte es seiner Leerformelartigkeit wegen der Ausbeutungsthese nicht entgegengestellt werden. Nur bei einem neuen, operationellen und akzeptierten Vorteilsbegriff wird die Ausbeutungsbehauptung insoweit widerlegt, als dann eine theoretisch mögliche Konstellation ohne Ausbeutung aufgezeigt ist. Über das Vorliegen von Ausbeutungssachverhalten entscheiden jedoch die empirischen Verhältnisse.

d) Viertens taucht die Frage auf, ob das statische Theorem der komparativen Kosten in einer dynamischen Wirtschaft seine Gültigkeit beibehält, oder ob es nicht über die statische Modellwelt hinausgeht. Das Theorem vergleicht zwei Staaten mit gegebenen Produktionsfaktoren, gegebenen Produktionsfunktionen sowie gegebener Nachfrage. Wenn in beiderseitig autarkem Zustand die Preise differieren, so kann mit Handel und Spezialisierung in der beschriebenen Art und Weise ein Gewinn erzielt werden. Wenn jedoch die gegebenen Grössen selber Veränderungen unterliegen, wie das durch die technologische Entwicklung sowie die Schwankungen in Angebot und Nachfrage der Produktionsfaktoren der Fall ist, so kann im Rahmen des statischen Theorems nichts über die Lokalisierung der komparativen Kostenvorteile während des Entwicklungsprozesses ausgesagt werden (17). So sehr durch den statischen Charakter die Aussagekraft des Theorems der komparativen Kosten begrenzt ist, diese Einschränkung erscheint nicht geeignet, es deswegen nicht als Widerlegung der Ausbeutungsbehauptung gelten zu lassen; denn die Ausbeutungsthese ist selber ebenfalls statischer Natur, da sie sich auf den Aussenhandelsgewinn in gegebenen Situationen bezieht.

e) Fünftens werden nun die Annahmen von flexiblen Faktorpreisen und, eng damit verbunden, der Vollbeschäftigung aller Faktoren aufgegeben (18). Starre Faktorpreise haben bei Änderungen des Preisverhältnisses eine partielle Beschäftigung der Faktoren und dadurch möglicherweise auch eine Verringerung der Wohlfahrt zur Folge, wie sich in Abb. 28 zeigen lässt.

17) Vgl. Södersten, Economics, 201 ff.

18) Vgl. dazu Rose, Theorie, 379 ff. Die Konsequenzen nicht flexibler Produktpreise wurden bereits im Rahmen der unvollkommenen Konkurrenz mit der Möglichkeit der Preis- neben der Mengenanpassung implizite erfasst und werden hier nicht mehr diskutiert.

Abb. 28: Aussenhandelsinduzierter Wohlfahrtsverlust infolge starrer Faktorpreise

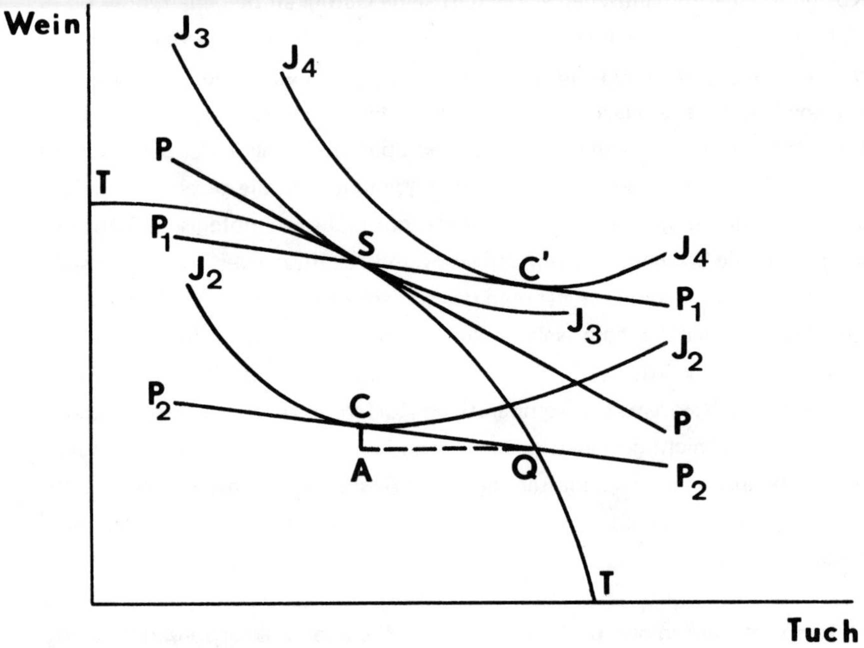

Quelle: Rose, Theorie, 380. Geänderte Darstellung.

Wir nehmen eine Änderung der internen Preislinie PP zu P_1P_1 an, also eine Verringerung des relativen Tuchpreises. Die Konsequenz starrer Faktorpreise wird nun eine Einschränkung der Tuchproduktion sein, die nur ungenügend durch Weinherstellung kompensiert werden kann. Man erreicht den neuen Produktionspunkt Q. Der Einfachheit halber unterstellen wir Gleichgewicht der internationalen "commodity terms of trade" mit der neuen Preislinie P_2P_2, so dass durch den Aussenhandel der Wohlstand vom durch Unterbeschäftigung erreichten Konsumtionspunkt Q auf den Konsumtionspunkt C gesteigert werden kann. Doch liegt auch C noch auf einer niedrigeren Indifferenzkurve als der ursprüngliche Konsumtionspunkt S oder gar der Konsumtionspunkt C', der bei flexiblen Faktorpreisen und Aussenhandel unter den geänderten Bedingungen von P_1P_1 erreichbar wäre. Der Wohlstand hat sich demnach infolge starrer Faktorpreise und dadurch verursachter Unterbeschäftigung verringert. Es sind jedoch auch Fälle denkbar, in denen infolge des günstigen Preisverhältnisses die durch die Produktionseinschränkung entstandenen Spezialisierungsverluste durch den Handelsgewinn überkompensiert werden können, ganz analog zu den Konstellationen bei externen Effekten und unvollkommener Konkurrenz. Die Konsequenzen starrer Faktorpreise auf den Wohlstand hangen also von den Ausmassen der Verluste infolge falscher Spezialisierung und den Handelsgewinnen ab.

Ziehen wir Bilanz. Die Annäherung an die Wirklichkeit hat ergeben, dass in den Fällen externer Effekte, unvollkommener Konkurrenz und starrer Faktorpreise der Aussenhandel sehr wohl mit Wohlstandsverlusten verbunden sein kann, dass zudem das Theorem der komparativen Kosten nur durch eine Ausweitung auf operationell definierte komparative Vorteile nicht auf die beschränkte Klasse substitutiver Güter eingegrenzt bleiben muss. Nur die Voraussetzung der Statik erwies sich für unser Problem als irrelevant. Ein Blick auf die Realität zeigt das häufige Vorkommen dieser zuerst durch Annahmen ausgeschalteten Phänomene: Externe Effekte sind durch die Einsicht in die Umweltzerstörung für jedermann manifest geworden; Marktformen unvollkommenen Wettbewerbs sind eher die Regel statt die Ausnahme; die Bedeutung komplementärer Güter nimmt tendenziell eher zu; innerhalb der Faktorpreise sind zumindest die Löhne seit Jahrzehnten nach unten starr. Dementsprechend kann das Theorem der komparativen Kosten als Gegenthese zur Ausbeutung nur in jener sehr beschränkten Zahl von Fällen verwandt werden, welche nach Suspendierung der Voraussetzungen noch einen Aussenhandelsgewinn zulassen, der nicht auf den Verlusten der Partner basiert. In allen anderen Fällen jedoch ist wenigstens beim einen Handelspartner gar kein Aussenhandelsgewinn vorhanden, der die Vorteilhaftigkeit des Handels für beide Seiten bezeugen könnte. Wenn auch zwar immer noch zuzugestehen ist, dass Aussenhandel unter ganz bestimmten Umständen die Wohlfahrt beider an einem Geschäft beteiligten Staaten zu erhöhen in der Lage ist, so erscheinen diese Umstände doch so spezifisch, dass erstens auf theoretischer Stufe die beiderseitige Vorteilhaftigkeit nur eine stark eingegrenzte Möglichkeit darstellt, die Ausbeutungsthese damit keineswegs generell abgetan werden kann, und zweitens eine Anwendung zum Nachweis der Vorteilhaftigkeit in einem konkreten Fall kaum möglich erscheint. Das Resultat unserer immanenten Kritik an Lipsey/Steiners Ausbeutungskritik scheint der Ausbeutungsthese einigen Sukkurs zu verleihen.

423 Aussenhandelsgewinn und Ausbeutungsthese

Die in Frage stehende "exploitation doctrine of trade" ist offensichtlich ein normatives Konzept, wie die damit in Zusammenhang stehenden Wendungen "mutual advantage" und "reap his gain" aufdecken. Auch diese Ausbeutungsthese steht somit auf ethischer Ebene, die Lipsey/Steiner mit dem Wissenschaftlichkeit beanspruchenden Theorem der komparativen Kosten zu widerlegen versuchen. Auch in der Aussenhandelstheorie kann ein durch Wertungen ergänztes Konzept nicht mit Aussagen gestützt oder bekämpft werden, die einem Aussagensystem entstammen, in das keine Werturteile Eingang gefunden haben. Die Argumentation gegen die Ausbeutungsthese wird erst dadurch möglich, dass das Theorem der komparativen Kosten im gesamtwirtschaftlichen Sinne selber neben informativen Hypothesen normative Elemente enthält. Dementsprechend wird in zahlreichen Schriften zur reinen Aussenwirtschaftstheorie zwischen der positiven und der normativen Fragestellung unterschieden (19).

Im Interesse ihrer Scheidung wollen wir nun versuchen, den Standort der Werturteile in der geschilderten Lehre vom Aussenhandelsgewinn zu lokalisieren. Wir haben bis anhin die Aussenhandel treibenden Staaten genau gleich wie zwei Individuen behandelt, die Tauschhandel treiben, um durch den Tausch eine Indifferenzkurve mit einem höheren Nutzenindex zu erreichen. Wenn auch die Analogie in mancherlei Hinsicht fruchtbar sein mag, sie hat dazu verführt, Kollektive wie Individuen zu behandeln und die die Einkommensverteilung betreffenden Implikationen zu übersehen (20). Eine Beschäftigung mit dem Aussenhandelsgewinn kann nicht von der Verteilungsproblematik absehen (21). Der Aussenhandel beeinflusst über die Faktorpreise die relativen Einkommen, wodurch letztlich jegliche werturteilsfreie Analyse der Wohlfahrtseffekte von Aussenhandelsgewinnen verunmöglicht wird, ausser man nimmt den Standpunkt ein, dass

19) Vgl. Södersten, Economics, 4 f.; Rose, Theorie, 217 f. Obgleich Lipsey/Steiner grundsätzlich zwischen normativen und positiven Problemen differenzieren, vermengen sie bei den Aussenhandelsgewinnen die beiden Fragestellungen.

20) In dieser Gleichbehandlung von Individuen und Kollektiven liegt der entscheidende Fehler von Lipsey/Steiner, der die Erschleichung von normativen Urteilen ermöglichte. Vgl. Lipsey/Steiner, Economics, 452.

21) Vgl. Clapham, Aussenhandel, 48.

intersubjektive Nutzenvergleiche möglich sind (22). Die Versuche zur Messung des kardinalen Nutzens sind jedoch als gescheitert zu betrachten. Es ist darauf hinzuweisen, dass die Konstruktion gesellschaftlicher Indifferenzkurven die Annahme ordinaler Nutzenvergleiche impliziert. Will man die Möglichkeit ordinaler Nutzenvergleiche nicht zugestehen, so entfällt unseres Erachtens die Möglichkeit von Wohlfahrtsaussagen auch bei gegebener Einkommensverteilung. Die bisherigen Aussagen über Wohlstandseffekte des Aussenhandels waren uns deshalb möglich, weil der Ausgangspunkt immer ein gegebenes System gesellschaftlicher Indifferenzkurven und damit eine gegebene Einkommensverteilung bildete. Eine Einkommensumverteilung, die durch den Aussenhandel bewirkt wird, hat neue relative Befriedigungsniveaus der Individuen zur Folge. Der gesellschaftliche Wohlstand, den eine bestimmte Güterkombination beinhaltet, ist somit unbestimmt, da durch den sie darstellenden Punkt im Diagramm mehrere, divergierende Einkommensverteilungen repräsentierende Indifferenzkurven laufen. Nur in jenem Fall geht nur eine Indifferenzkurve durch jeden Punkt des Diagramms, in dem man sich für eine bestimmte Einkommensverteilung entschieden hat. Wohlfahrtseffekte sind deshalb nur unter Zugrundelegen eines entsprechenden Werturteils bestimmbar (23). Stellen nun Lipsey/Steiner der Ausbeutungsthese die These der beidseitigen Steigerung der Wohlfahrt entsprechend dem Theorem der komparativen Kosten innerhalb seines Anwendungsbereichs entgegen, so "widerlegen" sie eine Wertung mit einer anderer Wertung. Es liegt ein mit wissenschaftlichen Methoden unschlichtbarer Gegensatz vor, der die Problematik verborgen wertender Wissenschaft bestens illustriert.

Das Theorem der komparativen Kosten, dessen Relevanz für die positive Aussenhandelstheorie im Sinne der Bestimmung der Richtung, des Umfangs und der Struktur der Güterströme hier nicht diskutiert wurde, sagt nichts darüber aus, welches Austauschverhältnis sich ergeben wird, sondern zeigt sogar im

22) Vgl. Rose, Theorie, 304.

23) Rose, Theorie, weist darauf hin, dass auch das Pareto-Optimum ein Werturteil impliziert; denn infolge neuer Einkommensunterschiede, wenn alle gleichviel ihr eigen nennen, ausser mindestens einem, der mehr als zuvor besitzt, ist der Wohlfahrtseffekt nicht eindeutig. Zudem ist das Pareto-Optimum von rein akademischem Interesse.

Rahmen der wohlfahrtstheoretisch orientierten Aussenhandelstheorie nur Grenzen auf: Unter der Annahme konstanter opportunity costs werden Wein und Tuch zwischen 9/8 und 10/12 Einheiten portugiesischen Weins für eine Einheit englischen Tuchs getauscht, da sich der Handel bei gegebener Einkommensverteilung nur innerhalb dieser Grenzen für die beiden Staaten lohnt. Im Rahmen der positiven Theorie lassen sich aus dem Theorem der komparativen Kosten jedoch keine derartigen Grenzen eruieren. Zudem ermangelt das statistische Theorem der komparativen Kosten der Relevanz für die Entwicklungsprobleme der Dritten Welt (24). Zur Erklärung des Verlaufs der Realaustauschverhältnisse kann infolgedessen das Theorem der komparativen Kosten keinen Beitrag leisten. Die tatsächlich sich ergebenden internationalen Austauschraten werden Realaustauschverhältnisse, genauer "commodity terms of trade" genannt. Ihre Entwicklung zwischen den Industriestaaten und den Entwicklungsländern, angeblich zuungunsten der letzteren, wurde zur Grundlage einer weiteren Ausbeutungsthese gemacht, die infolge der dynamischen Aspekte des Problems von der bisher erörterten, auf statische Bedingungen beschränkten Ausbeutungsthese unabhängig ist.

Es sei jedoch darauf hingewiesen, dass neben dieser für die Entwicklungsländer Nachteile prognostizierenden These eine auf Torrens und Ricardo zurückreichende, eine gegenteilige Entwicklung voraussagende These besteht, die von Keynes, Clark, E.A.G. Robinson, Lewis und Kahn vertreten wurde (25). Gestützt auf das Gesetz der abnehmenden Erträge in der Primärproduktion wurde eine für die Industriestaaten ungünstige Entwicklung der Realaustauschverhältnisse zwischen Primärprodukten und Fertigwaren behauptet. Mangels Relevanz für unsere Themastellung verfolgen wir die Thesen dieser "englischen Schule" nicht weiter, sondern wenden uns der Behauptung einer für die Entwicklungsländer nachteiligen Entwicklung der Realaustauschverhältnisse zu.

24) Dies betont insbesondere B. Södersten, A Study of Economic Growth and International Trade, Stockholm 1964, S. 160 f. (im folgenden zitiert als "Södersten, Study"); ferner Södersten, Economics, 201 ff.

25) Für die Übersicht über die "englische Schule" vgl. Södersten, Study, 150 ff. Er zeigt, dass die Keynes'sche Version, nach der aus dem Bevölkerungswachstum industrieller Länder fallende Realaustauschverhältnisse zugunsten der Rohstoffländer resultieren sollen, aufgrund seines Modells gerade in ihr Gegenteil umschlägt.

43 Ausbeutung durch fallende Realaustauschverhältnisse?

431 Der Begriff der Realaustauschverhältnisse und der Terms of Trade

Der Begriff der internationalen Realaustauschverhältnisse bezeichnet die quantitativen Proportionen, zu welchen Exportgüter und Importgüter getauscht werden. Im folgenden lassen wir die Spezifizierung als "internationale" Realaustauschverhältnisse der Einfachheit halber weg, obwohl immer zwischenstaatliche Beziehungen anvisiert werden. Der Begriff der Realaustauschverhältnisse ist ein Begriff der theoretischen Sprache, der durch die Konstruktion verschiedener Indizes operationalisiert werden kann. Diese Indizes nennen wir Terms of Trade (26). Mit dem Begriff der Realaustauschverhältnisse wird die Frage der Verteilung des Aussenhandelsgewinnes zwischen den Handel treibenden Staaten anvisiert. Diesem Problem entsprechend wurden verschiedene Indizes konstruiert, die nun als verschiedene Terms of Trade-Konzeptionen nebeneinander figurieren. Für eine umfassende Diskussion sei auf die Literatur hingewiesen (27). Es sollen hier nur die Grundzüge erwähnt werden.

Die gebräuchlichste Operationalisierung der Realaustauschverhältnisse bilden die "commodity terms of trade" oder "net barter terms of trade" $\frac{\text{Exportpreisindex}}{\text{Importpreisindex}}$, symbolisiert mit $\frac{Px}{Pm}$. Weil sie jedoch nur unter der Voraussetzung einer ausgeglichenen Handelsbilanz die quantitativen Veränderungen der Exporte und Importe widerspiegeln, wurde der Index der "gross barter terms of trade" $\frac{\text{Importvolumenindex}}{\text{Exportvolumenindex}}$, symbolisiert mit $\frac{Qm}{Qx}$, entwickelt. Die Aussenhandelswerte werden preisbereinigt, so dass die physischen Volumina vergleichbar sind. Beide Indizes stellen jedoch nicht sowohl Preisentwicklung wie auch Volumenänderungen in Rechnung, so dass mit den "income terms of trade",

26) Die Idee der Differenzierung zwischen Realaustauschverhältnissen und Terms of Trade entnehmen wir H. Sieber, Die realen Austauschverhältnisse zwischen Entwicklungsländern und Industriestaaten. Eine Verifizierung der These Prebischs, Diss. St. Gallen, Tübingen/Zürich 1968, S. 25 (im folgenden zitiert als "Sieber, Austauschverhältnisse").

27) Vgl. Sieber, Austauschverhältnisse, 14 ff.; F. Haselbeck, Die Terms of Trade zwischen Rohstoffländern und Industrieländern Diss. Zürich 1970, S. 2 ff. (im folgenden zitiert als "Haselbeck, Terms"); Kindleberger, Economics, 73 ff. Die folgenden Ausführungen basieren auf diesen Untersuchungen.

$\frac{Px}{Pm}$ Qx, ein Versuch einer Kombination der net barter terms of trade mit den gross barter terms of trade vorgenommen wurde, um eine zweckmässigere Operationalisierung zu erhalten. Das Exportvolumen multipliziert mit den commodity terms of trade entspricht gleichzeitig der Importkapazität eines Landes. Aber als analytisches Instrument der Verteilung des Aussenhandelsgewinnes ist auch dieser Index problematisch, da zum Beispiel bei einem Steigen von $\frac{Px}{Pm}$ um einen gewissen Prozentsatz und einem Fallen von Qx um denselben Prozentsatz ceteris paribus der Index der income terms of trade diese wesentlichen Änderungen nicht wiedergibt (28).

Alle drei bisher erwähnten Indizes berücksichtigen infolge ihres Rekurses auf die Export- und Importpreise die Produktivitätsentwicklung in der Exportgüterproduktion nur insoweit, als sie sich in den Preisen niederschlägt. Um die gesamten Veränderungen im Aufwand pro Exportguteinheit zu erfassen, erfand man den Index der "single factoral terms of trade", symbolisiert mit $\frac{Px}{Pm}$ Zx. Zx steht für die Produktivität im Exportsektor. Mit den "double factoral terms of of trade", $\frac{Px}{Pm} \cdot \frac{Zx}{Zm}$, wird nicht nur der Produktivitätsentwicklung im eigenen Exportsektor Rechnung getragen, sondern auch noch die Produktivitätsentwicklung der ausländischen Faktoren, soweit sie die Importe im eigenen Land betrifft, miteinbezogen. Während die single factoral terms of trade die physische Menge der Importgüter, die ein Land für die Kosten einer Produktionsfaktoreneinheit in der Exportgüterproduktion erhält, bestimmen helfen, gestatten die double factoral terms of trade zu eruieren, wieviele ausländische Produktionsfaktoreneinheiten in der dortigen Exportgüterproduktion ein Land im Austausch gegen eine Produktionsfaktoreneinheit in der eigenen Exportgüterproduktion erhält. Im früher angeführten Beispiel Ricardos fallen die commodity terms of trade mit den single – und double factoral terms of trade zusammen. Durch die beiden faktoriellen Indizes werden Einflüsse monetärer Art zugunsten der Eruierung der realen Kosten der Exportgüter ausgeschaltet. Doch hapert es bei beiden Indizes mit ihrer empirischen Verwendbarkeit, da die Abgrenzung der Produktionsfaktoren und ihr Preisindex zahlreiche Probleme aufwerfen. Zudem

28) Vgl. G. Haberler, Das reale internationale Austauschverhältnis (Terms of Trade) und die wirtschaftliche Entwicklung, in: Zeitschrift für Nationalökonomie, Band 18, 1958, S. 260 f. (im folgenden zitiert als "Haberler, Austauschverhältnis").

ist bei beiden das Volumen des Handels nicht mitberücksichtigt.

Bevor wir auf Thesen der Verschlechterung der Realaustauschverhältnisse zuungunsten der Entwicklungsländer eintreten und die theoretischen Erklärungsversuche betrachten, sollen zuerst die Ergebnisse empirischer Studien über den Verlauf der Realaustauschverhältnisse zur Sprache kommen. Dieser Abschnitt bildet nicht einen zwingenden Bestandteil unserer theoretisch orientierten Untersuchung, sondern soll der Illustration der theoretischen Erörterungen dienen.

432 Entwicklungstendenzen der Realaustauschverhältnisse

Eine Übersicht über empirische Untersuchungen bis 1960, die die Realaustauschverhältnisse betreffen, findet sich bei Morgan (29), der zusätzlich auch eigene Berechnungen anstellt. Im folgenden wird hauptsächlich auf die Ergebnisse der Studien von Prebisch, Kindleberger, Morgan und Sieber kurz eingegangen. Die Autoren benutzen meistens den Index der commodity terms of trade.

Prebisch (30) berechnete die englischen commodity terms of trade von 1876/80 bis 1946/47, die er als repräsentativ für den gegenwärtigen Handel zwischen den Industriestaaten und den Entwicklungsländern bezeichnet, weil England vorwiegend Primärprodukte importierte und Fertigwaren exportierte. Von der mit 100 gleichgesetzten Basisperiode 1876/80 ausgehend, ergab sich eine Verschlechterung des Index auf 68,7 in den Jahren 1946/47 zulasten von Englands Handelspartnern. Von 1950 bis 1961 fielen die commodity terms of trade der Entwicklungsländer gegenüber den Industriestaaten – nicht mehr allein England –

29) T. Morgan, Trends in Terms of Trade, and Their Repercussions on Primary Producers, in: R. Harrod (Hrsg.), International Trade Theory in a Developing World, London/New York 1964, S. 56 f., 68 ff. (im folgenden zitiert als "Morgan, Trends"). G. Haberler, Marxian Economics in Retrospect and Prospect, in: Zeitschrift für Nationalökonomie, Band 26, 1966, S. 77 ff. weist auf weitere empirische Untersuchungen hin, die die These einer Verschlechterung der Realaustauschverhältnisse zulassten der Entwicklungsländer nicht bestätigen.

30) Wir stützen unsere Angaben auf die Zusammenfassung bei Sieber, Austauschverhältnisse, 4 f.

um weitere 16 %, wobei die Rohstoffpreise, ohne Erdöl, im Vergleich zu den Fertigwaren sogar um 26 % zurückgingen.

Kindleberger (31 benutzt für seine die europäischen Realaustauschverhältnisse analysierende Studie neben den commodity terms of trade auch die Indizes der gross barter terms of trade, income terms of trade und double factoral terms of trade. Die das Verhältnis zwischen Entwicklungsländern und Industriestaaten betreffenden Ergebnisse legen allgemein eine Begünstigung der Realaustauschverhältnisse entwickelter Länder nahe, nicht hingegen eine säkulare Entwicklung der Realaustauschverhältnisse zuungunsten der Primärprodukte und zugunsten von Fertigwaren. Kindleberger weist bei den commodity terms of trade der europäischen Industriestaaten gegenüber der Dritten Welt ein Ansteigen des Index von 123 im Jahre 1872 auf 155 im Jahre 1952, bei den double factoral terms of trade von 120 im Jahre 1872 auf 210 im Jahre 1952 nach (32). Obgleich also Kindleberger einerseits den Verlauf der Realaustauschverhältnisse zulasten der Entwicklungsländer bestätigt, gelangt er anderseits zu anderen Schlüssen als Prebisch, was das Verhältnis von Primärprodukten und Fertigwaren betrifft. Die Preisentwicklung dieser beiden Warengruppen hatte für Prebisch eine Stütze seiner Erklärung des Verlaufs der Realaustauschverhältnisse gebildet, indem er die Entwicklung der Realaustauschverhältnisse dieser beiden Warengruppen als nachteilig für die Primärprodukte ansah.

Morgan (33) zeigt in den commodity terms of trade seit dem Jahr 1953, das als Basisjahr gleich 100 gesetzt wird, für eine ausgewählte Anzahl von Entwicklungsländern einen Rückgang auf 89 bis 1960 auf, während die commodity terms of trade einer ausgewählten Zahl entwickelter Länder mehr oder weniger stagnierten und sich für 1960 ein Indexwert von 101 ergab. Doch eine andere Länderselektion und eine Verlegung der Basisperiode in das Jahr 1937 (= 100) führt zu einem völlig veränderten Ergebnis. Die commodity terms of trade der entwickelten Staaten blieben mit einem Indexwert von 102 im Jahre 1960 wiederum

31) Kindleberger, Terms, 6, 305 ff.

32) Kindleberger, Terms, 234, 240.

33) Morgan, Trends, 59, 65, 95.

mehr oder weniger konstant. Die commodity terms of trade der Entwicklungsländer stiegen jedoch unter starken Schwankungen bis 1960 auf 119. Die Problematik der Selektion der Staaten und der Wahl des Basisjahres wird durch diese zwiespältigen Resultate bestens illustriert. Der Verlauf der income terms of trade, die Morgan ebenfalls berechnete, bietet nochmals ein vollständig anderes Bild. Aus der Selektion der entwickelten Staaten werden vorgängig diejenigen Länder als dritte Gruppe ausgegliedert, deren Export von agrarischen Erzeugnissen 60 % der gesamten Exporte übersteigt (34). Auf der Basis von 1937 gleich 100 steigen die income terms of trade der entwickelten agrarischen Länder auf 165, der unterentwickelten Länder auf 179 und der entwickelten industriellen Nationen auf 236. Diese Zahlen erhellen den Krebsgang der unterentwickelten Länder in bezug auf ihre Importkapazitäten im Vergleich zu den industrialisierten entwickelten Ländern, der allerdings von den entwickelten Agrarstaaten noch übertroffen wird.

Wilson, Sinha und Castree (35) haben die Income terms of trade für die Periode 1950 bis 1965 je einer Gruppe entwickelter und unterentwickelter Länder berechnet. Für den Durchschnitt der Entwicklungsländer ergab sich eine deutlich geringere Zuwachsrate im Vergleich zum Durchschnitt der entwickelten Staaten, eine Differenz, die sich bei der Berechnung der income terms of trade pro Kopf der Bevölkerung noch steigert. Der Koreaboom in den Warenpreisen im Jahre 1950 darf allerdings nicht ausser Acht gelassen werden.

Sieber (36) unterwirft die commodity terms of trade einzelner Rohwaren, nämlich von Kaffee, Tee, Baumwolle, Kakao, Kautschuk, Zinn und Zucker einer Analyse zwischen der Zeit vor dem ersten Weltkrieg und 1959. Ein säkularer Zerfall der commodity terms of trade war nur für Zucker und Rohkautschuk nachweisbar; bei den übrigen untersuchten Gütern herrschte verhältnissmässige Stabilität oder unter heftigen Schwankungen per Saldo ein Anstieg vor. Zu-

34) Es sind dies Australien, Neuseeland und Dänemark.

35) T. Wilson/R.P. Sinha/J.R. Castree, The Income Terms of Trade of Developed and Developing Countries, in: The Economic Journal, 1969, S. 813 ff.

36) Sieber, Austauschverhältnisse, 81 ff.

sätzlich berechnete Sieber noch die externe reale Kaufkraft der Exporte dieser Güter für die jeweiligen Hauptexportstaaten. Dieser Index kommt den income terms of trade nahe, bleibt jedoch auf den Exportwert des betreffenden Gutes beschränkt. Bei der bolivianischen Zinnausfuhr ist die externe reale Kaufkraft gefallen, bei Aegyptens Baumwollexporten hat sie stagniert, während bei den übrigen untersuchten Fällen Steigerungen unterschiedlichen Grades festzustellen waren. Die Resultate von Siebers Untersuchung der externen realen Kaufkraft widersprechen in ihrer Tendenz Morgans Ergebnissen bezüglich der income terms of trade.

Wie bei der Entwicklung der Lohnquote sind somit bereits die Fakten äusserst kontrovers. Die Diskussion um die Realaustauschverhältnisse und eine allenfalls damit verbundene Ausbeutung der Entwicklungsländer dreht sich nicht nur um die Interpretation empirischer Tatbestände, sondern man ist sich auch über das zu Erklärende nicht einige. Infolge des letztlich unlösbaren Indexproblems dürfte es unmöglich sein, je volle Übereinstimmung zu erzielen. Zudem werden die Untersuchungsergebnisse durch zahlreiche Imponderabilien beeinträchtigt. Unsere Untersuchung verfolgt aber einen theoretischen Zweck und wird deshalb von der Problematik dieser Fakten nicht direkt berührt. Wir werden im folgenden einfach eine Verlaufstendenz der Realaustauschverhältnisse zu Lasten der Entwicklungsländer unterstellen und den Zusammenhang dieser Annahme mit Ausbeutung in den zwei Schritten diskutieren: Wie werden säkular fallende Realaustauschverhältnisse zu erklären versucht? Inwiefern sind die Realaustauschverhältnisse für die Frage der Ausbeutung überhaupt relevant? Dieser zweite Schritt berührt wieder die Grenzbereiche zwischen positiver und normativer Theorie, während der erste Schritt nur die positive Theorie betrifft.

433 Erklärungsversuche fallender Realaustauschverhältnisse

Unseres Erachtens lassen sich fünf grundsätzliche Argumente unterscheiden, die zu einer säkularen Verschlechterung der Realaustauschverhältnisse der Entwicklungsländer herangezogen wurden (37).

a) Zwischen den Elastizitäten der Nachfrage nach Primärprodukten und industriellen Fertigwaren besteht eine Disparität in dem Sinne, dass in den Industriestaaten die Nachfrage nach Primärgütern unelastisch ist, während in den Entwicklungsländern die Einkommenselastizität der Nachfrage nach industriellen Fertigwaren einen hohen Wert aufweist (38). Die geringe Elastizität der Primärproduktnachfrage wird bei den Nahrungsmittel auf das Engel'sche Gesetz zurückgeführt, das den auf Nahrungsmitteln entfallenden Ausgabenanteil als eine abnehmende Funktion bei Einkommenswachstum beschreibt (39). Die Nichtnahrungsmittel unter den Primärprodukten, vor allem die mineralischen und energieliefernden Rohstoffe treffen auf eine unelastische Nachfrage, weil der technische Fortschritt tendenziell den Rohstoffgehaltsanteil im Fertigprodukt reduziert und zugleich Rohstoffe durch Synthetika substituiert werden. Zudem verringert sich der Anteil der Industrien, die rohwarenintensive Produkte herstellen; auch die Expansion des tertiären Sektors beeinflusst die Rohwarennachfrage relativ zur Entwicklung des Sozialprodukts einschränkend.

Die Rohstoffproduzenten profitieren infolgedessen nur unterproportional von der einkommensinduzierten, erhöhten Nachfrage nach Fertigwaren. Eine stagnierende oder langfristig nur leicht steigende Nachfrage führt bei expandieren-

37) Ein sechstes Argument, das ungünstige Auswirkungen des Konjunkturverlaufs in den Industriestaaten aufgrund einer einkommenselastischen, aber preisunelastischen Rohwarennachfrage behauptet, wird im folgenden nicht erörtert, da die ohnehin schon komplexen Konjunkturschwankungen in der Nachkriegszeit zugunsten des wirtschaftlichen Wachstums zum Teil ihre Bedeutung und vor allem eine gewisse Regelmässigkeit eingebüsst haben. Infolgedessen könnte nur eine eingehendere Untersuchung die Berechtigung dieses Arguments feststellen. Zu diesem sechsten Erklärungsversuch vgl. W. Guth, Der Kapitalexport in unterentwickelte Länder, Basel 1957, S. 115 (im folgenden zitiert als "Guth, Kapitalexport").

38) Vgl. Sieber, Austauschverhältnisse, 5. Wir folgen für diesen ersten Erklärungsversuch Sieber, Austauschverhältnisse, 2 ff., der die Thesen Prebischs zusammenfasst, und R. Nurkse, Patterns of Trade and Development, Stockholm 1959, S. 23 f., zitiert nach Södersten, Economics, 133 f.

39) Vgl. Haberler, Austauschverhältnis, 266.

dem Angebot der Primärprodukte durch das wirtschaftliche Wachstum der Entwicklungsländer über fallende Preise der Primärprodukte zu sich verschlechternden Realaustauschverhältnissen vom Standpunkt der Dritten Welt. Infolge protektionistischer Tendenzen in den Industriestaaten, insoweit als eigene Primärgüter produziert werden, wird die Verschlechterungstendenz noch akzentuiert. Insbesondere wird damit das Überschreiten der mit den Einkommenselastizitäten gegebenen globalen Grenzen der Nachfragezuwächse durch eine erfolgreiche Preiskonkurrenz verunmöglicht. Dieser erste Erklärungsversuch nimmt die Nachfrageentwicklung zu ihrem Ausgangspunkt.

Sieber versucht in seiner Studie diesen pauschalen Erklärungsversuch durch eine differenzierende Untersuchung der Realaustauschverhältnisse einzelner Primärprodukte zu widerlegen. Doch scheint uns das Engel'sche Gesetz – wir beschränken uns vorläufig auf die Diskussion der Nachfrage nach Nahrungsmitteln – nicht aufgrund der Entwicklung in einzelnen Partialmärkten überprüfbar. Es ist selbstverständlich, dass die Konsumgewohnheiten bei allen Nahrungsmitteln langfristig variabel sind. Doch lässt eine Ausdehnung einzelner Nahrungsmittelmärkte keineswegs eine Verallgemeinerung zu: Ist das Engel'sche Gesetz korrekt, so wird vielmehr eine entsprechende Schrumpfung der Nachfrage auf anderen Nahrungsmittelmärkten die Steigerung auf den ersten Märkten kompensieren. Prebischs These der Nachfrageentwicklung nach Nahrungsmitteln aus den Entwicklungsländern entsprechend dem Engel'schen Gesetz betrifft das Verhältnis der Entwicklungsländer insgesamt zu den Industriestaaten insgesamt. Jegliche Partialbetrachtung kann deshalb für Prebischs These keinen Basissatz liefern und ist deshalb diesbezüglich irrelevant. Die These scheint uns nur auf zwei Arten widerlegbar. Einerseits könnte sich das Engel'sche Gesetz als empirisch falsch erweisen. Anderseits – und dies scheint uns der gangbarere Weg – wird ja nur ein Teil der Nahrungsmittelausgaben für Nahrungsmittel aus den Entwicklungsländern ausgegeben, wodurch der Nachweis denkbar ist, dass die aus den Entwicklungsländern bezogenen Nahrungsmittel eine hohe Einkommenselastizität der Nachfrage aufweisen, die durch eine niedrige Einkommenselastizität der Nachfrage nach Nahrungsmitteln aus den Industriestaaten selber kompensiert wird. Dabei wäre zu berücksichtigen, dass ein immer geringerer Teil den Nahrungsmittelproduzenten selbst zufällt, eine wachsende Quote dagegen den Verarbeitern und Händlern. Unseres Wissens fehlt eine derartige Untersuchung, so dass Prebischs These bezüglich Nahrungsmitteln nicht als falsifiziert verworfen werden kann.

Was die industriellen Rohstoffe betrifft, so ist die pauschale These einer inelastischen Nachfrage wesentlich fragwürdiger. Die Verallgemeinerung kann sich auf keine empirisch so fundierte Hypothese, wie das Engel'sche Gesetz für die Nahrungsmittel es war, stützen. Der technische Fortschritt könnte über die Dynamik in der Produktentwicklung die Nachfrage nach Rohstoffen erst stimulieren, so dass sich daraus eine Kompensation der von Prebisch angeführten Tendenzen ergäbe. Trendextrapolationen lassen zudem bei unrevidierten wirtschaftspolitischen Zielsetzungen für die Zukunft eine globale Verknappung der Rohstoffe erwarten. Über die resultierende Verteuerung würde sich dann eine Verbesserung der Realaustauschverhältnisse für die Rohstoffproduzenten abzeichnen. Bei den industriellen Rohstoffen kann die Nachfrageentwicklung bei jedem Gut einzeln untersucht werden, da jedes nach Verwendungs- und Substitutionsmöglichkeiten eine divergierende Nachfragekonstellation aufweist. Ob Prebischs Verallgemeinerung auf Rohstoffe im allgemeinen zutrifft, müsste eine breitangelegte empirische Untersuchung erst erweisen.

b) Es besteht eine Disparität in der Diffusion des technischen Fortschrittes zwischen den internen Verhältnissen in den Industriestaaten und den Entwicklungsländern (40). In den ersteren breitet sich der technische Fortschritt in allen Sektoren einigermassen gleichmässig aus, während er in der Dritten Welt tendenziell auf den Exportsektor beschränkt bleibt und die binnenwirtschaftlich orientierten Sektoren kaum berührt. Dieses Argument bildet eine Anwendung der Theorie der "dual economy" (41) auf das Verhältnis der dualistisch entwickelten

40) Vgl. Singer, Distribution, 473 f.; Sieber, Austauschverhältnisse, 5 f.

41) "Unter wirtschaftlichem Dualismus wird im Kern der ökonomische Tatbestand zusammengefasst, dass sich innerhalb einer Volkswirtschaft verschiedene Wirtschaftssektoren (und manchmal auch entsprechend die Wirtschaftsregionen) im Zuge des Wachstumsprozesses in der Weise auseinander entwickeln, dass die Entgelte für gleiche Güter und Leistungen sektoral beziehungsweise regional bedeutend voneinander abweichen". R. Jochimsen, Dualismus als Problem der wirtschaftlichen Entwicklung, in: B. Fritsch (Hrsg.), Entwicklungsländer, Köln/ Berlin 1968, S. 66. Die Hervorhebungen des Originals wurden weggelassen.

Staaten der Dritten Welt zu den Industriestaaten, indem von der Annahme ausgegangen wird, dass der kapitalistische, expandierende Sektor im Entwicklungsland zumindest einen grossen Anteil des Exportsektors ausmacht.

Die vom technischen Fortschritt freigesetzten Arbeitskräfte (42) sowie die durch die Bevölkerungsvermehrung neu hinzukommenden Arbeitskräfte werden infolge der ungünstigen Nachfrageentwicklung im Ausland für die Primärprodukte des Exportsektors im binnenwirtschaftlich ausgerichteten Industriesektor und vorkapitalistischen Subsistenzsektor eingegliedert; dieser letztere Sektor produziert jedoch infolge mangelnder Diffusion des technischen Fortschritts und des Bevölkerungsdrucks annahmegemäss im Vergleich zu den Industriestaaten ungünstiger als die exportorientierte Primärproduktion im Vergleich zu den Industriestaaten. Durch den Arbeitskräfteangebotsdruck in den binnenwirtschaftlich ausgerichteten Sektoren sinkt das Grenzprodukt auf null und das Lohnniveau, ungefähr dem Durchschnittsprodukt entsprechend, auf das Subsistenzniveau. Die niedrigen Alternativkosten bewirken einen Druck auf die Löhne auch im exportorientierten, kapitalistischen Sektor, so dass trotz eines bleibenden Lohngefälles zwischen kapitalistischem Sektor und Subsistenzsektor die Lohnentwicklung auch im kapitalistischen Sektor nicht der Produktivitätsentwicklung folgt. Dementsprechend fallen auch die Preise der Güter des exportorientierten Sektors. Das durchschnittliche Lohnniveau liegt im exportorientierten Sektor des Entwicklungslandes nun unter der durchschnittlichen Produktivität im Exportsektor, während im binnenwirtschaftlich ausgerichteten Sektor das durchschnittliche Lohnniveau sich auf einem Niveau über der durchschnittlichen Produktivität dieses Sektors befindet, so dass über die entspre-

42) Die häufigste Art des technischen Fortschrittes wird von der Substitution von Arbeit durch Kapital begleitet. Vgl. A.E. Ott, Technischer Fortschritt, in: Handwörterbuch der Sozialwissenschaften, Band 10, Stuttgart/Tübingen/Göttingen 1959, S. 310 f. Da Arbeit in den Entwicklungsländern jedoch in relativem Überfluss vorhanden ist, befriedigt der technische Fortschritt nur partiell die Bedürfnisse der Dritten Welt. Zu den Problemen der Anwendung von auf die Bedürfnisse der Industriestaaten abgestimmten Technologien in den Entwicklungsländern vgl. H.W. Singer, Probleme der Industrialisierung in unterentwickelten Ländern, in: Zeitschrift für Nationalökonomie, Band 15, 1956, S. 93 ff. (im folgenden zitiert als "Singer, Probleme")'

chend dem durchschnittlichen Lohnniveau gefallenen Exportgüterpreise (43) die Industriestaaten von den technologischen Disparitäten innerhalb der Entwicklungsländer profitieren; denn mit den unter den Stand der Produktivität sinkenden Exportgüterpreisen verbessert sich ceteris paribus das Realaustauschverhältnis für die Industriestaaten.

Söderstens Studie bekräftigt diesen zweiten Erklärungsversuch in gewisser Hinsicht. "One might say that, provided that the marginal productivities in both sectors increase because of the progress, the result for the terms of trade depends on where growth is most rapid. If technical progress is fastest in the export sector, the terms of trade will turn against the country" (44). Diese Tendenz ergibt sich allein aus den technologischen Disparitäten, unabhängig von den Einflüssen der Bevölkerungs- und Arbeitsangebotsentwicklung, da in Söderstens Modell einfach Vollbeschäftigung unterstellt ist. Södersten bekräftigt den vorliegenden Erklärungsversuch deshalb nur in partieller Hinsicht. Wie wir noch sehen werden, verstärkt die Aufgabe der Voraussetzung der Vollbeschäftigung die Tendenz zu fallenden Realaustauschverhältnissen für die Entwicklungsländer, so dass der partielle Charakter des Ergebnisses von Söderstens Modell seiner Bedeutung keinen Abbruch tut.

c) Die Abwesenheit von Gewerkschaften in den Entwicklungsländern führt zu für diese ungünstigen Realaustauschverhältnissen (45). Die Produktivitätsfortschritte infolge der technischen Entwicklung können entweder an die Produzenten in Form höherer Einkommen oder an die Konsumenten über niedrigere Preise verteilt werden. In den Industrieländern ist bei der Produktion industrieller Fertigwaren das erstere Verfahren üblich, da die Gewerkschaften eine mindestens der Produktivitätsentwicklung entsprechende Lohnpolitik durchzusetzen versuchen. Bei der Primärproduktion in den Entwicklungsländern herrscht

43) Prebisch behandelt implizite die Arbeit als alleinigen Produktionsfaktor, worauf Sieber, Austauschverhältnisse, 8, hinweist.

44) Södersten, Study, 19.

45) Vgl. Singer, Distribution, 478 f.

eher die Weitergabe an die Konsumenten durch Preissenkungen vor. Solange landesintern Konsumenten und Produzenten gesamthaft identisch sind, sind dies zwei formal verschiedene Wege von Realeinkommenserhöhungen, die erst bei Disaggregation verteilungspolitische Divergenzen implizieren. Bei internationalem Handel jedoch entsprechen die Konsumenten nicht mehr den Produzenten. Infolgedessen behalten die industriellen Produzenten den Produktivitätsfortschritt für sich und profitieren als Konsumenten von Primärprodukten gleichzeitig von der Produktivitätsentwicklung in diesem Sektor. Umgekehrt verzichten die vor allem in den Entwicklungsländern beheimateten Produzenten von Primärprodukten auf die Produktivitätsfortschritte im eigenen Primärsektor, während gleichzeitig keine Produktivitätsfortschritte bei industriellen Fertigwaren transferiert werden. Die Realaustauschverhältnisse der Entwicklungsländer sinken dementsprechend. Schäfer (46) weist darauf hin, dass die gesamtwirtschaftliche Produktivitätsentwicklung als Richtlinie für Lohnerhöhungen die Norm einer gleichmässigen Verteilung der Vorteile aus Produktivitätsverbesserungen auf nationaler Ebene impliziert und dass es nicht einsichtig ist, weshalb dieser normative Grundsatz nicht auch im internationalen Zusammenhang Anwendung finden soll.

Haberler meint diesen Erklärungsversuch mit dem Argument widerlegen zu können, dass "Veränderungen im absoluten Preisniveau mit Verschiebungen in den relativen Preisen von Industriewaren und Rohstoffen" (47) verwechselt werden. Dieser Einwand trifft unseres Erachtens jedoch nur zu, wenn man für die Entwicklungsländer wie auch für die Industriestaaten eine in bezug auf Primärproduktion und Fertigwarenindustrie gleichermassen homogene Produktionsstruktur voraussetzt. Singer macht aber genau die gegenteilige und realistischere Annahme von vorwiegender Primärproduktion in den Entwicklungsländern und überwiegender Industrieproduktion in der entwickelten Welt. Infolgedessen werden die Realaustauschverhältnisse durch die Marktformen des beschränkten Wettbewerbs beim Faktor Arbeit in den Industriestaaten beeinflusst. Haberlers Gegenargument scheint deshalb nicht korrekt.

46) Schäfer, Imperialismusthesen, 133 f.

47) Haberler, Austauschverhältnis, 266.

Eine Einschränkung des Singer'schen Erklärungsversuchs macht Kindleberger. Ist die ausländische Nachfrage und das internationale Angebot elastisch, so kann eine nationale Preis- und Lohnpolitik auf die Realaustauschverhältnisse keinen Einfluss ausüben (48), da ein Zahlungsbilanzungleichgewicht eine Anpassung über eine Wechselkursänderung erzwingen würde. Nur im Falle unelastischer internationaler Nachfrage und unelastischen Angebots ist eine Veränderung der Realaustauschverhältnisse zum eigenen Vorteil denkbar. Diese Einschränkung Kindlebergers scheint uns quantitativ nicht sehr bedeutend zu sein. Einerseits sind grosse Teile der Nachfrage aus den Entwicklungsländern unelastisch bei Preiserhöhungen, da die Importe für die Entwicklung dringend benötigt werden. Anderseits herrscht keine internationale Preiskonkurrenz, die die produktivitätsentsprechenden Lohnerhöhungen verunmöglichen würde, da die Entwicklungstendenz in allen Industriestaaten parallel für eine Verteilung der Produktivitätsvorteile an die Produzenten läuft. Trotzdem ist Kindlebergers Hinweis auf die Nachfrage von Wichtigkeit; denn er bezeichnet erneut die wichtigste Bedingung fallender Realaustauschverhältnisse.

Ein weiterer Einwand geht dahin, dass für die Entwicklungsländer weniger der technische Fortschritt die Quelle des wirtschaftlichen Wachstums sei als vielmehr die Bevölkerungszunahme (49). Bei inelastischer Nachfrage führt die Bevölkerungszunahme über vermehrten Beschäftigungsdruck im Exportsektor des Entwicklungslandes zu einer Verschlechterung der Realaustauschverhältnisse. Durch Gewerkschaften könnte diese jedoch abgeschwächt werden. Die Singer'sche These kann deshalb auch auf den Faktor Arbeit ausgeweitet werden, sofern die Bedingungen dazu gegeben sind. Auch hier käme den Nachfrageelastizitäten grosse Bedeutung zu, so dass man wie Södersten (50) und Kindleberger (51) zum Schluss kommen kann, neben der Hypothese inelastischer Nachfrage seien gar keine in ihrem Stellenwert unbezifferbare Zusatzhypothesen, wie zum Beispiel die eben behandelte These von Singer, notwendig, um eine sinkende Tendenz der Realaustauschverhältnisse plausibel zu machen.

48) Kindleberger, Terms, 247.

49) Södersten, Study, 168.

50) Vgl. Södersten, Study, 169.

51) Vgl. Kindleberger, Terms, 247.

d) Beschränkte Konkurrenz auf den Produktmärkten in den Industrieländern verschlechtert die Realaustauschverhältnisse zu Lasten der Entwicklungsländer, wo in den exportierenden Primärgütersektoren freiere Konkurrenz herrscht (52). Während das vorangegangene Argument sich auf Marktformen der beschränkten Konkurrenz auf Faktormärkten, insbesondere der Arbeit, bezogen hat, werden nun die Verhältnisse auf den Produktmärkten anvisiert. Die im Vergleich zu den Preisen bei freier Konkurrenz erhöhten Preise bei beschränkter Konkurrenz führen zu einer permanenten Verschlechterung der Realaustauschverhältnisse zu Lasten der Entwicklungsländer.

Kindleberger unterscheidet zwischen Verhältnissen mit vorübergehend und strukturell (53) beschränkter Konkurrenz; denn in seiner allgemeinsten Form ist der Schluss auf Verschlechterung der Realaustauschverhältnisse nicht zwingend. Der langfristige Effekt vorübergehender beschränkter Konkurrenz mag nämlich nur eine geringe Preiserhöhung im Vergleich zu Konkurrenzpreisen bringen, da eine kurzfristige Maximierung der aus der beschränkten Konkurrenz resultierenden Vorteile langfristig derart nachteilige Wirkungen haben kann, dass eine Selbstbeschränkung im Sinne der langfristigen Gewinnmaximierung Platz greift. Wichtiger erscheint die strukturell beschränkte Konkurrenz. Es sind darunter jene Verhältnisse zu verstehen, in denen der Eintritt in einen Produktionssektor durch natürliche Gegebenheiten erschwert ist. Nach Kindleberger ist der Grad der Erschwerung im industriellen Sektor grösser als im primären Sektor, was beim letzteren die Stabilisierungsbemühungen häufiger scheitern lässt. Wenn zu der grösseren potentiellen Konkurrenz noch die unter e) zu besprechende mangelnde Flexibilität der Reallokation der Faktoren tritt, welche den Austritt aus dem Produktionssektor erschwert, so sind in noch grösserem Ausmass ungünstige Realaustauschverhältnisse zu erwarten.

Der Schluss auf schlechtere Realaustauschverhältnisse infolge beschränkter Konkurrenz auf den industriellen Produktmärkten ist jedoch nicht zwingend. Obwohl

52) Dieses Argument geht auf Prebisch zurück (vgl. Södersten, Study, 163) und wird insbesondere von Kindleberger, Terms, 241 ff., ausführlich erörtert.

53) Kindleberger, Terms, 249 ff., unterscheidet zwischen "shortrun" und "long run monopoly power", doch erscheint uns die Charakterisierung der letzteren als "strukturell" besser.

die Entwicklung der Realaustauschverhältnisse ein Problem der Dynamik darstellt, wird sie mit den Mitteln der komparativ-statischen Preistheorie zu erklären versucht (54). Dabei wird die Frage nach dem Zusammenhang zwischen Marktform und wirtschaftlicher Entwicklung gar nicht gestellt, stattdessen jedoch der gegenwärtige Stand der Produktivität als Datum aufgefasst und dann das Maximierungsprinzip angewandt.

Die Frage nach dem Zusammenhang zwischen Marktform und Produktivitätsentwicklung wird unter anderen von Galbraith (55) zu beantworten versucht. Bei vollkommener Konkurrenz ist die Grösse der Unternehmungen geringer als bei beschränktem Wettbewerb. Die Wahrscheinlichkeit von Neuentwicklungen und der Diffusion von Erfindungen ist jedoch positiv korreliert mit zunehmender Unternehmensgrösse. Infolgedessen wird der technische Fortschritt unter den Bedingungen des vollkommenen Wettbewerbs geringer sein als bei beschränkter Konkurrenz. Langfristig ist durch diese beschleunigte Produktivitätsentwicklung trotz allen kurz- und mittelfristig einsetzbaren monopolistischen Aktionsparametern ein grösserer Ausstoss als bei Konkurrenz zu erwarten. Dieser Gedankengang zeigt das Ungenügen der statischen Überlegungen auf und weist auf eine Entwicklungsmöglichkeit hin, die derjenigen von Prebisch und Kindleberger diametral widerspricht; denn ceteris paribus beinhalten zunehmende Produktmengen fallende Preise und damit fallende Realaustauschverhältnisse. Allerdings beruht diese Argumentation auf zahlreichen empirisch wenig erhärteten Hypothesen, so dass sie nur als Möglichkeit den zum gegenteiligen Resultat führenden Überlegungen entgegengesetzt werden kann.

e) Der für die Entwicklungsländer ungünstige Verlauf der Realaustauschverhältnisse ist auf ihre geringe Flexibilität in der Reallokation der Produktionsfaktoren zurückzuführen (56). Die Anpassungsfähigkeit an sich ändernde Bedingungen scheint insofern gering zu sein, als die Gesellschaft weitgehend traditionsbestimmt ist. Auf Produktpreisänderungen wird kaum reagiert; die Kapitalbildung

54) Vgl. für das Folgende Södersten, Study, 164 f.

55) Vgl. J.K. Galbraith, American Capitalism: The Concept of Countervailing Power, London 1957. Der Hinweis stammt aus Södersten, Study, 164 f.

56) Vgl. Kindleberger, Terms, 253 ff.; Kindleberger, Economics, 84.

ist gering und zumeist auf jenen Sektor beschränkt, in dem die entsprechenden Ersparnisse entstanden sind. Der technische Fortschritt ist einerseits gering, weil die Fähigkeit zur Imitation und modifizierten Übernahme ausländischer Verfahren unentwickelt ist und anderseits kaum die Bedingungen für eigene Erfindungen gegeben sind. Infolgedessen ist weder eine breitangelegte Konkurrenzierung bereits bestehender ausländischer Branchen denkbar, noch die Schaffung neuer Industrien, noch Änderungen der Produktionsfunktionen im Gefolge veränderter Faktorpreise. Eintritt und Austritt in Industrien sind beschränkt. Wenn nun ein Entwicklungsland mit derart geringer Reallokationsflexibilität trotzdem günstige Realaustauschverhältnisse geniessen sollte, so wäre dies "almost entirely a matter of luck" (57): Glück insofern, als die von ihm unbeeinflussbare ausländische Nachfrage nach seinen Exportprodukten stark ist. Doch tendenziell hat die mangelnde Anpassungsfähigkeit eine ungünstige Allokation der Produktionsfaktoren zur Folge, deren Ausdruck die schlechte Entwicklung der Realaustauschverhältnisse ist.

Diese mangelnde Reallokationsflexibilität verbunden mit dem ersten Erklärungsversuch, nämlich der inelastischen Nachfrage nach Produkten aus Entwicklungsländern, erklärt Bhagwatis "immiserizing" oder "impoverishing growth". Das wirtschaftliche Wachstum wird zum Verelendungswachstum, weil das Wachstum im betreffenden Sektor sich in einer Erhöhung der Transformationskurve ausdrückt, infolge der inelastischen Nachfrage die Preise fallen und sich dadurch die Realaustauschverhältnisse verschlechtern. Diese Verschlechterung kann ein Ausmass annehmen, dass der ganze Vorteil aus dem Wachstum durch niedrigere Realaustauschverhältnisse überkompensiert wird. Wohlfahrtstheoretisch würde sich das Verelendungswachstum im Erreichen einer niedrigeren Indifferenzkurve bei höherer Transformationskurve ausdrücken (58).

57) Kindleberger, Terms, 255.

58) Vgl. dazu Kindleberger, Economics, 79 f.; ferner die klare Darstellung von D. Beier, Die Théorie der peripheren Wirtschaft nach Raul Prebisch und ihre Stellung in der allgemeinen Aussenhandelstheorie, Berlin 1965, S. 71 ff. Beier bezeichnet S. 82 die Theorien von Prebisch und Bhagwati als einen "Beitrag zur theoretischen Durchdringung dieses Phänomens der 'Ausbeutung'", das sich in einer "Vertiefung der Kluft zwischen armen und reichen Ländern" äussert.

f) Wenn wir nun zusammenfassend die Erklärungsversuche fallender Realaustauschverhältnisse im Sinne der commodity terms of trade auf dem Hintergrund der neoklassischen Theorie betrachten, so zeigt sich, dass zumindest drei Argumente durchaus vertretbar sind. "There are three necessary conditions for the Singer-Prebisch conclusions. These are that growth must be confined to the export sector, that the degree of adaptability be low (so that the value of the respective demand and supply elasticities are small), and that the demand for the country's export products must grow only slowly" (59). Wie wir gesehen haben, können auch die Gewerkschaften zur Verschlechterung der Realaustauschverhältnisse beitragen, während der Effekt beschränkter Konkurrenz auf den Produktmärkten schwieriger abzuschätzen war.

Die conditio sine qua non bildet dabei die Nachfrageentwicklung nach den Exporterzeugnissen. Deshalb sollen die geltend gemachten, nachfragebeschränkenden Entwicklungstendenzen nochmals Erwähnung finden. Die im ersten Erklärungsversuch angeführten Argumente, die für eine schleppende Nachfrageentwicklung nach den Primärprodukten sprechen, hat Nurkse (60) zusammengestellt: 1. Die Einkommenselastizität der Nachfrage nach Nahrungsmitteln ist gering. 2. Protektionismus der Industrieländer für Primärprodukte vermindert die Exportmöglichkeiten der Entwicklungsländer zusätzlich. 3. Der technische Fortschritt bringt tendenziell Ersparnisse im Rohstoffverbrauch mit sich. 4. Der technische Fortschritt führt tendenziell zur Substitution von Rohwaren durch Synthetika. 5. Der Anteil der Industrien mit einer rohwarenintensiven Produktion nimmt ab zugunsten von Sektoren, in denen der Rohwarenanteil am Produkt geringer ist. 6. Die Expansion des tertiären Sektors führt dazu, dass die Rohwarennachfrage hinter der Entwicklung des Sozialprodukts zurückbleibt.

Wachstum im Exportsektor, sei es durch technischen Fortschritt oder durch Vermehrung der Produktionsfaktoren, insbesondere der Arbeitskräfte, führt zu einem in Gütereinheiten erhöhten Exportvolumen und zu grösserer Abhängig-

59) Södersten, Study, 177. Vgl. auch Södersten, Economics, 147, 198.

60) Vgl. R. Nurkse, Patterns of Trade and Development, Stockholm 1959, S. 23; zitiert nach Södersten, Economics, 133 f.

keit vom Aussenhandel. Sind die Nachfragebedingungen in der angeführten Weise nachteilig und tritt keine Anpssung der Produktion an die sinkenden Exportpreise ein, wird also die Expansion im Exportsektor fortgesetzt, so fallen die commodity terms of trade. "The larger the export sector is in the agricultural ('peripheral') country, and the lower the income elasticity of importables in the industrial country, the more the terms of trade will go against the peripheral country and the less its real income will grow" (61). Der Effekt des Wachstums im Exportsektor auf das reale Sozialprodukt hängt deshalb vom Ausmass der Veränderungen der beiden Variablen der commodity terms of trade und des Exportvolumens in Gütereinheiten ab. Wird die Produktionszuanhme durch den Fall der commodity terms of trade überkompensiert, so befindet sich das Sozialprodukt nach dem Wachstumsprozess auf einem niedrigeren Niveau als vorher. Es liegt der erwähnte Fall von "immiserizing" oder "impoverishing growth" vor (62).

Diesen auf Södersten neoklassisch orientierter Analyse basierenden Ausführungen liegen folgende wichtigen Voraussetzungen zugrunde.

Erstens wird angenommen, dass die Faktorentlohnung gleich der Grenzproduktivität dieses Faktors ist und deshalb Vollbeschäftigung herrscht (63). Da jedoch in den Entwicklungsländern offene oder versteckte Arbeitslosigkeit häufig ist, fragt es sich, inwiefern die Analyse bei Suspendierung dieser Voraussetzung zu modifizieren ist. Die Arbeitslosigkeit impliziert unlimitiertes Arbeitsangebot zu dem herrschenden Lohn. Infolgedessen wird das wirtschaftliche Wachstum nur noch durch das Kapitalangebot und die technische Entwicklung begrenzt. Es ist deshalb anzunehmen, dass die Wachstumsrate bei Beschäftigungslosigkeit höher ist, weil das Arbeitsangebot als weitere einschränkende Bedingung wegfällt. Findet die Expansion im Exportsektor statt und ist die Nachfrageelastizität nach diesen Exportprodukten gering, so werden die commodity terms of trade infolge des akzentuierten Wachstums sich noch schneller verschlechtern, ebenso je nach dem Umfang des Exportsektors die income terms

61) Södersten, Study, 178.

62) Vgl. Södersten, Study, 52, 179.

63) Vgl. für das Folgende Södersten, Study, 139 ff.

of trade und damit auch das Sozialprodukt. Arbeitslosigkeit bedingt somit keine grundlegende Änderung der geschilderten Zusammenhänge.

Zweitens ist Substituierbarkeit der Produktionsfaktoren vorausgesetzt (64), eine Bedingung, die kaum alle empirischen Produktionsfunktionen erfüllen werden. Deshalb müssen die Konsequenzen limitationaler Faktoren untersucht werden, die Konsequenzen von Leontief-Produktionsfunktionen mit fixen Faktorproportionen. Bei einem auf den Exportsektor eingeschränkten Wachstum und geringer landesinterner Flexibilität auf dem Hintergrund einer nur gering oder gar unelastischen Exportnachfrage führt die Annahme fixer Faktorproportionen zu weiteren Einschränkungen der Reagibilität des exportierenden Landes und erhöht infolgedessen die Tendenz zu nachteilig sich entwickelnden Realaustauschverhältnissen.

434 Zur Verwendung der Realaustauschverhältnisse als Ausbeutungsindikatoren

Die Diskussion um die möglicherweise fallenden Realaustauschverhältnisse zugunsten der Industriestaaten erhält deswegen ihre Brisanz, weil die Veränderungen der Realaustauschverhältnisse als Indikatoren von Schwankungen des Aussenhandelsgewinns interpretiert werden, wobei die bestehende Einkommensverteilung als Bezugssystem dient. Umgekehrt dient die Entwicklung der Realaustauschverhältnisse auch als Indikator der Ausbeutung der Entwicklungsländer durch die internationalen Handelsbeziehungen. Falls die Realaustauschverhältnisse für die Entwicklungsländer keine fallende Tendenz aufweisen würden, fände kein Transfer von Reichtum und auch keine Ausbeutung statt. Es muss deshalb untersucht werden, inwiefern die Veränderungen der Realaustauschverhältnisse überhaupt als Indikatoren der Schwankungen des Aussenhandelsgewinnes fungieren können. Falls sie nur schlecht Veränderungen des Aussenhandelsgewinns wiedergeben, wäre es auch nicht sinnvoll, sie als Massstab der Ausbeutung durch Handel zu verwenden.

64) Södersten, Economics, 46 ff.; Södersten, Study, 123.

Ein Fallen der commodity terms of trade bedeutet für die Entwicklungsländer ceteris paribus einen Aussenhandelsverlust; denn für gleichbleibende Exportvolumina erhalten sie insgesamt weniger Importgüter. Ceteris paribus sind sie deshalb gute Indikatoren. Jedoch ist der Ceteris-Paribus-Fall in der Realität kaum von Bedeutung. Wird die Annahme einer ausgeglichenen Handelsbilanz fallengelassen, so werden mit den Preisverhältnissen auch die Volumina des Aussenhandels relevant.

Mit dem Aussenhandelsvolumen ist eine zweite Variable gegeben, die den Aussenhandelsgewinn beeinflusst und die somit zu berücksichtigen ist. Aus diesem Grund sind die commodity terms of trade als Massstab des Aussenhandelsgewinns und als Ausbeutungsindikator ungeeignet. Deshalb wurde der Index der income terms of trade geschaffen, der diesen Mangel vermeidet. Doch scheint auch dieser Index problematisch zu sein (65). Beispielsweise im Falle konstanter Exportpreise und steigender Importpreise, also fallender commodity terms of trade bei gleichzeitig um denselben Prozentsatz steigendem Exportvolumen bleiben die income terms of trade konstant, obwohl sich der Aussenhandelsgewinn verringert hat, wie man sich an Hand von Abb. 25 vergegenwärtigen kann. Die fallenden commodity terms of trade bewirken einen Übergang auf eine niedrigere Indifferenzkurve, da für dasselbe Importvolumen mehr Exporte getätigt werden müssen. Die income terms of trade stellen deshalb keine gute Masszahl für den Aussenhandelsgewinn dar.

Die double factoral terms of trade und single factoral terms of trade sind unseres Erachtens ebenfalls nicht als Aussenhandelsgewinnindikatoren geeignet, obwohl sie häufig so interpretiert werden (66). Die Einbeziehung der Produktivitätsentwicklung in den Exportbranchen der Handelspartner führt zur Vermengung von landesinternen Entwicklungen mit den aus den Aussenbeziehungen resultierenden Effekten. Dies tritt zutage, wenn man nach den Auswirkungen

65) Vgl. oben, Abschnitt 431; R.E. Baldwin, Secular Movements in the Terms of Trade, in: American Economic Review, May 1955, Nr. 2, S. 265 (im folgenden zitiert als "Baldwin, Movements"); Haberler, Austauschverhältnis, 260 f.

66) So zum Beispiel bei Haselbeck, Terms, 3, und Sieber, Austauschverhältnisse, 24; beide im Anschluss an Viner.

von Produktivitätsfortschritten in der diagrammatischen Darstellung des Aussenhandelsgewinns, Abb. 25, fragt. Eine Produktivitätssteigerung im Exportsektor, also in der Produktion von Gut x_1, zeigt sich als eine Dehnung der Transformationskurve nach Osten, da nun bei Vollbeschäftigung mehr Einheiten von Exportgut x_1 produziert werden können bei gleichbleibendem Output in x_2. Wird durch diese Produktivitätssteigerung keine Änderung der commodity terms of trade und auch nicht der Handelsvolumina induziert, so bleibt sich der Aussenhandelsgewinn vor und nach der Produktivitätssteigerung gleich. Allerdings bewirkt die Produktivitätssteigerung eine Wohlfahrtszunahme, die sich als Verschiebung auf eine höhere Indifferenzkurve niederschlägt; doch geht unsere Fragestellung je nach dem Aussenhandelsgewinn im Sinne von aussenhandelsinduzierten Wohlfahrtsänderungen und nicht nach den Wohlfahrtsveränderungen allgemein. Die mit den factoral terms of trade in Zusammenhang stehende Problematik des Produktionsfaktorenbegriffs ist deshalb für uns unwichtig.

Alle Indizes der Realaustauschverhältnisse weisen noch zwei weitere Mängel auf.

Erstens werden homogene Produkte unterstellt und somit Qualitätsänderungen sowie neue Produkte nicht berücksichtigt. Bei Primärprodukten dürfte die Voraussetzung im grossen und ganzen erfüllt sein, während industrielle Fertigwaren jedoch beträchtlichen Qualitätsvariationen unterworfen sind. Im allgemeinen wird eine eindeutige Tendenz in Richtung auf Qualitätsverbesserungen angenommen (67), so dass alle terms of trade-Indizes zugunsten der Industrieländer zu korrigieren wären. Doch ist unseres Erachtens die Richtung der Qualitätsveränderungen nicht eindeutig zu beurteilen. Viele industrielle Produkte werden in erster Linie für den Absatz in den Industrieländern entwickelt und nur peripher auch in die Entwicklungsländer geliefert. Infolgedessen ist ihre Lebensdauer auf den sich beschleunigenden Veraltungsprozess in den Industriestaaten abgestimmt. Die dadurch tendenziell verkürzte Lebensdauer wäre als eine Qualitätsverschlechterung in Rechnung zu stellen. Zudem nehmen die Qualitätsverbesserungen Richtungen an, die in den Entwicklungsländern möglicherweise nur von geringem Nutzen sind, für diese also gar keine Qualitätsverbesserung darstellen. Zur Berechnung der Aussenhandelsgewinnänderungen und ihrer

67) Vgl. Haberler, Austauschverhältnis, 263; Morgan, Trends, 58.

Erfassung in einem Indikator müssten im Idealfall auch die Qualitätsvariationen sich niederschlagen; praktisch dürfte eine exakte Erfassung jedoch undurchführbar sein.

Zweitens kann von den Dienstleistungen nicht abgesehen werden, ohne grosse Ungenauigkeiten in Kauf zu nehmen. Insbesondere der Verlauf der Transportkosten und Versicherungskosten ist mit dem Index der Güterpreise zu kombinieren (68). Bisher war es üblich, bei den Importen cif-Preise und den Exporten fob-Preise zu verwenden (69). Dies ist aber nur für jene Staaten korrekt, die keine Transportleistungen erbringen, so dass die cif-Importpreise auch wirklich in vollem Umfang mit Devisen entgolten werden. Bei einer Schiffahrtsnation, wie zum Beispiel Grossbritannien, mit cif-Importpreisen und fob-Exportpreisen commodity terms of trade zu berechnen, muss zu einem verzerrten Ergebnis führen. Für die Entwicklungsländer hingegen, die nicht über eigene Handelsflotten verfügen, wären diese Berechnungsgrundlagen adäquat. Solange jedoch die Dienstleistungen in den verschiedenen Berechnungen der terms of trade nicht korrekt miteingeschlossen sind, entstehen Berechnungsfehler, die in Zeiten fallender Transportkosten sogar eine in beiden Staaten simultane Zunahme der Realaustauschverhältnis-Indizes zur Folge haben können (70). Die empirischen Berechnungen von terms of trade-Reihen dürften der Transportkosten wegen nicht unerhebliche Verzerrungen enthalten.

Obwohl die income terms of trade von allen Operationalisierungen des Realaustauschverhältnisbegriffs sich als geeignetste Indikatoren der Aussenhandelsgewinnveränderungen erwiesen haben, sind sie immerhin mit den genannten drei Hypotheken belastet, die ihrer Aussagekraft starken Abbruch tun. Dementsprechend problematisch ist es denn auch, sie als Indikatoren der Ausbeutung der Entwicklungsländer durch die Industriestaaten zu verwenden. Eine Verwendung

68) Vgl. Kindleberger, Terms, 18.

69) Vgl. für eine Übersicht über die Auswirkungen der Berücksichtigung von Transportkosten bei empirischen Berechnungen der Realaustauschverhältnisse Haselbeck, Terms, 75 ff.

70) Vgl. Haberler, Austauschverhältnis, 264.

anderer Indizes der Realaustauschverhältnisse als die income terms of trade zur Illustration der Ausbeutungsthese wäre jedoch noch problematischer, da vermehrte Imponderabilien die Fehlermargen noch erweitern und zudem eigentlich einem Ausbeutungsverlust auf der einen Seite ein Ausbeutungsgewinn auf der anderen Seite entsprechen muss, was bei den anderen Indizes nicht der Fall sein muss.

Auf die wissenschaftliche Problematik der Konzeption des Aussenhandelsgewinns und ihr Verhältnis zur Ausbeutung wurde schon in Abschnitt 423 über das Theorem der komparativen Kosten eingegangen. Unsere dortigen Äusserungen lassen sich mutatis mutandis auf die mit der Entwicklung der Realaustauschverhältnisse in Zusammenhang stehende Ausbeutungsthese übertragen. Fallende Realaustauschverhältnisse als Ausbeutung zu bezeichnen, trägt nichts zur Äufnung des Erkenntnisreservoirs bei, sondern stellt eine ethische Beurteilung dieser Entwicklung dar (71), zu deren wissenschaftlicher Erklärung sich ohne weiteres Argumente in der ökonomischen Theorie finden lassen. Die Präzision, Operationalität und das hohe Informationspotential in seiner Eigenschaft als ametrischer Begriff vermögen den Mangel seiner Verwendung in normativer Absicht und die damit zusammenhängende fehlende Fruchtbarkeit für informative Theorien nicht zu heilen. Ebenso stark ist auch die aufgezeigte Indikatoren-Problematik zu gewichten.

Es ist nun noch auf zwei eingeschränktere Ausbeutungsbegriffe im Zusammenhang mit den Austauschverhältnissen einzugehen.

Die Möglichkeit, infolge von Marktformen der unvollkommenen Konkurrenz mit Aktionsparametern den Preis beeinflussen zu können – sowohl die Produktpreise wie auch die Faktorpreise –, und so die Entwicklung der Realaustauschverhältnisse mitzubestimmen, bezeichnet Kindleberger als Ausbeutung. "The word exploitation will be used in a limited sense of exerting an influence on price or interference in the price-making process. . . . The fact that the terms of trade favor developed and run against underdeveloped countries is frequently

71) Kruse, Aussenwirtschaft, 27 f. weist auf das Werturteil hin, das die Bezeichnung fallender Realaustauschverhältnisse als Ausbeutung impliziert.

explained by the exploitation of the latter by the former. In our terms this means merely a higher degree of interference in the price-making process" (72). Kindleberger hält somit fallende Realaustauschverhältnisse nicht grundsätzlich für "ausbeuterisch", sondern ausschliesslich jene Effekte, die aufgrund unvollkommenen Wettbewerbs auf die Entwicklung der Realaustauschverhältnisse einwirken. In dieser Ausgestaltung liegt einerseits eine aussenwirtschaftliche Renaissance des binnenwirtschaftlichen Pigou-Kriteriums der Ausbeutung vor, soweit ein einzelner Staat im Verhältnis zum Weltmarkt betrachtet wird. In dieser Hinsicht ist das der Mikroökonomie entstammende Pigou-Kriterium auf den internationalen Handel übertragbar. Anderseits ist auch die These impliziert, dass die Gesamtheit der Entwicklungsländer durch die Gesamtheit der Industriestaaten ausgebeutet wird, soweit der Einfluss auf den Verlauf der Realaustauschverhältnisse auf Seiten der Industrieländer grösser ist. Betrachtet man die Ausbeutung der Entwicklungsländer auf dieser Aggregationsstufe, so stellt Kindlebergers Umschreibung der Ausbeutung nichts anderes dar als die vorgängig erörterte Ausbeutungsthese infolge fallender Realaustauschverhältnisse in neuem, auf die Preistheorie rekurrierendem Gewand. Denn die Macht zur Beeinflussung der Realaustauschverhältnisse ist eine Funktion der Preis- und Einkommenselastizitäten der Gesamtnachfrage und des Gesamtangebots, zu deren Verlauf in Abschnitt 433 Einflussfaktoren erörtert wurden. Auf beide Fälle — bei der für das Pigou-Kriterium notwendigen Länderbetrachtung und bei der Globalbetrachtung — sind unsere kritischen Bemerkungen übertragbar und sollen deshalb nicht wiederholt werden.

Häufig wird Ausbeutung mit absichtlicher Ausnützung einer Notlage verbunden (73). Wenn man für die Entwicklungsländer die Existenz einer Notlage annimmt, so stellt sich also die Frage, inwieweit diese vorsätzlich von den Industriestaaten ausgenützt wird. Unseres Erachtens führt die Berücksichtigung des Vorsatzes nicht zur Einschränkung des Ausbeutung auf einige exzessive Fälle; im Gegenteil, das Erkennen und Wahrnehmen von Gewinnchancen bildet den

72) Kindleberger, Terms, 241 f.

73) Vgl. E. Küng, Ausbeutung der Dritten Welt? in: Die Weltwoche, 11. Oktober 1968, S. 23; Kindleberger, Terms, 241; E. Preiser, Nationalökonomie heute, München 6. Aufl. 1966, S. 78.

Motor des marktwirtschaftlichen Systems. Infolgedessen liegt die absichtliche Ausschöpfung von Gewinnchancen, auch bei Notlagen, in der Logik der Marktwirtschaft, und wenn sich dies allfällig in fallenden Realaustauschverhältnissen der Entwicklungsländer auswirkt, so manifestiert sich darin nur der Preismechanismus, der die Entscheidungen der Wirtschaftssubjekte sanktioniert. Doch liefert der Preismechanismus allein weder eine Grundlage der Ausbeutungsthese noch eine Rechtfertigung seiner Resultate als Antithese zur Ausbeutungsthese. Erst die Folgen, in unserem Fall also der Verlauf der Realaustauschverhältnisse, lassen erkennen, ob dieser Mechanismus zu einem Ergebnis führt, das aufgrund der Wertvorstellungen als günstig erachtet wird. Gewisse Entwicklungen mögen als unerwünscht, als Ausbeutung möglicherweise, gebrandmarkt werden: Die empirische Entwicklung selber vermag keinen Massstab zu liefern, sondern dieser wird durch den Beurteilenden selber an die Fakten herangetragen.

5 Kapitalverkehr und Ausbeutung in bürgerlicher Perspektive

51 Einführung

Das Theorem der komparativen Kosten sowie die Realaustauschverhältnisse bilden Teile der reinen Theorie der Aussenwirtschaft. Es handelte sich durchwegs um reale Grössen; die Rolle des Geldes blieb undiskutiert. Da die reine Theorie der Aussenwirtschaft der Preistheorie entspricht, drehten sich die vorangegangenen Ausführungen um relative Preise (1), auf die auch die Ausbeutungsthesen hin konzipiert waren. Die nun zu untersuchenden Probleme des Kapitalverkehrs sind Teile der monetären Aussenwirtschaftstheorie, welche die Erklärung der mit der Zahlungsbilanz und den Wechselkursen in Zusammenhang stehenden Probleme zum Gegenstand hat; absolute und nominelle Grössen stehen im Mittelpunkt. Die Berücksichtigung der monetären Seite soll jedoch nicht zu einer Vernachlässigung der güterwirtschaftlichen, realen Aspekte führen.

Objekt des internationalen Handels sind Wanderungen von Produkten, während beim Kapitalverkehr internationale Verschiebungen des Produktionsfaktors Kapital involviert sind. Das Verhältnis zwischen internationalem Handel und Faktorbewegungen lässt sich klären, wenn man das Heckscher-Ohlin-Theorem unterstellt, das eine "Tendenz zum internationalen Ausgleich der Preise der Produktionsfaktoren bei Freihandel" (2) behauptet. Der internationale Handel tendiert dazu, einen Ausgleich der Produktpreise wie auch der Faktorpreise in den beteiligten Regionen herbeizuführen. Einen analogen Effekt bewirken auch die Wanderungen der Produktionsfaktoren, so dass im allgemeinen Faktorbewegungen durch Handel zustande kommende Güterbewegungen substituieren (3). Falls jedoch in einem Land die Quantität eines Faktors gering ist, kann es sein, dass zum Beispiel infolge von "external economies" eine gegenteilige Reaktion

1) Rose, Theorie, 215.

2) Haberler, Aussenhandel, 463. Zur Anwendbarkeit des Heckscher-Ohlin-Theorems bei Entwicklungsländern vgl. Schäfer, Imperialismusthesen, 136 ff.

3) Vgl. B. Ohlin, Interregional and International Trade, Cambridge (Mass.) 2. Aufl. 1952, S. 340.

eintritt: Weder der Preis dieses Faktors noch das Handelsvolumen erfahren eine Reduktion, da die Substituierbarkeit von internationalen Faktor- und Produktbewegungen aufgehoben ist. In bezug auf das Verhältnis von internationalem Handel und Kapitalverkehr besteht somit bei den Entwicklungsländern aus der Sicht des Heckscher-Ohlin-Theorems keine Eindeutigkeit. Bezüglich der Kapitalwanderungen in die kapitalarmen Entwicklungsländer, die aufgrund des Heckscher-Ohlin-Theorems zu erwarten wären, soweit die Mobilität nicht institutionell gehemmt ist, muss im Lichte der Erfahrung ein Fragezeichen gesetzt werden.

Die mit dem Kapitalverkehr in Zusammenhang stehenden Ausbeutungsthesen betreffen den Kapitalexport der Industriestaaten in die Entwicklungsländer, nicht hingegen die abgesehen von Fluchtkapital quantitativ ohnehin geringen, in die umgekehrte Richtung laufenden autonomen Kapitalverschiebungen. Unter "Kapital" verstehen wir Geld für Investitionszwecke, so dass mit "Kapitalexport" "Übertragung von Geld für Investitionszwecke ins Ausland oder Kaufkraftübertragung für Investitionszwecke" (4) gemeint ist. Obgleich in diesem Sinn der Kapitalexport Gegenstand der monetären Theorie ist, haben wir ihn enger als den in der Theorie der Zahlungsbilanz üblichen Kapitalexportbegriff definiert (5). Aufgrund der Ausbeutungsthesen scheint diese thematische Einschränkung der folgenden Ausführungen gerechtfertigt.

Die Umschreibung des Kapitalexports als "Kaufkraftübertragung für Investitionszwecke" beinhaltet bereits eine Vorentscheidung über die Verwendungsart des Geldes, damit es unter diese Kategorie fällt: Eine produktive Verwendung im Sinne einer Ausdehnung der Produktionskapazitäten und des realen Sozialprodukts wird vorausgesetzt; eine rein komsumtive Verwendung ohne Kapazitätseffekt ist ausgeschlossen. Der Umfang der ausgeschlossenen, konsum-

4) Guth, Kapitalexport, 8. Guth stützt sich dabei auf E. Preiser, Der Kapitalbegriff und die neuere Theorie, in: Jahrbücher für Nationalökonomie und Statistik, Band 165, 1953, S. 241 ff.

5) Unter anderem werden damit währungstechnische Stabilisierungsanleihen, Tilgungszahlungen zur Abwicklung alter Schuldverhältnisse, Börsenkäufe alter Wertpapiere aus Spekulationsgründen sowie kurzfristige Kapitalbewegungen von unserer Betrachtung ausgeschlossen. Vgl. Guth, Kapitalexport, 9.

tiv verwendeten Mittel dürfte jedoch nicht bedeutend sein; denn einerseits sind jene Verwendungen für Konsumgüterimporte ebenfalls als produktive Verwendungen auszusprechen, die im Inland Produktionsfaktoren für andere Investitionen freistellen und demnach indirekt zu Investitionen führen, anderseits stellt sich das Verwendungsproblem ohnehin nur für den ungebundenen Kapitalexport. Das Ausmass der Wirkung der produktiven Verwendung, also die Ausdehnung der Produktionskapazitäten, hängt von der konkreten Situation ab, so dass sich anstelle der Dichotomie: produktive oder konsumtive Verwendung ein nach den Wirkungen graduell abstufender Massstab als mehr adäquat erweisen würde. Dem Ausschluss des Grenzfalls der rein konsumtiven Verwendung durch unseren Kapitalexportbegriff ist demnach keine grosse Bedeutung zuzumessen. Infrastrukturinvestitionen sind im erwähnten Sinn erst langfristig produktiv und auch dann noch häufig weniger produktiv als privatwirtschaftliche Investitionen.

Wenn wir im folgenden zwischen Zahlungsbilanz-, Einkommens- und Kapazitätseffekt im Kapitalimportland und im Kapitalexportland unterscheiden, so sind wir uns bewusst, dass wir damit nur einige Makroeffekte herausgegriffen haben, deren Auswahl man ohne weiteres um andere Makroeffekte und Effekte auf Partialgrössen erweitern könnte (6). Beispielsweise die von Myrdal (7) herausgearbeiteten "Ausbreitungseffekte" und "Kontereffekte" entsprechend dem "Prinzip der zirkulären und kumulativen Verursachung" liessen sich einerseits gesondert behandeln, anderseits können sie leicht durch Variierung der Parameter der Variablen mit unseren Ausführungen vereinbart werden. Wir hoffen mit unserer Selektion von Effekten wenigstens eine mit geringen Schwierigkeiten ausbaubare theoretische Basis zusammengetragen zu haben, wobei die Selektion der Effekte durch die in der Literatur mit "Ausbeutung" in Zusammenhang gebrachten Sachverhalte bestimmt wurde.

6) Vgl. dazu zum Beispiel R.H. Strahm, Kriterien zur Beurteilung des Entwicklungseffekts von Privatinvestitionen in Entwicklungsländern, in: Les investissements privés suisses dans le tiers monde, Institut Universitaire de Hautes Etudes Internationales, Genf 1971, S. 60 ff.; A.J. Halbach, Theorie und Praxis der Evaluierung von Projekten in Entwicklungsländern. Eine Bestandesaufnahme, München 1972.

7) Vgl. G. Myrdal, Ökonomische Theorie und unterentwickelte Regionen, Stuttgart 1959.

Wenn im folgenden nicht nur die Effekte des Kapitalexports im importierenden Entwicklungsland, sondern auch die Effekte im exportierenden Industrieland dargestellt werden, so liegt diese Tatsache einerseits darin begründet, dass in der marxistischen Literatur häufig auf vorteilhafte Wirkungen der Kapitalexporte im exportierenden Industrieland verwiesen wird, so dass eine Abhandlung dieser Effekte aus bürgerlicher Sicht durchaus angezeigt erscheint. Anderseits verbindet auch Galtung (8) Ausbeutung ausdrücklich nicht mit ungleichem Austausch, sondern mit asymmetrischen nationalen und internationalen Effekten der Wirtschaftsbeziehungen. Zeitigen Kapitalexporte nun einseitige Wirkungen im Kapitalexportland, geringere Effekte im Importland, so ist nach Galtung der Tatbestand der Ausbeutung erfüllt. Deshalb ist auch wegen Galtungs These eine Untersuchung einiger Effekte im Kapitalexportland vonnöten.

52 Formen des Kapitalexports in die Entwicklungsländer

Es ist üblich, die Formen des Kapitalexports einmal nach ihrem Träger in staatlichen und privaten Kapitalexport zu unterteilen. Mit der Existenz internationaler Organisationen zur Entwicklungsfinanzierung ist allerdings eine Mischform aufgekommen, die sich nicht mehr in das althergebrachte Schema eingliedern lässt. Einen fruchtbaren Ansatz zur Beurteilung der Effekte des Kapitalverkehrs scheint jedoch die Klassifikation nach Funktionen anstelle von Trägern zu bieten (9). Es lassen sich vier Formen unterscheiden.

a) Erstens kann der Kapitalexport in seiner klassischen Form als Portfolio-Transaktion vorgenommen werden. Diese Form gewährt dem Kapitalimporteur volle

8) Vgl. Galtung, Theorie, 40 ff., 74 ff.

9) Vgl. H. Jürgensen, Die Funktionen des Kapitalimports für Entwicklungsländer, in: Probleme der Finanzierung von Investitionen in Entwicklungsländern, Schriften des Vereins für Socialpolitik Neue Folge Band 16, Berlin 1959, S. 60 f. (im folgenden zitiert als "Jürgensen, Funktionen"); F. Pazos, The Role of International Movements of Private Capital in Promoting Development, in: J.H. Adler (Hrsg.), Capital Movements and Economic Development, London/Melbourne/Toronto/New York 1967, 186 f.; Guth, Kapitalexport, 31 ff.

Dispositionsfreiheit über die Verwendung, während sich der Kapitalexporteur eine möglichst hohe Rendite verspricht. Der Erwerb festverzinslicher ausländischer Wertpapiere sowie der Kauf von Aktien, der infolge seines geringen Umfangs keine Kontrolle des Unternehmens erlaubt, stellen die wichtigsten Arten dieser Kapitalexportform dar, die in der Gegenwart im Rahmen des privaten Kapitalverkehrs allerdings von nur geringer Bedeutung mehr ist (10). Die unstabilen politischen Verhältnisse sowie die Wechselkursrisiken dürften die Hauptgründe für das Versiegen dieser Finanzierungsquelle sein; denn nur bei Vermeidung dieser beiden Unsicherheitsfaktoren sind nach Zinsdifferenzen sich ausrichtende Kapitalströme in grösserem Ausmass zu erwarten.

b) Zweitens nehmen Kapitalexporte die Form von Direktinvestitionen an. Sie sind durch die Kontrolle, die der Kapitalexporteur über seine Beteilung an Kapital und Management ausübt, gekennzeichnet. Der Erwerb und die Beteiligung an bestehenden sowie die Gründung von Unternehmen durch ausländisches Kapital fallen in diese Kategorie des Kapitalexports, die in ihrer Bedeutung die frühere Rolle der Effektenanlagen (Portfoliotransaktionen) übernommen hat (11). Nur Teile der Direktinvestitionen erscheinen in der Zahlungsbilanz, da Selbstfinanzierung oder Kreditaufnahme an lokalen Märkten durchaus üblich sind (12).

c) Drittens gibt es Kapitalexporte, die entweder wie Effektenanlagen durch öffentliche Anleihen aufgebracht oder staatlich verteilt werden, jedoch wie Direkt-

10) Zur Verteilung des Kapitalexports DAC-Staaten in die Entwicklungsländer auf die einzelnen Formen des Kapitalexports vgl. T. Gardlund, Främmande Investeringar i u-land, Stockholm 1968, S. 44. Zitiert nach Södersten, Economics, 446, der die Tabelle für 1956-1966 daraus entnommen hat.

11) Eine Ausnahme bilden die Vereinigten Staaten von Amerika, bei denen die Direktinvestitionen seit jeher die Effektenanlagen an Bedeutung wesentlich überragt haben. Vgl. W. Krause, International Economics, Boston 1965, S. 464. Für eine eingehende Analyse der Gründe der globalen Schwerpunktverlagerung von Portfolio-Kapitalexporten zu Direktinvestitionen vgl. Guth, Kapitalexport, 34 ff.

12) Vgl. Södersten, Economics, 456; für empirische Angaben vgl. G. Grosche/R. Lehmann-Richter, Die Gewinne aus deutschen Direktinvestitionen in Entwicklungsländern. Eine empirische Untersuchung unter besonderer Berücksichtigung der reinvestierten Gewinne, Düsseldorf 1970 (im folgenden zitiert als "Grosche/ Lehmann-Richter, Gewinne").

investitionen projektgebunden sind. Dispositionsfreiheit über die Verwendung seitens des Importlandes besteht nicht. Die staatliche Entwicklungshilfe in Form von Geschenken oder rückzahlbaren Krediten nimmt zu einem beträchtlichen Teil diese Form des Kapitalexports an.

d) Viertens geschieht der Kapitalexport auch durch sog. Lieferanten- oder Exportkredite. Die Verschärfung des internationalen Wettbewerbs hat dazu geführt, dass der früher kurz- oder mittelfristige Lieferantenkredit dank staatlicher Förderung langfristige Formen angenommen hat. Sobald eine grössere Anzahl der in Frage kommenden Lieferstaaten dieses Instrument des Kapitalexports ähnlich ausgestaltet hat, erhalten die Kapitalimportländer indirekt wieder Dispositionsfreiheit über die Verwendung des Kapitalimports.

53 Effekte des Kapitalexports im importierenden Land

531 Zahlungsbilanzeffekte

Der autonome Kapitalexport zeitigt Auswirkungen auf die autonome Zahlungsbilanz des Kapital importierenden Landes. Als autonom werden jene Transaktionen bezeichnet, die ohne Rücksicht auf die jeweilige Situation der Zahlungsbilanz im betreffenden Land vorgenommen werden (13). Indem "Kapitalexport" für unsere Zwecke als Kaufkraftübertragung für Investitionszwecke definiert wurde, ist er immer Bestandteil des gesamten autonomen Kapitalexports eines Landes. Der Kapitalimport bewirkt zunächst einen Überschuss der Zahlungsbilanz. Es fragt sich jedoch, ob nicht Rückwirkungen entstehen, die auf einen Ausgleich oder sogar ein Defizit der Zahlungsbilanz im Kapitalimportland hintendieren. Grundsätzlich wäre dies denkbar im Bereich der Kapitalverkehrsbilanz durch

13) Rose, Theorie, 18. Im folgenden werden wir bei autonomen Kapitalexporten und -importen, autonomer Zahlungsbilanz und autonomen Transaktionen überhaupt "autonom" weglassen; hingegen werden nicht-autonome, induzierte Kapitalexporte sowie die Gesamtbilanz als Summe der autonomen und induzierten Transaktionen ausdrücklich als solche gekennzeichnet.

Kapitalexporte sowie im Bereich der Leistungsbilanz durch Erhöhung der Güterimporte und vermehrte Transfers von Kapitalerträgen.

Falls die in Zusammenhang mit dem Kapitalimport zugeflossenen Devisen eine Vergrösserung der Geldmenge im Kapitalimportland hervorrufen, kann über eine Lockerung der Zinssätze und das damit entstehende internationale Zinsgefälle eine Tendenz zu den Devisengewinn ausgleichenden Kapitalexporten Platz greifen. Nicht zufällig wählten wir diese bedingte Formulierungsweise, da seit dem Verlassen der Pfade der Goldkernwährung die Zentralbank nicht mehr zu einer Expansion der Geldmenge im entsprechenden Umfang verpflichtet ist; ebensowenig ist die Kontraktion der Geldmenge im Kapital exportierenden Land gewiss. Die Ausgleichswirkungen im Bereich der Kapitalverkehrsbilanz sind somit heute unbestimmt.

Hingegen sind weitergehende theoretische Aussagen über die Auswirkungen auf die Leistungsbilanz möglich (14). Die Theorie des klassischen Transfermechanismus untersucht die Rückwirkungen auf die Leistungsbilanz unter den Annahmen der Vollbeschäftigung der Produktionsfaktoren und der Übereinstimmung von geplanter Ersparnis mit geplanter Investition, so dass der Kapitalexport nur durch eine Kontraktion der Konsum- oder Investitionsausgaben finanziert werden kann. Im Gegensatz dazu sind beim Keynes'schen Transfermechanismus in der Variante von Metzler (15) Horte, Unterbeschäftigung sowie Multiplikatorprozesse zugelassen; angenommen werden konstante Preise, Zinssätze, Wechselkurse, so dass Produktion, Einkommen und Beschäftigung durch die Gesamtnachfrage nach der Produktion bestimmt sind. Weiter wird vorausgesetzt, dass der Kapitalexport nicht durch Verzicht auf Käufe von Auslandgütern finanziert werden kann, sondern dass entweder enthortet oder die Ausgaben für Inlandsprodukte verringert werden müssen. Diese letzte Voraussetzung wird in Johnsons Fassung (16) des Transfermechanismus fallen gelassen, so dass die

14) Vgl. für das Folgende Rose, Theorie, 172 ff.

15) Vgl. L.A. Metzler, Das Transferproblem in neuer Sicht, in: K. Rose (Hrsg.), Theorie der internationalen Wirtschaftsbeziehungen, Köln/Berlin 1965, S. 267 ff.

16) Vgl. H.G. Johnson, The Transfer Problem and Exchange Stability, in: Journal of Political Economy, 1956 (Band 64) S. 212 ff. Wiederabgedruckt in: H.G. Johnson, International Trade and Economic Growth, London 2. Aufl. 1961, S. 169 ff.

klassische Konzeption wie auch das Modell von Metzler als Spezialfälle enthalten sind (17). Das Ergebnis dieses Zwei-Länder-Modells dient als Ausgangspunkt unserer Erörterung der Zahlungsbilanzeffekte. Die Effekte, die sich im Rahmen von Johnsons Modell ergeben, werden als Effekte im engeren Sinn bezeichnet. Die zusätzlichen Wirkungen infolge der Aufgabe der Modellvoraussetzungen sowie weitere allfällige Nebeneffekte sind ebenfalls zu berücksichtigen, so dass wir dann von Effekten im weiteren Sinne sprechen werden.

Johnsons Modell ergibt in der Formulierung von Rose (18) die folgende Änderung ΔZ_2 des Saldos der Zahlungsbilanz im Kapitalimportland:

$$\Delta Z_2 = [g_1' + g_2' - (\frac{g_1}{h_1} h_1' + \frac{g_2}{h_2} h_2' + 1)] \cdot \frac{h_1 h_2}{h_1 h_2 + h_1 g_2 + h_2 g_1} \quad \Delta T$$

Dabei steht ΔT für die Änderung des Kapitalexports – bei Kapitalimporten nimmt ΔT einen negativen Wert an – g_1 und g_2 stehen für die marginalen Importquoten im Kapitalexportland (g_1) und Kapitalimportland (g_2); g_1' und g_2' stehen für das Verhältnis zwischen Import- und Gesamtausgabenänderung, das unter bestimmten Bedingungen (19) mit den Importquoten grössengleich sein kann; h_1 und h_2 stehen für die marginalen Hortungsquoten, während h_1' und h_2' das Verhältnis zwischen Hortungs- und Gesamtausgabenänderung symbolisieren (20). Wenn

$$g_1' + g_2' = \frac{g_1}{h_1} h_1' + \frac{g_2}{h_2} h_2' + 1$$

17) Johnsons Modell enthält auch die Analyse des Transfermechanismus von J.E. Meade, The Balance of Payments, London/New York/Toronto 1951. Vgl. Rose, Theorie, 184 f.

18) Rose, Theorie, 183.

19) Vgl. Rose, Theorie, 173.

20) Bei marginalen Investitionsquoten mit dem Wert Null können h und h' durch die marginalen Sparquoten s und s' ersetzt werden. Rose, Theorie, 183.

hat die Änderung des Saldos der Zahlungsbilanz den Wert null, das heisst, ihr Zustand wird durch den Kapitalimport nicht tangiert. Wenn

$$g'_1 + g'_2 > \frac{g_1}{h_1} h'_1 + \frac{g_2}{h_2} h'_2 + 1$$

erhält ΔZ_2 einen negativen Wert (21) – denn bei Kapitalimporten ist ΔT ja negativ –, so dass der durch den Kapitalimport verursachte Überschuss in der Kapitalverkehrsbilanz durch die Rückwirkungen auf die Leistungsbilanz sogar überkompensiert wird. Umgekehrt wird bei

$$g'_1 + g'_2 < \frac{g_1}{h_1} h'_1 + \frac{g_2}{h_2} h'_2 + 1$$

eine aktivierende Veränderung der Zahlungsbilanz im Ausmass von ΔZ_2 stattfinden (21). Unter der Annahme, dass Import und Hortung durch den Kapitalimport wie durch eine Änderung des Einkommens beeinflusst werden, sind $h = h'$ und $g = g'$, wodurch ΔZ_2 ausser in dem Fall $h = 0$ immer positiv sein muss. Ferner fällt auf, dass im Falle von $h_1 = 0$, also bei einer marginalen Hortungsquote gleich null, die Zahlungsbilanz durch den Kapitalimport ebensowenig eine Änderung erfährt wie bei $h_2 = 0$, wenn im Kapitalimportland die marginale Hortungsquote den Wert null aufweist.

Wir nehmen nun an, dass durch den Kapitalexport im Kapitalimportland keine Horte gespiesen werden ($h'_2 = 0$). Bei den heute vorherrschenden Kapitalexportformen der Direktinvestitionen, Projekt- und Lieferantenkredite dürfte dies eine durchaus realistische Voraussetzung sein. Ferner erachten wir die Annahme einer starken Ausweitung der Warenimporte im Kapitalimportland (also einen Wert nahe bei 1 oder sogar über 1 für g'_2) als wirklichkeitsnahe beim immensen Importbedarf der Entwicklungsländer. Für das Kapital exportierende Land soll zunächst die Unmöglichkeit einer Finanzierung des Kapitalexports durch die Geld-

21) Bei $h_1 \neq 0$ und kumulativ $h_2 \neq 0$.

schöpfung und Enthortung angenommen werden ($h'_1 = 0$). Bei der Kombination dieser Voraussetzungen ergibt sich der Fall

$$g'_1 + g'_2 > \frac{g_1}{h_1} h'_1 + \frac{g_2}{h_2} h'_2 + 1$$

Der Überschuss in der Kapitalverkehrsbilanz wird durch den Effekt auf die Leistungsbilanz überkompensiert. Variiert man die letzte der drei Voraussetzungen in dem Sinne, dass eine teilweise oder sogar ganze Finanzierung des Kapitalexports durch Enthortung unterstellt wird (also h'_1 zwischen den Werten Null und Eins), so schwächt sich die Defizittendenz ab, da die einen Expansionsprozess im Kapitalexportland entfesselnden Multiplikatorwirkungen entsprechend der marginalen Importquote im Kapitalexportland zusätzliche Exporte des Kapitalimportlandes induzieren. Der modifizierende Einfluss der marginalen Importquote (g_1) des Kapitalexportlandes auf den Zahlungsbilanzeffekt wird mit der Unterscheidung von inlands- und auslandsbezogenen Investitionen im Kapitalimportland greifbar (22). Mit auslandsbezogenen Investitionen sind Investitionen im Exportsektor gemeint, während bei Inlandbezogenheit für die Produkte ein Markt im Kapitalimportland selber besteht.

Bei inlandsbezogenen Investitionen neigt die Zahlungsbilanz des Kapital importierenden Entwicklungslandes infolge fehlender zusätzlicher Exporte (23) zu Defiziten. Dies ist jedoch nicht der Fall, wenn mit der inlandsbezogenen Produktion ein Importsubstitutionseffekt verbunden ist. Die Zahlungsbilanz des Entwicklungslandes aktiviert sich dann tendenziell. Allerdings hat auch die inlandsbezogene, nicht-importsubstitutive Produktion einen indirekten Effekt zur Reduzierung der Importe; denn die effektive Nachfrage nach der neuen Produktion entzieht der Nachfrage nach anderen Gütern und mithin auch nach

22) Die Unterscheidung zwischen inlands- und auslandsbezogenen Investitionen stammt aus Jürgensen, Funktionen, 60 f.

23) Die Exporte des Entwicklungslandes schlagen sich in der aus Johnsons Zweiländermodell entnommenen Formel im Faktor g_1, der marginalen Importquote des Kapitalexportlandes, nieder.

Importen Kaufkraft (24). Falls jedoch erstens die Geldschöpfung eine zusätzliche effektive Nachfrage ohne Reduktion der bisherigen Nachfrage nach den übrigen Gütern erlaubt, greift auch diese indirekte Importsubstitution nicht Platz. Die Inflationsraten in den Entwicklungsländern sprechen für diese Variante. Zudem erzielen zweitens die Infrastrukturinvestitionen keine Importsubstitutionseffekte, da sie keine Güter liefern, die anderen Produkten Kaufkraft entziehen. Auch in diesen Fällen werden die Defizittendenzen der Zahlungsbilanz verschärft.

Eine aktivierende Tendenz haben entsprechend dem Zweiländermodell auslandsbezogene Investitionen, da sie über Exportsteigerungen zusätzliche Devisen einbringen. "Foreign investments, especially direct investments, are frequently directed toward the creation or expansion of exports production and export trade. This motive, a characteristic feature of former colonial regimes, still determines many foreign investment projects" (25). Für die auslandsbezogenen Investitionen lässt sich jedoch nur bei unvollständiger Betrachtung der Ablaufprozesse eine Aktivierungstendenz der Zahlungsbilanz feststellen. Denn Johnsons Modell, das auch hier den Ausgangspunkt der Überlegungen bildete, berücksichtigt ja nur die Auswirkungen des ursprünglichen Kapitaltransfers und abstrahiert von den Amortisations-, Zins- und Gewinnzahlungen vollständig. Der private Kapitalexport zieht aber auslandsbezogene Investitionen unter anderem gerade deshalb vor, weil der Transfer der Rückzahlungen gesichert ist. Einerseits wird dieses Selektionsmotiv (26) zu Investitionen führen, die kaum auf die Bedürf-

24) Vgl. A.E. Kahn, Investment Criteria in Development Programs, in: Quarterly Journal of Economics, February 1951, zitiert nach: R. Nurkse, Problems of Capital Formation in Underdeveloped Countries, Oxford 10. Aufl. 1966, S. 137 f. (im folgenden zitiert als "Nurkse, Problems").

25) H. Bachmann, The External Relations of Less-Developed Countries. A Manual of Economic Policies, New York/Washington/London 1968, S. 81. Vgl. auch Guth, Kapitalexport, 49, 93.

26) Vgl. die Kriterien für die Auswahl von Investitionen in Guth, Kapitalexport, 96 ff. Die mit Kapitalexport finanzierten Investitionen müssen insgesamt devisenbringend sein, nicht hingegen jede einzelne. "Insgesamt" meint nicht nur verschiedene Investitionen, die gleichzeitig getätigt werden, sondern umfasst eine längere Zeitspanne, während der der Entwicklungsprozess einen strukturellen Ausgleich der Zahlungsbilanz herbeiführen kann. Diese Normen gelten bei der Zielsetzung eines Ausgleichs der Zahlungsbilanz.

nisse des Entwicklungslandes abgestimmt sind; anderseits zeitigen die Rücktransfers eine Passivierung der Zahlungsbilanz, die sich als zusätzlicher Engpassfaktor im Entwicklungsprozess herausstellt.

Es ist deshalb nun auf die Modifikationen des bisher erörterten Zahlungsbilanzeffekts im engeren Sinne einzugehen, die sich durch Aufgabe der Modellvoraussetzungen ergeben. Nach der Aufhebung der Voraussetzung konstanter Preise wird vom Zweiländermodell zu multilateralen Beziehungen übergegangen und schliesslich auch der Einfluss der Amortisations-, Zins- und Gewinnzahlungen erörtert.

Wenn man die Voraussetzung konstanter Preise aufgibt, so verschärft sich insbesondere bei auslandsbezogenen Investitionen die Möglichkeit zur Passivierung der Zahlungsbilanz. Wie bei der Erörterung der Realaustauschverhältnisse ersichtlich wurde, bestehen bei vielen Primärgütern gute Argumente für eine inelastische Nachfrage. Infolgedessen werden auslandsbezogene Investitionen im Primärsektor über steigende Angebotsmengen zu fallenden Preisen und damit fallenden commodity terms of trade führen, die den Devisenerlös auch für die in inländischem Besitz befindliche Produktion verringern. Bei auslandsbezogenen Investitionen und inelastischer Güternachfrage kann der Fall des "immiserizing growth" sehr leicht Wirklichkeit werden, indem die primären Effekte durch einen sekundären Preiszerfall überkompensiert werden. Rechnet man auch diese sekundären, von Johnsons Modell nicht erfassten Nebenwirkungen zu den Zahlungsbilanzeffekten im weiteren Sinne, so ist langfristig für die auslandsbezogenen Investitionen eine Passivierung der Zahlungsbilanz im Entwicklungsland sehr wahrscheinlich, während inlandsbezogenen Investitionen eine Zahlungsbilanzeffekt eigen ist, der im Falle importsubstitutiver Produktion trotz Rücktransfers weit weniger eine passive Zahlungsbilanz erwarten lässt. Bei inlandsbezogenen Investitionen mit sich nicht für Importsubstitution eignender Produktion hingegen scheinen die zu erwartenden Wirkungen ähnlich zu sein wie bei auslandsbezogenen Investitionen, ausser dass die Möglichkeit fallender commodity terms of trade wegfällt.

Unsere Schilderung der Zahlungsbilanzeffekte betrifft in erster Linie die Kapitalexportpolitik, wie sie bisher gehandhabt wurde. Die Passivierungstendenz der

Zahlungsbilanz ist nicht eine in jedem Fall notwendige Konsequenz des Kapitalimports. Bei einer vermehrten Berücksichtigung der Entwicklungsbedürfnisse der Dritten Welt – unter anderem durch Investitionen in Sektoren mit preis- und einkommenselastischer Nachfrage, vermehrte Reininvestitionen statt Kapitaltransfers, niedrig verzinsliche Kredite – und einem während des Entwicklungsprozesses stetig fliessenden Kapitalzustrom würde ein struktureller Ausgleich der Zahlungsbilanz durchaus in den Bereich des Möglichen rücken.

Eine weitere Modifikation der Modellergebnisse könnte sich daraus ergeben, dass man vom Zweiländermodell zur realistischeren multilateralen Betrachtungsweise übergeht. Doch da alle Güterimporte die Zahlungsbilanz belasten, gleich aus welchen Staaten sie stammen, erfährt der theoretische Zahlungsbilanzeffekt im Kapitalimportland keine Veränderung durch die Multilateralität.

Bei allen rückzahlbaren Kapitalimporten kommen zu dem bisher erörterten Zahlungsbilanzeffekt die Amortisationszahlungen, bei allen verzinslichen Kapitalimporten die Zinszahlungen sowie allfällige Gewinntransfers hinzu. Nur bei Geschenken bleibt der Zahlungsbilanzeffekt auf die durch den Transfermechanismus geschilderten Wirkungen beschränkt. Bei verzinslichem und rückzahlbarem Kapitalimport ist damit zu rechnen, dass allein schon die Zins-, Gewinn- und Tilgungszahlungen den autonomen ursprünglichen Kapitalimport übersteigen und derart auf die Zahlungsbilanzen sowohl der Industriestaaten als auch der Entwicklungsländer störend einwirken (27).

Eine kurzfristige Analyse zeigt natürlich ein ganz anderes Bild, indem die aktivierenden Tendenzen im Kapitalimportland überwiegen werden. Einen langfristigen Ausgleich zu den Defizittendenzen im Kapitalimportland könnte nur die von Guth geforderte "Gute Gläubigerpolitik" schaffen, die für das Kapitalexportland auf eine liberale Einfuhrpolitik zur Erzielung von Leistungsbilanzdefiziten tendiert (28). Bei den heute vorherrschenden Direktinvestitionen besteht

27) Vgl. E.D. Domar, The Effect of Foreign Investment on the Balance of Payments, in: The American Economic Review, December 1950, S. 805, der für niedrig verzinslichen öffentlichen Kapitalexport plädiert, um die Rückflüsse zu beschränken.

28) Vgl. Guth, Kapitalexport, 67 ff.

die Möglichkeit, die Gewinne im Kapitalimportland zu reinvestieren, so dass der Zahlungsbilanzeffekt mittelfristig demjenigen von Geschenken für Investitionszwecke gleichkommt. Auf jeden Fall ist während der Ausreifungszeit der Investitionen und damit letztlich auf weiten Strecken des Entwicklungsprozesses ein permanenter Kapitalzustrom notwendig, um die Passivierungstendenzen zu überbrücken, bis die Zahlungsbilanz strukturell ausgeglichen ist.

532 Einkommenseffekte

Der Kapitalimport wirkt sich nicht nur auf die Zahlungsbilanz, sondern auch auf das Sozialprodukt des Kapital importierenden Staates aus. Diese Wirkungen auf das Sozialprodukt kann man als Einkommenseffekt bezeichnen. Allgemein lässt er sich durch die Gleichung

$$\Delta Y = m \cdot \Delta T$$

beschreiben; ΔT steht wie im letzten Abschnitt für die Änderung im Kapitalimportvolumen, während m den Multiplikator bezeichnet. In Johnsons Modell nimmt der Multiplikator eine etwas komplexe Form an; denn die Gleichung dafür lautet

$$\Delta Y_2 = -\frac{1}{h_2}\left[[g'_1 + g'_2 - (\frac{g_1}{h_1} h'_1 + \frac{g_2}{h_2} h'_2 + 1)] \frac{h_1 h_2}{h_1 h_2 + h_1 g_2 + h_2 g_1} + h'_2 \right] \cdot \Delta T$$

welche sich zu

$$\Delta Y_2 = -\frac{1}{h_2}\,(\Delta Z_1 + h'_2\,\Delta T)$$

vereinfachen lässt (29).

29) Vgl. Rose, Theorie, 183.

Die Einführung der Änderung des Saldos der Zahlungsbilanz (ΔZ_1) im Kapitalexportland entsprechend der Formel aus dem letzten Abschnitt hebt zwar die augenfällige Trennung von Multiplikator und Kapitelexportvolumenänderung ΔT auf, macht die Formel jedoch einer ökonomischen Interpretation zugänglicher.

Es scheint vertretbar, eine Verwendung des Kapitalexports im Kapitalimportland zu Hortungszwecken auszuschliessen, also für h'_2 den Wert Null anzunehmen, so dass der ganze Ausdruck $h'_2 \cdot \Delta T$ Null wird. Für die marginale Hortungsquote im Entwicklungsland (h_2) schätzen wir einen geringeren positiven Wert. Nunmehr hängt es allein von der Änderung des Zahlungsbilanzsaldos im Kapitalexportland (ΔZ_1) ab, ob sich überhaupt ein expansiver Einkommenseffekt ergibt. Für ΔZ_1 erachten wir bei inlandbezogener, importsubstitutiver Verwendung des Kapitalimports einen negativen Wert als wahrscheinlich, weil eine aktive Zahlungsbilanz des Entwicklungslandes einen komplementären passiven Saldo im Industrieland impliziert. Ebenfalls ein negativer Wert scheint uns bei auslandbezogener Verwendung wahrscheinlich. In diesen beiden Fällen führt der Kapitalimport also zu einem expansiven Einkommenseffekt im engeren Sinne im Entwicklungsland. Im Falle von inlandbezogener, nicht-importsubstitutiver Verwendung hingegen führt ein Kapitalimport überraschenderweise sogar zu einer Kontraktion des Sozialprodukts im Entwicklungsland. Infrastrukturinvestitionen, die nur sekundär das reale Sozialprodukt erhöhen, sowie inlandbezogene Verwendung, die ihrer inflationären Verwendung wegen keinen Abzug von Kaufkraft aus anderen Verwendungen erzwingt, stellen die Konstellationen dar, in denen eine Kontraktion des Sozialprodukts möglich wird. Sie werden nicht allzu häufig sein, weil einerseits die Kapitalexporteure häufig eine auslandbezogene Verwendung vorziehen und anderseits bei inlandsbezogener Verwendung das Entwicklungsland seiner Devisenknappheit wegen auf eine importsubstitutive Verwendung achten wird.

Inwiefern ändern sich diese Ergebnisse, wenn die Voraussetzungen des Modells suspendiert werden, wir uns also dem direkten Einkommenseffekt im weiteren Sinne zuwenden? Die Annahme konstanter Preise und Zinsen ist als höchst unrealistisch anzusehen, nicht nur, weil in unterbeschäftigten Volkswirtschaften bei expansiver Beeinflussung infolge von "leads" und "lags" vorübergehende

Preissteigerungen unvermeidbar sind, sondern weil die Entwicklungsländer "Engpassvolkswirtschaften" (30) sind, die nur geringe Angebotselastizitäten und Flexibilität in der Umstellung der Produktionsstruktur besitzen. Deshalb sind bei erhöhter Gesamtnachfrage zur Vermeidung von Preiserhöhungen nur ungenügende Angebotsveränderungen die Folge. Der Einkommenseffekt im engeren Sinne wird somit geringer sein als der direkte Einkommenseffekt im weiteren Sinne, der partiell nomineller Natur ist. Aus dem Übergang vom Zweiländermodell zur multilateralen Betrachtungsweise scheinen sich keine grundlegenden Änderungen zu ergeben. Die zusätzlichen expansiven und kontraktiven Tendenzen mögen sich insgesamt etwa die Waage halten.

Viel wesentlicher ist die Modifikation, die durch die Einbeziehung vom Amortisations-, Zins- und Gewinnzahlungen sich aufdrängt. Zwar geht die ganze zusätzliche Wertschöpfung durch die Verwendung des Kapitalimports in das Inlandsprodukt zu Faktorenkosten ein (31). Doch dient ein beträchtlicher Teil der zusätzlichen Wertschöpfung der Abgeltung der ausländischen Produktionsfaktoren. Nur das nach den Rücktransfers verbleibende Ausmass der Wertschöpfung trägt zur Steigerung des Sozialprodukts bei, das im Vergleich zum Inlandsprodukt zu Faktorenkosten um den Saldo der Erwerbs- und Vermögenseinkommen zwischen In- und Ausland differiert. In allen drei unterschiedlichen Verwendungsarten des Kapitalimports ist infolgedessen der Einkommenseffekt im engeren Sinne um die Rücktransferbeträge zu vermindern. Allerdings erzeugen auch die Rücktransfers wieder Einkommenseffekte im Entwicklungsland (32), um die das bisherige Ergebnis nochmals zu korrigieren ist. In zeitlicher Hinsicht dürften diese Rücktransfers häufig erst einiges später stark in Erscheinung treten.

Der Kapitalexport in der Form von Direktinvestitionen hat ferner Konsequenzen, die nur indirekt auf das Sozialprodukt einwirken. Man kann annehmen, dass bei Direktinvestitionen der Kapitalexport nur das Mittel ist, um aus der

30) Guth, Kapitalexport, 123.

31) Vgl. Jürgensen, Funktionen, 62 f.

32) Entsprechend der Formel im Abschnitt 542, für deren Variablen jedoch andere Schätzungen zu treffen sind.

überlegenen eigenen Technologie und dem Management Vorteile zu ziehen (33). Auf der einen Seite findet derart eine Übertragung von Know-how in das Kapitalimportland statt, für die es nichts zu entrichten hat. Der Know-how ermöglicht eine Verbesserung der Produktionsfunktionen auf den vom Investitionsstoss unberührten Sektoren. Bisher wurden die Produktionsfunktionen als konstant unterstellt. Durch diesen Effekt erhöht sich der Produktionsausstoss und damit das reale Sozialprodukt. Die Relevanz dieses Effekts ist angesichts der Heterogenität der Entwicklungsländer kaum generell abzuschätzen. Es sei jedoch an das Bild der "dual economy" erinnert, das für eine geringe Diffusion des technischen Fortschritts spricht und somit nur einen schwach ausgeprägten einkommenssteigernden Effekt erwarten lässt. Dieser indirekten einkommenssteigernden Wirkung steht eine weitere Folge der Direktinvestitionen entgegen, die in die entgegengesetzte Richtung wirkt. Die Forschung, die das Kapitalexportland betreibt, um den Vorsprung in der Technologie beizubehalten, findet primär im Kapitalexportland statt und nicht dort, wo die Direktinvestitionen getätigt werden (34). Die Forschung im Kapitalimportland kommt in den Direktinvestitionsbereichen zum Erliegen, sofern sie überhaupt je existiert hatte. Dadurch wird das Land um alle stimulierenden und externen Effekte geprellt, die Forschungsaktivitäten üblicherweise mit sich bringen. Forschung und Entwicklung in den Entwicklungsländern sind heute gering, partiell möglicherweise infolge dieses Effekts, partiell auch bedingt durch das niedrige Einkommensniveau, das potentielle Produkte von Forschungsprogrammen nur selten lohnend erscheinen lässt. Langfristig, im Zuge des Entwicklungsprozesses, wird durch diesen hemmenden Effekt jedoch in den Entwicklungsländern der Erwerb sektoraler komparativer Vorteile verhindert.

533 Kapazitätseffekte

Seit den Wachstumsmodellen von Harrod und Domar wird den Investitionen ein Kapazitätseffekt im Sinne einer Erhöhung des Realkapitalbestandes zuge-

33) Vgl. Södersten, Economics, 456.

34) Vgl. Södersten, Economics, 456 f.

schrieben. Der Kapazitätseffekt wird definiert als die Zunahme des Sozialprodukts in der Zeit gleich der Investition multipliziert mit der Grenzproduktivität des Kapitals (35).

Da in Johnsons Modell konstante Preise, Zinsen und Wechselkurse vorausgesetzt werden, sind alle Grössen real, so dass jedem Einkommenseffekt im engeren Sinn ein Kapazitätseffekt zugeordnet ist. Bei gegebenen Produktionsfunktionen muss jedem realen Einkommenszuwachs auch ein Zuwachs an Realkapital entsprechen. Deshalb sind die Ausführungen im letzten Abschnitt über die inlands- und auslandsbezogene Verwendung des Kapitalimports auf die Ebene der Produktionskapazitäten übertragbar. Mit dem Einkommenseffekt ist jedoch nicht der ganze Kapazitätszuwachs erfasst, der durch den Kapitalimport im Inland stattgefunden hat; denn zur Berechnung des Einkommenseffekts wurde mit dem Sozialprodukt das Inländerprinzip angewendet. Der ganze inländische Kapazitätseffekt lässt sich jedoch erst durch das Inlandsprinzip ermitteln, indem das reale Inlandsprodukt als Grundlage genommen wird. Infolgedessen ist auch bei negativen Einkommenseffekten, gemessen am Sozialprodukt, ein die Produktionskapazitäten erweiternder Kapazitätseffekt, mit dem Inlandsprinzip als Massstab, denkbar.

Die Unterscheidung zwischen vollbeschäftigten und unterbeschäftigten Volkswirtschaften und ihre Konsequenzen auf die Kapazitätseffekte ist für die Entwicklungsländer von nur geringer Bedeutung, da Unterbeschäftigung, worin versteckte Arbeitslosigkeit eingeschlossen sein soll, ein chronischer Zustand dieser Volkswirtschaften ist. Immerhin sei auf den Fall hingewiesen, wo zugunsten der investiven Verwendung des Kapitalimports das inländische Investitionsvolumen entsprechend gekürzt wird: Der resultierende Kapazitätseffekt ersetzt dann nur den "entgangenen" Kapazitätseffekt der inländischen Investition, wenn ebenso produktive Investitionen vorausgesetzt werden. Im Falle höherer Produktivität der durch Kapitalimport finanzierten Investitionen resultiert auch dann ein Netto-Kapazitätseffekt.

35) $Y = \frac{1}{ß} \cdot J$, wobei ß der marginale Kapitalkoeffizient ist. Vgl. G. Bombach, Wirtschaftswachstum, in: Handwörterbuch der Sozialwissenschaften, Band 12 (Nachtrag), Stuttgart/Tübingen/Göttingen 1965, S. 776.

Bei nicht konstanten Preisen sind die nominalen Einkommensänderungen zu deflationieren, um Rückschlüsse auf die Produktionskapazitäten ziehen zu können. Suspendiert man die Voraussetzung gegebener Produktionsfunktionen, so werden zusätzliche Kapazitätserweiterungen als Nebeneffekte des Kapitalimports, insbesondere bei Direktinvestitionen, durch Übertragung von technischem und organisatorischem Know-how erfassbar.

54 Effekte des Kapitalexports im exportierenden Land

541 Zahlungsbilanzeffekte

Der Zahlungsbilanzeffekt im engeren Sinn, der für das Kapitalimportland im Rahmen von Johnsons Transfermodell ermittelt wurde, ist auf das Kapitalexportland mit umgekehrtem Vorzeichen übertragbar; denn bei einem Zweiländermodell bildet das Defizit in der autonomen Zahlungsbilanz des einen Staates das Aktivum der Zahlungsbilanz des anderen Staates. Deshalb kann man insofern auf die Ergebnisse des Abschnitts 531 zurückgreifen. Dort wurde festgestellt, dass bei einem Kapitalexport aus einem Industrie- in ein Entwicklungsland für das Kapitalimportland unter Einrechnung aller Partialeffekte wahrscheinlich ein Defizit zu erwarten ist. Dementsprechend wird die Zahlungsbilanz des Industrielandes aktiv sein. Diese grundsätzliche Bestimmung muss durch Einbeziehen der Unterscheidung zwischen inlands- und auslandsbezogenen Verwendungen des Kapitalimports modifiziert werden.

Auslandsbezogene Investitionen, also Investitionen im Exportsektor, wirken auf die Zahlungsbilanz des Kapitalexportlandes defizitär ein, während die inlandsbezogenen Investitionen, das heisst, Investitionen, für deren Produktion ein Markt im Kapitalimportland selber besteht, eher einen aktivierenden Einfluss auf die Zahlungsbilanz des Kapitalexportlandes zeitigen. Immerhin lässt sich insgesamt sagen, dass im Falle eines Kapitalexports aus einem Industriestaat in ein Entwicklungsland das entstandene Kapitalverkehrsbilanzdefizit zu einem Teil durch einen Leistungsbilanzüberschuss kompensiert oder in gewissen

Fällen sogar überkompensiert wird. Dies gilt bei langfristiger Betrachtungsweise unter Aufrechnung aller kurzfristigen Ungleichgewichte.

Die Ansicht liegt nahe, dass im Gegensatz zu den Effekten im Kapital importierenden Land bei dem Zahlungsbilanzeffekt im Kapital exportierenden Land der Übergang von der bilateralen Betrachtungsweise des Modells zur Multilateralität wesentliche Modifikationen mit sich bringt. Während auch unter multilateralen Bedingungen das Kapitalverkehrsbilanzdefizit infolge des Kapitalexports unverändert weiterbesteht, schwächt sich grundsätzlich die Leistungsbilanzverbesserung über induzierte Exporte ab; denn das Kapitalimportland wird nicht alle zusätzlichen Warenimporte aus dem Kapitalexportland beziehen, sondern auch Transaktionen mit Drittländern tätigen. Dieser Abschwächungseffekt kann aber durch die Kapitalexportformen der Lieferantenkredite, gebundenen Projektkredite sowie durch die entsprechende Ausgestaltung der Direktinvestitionen unterbunden werden; der Kapitalexport steht bei diesen Formen denn auch vielfach primär im Dienste der Exportförderung. Wenn die Kapitalexporte jedoch in einer Position struktureller Zahlungsbilanzüberschüsse getätigt werden, so verhalten sich die Zielsetzungen der Exportförderung und des Zahlungsbilanzausgleichs antinomisch, soweit die Warenimporte des Kapitalimportlandes nicht aus Drittländern bezogen werden (36). Die Abschwächungswirkung dürfte jedoch bei langfristiger Betrachtung in einer dynamischen Weltwirtschaft weitgehend aufgehoben werden; denn einerseits werden infolge der induzierten Einkommenserhöhungen in den Drittländern auch deren Importe aus dem ursprünglichen Kapitalexportland zunehmen und anderseits werden seine Warenexporte auch von den Einkommenswirkungen der Kapitalexporte von Drittländern profitieren. Wenn auch in jedem Einzelfall die Ergebnisse des Modells einer Korrektur zu unterziehen sind, als allgemeine, Tendenzen bezeichnende Aussagen über die Zahlungsbilanzeffekte im weiteren Sinn scheinen sie auch nach der Suspendierung der Modellvoraussetzungen korrekt.

36) Vgl. Guth, Kapitalexport, 67 ff.

542 Einkommenseffekte

Der kapitalexportinduzierte Einkommenseffekt im engeren Sinn ergibt sich wie beim Einkommenseffekt im Kapital importierenden Land durch Multiplikation des Kapitalexports mit dem Multiplikator. Dieser unterscheidet sich jedoch von dem im Kapitalimportland massgebenden Multiplikator. Johnsons Modell führt zur Einkommenseffektformel für das Kapitalexportland.

$$\Delta Y_1 = \frac{1}{h_1}\left[[g'_1 + g'_2 - (\frac{g_1}{h_1}h'_1 + \frac{g_2}{h_2}h'_2 + 1)]\frac{h_1 h_2}{h_1 h_2 + h_1 g_2 + h_2 g_1} + h'_1 \right] \cdot \Delta T$$

Vereinfacht kann man schreiben

$$\Delta Y_1 = \frac{1}{h_1} \quad (\Delta Z_1 + h'_1 \, \Delta T) \quad (37).$$

Je grösser die marginale Hortungsquote (h_1) im Kapitalexportland ist, desto geringer ist der Einkommenseffekt. Es ist einleuchtend, dass der Zuwachs des Sozialprodukts umso geringer ausfällt, je mehr Geld in Horten versickert statt sich in effektive Nachfrage zu verwandeln. Umgekehrt jedoch ist der Einfluss der Quote h'_1: Je mehr der Kapitalexport durch Enthortung finanziert wird, desto grösser ist der Einkommenseffekt. Auch dieser Zusammenhang ist durchaus einleuchtend, wenn man bedenkt, dass als Alternative zum Enthorten nur Konsum- oder Investitionsausgabensenkungen sich anbieten. ΔZ_1 als letzte Variable ist ebenfalls positiv mit Sozialproduktänderungen korreliert; doch ist wegen der komplexen Determiniertheit der Änderung des Zahlungsbilanzsaldos dieser Zusammenhang nicht mehr intuitiv einsehbar. Es sei nur darauf hingewiesen, dass bei einer umfangreichen Verwendung des Kapitalexports durch das Kapitalimportland für Güterimporte, also bei einem hohen Wert von g'_2, der Wert von ΔZ_1 hoch zu sein pflegt und somit tendenziell ein starker Einkommenseffekt bewirkt wird.

37) Vgl. Rose, Theorie, 183.

Anhand dieser theoretischen Zusammenhänge kann der Einkommenseffekt im engeren Sinn infolge eines Kapitalexports in ein Entwicklungsland aus einem Industriestaat konkretisiert werden. Die marginale Hortungsquote h_1 im Kapitalexportland dürfte nur gering sein. Gleichzeitig ist für ΔZ_1, wie wir im vorangegangenen Abschnitt gesehen haben, ein positiver Wert zu erwarten, insbesondere, weil g_2' bei Lieferantenkrediten, gebundenen Projektkrediten und bei Direktinvestitionen ein hoher Wert zukommen wird. Beide Annahmen sprechen für einen starken Einkommenseffekt im engeren Sinne. Wird nun zudem der Kapitalexport grösstenteils aus Enthorten finanziert, so wird diese Tendenz noch akzentuiert. Enthortung, also entweder Einsatz brachliegenden Kapitals oder Geldschöpfung, wird im Zustand der Unterbeschäftigung des Kapitalexportlandes wahrscheinlich sein; der kräftige Einkommenseffekt zeigt die Möglichkeit einer expansiven Beeinflussung des einheimischen Beschäftigungsgrades durch Kapitalexporte auf. Die Ausfuhren von Industriestaaten mit einem hohen Einfuhrbedarf bestehen "zu einem sehr hohen Prozentsatz aus Investitionsgütern, die in den unterentwickelten Ländern heute kaum mehr ohne irgendeine Form des gleichzeitigen Kapitalexports abgesetzt werden können" (38). In diesem Sinne kommt dem Kapitalexport die Eigenschaft eines Stabilisierungsfaktors zu, der zusätzlich zum beschriebenen Expansionseffekt einer Volkswirtschaft die Steuerung eines Kurses in Richtung Vollbeschäftigung erleichtert.

In einem anderen Lichte jedoch präsentiert sich die Sachlage, wenn bereits Vollbeschäftigung erreicht ist. Wird der Kapitalexport weder durch Enthortung noch durch Geldschöpfung finanziert, so bleibt nur eine Einschränkung der Investitions- oder Konsumausgaben übrig (39). Der Einkommenseffekt kompensiert dann den Einkommensrückgang infolge der inländischen Ausgabenverminderung. Wahrscheinlicher ist jedoch die Tendenz, trotz Vollbeschäftigung über den Geldschöpfungsmechanismus das Niveau der inländischen Ausgaben beizubehalten und zusätzlich die Kapitalexporte zu tätigen.

38) Guth, Kapitalexport, 50.

39) Von der Möglichkeit einer Finanzierung durch gleichzeitigen Kapitalimport soll abgesehen werden. Vgl. dazu Guth, Kapitalexport, 51 f.

Diesen Fall kann das auf Keynes'schen Voraussetzungen fussende Modell von Johnson nicht mehr erfassen. Vollbeschäftigung der Produktionsfaktoren schliesst einen anderen Wert als Null für h'_1 aus, während infolge der Finanzierung des Kapitalexports durch Geldschöpfung anstelle von Ausgabenreduktionen h'_1 gleichzeitig den Wert 1 haben sollte. Im Vollbeschäftigungszustand stösst das Modell an seine Grenzen, die nur durch Aufgabe seiner Voraussetzungen passierbar werden. Die Annahmen konstanter Preise und Zinsen werden deshalb aufgehoben. Der Einkommenseffekt im weiteren Sinn ist dann rein nomineller Natur; denn der Vollbeschäftigung wegen schlagen sich die zusätzlichen Expansionsimpulse in Preissteigerungen nieder. Die steigenden Preise zusammen mit den infolge des Expansionsprozesses induzierten Importen bewirken tendenziell eine defizitäre Änderung des Zahlungsbilanzsaldos und deshalb eine Kontraktion oder zumindest eine Einschränkung der Expansion des realen Sozialprodukts. Durch Geldschöpfung finanzierter Kapitalexport im Zustand der Vollbeschäftigung zu treiben, ist deshalb eine zweischneidige Angelegenheit (40). Auch im zuerst angetönten Fall, wo der Kapitalexport durch eine Ausgabenverminderung finanziert wird, ist eine Nachfrageumschichtung zu erwarten (41); denn Identität der kontraktiven und expansiven Faktoren anzunehmen, beträfe nur einen Grenzfall. Durch die Nachfrageverlagerungen ergeben sich Preisänderungen, welche über Änderungen der Realaustauschverhältnisse auf Zahlungsbilanz- und Einkommenseffekt einwirken. In einem Modell mit konstanten Preisen gehen diese Zusammenhänge verloren.

Wenn zusätzlich noch die Einschränkung des Modells auf zwei Länder aufgehoben wird, so scheint sich nichts Grundlegendes zu ändern. Einerseits werden die Effekte durch den Handel des Kapitalimportlandes mit Drittländern abgeschwächt, anderseits erfahren die Effekte über die Einkommenswirkungen in den Drittländern eine Verstärkung.

40) Die vom Standpunkt des Kapital exportierenden Landes aus beste Voraussetzung ist demnach neben einer aktiven Zahlungsbilanz ein struktureller Kapitalüberfluss. Doch, wie im vorangegangenen Abschnitt gezeigt wurde, ergibt sich auch bei der Erfüllung beider Voraussetzungen kein stabiles Gleichgewicht, da der Zahlungsbilanzausgleich durch die Effekte auf die Leistungsbilanz verhindert wird.

41) Vgl. K. Rössler, Die volkswirtschaftlichen Wirkungen des Kapitalexports in Entwicklungsländer dargestellt am Beispiel der Bundesrepublik Deutschland und Indiens, Diss. Freiburg 1963, S. 53 ff.

Zusammenfassend lässt sich feststellen, dass Industriestaaten mit Unterbeschäftigung durch Kapitalexport in die Entwicklungsländer einen starken Einkommenseffekt im weiteren Sinne erwarten dürfen, der sich bei inflationistischer Finanzierung im Zustand der Vollbeschäftigung jedoch in bloss nominale Einkommenssteigerungen verflüchtigt.

Je nach der Form des Kapitalexports, insbesondere je nach deren öffentlichem oder privatem Charakter, werden sich durch die Amortisations- und Zinszahlungen Kapitalrückflüsse ergeben. Wenn man von der Ursache dieser Kapitalrückflüsse absieht, so kann man sie als normale Kapitaltransfers behandeln, die nur in der umgekehrten Richtung abgewickelt werden. Infolgedessen entstehen wiederum über Multiplikationsprozesse Einkommenseffekte, die jenen entsprechen, die beim ursprünglichen Kapitalexport im Empfängerland Platz greifen. Diese waren unten in Abschnitt 532 Gegenstand eingehender Überlegungen. Sie sind insofern zu modifizieren, als bei Kapitalrückflüssen die marginalen Hortungs- und Importquoten und die anderen relevanten Faktoren entsprechend den veränderten Bedingungen in ihrer Grösse variieren. Der depressive Effekt, der zuweilen den Kapitalrückflüssen zugeschrieben wurde, scheint keineswegs allgemein vertretbar zu sein, da er ganz bestimmte Konstellationen voraussetzt. Ein depressiver Effekt ist weniger direkt durch den Einkommensmechanismus zu erwarten, als vielmehr indirekt durch Handelsrestriktionen, die die Entwicklungsländer infolge von Zahlungsbilanzschwierigkeiten einzuführen gezwungen sein könnten (42). Negative Multiplikatorprozesse in den Industriestaaten werden die Folge des Nachfragerückgangs nach ihren Exportprodukten sein, die allerdings bei Überbeschäftigungstendenzen in willkommener Weise abkühlend wirken werden.

Die indirekte Stimulierung von Exporten bei Direktinvestitionen, wie sie zu Ende des vorangegangenen Abschnitts erwähnt wurde, akzentuiert nicht nur die Tendenzen zu aktiven Zahlungsbilanzen in den Industrieländern, sondern auch die Einkommenseffekte. Zusätzliche Exporte führen wiederum zu einkommenserhöhenden Multiplikatorprozessen, die bei bereits bestehender Vollbeschäftigung in inflatorische Tendenzen ausarten.

42) Nurkse, Problems, 135.

543 Kapazitätseffekte

Unsere Frage geht nach den Rückwirkungen eines Kapitalexports in die Entwicklungsländer auf die Investition und damit den Realkapitalbestand im Kapitalexportland. Johnsons Modell setzt konstante Preise voraus und erfasst demnach nur reale Grössen. Infolgedessen entspricht bei gegebenen Produktionsfunktionen jedem realen Einkommenseffekt ein gleich grosser Kapazitätseffekt.

Von entscheidender Bedeutung für den Kapazitätseffekt ist die Beschäftigungslage. Bei Unterbeschäftigung entsteht insoweit ein Kapazitätseffekt, als die zusätzliche Auslandsnachfrage nach Exportgütern einer Produktionserweiterung ruft. Falls der Kapitalexport jedoch mit einer Verringerung der Inlandsinvestition und der inländischen Konsumausgaben im gleichen Ausmass erkauft werden muss, ergibt sich per Saldo keine Kapazitätserweiterung. Dies gilt ebenso bei Vollbeschäftigung, wo auch eine Finanzierung des Kapitalexports durch Geldschöpfung und in einer späteren Phase durch Zwangssparen über inflationäre Folgen eine Erhöhung der Gesamtkapazität verunmöglichen würde. Diese Zusammenhänge gelten nur bei einer langfristigen Betrachtungsweise.

55 Ausbeutung und Effekte des Kapitalexports in die Entwicklungsländer

Es sollen nun diejenigen bürgerlichen Ausbeutungsdefinitionen gesichtet werden, die im Zusammenhang mit dem Kapitalverkehr stehen, um sie unter Berücksichtigung der Analyse der erwähnten Kapitalexporteffekte zu beurteilen.

Die Ausbeutungsdefinition mit dem weitesten Spielraum gibt Penrose, die "Ausbeutung" in jenen Fällen erblickt, in denen "foreign interests use their superior and political or economic power to prevent the exploited country from making the most profitable use to itself of its own resources" (43). Nicht jede Auslandsinvestition ist demzufolge ausbeuterisch, sondern nur jene, deren Ertrag für den Investor den Minimalertrag übersteigt, bei dem die Investition gerade noch ge-

43) Penrose, Profit Sharing, 248.

tätigt worden wäre (44), so dass das Land, in dem die Auslandsinvestition getätigt wird, nicht den maximalen Gewinn aus der Nutzung seiner Ressourcen zieht. Eine Reihe von Autoren tönen die Möglichkeit von Ausbeutung durch Direktinvestitionen an, ohne die anderen Formen des Kapitalexports einzubeziehen. Södersten (45) gesteht bei allen Vorbehalten den Gebrauch des Ausbeutungsbegriffs bei Vorliegen unerwünschter Effekte von Direktinvestitionen im kapitalimportierenden Land zu. Kruse (46) und Klafkowski (47) erklären, dass Direktinvestitionen in Entwicklungsländern früher oft den "Stempel der Ausbeutung durch die wirtschaftlich weiter fortgeschrittenen Nationen" (46) trugen, während in der Gegenwart Ausbeutung der entwickelten Staaten durch Enteignungen häufiger würden. Ein allgemeines Kriterium, wann Ausbeutung vorliegt, wird nicht gegeben, wenn wir von den Enteignungen absehen. Man kann aus dem Zusammenhang schliessen, dass vermutlich Fälle mit extremen nachteiligen Auswirkungen für das Kapital aufnehmende Land anvisiert werden. In einem kritischen Kommentar zur Ausbeutungsdefinition von Penrose bemerkt Kindleberger (48), dass bei Direktinvestitionen die Konstellation oft einem bilateralen Monopol gleichkommt, und dass man nur in jenem, allerdings unwahrscheinlichen Fall von Ausbeutung sprechen könne, in dem einer der Beteiligten den ganzen Gewinn einzuheimsen in der Lage sei. Kindleberger wendet somit das Stackelberg-Kriterium der Ausbeutung auf Direktinvestitionen an. Kraus/Grosche/Lehmann-Richter haben sich ebenfalls zur Frage der Ausbeutung der Entwicklungsländer durch Direktinvestitionen geäussert (49), ohne jedoch den Begriff der Ausbeutung näher zu umschreiben. Ausbeutung scheint für sie dann vorzuliegen, wenn Direktinvestitionen für die Entwicklungsländer ausschliesslich nachteilige Effekte zur Folge haben. In diesem Sinne lehnen die Autoren dann eine generelle Ausbeutungsthese ab.

44) Penrose, Profit Sharing, 251

45) Södersten, Economics, 469 f.

46) Kruse, Aussenwirtschaft, 136 f.

47) Klafkowski, Theorie, 109 f., 114 f.

48) C.W. Kindleberger, Economic Development, 2. Aufl. New York etc. 1965, 334.

49) W. Kraus/G. Grosche/R. Lehmann-Richter, Ausbeutung der Entwicklungsländer durch Privatinvestitionen? , in: M. Bohnet (Hrsg.), Das Nord-Süd-Problem. Konflikte zwischen Industrie- und Entwicklungsländern, München 1971, S. 141 ff. (im folgenden zitiert als "Kraus/Grosche/Lehmann-Richter, Ausbeutung").

Beim Penrose-Kriterium der Ausbeutung ist nicht eindeutig, ob mit der gewinnbringendsten Ausnutzung der eigenen Ressourcen privatwirtschaftliche Gewinne oder "soziale Gewinne", bezogen auf ein irgendwie definiertes Gemeinwohl des betreffenden Landes, anvisiert werden. Im letzteren Fall liegt das entscheidende Problem darin, dass die Wertskala zur Messung des Gemeinwohls unbestimmt ist, sofern man nicht die Fiktion einer Interessenharmonie zu übernehmen geneigt ist. Der Einkommens- und der Kapazitätseffekt bieten auch keine Grundlage in dem Sinne, dass ihre Maximierung der besten Verwirklichung der Landesinteressen entspricht; denn die Durchführung von im privatwirtschaftlichen Sinne unproduktiven Infrastrukturinvestitionen schlägt sich in realen Grössen viel weniger darin nieder als privatwirtschaftlich gewinnbringende Investitionen. Der im Einzelfall als günstig zu bezeichnende Zahlungsbilanzeffekt ist ebenfalls nicht von vornherein gegeben: Auch wenn eine Interessenharmonie bezüglich eines langfristigen Zahlungsbilanzausgleichs plausibel ist, so wäre es unsinnig, von jedem einzelnen Kapitalimport einen langfristig neutralen Zahlungsbilanzeffekt zu erwarten. Vielmehr muss der Zahlungsbilanzeffekt jedes Kapitalimports in den Kontext der gesamten Zahlungsbilanzsituation eingeordnet werden. Die Effekte im Kapitalexportland sind hier irrelevant. Penroses Ausbeutungsdefinition im sozialen Sinne verstanden ist infolgedessen in Ermangelung eines Massstabes leer.

Nun lässt sich das Penrose-Kriterium auch privatwirtschaftlich interpretieren, eine Deutung, die unserer Erachtens eher den Intentionen von Penrose entspricht. Mit dieser Interpretation ist auch ein Beurteilungskriterium gegeben. Der reale Einkommenseffekt und der Kapazitätseffekt eines Kapitalimports stellen nun Massstäbe dar zur Beurteilung des "most profitable use" der eigenen Ressourcen; denn Rückzahlungen an Ausländer belasten das Sozialprodukt. Je grösser die Rückzahlungen sind, desto mehr verringert sich der reale Einkommens- und Kapazitätseffekt. Die Grenze zur Ausbeutung wird nach dem Penrose-Kriterium dann überschritten, wenn die Zahlungen an die Kapitalgeber jenes Minimum übertreffen, zu dem dieselbe Investition noch getätigt worden wäre; bei diesem Minimum würde der ganze, darüber hinausgehende Ertrag in das heimische Sozialprodukt eingehen. Das Penrose-Kriterium der Ausbeutung ist jedoch auch bei privatwirtschaftlicher Interpretation sehr unpräzise, da die Ermittlung der hypothetischen Minimalgewinngrenze kaum durchführbar ist. Im allgemeinen kann somit nicht entschieden werden, ob ein konkreter Fall zu den Designata dieses Ausbeutungsbegriffs zählt oder nicht. Zudem kann sich der Vergleich nur auf eine gegebene Verwendung des Kapitalimports und der Ressourcen beziehen; es wäre jedoch denkbar, dass bei einer anderen Verwendungsart auch privatwirtschaftlich gesehen ein gewinnbringenderer Einsatz möglich gewesen wäre (50).

Die Bemerkungen von Södersten, Kruse und Klafkowski zur Ausbeutung betreffen unerwünschte Effekte im Kapitalimportland durch Direktinvestitionen. In Ermangelung einer Grenzziehung zwischen erwünschten und unerwünschten Effekten, die die Direktinvestitionen in ausbeuterische und nicht-ausbeuterische Direktinvestitionen scheiden lassen, sind diese Bemerkungen leer. Eine Präzisierung wäre erst durch die Angabe von Bewertungskriterien möglich: Einerseits werden die Bewertungen schon dadurch variieren, ob die Effekte aus der Perspektive des Kapitalexport- oder -importlandes betrachtet werden. Die letztere Perspektive würde bei dem Entwicklungsproblem wohl als massgebend erachtet werden. Anderseits gewährleistet auch eine Beurteilung aus der Sicht des Kapitalimportlandes keine einheitliche Beurteilung; denn ganz abgesehen von einzelwirtschaftlich motivierten Massstäben werden auch bei einer Konkretisierung des gesamtwirtschaftlichen Entwicklungsziels Divergenzen auftreten, die ein und denselben Effekt als erwünscht oder unerwünscht erscheinen lassen.

Die Frage nach der Ausbeutung der Entwicklungsländer durch Kapitaltransaktionen ist demnach ganz eindeutig die Frage der Beurteilung empirischer Tatbestände durch Werturteile (51). Sie ist demnach keine mit den Mitteln empirischer Wissenschaft zu lösende Frage. Ihre Erörterung im wissenschaftlichen Kontext darf deshalb nur bei expliziter Konstatierung der Werturteile erfolgen, um nicht dem Missverständnis Vorschub zu leisten, dass die Ausbeutungsfrage ein mit wissenschaftlichen Mitteln zu lösendes Erkenntnisproblem ist. Hunter bringt

50) Dies ist trotz des Konkurrenzmechanismus ein durchaus nicht unwahrscheinlicher Fall, wenn man sich häufiger Kriterien von Direktinvestitionen entsinnt: Sicherung der Rohstoffversorgung, Sicherung des Devisenanfalls durch auslandsbezogene Direktinvestitionen.

51) Södersten, Economics, 467, weist auf die Relativität des Standpunkts hin.

denn auch völlig zu recht die Behauptung ausbeuterischer Rückzahlungsraten bei Direktinvestitionen mit der Frage der Gerechtigkeit in Verbindung. "The term 'exploitative rates of returns' . . . seems to involve some concept of a 'fair return' with greater earnings indicating exploitation" (52). Der Leser muss sich aufgrund seines Wertsystems ein eigenes Urteil bilden über die Erwünschtheit der Effekte von Kapitaltransfers; die Wissenschaft kann neben der informativen Analyse der Effekte diese Aufgabe nicht ebenfalls übernehmen.

Der Terminus "Ausbeutung" wird ferner hin und wieder beim Vergleich von Kapitalzuflüssen und Rückflüssen in Form von Amortisationen und Kapitalerträgen ins Spiel gebracht. Danach liegt Ausbeutung vor, wenn sich aus den Entwicklungsländern netto ein Kapitalabfluss in die Industrieländer ergiesst. Diese insbesondere in der Lateinamerika-Diskussion anzutreffende Kapitalstromargumentation scheint uns jedoch aus zwei Gründen fragwürdig zu sein. Erstens ist der Rückfluss eine Funktion der früheren Kapitalexporte, also des Bestandes an Forderungen, während der Zufluss abgesehen von den Reinvestitionen vom Bestand unabhängig ist, so dass die beiden Grössen nur schlecht vergleichbar sind. Zweitens bewirken die mit den Kapitalimporten in die Entwicklungsländer getätigten Investitionen häufig zusätzliche Exporte oder importsubstitutive Effekte, deren zusätzliche Devisenerlöse ebenfalls zu berücksichtigen wären. Die Kapitalstromargumentation ist eindimensional und lässt abgesehen von den Rücktransfers alle anderen Effekte des Kapitalexportes in den Entwicklungsländern ausser Betracht. Es ist ferner zu beachten, dass langfristig bei Bestehen von Zins- und Gewinntransfers neben Amortisationszahlungen der aus Zufluss und Abfluss sich ergebende Saldo notwendig für die Entwicklungsländer negativ wird. Die in der Kapitalstromargumentation vorgebrachte Ausbeutungsthese negiert also Zins und Profit (53), ein Charakteristikum marxistischer Theorie, der wir uns im folgenden Abschnitt zuwenden werden.

52) J.M. Hunter, Long-term Foreign Investment and Underdeveloped Countries, in: The Journal of Political Economy, 1953, S. 22.

53) Vgl. dazu für die Sachlage bei Realeinkommenstransfers Schäfer, Imperialismusthesen, 26.

6 Aussenwirtschaft und Ausbeutung in marxistischer Perspektive

61 Einführung

Während in den bürgerlichen Ausbeutungsthesen die explizite Systembezogenheit vielfach fehlt und man sie deshalb aus dem Kontext erschliessen muss – es ergibt sich meistens Systemneutralität –, präsentieren sich diese Zusammenhänge in der marxistischen Optik grundsätzlich anders. Die Systembezogenheit der Ausbeutung durch internationale Wirtschaftsbeziehungen bildet in der Form der Imperialismustheorien eine zentrale These der marxistischen Analyse. Die isolierte Betrachtung der kapitalistischen hochentwickelten Staaten würde wesentliche Folgen des Kapitalismus verdecken, die erst durch eine integrative Betrachtung des Kapitalismus in der Weltwirtschaft offenbar werden.

Die dem gegenwärtigen Kapitalismus inhärente Tendenz zum Imperialismus manifestiert sich unter anderem in den ökonomischen Austauschbeziehungen zwischen den Staaten, die eine Fortsetzung der Ausbeutung über die Landesgrenzen hinaus ermöglichen. Die in Frage stehende Ausbeutung setzt keineswegs einen Kolonialstatus der ausgebeuteten Tauschpartner voraus. "Es handelt sich um eine Ausbeutung, die sich keinerlei politischer Druckmittel bedienen muss, ja, die nicht einmal beabsichtigt ist, sondern sich einfach kraft der im Kapitalismus wirkenden ökonomischen Gesetze vollzieht" (1).

Der Zusammenhang zwischen dem marxistischen Kapitalismusverständnis und imperialistischer Ausbeutung bildet den Gegenstand der Ausführungen dieses Abschnitts. Dementsprechend werden die sich auf Marx berufenden Imperialismustheorien unterteilt in erstens solche, die den Imperialismus als permanente, notwendige Begleiterscheinung des Kapitalismus, gewissermassen als seine ganze Existenzbedingung auffassen; zweitens solche, die im Imperialismus eine bestimmte Phase des Kapitalismus erblicken; und drittens solche, die neueren öko-

1) Rosdolsky, Entstehungsgeschichte I, 362.

nomischen und politischen Entwicklungen Rechnung tragen und den Imperialismus als Absicherung des kapitalistischen Systems auffassen. Diese Vielfalt der marxistischen Theorien – sie wird bei weitem nicht vollständig erfasst – wurde dadurch möglich, dass sich bei Marx selber keine ausgearbeitete Imperialismustheorie findet, sondern zu dieser Thematik nur verstreute Bemerkungen vorliegen. Im nachfolgenden Abschnitt 62 wird kurz auf die Grundlagen der Imperialismustheorien bei Marx und Engels eingegangen. Der Fortführung der marxistischen Theorie stand durch diese Lücke ein nicht unbedeutender Spielraum offen, ohne dass der marxistische Ökonom sogleich, als Häretiker gebrandmarkt, in die Schusslinie der Orthodoxie zu geraten brauchte. Die Imperialismustheorien können jedoch nicht nur auf Marx zurückgeführt werden, sondern, in noch rudimentäreren Ansätzen, sogar auf Hegel (2).

In allen drei von uns unterschiedenen Varianten der Imperialismustheorien gehen wir von der Imperialismuthese als solcher aus, um dann den Begriff und die Funktion der involvierten Ausbeutung zu isolieren und einer kritischen Würdigung zu unterziehen. Die Imperialismustheorien werden nur insoweit kritisch untersucht, als dies vom Standpunkt der Ausbeutungsfrage aus geboten erscheint.

In terminologischer Hinsicht ist erstens zu bemerken, dass mit "Dritte Welt" oder gleichbedeutend "Entwicklungsländer" nur die unterentwickelten Nationen mit kapitalistischem Wirtschaftssystem gemeint sind. Von den sozialistischen Ländern wird völlig abgesehen. Das Gleiche gilt für die hochentwickelten Industrienationen. Wir folgen damit dem üblichen Sprachgebrauch in der marxistischen Literatur. Vereinzelt wird darauf hingewiesen, dass auch für sozialistische Länder dasselbe gilt, soweit sie zu Weltmarktbedingungen internationale Austauschbeziehungen unterhalten (3). Die praktische Grenzziehung zwischen sozialistischen und kapitalistischen Nationen soll uns nicht weiter beschäftigen, da sie

2) Vgl. G.W.F. Hegel, Grundlinien der Philosophie des Rechts. . . . Hg. v. Johannes Hoffmeister, 4. Aufl. Hamburg 1955, § 246, S. 202. Hinweis aus: Seiffert, Einführung II, 218.

3) Vgl. E. Mandel, Die Marxsche Theorie der ursprünglichen Akkumulation und die Industrialisierung der Dritten Welt, in: Folgen einer Theorie, Essays über "Das Kapital" von Karl Marx, Frankfurt am Main 1967, S. 84 (im folgenden zitiert als "Mandel, Akkumulation").

für unsere theoretisch ausgerichtete Studie von geringer Bedeutung ist. Zweitens wird im folgenden nur selten zwischen Werten und Produktionspreisen unterschieden; meist ist nur die Rede von Werten. Da die Produktionspreise durch das Dazwischentreten der Profitrate modifizierte Werte darstellen, ist dieser Unterschied für die folgenden Probleme irrelevant. Damit rechtfertigt sich unsere terminologische Praxis.

62 Grundlagen der Imperialismustheorien bei Marx und Engels

In aller Kürze soll die Frage aufgeworfen werden, inwieweit Ansätze zu einer Imperialismustheorie bei Marx und Engels vorhanden sind. Für eine eingehende Diskussion und umfangreiche Quellenangaben sei auf die Ausführungen Kettenbachs (4) verwiesen.

Als grundlegend erweist sich die notwendig mit dem kapitalistischen System verbundene Expansion. Der Konkurrenzmechanismus erzwingt permanente Akkumulation. Der Handel als Diener der industriellen Produktion hilft, die stetige Ausdehnung der Märkte zu verwirklichen, auf die die Produktion angewiesen ist; nationale Grenzen sind nur von sekundärer Bedeutung. Dieser Expansionszwang wird in seiner Wirkung gegenüber der unterentwickelten Welt verstärkt durch die vom Stand der Entwicklung bestimmte internationale Profitratenhierarchie. Durch die in der Dritten Welt höheren Profitraten wird ein Kapitalabfluss induziert. " Wird Kapital ins Ausland geschickt, so geschieht es nicht, weil es absolut im Inland nicht beschäftigt werden könnte. Es geschieht, weil es zu höherer Profitrate im Auslande beschäftigt werden kann" (5). Da die "Produktion von Profit der Zweck des Kapitals" (6) ist, ergibt sich bei Profitratenunterschieden notwendig ein Kapitalexport. Die Äusserungen von Marx, sowohl in bezug auf den Warenexport – die Expansion der Märkte – wie bezüglich des Kapitalexports, kombiniert mit den Tendenzen zur Zentralisation

4) Kettenbach, Theorie, 101 ff.

5) Marx, Kapital III, 266.

6) Marx, Kapital III, 267

des Kapitals und zur Überproduktion von Kapital im Ablauf der Produktionsschwankungen, zeigen jene Ansätze, die zur Entwicklung späterer Imperialismustheorien geführt haben.

Wie Kettenbach darlegt (7), stand Marx der Entwicklung einer Imperialismustheorie seine eigene Klassenkampftheorie im Wege. Die fundamentale Scheidung zwischen Kapitalistenklasse und Arbeiterklasse führte zur Vernachlässigung des nationalen Moments. In den marxistischen Imperialismustheorien wirkt denn auch das Bestehen von Klassen- und nationalen Kriterien nebeneinander häufig verwirrend, da auch die Interpretation des kapitalistischen Staates als Herrschaftsinstrument der Kapitalistenklasse dieses Spannungsverhältnis nicht neutralisieren kann. Imperialistische Ausbeutung bleibt dem Klassengedanken verbunden, indem die Arbeiterklassen der Dritten Welt durch die Kapitalistenklasse der entwickelten Länder ausgebeutet wird. Das nationale Element hält jedoch durch eine Hintertür wieder Einzug: Über die durch imperialistische Profite ermöglichte Bestechung der Arbeiterklasse (8) wird die klassenmässige Scheidung zwischen Ausbeutern und Ausgebeuteten durch nationale Grenzen ersetzt (9). Mit der Bezeichnung als "Bestechung" soll die Tatsache, dass auch die Arbeiterklasse und infolgedessen die ganze Nation von der imperialistischen Ausbeutung profitieren, mit dem Klassenkampfschema wieder versöhnt werden. Der Schritt der der Disaggregation von der Nation auf die Klassen bezüglich der Verteilung der Profite ergibt einen Informationszuwachs und ist deshalb sinnvoll. Fragwürdig wird das Unternehmen erst, wenn die Ergebnisse der Disaggregation von der Klassen- und Ausbeutungstheorie her vorprogrammiert sind und man gewissermassen die Realität der Theorie anpassen muss. Schumpeter (10) meint, dass der

7) Kettenbach, Theorie, 114 ff.

8) Vor allem Bestechung der Oberschichten des Proletariats. Die Bestechungsthese ging von Lenin aus. Vgl. zum Beispiel W.I. Lenin, Der Imperialismus als höchstes Stadium des Kapitalismus. Gemeinverständlicher Abriss, in: W.I. Lenin, Werke, Band 22, 2. Aufl. Berlin 1971, S. 286 (im folgenden zitiert als "Lenin, Imperialismus"). Vgl. auch Kuczynski, Theorie, 34 ff.

9) Die von Lenin aufgebrachte Bestechungsthese wurde von Sternberg zur Theorie der "Schonzeit" ausgebaut, in der dank imperialistischer Profite die Profite der Kapitalistenklasse wie auch die Löhne der Arbeiterklasse vorübergehend steigen. Vgl. F. Sternberg, "Der Imperialismus" und seine Kritiker, Berlin 1929, S. 88 (im folgenden zitiert als "Sternberg, Kritiker").

10) Schumpeter, Kapitalismus, 93.

Imperialismus ein Schulbeispiel für die Zusammenarbeit der Klassen liefert, so dass man mit klassenkämpferisch getönten Scheuklappen ausgerüstet sein muss, um auch im Imperialismus den Klassenantagonismus feststellen zu können. Im folgenden wird sich das Spannungsverhältnis zwischen Klassen- und Nationenkriterium noch in weiteren Abschnitten auffinden lassen.

Auch bei Engels findet sich keine ausgearbeitete Imperialismustheorie. Doch wies Engels neben den bereits von Marx betonten Ansatzpunkten in seiner letzten Arbeit, über "Die Börse" (11), auf die veränderte Rolle der Börse, ungefähr im Sinne des Finanzkapitals Hilferdings, hin. Auch ein Hinweis auf die Kolonisation ist vorhanden. Die Ansätze sind somit weiter gediehen als bei Marx; aber auch bei Engels fehlt der Terminus "Imperialismus"

Wie die Deutung steigender Löhne als Bestechung muss der Nationalismus überhaupt als Verschleierung der objektiven Klassengegensätze aufgefasst werden, um die marxistische Theorie mit den nationalen Strömungen zu versöhnen. Denn grundsätzlich ist "das Problem des Imperialismus vom Standpunkt des Marxismus aus . . . unlösbar" (12). Marx und Engels haben sich nicht ohne Grund, vielleicht aber auch allein infolge der geschichtlichen Umstände, einer Imperialismustheorie enthalten.

11) F. Engels, Die Börse, in: Marx, Kapital III, 917 ff.

12) Kettenbach, Theorie, 137.

63 Der Imperialismus als Existenzvoraussetzung des Kapitalismus

631 Die Imperialismusthese

Sternberg (13) und Luxemburg (14) sind die wichtigsten Repräsentanten dieser Richtung, die den Imperialismus als Existenzvoraussetzung des Kapitalismus behandelt. Den Ausgangspunkt von Luxemburg bilden die Marx'schen Reproduktionsschemata, die deshalb zunächst erörtert werden sollen.

Marx (15) unterscheidet zwischen zwei Sektoren in der gesellschaftlichen Gesamtproduktion: In der Abteilung I werden Produktionsmittel, in der Abteilung II Konsumtionsmittel erzeugt. Unter den Bedingungen der einfachen Reproduktion, die definitorisch Kapitalakkumulation ausschliessen, entstehen keine Probleme der Realisierung des Mehrwerts, da Angebots und Nachfrage der beiden Produktionsabteilungen sich gegenseitig ergänzen und ausgleichen. Für den Kapitalismus ist jedoch das Schema der einfachen Reproduktion inadäquat; denn für ihn ist die Akkumulation des Kapitals charakteristisch. Akkumulation des Kapitals heisst aber "Anwendung von Mehrwert als Kapital" (16) und ruft damit nach einem Schema der erweiterten Reproduktion des Kapitals, das anstelle der völligen Konsumtion des Mehrwerts wie in der einfachen Reproduktion die Möglichkeit der teilweisen Überführung des Mehrwerts in Kapital einschliesst. Es ist hier nicht der Ort für eine Auseinandersetzung mit den Marx'schen Repro-

13) F. Sternberg, Der Imperialismus, Berlin 1926 (im folgenden zitiert als "Sternberg, Imperialismus"); Sternberg, Kritiker.

14) R. Luxemburg, Die Akkumulation des Kapitals. Ein Beitrag zur ökonomischen Erklärung des Imperialismus, Berlin 1913, reprographischer Nachdruck, Frankfurt 1965 (im folgenden zitiert als "Luxemburg, Akkumulation"); R. Luxemburg, Die Akkumulation des Kapitals oder Was die Epigonen aus der Marxschen Theorie gemacht haben. Eine Antikritik. Leipzig 1921, reprographischer Nachdruck, Frankfurt 1965 (im folgenden zitiert als "Luxemburg, Epigonen").

15) Vgl. Marx, Kapital II, 394 f.

16) Marx, Kapital I, 605.

duktionsschemata (17).

Nach Luxemburg entsteht bei der erweiterten Reproduktion das Problem der Realisierung des Mehrwerts. Damit nämlich akkumuliert werden kann, ist das Bestehen einer Nachfrage notwendig, die die zusätzlich, über die einfache Reproduktion hinaus, produzierten Waren aufnimmt und so den Mehrwert realisiert (18). Und hier scheint der Hase im Pfeffer zu liegen: Das verbrauchte konstante Kapital wird durch die Ersatzkäufe realisiert; das variable Kapital wird durch die Ausgaben der Arbeiter realisiert; ein Teil des Mehrwerts wird durch die Konsumtion der Kapitalisten realisiert; wer aber realisiert den akkumulierten Mehrwert? Es besteht keine Nachfrage nach den durch den Akkumulationsprozess produzierten Waren, eine Tatsache, die durch das Marx'sche Schema der erweiterten Reproduktion verdeckt wird. Kann der akkumulierte Mehrwert nicht realisiert werden, so liegen die Bedingungen der einfachen Reproduktion wieder vor. Das Realisationsproblem taucht in den Reproduktionsschemata überhaupt nicht auf; diese können nach Luxemburg die Akkumulation des Kapitals deshalb nicht erklären (19).

Da der Kapitalismus jedoch wesentlich in der Akkumulation des Kapitals besteht, er selber in Isolation aber nur die Bedingungen der einfachen Reproduktion des Kapitals bietet, muss die implizite Voraussetzung eines geschlossenen kapitalistischen Systems aufgegeben werden; Der Kapitalismus benötigt zu seiner Existenz eine nichtkapitalistische Umwelt. Ein Blick auf die Wirklichkeit verrät, dass die Voraussetzung einer ausschliesslichen Herrschaft der kapitalistischen Produktionsweise auch gar nicht realistisch ist. Kapitalistenklasse und Arbeiterklasse als Vertreter der Konsumtion müssen durch die nichtkapitalistischen Schichten innerhalb der eigenen Gesellschaft sowie die nichtkapitalistischen Gebiete der Weltwirtschaft ergänzt werden, welche die Realisierung des akkumulierten Mehrwerts erst ermöglichen.

17) Man vergleiche dazu die Ausführungen von Sweezy, Theorie, 95 ff., 239 ff., 417 ff.; W. Hofmann, Theorie der Wirtschaftsentwicklung. Vom Merkantilismus bis zur Gegenwart, Sozialökonomische Studientexte, Band 3, Berlin 1966, S. 63 ff., 158 ff. (im folgenden zitiert als "Hofmann, Theorie").

18) Luxemburg, Akkumulation, 104

19) Vgl. für das Folgende Luxemburg, Akkumulation, 318 ff.

Das Ausgreifen des Kapitalismus in nichtkapitalistische Räume dient zusätzlich der Beschaffung von Produktionsmitteln, vor allem von Rohstoffen, und der Ausbeutung zusätzlicher Arbeitskräfte. "Das Kapital kann ohne die Produktionsmittel und die Arbeitskräfte des gesamten Erdballes nicht auskommen, zur ungehinderten Entfaltung seiner Akkumulationsbewegung braucht es die Naturschätze und die Arbeitskräfte aller Erdstriche" (20). Allerdings stellt die Tendenz nach mehr Produktionsmitteln und Arbeitskräften zur Erhöhung der Profite keine Existenzbedingung des Kapitalismus dar, wie die Realisierung des akkumulierten Mehrwerts es ist. Nebenbei sei bemerkt, dass auch Teile des konstanten oder variablen Kapitals ausserhalb kapitalistischer Räume realisiert werden können; der akkumulierte Mehrwert stellt nur das absolut notwendige Minimum dar.

Die kapitalistische Expansion in nichtkapitalistische Räume lebt von der Überführung der vorkapitalistischen Wirtschaftsformen wie der Naturalwirtschaft und der einfachen Warenproduktion in die kapitalistische Gesellschaftsform; denn ohne diese Gesellschaftstransformationen sind die vorkapitalistischen Wirtschaftsformen weder zur Abnahme von Waren bereit, um den akkumulierten Mehrwert zu realisieren, noch zum Verkauf ihrer Arbeitskräfte und Produktionsmittel willig. "Der Akkumulationsprozess hat die Bestrebung, . . . die Kapitalproduktion als die einzige und ausschliessliche Produktionsweise in sämtlichen Ländern und Zweigen zur absoluten Herrschaft zu bringen" (21). Dieses notwendig aus dem Kapitalismus fliessende Herrschaftsstreben führt zum Imperialismus. "Der Imperialismus ist der politische Ausdruck des Prozesses der Kapitalakkumulation in ihrem Konkurrenzkampf um die Reste des noch nicht mit Beschlag belegten nichtkapitalistischen Weltmilieus" (22). Gerade durch die imperialistische Expansion zeichnet sich das Ende des Kapitalismus ab. Sind erst alle nichtkapitalistischen Gesellschaftsformationen und Gesellschaftsschichten untergegangen, so wird infolge fehlender Mehrwertrealisierungsmöglichkeiten die Akkumulation des Kapitals gestoppt und der Kapitalismus bricht zusam-

20) Luxemburg, Akkumulation, 337.

21) Luxemburg, Akkumulation, 393.

22) Luxemburg, Akkumulation, 423.

men. Während das Schema der einfachen Reproduktion nach Luxemburg den Ausgangszustand darstellt, bringt das Schema der erweiterten Reproduktion den Endzustand des Kapitalismus zum Ausdruck, jenen Moment, in dem keine weitere Akkumulation mehr möglich ist.

Die Imperialismustheorie von Sternberg geht ebenfalls wie die von Luxemburg von Disproportionalitäten in der kapitalistischen Produktion aus. Er modifiziert die Luxemburg'sche Konzeption insbesondere durch die Rolle, die er der industriellen Reservearmee zuschreibt. Die Freisetzung der Arbeiter durch die Maschinen führt zur Unterkonsumtion. Die "Schonzeit", die die imperialistische Expansion durch Waren- und Kapitalexport dem Kapitalismus gewährt, ist nur vorübergehend im kapitalistischen Entwicklungsprozess und bedingt deshalb keine Änderung der Marx'schen Ausbeutungslehre (23). Da seine Theorie in bezug auf die Ausbeutungsfrage derjenigen von Luxemburg im Grundsätzlichen gleich ist, wird auf eine gesonderte Erörterung verzichtet.

632 Begriff und Funktion der Ausbeutung

Ausbeutung, wie wir sie bisher im Marxismus angetroffen haben, ging in der Produktionssphäre vor sich, ausser bei vorkapitalistischen Verhältnissen. Bei der Ausbeutung der Entwicklungsländer hingegen spielt auch bei kapitalistischen Verhältnissen die Zirkulationssphäre eine entscheidende Rolle. Kapital- und Warenverkehr bilden die zwei grundlegenden "Sektoren", über die sich die Zirkulation abwickelt. Dementsprechend bestehen innerhalb des kapitalistischen Systems die Möglichkeiten von Ausbeutungsmechanismen über den Kapital- und Warenverkehr. Beide Wege der Ausbeutung der Dritten Welt sind in Luxemburgs Imperialismustheorie jedoch kaum ausgebaut, wenn auch bei Sternberg dem Kapitalexport eine wesentlich grössere Rolle zukommt. Sternberg ist bereits wieder von Lenin beeinflusst. Ausbeutung über den Kapital- und Warenverkehr werden des-

23) Vgl. Sternberg, Imperialismus, insbesondere 69 ff. Vgl. auch die Zusammenfassung von Sternbergs Theorie bei W. Hofmann, Ideengeschichte der sozialen Bewegung, 4. Aufl. Berlin/New York 1971, S. 217 ff.

halb entsprechend ihrer Gewichtigkeit erst bei Lenins Imperialismustheorie und im Rahmen der modernen Imperialismustheorien näher geschildert.(24)

Auf die Ausbeutung auf vorkapitalistischer Basis weist Luxemburg (24) hin. Betrügerischer Handel, Ausplünderung, Versklavung haben zweifellos einen bedeutenden Beitrag zur ursprünglichen Akkumulation des Kapitals in den heute hochentwickelten kapitalistischen Industriestaaten geleistet (25). Auf diese, damals auch innerhalb der zum Kapitalismus aufbrechenden Staaten übliche Ausbeutung haben wir schon früher, beim Wucherkapital, hingewiesen. Grosse Teile des Mehrprodukts der Dritten Welt wurde mit Praktiken in den Entwicklungsländern erbeutet und dann transferiert, welche heute, aus entwickelter, kapitalistischer Warte, häufig ebenfalls verurteilt werden (26). Tausch ungleicher Werte unter krasser Ausnutzung des Machtgefälles charakterisiert die vorkapitalistische Ausbeutung.

In Luxemburgs Imperialismustheorie steht aber auch die vorkapitalistische Art der Ausbeutung nicht im Brennpunkt des Interesses. Eine allfällige Ausbeutung auf kapitalistischer Grundlage ist bei Luxemburg ein blosses Nebenprodukt des Bestrebens, die Kapitalakkumulation in der kapitalistischen Welt durch Warenexporte zu sichern. Diese Warenexporte führen sekundär zum "Export des Kapitalismus" und damit zur kapitalistischen Ausbeutung; primär bilden sie jedoch die Existenzvoraussetzung des expandierenden heimischen Kapitalismus. Das Verhältnis zwischen der kapitalistischen Welt und dem nicht-kapitalistischen Milieu, vor allem der Dritten Welt, dient als Stütze der Ausbeutung der Arbeiterklasse in den kapitalistischen hochentwickelten Staaten. Eine allfällige Ausbeutung der Dritten Welt ist bei Luxemburg für den Kapitalismus nicht systemnotwendig, da sie mit dem Warenexport auf kapitalistischer Grundlage keine Ausbeutung der Dritten Welt verbindet. Die vorkapitalistische Art der Ausbeutung

24) Luxemburg, Akkumulation, 360.

25) Vgl. Mandel, Akkumulation, 74 ff.

26) Für Beispiele vorkapitalistischer Ausbeutung vgl. zum Beispiel L.H. Gann/P. Duignan (Hrsg.), Colonialism in Africa 1870-1960. Band 1: The History and Politics of Colonialism 1870-1914, Cambridge 1969, 266 ff., 280 ff., und passim; ebenso die Hinweise in den Schriften von Luxemburg und Mandel.

ergibt sich bei Vorliegen der entsprechenden historischen Bedingungen aus der Logik des Kapitalismus. Der Warenexport ist systemnotwendig, nicht jedoch die Ausbeutung der Dritten Welt.

Zum Schluss sei noch kurz darauf hingewiesen, dass die Imperialismustheorie Luxemburgs insgesamt unhaltbar ist. Einerseits beruht der Ausgangspunkt der Marx'schen Reproduktionsschemata auf einem Missverständnis. Denn Luxemburg behält die Annahme eines konstanten Betrages an variablem Kapital, welche in der einfachen Reproduktion gerechtfertigt ist, auch bei der erweiterten Reproduktion bei (27). Zur Verlängerung der Produktionswege durch Erweiterung der Produktionsmittelabteilung I sind zusätzliche Arbeiter notwendig, so dass bei expandierender Wirtschaft das Problem keinesfalls in einem Mangel an Nachfrage liegt, sondern eher ein Mangel an Konsumwaren eintritt, bis die Erweiterungsinvestitionen den Effekt eines vergrösserten Konsumgüterangebots haben werden. Anderseits verkennt Luxemburg den Exportmechanismus (28). Warenexporte müssen bezahlt werden und führen deshalb zu Warenimporten in die kapitalistischen Länder. Da jedoch annahmegemäss dort Überproduktion herrscht, finden sich keine Abnehmer für die Importe, ohne dass die inländische Unterkonsumtion gesteigert würde. Erhöhte inländische Unterkonsumtion würde jedoch wiederum erhöhte Warenexporte herbeiführen und so das Karrussel auf einem höheren Niveau erneut in Gang setzen. Der kommerzielle Warenexport erweist sich demnach als permantentes Krisenventil ungeeignet.

27) Vgl. Sweezy, Theorie, 241 f.; Hofmann, Theorie, 165 f.; N. Bucharin, Der Imperialismus und die Akkumulation des Kapitals, Wien/Berlin 1926, S. 20 (im folgenden zitiert als "Bucharin, Akkumulation").

28) Vgl. Neisser, Imperialismus, 215; Sweezy, Theorie, 242 f.

64 Der Imperialismus als höchstes Stadium des Kapitalismus

641 Die Imperialismusthese

Die Lehre, wonach der Imperialismus das höchste Stadium des Kapitalismus darstellt, verdankt ihre Popularität Lenin (29) und auch seinem Gefolgsmann Bucharin (30). Sie bildet heute einen Bestandteil des amtlichen Marxismus-Leninismus (31). Bucharin verfasste seinen Aufsatz 1915, also noch bevor Lenin 1916 seine eigene Imperialismusschrift entwarf und sie 1917 publizierte. Bucharins Arbeit wurde jedoch erst Ende 1917, also nach Lenins Analyse, veröffentlicht, so dass sich Lenin explizite kaum auf Bucharin bezieht, obgleich die Schrift ihm bekannt war, wie Lenins lobendes Vorwort zu Bucharins Buch beweist. Wir folgen primär den Ausführungen Lenins und ergänzen sie, soweit geboten, durch Bucharins Erläuterungen.

Ungleich Luxemburgs Imperialismustheorie, welche an die Marx'schen Reproduktionsschemata anknüpft, nimmt Lenin die Konzentrations- und Zentralisationstheorie von Marx als Ausgangspunkt. Die Konzentration des Kapitals geht durch Akkumulation vor sich, während die Zentralisation des Kapitals Fusionen, die Verwandlung mehrerer kleinerer bestehender, akkumulierter Kapitalien in wenige grosse Kapitalien betrifft (32). Während noch bis zum letzten Viertel des 19. Jahrhunderts Konkurrenzkapitalismus herrschte, schritt nach Lenin die Konzentration und Zentralisation des Kapitals so rasch fort, dass zu Beginn des 20. Jahrhunderts ein Monopolkapitalismus (33) vorlag. Im An-

29) Vgl. Lenin, Imperialismus, W.I. Lenin, Hefte zum Imperialismus, W.I. Lenin, Werke, Band 39, Berlin 2. Aufl. 1970.

30) Vgl. N. Bucharin, Imperialismus und Weltwirtschaft, Wien/Berlin 1929 (im folgenden zitiert als "Bucharin, Imperialismus"), Bucharin, Akkumulation.

31) Vgl. Hofmann, Theorie, 172.

32) Vgl. Marx, Kapital I, 653 f.

33) Konkurrenz und Monopol werden hier weniger als Begriffe aus der Marktformenlehre verwendet, sondern dienen zur Kennzeichnung von Zeitabschnitten, in denen der Wettbewerb verhältnismässig frei war beziehungsweise beschränkte Konkurrenz vorherrschte.

schluss an Hilferding beobachtet Lenin eine Verschmelzung der Banken mit der Industrie, die sich mit dem Begriff des "Finanzkapitals", des Kapitals in der Verfügung der Banken und in der Verwendung der Industriellen, erfassen lässt (34).

Für den Konkurrenzkapitalismus war der Export von Waren charakteristisch gewesen. Für den Monopolkapitalismus hingegen ist der Kapitalexport kennzeichnend (35). Die monopolistische Marktform gestattet, die Profite über das bei Konkurrenz erreichbare Niveau anzuheben. Gleichzeitig jedoch werden durch das Monopol der Produktion Schranken gesetzt, so dass höheren Profiten geringere Anlagemöglichkeiten gegenüberstehen. In den jeweils verbleibenden nichtmonopolistischen Wirtschaftssektoren ist die Profitrate verhältnismässig tief, weil ein Teil des in ihnen produzierten Mehrwerts durch die Monopolprofite der monopolistischen Branchen absorbiert wird. Infolgedessen entsteht ein struktureller Kapitalüberfluss, der dem Kapitalexport im Monopolkapitalismus zu einer Bedeutung verhilft, die er im Konkurrenzkapitalismus nicht innehatte (36). Die Differenz zwischen den Profitraten der nicht monopolisierten Wirtschaftssektoren in den Industrieländern und denjenigen in den Entwicklungsländern induziert einen Export des überschüssigen Kapitals in die Dritte Welt. Der Kapitalexport bewirkt einen Sozialproduktbeitrag im Ausmass der Profitratendifferenz, sofern das exportierte Kapital sonst im Inland investiert worden wäre (37). Der Freihandelsära des Konkurrenzkapitalismus war eine Welle des Protektionismus gefolgt, dessen Zölle den Warenexport zusätzlich zugunsten des Kapitalexports abschreckten. Einerseits dienen Zölle der Sicherung des eigenen Absatzmarktes und damit der Profite, anderseits verlocken sie zur Expansion vermittels Kapitalexports, der die Zollmauern umgehen hilft.

34) Lenin, Imperialismus, 230; R. Hilferding, Das Finanzkapital, in: M. Adler/R. Hilferding (Hrsg.), Marx-Studien, Blätter zur Theorie und Politik des wissenschaftlichen Sozialismus, Dritter Band, Wien 1910, S. 283 (im folgenden zitiert als "Hilferding, Finanzkapital").

35) Lenin, Imperialismus, 244.

36) Bucharin, Imperialismus, 104 f.; Lenin, Imperialismus, 245

37) Vgl. Schäfer, Imperialismusthesen, 18. Zu den Argumenten bezüglich einer Profitratendifferenz vgl. Schäfer, Imperialismusthesen, 29 ff.

Lenin definiert in seiner Imperialismusschrift nicht, was er unter "Kapitalexport" versteht. Wenn wir uns auf den marxistischen Kapitalbegriff besinnen, so scheint es gerechtfertigt, Kapitalexport mit Hilferding zu definieren als "Ausfuhr von Wert, der bestimmt ist, im Ausland Mehrwert zu hecken. Es ist dabei wesentlich, dass der Mehrwert zur Verfügung des inländischen Kapitals bleibt" (38). Der marxistische Kapitalexportbegriff ist demgemäss vom monetären Kapitalexportbegriff verschieden, den wir im vorangegangenen Abschnitt 5 bei der bürgerlichen Theorie angewandt haben. Dieser monetäre Kapitalexportbegriff entspricht dem Export von Geldkapital im Marx'schen Sinne. Der eigentliche Kapitalexport wird jedoch real aufgefasst (39). Da der reale Kapitalexport aber Warenexport impliziert, ist der Kapitalexport begrifflich von Warenexport abzugrenzen. Aus der Definition des Kapitalexports als "Mehrwert heckend" und "zur Verfügung des inländischen Kapitals bleibend" ergibt sich das Unterscheidungskriterium: Wenn der Güterexport für die Exporteure keinen Mehrwert aus dem Investitionsland transferiert, weil die Exporteure an seiner Produktion nicht beteiligt sind und die exportierten Güter in die Verfügung von Personen des importierenden Landes übergehen, so liegt Warenexport vor. Bucharin illustriert dieses Kriterium, indem er einen Kaufakt zum Kennzeichen des Warenexports erhebt (40).

Lenin wendet allerdings den Terminus des Kapitalexports nicht konsequent in diesem Sinne an; denn er erwähnt speziell die Anleihen mit Kaufverpflichtungen im Exportland, wodurch der Kapitalexport mit Warenexport verbunden werde und dadurch doppelte Profite resultieren werden (41). Hier geht Lenin von einem monetären Kapitalexportbegriff aus, wäre doch diese doppelte Ausbeutung einmal der einheimischen Produzenten sowie auch des kreditnehmenden

38) Hilferding, Finanzkapital, 395.

39) Vgl. auch die Ausführungen von Marx, Kapital III, 261, 266, die Überproduktion von Kapital betreffend.

40) Bucharin, Imperialismus, 115. Der Ausdruck "Warenexport" ist insofern missverständlich, als die beim Kapitalexport involvierten Güter auch Waren im marxistischen Sinne sind. Doch hat sich dieser missverständliche Sprachgebrauch eingebürgert; zur Unterscheidung von Waren- und Kapitalexport ist dehalb das erwähnte Kriterium zu beachten.

41) Lenin, Imperialismus, 248, 298

Landes beim realen Kapitalexportbegriff der Normalfall und gar nicht erwähnenswert. Zudem rekurriert Lenin auch bei der statistischen Illustrierung der Imperialismusthese auf monetäre Grössen. Mit der Intensivierung des Kapitalexports im Monopolkapitalismus wird zugleich die Warenausfuhr des Kapitalexportlandes gefördert, da das durch den Kapitalexport erzeugte Einkommenswachstum selber wieder Nachfrage induziert und zugleich der Markt für Warenimporte bereitet wird (42). Diese sekundären, sich in Zahlungsbilanz, Einkommen und Kapazitäten niederschlagenden Effekte im Kapitalexportland bleiben jedoch nach Lenins Imperialismusthese weit hinter der Bedeutung des ursprünglichen Kapitalexports zurück.

Schon Marx hat auf den Kapitalexport als dem Gesetz des tendenziellen Falls der Profitrate entgegenwirkende Ursache hingewiesen. "Was . . . die in Kolonien etc. angelegten Kapitale betrifft, so können sie höhere Profitraten abwerfen, weil dort überhaupt wegen der niedrigen Entwicklung die Profitrate höher steht, und ebenfalls . . . die Exploitation der Arbeit" (43). Die niedrigere Entwicklung bedingt eine höhere Profitrate, weil die organische Zusammensetzung des Kapitals geringer ist. Im Monopolkapitalismus gelangt dieser Effekt zu grosser Bedeutung, wenn auch nicht die heimische allgemeine Profitrate eine Erhöhung hung erfährt, sondern die heimische Hierarchie der Profitraten auf ein höheres Niveau transponiert wird. Auch der Aussenhandel wirkt sich auf die Profitrate erhöhend aus, indem er "teils die Elemente des konstanten Kapitals, teils die notwendigen Lebensmittel, worin das variable Kapital sich umsetzt, verwohlfeilert" (44).

Wenn im Konkurrenzkapitalismus der Warenexport dominierte, so riskierten die Exporteure nur zirkulierendes Kapital, das zu seinem Schutz keinen grossen

42) Bucharin, Imperialismus, 108 ff.

43) Marx, Kapital III, 248. Diese entgegenwirkende Ursache erzeugt mit der Entwicklung der Kapitalimportländer eine sich selbst aufhebende Wirkung, so dass die Profitratenerhöhung nur vorübergehend sein kann.

44) Marx, Kapital III, 247; Bucharin, Imperialismus, 90. Vgl. auch den folgenden Abschnitt 652.

Aufwand lohnte. Mit dem Kapitalexport des Monopolkapitalismus jedoch gelangt fixes Kapital in grossem Ausmass in die Entwicklungsländer, so dass ein Schutz der Anlagen auch mit politischen Mitteln sich mehr lohnt (45). Die dazu notwendige Abhängigkeit der vorkapitalistischen Welt braucht sich jedoch keineswegs in Kolonien zu manifestieren; der formale Kolonialstatus ist nur die Extremform der Abhängigkeit, neben der zahlreiche Übergangsformen wirtschaftlicher und diplomatischer Abhängigkeit existieren (46). Mit dem monopolistischen Stadium des Kapitalismus geht der Imperialismus einher, der zwar auch in dieser Entwicklungsphase keine Existenzbedingung des kapitalistischen Systems ist, der jedoch, solange vorkapitalistische Gebiete bestehen, aus der profitorientierten Logik des Monopolkapitalismus folgt. Der Imperialismus stellt deshalb das höchste Stadium des Kapitalismus dar, weil sich in der Monopolphase die Konflikte des Kapitalismus verschärfen und so der Übergang zu einer höheren Ordnung darin angelegt ist.

Lenin umschreibt die fünf grundlegenden Elemente seine Imperialismusdefinition wie folgt: "1. Konzentration der Produktion und des Kapitals, die eine so hohe Entwicklungsstufe erreicht hat, dass sie Monopole schafft, die im Wirtschaftsleben die entscheidende Rolle spielen; 2. Verschmelzung des Bankkapitals mit dem Industriekapital und Entstehung einer Finanzoligarchie auf der Basis dieses 'Finanzkapitals'; 3. der Kapitalexport, zum Unterschied vom Warenexport, gewinnt besonders wichtige Bedeutung; 4. es bilden sich internationale monopolistische Kapitalistenverbände, die die Welt unter sich teilen, und 5. die territoriale Aufteilung der Erde unter die imperialistischen Grossmächte ist beendet" (47). Trotz den nationalistischen Zügen des Imperialismus bestehen die Klassen fort; infolgedessen handelt es sich auch bei den imperialistischen Konflikten um Klassenkämpfe (48). Doch ermöglicht die Profitsteigerung durch Kapitalexport eine Bestechung der Arbeiterklasse mit höheren Löhnen; insbesondere den qualifizierten Schichten kommen Teile der "importierten" Profite zugute (49). Der Imperialismus gestattet somit einerseits, die höheren Löhne,

45) Lenin, Imperialismus, 266; Bucharin, Imperialismus, 110.

46) Lenin, Imperialismus, 267.

47) Lenin, Imperialismus, 270 f.

48) Lenin, Imperialismus, 257.

49) Bucharin, Imperialismus, 185 f.; Lenin, Imperialismus, 286.

die Prosperität und das Ausbleiben der Revolution in den entwickelten kapitalistischen Staaten und anderseits die Rückständigkeit der Dritten Welt zu erklären. Zugleich kann Lenin die Revolution im unentwickelten Russland rechtfertigen, indem nach seiner These die Revolution nicht in den höchstentwickelten kapitalistischen Staaten, sondern im schwächsten Kettenglied des imperialistischen Weltreiches stattfindet.

Durch "die Ausbeutung einer immer grösseren Anzahl kleiner oder schwacher durch ganz wenige reiche oder mächtige Nationen" (50) erhält der Kapitalismus die parasitären Züge eines in Fäulnis begriffenen Rentnerstaates. Die Tendenz zur "Fäulnis" rührt unter anderem daher, dass monopolistische Marktformen den technischen Fortschritt behindern, weil es in ihrer Macht steht, Weiterentwicklungen zu schubladisieren. "Die Kapitalausfuhr . . . verstärkt diese völlige Isolierung der Rentnerschicht von der Produktion noch mehr und drückt dem ganzen Land, das von der Ausbeutung der Arbeit einiger überseeischer Länder und Kolonien lebt, den Stempel des Parasitismus auf" (51). Die Sicherung der Rohstoffquellen erscheint zum Teil als Motiv, zum Teil als Konsequenz des Imperialismus. Zudem fördert der Kapitalexport die kapitalistische Entwicklung in der Dritten Welt enorm (52), so dass auch von dieser Seite der die Widersprüche des Kapitalismus sich vertiefen werden. Die Ansicht der den Kapitalismus fördernden Wirkung der Kapitalexporte ist heute in weiten Kreisen marxistisch-leninistischer Vertreter revidiert worden zugunsten der These, dass die Unterentwicklung selber ein Produkt des ausbeuterischen Kapitalismus sei (53). Ähnlich wie Lenin die Revolution in Russland theoretisch begründet hatte, gestattet diese revidierte Argumentation heute, die sozialistische Revolution in der Dritten Welt, insbesondere in Lateinamerika, zu propagieren.

50) Lenin, Imperialismus, 305.

51) Lenin, Imperialismus, 281. Man vergleiche die gegenteilige Hypothese zum Verhältnis des beschränkten Wettbewerbs und der wirtschaftlichen Entwicklung oben Abschnitt 433, Punkt d.

52) Lenin, Imperialismus, 247; vgl. Hilferding, Finanzkapital, 399 f.

53) Zur Ambivalenz in bezug auf diese zwei Thesen vgl. R.F. Behrendt, Die Zukunft der Entwicklungsländer als Problem des Spätmarxismus, in: M. Bohnet (Hrsg.), Das Nord-Süd-Problem. Konflikte zwischen Industrie- und Entwicklungsländern, München 1971, S. 86 f.

642 Begriff und Funktion der Ausbeutung

Im kapitalistischen Milieu ist mit der Produktion grundsätzlich Ausbeutung der Lohnabhängigen involviert. Die Ausbeutung innerhalb der kapitalistischen, hochentwickelten Staaten, wie auch innerhalb der kapitalistisch organisierten Sektoren in der Dritten Welt ist selbstverständlich auch in dieser Imperialismusthese vorausgesetzt. Die Frage der Ausbeutung der Entwicklungsländer zielt aber auf zwischenstaatliche Ausbeutung ab, für die nicht nur die Produktionssphäre, sondern auch die Zirkulation von Bedeutung ist. Es geht darum, ob die internationalen Wirtschaftsbeziehungen die zwischenstaatliche Verteilung des Mehrwerts und, in den vorkapitalistischen Bereichen, des Mehrprodukts, unangetastet lassen.

Schon bei Luxemburg wurde auf die Möglichkeit der Ausbeutung durch Kapitalexport hingewiesen, der bei ihrer Theorie im Vergleich zum Warenexport jedoch eine völlig untergeordnete Rolle spielte. Bei Lenin avanciert der Kapitalexport zu einem tragenden Pfeiler seines Imperialismusverständnisses, so dass dementsprechend auch die damit verbundene Ausbeutung der Dritten Welt zu zentraler Bedeutung aufrückt. Durch den Kapitalexport in die Entwicklungsländer erfolgt ein Mehrwerttransfer zu Lasten der kapitalistischen Staaten, der jedoch durch die Amortisationszahlungen wieder aufgewogen wird, ausser der Kapitalexport ist ein Geschenk. Hingegen stellen Zins-, Dividenden- und Gewinnzahlungen aus den Entwicklungsländern einseitige Mehrwertübertragungen und damit Ausbeutung dar. Da der Fluss der Kapitalexporte eingleisig in die Dritte Welt sich ergiesst, ist die Ausbeutung nicht wechselseitig und damit ausgleichend wie bei den symmetrischen Beziehungen zwischen den hochentwickelten Staaten. Die ausbeuterischen Mehrwerttransfers in die kapitalistische hochentwickelten Nationen können dort über die Einkommens- und Kapazitätseffekte eine zusätzliche Ausbeutung der einheimischen Arbeiterklasse bewirken, so dass die Kapitalistenklasse nochmals profitiert, wenn auch nur in der Höhe der niedrigeren heimischen Mehrwert- und Profitraten. Doch betrifft dieser Nebeneffekt das Thema der Ausbeutung der Dritten Welt nur am Rande. Ebenso bildet die zusätzliche Ausbeutung der einheimischen Produzenten infolge des durch den Kapitalexport induzierten Warenexports einen Nebeneffekt, der nur der Vollständigkeit halber erwähnt sei.

Obschon dem internationalen Handel im Rahmen dieser Imperialismustheorie nur geringes Gewicht zukommt, geht Bucharin in Berufung auf Marx auf seine ausbeuterischen Wirkungen ein. Lenin bemüht sich in seiner Imperialismusschrift hingegen nicht um die Präzisierung eines Ausbeutungsbegriffs, der sich auf den Handelsverkehr bezieht. Da bei den modernen Imperialismusthesen auf marxistischer Basis der Warentausch eine grössere Rolle einnimmt als bei Lenin und Bucharin, werden wir erst in Abschnitt 652 darauf eingehen.

Neben der Ausbeutung der Entwicklungsländer auf kapitalistischer Grundlage haben wir auch die Möglichkeit der Ausbeutung auf vorkapitalistischer Basis erwähnt. Anstelle des Transfers von Mehrwert wird durch zufälligen Handel, auf der Basis ungleicher Werte fussend, Mehrprodukt abgeschöpft und in die kapitalistischen Staaten übertragen. Die Ausbeutung auf vorkapitalistischer Basis setzt ungleich der Ausbeutung auf kapitalistischer Grundlage nicht voraus, dass die unmittelbaren Produzenten bereits in der Produktionssphäre ausgebeutet werden. Gegenüber der Ausbeutung durch Kapitalexport ist die Ausbeutung durch Handel auf vorkapitalistischer Stufe heute verglichen mit dem Beginn des 20. Jahrhunderts unwichtig.

Die Kapitalistenklasse steigert ihre Profite nicht nur direkt durch die Ausbeutung der Dritten Welt, sondern auch indirekt über einen höheren Ausbeutungsgrad in den entwickelten Staaten (54). Erstens werden die Kosten der kolonialistischen Eroberungspolitik in einem beträchtlichen Ausmass auf die Arbeiterklasse überwälzt. Zweitens wird das Dumping der Monopole auf Kosten der Arbeiterschaft vorgenommen, die in erster Linie die im Vergleich zur Konkurrenzsituation überhöhten Preise im Inland zu berappen hat.

Ganz kurz sei noch auf den Weg hingewiesen, den eine Kritik der leninistischen Imperialismustheorie zu beschreiten hätte. Wie angetönt, darf die Möglichkeit

54) Vgl. M. Dobb, Political Economy and Capitalism. Some Essays in Economic Tradition, London (1937), Neudruck der zweiten, revidierten Auflage 1953, S. 232; O. Bauer, Die Nationalitätenfrage und die Sozialdemokratie, in: M. Adler/R. Hilferding (Hrsg.), Marx-Studien. Blätter zur Theorie und Politik des wissenschaftlichen Sozialismus, Zweiter Band, Wien 1924, S. 487 und passim (im folgenden zitiert als "Bauer, Nationalitätenfrage").

der inneren Expansion nicht ausser acht gelassen werden. Der überzeugendste Weg der Kritik führt unseres Erachtens jedoch über die empirischen Verhältnisse in der Gegenwart. Zu Lenins Zeiten mag seine Analyse zutreffend gewesen sein. Heute haben sich die politischen und ökonomischen Relationen gewandelt, was sich in den nun folgenden modernen Imperialismustheorien niederschlägt. Bei den Vereinigten Staaten als dem wichtigsten Repräsentanten des imperialistischen Systems ist gar eine völlige Umkehr in bezug auf die Kapitalexportnotwendigkeit eingetreten (55): Der monetäre Kapitalexport dient nicht der Aufrechterhaltung des Prosperität, sondern erschwert über die stark defizitäre Zahlungsbilanz im Gegenteil das Erreichen der Vollbeschäftigung.

65 Der Imperialismus als Existenzsicherung des Kapitalismus

651 Die Imperialismusthese

Marxistisch ausgerichteten Schriften neueren Darums über den Imperialismus (56) ist die Imperialismustheorie von Lenin als Bezugspunkt gemeinsam. Wenn

55) Vgl. Samuelson, Economics, 806.

56) Folgende Publikationen wurden in erster Linie berücksichtigt: S. Amin, Der internationale Handel und die internationalen Kapitalbewegungen, in: S. Amin/C. Palloix, Neuere Beiträge zur Imperialismustheorie, Band 1, München 1971 (im folgenden zitiert als "Amin, Handel"); P.A. Baran, Politische Ökonomie des wirtschaftlichen Wachstums, Neuwied/Berlin 2. Aufl. 1971 (im folgenden zitiert als "Baran, Ökonomie"); H. Horinaka, Exploitation among Nations as Factor of Stagnation of Productivity in Underdeveloped Countries, The Science Council of Japan, Economic Series Nr. 44, Tokio 1968 (im folgenden zitiert als "Horinaka, Exploitation"); P. Jalée, Die Ausbeutung der Dritten Welt, Frankfurt 1968 (im folgenden zitiert als "Jalée, Ausbeutung"); P. Jalée, Die Dritte Welt in der Weltwirtschaft, Frankfurt 1969 (im folgenden zitiert als "Jalée, Dritte Welt"); P. Jalée, Das neuste Stadium des Imperialismus, München 1971 (im folgenden zitiert als "Jalée, Stadium"); R. Jenkins, Exploitation. The World Power Structure and the Inequality of Nations, London 1970; Autorenkollektiv, Klassen und Klassenkampf in den Entwicklungsländern, Band 2: Probleme der ökonomischen Unabhängigkeit, Berlin 1970 (im folgenden zitiert als "Autorenkollektiv, Klassen"); H. Magdoff, Das Zeitalter des Imperialismus. Die ökonomischen Hintergründe der US-Aussenpolitik, Frankfurt 1970 (im folgenden zitiert

ihm auch meist verbaler Tribut gezollt wird, die Wandlung der Produktionsbedingungen in den gut 50 Jahren seit der erstmaligen Publikation von Lenins Imperialismustheorie nötigt doch zumindest zu Akzentverschiebungen, die sich zu partiellen Revisionen von Lenins Theorie auswachsen. Die Formen des Imperialismus haben sich gewandelt, wenn auch der Inhalt des Imperialismus unverändert fortbesteht: Diesen Standpunkt scheinen die neueren marxistischen Imperialismustheorien einzunehmen. Die Legitimität der Scheidung und Einordnung des sozialökonomischen Wandels als blosse Formveränderungen bei gleichbleibendem Inhalt soll uns nicht weiter beschäftigen. Der beste Zugang zum modernen marxistischen Imperialismusverständnis scheint gegeben, wenn die faktischen Änderungen in ökonomischer und politischer Hinsicht seit Lenins Schrift zum Ausgangspunkt genommen werden.

In ökonomischer Hinsicht lässt sich zwischen quantitativen und qualitativen Faktoren differenzieren. Zuerst soll auf quantitative Änderungen ökonomischer Variablen eingegangen werden. Der private Kapitalexport in unterentwickelte Gebiete, der bei Lenin noch eine dominante Rolle gespielt hatte, stagniert seit dem zweiten Weltkrieg und ist relativ zum Bruttosozialprodukt sogar rückläufig. Als neuer Faktor ist die Entwicklungshilfe im Sinne von Geschenken oder langfristigen Darlehen zu günstigen Bedingungen zu erwähnen, der im Kapitalfluss zunehmende Bedeutung zukommt. Doch wird im Zusammenhang mit der Ent-

als "Magdoff, Zeitalter"); C. Palloix, Imperialismus und kapitalistische Produktionsweise, in: S. Amin/C. Palloix, Neuere Beiträge zur Imperialismustheorie, Band 1, München 1971 (im folgenden zitiert als "Palloix, Imperialismus"); C. Schuhler, Zur politischen Ökonomie der Armen Welt, München 1968 (im folgenden zitiert als "Schuhler, Ökonomie"); B. Schüngel, Zur Frage der Abhängigkeit der kapitalistischen Industrieländer von den Rohstoffen der Dritten Welt, in: Das Argument. Zeitschrift für Philosophie und Sozialwissenschaften, 11. Jg., 1969, S. 68 ff. und S. 275 ff. (im folgenden zitiert als "Schüngel, Frage"); K. Steinhaus, Zur Theorie des internationalen Klassenkampfes, Frankfurt 1967 (im folgenden zitiert als "Steinhaus, Theorie"). Eine ausführliche Bibliographie über die Imperialismus-Literatur seit 1965 findet sich bei D. Senghaas (Hrsg.), Imperialismus und strukturelle Gewalt. Analysen über abhängige Reproduktion, Frankfurt am Main 1972, S. 379 ff. Wenn wir durch Kombination dieser Schriften ein Bild der gegenwärtigen marxistischen Imperialismustheorie zeichnen wollen, so werden in dieser einzigen Skizze zahlreiche Differenzen und Differenzierungen der einzelnen Autoren unterschlagen. Doch ist dies bei einer Beschränkung auf die Grundzüge unvermeidlich.

wicklungshilfe keine Exportnotwendigkeit von überschüssigem Kapital geltend gemacht, sondern einerseits auf politische Gründe hingewiesen und anderseits eine Sicherung der Solvenz zur Bezahlung von Warenimporten und zur Entrichtung von ausbeuterischen Transfers in die Industriestaaten erblickt (57). "Die Entwicklungshilfe ist . . . in den Prozess der Ausbeutung eingegliedert" (58). Auch wenn Entwicklungshilfe und kommerzieller Kapitalexport zusammengefasst werden, tritt die abnehmende Bedeutung des Kapitalexports in unterentwickelte Länder im Vergleich zum Kapitalverkehr innerhalb der entwickelten Welt zutage. Eine analoge Tendenz ist beim Warenverkehr zu konstatieren. Zwar wird ihm heute im Rahmen der Imperialismusdiskussion viel mehr Aufmerksamkeit zuteil als zu Lenins Zeiten – wahrscheinlich nicht nur wegen seines im Vergleich zu damals grösseren Umfangs, sondern auch infolge der Behauptung fallender Realaustauschverhältnisse –; jedoch ist auch der Umfang des Handels der Dritten Welt mit den entwickelten Nationen relativ zum Welthandelsvolumen rückläufig (59). In quantitativer Hinsicht haben die unentwickelten Staaten für die hochentwickelten Staaten demnach eindeutig an Bedeutung verloren. Die "Arme Welt" erweist sich "nicht als das immer notwendiger werdende Ausbeutungshinterland" (60) der kapitalistischen hochentwickelten Staaten. Es scheint fragwürdig, das klassische imperialistische Ausbeutungskonzept mit dem Argument aufrechterhalten zu wollen, dass das Prinzip der Ausbeutungsbeziehungen wichtiger sei als die gegenwärtige tatsächliche Ausnützung der Möglichkeiten (61). Sicher kommt dem Prinzip grosse Bedeutung zu. Aber die Frage, ob das Prinzip der Ausbeutung auch unter den veränderten ökonomischen und politischen Verhältnissen überhaupt quantitativ in grossem Ausmass belebt werden kann, müsste vorgängig beantwortet werden, um die gegenwärtigen Relationen zutreffend interpretieren zu können. Unter anderem dürfte die innere Expansion der entwickelten kapitalistischen Staaten, die anstelle der äusseren Expansion stattgefunden hat, auf die Anwendung von Keynes'schen Einsichten in den Wirtschaftsprozess zurückzuführen sein.

57) Vgl. Mandel, Akkumulation, 85; Jalée, Stadium, 69.

58) Jalée, Dritte Welt, 131.

59) Vgl. Jalée, Stadium, 52 f.

60) Schuhler, Ökonomie, 135 f. Die Hervorhebungen des Originals wurden weggelassen. Schuhler bezieht diese Aussage nur auf die USA.

61) Wie das Magdoff, Zeitalter, 19, macht.

Diesen ökonomischen Austauschbeziehungen eignet neben dem quantitativen auch ein qualitativer Aspekt, der in den modernen Imperialismuskonzeptionen zu vermehrter Bedeutung gelangt. Die Exporte der Entwicklungsländer setzen sich zum überwiegenden Teil aus Primärprodukten zusammen, unter denen Rohstoffe von grosser militärischer und ökonomischer Relevanz figurieren (62). Zwar finden sich keineswegs bei allen Rohstoffen nur geringe Vorkommen in den entwickelten kapitalistischen Staaten; zudem sind sie zum Teil substituierbar. Die wachsende Güterproduktion macht jedoch die Rohstoffversorgung zu einem immer wichtigeren Anliegen, wenn auch die Nachfrage unterproportional zum Ausstoss steigen mag. Der globale Bedarf kann zum kleineren Teil in der entwickelten Welt selber gedeckt werden. Bereits Lenin hat auf die Rohstoffversorgung hingewiesen (63). Doch haben die Rohstoffe bei seiner Imperialismustheorie eine untergeordnete Rolle inne, so dass im Vergleich zu heute eine Akzentverschiebung vorliegt. Zudem standen bei Lenin und Bucharin noch landwirtschaftliche Rohprodukte im Vordergrund des Interesses, während energieliefernde und mineralische Rohstoffe von sekundärer Bedeutung waren (64), denen gegenwärtig das Primat in der Bedeutung für die entwickelten kapitalistischen Länder zuerkannt wird. Der geringe Umfang der Kapitalexporte in der Gegenwart zur Sicherung der Rohstoffversorgung sowie das geringe Handelsvolumen täuschen nach marxistischer Ansicht über ihre enorme Bedeutung hinweg. Die Dritte Welt hat von ihrer Bedeutung für die entwickelten kapitalistischen Staaten nichts eingebüsst und muss deshalb zur Existenzsicherung des kapitalistischen Systems weiterhin in imperialistisch vermittelter Abhängigkeit verharren. Wenn auch heute "die Ausbeutung der Dritten Welt nur einen beschränkten Effekt auf die ökonomische Gesamtentwicklung des Kapitalismus" hat, so ist "die Wirtschaft der imperialistischen Länder . . . hinsichtlich ihrer (Rohstoff-, R.G.) Bedürfnisse im weltweiten Rahmen von der Dritten Welt abhängig" (65).

62) Diesen Faktor betonen insbesondere Jalée, Stadium, 22 ff.; Magdoff, Zeitalter, 33, 44 ff.; Schüngel, Frage, 68 ff., 275 ff.

63) Lenin, Imperialismus, 265 f., 305.

64) Jalée, Stadium, 22.

65) Jalée, Stadium. 138.

In politischer Hinsicht haben sich in den vergangenen 50 Jahren für das Imperialismusproblem zwei wichtige Neuerungen ergeben. Erstens wurde vor allem seit dem zweiten Weltkrieg ein umfassender Dekolonisierungsprozess eingeleitet. Lenin hat, wie erwähnt, bereits darauf hingewiesen, dass neben dem Extremfall kolonialer Abhängigkeit ein ganzes Spektrum informeller Abhängigkeiten besteht, das den Schluss von formeller auf materielle Unabhängigkeit illusorisch macht. Die formale politische Unabhängigkeit allein ist deswegen bedeutungslos, weil die imperialistischen Mechanismen über die ökonomischen Austauschbeziehungen laufen. Die Ausbeutung, die Festigung der Rückständigkeit und Abhängigkeit der Entwicklungsländer wird über die kapitalistisch organisierten Märkte fortgesetzt (66). Mit der staatlichen Entwicklungshilfe entstand ein zusätzliches, neues Machtinstrument, das zur Schaffung von Einfluss bestens geeignet ist.

Der Kapitalismus muss sein Überleben jedoch nicht nur durch Sicherstellen der Rohstoffversorgung mit imperialistischen Massnahmen gewissermassen gegen innen absichern, sondern auch gegen aussen. Denn der zweite neue politische Faktor von Bedeutung bildet die Existenz sozialistischer Staaten. Der Imperialismus dient somit der Absicherung des kapitalistischen Herrschaftssystems gegen sozialistische Revolutionen und damit der Vereitelung des sozialistischen Fortschritts. Seit Lenin ist mit den sozialistischen Staaten eine neue Welt erstanden, die nicht in die kapitalistische Weltwirtschaft integriert ist. Der Terminus der "Dritten Welt" für die unentwickelten Länder erscheint geeignet, den Tatbestand imperialistischer Abhängigkeit zu verschleiern (67), bildet doch ihr kapitalistisch orientierter Teil das notwendige Korrelat zu den entwickelten kapitalistischen Nationen. Das Hauptziel der Beziehungen des Kapitalismus zur Dritten Welt besteht heute weniger in einer kurzfristigen Maximierung der Ausbeutung als vielmehr in der Festigung des kapitalistischen Weltsystems gegen sich ausbreitende sozialistische Strömungen (68).

66) Autorenkollektiv, Klassen, 203.

67) Jalée, Ausbeutung, 8 f.

68) Autorenkollektiv, Klassen, 206.

Mit "Imperialismus" wird in diesen Schriften primär das Bestreben der kapitalistisch hochentwickelten Staaten anvisiert, zur Aufrechterhaltung der Existenz notwendige Sicherungen der Rohstoffquellen und die Eindämmung des sich ausbreitenden Sozialismus vorzunehmen. Der Imperialismus wird über ökonomische Mechanismen vermittelt, durch "bestimmte Beziehungen in der internationalen Arbeitsteilung, die Austauschverhältnisse und die Kapitalbewegungen" (69). Dass das imperialistische Bestreben nach marxistischer Ansicht langfristig notwendig scheitern muss, ist hier nicht von Belang. Es wurden bisher vor allem der Einfluss der veränderten Faktoren auf die Imperialismustheorie untersucht; selbstverständlich ist das Profitmotiv für den heutigen Imperialismus keineswegs überlebt. Dies wäre innerhalb des kapitalistischen Systems überhaupt nicht möglich. Einerseits dient auch der Imperialismus moderner Prägung nur dazu, die Profite der Kapitalistenklasse abzusichern, so dass das Profitmotiv als graue Eminenz in den geschilderten Mechanismen eingeschlossen war. Anderseits manifestiert sich das Gesicht des profitorientierten Kapitalismus in den Ausbeutungstributen, die die Dritte Welt auch heute, unter teilweise anderen Formen, den entwickelten kapitalistischen Staaten entrichtet.

652 Begriff und Funktion der Ausbeutung

Trotz der seit Lenin hinzugekommenen politischen Bedeutung der Entwicklungsländer ist "ihr gemeinsames tiefgreifendes Merkmal . . . die Ausbeutung" (70) durch die kapitalistischen Staaten geblieben. Der Mehrwerttransfer aus der Dritten Welt findet nach wie vor statt, wenn auch im Verhältnis zur Weltmehrwertproduktion in einem geringeren Ausmass. Wie bisher werden die drei grundlegenden Formen der Mehrwertübertragung, Warenverkehr und Kapitalverkehr auf kapitalistischer Grundlage sowie Gütertausch auf vorkapitalistischer Grundlage, unterschieden.

69) Jalée, Ausbeutung, 22.

70) Jalée, Dritte Welt, 6.

Während bei Luxemburg die vorkapitalistische Ausbeutung und bei Lenin die Ausbeutung durch den Kapitalverkehr dominierten, gewann die Ausbeutung durch den Warenverkehr zwischen den Entwicklungsländern und den hochentwickelten Staaten in der Gegenwart besondere Beachtung. In der Luxemburg'schen Theorie hatte der Warenexport ja nicht die Funktion der Ausbeutung der Dritten Welt gehabt. Wie im Abschnitt 62 über die Grundlagen der Imperialismustheorien bei Marx und Engels angedeutet wurde, nimmt die marxistische Form der Idee der Ausbeutung durch die internationale Warenzirkulation bereits bei Marx ihren Ursprung. Von ihrer vormarxistischen Existenz zeugt Merkur, der als Gott der Kaufleute Verehrung genoss und zugleich als Gott der Diebe galt. Der internationale Handel ist ein Tausch ungleicher Werte. "Kapitale, im auswärtigen Handel angelegt, können eine höhere Profitrate abwerfen, weil hier erstens mit Waren konkurriert wird, die von andern Ländern mit mindren Produktionsleichtigkeiten produziert werden, so dass das fortgeschrittnere Land seine Waren über ihrem Wert verkauft, obgleich wohlfeiler als die Konkurrenzländer. . . . Dasselbe Verhältnis kann stattfinden gegen das Land, wohin Waren gesandt und woraus Waren bezogen werden; dass dies nämlich mehr vergegenständliche Arbeit in natura gibt, als es erhält, und dass es doch hierbei die Ware wohlfeiler erhält, als es sie selbst produzieren könnte" (71). Damit hat Marx zugleich das Theorem der komparativen Kosten formuliert. Obwohl der Tatbestand auch von Marx also genau gesehen wird, argumentiert die marxistische Seite ganz anders als das bürgerliche Lager. Aufgrund der werttheoretischen Basis wird die in einem Produkt enthaltene gesellschaftlich notwendige Arbeit zum entscheidenden Faktor; es wird also ein Herkunftsprinzip bezüglich des Warenwerts angewandt. Es ist die tatsächlich in einer Ware enthaltene Arbeit massgebend und nicht jene Arbeitsquantität, die die Herstellung der gehandelten Waren in ihrem Bestimmungsland erfordern würde. Es wird einmal mehr der Unterschied zwischen Güter- und Wertproduktivität wesentlich. Auch wenn nach dem Handel in beiden Ländern mehr Gebrauchswerte verfügbar sein sollten als vor dem oder ohne den Aussenhandel, lässt sich aufgrund von unterschiedlichen Tauschwerten dennoch ungleicher Tausch und damit Ausbeutung konstatieren.

71) Marx, Kapital III, 247 f.

Im Zuge der kapitalistischen Entwicklung eines Landes steigt die organische Zusammensetzung des Kapitals und damit auch die Güterproduktivität der Arbeit einer bestimmten Zeitspanne bei gegebener Intensität der Arbeit und Qualifikation der Arbeitskraft. Die Wertproduktivität nimmt hingegen nicht zu. Die gesellschaftlich notwendige Arbeitszeit pro Produkteinheit differiert deshalb von Land zu Land und ist in den entwickelten, mit hoher Produktivität arbeitenden Ländern geringer im Vergleich zu unentwickelten Staaten, welche eine niedrigere Produktivität aufweisen. Da im internationalen Markt die produktivere Arbeit ebenfalls wie die intensivere zählt, sofern durch die Konkurrenz nicht eine Reduktion der Verkaufspreise auf ihre Werte erzwungen wird (72), ergeben sich Austauschgewinne in erster Linie für diejenigen Länder, die in den Wirtschaftssektoren mit den grössten Produktivitätsfortschritten engagiert sind. Die Extraprofite aus dem internationalen ungleichen Tausch sind analog zu jenen Extraprofiten, die ein Kapitalist mit einem technologischen Vorsprung in der Produktion auf seine Konkurrenz erzielt, indem der individuelle Wert seiner Waren unter ihrem durchschnittlichen gesellschaftlichen Wert liegt, weil die Konkurrenten noch mit einer veralteten, eine höhere notwendige Arbeitszeit beanspruchenden Technik produzieren. Die Waren sind aber zum gesellschaftlichen Durchschnittswert verkäuflich.

Dieses erste Modell des ungleichen Tauschs als Tausch ungleicher Werte ist nicht dessen einzige Begründungsmöglichkeit. Eine zweite Variante ist bereits früher von Bauer (73) angeführt worden. Sie basiert auf der mit der wirtschaftlichen Entwicklung verbundenen Tendenz zu einer höheren organischen Zusammensetzung des Kapitals einerseits und auf dem Profitratenausgleich anderseits. Die höhere organische Zusammensetzung des Kapitals schlägt den grössten Teil der Gewinne aus dem Handel von vornherein den bereits entwickelten kapitalistischen Staaten zu. "Es ist so, als ob der in beiden Ländern erzeugte Mehrwert zuerst auf einen Haufen geworfen und dann auf die Kapitalisten je nach der Grösse ihres Kapitals verteilt würde. Die Kapitalisten höher entwickelter Länder beuten also nicht nur ihre eigenen Arbeiter aus, sondern eignen sich stets

72) Vgl. Marx, Kapital I, 584.

73) Bauer, Nationalitätenfrage, 246 f.

auch einen Teil des Mehrwerts an, der in dem minder entwickelten Lande erzeugt worden ist" (74).

Neben der ersten Begründung des ungleichen Austauschs, die auf ungleichen Werten infolge unterschiedlicher Produktivitätsentwicklung basiert, und der zweiten, auf unterschiedliche Produktionspreise rekurrierenden Begründung entwickelt Emmanuel (75) eine dritte Begründungsmöglichkeit. Danach liegt die den ungleichen Austausch ermöglichende Differenz in den divergierenden nationalen Ausbeutungsgraden. Der Wert der Arbeitskräfte ist in den Entwicklungsländern viel geringer als in den entwickelten Staaten, weil die Bedürfnisse der Arbeiterschaft noch unentwickelt sind. "Auf diesem Gegensatz zwischen den Fähigkeiten des unterentwickelten Menschen, die Werkzeuge unserer Zeit zu bedienen, und der zurückgebliebenen Entwicklung seiner Bedürfnisse beruht letztlich der Profit, den der Imperialismus aus dem ungleichen Austausch bezieht" (75). Den ausgetauschten Waren kann deshalb der gleiche Wert zukommen, es kann in beiden Staaten dasselbe Produktivitätsniveau herrschen, ohne dass dadurch ein Tauschgewinn ausgeschlossen würde; denn der Ausbeutungsgewinn entspricht dem internationalen Lohngefälle, wenn man eine Entlohnung entsprechend dem Wert der Arbeitskraft unterstellt.

Wie der ungleiche Tausch auch begründet wird, es fliesst ein grosser Teil des durch Produktivitätssteigerungen in der Dritten Welt produzierten Mehrwerts in die entwickelten kapitalistischen Staaten ab, was in der Bewegung fallender commodity terms of trade zum Ausdruck kommt. Diese werden somit durch technologische oder lohnmässige Disparitäten und dementsprechende Differentialgewinne zu erklären versucht. Es wird generell ein Weitergeben der Produktivitätsfortschritte nicht an die Konsumenten, sondern an die "Produzenten" – Arbeiter und Kapitalisten – impliziert (76).

74) Bauer, Nationalitätenfrage, 246 f. Die Hervorhebungen des Originals wurden weggelassen.

75) A. Emmanuel, Echange inégal et politique de développement, in: Cahier No. 2 des Centre d'étude de planification socialiste, Paris; zitiert nach: Jalée, Stadium, 134.

76) Baran, Ökonomie, 355 ff. fällt aus dem gewohnten Rahmen der Argumentationen, wenn er den Verlauf der commodity terms of trade für unwichtig erklärt, da diese primär die Gewinne beeinflussen. Die Gewinne können jedoch je nach ihrer Verwendung für den Entwicklungsprozess höchst unwichtig sein.

Die erste Begründung des ungleichen Austauschs, die auf unterschiedliche nationale Werte Bezug nahm, macht deutlich, dass das Theorem der komparativen Kosten keine Lösung für Entwicklungsprobleme darstellt, dass vielmehr die zu erwartende Produktivitätsentwicklung ein entscheidender Faktor ist (77). Allerdings wäre es wiederum falsch, die Entwicklung der Güterproduktion zur alleinigen Richtschnur unter Vernachlässigung der Nachfragestruktur zu erheben.

Der Umfang der Ausbeutung durch den Handelsverkehr wird durch die Kombination der Exportvolumina mit den commodity terms of trade zu errechnen versucht. Höchst problematisch sind diese Berechnungen jedoch unter anderem wegen der notwendigen Entscheidung für ein bestimmtes Basisjahr: Jalée (78) zitiert, ohne jedoch das Basisjahrproblem aufzuwerfen, zwei Untersuchungen, welche für 1965 einerseits mit 1915 als Basisjahr $ 14 Mrd. und anderseits mit 1954 als Basisjahr $ 4,3 Mrd. Ausbeutungsgewinne der entwickelten kapitalistischen Staaten konstatieren.

Der grundlegende Ausbeutungsmechanismus durch den Kapitalverkehr wurde bereits im Abschnitt über Lenins Imperialismustheorie beschrieben. Quantitativ sind die privaten Kapitalexporte in die Dritte Welt zwar rückläufig seit dem zweiten Weltkrieg; ihre hohe Gewinnintensität ersetzt (79)bis zu einem gewissen Grad diese Abnahme. Jedoch "ungeachtet der in absoluten Zahlen steigenden neokolonialen Extraprofite" verliert "die Ausbeutung der ökonomisch schwach entwickelten Gebiete an relativer Bedeutung für die sozioökonomische

77) Vgl. Amin, Handel, 25 f.

78) Jalée, Dritte Welt, 80.

79) Vgl. Steinhaus, Theorie, 56; Schuhler, Ökonomie, 141; R.H. Strahm, Industrieländer-Entwicklungsländer. Ein Werkbuch, Freiburg/Stein (Nürnberg) 1972, S. 96 f.; C.S. Grey, Resource Flows to Less-Developed Countries. Financial Terms and Their Constraints, New York/Washington/London 1969, S. 22 ff.; Grosche/Lehmann-Richter, Gewinne, 3, 54, 69 ff.; Kraus/Grosche/Lehmann-Richter, Ausbeutung, 153 ff. Die in diesen Publikationen erwähnten Zahlen divergieren ausserordentlich stark. In der theoretischen Literatur sind die Ansichten geteilt, ob in den Entwicklungsländern überhaupt höhere Gewinnraten oder vielmehr niedrigere Gewinne als in den entwickelten Ländern zu erwarten sind. Vgl. dazu Schäfer, Imperialismusthesen, 29 ff.; J. Gäbler, Internationale Freizügigkeit des Kapitals und unterentwickelte Länder, Diss. Heidelberg 1963.

Stabilisierung... für das gesamte internationale kapitalistische System" (80). Zur Sicherung der Rohstoffversorgung sowie für politischen Einfluss in der Dritten Welt genügt der zu den privaten Investitionen komplementäre Umfang staatlicher Kapitaltransfers.

Dem Tausch ungleicher Werte auf vorkapitalistischer Basis und direkter vorkapitalistischer Plünderung der Dritten Welt wird in den neueren Imperialismusschriften keinerlei Bedeutung für die Gegenwart mehr zugemessen. Zwar herrschen in den Entwicklungsländern keineswegs in allen Bereichen kapitalistische Verhältnisse. Doch gemäss der These der "dual economy" dürften jeweils die Exportsektoren kapitalistisch organisiert sein.

Auch der Warenverkehr bringt nicht nur direkte Ausbeutungsprofite, sondern erhöht indirekt den Ausbeutungsgrad des Handel treibenden, entwickelten Staates. Bereits Marx wies darauf hin (81). Der Handel senkt den Wert der Arbeitskraft, soweit er Produkte verbilligt, die dem Subsistenzsektor zuzurechnen sind. Da dies nur ein Nebeneffekt der Ausbeutung der Dritten Welt darstellt, wird nicht näher darauf eingegangen.

Es ist noch auf einige in der Literatur erwähnte besondere Ausbeutungsformen hinzuweisen, die zum grösseren Teil den Kapitalverkehr berühren.

Erstens entsprechen die ausgewiesenen Gewinntransfers keineswegs den gesamten transferierten Gewinnen (82), da verschiedene Möglichkeiten von verdeckten Transfers bestehen. Ein Verkauf zum Selbstkostenpreis an das liierte Unternehmen im Kapitalexportland oder die Überbezahlung von Importen aus dem Mutterunternehmen gestattet die Realisierung des Mehrwerts im Kapitalexportland, ohne dass ein Gewinntransfer in den Statistiken ausgewiesen wird.

Zweitens ist der Umfang von gemischten Investitionen, Auslandskapital mit einheimischem Kapital kombiniert, im Steigen begriffen. Der Einfluss, der auch bei

80) Steinhaus, Theorie, 60.

81) Marx, Kapital III, 247.

82) Vgl. Jalée, Ausbeutung, 86 f.

einer Minorität der ausländischen Kapitalbeteiligung vorhanden ist, steigert die Ausbeutung. Häufig geht damit eine Vergrösserung der Ausbeutung der Arbeiterklasse des Kapitalexportlandes über zunehmende Exporte in die Dritte Welt einher. "Die gemischte Investition ist vielleicht die schlimmste Form neoimperialistischer Ausbeutung, da sie sich mit dem nationalen Kapital des Empfangslandes verkettet und dadurch dieses entnationalisiert" (83).

Drittens fehlen dadurch, dass die imperialistische Ausbeutung die Entwicklung der Dritten Welt hemmt, sie einseitig auf dem Primärgütersektor fördert und zudem keine politische Stabilität herrscht, in den Entwicklungsländern profitable Investitionsgelegenheiten bei "akzeptablem" Risiko. Dies induziert eine Kapitalflucht, wodurch die Dritte Welt weiterer Möglichkeiten der Akkumulation verlustig geht. Die Kapitalflucht wurde deshalb einmal als "indirekte Ausplünderung der Entwicklungsländer" (84) bezeichnet.

Viertens ist die öffentliche Entwicklungshilfe nicht nur in das imperialistische System der Ausbeutung der Dritten Welt eingegliedert, sondern sie stellt zudem im Geberland eine Klassenausbeutung dar, da und soweit sie von den Steuerzahlern aufgebracht werden muss, während sie im Entwicklungsland die Macht der herrschenden Klasse und im Geberland über die Rückwirkungen der Einkommenseffekte im Entwicklungsland die Profite der Kapitalistenklasse stärkt. Die Entwicklungshilfe "entpuppt sich . . . als Ausdruck der internationalen Solidarität der ausbeutenden Klassen" (85).

Fünftens werden die Entwicklungsländer nach Jalée (86) auch dadurch ausgebeutet, dass die internationalen Warentransporte sich hauptsächlich über die Transportmittel der entwickelten kapitalistischen Staaten abwickeln, weil die Handelsflotte der Dritten Welt zu unbedeutend ist. Für das Jahr 1965 wurde

83) Jalée, Ausbeutung, 91.

84) Autorenkollektiv, Klassen, 225.

85) Jalée, Ausbeutung, 73.

86) Jalée, Dritte Welt, 81 ff., 120.

von ihm ein Tribut von $ 1,35 Mrd. errechnet. Diese Ausbeutungsart lässt sich nicht in unser dreigliedriges Schema der Ausbeutungsmechanismen integrieren; sie scheint uns auch in marxistischer Perspektive höchst fragwürdig zu sein. Denn den Warentransporten liegt eine Leistung zugrunde, die sogar produktive Arbeit absorbiert. Die Bezahlung für diese Leistung als "Ausbeutung" zugunsten dessen, der die Leistung erbringt, zu bezeichnen, scheint uns marxistischen Grundsätzen, nämlich dem Wertgesetz, zu widersprechen. Das Verhältnis zwischen Wert und Preis spielt hierbei keine Rolle.

Ein Hauptproblem der Dritten Welt ist das Problem der Akkumulation. Der Abfluss des produzierten Mehrwerts durch die Ausbeutung über die Weltwaren- und Kapitalmärkte ist nur ein Mechanismus zur Hemmung dieser Akkumulation. Mit dem relativen Rückgang der Integration der Dritten Welt in die Weltmärkte wird zunehmend auch ein anderer Faktor betont (87). Es betrifft dies die auch in bürgerlichen Schriften oft erwähnte Verhinderung einer eigenständigen Entwicklung der Dritten Welt, indem die Kapitalexporte und die Warennachfrage eine der entwickelten Welt komplementäre Wirtschaftsstruktur induzierten, welche nicht den langfristigen Entwicklungsbedürfnissen der Dritten Welt entspricht. Die internationale Arbeitsteilung verringert von vornherein die Möglichkeiten der Mehrwertproduktion in den Entwicklungsländern. Die Ausbeutung grosser Teile des tatsächlich produzierten Mehrwerts bewirkt eine zusätzliche Akzentuierung des Akkumulationsproblems, welches in seiner heutigen Schärfe letztlich eine Folge des imperialistischen Kapitalismus darstellt.

66 Kritik der Ausbeutungskonzeptionen

Die Unterscheidung zwischen vorkapitalistischer Ausbeutung und kapitalistischer Ausbeutung einerseits über den Kapitalverkehr, anderseits über den Warenverkehr, gibt auch den Raster für die Gliederung unserer kritischen Bemerkungen ab.

87) Vgl. Mandel, Akkumulation, 82 f.; Schuhler, Ökonomie, 119; Horinaka, Exploitation, 5, 29; Jalée, Dritte Welt, 73.

Die vorkapitalistische Ausbeutung basiert auf ungleichem Tausch, soweit überhaupt eine Gegenleistung erbracht und nicht aufgrund überlegener Machtmittel geplündert wird. Die ethischen Grundlagen, auf denen die Idee des ungleichen Tausches aufgebaut ist, sind evident: Die Idee des Äquivalententausches wird mit der Idee des gerechten Tausches explizit (88) oder implizit verbunden, was schon in der Qualifizierung als "ungleich" sich ankündigt. Der Massstab der Ungleichheit ist in diesem Zusammenhang sekundär. Die Bezeichnung eines Sachverhalts als Ausbeutung entspricht der Absicht einer Beurteilung des Sachverhaltes, nicht dem Bestreben, sich eines Sachverhaltes selber analytisch zu versichern. Zudem scheint dieser vorkapitalistischen Ausbeutung heute kaum mehr empirische Relevanz zuzukommen.

Ausbeutung der Dritten Welt auf kapitalistischer Grundlage kann den Weg über Kapitalexporte nehmen, welche bei Lenin im Brennpunkt des Interesses standen, aber auch heute als Ausbeutungsmechanismus geltend gemacht werden. Ein allfälliger, langfristig sich ergebender Überschuss im Geldkapitalverkehr, ohne Berücksichtigung der Entwicklungshilfe, zugunsten der entwickelten kapitalistischen Staaten würde den Umfang der auf diesem Wege stattfindenden Ausbeutung bezeichnen. Da die Rücktransfers monetäre Grössen darstellen, muss der verwendete reale Kapitalexportbegriff zugunsten seines monetären Korrelats bei der Konstatierung des Ausbeutungsumfangs in den Hintergrund treten. Der Ausbeutungsmechanismus durch Kapitalexporte macht keine grundsätzliche Neudefinition der Ausbeutung notwendig. Vielmehr lässt sich der gewohnte marxistische Ausbeutungsbegriff im Sinne der Aneignung des Mehrwerts durch die Kapitalistenklasse verwenden. Dass die Ausbeuter anderer Nationalität sind und deshalb der Mehrwert in das Ausland transferiert werden muss, ist vorerst sekundär, ebenso, dass auch das ausländische Proletariat an den Ausbeutungsgewinnen partizipiert. Für diese im Produktionsprozess stattfindende Ausbeutung sind alle kritischen Einwände relevant, die in Teil III, Abschnitt 7 ausgeführt wurden und deshalb nicht wiederholt werden sollen. Entsprechend dem Produktionsaspekt der Ausbeutung der Dritten Welt durch Kapitalexport ist diese Ausbeutung letztlich eindeutig klassenmässige Ausbeutung, während das nationale Moment im Hintergrund bleibt.

88) Explizit findet sich dies bei Palloix, Imperialismus, 43.

Man könnte sich nun auf den Standpunkt stellen, dass das System der kapitalistischen, freien Lohnarbeit, das nach Marx als Herzstück des Kapitalismus die Gesellschaftsformation derart vorantreibt, auch für die Entwicklung der Dritten Welt als entscheidende Triebkraft sich erweisen sollte (89). Dies war unseres Erachtens auch die Ansicht von Marx gewesen. Nach moderner marxistischer Lehre zieht diese Ansicht jedoch den Zirkulationsaspekt nicht in Rechnung: Insoweit, als der Mehrwert in die hochentwickelten, kapitalistischen Staaten transferiert wird, geht er der Akkumulation in der Dritten Welt verloren. Die Meinung von Nurkse (90), die Richtigkeit von Lenins Imperialismustheorie und insbesondere ihr ökonomischer Zwang zu Kapitalexporten in die Dritte Welt wäre ein Glück für die Entwicklungsländer, mutet in dieser Perspektive fragwürdig an.

Es ist nicht eindeutig, ob für den Umfang der Ausbeutung der Entwicklungsländer der Produktionsaspekt — das heisst, der produzierte Mehrwert — oder der Zirkulationsaspekt — das heisst, der transferierte Mehrwert — als massgebend erachtet wird. Für die Ausbeutung in der Dritten Welt im Sinne der Ausbeutung ihrer Arbeiterklasse ist natürlich der Produktionsaspekt entscheidend. Jedoch dürfte auch für die Ausbeutung der Dritten Welt im nationalen Sinne der dort mit Hilfe des ausländischen Kapitals produzierte Mehrwert und nicht der in die hochentwickelten kapitalistischen Staaten transferierte Mehrwert massgebend sein; denn üblicherweise sind in den Statistiken die reinvestierten Gewinne als zusätzliche Kapitalexporte enthalten (91). Würde man die reinvestierten Gewinne nicht auch der Ausbeutung zurechnen, wohl aber als Kapitalexport behandeln, so würde der spätere Rücktransfer der investierten Gewinne als blosse Amortisationszahlungen von früheren Kapitalexporten aufgefasst und ihr Profit- und Ausbeutungscharakter, den sie nach marxistischer Ansicht haben, verkannt. Der Zirkulationsaspekt bringt infolgedessen keine Änderung des Ausbeutungsbegriffs mit sich; mithin ist auch die Kritik, auf die vorhin verwiesen wurde, auf

89) Vgl. Landes, Wesen, 73.

90) Vgl. Nurkse, Problems, 127 ff.

91) Schuhler, Ökonomie, 137; Jalée. Stadium, 67. Von anderen Teilen des Mehrwerts als transferierten und reinvestierten Gewinnen, zum Beispiel von Steuern, wird abgesehen.

den Begriff der Ausbeutung der Dritten Welt durch Kapitalexporte übertragbar.

Ein zweiter Weg der Ausbeutung der Entwicklungsländer auf kapitalistischer Grundlage führt über den Warenverkehr. Wie schon bei der Ausbeutung durch vorkapitalistischen Tauschhandel, entspricht der Ausbeutungsprofit dem ungleichen Tausch. Im Gegensatz zum vorkapitalistischen Handel ist nun die vorherige Ausbeutung in der Produktion vorausgesetzt; zudem ist der Handel nicht mehr zufällig. Jedoch, wie schon vorhin ausgeführt wurde, ist auch bei der Ausbeutungstheorie des Handels auf kapitalistischer Grundlage die Präsenz ethischer Elemente evident; denn auch hier liegt ungleicher Tausch vor.

Diese transzendente Kritik soll partiell durch immanente Argumente ergänzt werden. Es ist dazu notwendig, auf die Massstäbe der Äquivalenz einzugehen. Wir unterscheiden also die erwähnten drei Fälle des ungleichen Austausches beruhend auf ungleichen Werten, ungleichen Produktionspreisen und ungleichen Löhnen.

Da im Kapitalismus das Wertgesetz ohnehin nur auf makroökonomischer Ebene sich durchsetzen soll, ist der erste Fall, der Tausch ungleicher Werte, im Kapitalismus auch für den binnenwirtschaftlichen Handel durchaus an der Tagesordnung (92), ohne dass im Zusammenhang damit je Ausbeutung geltend gemacht worden wäre. Es ist infolgedessen inkonsequent, die Ausbeutung der Entwicklungsländer durch den Handelsverkehr auf diesen Massstab abzustützen. Zudem ist es problematisch, für die Exportsektoren der Entwicklungsländer eine nur gering entwickelte Güterproduktivität anzunehmen, ist doch entsprechend der These der dualistischen Entwicklung die Technik und damit die Güterproduktivität im kapitalistischen Sektor verhältnismässig hochentwickelt, so dass es mit dem Produktivitäts- und Wertunterschied der gehandelten Waren gar nicht so weit her sein könnte.

Im zweiten Fall, wo die Ungleichheit in den Produktionspreisen besteht, liegt ein dem ersten ähnlicher Fall vor; denn es wird wiederum von einer höheren organischen Zusammensetzung des Kapitals beim hochentwickelten kapitalisti-

92) Vgl. Amin, Handel, 19.

schen Handelspartner ausgegangen. Es ist jedoch ein Irrtum, über den Profitratenausgleich in der geschilderten Art einen Mehrwerttransfer aus den Entwicklungsländern anzunehmen; wie im ersten Fall liesse sich durch Hinweis auf die "dual economy" die Erfüllung der Voraussetzung einer ungleichen organischen Zusammensetzung des Kapitals zuungunsten der Dritten Welt bestreiten. Zusätzlich trifft die andere Annahme, nämlich die eines internationalen Ausgleichs der Profitraten durch den Handel, nicht zu. Nut unter dieser Voraussetzung jedoch lässt sich die Behauptung aufstellen, "dass dies einen Transfer von Mehrwert aus dem Land mit relativ weniger Kapital in das Land mit relativ mehr Kapital bedeuten muss. . . . Dass der Handel die Profitrate zwischen zwei Ländern ausgleicht, trifft nicht häufiger zu, als dass der Handel die Profitraten zwischen zwei monopolisierten Industrien innerhalb eines Landes ausgleicht" (93). Ein internationaler Profitratenausgleich kann erst dann Platz greifen, wenn Mobilität von Kapital unterstellt wird und damit Kapitalexporte und Kapitalimporte möglich sind. Dies betrifft jedoch den Fall der Ausbeutung über Kapitalverkehr, nicht über Handel.

Selbst wenn freie Mobilität von Kapital herrscht, sind unterschiedliche Ausbeutungsgrade und Löhne möglich, weil keine freie Mobilität der Arbeiter gegeben ist. Dieser dritte Fall des ungleichen Austausches, bei dem nicht mehr eine unterschiedliche organische Zusammensetzung des Kapitals und damit divergierende Produktivität in den Exportsektoren vorausgesetzt wird, scheint von den wirklichkeitgetreuesten Annahmen auszugehen. Es lassen sich zwei Varianten dieses Dritten Falles unterscheiden.

Erstens ist es denkbar, dass mit den niedrigeren Löhnen eine entsprechend höhere nationale Profitrate finanziert wird. Ohne die Annahme der Mobilität des Kapitals und damit verbunden des internationalen Profitratenausgleichs ist hier wie im zweiten Fall keine Aussage über internationale Mehrwerttransfers und damit Ausbeutung durch Handel zu machen. Sind Kapitalbewegungen aber zugelassen, so liegt der bekannte Mehrwerttransfermechanismus über den Kapitalverkehr vor und kein eigenständiger Ausbeutungsmechanismus des Warenverkehrs.

93) Vgl. Sweezy, Theorie, 341 f. Sweezy verwendet hier "Kapital" im Sinne von "konstantem Kapital".

Zweitens können sich die niedrigeren Löhne in niedrigeren Preisen niederschlagen, das heisst, die Früchte der Produktivitätsentwicklung werden den Konsumenten weitergegeben und nicht durch die Produzenten — über höhere Profite der Kapitalisten oder höhere Löhne der Arbeiter — eingeheimst. Es tritt hier wieder klar zutrage, dass es sich bei den Ausbeutungstheorien um reine Stellungnahmen, um Bewertungen von Sachverhalten handelt, welche selber keineswegs strittig sein müssen: Diese zweite Variante des dritten Falles des ungleichen Tauschs ist nämlich identisch mit dem dritten bürgerlichen Erklärungsversuch der fallenden Realaustauschverhältnisse (94). Es ist nicht einzusehen, worin die Tugend bestehen soll, wenn über sogenannte wissenschaftliche Ausbeutungstheorien Stellungnahmen erschlichen werden. Bemerkenswert ist, dass einzig diese Variante aller marxistischen Theorien über den ungleichen Tausch nicht bereits immanenten Einwänden ausgesetzt scheint. Isoliert betrachtet, ist dieser Erklärungsversuch fallender Realaustauschverhältnisse sicherlich ungenügend, da die Güternachfrage überhaupt nicht berücksichtigt wird.

Auf die Ausbeutungssteigerung innerhalb der entwickelten kapitalistischen Nationen zufolge ihrer imperialistischen Praxis wurde bereits mehrmals hingewiesen. Sie ist eine langfristige Folge expansiver Einkommens- und Kapazitätseffekte. Der Zahlungsbilanzeffekt ist in marxistischer Sicht völlig zweitrangiger Natur. Auch die expansiven Einkommens- und Kapazitätseffekte in der Dritten Welt führen zu einer Intensivierung der Ausbeutung der einheimischen Arbeiterschaft. Da jedoch durch die ausbeuterischen Mehrwerttransfers die Akkumulation in den Entwicklungsländern nur langsam voranschreitet, sind diese Effekte verhältnismässig gering; ebenso gering sind deshalb auch die Auswirkungen der Ausbeutung der Dritten Welt auf die Ausbeutung in der Dritten Welt.

Abschliessend soll noch kurz der Stellenwert angegeben werden, der den mit den Ausbeutungsthesen anvisierten Sachverhalten innerhalb des Spektrums der Entwicklungsprobleme zukommt. Auf das Argument Myrdals, dass die geringe Produktivität der Arbeitskräfte in Entwicklungsländern wesentlich wichtiger sei als eine irgendwie geartete Ausbeutung, wurde bereits in Abschnitt 1 hingewiesen. Partiell dürfte die mangelnde Produktivität wiederum auf die entspre-

94) Vgl. oben Abschnitt 433, Punkt c). Das Argument stammt von Singer.

chend den genannten Definitionen umschriebenen Ausbeutungsbeziehungen zurückzuführen sein, doch sind wir geneigt, diesen Anteil verhältnismässig gering einzuschätzen. Den landesinternen Bedingungen kommt zweifellos grosse Bedeutung zu, und in diesem Sinne halten wir die monokausale These einer erst durch Entwicklung erzeugten Unterentwicklung für eindimensional und falsch. Das Akkumulationsproblem stellt sich vielmehr unseres Erachtens in seiner heutigen Schärfe einerseits infolge der landesinternen Bedingungen, welche für eine geringe Produktivität mitverantwortlich zeichnen, und anderseits infolge der internationalen Beziehungen, welche erstens zu einem bescheideneren Teil über die untersuchten, als "Ausbeutung" bezeichneten Mechanismen die Kapitalbildungs- und Produktivitätsprobleme vergrössern mögen, jedoch zweitens in erster Linie über die heutige internationale Arbeitsteilung die Entwicklungsbemühungen erschweren.

Unseres Erachtens verdient die Hypothese mehr Kredit, dass die bestehende internationale Arbeitsteilung abgesehen von den mit Ausbeutungsthesen anvisierten Ressourcentransfers sich auf die Anstrengungen der Entwicklungsländer, einen eigenständigen und selbsttragenden Entwicklungsprozess einzuleiten, hemmend auswirkt. Abgesehen von der Selbstversorgung haben im kapitalistischen Wirtschaftssystem grundsätzlich nur jene Bedürfnisse eine Chance, befriedigt zu werden, welche sich als kaufkräftige Nachfrage auf den Märkten äussern können. Diese Nachfrage nach Produkten aus Entwicklungsländern stammt jedoch zu einem grossen Teil aus den Industrieländern sowie den Oberschichten in den Entwicklungsländern selber. Dadurch wird eine Richtung des Entwicklungsprozesses induziert, die sehr wohl den Prioritäten der Mehrheit der Bevölkerung in den Entwicklungsländern widersprechen kann. Zudem ist die Nachfrage nach Produkten aus der Dritten Welt momentan gering — partiell widersprechen gerade deshalb ihre Konsequenzen den Interessen weiter Bevölkerungskreise in den Entwicklungsländern. Diese Folgen der gegenwärtigen internationalen Arbeitsteilung sind weit schwerwiegender als die allein mit den Ausbeutungsthesen zum Ausdruck gebrachten Effekte, Ausbeutungsthesen zudem, die aus den bekannten Gründen in wissenschaftlichen Zusammenhängen fragwürdigen Ansätzen nicht entwachsen sind.

Teil VI

Ausbeutung als Frage nach der idealen Sozialordnung

1 Ausbeutung und Institutionen

Im folgenden soll untersucht werden, ob mit den dargelegten Ausbeutungskonzeptionen Ausbeutung an bestimmte Institutionen gebunden wird. Es handelt sich also um eine Interpretation der erwähnten Ausbeutungsbegriffe in Hinsicht auf ihre institutionellen Implikationen. Mit "Institutionen" meinen wir Normkomplexe, die einer zweckgerichteten Ordnung von sozialen Aktivitäten dienen. In Übereinstimmung mit den Institutionsbegriffen in der Soziologie (1) hat unser Begriff der Institution eine weitere Bedeutung als der entsprechende Alltagsbegriff. Der Zusammenhang zwischen Ausbeutung und Institution wird sich je nach dem verwendeten Ausbeutungsbegriff anders darstellen. Infolgedessen werden wir die in den bisherigen Teilen unserer Arbeit erörterten Ausbeutungskriterien einzeln daraufhin analysieren. Ein erster Abschnitt hat die innerstaatliche Ausbeutungsfrage zum Gegenstand; danach soll in einem zweiten Abschnitt das Verhältnis zwischen Ausbeutung und Institutionen in den zwischenstaatlichen Beziehungen skizziert werden.

Nach dem Pigou-Kriterium herrscht keine Ausbeutung, sofern infolge vollkommen elastischer Angebots- und Nachfragekurven auf dem Arbeitsmarkt sowie auf den Produktmärkten die Entlohnung des Faktors Arbeit unter Beobachtung der Gewinnmaximierungsregel dem Grenzwertprodukt $p\frac{dx}{dv}$ der Arbeit entspricht. Märkte lassen sich als Institutionen auffassen, da die mit ihnen verbundenen Normen und Rollen die sozialen Aktivitäten der Teilnehmer in dem Sinne aufeinander abstimmen, dass unerwünschte Entscheidungen der Partizipanten mit Sanktionen belegt werden. Demgemäss zeigen die durch die jeweiligen Marktformen ermöglichten und insbesondere unter der Gewinnmaximierungsregel mitdeterminierten Verhaltensweisen den institutionellen Aspekt der Marktformen auf. Mit dem Einfluss der Organisation und der Struktur der Märkte – also der Marktformen – auf die Verhaltensweisen der Marktteilnehmer lässt sich unsere These begründen, dass Ausbeutung im Sinne Pigous ein institutioneller Tatbestand ist. Dass Ausbeutung nach dem Pigou-Kriterium den bestehenden Institu-

1) Vgl. R. König (Hrsg.), Soziologie, umgearbeitete und erweiterte Neuausgabe, Frankfurt am Main 1967, S. 142 ff. Für unsere Definition haben wir Anregungen von Königs Übersicht bezogen.

tionen immanent ist, zeigt sich darin, dass zuweilen trotz Ausbeutung kein Ausbeutungsgewinn vorhanden ist: Das Pigou-Kriterium setzt nur schon zur generellen Möglichkeit der Beseitigung von Ausbeutung andere Institutionen, nämlich Marktformen vollkommener Konkurrenz voraus. Im Modell ist Ausbeutungslosigkeit durch gezielte Änderung der Marktformen machbar. Interventionsprobleme zur Bekämpfung von Ausbeutung wurden bereits in Teil II, Abschnitt 33 und 34 erörtert.

Auch die durch das Bloom-Kriterium beschriebene Ausbeutung kann durch institutionelle Änderungen beseitigt werden, nur dass sich hier die Eingriffe auf den Arbeitsmarkt beschränken, während die Produktmärkte ausser Betracht zu lassen sind.

Das Stackelberg-Kriterium der Ausbeutung ist ex definitione ebenfalls auf Marktformen bezogen, so dass Ausbeutung in diesem Sinne durch Beseitigung bilateraler Monopole verunmöglicht werden könnte.

Beim Arndt-Kriterium wird Ausbeutung nicht primär durch das Bestehen von bestimmten Institutionen bedingt, sondern Ausbeutung entsteht durch individuelle Ausnutzung von Abhängigkeitsverhältnissen, die zum Teil allerdings institutionell begründet sein können. Soweit dies der Fall ist, kann Ausbeutung nur durch institutionelle Änderungen beseitigt werden.

Beim Maurice-Kriterium wiederum ist eine eindeutige Verknüpfung zwischen Ausbeutung und Institutionen vorhanden; denn die Allgemeinheit dieses Ausbeutungsbegriffs belässt weite Bereiche, in denen Ausbeutung durch institutionelle Änderungen beseitigt werden kann. Wir haben bereits früher auf die Beispiele des Privateigentums und der Lohnarbeit hingewiesen.

Die quasimonopolistische Ausbeutung von Zarnowitz und Preiser ist keine Folge bestimmter Marktformen, sondern eine Konsequenz des Privateigentums einerseits und der ungleichen Eigentumsverteilung anderseits. Preiser schreibt deswegen selber: "Wenn wir also von Ausbeutung sprechen, so meinen wir einen institutionellen Tatbestand, den einfachen Tatbestand, dass es arbeitsloses Einkommen gibt und dass dieses Einkommen . . . auf Kosten des an sich möglichen Arbeitseinkommens geht" (2). Die Beseitigung quasimonopolistischer Ausbeutung ist nur über die Änderung von Institutionen erreichbar, indem entweder die Institution des Privateigentums selber aufgehoben wird, oder, was Zarnowitz und Preiser anstreben, indem die institutionalisierten Mechanismen, die zur ungleichen Einkommens- und Vermögensverteilung geführt haben, geändert werden.

Auch in der marxistischen Ökonomie wird Ausbeutung als institutionell bedingt angesehen. Die Klassen der Ausbeuter und der Ausgebeuteten formieren sich entsprechend ihrem Verhältnis zu den Produktionsmitteln, welches als grundlegendes Ausbeutungsverhältnis sich in historisch verschiedenen Formen ausprägt. Die ausbeuterische Aneignung der Mehrarbeit kann demnach nicht nur in der kapitalistischen Form der Aneignung des Mehrwerts über das Privateigentum an den Produktionsmitteln vorgenommen werden. Freiheit von Ausbeutung erfordert "die Schaffung von Bedingungen, unter denen die Herrschaft der vergegenständlichten Arbeit über die lebendige Arbeit nicht mehr möglich ist" (3), also die Schaffung neuer Institutionen. Die Beseitigung des Privateigentums genügt nicht, um Freiheit von Ausbeutung zu erreichen; vielmehr müssen die neuen Institutionen die Aneignung des Mehrprodukts durch wenige Privilegierte auch unter den veränderten Bedingungen verhindern. Indem die Abschaffung des Privateigentums nicht zum allein entscheidenden Kriterium der Beseitigung von Ausbeutung erhoben wird, ist die Möglichkeit der Kritik der gegenwärtigen Verhältnisse in den Oststaaten bereits in der marxistischen Theorie miteingeschlossen: Die Metapher des "Staatskapitalismus", die Ausbeutung durch bürokratische Kollektive, erweist sich keineswegs als ein Tatbestand, der von der marxistischen Theorie her nicht erfassbar wäre. "Privilegien sind die Form, in der die Bürokratie den Mehrwert in Besitz nimmt" (4): Die Institution des Gemeineigentums gewinnt hingegen Alibi-Funktion, wenn das Gemeineigentum zum Fetisch der Veränderung in den gesamten sozialen Verhältnissen avanciert. Marx selber

2) Preiser, Problematik, 314.

3) M. Marcovic, Entfremdung und Selbstverwaltung, in: Folgen einer Theorie. Essays über "Das Kapital" von Karl Marx, Frankfurt am Main 1967, S. 187 (im folgenden zitiert als "Marcovic, Entfremdung").

4) Marcovic, Entfremdung, 204.

hat auf "die Gemeinschaft als der allgemeine Kapitalist" (5) hingewiesen. Jedenfalls sind es auch bei der marxistischen Ausbeutungstheorie Institutionen, die die Freiheit von Ausbeutung vermitteln sollen.

Bei den Ausbeutungsthesen, die den zwischenstaatlichen Bereich betreffen, geht die Frage nach der Verknüpfung von Ausbeutung mit einer bestimmten Wirtschaftsordnung, welche als Aggregate von einzelnen gesellschaftlichen Einrichtungen das Institutionelle repräsentiert. Wiederum beginnen wir mit den Ausbeutungsthesen bürgerlicher Provenienz.

Wird aussenwirtschaftliche Ausbeutung durch fallende Realaustauschverhältnisse behauptet, so ist diese Art der Ausbeutung im Rahmen der bürgerlichen Wirtschaftstheorie nicht mit einer bestimmten Wirtschaftsordnung verbunden. Fallende Realaustauschverhältnisse können sich im Handel irgendwelcher Staaten ergeben, wie diese intern auch immer organisiert sein mögen; denn die Dynamik der wirtschaftlichen Entwicklung induziert permanent Strukturwandlungen, welche sich in Änderungen preislicher und volumenmässiger Art niederschlagen. Ebenso sind als "Ausbeutung" bezeichnete Auswirkungen des Kapitalverkehrs grundsätzlich neutral in bezug auf die Wirtschaftsordnung (6).

Aus marxistischer Perspektive resultieren gänzlich verschiedene Zusammenhänge. Da danach die Produktion des Mehrwerts und sein internationaler Transfer das grundlegende ökonomische Faktum der Ausbeutung der Entwicklungsländer darstellt, ist die Relation zwischen Ausbeutung und Wirtschaftsordnung dieselbe wie im innerstaatlichen Bereich; denn der Begriff der Mehrarbeit und vor allem der des Mehrwerts hat hier wie dort eine fundamentale Rolle inne. Für

5) K. Marx, Ökonomisch-philosophische Manuskripte aus dem Jahre 1844, in: Marx/Engels Werke, Ergänzungsband: Schriften, Manuskripte, Briefe bis 1844, Erster Teil, Berlin 1968, S. 535. Vgl. auch den Hinweis auf die Möglichkeit eines Staatskapitalismus bei Engels, Entwicklung, 222. Erörterungen zu den neuen Formen der Ausbeutung in den sich als "sozialistisch" bezeichnenden Staaten finden sich in M. Djilas, Die neue Klasse. Eine Analyse des kommunistischen Systems, München 1957; ferner bei Maurice, théories, 96 ff.; bei Lorwin, Exploitation, 17. mit weiteren Literaturhinweisen; bei Heimann, Theorie, 229 ff.

6) Insbesondere trifft dies für die allgemeinste der Ausbeutungsthesen, das Penrose-Kriterium, zu. Vgl. oben Teil V, Abschnitte 3, 55.

eine differenziertere Analyse kann nach den institutionellen Gegebenheiten der aussenwirtschaftlichen Kontrahenten unterschieden werden. Weisen beide Beteiligten eine kapitalistische Wirtschaftsordnung auf, so dürfte sich langfristig eine Kompensation der in beiden Richtungen fliessenden Mehrwertübertragungen ergeben, sofern beide Staaten auf derselben Stufe der wirtschaftlichen Entwicklung stehen. Ist jedoch der eine Kontrahent hochentwickelt und der andere unterentwickelt, so wird durch Handel und Kapitalverkehr langfristig ein ausbeuterischer Mehrwertsaldo zugunsten des entwickelten Staates resultieren. Haben beide in Beziehung stehenden Staaten oder auch nur der eine von beiden eine sozialistische Wirtschaftsordnung, so können ihre internationalen Wirtschaftsbeziehungen als ausbeuterisch bezeichnet werden, insoweit als sie zu Welthandelspreisen Handel treiben und Kapitalverkehr nach kapitalistischen Grundsätzen abwickeln. Wie wir oben erwähnt haben, verbürgen Gemeineigentum sowie eine sozialistische Etikette keineswegs, dass eine Gesellschaft nach den Marx'schen Intentionen als ausbeutungsfreie Gesellschaft gelten kann. Eine konsequente marxistische Theorie hätte auch im Rahmen des Staatskapitalismus-Verdachts allfällige neue Formen der Ausbeutung aufzusuchen und zu erfassen (7). Nur für die von Marx intendierte Gesellschaft, in der die Produktionsverhältnisse keine indivduelle Aneignung der Mehrarbeit gestatten, ist Ausbeutung innerstaatlich wie zwischenstaatlich eliminiert. Im Gegensatz zum bürgerlichen Ausbeutungsverständnis in der Aussenwirtschaftstheorie wird Ausbeutung mit bestimmten Institutionen gekoppelt; denn allein in der sozialistischen und späteren kommunistischen Gesellschaftsordnung kann Ausbeutungsfreiheit verwirklicht werden.

7) Zum Beispiel wären die planwirtschaftlich festgesetzten Realaustauschverhältnisse der Sowjetunion einer marxistischen Untersuchung würdig.

2 Ausbeutung und ideale Sozialordnung

21 Einführung

Als Ergebnis des vorangegangenen Abschnitts ist ausser für die bürgerlichen Ausbeutungsthesen in der Aussenwirtschaft festzustellen, dass Ausbeutungskonzeptionen stets mit Institutionen verbunden sind, so dass umgekehrt Ausbeutungsfreiheit durch Änderungen von Institutionen herstellbar ist. Ausbeutung wird zwar ganz verschiedenen Institutionen angelastet, doch bilden sie alle wesentliche Elemente von Sozialordnungen. Da wir zudem nachgewiesen zu haben glauben, dass alle vorliegenden Ausbeutungstheorien bereits von der Fragestellung her einem normativ-informativem Dualismus unterliegen, kann man die Ausbeutungstheorien als Lösungsversuche der Frage nach der idealen Sozialordnung interpretieren. "Ideal" meint dabei nicht vollkommen in jeder Hinsicht, sondern beschränkt sich in seinem Anspruch auf den wirtschaftlichen Bereich, insbesondere auf den Verteilungsaspekt der Produktion des materiellen Reichtums. In einer idealen Sozialordnung werden niemandem ungerechtfertigte Einkommen zufliessen. In jeder Sozialordnung müssen Organisationsformen gefunden werden, die Produktion und Verteilung der Güter und Lasten regeln. Wie diese Organisationsformen beschaffen sein sollen, wird in den Entwürfen idealer Sozialordnungen aufgezeigt.

Wir beschränken uns im folgenden auf die Gegenüberstellung eines neoklassischen Entwurfs der idealen Sozialordnung und der antagonistischen marxistischen Skizze. Der Entwurf der idealen Sozialordnung in neoklassischer Perspektive gibt im Rahmen der Ausbeutungstheorien in erster Linie dem Denken von Pigou und den Vertretern der normativen Grenzproduktivitätstheorie Ausdruck. Jedoch zielt auch Blooms Idee der Ausbeutung in dieselbe Richtung, wenn auch nicht so weit, während Preiser und Zarnowitz als Vertreter der quasimonopolistischen Ausbeutungstheorien nicht bei der Sozialordnung in der von uns geschilderten Form stehen bleiben, sondern zusätzliche Modifikationen anbringen würden. Selbstverständlich sind zwischen den einzelnen neoklassischen, implizierten Entwürfen Divergenzen da, die in der folgenden Darstellung nicht berücksichtigt werden. Diese Vernachlässigung rechtfertigt sich jedoch durch den in diesem Zusammenhang entscheidenden Grundzug des neoklassischen Denkens, die Institution der Konkurrenz mit einem sozialen Optimum zu verbinden. Bei den Bemerkungen zur marxistischen Variante der idealen Sozialordnung kommt die ambivalente Haltung der marxistischen Theorie gegenüber Zukunftsentwürfen zum Ausdruck, indem Entwürfe von Sozialordnungen einerseits als "utopisch" abgetan werden und anderseits auf gedankliche Antizipationen der künftigen Sozialordnung doch nicht verzichtet wird. Die dem Maurice-Kriterium zugrunde liegende Anthropologie fordert zur Beseitigung von Ausbeutung eine ähnliche Sozialordnung, wie sie in der kommunistischen Vision geschildert wird. Diese darf im grossen ganzen auch als Erfüllung des vom Maurice-Kriterium implizierten politischen Programms angesehen werden.

22 Die ideale Sozialordnung in neoklassischer Perspektive

Auf dem Informations-, Rationalitäts- und Reaktionsaxiom (1) aufbauend, entstand in der Neoklassik das statische Modell des totalen Gleichgewichts bei vollkommener Konkurrenz, das die Bedingungen des gesamtwirtschaftlichen Optimums aufzeigen sollte. Die damit verbundene Gütermaximumsideologie kann zur marxistischen Ausbeutungsthese für den Kapitalismus im Rahmen einer wechselseitigen Ideologiesymmetrie als Korrelat angesehen werden. Die Grenzproduktivitätstheorie, die ja, wie oben in Teil V, Abschnitt 32 erwähnt wurde, der Bekämpfung der marxistischen Ausbeutungsthesen dienstbar gemacht wurde, projiziert in diesen Varianten das theoretisch abgeleitete sozialökonomische Optimum in die kapitalistische Realität, welche dadurch im Sinne der tendenziell verwirklichten idealen Sozialordnung apologetisch verklärt wird. Umgekehrt erkennen die neoklassischen Ausbeutungstheoretiker Pigou, Robinson, Bloom, Preiser, Zarnowitz und ihre Nachfolger gerade die Diskrepanz zwischen Realität und der durch das abgeleitete sozialökonomische Optimum gegebenen idealen Sozialordnung. Mit dieser Differenz legitimieren sie in unterschiedlicher Ausgestaltung ihre Ausbeutungsthesen.

1) Vgl. oben Teil II, Abschnitt 2.

Während das im Pigou-Kriterium der Ausbeutung zum Ausdruck kommende Konkurrenzideal sich jeweilen auf einzelne Industrien bezieht, wird die neoklassische Variante der idealen Sozialordnung im Zusammenhang mit Ausbeutungsfragen von Bronfenbrenner am direktesten beschworen; denn Bronfenbrenner möchte, wie in Teil II, Abschnitt 352 erwähnt, alle jene Arbeitenden als "ausgebeutet" bezeichnen, deren Lohn geringer ist als er es in einer Gesellschaft mit vollkommener Konkurrenz auf allen Märkten wäre. Die Tatsache, dass Pigou für das sozialökonomische Optimum mit sozialen statt privaten Grenzgrössen operiert (2), beeinträchtigt die Relevanz der nun folgenden Schilderung der Ableitung des Optimums nicht, weil der Kern der Argumentation, gegen den sich unsere Kritik richten wird, sich gleich bleibt. Da Pigou in seiner Ausbeutungslehre mit privaten Grenzwerten rechnet, beinhaltet die Beseitigung Pigou'scher Ausbeutung nur einen Schritt auf das Pigou'sche sozialökonomische Optimum zu, der noch durch weitere Massnahmen flankiert werden müsste. Bei der Darstellung der neoklassischen idealen Sozialordnung folgen wir den instruktiven Ausführungen von Albert (3).

Unter idealen Bedingungen (4) setzt sich im Preismechanismus "ein übergreifender Zurechnungszusammenhang von den Bedürfnissen der Konsumenten (Nutzen) zum Ablauf und zum Gesamtergebnis der Produktion als Kausalzusammenhang durch, wodurch eine im Sinne des Konsumentenwillens ideale Produktion und Verteilung garantiert ist" (5). In der Bedürfnisbefriedigung werden alle Zielsetzungen zusammengefasst, welche infolge der Identifikation von Bedürfnisbefriedigung und Konsum den Ausgangspunkt des wirtschaftlichen Prozesses bildet. Der Konsumentenwille in Gestalt der Konsumentensouveränität führt über den Preismechanismus bei vollkommener Konkurrenz durch die Unternehmer als Anwälte der Konsumenteninteressen zur auf die Bedürfnisse bezogenen optimalen Produktion und gleichzeitig zur leistungsgerechten Verteilung dieser Pro-

2) Vgl. dazu Bohnen, Ethik, 45 ff.

3) Vgl. für das Folgende Albert, Marktsoziologie, 49 ff., 75 ff.

4) Vgl. dazu die drei geschilderten und kritisierten Axiome als Basis; ferner die klare Darstellung der Optimalbedingungen bei K.G. Zinn, Allgemeine Wirtschaftspolitik als Grundlegung einer kritischen Ökonomie, Stuttgart/Berlin/Köln/Mainz 1970, S. 117 ff.

5) Albert, Marktsoziologie, 54.

duktion an die daran Beteiligten entsprechend ihren produktiven Beiträgen. Es erweisen sich "Konsumentensouveränität, Sozialproduktmaximierung und Verteilungsgerechtigkeit" als "drei Seiten ein und derselben Sache" (6). Im Zustand des totalen Gleichgewichts "hat ex definitione kein Wirtschaftssubjekt mehr aufgrund seiner Verhaltensmaxime Veranlassung, sein Verhalten zu ändern. Es wird dabei für alle Personen 'rationales' Verhalten unterstellt . . .: Soweit die Wirtschaftssubjekte als Konsumenten handeln, streben sie nach Nutzenmaximierung; soweit sie als Besitzer von Produktionsfaktoren und Unternehmer handeln, ist ihr Ziel die Maximierung ihres Geldeinkommens" (7). "Der Zustand totalen Gleichgewichts ist also durch die Gleichheit nicht nur von Grenzkosten und Grenzerlös sondern auch von Gesamtkosten und Gesamterlös für jedes Gut gekennzeichnet, durch den Umstand also, dass alle Produkte zu ihren Kosten abgesetzt werden. Die Gewinn- und Verlustlosigkeit dieses Zustandes" manifestiert "die ideale Anpassung der Produktion an den Bedarf" (7). Aufgrund des Sachverhaltes, dass nun alle Entscheidungseinheiten ihre individuellen Maximumspositionen erreicht haben, glaubt man sich zum Schluss auf die maximale Bedürfnisbefriedigung für die gesamte Gesellschaft berechtigt. "Da die Bewertung der Güter auf die Gesamtheit der mit ihnen zu befriedigenden Bedürfnisse bezogen werden", ist das Theorem der maximalen Bedürfnisbefriedigung mit dem der Maximierung des Sozialprodukts "logisch äquivalent" (8).

Zweifellos wird in der neueren ökonomischen Literatur dieses Konkurrenzideal nicht mehr in dieser Form beschworen. Doch fragmentarisch erfolgt die Beurteilung von Sachverhalten auch heute noch mit dieser idealen Sozialordnung im Hintergrund, indem zum Beispiel die der vollkommenen Konkurrenz nahekommenden Marktformen aus Gründen einer optimalen Bedürfnisbefriedigung von vornherein monopoloiden Marktformen vorgezogen werden (9). Die Problematik der neoklassischen Vorstellung von der idealen Sozialordnung liegt nun nicht allein darin, dass sie in wissenschaftlichem Kontext erscheint, sondern, dass sie

6) Albert, Marktsoziologie, 53.

7) Albert, Marktsoziologie, 79 f. Die Hervorhebungen des Originals wurden weggelassen.

8) Albert, Marktsoziologie, 80. Im Original hervorgehoben.

9) Zum Beispiel findet sich dieses sozialökonomische Optimum bei Ott, Grundzüge, 318.

sich scheinbar zwanglos wissenschaftlich auch begründen lässt. Die nun folgende kritische Durchleuchtung soll diejenigen Argumentationsschritte lokalisieren, welchen der Schluss auf das sozialökonomische Optimum zu verdanken ist.

Für die Nachfrage nach Gütern sind nicht nur die Bedürfnisse, sondern auch die Einkommensverhältnisse mitbestimmend. Dieses Arguments gegen das Maximumstheorem sucht man sich durch die Relativierung des Gütermaximums in bezug auf eine bestimmte Einkommensverteilung zu entledigen. Die dadurch entstehende Trennung zwischen einem der ökonomischen Beurteilung unterliegenden Produktionsbereich und einem Distributionsbereich, in dem allein ethische Wertungen angebracht sind, hält jedoch selbst einer immanenten Kritik nicht stand; denn "es ist im System der statischen Theorie prinzipiell möglich, jede Produktionsänderung als Einkommensverschiebung zu interpretieren" (10). Ein rein ökonomisch beruteilbarer Bereich lässt sich somit nicht isolieren.

Sehen wir für das weitere einmal von der Annahme einer gegebenen Kaufkraftverteilung ab. "Die relativen Maximum-Positionen der einzelnen Wirtschaftssubjekte bestimmen sich ja nicht nur auf Grund der Einkommen, sondern ausserdem auf Grund der gegebenen Preissysteme. Jedes vom Gleichgewichtspreissystem der vollkommenen Konkurrenz abweichende 'Preisgefüge' kann also für den einen eine Verbesserung, für den anderen eine Verschlechterung seiner Maximum-Position bedeuten. Das durch vollständige Konkurrenz tatsächlich entstehende System ist in dieser Beziehung in keiner Weise a priori ausgezeichnet. Dieser Sachverhalt bedarf ja gerade des Beweises durch die Maximum-Theoretiker" (11). Um aber die auf dem Weg zum Gleichgewichtspreissystem entstehenden Verschlechterungen und Verbesserungen der individuellen Positionen der Bedürfnisbefriedigung gegeneinander aufrechnen zu können, sind intersubjektive Bedürfnisvergleiche unumgänglich. Diese sind bei dem heutigen Stand der Wissenschaft jedoch nicht durchführbar, wenn ihnen auch keineswegs prinzipielle Unmöglichkeit zukommt. Um die Mehrbefriedigung des Einen mit der Minderbefriedigung des Anderen zu vergleichen und derart die optimale Bedürfnisbefriedigung nachzu-

10) Albert, Marktsoziologie, 83. Die Hervorhebungen des Originals wurden weggelassen.

11) Albert, Marktsoziologie, 85. Die Hervorhebungen des Originals wurden weggelassen.

weisen, könnte man versucht sein, auf die Produkte in Geldgrössen zu rekurrieren, da das Maximum-Theorem nur eine wertmässig maximale Produktion behauptet, nicht jedoch, dass die naturalen Mengen aller Güter grösser seien, als im Nicht-Gleichgewicht. Zur Verwendung von Geldgrössen aber müssen zuerst Geldwertveränderungen ausgeschaltet werden, das heisst, das Indexproblem müsste eine Lösung finden. Das Indexproblem ist aber wiederum wegen der intersubjektiven Unvergleichbarkeit der Bedürfnisse unlösbar (12).

Doch genügt die Annahme der intersubjektiven Vergleichbarkeit der Bedürfnisse keineswegs, um den Gleichgewichtszustand im Sinne der Maximierung der Bedürfnisbefriedigung auszuzeichnen. Zur Konstruktion eines sozialökonomischen Optimum bedarf es der zusätzlichen Annahme der Interessenharmonie der Wirtschaftssubjekte. Dadurch wird die Betrachtung der Gesellschaft als einheitliches Zurechnungsobjekt möglich, das in intersubjektivem Sinne objektive Bedürfnisse aufweist, deren Befriedigung von allen Subjekten gleich bewertet wird. Das Gemeinwohl ist nun eine objektive und erkennbare Grösse. "Damit wird nicht nur methodisch der Erkenntnischarakter von Wertaussagen postuliert, sondern darüber hinaus ein 'echter' Interessenkonflikt als der 'Natur der Sache' nach unmöglich deklariert. Der soziale Konflikt ist kein 'wesentlicher' Zug der sozialen Wirklichkeit. Wo er dennoch auftritt, beruht er darauf, dass man nicht überall das Gemeinwohl erkannt hat" (13). Wir werden auf die theoretischen Konsequenzen der Existenz sozialer Konflikte nochmals zurückkommen.

Auch die Aussenhandelstheorie hat weitgehend mit harmonistischen Fiktionen gearbeitet (14); das Gütermaximumstheorem erfuhr über die Aussenhandelstheorie eine Ausweitung auf die Weltwirtschaft insgesamt. Wie auf nationaler Ebene ist auch hier die Fiktion der Interessenharmonie höchst fragwürdig. Zudem wäre ja nicht nur die Annahme der Maximierung von Interesse, sondern ebensosehr

12) Es sei zu Indexberechnungen wie auch zu Sozialproduktmessungen angemerkt, dass beide bei bestimmten Problemstellungen wie der Konjunkturpolitik zum Beispiel, ohne weiteres sinnvoll sein können; hingegen dürfen sie nicht zum Mass der Wohlfahrt und Bedürfnisbefriedigung gemacht werden.

13) Albert, Marktsoziologie, 68 f.

14) Vgl. Clapham, Aussenhandel, 80 ff.

eine Untersuchung der gleichzeitig mit der Produktion wirkenden Mechanismen, die die Verteilung des international produzierten Reichtums auf die nationalen Gesellschaften determinieren. Fragmentarisch haben wir uns in Teil V mit Theorien beschäftigt, die die aus der internationalen Arbeitsteilung resultierende Verteilung des materiellen Reichtums zwischen Entwicklungsländern und Industriestaaten betreffen. Eine harmonistische Sicht der Aussenwirtschaftsbeziehungen wurde durch unsre Untersuchung diskreditiert.

Würde man nun, um der Notwendigkeit der Annahmen intersubjektiver Bedürfnisvergleiche und der Interessenharmonie auszuweichen, neben einer bestimmten Einkommensverteilung auch ein gegebenes Preissystem für das totale Gleichgewicht bei vollkommener Konkurrenz annehmen, so wäre mit dem Gütermaximum die ideale Sozialordnung auf eine Definition reduziert, welche wohl Realitätsbezug aufweist, der hingegen, wie allen Definitionen, der Informationsgehalt abgeht. Die blosse Definition des gleichgewichtigen Optimalzustandes der Wirtschaft durch ein bestimmtes Preis- und Einkommenssystem würde das Modell der vollkommenen Konkurrenz zum Nachweis der Optimalität überflüssig machen, erscheint doch ein definitorisch bestimmter Optimalzustand nicht an irgendwelche institutionelle Voraussetzungen gebunden. Der vermeintliche Ausweg aus dem Dilemma der Annahme intersubjektiver Bedürfnisvergleiche sowie der Interessenharmonie einerseits und der Unmöglichkeit der Behauptung eines Idealpreis- und Einkommenssystems ohne diese zwei Voraussetzungen anderseits durch die Flucht in eine Definition hätte sich somit als Bumerang erwiesen, der auf die Rechtfertigungstendenz der Konkurrenz durch die statische Theorie selber zurückschlägt. Die Ausdehnung der Lehre von der subjektiven Nutzenmaximierung — welche durch unsere Kritik des Maximum-Theorems nicht tangiert wird — auf den sozialen Gesamtzusammenhang ist somit unhaltbar. Obwohl das Gleichgewichtspreissystem und das Modell der vollkommenen Konkurrenz "technisch" entsprechend den gemachten Voraussetzungen "funktioniert", das heisst, dass die Ableitungen formal durchaus zutreffen, wird dadurch keineswegs die Optimalität des Endzustandes nachgewiesen, es sei denn, man definiere ihn entsprechend. Da Definitionen keine wissenschaftlichen Argumente darstellen, dürfte die Fragwürdigkeit der neoklassischen Variante der idealen Sozialordnung evident geworden sein.

23 Die ideale Sozialordnung in marxistischer Perspektive

Das Verhältnis des Marxismus zur die Gegenwartsbedingungen überwindenden Zukunft ist in einem gewissen Sinne ambivalent. Einerseits will sich der Marxismus von seinen sozialistischen, als "utopisch" qualifizierten Vorläufern absetzen, indem das Erfinden neuer sozialer Systeme und die Ausarbeitung ihrer Einzelheiten "literarischen Kleinkrämern" (15) überlassen werden soll. Die Aufgabe des Marxismus ist nicht, "ein möglichst vollkommenes System der Gesellschaft zu verfertigen, sondern den gesellschaftlichen ökonomischen Verlauf zu untersuchen, dem diese Klassen und ihr Widerstand mit Notwendigkeit entsprungen, und in der dadurch geschaffenen ökonomischen Lage die Mittel zur Lösung des Konflikts zu entdecken" (16). Anderseits sind die Massstäbe einer kritischen Analyse des Kapitalismus erst in Vorstellungen über eine mögliche zukünftige Ordnung aufzufinden.

Im Vordergrund steht allerdings die Analyse des Kapitalismus, während die vormarxistischen Sozialisten noch mit neun Zehnteln ihres Werks die ideale Sozialordnung antizipiert haben; dementsprechend trägt Marxens Hauptwerk auch den Titel "Das Kapital" (17). Doch fehlt in der marxistischen Ökonomie das utopische Element in der Form allgemeiner Konturen der zukünftigen Gesellschaft keineswegs. Klassenlosigkeit, Freiheit von Ausbeutung, Wegfallen der Arbeitsteilung zählen zu den entscheidenden Eigenschaften der kommunistischen Gesellschaft, wie man sie in einigen Abschnitten von Marx und Engels gekennzeichnet vorfindet (18).

Im ersten Entwurf zur Schrift über den "Bürgerkrieg in Frankreich" hat Marx sogar trotz der fortgesetzten Ablehnung von Bildern der zukünftigen Gesellschaft sich mit den Endzielen der utopischen Sozialisten identifiziert und nur

15) Engels, Entwicklung, 194.

16) Engels, Entwicklung, 208

17) E. Bloch, Das Prinzip Hoffnung, Zweiter Band, Berlin 1955, S. 190 (im folgenden zitiert als "Bloch, Prinzip II").

18) Vgl. die Übersicht über einige Abschnitte bei Marx und Engels, die die zukünftige Gesellschaftsordnung betreffen, bei Seiffert, Marxismus, 107 ff.; Künzli, Marx, 747 ff.

die Mittel zur Differenz zwischen Marxismus und utopischem Sozialismus erklärt. "Die beiden Endziele der von den Utopisten verkündeten Bewegung sind auch die von der Pariser Revolution und von der Internationale verkündeten Endziele. Nur die Mittel sind verschieden" (19). Zudem hat der Marxismus, wie Marx an der nämlichen Stelle ausführt, die historischen Bedingungen der Arbeiterbewegung enthüllt und sie von den utopischen Entwürfen befreit, ohne jedoch das Ziel der Utopisten aufzugeben. Auch wenn die zahllosen institutionellen Details der in den vormarxistischen Schriften ausgearbeiteten Utopien im Marxismus fehlen, so formulieren allein die oben erwähnten Stichworte Zielvorstellungen, die über ihren primär verneinenden, negativen Charakter hinaus die erwartete Sozialordnung auch positiv charakterisieren. Bloch bezeichnet den Marxismus als "Tür zu dem Zustand, der Ausbeutung und Abhängigkeit ursächlich ausscheidet" (20). Die marxistische Vorstellung von der klassenlosen Gesellschaft zeigt äusserst klar, dass die Interpretation von Ausbeutung als Frage nach der idealen Sozialordnung berechtigt ist. Dadurch, dass die Analyse des Kapitalismus im Brennpunkt des Interesses steht, dominieren nicht die Vorstellungen von der idealen Sozialordnung die marxistischen Schriften, sondern der Weg zur Verwirklichung im Sinne einer prozesshaft-konkreten Antizipation (21). Der Weg, der tatnotwendig zur sozialistischen und kommunistischen Gesellschaftsordnung führen soll, setzt jedoch eine zumindest vage Zielvorstellung bereits voraus, ohne die ein Weg gar nicht erörtert werden könnte. Elemente der idealen Sozialordnung sind zudem auch in der Marx'schen Vorstellung des klassenlosen Urkommunismus aufzufinden. Wie die Ethnologie festgestellt hat, ist die Marx'sche Sicht des Urzustandes höchstwahrscheinlich unzutreffend; die Schilderungen der Urgesellschaft lassen sich am besten als Wunschprojektionen, als "rückwärtsgewandte Utopie" (22), verstehen, welche mit der zukunftsgerichteten Vision der idealen Sozialordnung in einigen wichtigen Punkten konvergiert.

Den Zukunftsvorstellungen des Marxismus eignet im Selbstverständnis ihrer Vertreter eine besondere Eigenschaft. Die sozialistische und kommunistische Gesell-

19) K. Marx, Erster Entwurf zum "Bürgerkrieg in Frankreich" in: Marx/Engels Werke, Band 17, Berlin 1962, S. 557. Diesen Hinweis haben wir aus Künzli, Marx, 686, übernommen.

20) Bloch, Prinzip II, 193 f.

21) Vgl. Bloch, Prinzip II, 192

22) Künzli, Marx, 604.

schaft ist keine ideale Sozialordnung neben anderen, deren Realisierung ebenfalls möglich wäre. Zwar wird der Kapitalismus nicht mit Geschehensnotwendigkeit in eine sozialistische Ordnung transformiert, sondern mit Tatnotwendigkeit; immerhin bleibt auch im letzteren Begriff die Zwangsläufigkeit erhalten. Aus der Analyse des Kapitalismus auf den Grundlagen der Philosophie des historischen Materialismus ergibt sich die klassenlose, von Ausbeutung befreite Gesellschaft als nächsthöhere Gesellschaftsformation, in der die Grundwidersprüche aufgehoben sind. Da die Klassen Ausfluss der Produktionsverhältnisse sind, welche die Aneignung der Mehrarbeit durch eine Minorität erlauben, wird die Revolution des Proletariats durch die Aufhebung eben dieser klassenbildenden Eigentumsverhältnisse den Weg zur klassenlosen, von Ausbeutung befreiten Gesellschaft ebnen. Die Entwicklung der Produktivkräfte erzwingt das Handeln der Arbeiterklasse. Weil alles Denken klassenbezogen ist, weil die marxistische Wissenschaft jedoch die Wissenschaft des Proletariats darstellt, das in der klassenlosen Gesellschaft mit der Gesellschaft insgesamt identisch wird, erscheint die marxistische ideale Sozialordnung als objektiv, die keine anderen Zukunftsentwürfe neben sich dulden kann. Der "verdinglichte Dualismus zwischen Sein und Sollen" ist aufgehoben (23).

Wenn Marx der kommunistischen Gesellschaft die Verwirklichung des Prinzips "Jeder nach seinen Fähigkeiten, jeder nach seinen Bedürfnissen" (24) zuschreibt, so scheint heute der zweite Teil dieses Grundsatzes in weitere Ferne denn je gerückt, obwohl das Schlagwort der "Überflussgesellschaft" gängige Münze ist. Ein erster Einwand gegen die Vision bedürfnisentsprechender Bedürfnisbefriedigung, nämlich, dass die Entwicklung zur Konsumgesellschaft die Uferlosigkeit der Bedürfnisse aufgezeigt habe, kann leicht mit dem Argument der Korruption des Menschen durch den Kapitalismus zurückgewiesen werden. Nach marxistischer Ansicht kann der Mensch der Gegenwart keinen Massstab für den Menschen in der kommunistischen Gesellschaft abgeben. Der unseres Erachtens entscheidende zweite Einwand gegen den Schlaraffenland-Aspekt der kommunistischen Gesellschaft bildet jedoch die erst in der Gegenwart aufdämmernde Erkenntnis der

23) Bloch, Prinzip II, 190.

24) Marx, Gothaer Programm, 21.

planetaren Beschränktheit der Ressourcen. Die noch zu schaffende "Raumschiff-ökonomie", die die Ressourcen der Menschheit als endlich in Rechnung stellt, scheint der Vision der kommunistischen Gesellschaft im globalen Massstab endgültig eine Verwirklichung zu verwehren.

Die Marx-Engels'sche Skizze der klassenlosen Gesellschaft lässt zwar Detailschilderungen vermissen, bleibt jedoch eindeutig ein Entwurf einer idealen Sozialordnung, für die das Fehlen von Ausbeutung ein zentrales Charakteristikum ist. Dass die Einzelheiten der wünschbaren Neuordnung im Sinne der utopischen Sozialisten fehlen, ist nach marxistischem Verständnis zutreffend und zudem wünschbar, da der Marxismus primär Wissenschaft von der bürgerlichen Gesellschaft sein will. In bürgerlicher Perspektive wandeln sich die fehlenden Einzelentwürfe zu einem schwerwiegenden Mangel: Die vagen Vorstellungen von der klassenlosen Gesellschaft können sich als bequeme Legitimationsgründe von fast beliebigen gesellschaftlichen Eingriffen entpuppen, weil die marxistische Theorie keine präzisen Kontrollmassstäbe liefert, welche Arten von Eingriffen einer klassenlosen Gesellschaft im Sinne von Marx Geburtshilfe leisten. Das Ziel scheint die Anwendung jeglicher Mittel zu rechtfertigen. Von transzendenter Warte aus ist weiter fraglich, inwieweit die klassenlose Gesellschaft nur eine Ausgeburt revolutionärer Phantasie, einen unrealisierbaren Tagtraum darstellt. Auf die Problematik nicht-realisierbarer und realisierbarer Utopien sowie sozialer Konflikte im Zusammenhang mit der idealen Sozialordnung in marxistischer Perspektive werden wir im folgenden Abschnitt 3 eingehen. Einige Bemerkungen zur Legitimität der Utopie, welche in Gestalt der neoklassischen und der marxistischen idealen Sozialordnung exemplifiziert wurde, bilden den Rahmen.

3 Zur Legitimität von sozialen Utopien

31 Die Problematik von sozialen Utopien

Über die institutionellen Implikationen der Ausbeutungstheorien wurde die Problemstellung der Ausbeutung als Frage nach der hinsichtlich wirtschaftlicher Gerechtigkeit idealen Sozialordnung erkennbar. Die ausgeführten Beispiele neoklassischer und marxistischer Provenienz tragen den Stempel gesellschaftlicher Utopien. Um zu entscheiden, inwiefern ein utopischer Bezugsrahmen überhaupt legitim ist, sind einige Bemerkungen zur allgemeinen Problematik von Utopien, unabhängig von ihrer Ausgestaltung im einzelnen, anzubringen. Zuallererst muss die Bedeutung von "Utopie" geklärt werden.

Utopie als klassifikatorischer Begriff könnte einerseits auf literarische Fiktionen, auf romanhafte Schilderungen von idealen Sozialordnungen eingegrenzt werden, anderseits im marxistischen Sinne als geistesgeschichtlich definierte, vorwissenschaftliche Denkweisen im Hinblick auf eine ideale Sozialordnung charakterisierende Kategorie aufgefasst werden (1). In beiden Fällen jedoch wird das im allgemeinen mit "Utopie" Gemeinte durch formale Kriterien veräusserlicht, über deren Ausformung weder in literarischer noch wissenschaftlicher Hinsicht allgemeine Übereinstimmung herrscht. Das utopische Denken lässt sich vielmehr besser durch die ihm in allen Erscheinungsformen gemeinsame Intention charakterisieren. Diese utopische Intention bezeugt ihren einheitlichen Bezugspunkt nicht in gemeinsamen, konvergierenden Zukunftsbildern, "sondern in der kritischen Negation der bestehenden Gegenwart im Namen einer glücklicheren Zukunft, die noch so verschieden ausgemalt sein mag. . . . Nicht in der positiven Bestimmung dessen, was sie will, sondern in der Negation dessen, was sie nicht will, konkretisiert sich die utopische Intention am genauesten" (2). Wenn sich

1) A. Neusüss (Hrsg.), Utopie. Begriff und Phänomen des Utopischen, 2. Aufl. Neuwied/ Berlin 1972, S. 18, 21 f. (im folgenden zitiert als "Neusüss, Utopie"), weist auf diese beiden Begriffe von Utopie hin.

2) Neusüss, Utopie, 32 f.

die utopische Intention in einem Entwurf neuer, besserer Institutionen äussert, die in kritischem Gegensatz zu den bestehenden institutionellen Gegebenheiten stehen, liegt eine Utopie vor. Ungleich Neusüss möchten wir nicht die blosse Negation des Bestehenden ohne die Skizze einer "Position" schon als Utopie verstanden wissen, da sich uns der im Sinne von Neusüss gebrauchte Terminus der "Utopie" zu weit vom Alltagsverständnis zu entfernen scheint (3).

Die präskriptive Komponente des Ausbeutungsbegriffs hat zur Folge, dass allen Ausbeutungskonzeptionen utopische Intentionen innewohnen. Würde die utopische Intention fehlen, so hätte kein Anlass dazu bestanden, den Begriff der Ausbeutung mit seinem ethischen und politischen Potential zur Charakterisierung bestimmter Sachverhalte zu verwenden. Mit der implizierten Norm, bei deren Erfüllung Freiheit von Ausbeutung verwirklicht sein würde, ist zudem die aus der utopischen Intention flissende eigentliche Utopie im Sinne einer neuen Position gegeben.

Wenn vorhin die Kritik bestehender Institutionen mit der Utopie verbunden wurde, so kann nicht verhehlt werden, dass Kritik in diesem Bereich einen anderen Charakter aufweist als Kritik im wissenschaftlichen Verfahren. Utopie setzt Wertungen voraus. Utopie impliziert infolgedessen Wertkritik, nicht jedoch Erkenntniskritik. Während im Erkenntnisbereich eine gewisse Übereinstimmung über die Massstäbe der Kritik vorhanden ist, ist dies bei Wertungen keineswegs der Fall, wenn man von der auf Konsistenzen und Antinomien ausgerichteten kognitiven Wertkritik absieht. Jede Utopie setzt ex definitione den bestehenden Institutionen höher bewertete neue Institutionen entgegen; ob jedoch ein allgemeiner Konsens über die Bewertungen von Utopie und Realität erzielt werden kann und damit die intendierte Kritik auch als Kritik anerkannt wird, ist völlig ungewiss. Ein und derselbe Entwurf zukünftiger Institutionen kann demnach einesteils als Utopie angesehen werden, wenn die Verwirklichung des Entwurfs als eine Verbesserung angesehen wird, andernteils ist ihm der utopische Charakter abzusprechen, wenn der Entwurf in seiner Unvollkommenheit hinter die bestehende, unvollkommene Ordnung gar zurückgeht.

3) Unser Utopie-Begriff ist noch in anderer Hinsicht nicht identisch mit demjenigen von Neusüss. Neusüss schränkt nämlich den Utopie-Begriff weiter auf Kritik an den bestehenden Herrschaftsverhältnissen ein. Vgl. Neusüss, Utopie, 99 f.

Auch wenn eine Einigung über anzustrebende Werte und damit über die Bewertung der einzelnen Utopien jeweilen kaum zu erwarten ist, haben die Entwürfe besserer Sozialordnungen die Funktion von Ideenreservoirs, welche sich über die politische Diskussion von Partialproblemen fruchtbar auswirken können. Zudem können Utopien auch der Offenlegung von Wertinkonsistenzen und Wertantinomien dienen. Ähnlich wie in der Wissenschaftslogik der Entstehungszusammenhang von Hypothesen ihrem Begründungszusammenhang vorgeordnet ist, lässt sich die Rolle der Utopie im politischen Denken beschreiben (4). In beiden Fällen wirken entweder Alternativhypothesen oder Alternativinstitutionen befruchtend auf den Erkenntnisfortschritt beziehungsweise den sozialen Fortschritt. Gerade der Marxismus mit seiner Ausbeutungslehre gibt dafür ein eminentes Beispiel ab: Zwar wurde im Westen die von Marx intendierte Gesellschaftsordnung nicht Wirklichkeit, doch das soziale Elend entwickelte sich zu einem zentralen Problem in der politischen Diskussion. In der Folge wurde einigen Auswüchsen der Armut erfolgreich begegnet. Diese Tatsache besagt noch nichts über die Beurteilung der Theorie der relativen Verelendung, auf die wir früher eingegangen sind.

Abgesehen von zahllosen Details unterscheiden sich die einzelnen Utopien in ihrem Grad der Realisierbarkeit. Mit "realisierbar" meinen wir nicht "politisch durchsetzbar", sondern die entsprechend dem Stand der Wissenschaften möglichen Alternativen. Nach unserem Utopienverständnis wurde die Utopie nicht definitorisch auf nichtrealisierbare Entwürfe eingeschränkt, wie dies im Sprachgebrauch des Alltags vorkommt. Während zum Beispiel Preiser konkrete Alternativen zur Beseitigung der quasimonopolistischen Ausbeutung ausgearbeitet hat, fehlen realisierbare Alternativmodelle im Rahmen der neoklassischen Variante der idealen Sozialordnung. Ebenso leisten die marxistischen Theoretiker sogar bewusst einen weitgehenden Verzicht auf die Ausarbeitung konkreter Alternativinstitutionen. Dieses "Bilderverbot" wird unter anderem auch damit begründet, dass konkrete Alternativen noch in ihrem Gegensatz zur bürgerlichen Ordnung von der letzteren mitbestimmt werden, während die sozialistische und kommunistische Gesellschaft völlig neue Massstäbe und Formen benötigt, die

4) Vgl. Albert, Traktat, 50 f.

nur in ihr selber hervorgebracht werden können. Diese dem historischen Materialismus entstammende Ansicht muss jedoch eine völlig andere Einschätzung erfahren, wenn die philosophischen Grundlagen des historischen Materialismus nicht für zutreffend befunden werden: Die nichtrealisierbare Utopien produzierende Phantasie stellt dann keinen Ersatz der Ausarbeitung realisierbarer Alternativlösungen dar, sondern den beiden Denkweisen kommen komplementäre Funktionen zu. Bestehendes kann nur mit realisierbaren Alternativen auf die gleiche Stufe gestellt werden; nichtrealisierbare Wunschträume fungieren als Ideen liefernde Leitbilder. Die Problematik der nichtrealisierbaren Utopie liegt nicht darin, dass Bestehendes kritisch angegangen wird; vielmehr liegt die entscheidende Fragwürdigkeit in ihrer unkritischen Haltung gegenüber der Realisierbarkeit (5). Mit einer nichtrealisierbaren Utopie als Massstab kann die unvollkommene Wirklichkeit mühelos einer ätzenden Kritik unterworfen werden.

Die Verachtung der Realisierbarkeit zugunsten erträumter Sozialordnungen mag zudem einer Denkweise rufen, deren Folgen unabsehbar sind. Wir meinen die naheliegenden Zweck-Mittel-Dichotomie, die die Mittel nur im Hinblick auf den angestrebten Zweck bewertet. Der Grundsatz, dass der Zweck die Mittel heiligt, scheint uns moralisch schon höchst fragwürdig, wenn er bei realisierbaren Utopien angewandt wird. Als wesentlich folgenreicher jedoch kann es sich erweisen, wenn diesem Standpunkt im Falle nichtrealisierbarer Utopien gehuldigt wird: Das erträumte Fernziel eignet sich zur Rechtfertigung jeglicher Mittel, die der Erreichung des Zwecks dienlich scheinen. Keine Generation darf als Mittel zu dem Zwecke des Glücks späterer Generationen geopfert werden, unabhängig von der "Intensität des versprochenen Glücks" und der "Zahl der Generationen, die davon profitieren sollen" (6). Abgesehen von der moralischen Fragwürdigkeit einer derartigen Denkweise werden auch intersubjektive Nutzenvergleiche impliziert, für die jedoch die Grundlagen im nomologischen Wissen heute fehlen. Soll hingegen das Prinzip, dass der Zweck die Mittel heiligt, keine Gültigkeit

5) Albert, Traktat, 177.

6) K.R. Popper, Utopie und Gewalt, in: A. Neusüss (Hrsg.) Utopie. Begriff und Phänomen des Utopischen, Neuwied/Berlin 2. Aufl. 1972, S. 324.

besitzen, so kann man sich dem Zwang einer vom Zweck unabgeleiteten Mittelbewertung nicht mehr entziehen. Erst jetzt werden die Opfer in der Gegenwart wieder in Rechnung gestellt, die auf dem Altar der Zukunft dargebracht werden sollen, einer Zukunft, die zudem im Falle nichtrealisierbarer idealer Sozialordnungen ein höchst ungewisses Aussehen hat.

Der Totalitarismus-Verdacht, den Neusüss als einen "Pfad der Utopie-Denunziation" erwähnt (7), dürfte zu einem nicht geringen Teil auf den angesichts eines verlockenden Endziels naheliegenden Grundsatz "Der Zweck heiligt die Mittel" zurückzuführen sein und nicht nur auf eine konservative, apologetische Intention. Dazu tritt als weitere potentielle Quelle des Totalitarismus der unter Umständen dogmatische Charakter einer Utopie. Wird ein Entwurf als allein richtig ausgegeben und gegen Kritik immunisiert, so verwandelt sich seine Durchführung in ein missionarisches Unternehmen, das zur Unterdrückung konkurrierender Entwürfe nicht vor terroristischen und diktatorischen Konsequenzen zurückschreckt. Wird die Utopie als Sinn und Ziel der geschichtlichen Entwicklung ausgegeben, so ist dogmatische Intoleranz besonders naheliegend. Doch wendet sich der Totalitarismus-Verdacht nicht nur gegen die marxistische Utopie, sondern gegen jeglichen utopischen Entwurf, die neoklassische Variante der idealen Sozialordnung miteingeschlossen. In allen jenen Fällen, in denen die Utopie einerseits realisierbar ist oder in denen anderseits die Utopie den Anspruch auf am Lustprinzip orientierte Vollkommenheit schon gar nicht erhebt, sind totalitäre Konsequenzen weit weniger zu erwarten.

32 Soziale Konflikte contra Interessenharmonie

Die Konstruktion einer idealen Sozialordnung, wie sie anhand einer neoklassischen und marxistischen Variante exemplifiziert wurde, setzt in jedem Falle eine Harmonie der individuellen Interessen voraus. Solange in einer Gesellschaft Interessenkonflikte vorhanden sind, wird der Entwurf einer Sozialordnung nicht

7) Neusüss, Utopie, 36, 40 ff. Zum Begriff des Totalitarismus vgl. Neusüss, Utopie, 37 ff.

von allen Individuen gleich bewertet: Je nach dem Bedürfnis und Interesse können sich Alternativentwürfe von abweichenden Interessenstandpunkten aus als vorteilhafter ausnehmen. Die Unmöglichkeit intersubjektiver Bedürfnisvergleiche zusammen mit der je nach Interessenstandpunkt unterschiedlichen Bewertung der Alternativen verweisen die beschriebenen Entwürfe der idealen Sozialordnungen in das Reich der Fiktionen. Nicht nur gibt es keinen einheitlichen Willen in der Gesellschaft, sondern es gibt auch kein absolut sicheres nomologisches Wissen, mit dem die gewünschte Ordnung ohne Risiko realisiert werden könnte. Infolgedessen kann es eine ideale Sozialordnung gar nicht geben (8)! Solange man nicht der Meinung ist, dass Interessenkonflikte generell vermeidbar sind – diese Ansicht wäre zudem nomologisch zu begründen – sind alle Entwürfe einer idealen Sozialordnung nichtrealisierbare Utopien. Soziale Harmonie soll den für zahlreiche Utopien charakteristisch fehlenden Wandel ersetzen (9). Das Problem der Interessenkonflikte dürfte auch die Bemühungen der Wohlfahetsökonomen zunichte machen, eine soziale Wohlfahrtsfunktion zu konstruieren, die einen rein formalen Rahmen überschreitet.

Der marxistische Entwurf der idealen Sozialordnung beruht ebenso wie die neoklassische Version auf der Fiktion der Interessenharmonie. Wenn auch nur verhältnismässige kärgliche Konturen der sozialistischen und kommunistischen Gesellschaft von Marx und Engels durch ihre Negation des Kapitalismus erarbeitet wurden, so ändert dies nichts an der "kommunistischen Fiktion", wie Myrdal die Voraussetzung der Interessenharmonie bezeichnet (10) hat. Mit der Beseitigung des sozialen Antagonismus zwischen Ausbeutern und Ausgebeuteten muss zwar auch nach marxistischer Ansicht in der nachkapitalistischen Gesellschaft nicht jeglicher soziale Konflikt verschwinden (11), sondern nur die fundamentalen, herrschaftsbezogenen Klassengegensätze. Doch nötigt schon die mit wenigen Stichworten abgesteckte klassenlose Gesellschaft zur Fiktion der Interessen-

8) Vgl. Albert, Traktat, 172.

9) Vgl. R. Dahrendorf, Pfade aus Utopia. Zu einer Neuorientierung der soziologischen Analyse, in: R. Dahrendorf, Pfade aus Utopia. Arbeiten zur Theorie und Methode der Soziologie, Gesammelte Abhandlungen I, München 1967, S. 244.

10) Zur Konfliktlosigkeit im klassenlosen Urkommunismus vgl. Künzli, Marx, 602.

11) Vgl. zum Beispiel Hofmann, Grundelemente, 122.

harmonie, wenn diese Sozialordnung von allen akzeptiert und ohne permanente Diktatur verwirklicht werden soll.

Hinter den Entwürfen von unrealisierbaren, idealen Sozialordnungen steht letztlich eine Offenbarungshaltung ihrer Verfechter. Analog zur Erkenntnistheorie, in der die Manifestationstheorie der Wahrheit durch die Approximationstheorie der Erkenntnis ersetzt wurde, hat auch im politischen Bereich die Interessenkonflikten nicht Rechnung tragende Offenbarungsidee einer Approximationspolitik zu weichen. Diese wird durch eine "Stückwerk-Technologie" (12) zur Beseitigung konkreter gesellschaftlicher Übelstände verwirklicht. Die Lehre von der quasimonopolistischen Ausbeutung wäre infolge ihrer Realisierbarkeit mit einer Approximationspolitik vereinbar, während die Lehren von unrealisierbaren Ausbeutungskonzepten in der gegebenen Form dem Offenbarungsmodell der Politik näherstehen. Sobald ein Entwurf verabsolutiert wird, kann man die intolerante Haltung der Verfechter kritischen Einwänden und konkurrierenden Entwürfen gegenüber nur als Ausfluss einer Offenbarungsidee verstehen, welche trotz dem ursprünglichen Gewinn an Ideen die politische Diskussion eher einschränkt als bereichert. Da kein Anlass besteht anzunehmen, dass in Zukunft Interessenharmonie an die Stelle sozialer Konfikte treten wird, sollte die Verwirklichung einer idealen Sozialordnung als Aufgabe der Politik eigentlich endgültig diskreditiert sein. Dementsprechend sind auch die Ausbeutungskonzeptionen zu beurteilen, denen eine ideale Sozialordnung zu Gevatter steht, welche man um jeden Preis politisch zu realisieren sucht. Die negative Beurteilung dieser Ausbeutungskonzeptionen erfolgt natürlich unabhängig von der Frage, inwiefern in einer gegebenen Gesellschaft "Ausbeutung" im Sinne einer ungerechtfertigten Aneignung von Einkommen präsent ist.

12) Der Ausdruck stammt von Popper. Vgl. dazu unter anderem Popper, Elend; Popper, Zauber, 213 ff.

4 Ausbeutung – Ein unzweckmässiger Begriff der Wirtschaftswissenschaften

41 "Ausbeutung" in sprachkritischer Perspektive

Ein Rückgriff auf die in Teil I, Abschnitt 6 erarbeiteten sprachtheoretischen Zusammenhänge beschert uns die Werkzeuge zu einer kritischen Analyse des nun aufgezeigten wirtschaftswissenschaftlichen Sprachgebrauchs von "Ausbeutung".

Der Begriff der Ausbeutung weist jenen primären begrifflichen Inhalt auf, der ihm durch die jeweilige Definition zugewiesen wird. Fehlt eine implizite oder explizite Definition, so hat "Ausbeutung" den Charakter eines Leerbegriffs; es fehlt der primäre begriffliche Inhalt. Doch stellt der Begriff der Ausbeutung auch einen sekundären begrifflichen Inhalt dar und weist einen emotiven Gehalt aus. Dass "Ausbeutung" ein stark wertgeladener Terminus ist, lässt sich ebenso aus seiner häufigen polemischen Verwendung wie auch aus expliziten Konstatierungen seiner Wertgeladenheit erschliessen. Beides wurde bereits durch zahlreiche entsprechende Zitate und Hinweise belegt. Dieser emotive Gehalt kann durch Neuformulierungen von Ausbeutungskonzeptionen nicht wegdefiniert werden. Die starke negative Wertgeladenheit von "Ausbeutung" charakterisiert jedes in seine Extension fallende Designatum als einen zu vermeidenden Sachverhalt. Ganz unabhängig vom primären begrifflichen Inhalt ist "Ausbeutung" durch den gegenwärtigen Sprachgebrauch sekundär und emotiv mit dem ethischen Problem von Gerechtigkeit und Ungerechtigkeit verknüpft. Die mit dem Begriff der Ausbeutung gebildeten Aussagen enthalten auch in marxistischem Kontext die ethische Wertung schon in sich (1). "'Exploitation' is a general word of opprobrium, and anything that strikes the onlooker as a bad thing seems to deserve this label" (2). In bezug auf die marxistische Ausbeutungs-

1) Vgl. Topitsch, Ursprung, 328, der sich auf Woltmanns Untersuchungen bezieht.

2) Samuelson, Theory, 326.

theorie hat Einarsen (3) den Zusammenhang zwischen Ausbeutung und Gerechtigkeit als ethisches Problem zutreffend herausgearbeitet.

Dass mit "Ausbeutung" ein ethisches Problem bezeichnet wird, ist auf die geistige Herkunft dieses Terminus und die Zeit seiner Popularisierung zurückzuführen. "Ausbeutung der Arbeiter" hatte zuerst keine speziellere Bedeutung als dem Begriff der Ausbeutung bei allen Ressourcen innewohnte (4): Der Aspekt der Nutzung dominierte als begrifflicher Inhalt. Erst mit den Schriften der utopischen Sozialisten wurde der Begriff der Ausbeutung im Zusammenhang mit der Arbeitskraft von einem verhältnismässig nicht wertgeladenen in ein wertgeladenes Konzept transformiert. Mit dem Ausbeutungsverständnis wurden die arbeitslosen Einkommen unter Beschuss genommen, deren Aneignung als unrechtmässig hingestellt und zugleich eine ausbeutugnsfreie Alternative einer Sozialordnung entworfen.

Durch die Verbreitung des sozialistischen und marxistischen Gedankenguts ging der Terminus "Ausbeutung" in der emotiv stark belasteten neuen, auf die Arbeit eingeschränkten Form in die Alltagssprache über. Dass nach marxistischer Auffassung eine Beseitigung der Ausbeutung ohne Umgestaltung der ganzen kapitalistischen Gesellschaft nicht möglich ist, dass ethische Postulate gemäss der Philosophie des historischen Materialismus letztlich zwecklos sind, und dass Ausbeutung in dieser Variante demnach keine direkte ethische Forderung auf Abschaffung der betreffenden Sachverhalte impliziert, wohl aber indirekt über eine Systemtransformation, tat und tut der Verknüpfung von Ausbeutung mit Ethik offensichtlich keinen Abbruch, wie die von uns untersuchte, mit wissenschaftlichem Anspruch auftretende Literatur beweist. "Ausbeutung" bezeichnet demnach ein Problem, das primär durch den utopischen Sozialismus und auch durch den Marxismus formuliert wurde; es ist die Frage nach der unrechtmässigen Aneignung von Einkommen. Dass "Ausbeutung" tatsächlich für derartige Probleme steht, zeigte sich auch in der aktuellen Diskussion um die Ausbeutung der Ent-

3) J. Einarsen, Kritische Bemerkungen zur wissenschaftlichen Grundlage der Ausbeutungslehre, in: Zeitschrift für Nationalökonomie, 1932, S. 538 ff.

4) Wir stützen uns für die folgenden Bemerkungen auf Schlesinger, Marx, 108; Lorwin, Exploitation, 16; Maurice, théories, 300 ff.

wicklungsländer. Von der Herkunft des Begriffs der Ausbeutung in der Alltagssprache aus den sozialistischen und marxistischen Schriften bleiben auch alle in wissenschaftlichem Kontext versuchten Neudefinitionen betroffen, da der sekundäre begriffliche Inhalt sowie der emotive Gehalt dadurch bestimmt werden.

Es ist nochmals darauf hinzuweisen, dass neben der sozialistisch und marxistisch inspirierten Umschreibung von "Ausbeutung" dieses Wort sich auch in der ursprünglichen Bedeutung als Ausbeutung von Ressourcen ganz allgemein und von Bodenschätzen im speziellen gehalten hat. Diese zweite Bedeutung von "Ausbeutung", die die Nutzung von Produktionsfaktoren zum Inhalt hat und keinen direkten Bezug zu Einkommen aufweist, ist von der ersten Bedeutung völlig getrennt. "Ausbeutung" als Nutzung von Ressourcen wird in der Gegenwart wieder aktuell, nachdem dieser Begriff im Vergleich zu "Ausbeutung" im zweiten Sinn lange ein Dornröschendasein gefristet hatte; denn mit der Erkenntnis der Limitiertheit der Ressourcen rückt ihre Nutzung angesichts des bisher betriebenen Raubbaus wieder ins Zentrum der Interessen. Wir haben uns jedoch durchgehend auf die Erörterung des Begriffs der "Ausbeutung" im Sinne einer unrechtmässigen Aneignung von Einkommen beschränkt.

In Teil I, Abschnitt 6 wurde dargelegt, dass die Normativität eines Satzes nicht nur durch die Befolgung der entsprechenden grammatikalischen Regeln zustande kommen kann, sondern dass der Zusammenhang oder Schlüsselworte genügen, um die notwendige propositionelle Einstellung auszudrücken. "Ausbeutung", das seiner Herkunft gemäss einen Bezug auf Unrechtmässigkeit impliziert, ist bestens dazu geeignet, grammatikalisch nicht normative Sätze in normative Aussagen zu transformieren. Der Gebrauch des Terminus "Ausbeutung" ermöglicht nicht nur, Informationen zu übermitteln, sondern gleichzeitig auch Werturteile weiterzugeben unter Wahrung einer pseudo-objektiven Sprechweise, die die Werturteile nicht unmittelbar als solche erkennen lässt. Definitionen von "Ausbeutung" sind stets Definitionen mit Empfehlungscharakter (5) gewesen, da neben der deskriptiven eine präskriptive Komponente der Bedeutung vorhanden ist. Die Folgen

5) Vgl. Bohnen, Ethik, 17 ff., der für den Begriff der Wohlfahrt zu Schlussfolgerungen gelangt, die den unserigen Ausführungen bezüglich des Ausbeutungsbegriffes analog sind.

der im sekundären begrifflichen Inhalt und im emotiven Gehalt präsenten präskriptiven Bedeutung sind eine implizite Normativierung, die insbesondere dann an den Tag tritt, wenn sich aus den nicht normativen Analysen ganz selbstverständlich und zwanglos normative Konsequenzen ergeben (6). Zugleich wird mit der normativen Interpretation von den Begriff der Ausbeutung enthaltenden Aussagen einsichtig, weshalb bei völliger Klarheit der informativen Zusammenhänge die blosse Bezeichnung von bestimmten Sachverhalten als "Ausbeutung" Kontroversen erregt: Es geht mit der Etikette eines Sachverhaltes um die damit verbundene, Allgemeinverbindlichkeit beanspruchende Stellungnahme, die hinter der pseudo-objektiven Sprechweise verborgen ist. Infolge der ethischen Komponente ist eine Einigung der Wissenschafter anders als bei informativen Problemen nicht erzwingbar. Wird "Ausbeutung" undefiniert verwendet, so dass in deskriptiver Hinsicht ein Leerbegriff vorliegt, so ermöglicht dieser Mangel an primärem begrifflichem Inhalt, beliebige Sachverhalte als "Ausbeutung" zu qualifizieren. Dies kann sicher sehr genüsslich auf der einen und im Rahmen bestimmter Wertungen sinnvoll auf der anderen Seite sein, zum Erkenntnisfortschritt trägt es jedoch nichts bei.

Wir möchten betonen, dass wir nicht dem essentialistischen Missverständnis (7) erlegen sind und nach dem "Wesen" der Ausbeutung gefragt haben. Die Grundlage unserer Bemerkungen bildet vielmehr der Gebrauch von "Ausbeutung", wie er in der wirtschaftswissenschaftlichen Literatur angetroffen wurde. Hingegen wurde ein traditionsbestimmtes Körnchen Wahrheit in der essentialistischen Idee gefunden: Die durch den utopischen Sozialismus und Marxismus geprägte Bedeutung von "Ausbeutung" konnte nicht überwunden werden, da Neudefinitionen nur den primären begrifflichen Inhalt betreffen, die anderen, nicht minder wichtigen Bedeutungsarten jedoch unangetastet lassen. Unsere methodologische Position ist demnach diejenige eines sowohl entsprechend dem begriffsdiagnostischen Instrumentarium als auch geschichtlich modifizierten Nominalismus, der den Gegensatz zur Hermeneutik überwindet.

6) Myrdal, Objektivität, 56.

7) Vgl. dazu Popper, Zauber, 59 ff.

Somit ist die unreflektierte Übernahme von geschichtlich gewachsenen Begriffen in wissenschaftlichen Kontext ein problematisches Unterfangen, insbesondere, wenn der Begriff der unpräzisen und funktionell anders ausgerichteten Alltagssprache angehört. Gerade der Begriff der Ausbeutung erweist sich der plurifunktionalen Alltagssprache als hervorragend adäquat, während er der Funktion der Wissenschaftssprache zuwiderläuft. "Ausbeutung" etikettiert ein wesentliches Problem des täglichen Lebens, nämlich das der unrechtmässigen Aneignung von Einkommen. Nicht alle Probleme des Allatags sind mit wissenschaftlichen Methoden erörterbar; denn unser Wissenschaftsbegriff beschränkt aus den angeführten Gründen sein Programm auf die erkenntnistheoretische Fragestellung. Mit "Ausbeutung" ist jedoch nach allgemeinem Gebrauch ein ethisches Problem gestellt: "Ausbeutung" etikettiert demnach ein Problem, das sich mit wissenschaftlichen Methoden überhaupt nicht lösen lässt. Die Frage nach der Ausbeutung als ethisches Problem ist nur durch jeden Einzelnen, nicht stellvertretend durch die Wissenschafter als Priester einer wissenschaftsgläubigen Zeit, beantwortbar. Als Ergebnis der in Teil I, Abschnitt 45 angestellten Überlegungen zur Wünschbarkeit normativer Wissenschaft hatte sich herauskristallisiert, dass, wenn überhaupt normative Wissenschaft getrieben werden soll, sie dann explizit normativ sein soll und die Wertungen auch für die Adressaten relevant zu sein haben. Das Ausbeutungsproblem ist nicht nur wissenschaftlich unlösbar, sondern die Verwendung des Begriffs der Ausbeutung leistet zudem einer impliziten Normativierung der Wissenschaft Vorschub und gibt deswegen einen guten Nährboden für unreflektierte ideologische Aussagen ab.

42 Erkenntnis und Entscheidung

Zum Abschluss soll noch einmal das Problem von Erkenntnis und Entscheidung, von Wissen und Werten aufgenommen werden, ein Dualismus, der ausführlich bereits im grundlegenden wissenschafttheoretischen Teil I zur Sprache kam. Es wurde dort der Primat des Wertens herausgearbeitet: Die in jedem Falle zu treffenden metawissenschaftlichen Entscheidungen bezeugen die Notwendigkeit eines nicht mit Erkenntnis begründbaren, sondern jeder Erkenntnis voraufgehenden Glaubens. Die Begründung der aus diesem Glauben fliessenden metawissenschaftlichen Entscheidungen vermag die Entscheidungen nur einsichtig zu machen, nicht jedoch deren in wissenschaftlichem Sinne nichtkognitive Basis zu eliminieren. Die metawissenschaftlichen Entscheidungen des Marxismus, die wir aus den angeführten Gründen für weniger sinnvoll halten als unsere eigenen Entscheidungen, hätten als Grundlage dieser Studie zu einem weitgehend divergierenden Ergebnis geführt, was die transzendenten Argumente der Ausbeutungskritik anbetrifft. Das aufgrund einer metawissenschaftlichen Entscheidung eingeführte Wertfreiheitspostulat schliesst die wissenschaftliche Erörterung von Problemen aus, die sich in der Frage "Was sollen wir tun? " zusammenfassen lassen. Das Problem der Ausbeutung, so wie wir es in der Literatur vorgefunden haben, stellt infolgedessen keine mit wissenschaftlichen Methoden beantwortbare Fragestellung dar, ebensowenig die Frage nach der idealen Sozialordnung. Dass nun Lösungsversuche gleichwohl in der mit wissenschaftlichem Anspruch auftretenden Literatur auftauchen, kann einerseits mit dem Hinweis auf die Relativität der metawissenschaftlichen Entscheidungen und anderseits mit ideologischen Absichten verständlich gemacht werden. Doch kommt unseres Erachtens noch ein dritter Faktor hinzu, der in der geistesgeschichtlichen Entwicklung beheimatet ist.

Eine Antwort auf die Fragen "Was sollen wir tun? " und "Was können wir wissen? " war früher in einem einheitlichen, wesentlich vom Christentum mitgeprägten Weltbild enthalten gewesen, in welches das damalige Wissen hineinverwoben war. Die im Spätmittelalter einsetzende Expansion des Wissens kam in ihren Folgen einer Emanzipation der Wissenschaft aus dem früheren Weltbild gleich und führte zu einem Verlust der herkömmlichen, selbstverständlichen Weltorientierung. Die Entwicklung gipfelte in einer Überprüfung und Neubeantwortung der Frage "Was können wir wissen? ", womit das herkömmliche christliche Weltbild ins Wanken geriet. Durch ihre Erfolge verschob sich der religiöse Glaube und die Hoffnung partiell auf die Wissenschaften. Die christliche Eschatologie findet nun neuen, säkularisierten Ausdruck in utopischen Konstruktionen von idealen Sozialordnungen. Soweit dies in wissenschaftlichem Kontext vorgenommen wurde, kam es einem Versuch gleich, auch die Beantwortung der Frage "Was sollen wir tun? " auf die Wissenschaft zu übertragen. Damit werden die Wissenschaften jedoch überfordert; denn der wissenschaftlichen Methode, die im Erkenntnisbereich mit überwältigendem Erfolg angewandt wird, ermangelt im ethischen Bereich ein intersubjektives Gültigkeitskriterium, das allein ein Fortschreiten der Ethik analog zum erkenntnismässigen Bereich verbürgen würde. Auch andere metawissenschaftliche Entscheidungen als diejenigen, die wir getroffen haben, können diesem Manko nicht abhelfen. Mit dem Begriff der Ausbeutung, so wie wir ihn in seinen verschiedenen Ausformungen vorgefunden haben, wird eine partielle Beantwortung der ethischen Fragestellung intendiert, welche jedoch die Möglichkeiten der Wissenschaft übersteigt. Gerade in der marxistischen Theorie, in der der Ausbeutungsbegriff eine derart zentrale Rolle spielt, sind säkularisierte religiöse Elemente leicht nachweisbar (7), insbesondere, was den eschatologisch-apokalyptischen Gehalt anbetrifft. In der neoklassischen Ökonomie treten an die Stelle der früheren sakralen Instanzen der Offenbarung und Rechtfertigung das Gemeinwohl und die Bedürfnisse der Individuen (8). Erst der Kritische Rationalismus hat die Mängel des Offenbarungs- und Rechtfertigungsmodells kritisiert und deren Ersetzung durch die Idee der Kritik postuliert, die nicht mehr nur säkularisierte Form einer religiösen Denkweise ist.

Indem die Wissenschaftstheorie die Unfähigkeit erkennt, auch die Frage "Was sollen wir tun?" wissenschaftlich zu bearbeiten, führt sie die Mission der Aufklärung fort: Die ethischen Entscheidungen können nicht auf die Wissenschaften abgewälzt werden, sondern umgekehrt verweisen die Wissenschaften in bezug auf die Ethik radikal auf den Menschen, der für seine Wertorientierung verantwortlich ist. Die Wertmassstäbe bleiben letztlich subjektiv, wenn sie auch begründet und kritisiert werden können; allenfalls kommt ihnen in einem soziologischen Sinn Objektivität zu. Welche Faktoren die Wertorientierung des Menschen beeinflussen, ist zum Teil eine mit wissenschaftlichen Mitteln analysierbare sozialwissenschaftliche Frage und zum Teil parawissenschaftlichen, philosophisch-spekulativen und religiösen Überlegungen überlassen. Das Wissenschaftsprogramm des Kritischen Rationalismus ist keineswegs affirmativ; durch seine fundamentale Offenheit ist es im Gegenteil potentiell radikal. Wenn neue Wertungen Zeit benötigen, um sich gegen herrschende Wertungen durchzusetzen, so führt eine wertfreie Wissenschaft noch lange nicht zu einer Apologie des Bestehenden.

7) Vgl. Künzli, Marx, 683 ff., 798 ff. und passim; insbesondere S. 858 f. Anm. 31 mit umfangreichen Literaturhinweisen zum eschatologisch-apokalyptischen Gehalt des Marxschen Denkens.

8) Albert, Traktat, 164; Albert, Marktsoziologie, 222 ff.

Gerade das Wertfreiheitsprinzip erlaubt die Vornahme radikaler Wertungen, die bei einer Amalgamierung von Sein und Sollen in einem Aussagensystem durch die involvierten Wertungen verstellt sind, soweit diese mit einem Objektivitätsanspruch ausgestattet werden.

Das Ausbeutungsproblem bezeugt den wirklichen Stellenwert der Wissenschaft bei der Bewältigung des menschlichen Lebens: Als reine Entscheidungshilfe kann sie die Zentralprobleme des Menschen, die Entscheidungsprobleme, nicht abnehmen. Dass "Ausbeutung" in der unpräzisen und funktionell anders ausgerichteten Sprache des Alltags gängig ist, wird deshalb durch die zentrale Problemstellung, für die es steht, verständlich. Zudem werden infolge der präskriptiven Komponente des Begriffs fast beliebige Überredungsdefinitionen ermöglicht und dadurch Stellungnahmen erschlichen, so dass "Ausbeutung" ein hervorragendes Schlagwort in politischen Auseinandersetzungen abgibt. Die Geschichte der wirtschaftswissenschaftlichen Ausbeutungstheorien illustriert bestens einen Sachverhalt, dem schon Goethe schlagenden Ausdruck verliehen hat. "Denn eben, wo Begriffe fehlen, / Da stellt ein Wort zur rechten Zeit sich ein. / Mit Worten lässt sich trefflich streiten, / Mit Worten ein System bereiten" (9).

9) J.W. Goethe, Faust, I, 4.

LITERATURVERZEICHNIS

Mit dieser Bibliographie wird kein Anspruch auf Vollständigkeit erhoben, was Literatur über den Terminus "Ausbeutung" betrifft. Beim erstmaligen Vorkommen einer Schrift im Text haben wir unter voller Anführung der hier erwähnten bibliographischen Angaben zitiert. In Wiederholungen haben wir nur den Familiennamen des Verfassers, ein Stichwort — meist das erste Substantiv im Titel — und die Seitenangabe genannt.

Ackermann K.P., Der ethisch-ökonomische Erklärungsdualismus in der Lehre vom naturgemässen Arbeitslohn und Kapitalzins bei Joh. H. v. Thünen unter Berücksichtigung des Grenzproduktivitätsgedankens, Diss. Bern, Winterthur 1954

Albert H., Marktsoziologie und Entscheidungslogik, Neuwied am Rhein/Berlin 1967

Albert H., Ökonomische Ideologie und politische Theorie, Göttingen 1954

Albert H., Traktat über kritische Vernunft, Tübingen 2. unv. Aufl. 1969

Albert H., Wertfreiheit als methodisches Prinzip. Zur Frage der Notwendigkeit einer normativen Sozialwissenschaft, in: E. Topitsch (Hrsg.), Logik der Sozialwissenschaften, Köln/Berlin 5. Aufl. 1968, S. 181 ff.

Albert H., Wissenschaft und Politik. Zum Problem der Anwendbarkeit einer wertfreien Sozialwissenschaft, in: Probleme der Wissenschaftstheorie, Festschrift für Victor Kraft, Wien 1960, S. 201 ff.

Albert H. / Topitsch E. (Hrsg.), Werturteilsstriet, Darmstadt 1971

Albert H. / Kade G. / Weber W., Wert, in: Handwörterbuch der Sozialwissenschaften, Band 11, Stuttgart/Tübingen/Göttingen 1961, S. 637 ff.

Amin S., Der internationale Handel und die internationalen Kapitalbewegungen, in: S. Amin/C. Palloix, Neuere Beiträge zur Imperialismustheorie, Band 1, München 1971, S. 5 ff.

Arndt H., Anpassung und Gleichgewicht am Markt, in: Jahrbücher für Nationalökonomie und Statistik, Band 170, 1958, S. 217 ff.

Arndt H., Ausbeutung und Marktform. Kurvenverschiebungen bei Veränderung des "ökonomischen Freiheitsgrades", in: Zeitschrift für die gesamte Staatswissenschaft, Band 115, 1959, S. 193 ff.

Arndt H., Marktgleichgewicht. Band 1 von: Mikroökonomische Theorie, Tübingen 1966

Arndt H., Marktprozesse. Band 2 von: Mikroökonomische Theorie, Tübingen 1966

Arndt H., Recht, Macht und Wirtschaft, Berlin 1968

Autorenkollektiv, Klassen und Klassenkampf in den Entwicklungsländern, Band 2: Probleme der ökonomischen Unabhängigkeit, Berlin 1970

Autorenkollektiv, Die Wissenschaft von der Wissenschaft, Philosophische Probleme der Wissenschaftstheorie, Berlin 1968

Bachmann H., The External Relations of Less-Developed Countries. A Manual of Economic Policies, New York/Washington/London 1968

Baldwin R.E., Secular Movements in the Terms of Trade, in: American Economic Review, May 1955, S. 259 ff.

Baran P.A., Politische Ökonomie des wirtschaftlichen Wachstums, Neuwied am Rhein/Berlin 2. Aufl. 1971

Bartley W.W., Flucht ins Engagement. Versuch einer Theorie des offenen Geistes, München 1964

Bauer O., Die Nationalitätenfrage und die Sozialdemokratie, (1907), in: M. Adler/ R. Hilferding (Hrsg.), Marx-Studien. Blätter zur Theorie und Politik des wissenschaftlichen Sozialismus, Zweiter Band, Wien 1924

Behrendt R.F., Die Zukunft der Entwicklungsländer als Problem des Spätmarxismus, in: M. Bohnet (Hrsg.), Das Nord-Süd-Problem. Konflikte zwischen Industrie- und Entwicklungsländern, München 1971, S. 86 ff.

Beier D., Die Theorie der peripheren Wirtschaft nach Raul Prebisch und ihre Stellung in der allgemeinen Aussenhandelstheorie, Berlin 1965

Belfer N. / Bloom G.F., Unionism and the Marginal Productivity Theory, in: R.A. Lester / J. Shister (Hrsg.), Insights into Labor Issues, New York 1948, S. 238 ff.

Belfer N. / Bloom G.F., Unions and Real Labor Income, in: J. Shister (Hrsg.), Readings in Labor Economics and Industrial Relations, Chicago/Philadelphia/New York 1951, S. 376 ff.

Bender H. (Hrsg.), Parapsychologie. Entwicklung, Ergebnisse, Probleme, Darmstadt 1966

Berger W., Lernprozesse in der Wirtschaftstheorie. Zu einer neuen, lerntheoretischen Grundlegung der Wirtschaftstheorie, Berlin 1970

Bloch E., Das Prinzip Hoffnung, Zweiter Band, Berlin 1955

Bloom G.F., A Reconsideration of the Theory of Exploitation, in: Quarterly Journal of Economics, 1940/41, S. 413 ff. Wiederabgedruckt in: Readings in the Theory of Income Distribution, Philadelphia/Toronto 1946, S. 245 ff.

Bloom G.F. / Belfer N., Unionism and the Marginal Productivity Theory, in: R.A. R.A. Lester / J. Shister (Hrsg.), Insights into Labor Issues, New York 1948, S. 238 ff.

Bloom G.F. / Belfer N., Unions and Real Labor Income, in: J. Shister (Hrsg.), Readings in Labor Economics and Industrial Relations, Chicago/Philadelphia/New York 1951, S. 376 ff.

Bloom G.F./Northrup H.R., Economics of Labor and Industrial Relations, Philadelphia/Toronto 1950

Bochenski I.M., Der sowjetrussische dialektische Materialismus (Diamat), Bern/München 5. Aufl. 1967

Bochenski I.M., Die zeitgenössische Denkmethoden, Bern/München 4. Aufl. 1969

Böhler E., Nationalökonomie. Grundlagen und Grundlehren, 3. Aufl. Zürich 1957

Böhm-Bawerk E.v., Zum Abschluss des Marxschen Systems, in: Festgabe für Karl Knies, Berlin 1896, S. 85 ff.

Böhm-Bawerk E.v., Geschichte und Kritik der Kapitalzinstheorien. Erste Abteilung von: Kapital und Kapitalzins, 4. Aufl. Jena 1921

Bohnen A., Die utilitaristische Ethik als Grundlage der modernen Wohlfahrtsökonomie, Göttingen 1964

Bombach G., Die Bedeutung wirtschaftspolitischer Zielsetzungen, in: G. Bombach/ S.L. Gabriel (Hrsg.), Löhne und Preise, Darmstadt 1957, S. 209 ff.

Bombach G., Löhne und Preise im Lichte der modernen Theorie, in: G. Bombach / S.L. Gabriel (Hrsg.), Löhne und Preise, Darmstadt 1957, S. 39 ff.

Bombach G., Lohnentwicklung, Sparprozess und Kapitalbildung, in: E. Stiller (Hrsg.), Lohnpolitik und Vermögensbildung. Frankfurter Gespräch der List Gesellschaft 29.-30. November 1963. Protokolle und Gutachten, Basel/Tübingen 1964, S. 45 ff.

Bombach G., Preisstabilität, wirtschaftliches Wachstum und Einkommensverteilung, in: Schweizerische Zeitschrift für Volkswirtschaft und Statistik, 95. Jg. 1959, S. 1 ff.

Bombach G., Die verschiedenen Ansätze der Verteilungstheorie, in: Einkommensverteilung und technischer Fortschritt, Schriften des Vereins für Socialpolitik, Neue Folge Band 17, Berlin 1959, S. 95 ff.

Bombach G., Wirtschaftswachstum, in: Handwörterbuch der Sozialwissenschaften, Band 12 (Nachtrag), Stuttgart/Tübingen/Göttingen 1965, S. 763 ff.

Borchardt K., Zur Theorie der sozial-ökonomischen Entwicklung der gegenwärtigen Gesellschaft, in: T.W. Adorno (Hrsg.), Spätkapitalismus oder Industriegesellschaft? , Stuttgart 1969

Boulding K.E., Gerechtigkeit im Wirtschaftsleben, in: B. Külp/W. Schreiber (Hrsg.), Soziale Sicherheit, Köln/Berlin 1971, S. 136 ff.

Brecht A., Politische Theorie. Die Grundlagen politischen Denkens im 20. Jahrhundert, Tübingen 1961

Briefs G.A., Gewerkschaftsprobleme in unserer Zeit. Beiträge zur Standortbestimmung, 2. Aufl. von: Das Gewerkschaftsproblem gestern und heute, Frankfurt am Main 1968

Briefs G.A., Klassische Nationalökonomie, in: Handwörterbuch der Sozialwissenschaften, Band 6, Stuttgart/Tübingen/Göttingen 1957, S. 4 ff.

Bronfenbrenner M., Income Distribution Theory, Macmillan 1971

Bronfenbrenner M., The Economics of Collective Bargaining, in: Quarterly Journal of Economics, Band 53, 1938/39, S. 535 ff.

Bucharin N., Der Imperialismus und die Akkumulation des Kapitals, Wien/Berlin 1926

Bucharin N., Imperialismus und Weltwirtschaft, Wien/Berlin 1929

Bühler K., Sprachtheorie, Jena 1934

Cassel G., Das Recht auf den vollen Arbeitsertrag. Eine Einführung in die theoretische Ökonomie, Göttingen 1900

Castree J.R. / Sinha R.P. / Wilson T., The Income Terms of Trade of Developed and Developing Countries, in: The Economic Journal, 1969, S. 813 ff.

Chamberlin E.H., The Theory of Monopolistic Competition. A Re-orientation of the Theory of Value, Cambridge (Mass.) 8. Aufl. 1962

Chamberlin E.H., Towards a More General Theory of Value, New York 1957

Clapham R., Aussenhandel und wirtschaftlicher Wohlstand, Diss. Köln 1964

Clark J.B., The Distribution of Wealth. A Theory of Wages, Interest and Profits, (1899), New York/London 1931

Conrad O., Lohn und Rente, Leipzig/Wien 1909

Conrad O., Der Mechanismus der Verkehrswirtschaft, Jena 1931

Cornforth M., Marxistische Wissenschaft und antimarxistisches Dogma, Frankfurt am Main 1970

Cyntha H., Beiträge zur marxistischen politischen Ökonomie des Kapitalismus im angelsächsischen Sprachraum, Diss. Köln 1970

Dahrendorf R., Marx in Perspektive. Die Idee des Gerechten im Denken von Karl Marx, Hannover o.J.

Dahrendorf R., Pfade aus Utopia. Zu einer Neuorientierung der soziologischen Analyse, in: R. Dahrendorf, Pfade aus Utopia. Arbeiten zur Theorie und Methode der Soziologie. Gesammelte Abhandlungen I, München 1967, S. 242 ff.

Dahrendorf R., Soziale Klassen und Klassenkonflikt in der industriellen Gesellschaft, Stuttgart 1957

Davidson P., Theories of Aggregate Income Distribution, New Brunswick (New Jersey) 1960

Degenkolbe G., Über logische Struktur und gesellschaftliche Funktionen von Leerformeln, in: Kölner Zeitschrift für Soziologie und Sozialpsychologie, Band 17, 1965, S. 327 ff.

Diemer A. / Frenzel I. (Hrsg.), Philosophie, Frankfurt am Main Neubearbeitung 1967

Djilas M., Die neue Klasse. Eine Analyse des kommunistischen Systems, München 1957

Dobb M., Der historische Materialismus und die Rolle des ökonomischen Faktors, in: M. Dobb, Organisierter Kapitalismus. Fünf Beiträge zur politischen Ökonomie, Frankfurt am Main 1966, S. 58 ff.

Dobb M., Political Economy and Capitalism. Some Essays in Economic Tradition, London, Neudruck der zweiten, revidierten Auflage 1953

Doepgen K., Begriff und Zustand der wirtschaftlichen Unterentwicklung, Diss. Karlsruhe, Düsseldorf 1965

Domar E.D., The Effect of Foreign Investment on the Balance of Payments, in: American Economic Review, December 1950, S. 805 ff.

Dräger H., Probleme der Ermittlung einer modifizierten Produktivitätszahl, in: E. Stiller (Hrsg.), Lohnpolitik und Vermögensbildung. Frankfurter Gespräch der List Gesellschaft 29.-30. November 1963. Protokolle und Gutachten, Basel/Tübingen 1964, S. 163 ff.

Düesberg P., Determinanten der internationalen Güterströme. Der Erklärungswert der Faktor-Proportionen-Theorie für den Handel in der Europäischen Wirtschaftsgemeinschaft, Berlin 1965

Düesberg P., Zur praktischen Bedeutung der reinen Theorie des internationalen Handels, in: Zeitschrift für die gesamte Staatswissenschaft, Band 123, 1967, S. 114 ff.

Duignan P. / Gann L.H. (Hrsg.), Colonialism in Africa 1870-1960. Band 1: The History and Politics of Colonialism 1870-1914, Cambridge 1969

Dunlop J.T., Wage Determination under Trade Unions, New York 1944

Einarsen J., Kritische Bemerkungen zur wissenschaftlichen Grundlage der Ausbeutungslehre, in: Zeitschrift für Nationalökonomie, 1932, S. 538 ff.

Engels F., Brief von Engels an W. Borgius, 25. Januar 1894, in: Marx/Engels Werke, Band 39, Berlin 1968, S. 205 ff.

Engels F., Herrn Eugen Dührings Umwälzung der Wissenschaft (Anti-Dühring), in: Marx/Engels Werke, Band 20, Berlin 1962, S. 5 ff.

Engels F., Die Entwicklung des Sozialismus von der Utopie zur Wissenschaft, in: Marx/Engels Werke, Band 19, Berlin 1962, S. 189 ff.

Engels F., Ein gerechter Tagelohn für ein gerechtes Tagewerk, in: Marx/Engels Werke, Band 19, Berlin 1962, S. 247 ff.

Essler W.K., Wissenschaftstheorie I. Definition und Reduktion, Freiburg/München 1970

Fels E./ Tintner G., Methodik der Wirtschaftswissenschaft, in: Enzyklopädie der geisteswissenschaftlichen Arbeitsmethoden, 8. Lieferung: Methoden der Sozialwissenschaften, München/Wien 1967, S. 3 ff.

Fijalkowski J., Methodologische Grundorientierungen soziologischer Forschung, in: Enzyklopädie der geisteswissenschaftlichen Arbeitsmethoden, 8. Lieferung: Methoden der Sozialwissenschaften, München/Wien 1967, S. 131 ff.

Fleischer H., Marxismus und Geschichte, Frankfurt am Main 1969

Frankena W.K., Einige Aspekte der Sprache, in: P. Henle (Hrsg.), Sprache, Denken, Kultur, Frankfurt am Main 1969, S. 168 ff.

Frankena W.K., "Kognitiv" und "Nichtkognitiv", in: P. Henle (Hrsg.), Sprache, Denken, Kultur, Frankfurt am Main 1969, S. 200 ff.

Frenzel I. / Diemer A. (Hrsg.), Philosophie, Frankfurt am Main Neubearbeitung 1967

Fritz W., Ideen zur Sozialisierung des Bodens, Diss. Zürich 1969

Fügel L., Die Bedeutung der philosophischen Anthropologie für die Grundlegung der Sozialwissenschaften, Diss. Köln 1967

Fürst G., Diskussionsvotum, in: E. Stiller (Hrsg.), Lohnpolitik und Vermögensbildung. Frankfurter Gespräch der List Gesellschaft 29.–30. November 1963. Protokolle und Gutachten, Basel/Tübingen 1964, S. 25 ff.

Gäbler J., Internationale Freizügigkeit des Kapitals und unterentwickelte Länder, Diss. Heidelberg 1963

Galtung J., Eine strukturelle Theorie des Imperialismus, in: D. Senghaas (Hrsg.), Imperialismus und strukturelle Gewalt. Analysen über abhängige Reproduktion, Frankfurt am Main 1972, S. 29 ff.

Gann L.H. / Duignan P. (Hrsg), Colonialism in Africa 1870-1960. Band 1: The History and Politics of Colonialism 1870-1914, Cambridge 1969

Giersch H., Allgemeine Wirtschaftspolitik. Erster Band: Grundlagen, Wiesbaden 1961

Gillman J.M., Das Gesetz des tendenziellen Falls der Profitrate, Frankfurt am Main 1969

Goldmann L., Dialektische Untersuchungen, Neuwied am Rhein/Berlin 1966

Grey C.S., Resource Flows to Less-Developed Countries. Financial Terms and Their Constraints, New York/Washington/London 1969

Grosche G. / Kraus W. / Lehmann-Richter R., Ausbeutung der Entwicklungsländer durch Privatinvestitionen? , in: M. Bohnet (Hrsg.), Das Nord-Süd-Problem. Konflikte zwischen Industrie- und Entwicklungsländern, München 1971, S. 141 ff.

Grosche G. / Lehmann-Richter R., Die Gewinne aus deutschen Direktinvestitionen in Entwicklungsländern. Eine empirische Untersuchung unter besonderer Berücksichtigung der reinvestierten Gewinne, Düsseldorf 1970

Günthardt W., Das Problem der Konstanz der Einkommensverteilung, Diss. Zürich, Winterthur 1965

Guth W., Der Kapitalexport in unterentwickelten Länder, Basel 1957

Haberler G., Aussenhandel, in: Handwörterbuch der Sozialwissenschaften, Band 1, Stuttgart/Tübingen/Göttingen 1956, S. 457 ff.

Haberler G., Der internationale Handel. Erweitert um: The Relevance of the Theory of Comparative Advantage under Modern Conditions, Reprint, Berlin/Heidelberg/New York 1970

Haberler G., Marxian Economics in Retrospect and Prospect, in: Zeitschrift für Nationalökonomie, Band 26, 1966, S. 69 ff.

Haberler G., Das reale internationale Austauschverhältnis (Terms of Trade) und die wirtschaftliche Entwicklung, in: Zeitschrift für Nationalökonomie, Band 18, 1958, S. 257 ff.

Habermas J., Erkenntnis und Interesse, in: J. Habermas, Technik und Wissenschaft als "Ideologie", Frankfurt am Main 4. Aufl. 1970, S. 146 ff.

Habermas J., Zwischen Philosophie und Wissenschaft: Marxismus als Kritik, in: J. Habermas, Theorie und Praxis, Frankfurt am Main 4. erweiterte Aufl. 1971, S. 228 ff.

Habermas J., Technik und Wissenschaft als "Ideologie", Frankfurt am Main 4. Aufl. 1970, S. 48 ff.

Halbach A.J., Theorie und Praxis der Evaluierung von Projekten in Entwicklungsländern. Eine Bestandesaufnahme, München 1972

Hare M., The Language of Morals, Oxford 1952

Hartmann N., Ethik, 4. Aufl. Berlin 1962

Haselbeck F., Die Terms of Trade zwischen Rohstoffländern und Industrieländern, Diss. Zürich 1970

Heimann E., Soziale Theorie der Wirtschaftssysteme, Tübingen 1963

Hempel C.G., Fundamentals of Concept Formation in Empirical Science, Chicago 1952

Hicks J.R., The Theory of Wages, (1932), New York 1948

Hilferding R., Das Finanzkapital, in: M. Adler/R. Hilferding (Hrsg.), Marx-Studien. Blätter zur Theorie und Politik des wissenschaftlichen Sozialismus, Dritter Band, Wien 1910, S. 1 ff.

Hinz H., Blick in die Forschung. Zu Karl Poppers Wissenschaftslehre, in: Vierteljahreshefte zur Wirtschaftsforschung, Berlin 1967, S. 466 ff.

Hobson J.A., Imperialism. A Study, London 1902

Hofmann W., Einkommenstheorie. Vom Merkantilismus bis zur Gegenwart. Sozialökonomische Studientexte, Band 2, Berlin 1965

Hofmann W., Gesellschaftslehre als Ordnungsmacht. Die Werturteilsfrage — heute, Berlin 1961

Hofmann W., Grundelemente der Wirtschaftsgesellschaft. Ein Leitfaden für Lehrende, Reinbek 1969

Hofmann W., Ideengeschichte der sozialen Bewegung, 4. Aufl. Berlin/New York 1971

Hofmann W., Theorie der Wirtschaftsentwicklung. Vom Merkantilismus bis zur Gegenwart. Sozialökonomische Studientexte, Band 3, Berlin 1966

Hofmann W., Verelendung, in: Folgen einer Theorie, Essays über "Das Kapital" von Karl Marx, Frankfurt am Main 1967, S. 27 ff.

Hofmann W., Das "Wertgesetz" in der Erwerbsgesellschaft unserer Tage und in der sozialistischen Planwirtschaft, in: W. Euchner/A. Schmidt (Hrsg.), Kritik der politischen Ökonomie heute. 100 Jahre "Kapital", Frankfurt am Main 1968, S. 263 ff.

Hofmann W., Wert- und Preislehre, Sozialökonomische Studientexte, Band 1, Berlin 1964

Holzhey H., Dialektik, in: Neue Zürcher Zeitung, 23.8.1970

Horinaka H., Exploitation among Nations as Factor of Stagnation of Productivity in Underdeveloped Countries, The Science Council of Japan, Economic Series No. 44, Tokio 1968

Hunter J.M., Long-term Foreign Investment and Underdeveloped Countries, in: The Journal of Political Economy, 1953, S. 15 ff.

Hutt W.H., The Theory of Collective Bargaining, (1930), Glencoe 1954

Jalée P., Die Ausbeutung der Dritten Welt, Frankfurt am Main 1968

Jalée P., Die Dritte Welt in der Weltwirtschaft, Frankfurt am Main 1969

Jalée P., Das neueste Stadium des Imperialismus, München 1971

Jenkins P., Exploitation. The World Power Structure and the Inequality of Nations, London 1970

Jochimsen R., Dualismus als Problem der wirtschaftlichen Entwicklung, in: B. Fritsch (Hrsg.), Entwicklungsländer, Köln/Berlin 1968, S. 65 ff.

Johnson H.G., The Transfer Problem and Exchange Stability in: The Journal of Political Economy, Band 64, 1956, S 212 ff. Wiederabgedruckt in: H.G. Johnson, International Trade and Economic Growth, London 2. Aufl. 1961, S. 169 ff.

Jürgensen H., Die Funktionen des Kapitalimports für Entwicklungsländer, in: Probleme der Finanzierung von Investitionen in Entwicklungsländern, Schriften des Vereins für Socialpolitik, Neue Folge Band 16, Berlin 1959, S. 53 ff.

Kade G., Die Grundannahmen der Preistheorie. Eine Kritik an den Ausgangssätzen der mikroökonomischen Modellbildung, Berlin/Frankfurt am Main 1962

Kade G. / Albert H. / Weber W., Wert, in: Handwörterbuch der Sozialwissenschaften, Band 11, Stuttgart/Tübingen/Göttingen 1961, S. 637 ff.

Kalecki M., The Distribution of the National Income, in: Essays in the Theory of Economic Fluctuations, 1939, S. 13 ff. Wiederabgedruckt in: Readings in the Theory on Income Distribution, Philadelphia/Toronto 1946, S. 197 ff.

Kalecki M., Theory of Economic Dynamics. An Essay on Cyclical and Long-Run Changes in Capitalist Economy, London 1954

Kamlah W. / Lorenzen P., Logische Propädeutik. Vorschule des vernünftigen Redens, Mannheim 1967

Kamlah W., Utopie, Eschatologie, Geschichtsteleologie. Kritische Untersuchungen zum Ursprung und zum futurischen Denken der Neuzeit, Mannheim/Wien/Zürich 1969

Kettenbach H.W., Lenins Theorie des Imperialismus. Teil I: Grundlagen und Voraussetzungen, Köln 1965

Kindleberger C.P., Economic Development, 2. Aufl. New York etc. 1965

Kindleberger C.P. International Economics, 4. Aufl. Homewood (Illinois) 1968

Kindleberger C.P., The Terms of Trade. A European Case Study, New York/London 1956

Kirsch W., Entscheidungsprozesse. Drei Bände, Wiesbaden 1970 (Band 1), 1971 (Band 2 und 3)

Klafkowski M., Zur Theorie der Aussenwirtschaft. Ökonomischer Imperialismus — Kaufkraftparität. Eine zugleich dogmengeschichtliche Studie, Berlin 1967

König R. (Hrsg.), Soziologie, Frankfurt am Main umgearbeitete und erweiterte Neuausgabe 1967

Kraft V., Erkenntnislehre, Wien 1960

Kraft V., Grundlagen einer wissenschaftlichen Wertlehre, 2. neubearbeitete Aufl. Wien 1951

Kramer H., Wissenschaft und Parteilichkeit, in: W. Müller (Hrsg.), Sozialismus und Ideologie, Berlin 1969, S. 171 ff.

Kraus W. / Grosche G. / Lehmann-Richter R., Ausbeutung der Entwicklungsländer durch Privatinvestitionen? , in: M. Bohnet (Hrsg.), Das Nord-Süd-Problem. Konflikte zwischen Industrie- und Entwicklungsländern, München 1971, S. 141 ff.

Krause W., International Economics, Boston 1965

Krelle W., Die Grenzproduktivitätstheorie des Lohnes, in: Jahrbücher für Nationalökonomie und Statistik, Band 162, 1950, S. 1 ff.

Krelle W., Lohntheorie, in: Handwörterbuch der Sozialwissenschaften, Band 7, Stuttgart/Tübingen/Göttingen 1959, S. 1 ff.

Krelle W., Preistheorie, Tübingen/Zürich 1961

Krelle W., Verteilungstheorie, Tübingen 1962

Kromphardt W., Preistheorie, in: Handwörterbuch der Sozialwissenschaften, Band 8, Stuttgart/Tübingen/Göttingen 1963, S. 477 ff.

Kronstein R., Die Diskussion um die Arbeitswerttheorie, Diss. Bern, Wien 1946

Kruse A., Aussenwirtschaft. Die internationalen Wirtschaftsbeziehungen, 2. überarbeitete und erweiterte Aufl. Berlin 1965

Kuczynski J., Darstellung der Lage der Arbeiter in den Vereinigten Staaten von Amerika sei 1898, Band 30 von: Die Geschichte der Lage der Arbeiter unter den Kapitalismus, Berlin 1966

Kuczynski J., Die Theorie der Lage der Arbeiter, Band 36 von: Die Geschichte der Lage der Arbeiter unter dem Kapitalismus, Berlin 1968

Kuczynski J., Eine Weltübersicht über die Geschichte der Lage der Arbeiter, Band 37 von: Die Geschichte der Lage der Arbeiter unter dem Kapitalismus, Berlin 1967

Külp B., Lohnbildung im Wechselspiel zwischen politischen und wirtschaftlichen Kräften, Berlin 1965

Külp B., Verteilungspolitik, in: T. Pütz (Hrsg.), Wirtschaftspolitik. Grundlagen und Hauptgebiete, Band 3, Stuttgart 1971, S. 89 ff.

Küng E., Ausbeutung der Dritten Welt? , in: Die Weltwoche, 11.10.1968, S. 23

Küng E., Die Lohnquote und ihre Probleme, in: Neue Zürcher Zeitung, 22.2.1972, Mittagausgabe S. 10

Küng E., Wirtschaft und Gerechtigkeit, Tübingen 1967

Künzli A., Karl Marx. Eine Psychographie, Wien/Frankfurt/Zürich 1966

Lademann J., Das Realaustauschverhältnis als Index des Aussenhandelsgewinns, in: Weltwirtschaftliches Archiv, Band 77, 1956 II, S. 235 ff.

Landes D.S., Über das Wesen des ökonomischen Imperialismus, in: H.-U. Wehler (Hrsg.), Imperialismus, Köln/Berlin 1970

Lehmann-Richter R. / Grosche G. / Kraus W., Ausbeutung der Entwicklungsländer durch Privatinvestitionen? , in: M. Bohnet (Hrsg.), Das Nord-Süd-Problem. Konflikte zwischen Industrie- und Entwicklungsländern, München 1971, S. 141 ff.

Lehmann-Richter R. / Grosche G., Die Gewinne aus deutschen Direktinvestitionen in Entwicklungsländern. Eine empirische Untersuchung unter besonderer Berücksichtigung der reinvestierten Gewinne, Düsseldorf 1970

Lemmnitz A., Ausbeutung, Ausbeutungsgrad, in: Ökonomisches Lexikon, Band A–K, Berlin 1967, S. 195 f.

Lenin, W.I., Hefte zum Imperialismus, W.I. Lenin Werke, Band 39, Berlin 2. Aufl. 1970

Lenin W.I., Der Imperialismus als höchstes Stadium des Kapitalismus. Gemeinverständlicher Abriss, in: W.I. Lenin Werke, Band 22, 2. Aufl. Berlin 1971, S. 189 ff.

Lerner A.P., The Concept of Monopoly and the Measurement of Monopoly Power, in: Review of Economic Studies, Band 1, 1933/34, S. 157 ff.

Linder W., Die Ausbeutung des Menschen durch den Menschen. Nekrolog auf einen Scheintoten, in: Neue Zürcher Zeitung, 18.6.1972

Linder W., Marx als Advokat des freien Unternehmers, in: Neue Zürcher Zeitung, 20.9.1970

Lipsey R.G. / Steiner P.O., Economics, New York/Evanston/London 1966

Lorenz D., Dynamische Theorie der internationalen Arbeitsteilung. Ein Beitrag zur Theorie der weltwirtschaftlichen Entwicklung, Berlin 1967

Lorenzen P. / Kamlah W., Logische Propädeutik. Vorschule des vernünftigen Redens, Mannheim 1967

Lorwin L.L., Exploitation, in: Encyclopaedia of the Social Sciences, Band 6, New York 1948, S. 16 f.

Lukacs G., Geschichte und Klassenbewusstsein. Studien über marxistische Dialektik, (1923), Neuwied am Rhein/Berlin 1970

Luxemburg R., Die Akkumulation des Kapitals. Ein Beitrag zur ökonomischen Erklärung des Imperialismus, (1913), reprographischer Nachdruck Frankfurt 1965

Luxemburg R., Die Akkumulation des Kapitals oder Was die Epigonen aus der Marxschen Theorie gemacht haben. Eine Antikritik, (1921), reprographischer Nachdruck Frankfurt 1965

Machlup F., Monopolistic Wage Determination as a Part of the General Problem of Monopoly, in: J. Shister (Hrsg), Readings in Labor Economics and Industrial Relations, Chicago/Philadelphia/New York 1951, S. 383 ff.

Machlup F., The Political Economy of Monopoly. Business, Labor and Government Policies, Baltimore 1952

Magdoff H., Das Zeitalter des Imperialismus. Die ökonomischen Hintergründe der US-Aussenpolitik, Frankfurt am Main 1970

Malthus T.R., Principles of Political Economy. Considered with a View of Their Practical Application, (2. Aufl. 1836), London 1936

Mandel E., Entstehung und Entwicklung der ökonomischen Lehre von Karl Marx, Frankfurt am Main 1968

Mandel E., Marxistische Wirtschaftstheorie, Frankfurt am Main 1968

Mandel E., Die Marxsche Theorie der ursprünglichen Akkumulation und die Industrialisierung der Dritten Welt, in: Folgen einer Theorie. Essays über "Das Kapital" von Karl Marx, Frankfurt am Main 1967, S. 71 ff.

Marchal J., Le mécanisme des prix, 3. Aufl. Paris 1951

Marcoviè M., Entfremdung und Selbstverwaltung, in: Folgen einer Theorie. Essays über "Das Kapital" von Karl Marx, Frankfurt am Main 1967, S. 178 ff.

Marx K., Erster Entwurf zum "Bürgerkrieg in Frankreich", in: Marx/Engels Werke, Band 17, Berlin 1962, S. 493 ff.

Marx K., Grundrisse der Kritik der politischen Ökonomie, Fotomechanischer Nachdruck der Moskauer Ausgabe 1939 und 1941, Frankfurt/Wien, o.J.

Marx K., Das Kapital. Kritik der politischen Ökonomie, Erster Band, Buch 1: Der Produktionsprozess des Kapitals, Marx/Engels Werke, Band 23, Berlin 1962

Marx K., Das Kapital. Kritik der politischen Ökonomie, Zweiter Band, Buch 2: Der Zirkulationsprozess des Kapitals, Marx/Engels Werke, Band 24, Berlin 1969

Marx K., Das Kapital. Kritik der politischen Ökonomie, Dritter Band, Buch 3: Der Gesamtprozess der kapitalistischen Produktion, Marx/Engels Werke, Band 25, Berlin 1970

Marx K., Kritik des Gothaer Programms. Randglossen zum Programm der deutschen Arbeiterpartei, in: Marx/Engels Werke, Band 19, Berlin 1962, S. 15 ff.

Marx K., Zur Kritik der Politischen Ökonomie, in: Marx/Engels Werke, Band 13, Berlin 1961, S. 3 ff.

Marx K., Lohn, Preis und Profit, in: Marx/Engels Werke, Band 16, Berlin 1962, S. 98 ff.

Marx K., Ökonomisch-philosophische Manuskripte aus dem Jahre 1844, in: Marx/Engels Werke, Ergänzungsband: Schriften, Manuskripte, Briefe bis 1844, Erster Teil, Berlin 1968, S. 465 ff.

Marx K., Randglossen zu Adolph Wagners "Lehrbuch der politischen Ökonomie", in: Marx/Engels Werke, Band 19, S. 355 ff.

Marx K., Theorien über den Mehrwert (Vierter Band des "Kapitals"), Marx/Engels Werke, Erster Teil, Band 26.1., Berlin 1965; Zweiter Teil, Band 26.2., Berlin 1967; Dritter Teil, Band 26.3, Berlin 1968

Maurice P., Les théories modernes de l'exploitation du travail. Essay d'analyse critique, Paris 1960

Maus H., Imperialismus, in: Handwörterbuch der Sozialwissenschaften, Band 5, Stuttgart/Tübingen/Göttingen 1956, S. 185 ff.

Mayer H., Zurechnung, in: Handwörterbuch der Staatswissenschaften, Band 8, 4. gänzlich umgearbeitete Aufl. Jena 1928, S. 1206 ff.

Meek R.L., Studies in the Labour Theory of Value, London 1956

Menger A., Das Recht auf den vollen Arbeitsertrag in geschichtlicher Darstellung, Stuttgart/Berlin 4. Aufl. 1910

Messelken K., Antinomien einer Soziologie der Soziologie, in: B. Schäfers (Hrsg.), Thesen zur Kritik der Soziologie, Frankfurt am Main 1969, S. 118 ff.

Metzler L.A., Das Transferproblem in neuer Sicht, in: K. Rose (Hrsg.), Theorie der internationalen Wirtschaftsbeziehungen, Köln/Berlin 1965, S. 267 ff.

Mitscherlich A., Unsere kindische Zuversicht, in: A. Mitscherlich, Thesen zur Stadt der Zukunft, Frankfurt am Main 1971, S. 137 ff.

Mohrmann W., Dogmengeschichte der Zurechnungslehre, Jena 1914

Morgan T., Trends of Terms of Trade, and Their Repercussions on Primary Producers, in: R. Harrod (Hrsg.), International Trade Theory in a Developing World, London/New York 1964, S. 52 ff.

Morgenstern O., Über die Genauigkeit wirtschaftlicher Beobachtungen, 2. völlig neu bearbeitete und erweiterte Aufl. Wien/Würzburg 1965

Morgenstern O., Spieltheorie: Ein neues Paradigma der Sozialwissenschaft, in: Zeitschrift für Nationalökonomie, Band 28, 1968, S. 145 ff.

Morris C.W., Foundations of the Theory of Signs, Chicago 1938

Müller W., Habermas und die Anwendbarkeit der Arbeitswerttheorie, in: Sozialistische Politik I, 1969, S. 39 ff.

Myrdal G., Objektivität in der Sozialforschung, Frankfurt am Main 1971

Myrdal G., Ökonomische Theorie und unterentwickelte Regionen, Stuttgart 1959

Myrdal G., Das politische Element in der nationalökonomischen Doktrinbildung, Hannover 1963

Myrdal G., Politisches Manifest über die Armut in der Welt, Frankfurt am Main 1970

Myrdal G., Das Wertproblem in der Sozialwissenschaft, Hannover 1965

Myrdal G., Das Zweck-Mittel-Denken in der Nationalökonomie, in: G. Myrdal, Das Wertproblem in der Sozialwissenschaft, Hannover 1965, S. 213 ff.

Nagel E., The Structure of Science. Problems in the Logic of Scientific Explanation, London 2. Aufl. 1968

Neisser H., Der ökonomische Imperialismus im Lichte moderner Theorie, in: H.-D. Ortlieb (Hrsg.), Zur Ordnung von Wirtschaft und Gesellschaft, Festausgabe für Eduard Heimann zum 70. Geburtstage, Hamburger Jahrbuch für Wirtschafts- und Gesellschaftspolitik, Tübingen 1959, S. 209 ff.

Nell-Breuning O.v., Kapitalismus und gerechter Lohn, Freiburg 1960

Neusüss A. (Hrsg.), Utopie. Begriff und Phänomen des Utopischen, 2. Aufl. Neuwied am Rhein/Berlin 1972

Northrup H.R. / Bloom G.F., Economics of Labor and Industrial Relations, Philadelphia/Toronto 1950

Nurkse R., Problems of Capital Formation in Underdeveloped Countries, Oxford 10. Aufl. 1966

Offe C., Leistungsprinzip und industrielle Arbeit. Mechanismen der Statusverteilung in Arbeitsorganisationen der industriellen "Leistungsgesellschaft", Frankfurt am Main 1970

Ohlin B., Interregional and International Trade, Cambridge (Mass.) 2. Aufl. 1952

Opp K.-D., Methodologie der Sozialwissenschaften. Einführung in Probleme ihrer Theorienbildung, Reinbek 1970

Oppenheimer F., Weder Kapitalismus noch Kommunismus, Jena 1932

Oppenheimer F., System der Soziologie, Erster Band: Allgemeine Soziologie, Erster Halbband: Grundlegung, Jena 1922

Oppenheimer F., Theorie der reinen und politischen Ökonomie, Zweiter Halbband: Die Gesellschaftswirtschaft, 5. völlig neu bearbeitete Aufl. Jena 1924

Oppenheimer F., Wert und Kapitalprofit. Neubegründung der objektiven Wertlehre, Jena 1916

Ott A.E., Grundzüge der Preistheorie, Göttingen 1968

Ott A.E., Lohnhöhe und Produktivität, in: Volkswirtschaftliche Korrespondenz der Adolf-Weber-Stiftung, Nr. 10, April 1963

Ott A.E., Technischer Fortschritt, in: Handwörterbuch der Sozialwissenschaften, Band 10, Stuttgart/Tübingen/Göttingen 1959, S. 302 ff.

Palloix C., Imperialismus und kapitalistische Produktionsweise, in: S. Amin/ C. Palloix, Neuere Beiträge zur Imperialismustheorie, Band 1, München 1971 S. 34 ff.

Pazos F., The Role of International Movements of Private Capital in Promoting Development, in: J.H. Adler (Hrsg.), Capital Movements and Economic Development, London/Melbourne/Toronto/New York 1967 S. 186 ff.

Penrose E., Profit Sharing Between Producing Countries and Oil Companies in the Middle East, in: The Economic Journal, 1959, S. 238 ff.

Peter H., Einführung in die politische Ökonomie, Stuttgart/Köln 1950

Peter H., Grundprobleme der theoretischen Nationalökonomie. Wert, Preis, Profit, Stuttgart 1933

Pfaff V. / Wikhäll M. (Hrsg), Das Schwedische Modell der Ausbeutung. Texte zum Arbeiterleben und zur Klassenstruktur im Wohlfahrtsstaat, Köln 1971

Phelps Brown E.H., The Economics of Labor, New Haven/London 1962

Pigou A.C., The Economics of Welfare, 3. Aufl. London 1929

Pigou A.C., Praktische Fragen der Volkswirtschaft, Jena 1937

Popper K.R., Conjectures and Refutations. The Growth of Scientific Knowledge, London 3. rev. Aufl. 1969

Popper K.R., Das Elend des Historizismus, Tübingen 2. unv. Aufl. 1969

Popper K.R. Facts, Standards and Truth. A Further Criticism of Relativism, Addendum zur 4. Aufl. von K.R. Popper, The Open Society and Its Enemies, Band 2, London 1962, S. 369 ff.

Popper K.R., Der Zauber Platons, Erster Band von: Die offene Gesellschaft und ihre Feinde, Bern/München 2. Aufl. 1970

Popper K.R., Falsche Propheten, Hegel, Marx und die Folgen, Zweiter Band von: Die offene Gesellschaft und ihre Feinde, Bern/München 2. Aufl. 1970

Popper K.R., Logik der Forschung, Tübingen 3. vermehrte Aufl. 1969

Popper K.R., Utopie und Gewalt, in: A. Neusüss (Hrsg.), Utopie. Begriff und Phänomen des Utopischen, Neuwied am Rhein/Berlin 2. Aufl. 1972, S. 313 ff.

Popper K.R., Was ist Dialektik? , in: E. Topitsch (Hrsg.), Logik der Sozialwissenschaften, Köln/Berlin 5. Aufl. 1968, S. 262 ff.

Posselt G., Der Anteil der Lohnsumme am Volkseinkommen. Theoretische Versuche zur Bestimmung der Lohnquote, Diss. Köln 1960

Preiser E., Besitz und Macht in der Distributionstheorie, in: Synopsis, Festgabe für Alfred Weber, Heidelberg 1948, S. 333 f. Wiederabgedruckt in: E. Preiser, Bildung und Verteilung des Volkseinkommens. Gesammelte Aufsätze zur Wirtschaftstheorie und Wirtschaftspolitik, 3. durchgesehene Aufl. Göttingen 1963, S. 227 ff.

Preiser E., Distribution, in: Handwörterbuch der Sozialwissenschaften als "Distribution I (Theorie)", Band 2, Stuttgart/Tübingen/Göttingen 1959, S. 620 ff. Wiederabgedruckt in: E. Preiser, Bildung und Verteilung des Volkseinkommens. Gesammelte Aufsätze zur Wirtschaftstheorie und Wirtschaftspolitik, 3. durchgesehene Aufl. Göttingen 1963, S. 290 ff.

Preiser E., Erkenntniswert und Grenzen der Grenzproduktivitätstheorie, in: Schweizerische Zeitschrift für Volkswirtschaft und Statistik, 89 Jg., 1953, S. 25 ff. Wiederabgedruckt in: E. Preiser, Bildung und Verteilung des Volkseinkommens. Gesammelte Aufsätze zur Wirtschaftstheorie und Wirtschaftspolitik, 3. durchgesehene Aufl. Göttingen 1963, S. 265 ff.

Preiser E., Nationalökonomie. Eine Einführung in die Volkswirtschaftslehre, München 6. Aufl. 1966

Preiser E., Die ökonomische Problematik der Einkommensverteilung, in: F. Karrenberg/H. Albert (Hrsg.), Sozialwissenschaft und Gesellschaftsgestaltung, Festschrift für Gehard Weisser, Berlin 1963 S. 305 ff.

Reichenbach H., Der Aufstieg der wissenschaftlichen Philosophie, 2. Aufl. Braunschweig 1968

Renner P., Die Verteilungstheorie von Karl Marx, Diss. Freiburg, Heidelberg 1965

Ricardo D., Grundsätze der Volkswirtschaft und Besteuerung, (1821), 2. Aufl. Jena 1921

Riese H., Wirtschaftswachstum, Produktivitätslohn und Preisstabilität, in: E. Stiller (Hrsg.), Lohnpolitik und Vermögensbildung. Frankfurter Gespräch der List Gesellschaft 29.-30. November 1963. Protokolle und Gutachten, Basel/Tübingen 1964, S. 222 ff.

Robinson J., Doktrinen der Wirtschaftswissenschaft, München 1965

Robinson J., The Economics of Imperfect Competition, London 1936

Robinson J., Grundprobleme der Marxschen Ökonomie, Wien 1951

Robinson J., "Imperfect Competition" Revisited, in: The Economic Journal, 1953, S. 579 ff. Wiederabgedruckt in: J. Robinson, Collected Economic Papers, Band 2, Oxford 1964, S. 222 ff.

Robinson J., What is Perfect Competition? , in: Quarterly Journal of Economics, Nov. 1934. Wiederabgedruckt in: J. Robinson, Collected Economic Papers, Oxford 1951, S. 20 ff.

Rössler K., Die volkswirtschaftlichen Wirkungen des Kapitalexports in Entwicklungsländer dargestellt am Beispiel der Bundesrepublik Deutschland und Indiens, Diss. Freiburg 1963

Rosdolsky R., Zur Entstehungsgeschichte des Marxschen "Kapital", Band 1, Frankfurt am Main 1968; Band 2, Frankfurt am Main 1968

Rose K., Theorie der Aussenwirtschaft, 3. Aufl. Berlin/Frankfurt am Main 1970

Ross A., Kritik der sogenannten praktischen Erkenntnis, Kopenhagen/Leipzig 1933

Rothschild K.W., Der Lohnanteil am Gesamteinkommen. Einige Bemerkungen zu einem umstrittenen Problem, in: Weltwirtschaftliches Archiv, Band 78, 1957, S. 157 ff. Wiederabgedruckt in: K.W. Rothschild, Marktform, Löhne, Aussenhandel. Beiträge zur Wirtschaftstheorie und zur Wirtschaftspolitik, Wien/Frankfurt/Zürich 1966, S. 101 ff.

Rouquet la Garrigue V., L'idée de l'exploitation de l'homme par l'homme dans les théories économiques depuis le début du 19ème siècle, in: L'actualité économique, Montréal, 25. Jg. 1949, Nr. 3, S. 397 ff.

Rundbrief, Gegner der Leistungsgesellschaft, die Ausbeuter von heute und morgen, Rundbrief der Aktionsgemeinschaft Soziale Marktwirtschaft E.V., Heidelberg, vom 25.11.71

Samuelson P.A., Economics, 8. überarbeitete Aufl. New York etc. 1970

Samuelson P.A., Economic Theory and Wages, in: D. McCord Wright (Hrsg.), The Impact of the Union. Eight Economic Theorists Evaluate the Labor Union Movement, New York 1951, S. 312 ff.

Samuelson P.A., Understanding the Marxian Notion of Exploitation: A Summary of the So-Called Transformation Problem Between Marxian Values and Competitive Prices, in: Journal of Economic Literature, Band 9, 1971, S. 399 ff.

Schäfer H.-B., Imperialismusthesen und Handelsgewinne. Zur Theorie der Wirtschaftsbeziehungen zwischen Industrie- und Entwicklungsländern, Düsseldorf 1972

Schaff A., Geschichte und Wahrheit, Wien/Frankfurt/Zürich 1970

Scheele E., Die makroökonomische Theorie der Einkommensverteilung, in: Jahrbuch für Sozialwissenschaft, Band 13, 1962, S. 333 ff. (1. Teil); Band 14, 1963, S. 141 ff. (2. Teil)

Scheler M., Der Formalismus in der Ethik und die materiale Wertethik. Neuer Versuch der Grundlegung eines ethischen Personalismus, 5. Aufl. Bern 1966

Schlesinger R., Marx, His Time and Ours, London 1950

Schmidt A., Nachwort, in: H. Lefèbvre, Probleme des Marxismus, heute, Frankfurt am Main 4. Aufl. 1968, S. 133 ff.

Schmidt W.P., Die praktische Bedeutung der bisherigen Versuche zur Messung des Monopolgrades, Diss. Köln 1960

Schneider E., Einführung in die Wirtschaftstheorie, II. Teil: Wirtschaftspläne und wirtschaftliches Gleichgewicht in der Verkehrswirtschaft, 10. verbesserte Aufl. Tübingen 1965

Schönbach P., Sprache und Attitüden. Über den Einfluss der Bezeichnungen "Fremdarbeiter" und "Gastarbeiter" auf Einstellungen gegenüber ausländischen Arbeitern, Bern/Stuttgart/Wien 1970

Schüngel B., Zur Frage der Abhängigkeit der kapitalistischen Industrieländer von den Rohstoffen der Dritten Welt, in: Das Argument. Zeitschrift für Philosophie und Sozialwissenschaften, 11. Jg., 1969, S. 68 ff. und S. 275 ff.

Schuhler C., Zur politischen Ökonomie der Armen Welt, München 1968

Schultz W., Die Entwicklung der Diskussion um das Machtproblem innerhalb der Verteilungslehre in Deutschland seit Franz Oppenheimer, Diss. Köln 1966

Schumpeter J.A., Geschichte der ökonomischen Analyse, 2 Bände, Göttingen 1965

Schumpeter J.A., Das Grundprinzip der Verteilungstheorie, in: Archiv für Sozialwissenschaft und Sozialpolitik, Band 42, 1916/17, S. 1 ff. Wiederabgedruckt in: J.A. Schumpeter, Aufsätze zur ökonomischen Theorie, Tübingen 1952, S. 320 ff.

Schumpeter J.A., Kapitalismus, Sozialismus und Demokratie, Bern 1946

Seiffert H., Einführung in die Wissenschaftstheorie, Band 1, München 1969; Band 2, München 1970

Seiffert H., Marxismus und bürgerliche Wissenschaft, München 1971

Senghaas D. (Hrsg.), Imperialismus und strukturelle Gewalt. Analysen über abhängige Reproduktion, Frankfurt am Main 1972

Sieber H., Die realen Austauschverhältnisse zwischen Entwicklungsländern und Industriestaaten. Eine Verifizierung der These Prebischs, Diss. St. Gallen, Tübingen/Zürich 1968

Singer H.W., The Distribution of Gains Between Investing and Borrowing Countries, in: American Economic Review, May 1950, Nr. 2, S. 473 ff.

Singer H.W., Probleme der Industrialisierung in unterentwickelten Ländern, in: Zeitschrift für Nationalökonomie, Band 15, 1956, S. 90 ff.

Sinha R.P. / Castree J.R. / Wilson T., The Income Terms of Trade of Developed and Developing Countries, in: The Economic Journal, 1969, S. 813 ff.

Smith A., Der Reichtum der Nationen, (1776), Erster Band, Leipzig 1924

Södersten B., International Economics, New York/Evanston/London 1970

Södersten B., A Study of Economic Growth and International Trade, Stockholm 1964

Sowell T., Marx's "Increasing Misery" Doctrine, in: American Economic Review, March 1960, Nr. 1, S. 111 ff.

Stackelberg H.v., Grundlagen der theoretischen Volkswirtschaftslehre, 2. überarbeitete Aufl. Bern 1948

Stackelberg H.v., Marktform und Gleichgewicht, Wien/Berlin 1934

Stackelberg H.v., Neues Schrifttum über unvollständigen Wettbewerb, in: Schmollers Jahrbuch, 59. Jg., 1935, S. 703 ff., Wiederabgedruckt in: H.-H. Barnikel (Hrsg), Wettbewerb und Monopol, Darmstadt 1968, S. 57 ff.

Stavenhagen G., Geschichte der Wirtschaftstheorie, 4. durchgesehene und erweiterte Aufl. Göttingen 1969

Stegmüller W., Hauptströmungen der Gegenwartsphilosophie. Eine kritische Einführung, 4. erw. Aufl. Stuttgart 1969

Stegmüller W., Das Wahrheitsproblem und die Idee der Semantik, Wien 1957

Stegmüller W., Wissenschaftliche Erklärung und Begründung, Band 1 von: Probleme und Resultate der Wissenschaftstheorie und Analytischen Philosophie, Berlin/Heidelberg/New York 1969

Stegmüller W., Theorie und Erfahrung, Band 2 von: Probleme und Resultate der Wissenschaftstheorie und Analytischen Philosophie, Berlin/Heidelberg/New York 1970

Steiner P.O. / Lipsey R.G., Economics, New York/Evanston/London 1966

Steinhaus K., Zur Theorie des internationalen Klassenkampfes, Frankfurt 1967

Sternberg F., Der Imperialismus, Berlin 1926

Sternberg F., "Der Imperialismus" und seine Kritiker, Berlin 1929

Stevenson C.L., Ethics and Language, New Haven 4. Aufl. 1948

Stigler G.J., Die geknickte Oligopol-Nachfragekurve und starre Preise, in: A.E. Ott (Hrsg.), Preistheorie, Köln/Berlin 1965, S. 326 ff.

Stigler G.J., Ricardo and the 93 % Labor Theory of Value, in: American Economic Review, June 1958, No. 3, S. 357 ff.

Strahm R.H., Industrieländer – Entwicklungsländer. Ein Werkbuch, Freiburg/Stein (Nürnberg) 1972

Strahm R.H., Kriterien für die Beurteilung des Entwicklungseffekts von Privatinvestitionen in Entwicklungsländern, in: Les invertissements privés suisses dans le tiers monde, Institut Universitaire de Hautes Etudes Internationales, Genf 1971, S. 60 ff.

Streeten P., Programme und Prognosen, Einführung zu: G. Myrdal, Das Wertproblem in der Sozialwissenschaft, Hannover 1965, S. 13 ff.

Sweezy P.M., Theorie der kapitalistischen Entwicklung, (1942), Frankfurt am Main 1970

Theimer W., Der Marxismus. Lehre, Wirkung, Kritik, Bern/München 4. Aufl. 1963

Thompson W., Untersuchung über die Grundsätze der Verteilung des Reichtums zu besonderer Förderung des menschlichen Glücks, (1824), Berlin 1903/4

Thünen J.H.v., Der isolierte Staat in Beziehung auf Landwirtschaft und Nationalökonomie, Neudruck nach der 2. bzw. 1. Aufl., 1842 bzw. 1850, Jena 1910

Tiano A., L'action syndicale ouvrière et la théorie économique du salaire, Paris 1958

Tintner G. / Fels E., Methodik der Wirtschaftswissenschaft, in: Enzyklopädie der geisteswissenschaftlichen Arbeitsmethoden, 8. Lieferung: Methoden der Sozialwissenschaften, München/Wien 1967, S. 3 ff.

Topitsch E. / Albert H. (Hrsg.), Werturteilsstreit, Darmstadt 1971

Topitsch E., Über Leerformeln. Zur Pragmatik des Sprachgebrauchs in Philosophie und politischer Theorie, in: E. Topitsch (Hrsg.), Probleme der Wissenschaftstheorie. Festschrift für Victor Kraft, Wien 1960, S. 233 ff.

Topitsch E., Sprachlogische Probleme der sozialwissenschaftlichen Theoriebildung, in: E. Topitsch (Hrsg.), Logik der Sozialwissenschaften, Köln/ Berlin 5. Aufl. 1968, S. 17 ff.

Topitsch E., Vom Ursprung und Ende der Metaphysik, München 1972

Weber W. / Albert H. / Kade G., Wert, in: Handwörterbuch der Sozialwissenschaften, Band 11, Stuttgart/Tübingen/Göttingen 1961, S. 637 ff.

Wellmer A., Kritische Gesellschaftstheorie und Positivismus, Frankfurt am Main 1969

Wikhäll M. / Pfaff V. (Hrsg), Das Schwedische Modell der Ausbeutung. Texte zum Arbeiterleben und zur Klassenstruktur im Wohlfahrtsstaat, Köln 1971

Wilson T. / Sinha R.P. / Castree J.R., The Income Terms of Trade of Developed and Developing Countries, in: The Economic Journal, 1969, S. 813 ff.

Woll A., Allgemeine Volkswirtschaftslehre, Berlin/Frankfurt am Main 2. rev. Aufl. 1970

Zarnowitz V., Die Theorie der Einkommensverteilung. Entwicklung und heutiger Stand, Tübingen 1951

Zelenỳ J., Die Wissenschaftslogik bei Marx und "Das Kapital", Berlin 1968

Zelenỳ J., Zum Wissenschaftsbegriff des dialektischen Materialismus, in: A. Schmidt (Hrsg.), Beiträge zur marxistischen Erkenntnistheorie, Frankfurt am Main 2. Aufl. 1970, S. 73 ff.

Zinn K.G., Allgemeine Wirtschaftspolitik als Grundlegung einer kritischen Ökonomie, Stuttgart/Berlin/Köln/Mainz 1970

Namenregister

Ackermann, 82-83
Adler J.H., 387
Adler M., 425, 431
Adorno, 244
Albert, 14-15, 18, 21-22, 24-27, 30-32, 37-38, 40, 43, 46-48, 50, 71, 79, 89, 262, 288, 296, 298, 303-304, 459-462, 470-471, 473, 481
Amin, 432-433, 441
Amoroso, 96, 99, 314
Arndt, 3, 147, 156-167, 170-173, 289, 333, 453
Autorenkollektiv, 12, 15, 291, 432, 436, 443

Bachmann, 394
Bakunin, 183
Baldwin, 378
Baran, 432, 440
Barnickel, 128
Bartley, 18
Bauer, 431, 439-440
Behrendt, 429
Beier, 374
Belfer, 134, 144-146
Bender, 20
Bentham, 70
Berger, 167-170
Bhagwati, 374
Blanc, 183
Bloch, 464-466
Bloom, 3, 92, 134-148, 150, 249, 262, 271, 290, 300, 303, 453, 457-458
Bochenski, 9-10, 223-224, 264
Böhler, 132, 171
Böhm-Bawerk, 71, 184, 205, 237, 240, 242, 294
Bohnen, 59, 459, 477
Bohnet, 409, 429
Bombach, 270, 317-320, 322, 401
Borchardt, 244
Boulding, 122, 129
Bray, 183

Brecht, 25
Briefs, 69, 82, 316, 321
Bronfenbrenner, 123, 131, 134, 459
Bucharin, 423-428, 431, 435
Bühler, 10

Carnap, 52-54, 58
Cassel, 183
Castree, 363
Chamberlin, 125-127, 132, 134, 158, 166
Clapham, 336, 342, 356
Clark, 82, 294, 297-299, 358
Cobb, 311
Conrad, 4, 286-287
Cornforth, 257, 260, 263
Cournot, 70, 150, 152, 158, 166
Cyntha, 260

Dahrendorf, 185, 246, 265, 473
Davidson, 312
Degenkolbe, 54
Dewey, 25
Diemer, 13, 27
Djilas, 455
Dobb, 261, 431
Doepgen, 326
Domar, 396, 400
Douglas, 311
Dräger, 318-319
Düesberg, 351
Dühring, 249
Duignan, 422
Dunlop, 308

Eichhorn, 263
Einarsen, 476
Emmanuel, 440
Engels, 182, 199, 223-224, 226, 234, 249, 258, 261, 263, 414-417, 455, 464, 467, 473
Essler, 50-51, 58
Euchner, 251

Fels, 86, 89, 296
Fijalkowski, 47
Fleischer, 224, 226, 262
Fourier, 183
Frankena, 62-65
Frenzel, 13, 27
Fréchet, 86
Fritsch, 367
Fritz, 200, 283
Fügel, 31
Fürst, 318

Gabriel, 317, 319
Gäbler, 441
Galbraith, 373
Galtung, 334, 387
Gann, 422
Gardlund, 388
Giersch, 123, 288
Gillmann, 218, 220, 259
Goethe, 482
Goldmann 262
Gray, 183
Graziadei, 287
Grey, 441
Grosche, 388, 409, 441
Günthardt, 130, 309
Guth, 365, 385, 387-388, 394, 396, 399, 403, 405

Haberler, 329-330, 344-345, 360-361, 365, 370, 378-380, 384
Habermas, 47, 246-247
Halbach, 386
Hall, 89
Hare, 31
Harrod, 361, 400
Hartmann, 26
Haselbeck, 359, 378, 380
Heckscher, 330, 384
Hegel, 11, 223-224, 234, 261, 414
Heimann, 238, 455
Hempel, 51

Henle, 62-63
Hicks, 123
Hilferding, 417, 425-426, 429, 431
Hinz, 16
Hitch, 89
Hobson, 332, 335
Hodgskin, 183
Hofmann, 72, 205-206, 210, 228, 237, 242, 245, 251, 253-255, 257, 259-260, 278, 285, 294, 296, 298, 324, 419, 421, 423-424, 473
Holzhey, 223
Horinaka, 432, 444
Hume, 19
Hunter, 411-412
Hutt, 130

Jalée, 432, 434-437, 440-444, 446
Jenkins, 432
Jochimsen, 367
Johnson, 5, 390-391, 393-395, 397, 401-402, 406, 408
Jürgensen, 387, 393, 399

Kade, 71, 78, 84-88
Kahn, 358, 394
Kaldor, 178
Kalecki, 309, 312-315
Kamlah, 55, 66-67
Kant, 27, 234
Karrenberg, 288
Kaufmann, 25
Kettenbach, 332, 415-417
Keynes, 69, 358, 390, 406, 434
Kindleberger, 330, 334, 359, 361-362, 371-374, 380-382
Kirsch, 85
Klafkowski, 332, 409, 411
König, 452
Kraft, 10, 13-15, 17-19, 24-25, 28, 32, 37, 54
Kramer, 263-264
Kraus, 409, 441
Krause, 388
Krelle, 82-83, 89, 130, 159, 154, 267, 270, 272, 296-297, 312, 315
Kromphardt, 154-155

Kronstein, 72-73, 76
Kroptokin, 183
Kruse, 334, 381, 409, 411
Kuczynski, 218, 248, 253-255, 416
Külp, 122, 302, 305, 307-311, 315
Küng, 29, 301-302, 305-306, 308, 392
Künzli, 226, 265, 464-465, 473, 481
Kuznets, 309

Lademann, 342
Landes, 199, 332-333, 446
Lassalle, 237
Lehmann-Richter, 388, 409, 441
Lemmnitz, 198, 202
Lenin, 6, 245, 315, 332, 335, 416, 422, 424-438, 441, 445-446
Leontief, 92, 377
Lerner, 313-314
Lester, 134
Lewis, 358
Linder, 232, 260
Lipsey, 303, 343, 346, 355-357
Lorenz, 345, 351
Lorenzen, 55, 66-67
Lorwin, 183, 455, 476
Lukacs, 222
Luxemburg, 315, 418-424, 430, 438

Machlup, 132, 317
Magdoff, 432, 434-435
Malthus, 70, 73, 237
Mandel, 214, 228, 245, 253-254, 256, 414, 422, 434, 444
Mannheim, 35-36
Marchal, 123, 178
Marcovic, 454
Marshall, 91
Marx, 4, 11, 35-36, 75, 81, 123, 157, 174, 182-268, 271, 276-279, 284-285, 293-294, 306, 321, 331, 414-418, 424, 426-427, 431, 438-439, 442, 454-456, 464-467, 473, 481
Maurice, 1, 3, 130, 139, 174-180, 287, 317, 453, 455, 458, 476
Maus, 332
Mayer, 294-295, 299

McCord Wright, 129
McCulloch, 76
Meade, 391
Meek, 256
Menger, 183
Messelken, 47
Metzler, 390-391
Miksch, 321
Mitscherlich, 1
Mohrmann, 294, 299
Moore, 26
Morgan, 361-362, 364, 379
Morgenstern, 85-86, 88, 309
Morris, 9
Müller, 263
Myrdal, 23, 34, 38, 40, 44, 47, 60, 64, 70-71, 73, 77-78, 81, 301, 327, 386, 449, 473, 478

Nagel, 35-36, 42
Neisser, 332-334, 423
Nell-Breuning, 321
Neusüss, 468-469, 471-472
Neymann, 42
Northrup, 134, 143
Nurkse, 365, 375, 394, 407, 446

Offe, 301, 305
Ohlin, 330, 384
Opp, 22, 49, 51-52, 54-55
Oppenheimer, 4, 236-237, 271, 279-286
Ortlieb, 332
Ott, 92, 94, 96, 98, 147, 149, 154, 323, 368, 460
Owen, 183

Palloix, 432-433, 445
Pazos, 387
Penrose, 333-334, 408-410, 455
Peter, 4, 282, 286-288
Pfaff, 203
Phelps Brown, 122

Pigou, 3, 91-93, 102, 104-109, 122-127, 129-137, 140-141, 147-148, 150, 249, 262, 271, 290, 292-293, 300, 303, 314, 382, 452-453, 457-459
Plato, 25-28, 30
Popper, 11, 14, 16-22, 30, 35, 45, 57, 61, 223, 238-239, 260, 321, 471, 474, 478
Posselt, 310-311
Prebisch, 315, 334, 361-362, 365-367, 369, 372-375
Preiser, 4, 123, 157, 272, 287-289, 293-298, 304, 306-307, 323, 382, 385, 453-454, 457-458, 470
Proudhon, 183
Pütz, 302
Reichenbach, 19, 27, 30
Renner, 123, 213, 245, 248, 276-277, 309
Ricardo, 3, 69-81, 188, 205, 240, 245, 249, 272-274, 278, 329, 331, 344, 349, 358, 360
Riese, 322
Robinson E.A.G., 358
Robinson J., 3, 71, 74, 91-93, 96-97, 99-100, 102-104, 109-110, 112-122, 124-126, 128, 131-132, 136, 147, 150, 268, 290, 292-293, 300, 314
Rodbertus, 184
Rössler, 406
Rosdolsky, 186, 200, 211, 218, 220, 233-234, 240-241, 253-254, 413
Rose, 336-337, 339, 342, 344-350, 353-354, 356-357, 384, 389-391, 397, 404
Rose, 23, 28-29
Rothschild, 308, 316
Rouquet la Garrigue, 183
Russell, 30

Saint-Simon, 183
Samuelson, 115, 123, 129, 206, 299, 432, 475
Schäfer, 315, 328, 332, 336, 370, 384, 412, 425, 441
Schäfers, 47
Schaff, 35
Scheele, 297
Scheler, 26
Schlesinger, 256, 476
Schmidt A., 223-224, 251
Schmidt W.P., 313-314
Schneider, 147, 149-150, 154
Schönbach, 63
Schreiber, 122
Schüngel, 433, 435

Schuhler, 433-434, 441, 444, 446
Schultz, 286
Schumpeter, 4, 69, 73-75, 80-81, 183, 198, 205, 213, 231, 237-239, 243, 248, 294, 329, 416
Seiffert, 9, 19, 34-35, 38-40, 47, 51, 67, 223, 414, 464
Senghaas, 334, 433
Shister, 134, 317
Sieber, 359, 361, 363-367, 369, 378
Singer, 315, 334, 367-371, 375, 449
Sinha, 363
Sismondi, 182
Smith, 69-71, 73-74, 81-82, 272-273, 301-344
Södersten, 330, 334, 341, 344, 353, 356, 358, 365, 369, 371-373, 376-377, 388, 400, 409, 411
Sowell, 253
Spiethoff, 172
Stackelberg, 3, 128, 145, 149-157, 160-161, 249, 409, 453
Stavenhagen, 81, 183, 294, 298
Stegmüller, 9, 11, 16-17, 19, 50, 52-53, 56-59, 61
Steiner, 303, 343, 346, 355-357
Steinhaus, 433, 441-442
Sternberg, 416, 418-423
Stevenson, 25-26, 31, 61
Stigler, 76, 147
Stiller, 318, 322
Strahm, 386, 441
Streeten, 23, 34-35, 40
Streissler, 232
Sweezy 186-187, 195, 198, 218, 220, 242-243, 250, 253, 419, 423, 448

Theimer, 216, 260
Thompson, 183
Thünen, 3, 69-70, 81-83, 272, 275, 298-299
Tiano, 123
Tintner, 86, 89, 296
Topitsch, 22, 37, 54-55, 65-67, 223, 226, 475
Torrens, 344, 358

Viner, 376

Wagner, 187
Weber.M., 2, 22, 37
Weber W., 71
Wehler, 199
Wellmer, 45
Wieser, 294
Wickhäll, 203
Wilson, 363
Woll, 94-95, 98, 101, 135
Woltmann, 475

Zarnowitz, 4, 123, 130, 134, 157, 282, 287-293, 304, 453-454, 457-458
Zelenỳ, 223-224, 264
Zinn, 459

Sachregister

Agonie 7
Akkumulation, ursprüngliche 422
Allokation 107-108, 122, 129, 136, 340, 348, 373-374
Alltagssprache 2, 7, 62-67, 479, 482
Analytische Philosophie 24, 31-33
Antinomien
— sprachliche 5
— Ziel- 48
Approximationstheorie 16, 18, 474
Arbeit
— abstrakte 77, 186-188, 240-241
— einfache 4, 188, 240-244, 246, 259, 268
— gesellschaftlich notwendige 188, 197, 210, 236-237, 239, 302, 439
— komplizierte vgl. qualifizierte
— konkrete 187, 240-241
— produktive 213-218, 247, 267, 276-277, 444
— qualifizierte 4, 75, 77, 188, 240-244, 246, 251, 253, 259, 268
— unproduktive 213-218, 267, 276-277
Arbeiter 192-193, 234
Arbeiteraristokratie 245
Arbeiterklasse vgl. Proletariat
Arbeitsertrag 81, 182-183, 242, 260, 264, 273, 282-283, 285, 291, 299, 302
Arbeitskraft 192-193, 236-237
Arbeitsleidtheorie 73-74
Arbeitsmengentheorie 73-76
Arbeitsphysiologie 242
Arbeitsplatzbewertung 242, 305
Arbeitsprozess 185, 189-190, 194, 197, 233
Arbeitspsychologie 242
Arbeitsteilung 187, 195, 214, 227, 230, 233, 328, 337-338, 344, 444, 450, 463-464
Arbeitswerttheorie 69-70, 73, 77, 79-81, 124, 183, 188, 205, 243, 246-247, 260, 262, 273, 279, 329, 344
Arndt-Kriterium 3, 157-173, 289, 333, 453
Ausbeutung
— allgemein 60, 64-65, 67, 70-71, 80-82, 87
— des Arbeitgebers 138, 140, 144-148, 232, 303

– der Entwicklungsländer 326-328, 335, 343, 355-356, 377-383, 408-412, 421-423, 430-432, 437-450
– Konsumenten- 4, 124, 129-130, 147, 286-288, 291
– marxistisch vgl. Marxismus
– monopolistische 3, 97-102, 109-113, 122-124, 129-130, 249, 290, 292, 314, 317
– monopsonistische 3, 95-97, 100-102, 113-124, 129-130, 135, 139, 290, 316
– Produzenten- 4, 129-130, 279-286, 291
– Quasi- 3, 102-104, 111, 121-122, 126, 131, 290
– quasi-monopolistische 4, 123, 130, 288-293, 453-454, 457, 470, 474
Ausbeutungsgrad 201-204, 208-209, 218-220, 248, 431, 440, 448
Ausbildung 75, 241, 281, 308
Aussenhandelsgewinn 336-343, 345, 348-349, 352-353, 355-356, 359-360, 377, 381
Austauschverhältnisse vgl. Realaustauschverhältnisse
Aussenhandelstheorie
– allgemein 329-331, 336-382
– marxistische 415-418, 432-450
– monetäre 336, 384-385
– reine 336-343, 384

Basisjahr 361-363, 441
Basissatz 16, 20, 172, 366
Bedürfnisgerechtigkeit 305
Begriff 2, 34-37, 49-61
Begründungszusammenhang 15-18, 63
Beobachtungssprache 34, 53, 58-59, 133, 172
Beobachtungssatz vgl. Basissatz
Besitzeinkommen 248, 283, 287-290, 304-305, 307
Bewährungsgrad 16, 41
Bloom-Kriterium 3, 92, 134-148, 249, 262, 290, 300, 303
Bodenmonopol 282, 284
Bodenrente vgl. Grundrente
Brücken-Prinzipien 31
Bruttosozialprodukt vgl. Sozialprodukt

Ceteris-Paribus-Klausel 89, 360, 378
Cobb-Douglas-Produktionsfunktion 311-312

Definition
— allgemein 2, 49-53
— analytische 51
— Nominal- 49-53
— Real- 52
Demokratie 48
Designata 9, 49, 53, 172, 411, 475
Dialektik 19, 223
Dienstleistungen
Direktinvestitionen 388, 392, 399-400, 402-403, 405, 407, 409, 411-412
Diskriminierung 109, 113, 118-121
Dualismus
— wirtschaftlicher 367, 400, 442, 447-448
— normativ-informativer 3, 25, 30, 69-83, 257, 274, 300, 303, 457, 466
— präskriptiv-deskriptiver 6, 60, 477
Dynamik 238-239, 284-285, 353, 358, 373

Eigentum 81, 182-183, 197-200, 233, 245, 288, 301, 304, 307, 453-454
Einkommenseffekt 5, 397-400, 404-407
Einkommensverteilung
— allgemein 5, 130, 269-324, 342-343, 357, 377, 461
— funktionelle 270, 295, 298, 302, 304, 308
— personelle 270, 295, 298, 304
— primäre 270
Elastizität 92-106, 113, 116-118, 121, 125, 137, 142, 291-292, 311, 314, 316, 365-367, 371
Empirismus 14, 19
Engel'sches Gesetz 365-367
Entdeckungszusammenhang 15, 18-19, 63, 89
Entfremdung 174-176
Entscheidung 6, 12-13, 86, 262, 264-265, 479-482
Entscheidungslogik 85-90, 296, 299-300
Entwicklungshilfe 389, 433-434, 436, 443
Entwicklungsländer (Begriff) 326
Erkenntnis 2, 6, 10, 12-21, 66, 262, 264-265, 479-482
Erklärung 17
Eschatologie 480-481
Essentialismus 258, 478
Ethik 23, 25, 27, 59-61, 82, 155, 171, 175, 179, 182-183, 260, 262, 264-265, 286, 302, 356, 381, 445, 447, 461, 475-476, 479, 481
Existenzminimum 82-83, 109, 254, 272, 274

Expansion vgl. Wachstum
Explanandum 16, 79, 310
Explanans 16, 79
Explikation 54
Exportkredite 389, 392, 403, 405
Extension 9, 34, 49, 62, 475
Extraprofite 439, 441

Fähigkeiten
— angeborene 75, 242-244, 281
— erlernte 75, 242-244, 280-281
Faktormärkte 93-104, 369-371, 384
Falsifizierbarkeit 16, 79-80, 258, 267, 352
Feudalismus 4, 226-228, 282
Fortschritt
— allgemein 223
— sozialer 226, 470
— technischer 226, 246-247, 319, 367-368, 373, 375, 429
Freiheit 69, 81, 234
Fruchtbarkeit 2, 56, 80, 133, 172, 179, 267, 304, 381

Gebrauchswert 71, 84, 185-189, 192, 194, 197, 201, 234, 236-237, 240, 256, 277, 279-280
Gerechtigkeit 6-7, 54, 61, 70-71, 78, 80-83, 91, 154, 174, 176, 263-265, 274, 283, 286, 298-299, 302-303, 318-319, 412, 445, 460, 468, 475-476
Geschehensnotwendigkeit 226, 466
Geschichtsphilosophie 223-226, 246, 260, 262
Geschichtsverlauf 225-226, 261, 264, 284
Gewerkschaften 107, 143-146, 154, 168-170, 252, 260, 266, 316-317, 319, 369, 371
Gewinn 103-104, 146-148, 183, 430, 440
Gewinnmaximierung 106, 142, 150, 154, 296-297, 300-301, 303, 311-312
Gleichgewicht 71, 74, 84, 89, 126, 157-158, 163-166, 239, 345-346, 458, 460-461, 463
Gleichheitsprinzip 301
Grenznutzen 74, 84-85, 164, 302
Grenzproduktivitätstheorie 5, 82, 89, 145-146, 148, 271, 275, 290-291, 294-307, 311-312, 315, 376, 401, 457-458
Grenzproduzent 167
Grenzwertprodukt 92-109, 112, 115-116, 127, 296-297, 311, 314-315
Grenzumsatzprodukt 92-101, 116, 135, 148

Grundbegriffe, undefinierte 34, 51, 67
Gültigkeit 13
Güter
— inferiore 159, 165-166
— komplementäre 351-352
— reproduzierbare 72, 237
— substitutive 345, 351-352, 355
Güterproduktivität 195, 213, 234, 238, 256, 438-439, 441, 447
Grundrente 81, 183, 199-200, 238, 273-274, 278, 285, 289-290, 294

Handelsgewinn 336-338, 340-341, 348, 351, 355
Handlungsalternativen 12, 41, 43-44, 46, 86-87
Harmonie
— allgemein 82, 182, 298
— Interessen- 5, 29, 83, 168, 301, 410, 462-463, 472-474
— prästabilierte 69, 78
Heckscher-Ohlin-Theorem 330, 384-385
Hermeneutik 19, 63, 478
Hypothese 16, 22

Idee der Kritik 21, 31, 481
Ideologie 1, 479
Imperialismus 6, 326-327, 332-335, 413-450
Importkapazität 360, 363
Indexproblem 462
Indifferenzkurve 337-338, 340-342, 347-348, 351, 354, 356-357, 374, 378
Individualismus 69, 84
Induktion 19
Inflation 42, 57-58, 251, 316-317, 320-323
Informationsaxiom 86-88, 458
Informationsgehalt 22, 52, 56-57, 77, 179, 258-259, 352, 463
Informationspotential 2, 56-57, 80, 133, 172, 179, 267, 381
Inlandsprodukt vgl. Sozialprodukt
Institutionen 6, 452-456
Intension 9, 34, 49, 62
Interessenharmonie vgl. Harmonie
Interpretation 54, 452
Intuition 19, 28
Intuitionismus 24, 26-29
Investitionen, gemischte 442-443
Investitionsneigung 323

Investitionsquote 323
Investivlohn 323

Kapazitätseffekt 5, 400-402, 408
Kapital
— Begriff (bürgerlich) 385
— Begriff (marxistisch) 229, 231-234
— fixes 207, 428
— industrielles 231, 277
— kommerzielles 215, 277
— konstantes 189-191, 201, 203, 218, 220, 276, 420, 427, 448
— organische Zusammensetzung des 209, 211, 219-220, 427, 439, 447-448
— variables 189-191, 201-203, 218, 257, 277, 420, 427
— zinstragendes 231-232, 277
— zirkulierendes 207, 427
Kapitalflucht 443
Kapitalismus 4, 185, 192, 197-199, 222, 228, 231-234, 233, 413-449
Kapitalist 231, 245
Kapitalexport 5-6, 384-412, 415, 425-432, 445
Kapitalstromargumentation 412
Klassen 35, 198, 227, 231, 244-246, 264-265, 277, 279, 454, 466
Klassenkampf 222, 244, 416-417, 428, 445
Klassenlose Gesellschaft 35, 226, 228, 265, 464
Klassenmonopoltheorie 4, 271, 273, 276-293, 304-307, 313
Klassik 3, 69-85, 182, 185, 272-275, 294, 329
Kohärenztheorie 13
Kolonialismus 413, 428, 431, 436
Kommunismus 222-223, 226, 233, 262, 265, 306, 456, 464-467
Konjunktur 166-167, 197, 239, 259, 365
Konkurrenz
— freie 5, 166, 283-284, 286, 293
— vollkommene 3, 73-74, 78, 84, 87, 92, 107, 112-113, 126-127, 129, 131-132, 143, 148, 166, 205, 249, 284, 290, 293, 295, 297, 310, 312, 314, 345, 349, 373, 458-463
— vollständige 131, 149, 152
Konsistenz 2, 55-56, 80, 133, 171, 266, 308
Konstruktivismus 67
Konzentration 424
Korrespondenztheorie 13
Kosten
— externe 345-348, 350, 355

— fixe 103-104, 127, 151
— komparative 5, 329, 343-358, 438, 441
Kostpreis 206-207, 210

Laissez-faire 69, 302-303
Leerformeln 54, 87, 89, 123, 259, 267, 352, 410
Leistung
— objektive 302-304, 319
— subjektive 302
Leistungsgerechtigkeit 300, 302-305
Leistungsprinzip 271, 300-306
Lernprozesse 167-170
Liberalismus 69, 81, 84
Lieferantenkredite vgl. Exportkredite
Lohnfondstheorie 272, 298, 317, 324
Lohnquote 5, 271, 273-274, 308-324, 364

Macht 153, 156-159, 171-172, 287, 304, 317, 333, 382, 445
Manager 245
Manifestationstheorie 474
Marginalismus 85-86, 156-157
Marktformen 3, 5, 86, 93, 110, 130, 142, 148-150, 156-158, 166, 249-250, 290, 293, 296, 303-304, 313, 333, 351, 372-373, 424, 452-453, 460
Marktpreis 71-74, 77, 79, 211, 249, 251, 274, 302-303
Marxismus 3-4, 6, 12, 35-36, 70, 80, 84, 123, 174, 182-268, 276-279, 302, 306, 332, 334, 413-450, 454-456, 464-467, 470, 473, 475-476
Materialismus
— dialektischer 224
— historischer 182, 224, 265, 466, 471, 476
Mathematik 27, 85
Maurice-Kriterium 3, 174-180, 317, 453, 458
Mehrarbeit 194-195, 199, 201, 228, 455
Mehrprodukt 4, 191, 201, 226-227, 229
Mehrwert
— allgemein 4, 6, 183, 191, 194, 197-198, 200, 206-208, 212-214, 231-234, 236, 239, 246, 248, 250, 257, 260, 267, 277, 281, 285, 293, 298, 321, 418-420, 430, 437, 440, 444, 455
— absoluter 194-196, 202, 219
— relativer 194-196, 202, 219, 239, 247, 278
Metaphysik 16, 71, 268
Metasprache 2, 10-12, 17, 19, 37-38, 44-45

Methodologie 15-21
Mindestlöhne 115, 117, 119-120, 143
Mitbestimmung 324
Mittelschichten 244-245
Mobilität 329, 337
Monopol
— allgemein vgl. Ausbeutung, monopolistische
— bilaterales 145, 149-156, 409, 453
Monopolgewinn 102-103, 281, 283, 285
Monopolgrad 312-316, 349
Monopolpreis 249-251, 281, 287
Monopson vgl. Ausbeutung, monopsonistische

Naturalismus 24-29, 66, 79
Naturrechtsphilosophie 23-24, 70, 77, 80-81, 183, 301, 303
Naturwissenschaften 36, 66
Neoklassik 3, 84-90, 294, 303, 458-463
Neologismen 64
Nettosozialprodukt vgl. Sozialprodukt
Nominalismus 63
Nutzen
— allgemein 59, 170, 187, 279, 460
— kardinaler 302, 357
— ordinaler 357
Nutzenvergleiche 357, 461, 471

Objektivität 9-10, 18, 20, 35-36, 264, 481-482
Objektivismus 25-30, 69-70, 84-85, 263
Objektsprache 2, 10-11, 37-38, 44-45, 58, 266
Oligopol 86, 110, 112, 124, 128, 139-141, 143, 147, 249, 251
Operationalität 2, 57-59, 80, 133, 173, 179, 267, 381
Opportunity Costs 329, 345, 358
Optionsempfänger 118, 150-151, 153-155
Optionsfixierer 150-151, 153-155, 161

Parapsychologie 20
Pareto-Optimum 357
Parteilichkeit 12, 264
Penrose-Kriterium 408-411, 455
Phänomenologie 19, 28
Pigou-Kriterium 3, 87, 91-136, 147, 249, 262, 290, 293, 300. 303, 314, 382, 452-453

Portfolioinvestitionen 387-388
Präzision 2, 17, 53-55, 80, 83, 133, 172, 179, 266-267, 381
Pragmatik 9-10, 15, 32-33
Preismechanismus 383
Primärgüter 315, 358, 361-368, 435, 443
Privateigentum vgl. Eigentum
Produktionsfaktoren
— allgemein 70, 73-74, 77, 79, 81, 107, 124-125, 129-130, 134, 147, 256-257, 270, 295, 297, 305-306, 329, 337, 340, 348, 360, 369, 373-374, 377, 384, 390, 460, 477
— limitationale 92, 377
— substitutive 92
Produktionsmittel 185, 190, 193, 196, 198-199, 201, 217, 222, 227, 229, 232-234, 286-287, 295, 420
Produktionspreis 197, 210-211, 249-252, 415, 440, 447
Produktionsprozess 189-190, 194, 200, 214-216, 227, 233, 241, 248, 445
Produktionsverhältnisse 185, 199, 208, 222, 225-226, 230, 234, 246, 264, 466
Produktionsweise 185-186, 216-217, 225, 230, 233, 247, 261, 265, 419
Produktivität 5, 189, 195-197, 199, 202-203, 222, 316, 318-319, 322-324, 327, 360, 368-370, 373, 379, 439-441, 448
Produktivitätstheorie 298, 336
Produktivkräfte 185, 189, 195, 199, 222, 225-227, 230, 239, 246, 264, 466
Produktmärkte 93-104, 372-373, 384
Profit 207-208, 212, 239, 273, 294, 430
Profitrate
— allgemein 201, 208-209, 211, 219, 239, 328, 415, 425, 448
— Fall der 218-221, 427
Profitratenausgleich 209, 211, 331, 439, 448
Profitratenhierarchie 250, 415, 427
Proletariat 1, 35, 198-199, 264-265, 416, 430, 445, 466
Psychologie 15, 20, 33-34, 58

Rahmenbedingungen 17
Rationalismus
— klassischer 14
— kritischer 2, 31, 481
Rationalitätsaxiom 86-88, 458
Reaktionsaxiom 87-88, 458
Realaustauschverhältnisse 5, 328, 334, 358-383, 434, 449, 455-456
Reallokation vgl. Allokation
Reduktionssätze 52-53, 58

Rente
— allgemein 82, 119
— vgl. Grundrente
Reproduktion
— allgemein 193, 266, 274
— einfache 418-419, 421, 423
— erweiterte 418-419, 421, 423
Reproduktionsschemata 418, 423-424
Reservearmee, industrielle 255, 278, 421
Ressourcen 163, 178, 467, 476-477
Rohstoffpreise 312, 315, 359-377
Realwert vgl. Wert, natürlicher

Scholastik 70
Selektionsproblem 18, 35, 37-38, 43-44, 48
Semantik 9-10
Semiotik 9-10
Signalfunktion 10, 65
Sklavenhaltergesellschaft 4, 226-228, 282
Sozialismus
— allgemein 222, 233, 259, 261, 414, 436, 456, 465
— utopischer 182-184, 197, 273, 276, 285, 464-465, 476
— wissenschaftlicher 82, 263
Sozialordnung, ideale
— allgemein 6, 182, 293, 457-482
— marxistische 6, 293, 464-467, 473
— neoklassische 6, 87, 89, 131, 136, 458-463, 473
Sozialprodukt 107-109, 260, 262, 276, 302, 307, 309, 316, 318-319, 324, 342, 365, 376, 385, 397-402, 404-408, 433
Sparneigung 322
Sparquote 320
Spezialisierungsgewinn 336, 338-341
Spezialisierungsverlust 348, 351, 355
Spieltheorie 85-87
Sprachstufentheorie 10-11, 38, 45
Stackelberg-Kriterium 3, 118, 145, 149-157, 249, 409, 453
Stückwerk-Technologie 474
Subjektivismus 24, 30-31, 84-85
Symbolfunktion 10, 65-66
Symptomfunktion 10, 65
Syntax 9-10

Tatnotwendigkeit 226, 265, 465-466
Tauschwert 71-73, 75, 78, 84, 185-189, 192, 194, 197, 201, 236, 240, 261, 280
Tautologien 14, 41, 43, 88
Terms of Trade
— commodity 338, 447-448, 351, 354, 358-363, 375-376, 378, 380, 395, 440-441
— double factoral 360, 362, 378
— gross barter 359-360, 362
— income 359-360, 362-364, 376, 378, 380-381
— net barter 359-360
— single factoral 360, 378
Theoretische Sprache 34, 53, 58-59, 133, 172, 267, 359
Theorie 43, 70, 172
Totalitarismus 45, 472

Überredungsdefinitionen 61, 64, 482
Umschlagsperiode 208-209
Utilitarismus 23-24, 59, 69-70, 78, 80
Utopie 6, 182, 468-474

Vent-for-Surplus-Theorie 336
Verelendung
— allgemein 4, 253-255, 266, 278-310
— absolute 254
— relative 254-255, 470
Verelendungswachstum 374, 376, 395
Verifizierbarkeit 16, 20
Vermögensverteilung 270, 284, 453-454
Verteilungstheorie vgl. Einkommensverteilung
Verwertungsprozess 194
Volkseinkommen vgl. Sozialprodukt
Vollbeschäftigung 84, 346, 353, 369, 376, 390, 401, 405-406

Wachstum 178, 365, 373, 376, 415, 420
Wahrheit 13-15, 20, 39-40
Wahrscheinlichkeit 13, 16, 42-43
Ware 185-187, 192, 197
Warenproduktion
— einfache 187, 192, 199, 228-229, 259, 420
— kapitalistische 192
Wertbegriffe 25

Wertbildungsprozesse 189, 194
Wertmassstab 70, 73, 188
Wert
– der Arbeitskraft 75, 77, 193-194, 202, 237, 241, 248, 250, 252-253, 266, 277-278, 285, 302, 440, 442
– (marxistisch) 187-189, 210, 237, 249, 257-258, 267, 415, 439-440, 447
– natürlicher 71-75, 77-80, 274
Wertfreiheit vgl. Werturteilsproblem
Wertgeladenheit 2, 36-37, 59-67, 80, 133, 171, 266, 475
Wertgesetz
– makroökonomisches 197, 251-252, 259, 447
– mikroökonomisches 197, 232, 236, 243-244, 249, 251, 258-260, 265, 267, 444
Wertproduktivität 195, 213-214, 234, 238, 243, 250, 256, 438-439
Wertquellen 70, 176, 194, 234, 238, 246, 260
Wertschöpfung 194, 196, 201, 205, 210, 238, 253, 256-257, 276, 278
Werturteil, implizites 132, 155, 171, 262-264, 356-357, 381, 477
Werturteilsproblem 2, 5, 19, 22-48, 266
Wettbewerb, vollkommener vgl. Konkurrenz
Wirkungszusammenhang 15, 45, 63
Wissenschaftssprache 2, 7, 34, 62-67, 479
Wissenssoziologie 35-36
Wucherkapital 215, 217, 221, 229-232, 422

Zahlungsbilanz 5, 385, 388-397, 402-403, 427, 449
Zentralisation 424
Zins 76, 80-83, 144, 148, 183, 221, 229, 252, 277, 390, 395-396, 398-399, 412, 430
Zirkulation 193, 214-215, 228-229, 231-234, 248, 421, 430, 446
Zuordnungsregeln 59, 133, 267-268
Zurechnung 87, 257, 260, 262, 294-295, 299, 319
Zusammenbruchstheorie 220
Zwangssparen 321, 408
Zweck-Mittel-Dichotomie 34, 40-41, 471

Ausbeutung
Verteilung Hebel